JN436491

제 8 판

행 정
쟁송법

•

하명호 저

제8판 머리말

올해에도 독자 여러분의 과분한 관심 덕분에 제8판을 출간하게 되었다. 돌이켜 보면 작년은 공권력의 어이없는 남용으로 인하여 온 나라가 마음 졸이며 보낸 한 해였다. 공법학자의 한 사람으로서 이러한 사태에 대하여 깊은 유감을 느끼면서도 공법교육이 얼마나 중요하고 필요한 것인지 체감하였다. 이 졸저가 이러한 사태를 예방하고 대응할 수 있는 행정법이론이 발전하는 데 조금이라도 보탬이 되는 기초 교본이 되기를 간절히 바란다.

지난해에도 행정쟁송법 영역에서 중요한 의미를 지니는 새로운 판례들이 다수 선고되었으며, 행정쟁송에 관한 법리를 밝힌 연구성과들도 있었다. 제8판에서도 항상 그렇듯이 이러한 점들을 반영하려고 노력하였다.

제8판을 출간할 수 있도록 곁에서 도와준 김태철 조교와 편집을 위하여 수고해주신 장유나 차장 그리고 이 책이 출간되도록 음으로 양으로 도와주시는 박영사 관계자들에게 특별한 감사를 드린다. 특히 이 졸저를 읽어주시는 독자 여러분께 한없는 고마움을 전한다.

2026. 2.

안암동 연구실에서

저자 드림

머 리 말

재판이 천직인 줄 알았다가 전혀 예정에 없었던 학문적 연구와 강의가 직업이 되어 버린 지 벌써 5년 6개월이 지나고 있다. 모교인 고려대학교에 행정법 전공교수로 부임하여 처음 맡았던 강좌가 법과대학에 개설되었던 행정구제법이었다. 그 후 법학전문대학원이 출범한 이래 현재까지 매년 행정쟁송법을 강의하고 있다. 법학을 전공하는 학생이라면 행정법과 민사소송법이 가장 어려워하는 과목일 것이다. 그런데 위 두 과목을 합쳐 놓은 것이 행정쟁송법이니 얼마나 어렵게 느껴질까! 이러한 점을 항상 머릿속에 담고 어떻게 하면 쉽고 편하게 행정쟁송법을 강의할 수 있는지를 고민하여 왔다. 첫 학기에 매시간 쪽대본처럼 그 날의 강의분량만큼 강의안을 만들어 수업을 진행하였던 기억이 새록새록 하다. 그러던 것이 어느 정도 강의안의 꼴을 갖추게 되었고, 학기 전에 미리 제본하여 배포할 수준까지 오게 되었다. 그러다가 내친 김에 욕심을 내어 이 책을 출간하게 되었다.

이 책의 집필목적은 명확하다. 법학을 전공하는 학생들이나 아직은 행정쟁송에 익숙하지 않은 실무가들에게 그에 관한 법리와 판례를 쉽게 이해할 수 있도록 하는 데 있다. 따라서 이 책의 내용은 가급적 통설과 판례에 입각해서 집필할 수밖에 없었다. 이론서로는 존경하는 스승님 김남진 선생님과 선배이신 김연태 교수님의 공저인 「행정법 I」, 실무서로는 법원에서 공식적으로 출간한 「법원실무제요 행정편」을 참조하였다. 그러다 보니 통설 · 판례와 다른 나의 독자적인 이론체계와 견해를 제대로 피력하지 못한 아쉬움이 있다. 이에 관한 소개는 좀 더 정진하고 연구한 이후로 미루기로 한다.

책을 출간한다는 것은 매우 망설여지고 부담스러운 일이라는 것을 작년에 『신체의 자유와 인신보호절차』(고려대학교 출판부)를 출간하였을 때 알았다. 내가 이러한 책을 쓸 자격이나 있는 것인지 의구심이 들곤 하기 때문이다. 그럼에도 불구하고 이번에 또 그 짓을 하고 말았다. 작년에 출간한 책은 전문적인 학술서적이라 독자가 극히 한정될 수밖에 없었기 때문에 부담이 다소 적었지만, 이번에는 지난번보다 대중적인 것이라서 더 망설여진다. 기회가 되면 더 노력해서 보완할 작정이다.

이 책을 쓸 수 있도록 도와준 분들이 많이 있다. 풍부한 행정재판 경험을 전수해 주신 선배 임영호 변호사님과 자료수집과 교정 등 궂은일을 맡아 준 사랑하는 제자들인 이규태 법제처 사무관, 이 책이 출간될 무렵에는 법조계에 첫발을 내디뎠을 김은솔, 신상민, 이아영 사법연수생, 사법연수생이 될 김주강 양에게 항상 고맙다. 그리고 어려운 출판여건에서도 흔쾌히 이 책의 출간과 편집을 도와주신 박영사 전략기획팀 조성호 부장님, 편집부 김선민 부장님과 이강용 편집위원님께 깊이 감사드린다.

2013. 2.

안암동 연구실에서

저 자

차 례

제 1 장 총 설

제 2 장 행정사건의 관할

제 3 장 항고소송의 의의와 종류

제 4 장 항고소송의 당사자

제 5 장 항고소송의 대상

제 6 장 행정심판과 항고소송의 관계

제 7 장 항고소송의 제기

제 8 장　행정소송의 심리

제 9 장 행정소송의 종료

제10장 당사자소송 · 민중소송 · 기관소송

제 1 장
총　　설

제1절 우리나라에서의 소송유형

세계 주요국가의 사법제도는 일원적 사법제도와 이원적 사법제도로 그 유형을 나눌 수 있다. 일원적 사법제도라 함은 미국처럼 행정사건도 일반법원에서 민사소송절차에 의하여 재판하는 것을 말하고, 이원적 사법제도라고 함은 독일과 프랑스처럼 행정사건을 일반법원과는 독립된 특별법원이 민사소송과는 다른 소송절차에 의하여 재판하는 것을 말한다. 우리나라는 행정소송을 일반법원이 관장하고는 있지만, 실체법적으로 공법과 사법을 엄격히 구분하고,[1] 소송법적으로는 행정소송을 민사소송법이 아니라 그것과 여러 가지 점에서 차이가 있는 행정소송법에 의하여 재판하고 있다는 점에서, 일원적 사법제도를 취하면서도 행정소송과 민사소송을 구분하는 독특한 제도를 채택하고 있다.[2]

행정소송법은 제3조에서 행정소송의 종류를 항고소송, 당사자소송, 민중소송, 기관소송의 네 가지로 구분하고 있다. 그렇지만 민중소송과 기관소송은 특수한 유형의 소송으로 취급되므로, 결국 행정소송은 '행정청의 처분 등이나 부작위에 대하여 제기하는 소송'인 항고소송과 '행정청의 처분 등을 원인으로 하는 법

1) 공법관계도 법률관계라는 점에서 사법관계와 근본적인 차이가 없다고 하거나 오늘날 노동법 · 경제법 · 사회법과 같이 공법과 사법 중 어느 하나에만 귀속시킬 수 없는 법현상이 존재한다는 이유로 공법과 사법의 구별부인론 또는 무용론이 일본을 중심으로 제기되고 있다.

2) 이에 대한 좀 더 자세한 설명은 김남진, '행정소송과 민사소송', 고시계 제38권 제5호, 국가고시학회(1993. 5), 15-17면 참조.

률관계에 관한 소송 그밖에 공법상의 법률관계에 관한 소송으로서 그 법률관계의 한쪽 당사자를 피고로 하는 소송'인 당사자소송이 중심이 된다.

제2절 행정소송의 의의와 기능

Ⅰ. 행정소송의 의의

행정소송은 「법원이 행정사건에 대하여 정식의 소송절차에 의하여 행하는 재판」이라고 정의된다.[3] 이를 나누어 설명하면 다음과 같다.

1. 법원의 사법작용으로서 재판

행정소송은 법원이 사법(司法)작용으로서 행하는 재판으로서 여러 소송유형 중 하나이다. 따라서 행정작용과는 본질적으로 그 성질을 달리한다. 행정은 법률의 내용에 따라 정해진 구체적인 목표를 달성하기 위한 적극적인 작용이나, 사법은 구체적인 법률상 분쟁이 발생한 경우 한쪽 당사자의 쟁송 제기를 기다려 공정·중립적인 국가기관인 법원이 소송절차에 따라 법을 해석·적용하여 그 분쟁을 해결하는 소극적인 작용이다.

2. 행정사건에 관한 재판

가. 법률상 쟁송성

우리나라 헌법 제27조 제1항에서는 "모든 국민은 헌법과 법률이 정한 법관에 의하여 법률에 의한 재판을 받을 권리를 가진다."라고 규정하여 재판청구권을 보장하고 있다. 한편, 헌법 제101조 제1항에서는 "사법권은 법관으로 구성된 법원에 속한다."라고 규정하고, 제107조 제2항에서는 "명령·규칙 또는 처분이 헌법이나 법률에 위반되는 여부가 재판의 전제가 된 경우에는 대법원은 이를 최종적으로 심사할 권한을 가진다."라고 규정하여, 정치적으로 독립적인 법관으로 구성된 법원에 행정재판을 포함한 재판기능을 맡기고 있다.

---

3) 김남진·김연태, 행정법Ⅰ, 제28판, 법문사(2024), 858면.

일반적으로 사건이라 함은 대등한 주체 사이의 신분상 또는 경제상 생활관계에서 발생한 분쟁을 말하지만, 그러한 생활관계에서 발생하는 분쟁이 모두 재판의 대상이 되는 것은 아니다. 법원조직법 제2조 제1항에서 "법원은 헌법에 특별한 규정이 있는 경우를 제외한 모든 법률상의 쟁송을 심판하고, 이 법과 다른 법률에 따라 법원에 속하는 권한을 가진다."라고 규정한 것에서 보는 것처럼 「법률상의 쟁송」이 재판의 대상이 되는 것이다.

헌법학에서는 재판을 "권리가 침해되거나 분쟁이 발생한 경우 당사자의 청구에 의하여 독립적 법관이 사법적 절차에 따라 구체적 사건에 대한 사실확인과 그에 대한 법률의 해석·적용을 통해 권위적, 최종적으로 당사자가 주장하는 권리·의무의 존부를 확정하는 작용"이라고 정의한다.[4] 민사소송법학에서는 민사사건을 대등한 주체 사이의 법률관계에 관한 분쟁이라고 설명한다.[5] 즉, 당사자의 권리·의무관계에 관한 것만 민사사건으로 보고 있다.[6]

위와 같이 법원의 심판대상이 되는 사건은 「법률상의 쟁송」에 한하여 인정되는데, 법률상의 쟁송은 권리·의무관계에서 생긴 분쟁이라고 설명된다. 이러한 「법률상의 쟁송」에 관한 설명은 대체로 행정소송법 학계에도 그대로 받아들여지고 있고, 행정소송도 다른 소송과 마찬가지로 개인의 권리구제를 주된 목적으로 하고 있다.[7] 따라서, 행정소송에서도 권리 또는 법률상 이익에 관한 분쟁이 재판의 대상이 되고 반사적 이익 또는 사실상의 이익은 제외된다. 아울러 개인의 권리구제를 직접 목적으로 하지 않는 소송(민중소송, 기관소송)은 법률이 특별히 인정하는 경우에만 재판의 대상이 된다.

대법원도 "행정소송의 대상이 될 수 있는 것은 구체적인 권리·의무에 관한

---

4) 계희열, 헌법학(중), 박영사(2007), 635면.

5) 법원실무제요(민사소송[1]), 법원행정처(2017), 2면.

6) 일본 최고재판소는 법률상의 쟁송을 "당사자 사이의 구체적인 권리의무 내지 법률관계의 존부에 관한 분쟁에서, 또한 법령의 적용에 의하여 종국적으로 해결하는 것이 가능한 것"에 한하는 것이라고 해석한다[最高裁判所 昭和 56(1981). 4. 7. 判決 등 참조].

7) 김남진·김연태, 행정법Ⅰ, 860면. 이러한 사고방식은 일본의 최고재판소의 판례에서도 확인되는데, "국가 또는 지방공공단체가 오로지 행정권의 주체로서 국민에 대하여 행정상의 의무이행을 구하는 소송은 법규 적용의 적정 내지 일반 공익의 보호를 목적으로 하는 것으로서, 자기의 권리이익의 보호구제를 목적으로 하는 것이라고 할 수 없기 때문에, 법률상의 쟁송이 아니어서 당연히 재판소의 심판대상이 되지 않는다."[最高裁判所 平成 14(2002). 7. 9. 判決]라고 판시하였다.

분쟁이어야 하고 일반적 추상적인 법령 그 자체로서 국민의 구체적인 권리 · 의무에 직접적인 변동을 초래하는 것이 아닌 것은 그 대상이 될 수 없다."라고 판시하여,[8] 행정소송에서의 법률상 쟁송을 '구체적인 권리 · 의무에 관한 분쟁'이라고 해석하고 있다.

이러한 해석론은 독일의 기본법 제19조 제4항 제1문이 "누구든지 공권력에 의하여 자신의 권리가 침해된 때에는 소송을 제기할 수 있다."라고 규정되어 있어 권리의 침해를 요건으로 하고, 그에 대응하여 행정소송에서도 '공권'의 침해 가능성을 소송요건으로 하고 있는 데에서 유래하는 것으로 보인다.[9]

그러나 이러한 전통적인 입장으로는 근대 입헌주의의 테두리 내에서 처리할 수 없는 현대적 분쟁 내지 행정사건 등에 적절히 대응할 수 없다는 점 등을 감안할 때 법원리 기관(法原理 機關)의 본질을 깨트리지 않는 범위 내에서 보다 넓게 해석하자는 견해도 있고,[10] 우리 헌법에서는 '법률에 의한 재판', 법원조직법에서는 '법률상의 쟁송'이라는 표현을 사용하고 있을 뿐 독일의 기본법 체제와는 달리 어디에도 권리주체의 위법성 관련성을 정한 규정이 없다고 주장하는 견해도 있다.[11]

---

8) 대법원 1987. 3. 24. 선고 86누356 판결; 대법원 1992. 3. 10. 선고 91누12639 판결 등 다수.

9) 이러한 독일 행정법학계의 입장은 우리나라뿐만 아니라 일본의 통설 체계에도 영향을 미친 것으로 보인다[僑本博之, '原告適格論と仕組み解釋', 自治硏究 第84卷 第6號, 第一法規(2008. 6), 79頁 참조].

10) 서원우, '지방자치단체의 행정소송', 고시연구 제21권 제10호, 고시연구사(1994. 10), 28-29면. 서원우 교수의 견해에 의하면, 권리 · 의무를 둘러싼 분쟁이라는 요소가 없더라도 ① 구체적 대립성, ② 법적 보호의 대상이 될 만한 이익의 침해의 존재, ③ 법률의 적용에 의한 분쟁의 해결가능성, ④ 판결의 종국성이라는 4가지 요건을 갖추고 있다면 행정소송의 사건성을 긍정할 수 있다.

11) 박정훈, 행정소송의 구조와 기능, 박영사(2006), 184면 참조. 우리 헌법상 독일 기본법 제19조 제4항에서와 같이 '권리침해'를 행정소송의 전제로 명시한 규정이 전혀 없고, 오히려 헌법 제107조 제2항은 "처분이 헌법이나 법률에 위반되는 여부"를 대법원이 최종적으로 심사한다고 규정함으로써, 행정소송의 본안판단이 위법성을 대상으로 한다는 것을 함축하고 있다고 할 수 있으며, 행정소송법에서도 제4조 제1호가 취소소송을 "행정청의 위법한 처분 등을 취소 또는 변경하는 소송"이라고 정의하고 있는데, 이와 같이 '위법한 처분'이면 취소되는 것이고, 독일에서와 같이 위법성 이외에 권리침해를 취소요건으로 요구하는 규정은 전혀 없다는 것을 논거로 한다. 한편, 일본에서도 행정소송에서의 「법률상의 쟁송」은 법률적인 판단 내지 법적 해결이 가능한 분쟁이라면 그 요건을 충족하는 것이라고 주장하면서, 「법률상의 쟁송」 개념에 민사법을 염두에 두고 권리의무만 집착하여 행정상의 권한행사를 둘러싼 행정주체 사이의 소를 거기에 포함시키지 않는 것은 잘못이라는 비판론이 있다[阿部泰隆, '續 · 行政主體間の法的分争は法律上の争訟にならないのか(上)', 自治硏究 第83卷

이러한 입장의 차이는 행정소송 중 특히 항고소송에서 대상적격, 원고적격 등에 관한 견해대립의 근본적인 원인이 된다. 이하에서는 통설적인 설명에 근거하여 서술하고, 그에 대한 비판론에 대해서는 그때그때 필요한 범위 내에서 설명을 부기하기로 한다.

나. 행정사건

행정소송은 공법상 법률관계에 관한 분쟁(행정사건)을 대상으로 한다. 따라서 사법상 법률관계에 관한 소송인 민사소송과 구별된다. 또한 행정법규의 해석·적용에 관한 소송이라는 점에서 헌법의 해석·적용에 관한 소송인 헌법소송과도 구별된다. 아울러 같은 공법관계에 관한 소송이지만 국가 형벌권의 발동에 관한 소송인 형사소송과도 구별된다.

3. 정식절차에 의한 재판

행정소송절차는 정식의 소송절차이다. 따라서 소제기에 의하여 개시되고, 공개적인 구술변론이 행해지며, 양쪽 당사자를 대립시켜 대등하게 주장·증명할 기회를 부여하고, 기본적으로 당사자가 제출한 자료가 재판의 기초가 되며, 엄격한 증명에 의하고, 소에 대한 응답으로서 판결이라는 신중한 재판에 의하여 행해진다. 이러한 점에서 행정소송은 약식절차인 행정심판 등과 구별된다.

Ⅱ. 행정소송의 기능

1. 기 능

행정소송법 제1조에서는 "이 법은 행정소송절차를 통하여 행정청의 위법한 처분 그밖에 공권력의 행사·불행사 등으로 인한 국민의 권리 또는 이익의 침해를 구제하고, 공법상의 권리관계 또는 법적용에 관한 다툼을 적정하게 해결함을 목적으로 한다."라고 규정하여 행정소송의 목적 또는 기능을 밝히고 있다. 위 규정을 통해 행정소송의 기능이 국민의 권리구제기능(행정구제기능)과 행정의 적법성보장기능(행정통제기능)이라는 것을 알 수 있다.

第2號, 第一法規(2007. 2), 10頁 참조].

가. 권리구제기능

위법한 행정작용으로 인하여 권리(또는 법률상 이익)를 침해받은 자는 위법한 행정작용에 대하여 행정소송을 제기함으로써 침해된 자신의 권리를 구제받을 수 있다.

나. 행정통제기능

법원은 행정소송을 통하여 '행정청의 위법한 처분 그밖에 공권력의 행사·불행사'를 심사함으로써, 그 범위에서 행정통제를 행한다. 위와 같은 행정통제기능(적법성보장기능)으로 인하여, 행정소송에서는 민사소송과 달리 직권에 의한 증거조사와 심리, 불고불리원칙의 완화 등이 인정되고 있다.

오늘날 행정의 적법성을 보장하기 위하여 행정에 대한 다양한 통제가 행해지고 있으나, 행정소송을 통한 통제가 가장 효과적이라는 점은 부인할 수 없다. 한편, 행정권에 의한 자기통제가 대체로 사전적·자율적·능동적·전반적 통제의 성격을 가지나, 법원에 의한 행정통제는 사후적·타율적·부분적 통제의 성격을 가진다.

2. 주관소송과 객관소송

법률상 쟁송을 구체적인 권리·의무에 관한 분쟁이라고 해석한다면, 행정소송의 주된 목적은 개인의 권리구제에 있으므로, 행정소송은 기본적으로 「주관소송」으로서의 성격을 가진다. 이러한 점은 행정소송법이 주관소송인 항고소송에서는 개괄주의를 채택하고 있으나 객관소송인 기관소송에서는 법정주의를 채택하고 있는 점에서 잘 나타나 있다. 즉, 항고소송은 행정소송법 제12조에 의하여 그 대상이 처분이기만 하면 '법률상 이익'이 있는 사람은 누구나 제기할 수 있으나, 기관소송은 행정소송법 제45조에 의하여 국가 또는 공공단체의 기관 상호간에 권한의 존부 또는 그 행사에 관한 다툼이 있을 때에도 법률이 정한 경우에 한하여 법률이 정한 사람만 제기할 수 있다.[12] 성질상 기관소송에 해당하지만

12) 그리하여 대법원 1999. 10. 22. 선고 99추54 판결에서는, "지방자치법 제159조는 시·도지사가 자치구의 장에게 그 자치구의 지방의회 의결에 대한 재의요구를 지시하였음에도 자치구의 장이 그에 따르지 아니하였다 하여, 바로 지방의회의 의결이나 그에 의한 조례의 효력을 다투는 소를 자치구의 장을 상대로 제기할 수 있는 것으로 규정하고 있지는 아니하

개별법령에서 그러한 소송유형을 규정하고 있지 않는 경우(법정외 기관소송)에는 법원에 소송을 제기할 수 없다.13)

따라서 행정소송의 권리구제기능과 행정통제기능 중 전자가 주된 기능이고 후자가 종된 기능이라 할 수 있다.14) 법원은 행정소송을 통하여 행정권에 대하여 전면적 통제를 행할 수 있는 것이 아니라, 특별한 규정이 없을 경우 행정권의 행사 특히 '처분'이 개인의 법률상 이익(권리)을 침해하는지 여부를 심사하는 한도에서만 행정통제를 할 수 있을 뿐이다.

제3절 민사소송과의 관계

Ⅰ. 행정사건과 민사사건의 구별

1. 문제의 소재

행정소송은 공법상 법률관계에 관한 분쟁(행정사건)을 대상으로 하고, 민사소송은 사법상 법률관계에 관한 분쟁(민사사건)을 대상으로 한다. 따라서 행정사건과 민사사건은 그 대상이 되는 법률관계의 성질에 따라 구별되는 것이므로,

---

고, 달리 지방자치법상 이러한 소의 제기를 허용하고 있는 근거규정을 찾아볼 수 없으므로, 시·도지사가 바로 자치구의 장을 상대로 조례안 의결의 효력 혹은 그에 의한 조례의 존재나 효력을 다투는 소를 제기하는 것은 지방자치법상 허용되지 아니하는 것이라고 볼 수밖에 없다."라고 판시하였다. 이 판결 이후 지방자치법이 2005. 1. 27. 법률 제7362호로 개정되어, 지방자치단체장이 재의요구지시를 따르지 않는 경우 주무부장관이나 시·도지사가 시·군·자치구 지방의회의 조례안 의결에 대하여 대법원에 직접 제소할 수 있는 길을 마련하였다.

13) 이에 대해서는 비판론이 제기되고 있는데, 가령 송영천, '지방자치제 시행과 관련한 각종 쟁송의 제문제', 저스티스 통권 제69호, 한국법학원(2002. 10), 34면에서는, 현행법은 지방자치법과 지방교육 자치에 관한 법률에서 몇 개의 제소조항을 두고 있을 뿐이어서 기관소송의 활성화에 막대한 지장을 초래하고 있으므로, 입법론으로 기관소송 법정주의를 철폐하고 기관소송 개괄주의를 채택하여야 한다고 주장하고 있다.

14) 행정소송의 주된 기능을 주관소송으로 할 것인지 객관소송으로 할 것인지는 입법정책의 문제이다. 우리나라에 영향을 미친 독일의 행정소송체계는 유럽에서 대세를 이루고 있지는 않다. 오히려 프랑스나 영국, 유럽연합(EU)의 행정소송체계는 객관적 소송체계에 가깝다. 유럽연합과 유럽국가들의 행정체계에 관한 설명은, K. Neumann, 'Das subjektive Recht und seine prozessuale Geltendmachung in Deutschland und Europa', 사법 제22호, 사법발전재단(2012. 12), 345-349면 참조.

양자의 구별문제는 공법과 사법의 구별문제로 귀결된다. 그런데, 실정법에는 공법과 사법의 구별기준에 관하여 특별한 규정을 두고 있지 않아 그 기준을 두고 이론상의 다툼이 있다.

2. 학 설

가. 주체설

이 견해는 법률관계의 주체를 기준으로, 국가 또는 공공단체 등 행정주체를 일방당사자로 하는 법률관계를 규율하는 법이 공법이고, 사인 상호간의 법률관계를 규율하는 법이 사법이라고 한다.

나. 종속설(복종설, 성질설)

이 견해는 법률관계가 상하관계인가 대등관계인가에 따라, 상하관계에 적용되는 법이 공법이고, 대등관계에 적용되는 법이 사법이라 한다.

다. 이익설

이 견해는 법의 규율목적이 공익에 봉사하는 법이면 공법이고, 사익에 봉사하는 법이면 사법이라 한다.

라. 귀속설(신주체설)

이 견해는 권리·의무의 귀속주체를 기준으로, 공권력의 담당자를 권리·의무의 귀속주체로 하고 그 공권력의 행사에 적용되는 법을 공법이라 하고, 모든 사람에게 권리·의무가 귀속되며 모든 사람에게 적용되는 법을 사법이라 한다.

3. 결 론

위 학설들은 모두 일면적인 구별기준만 제시하고 있기 때문에 구체적인 경우 명확한 문제해결을 위하여 복수의 기준을 채택하는 것이 불가피하다(복수기준설). 우선 종속설과 귀속설을 결합하여 국가 또는 공권력의 담당자가 일방의 당사자로서 참가하고 강제력을 가지고 활동하는지 여부를 기준으로 판단해보고, 그 기준에 의하여 해결되지 않는 경우에 보충적으로 이익설을 적용하여 문제되는 해당 행위가 공익의 실현을 목적으로 하는지 여부를 기준으로 결정하는 것이

타당하다고 생각된다.[15] 법원의 실무도 대체로 같은 입장에 있다고 보인다.[16]

위와 같은 논의에 따르면, 국가나 지방자치단체 등 공공단체가 당사자의 일방 또는 쌍방인 법률관계는 대체로 행정소송의 대상인 공법상 법률관계로 볼 수 있다. 따라서, 같은 교직원의 징계에 관한 분쟁이더라도 사립학교 교직원과 사립학교법인 사이에서 발생한 것은 민사사건이고, 국·공립학교 교직원과 교육감·교육장 또는 교육부장관 사이에서 발생한 것은 행정사건이다. 다만 국가 또는 공공단체가 맺은 법률관계라고 하더라도 순수하게 사경제적 지위에서 행한 것은 사법상 법률관계에 속한다.

공법인이 법령의 위임을 받아 국가의 사무를 국민에 대하여 행하는 대외적 관계는 공법상 법률관계에 해당하는 경우가 많을 것이지만, 공법인과 그 소속 직원 사이의 내부적인 법률관계는 사법상 법률관계인 경우가 대부분이다.

❏ **대법원 1989. 9. 12. 선고 89누2103 판결**: 서울특별시지하철공사의 임원과 직원의 근무관계의 성질은 지방공기업법의 모든 규정을 살펴보아도 공법상의 특별권력관계라고는 볼 수 없고 사법관계에 속할 뿐만 아니라, 위 지하철공사의 사장이 그 이사회의 결의를 거쳐 제정된 인사규정에 의거하여 소속직원에 대한 징계처분을 한 경우 위 사장은 행정소송법 제13조 제1항 본문과 제2조 제2항 소정의 행정청에 해당되지 않으므로 공권력 발동주체로서 위 징계처분을 행한 것으로 볼 수 없고, 따라서 이에 대한 불복절차는 민사소송에 의할 것이지 행정소송에 의할 수는 없다.

Ⅱ. 소송유형 선택의 허용성 여부

"신청 없으면 재판 없다(Ne proedat judex ex officio)."라는 법언에서 보는 것처럼 소송절차는 당사자의 소제기로써만 개시된다는 것이 소송법을 통괄하는 기본원칙이다. 따라서, 소송유형을 선택할 책임은 권리의 구제를 구하는 사람에게 있는 것이다. 행정청이나 행정주체에 대하여 권리를 구제받기 위해서는 행정소송법에서 정한 항고소송과 당사자소송 또는 사법상의 법률관계에 관한 민사소송

15) 김남진·김연태, 행정법Ⅰ, 90면.
16) 법원실무제요(행정), 법원행정처(2016), 4면 참조.

중 하나의 소송유형을 선택하여야 하는 문제가 생기고, 그에 따라 관할법원마저도 달라지게 된다.

그런데, 항고소송과 당사자소송 또는 민사소송과 당사자소송의 구별은 법률 전문가들도 판정하기 어려운 문제로서, 법원도 해당 사건을 심리해 본 후에야 결론을 도출할 수 있는 경우가 많고 때때로 견해를 바꾸기까지 한다.[17] 따라서, 당사자에게 민사사건인지 행정사건인지 구별하여 제소하도록 요구한 다음 구별을 잘못하여 제소한 책임을 당사자에게만 부담시키는 것은 부당하다고 생각될 수 있다. 이러한 사고방식하에서 당사자가 항고소송으로 다투는 경우에는 항고소송으로, 민사소송으로 다투는 경우에는 민사소송으로 심리 · 판단할 수 있다고 해석하여야 한다는 「민소 · 행소 병용설」이 일본에서 주장되기도 한다.[18] 그러나, 대법원은 "일반의 소나 행정소송은 선택적으로 제소할 수 있다고 해석할 수 없다."라고 판시하여,[19] 민사소송과 행정소송의 병행이 허용되지 않는다는 점을 분명히 하였다.[20] 일본의 최고재판소도 우리 대법원과 같은 견해를 취하고 있는 것으로 보인다.[21]

---

17) 대법원은 1984. 12. 31. 전에 하천구역으로 편입된 토지에 대한 손실보상청구를 둘러싼 분쟁을 민사소송으로 다루어 오다가, 대법원 2006. 5. 18. 선고 2004다6207 전원합의체 판결로써 공법상 당사자소송으로 견해를 바꾸었다.

18) 이홍훈, '행정소송과 민사소송', 한국공법이론의 새로운 전개, 삼지원(2005), 481면에서는 민소 · 행소 병용설을 수용할 필요가 있다고 한다.

19) 대법원 1961. 11. 23. 선고 4294행상64 판결.

20) 대법원 1989. 6. 15. 선고 88누6436 전원합의체 판결의 이재성 대법관의 반대의견과 대법원 1994. 5. 24. 선고 92다35783 전원합의체 판결의 배만운 대법관의 반대의견은 민소 · 행소 병용설에 서 있다고 볼 수 있다.

21) 일본의 오사카(大阪)국제공항 주변의 주민들이 항공기 소음 등으로 피해를 입고 있다는 것을 이유로, 공항의 설치자인 국가를 상대로 오후 9시부터 다음날 오전 7시까지 공항사용의 금지와 손해배상을 청구한 사안에서, 일본 最高裁判所 昭和 56(1981). 12. 16. 大法廷判決의 다수의견은 공항의 공용행위에 관한 권한인 사법상 규제에 따르는 공항관리권과 공법규제에 따르는 항공행정규제권의 불가분일체론에 터 잡아 "행정소송의 방법으로 어떠한 청구를 할 수 있을 것인지 여부는 별개로 하더라도 이른바 통상의 민사상 청구로서는 성립한다고 할 수 없다."라는 이유로 각하판결을 하였다. 위 판결의 소개와 비판은, 阿部泰隆, '民事訴訟と行政訴訟:大阪國際空港事件', ジュリスト 別冊 114号: 民事訴訟法判例百選 Ⅰ, 有斐閣(1992. 1), 8頁 참조.

Ⅲ. 행정소송법의 독자성과 민사소송절차의 준용

1. 행정소송법의 독자성과 법령체계

1984. 12. 15. 법률 제3754호로 전문개정 되기 전의 제정 행정소송법 제14조에서는 "본법에 특별한 규정이 없는 사항은 법원조직법과 민사소송법의 정하는 바에 의한다."라고 규정하고 있었고, 행정소송법의 전체 조문도 14개에 불과하였으며, 민사소송법에 대한 특례만 정하고 있었다. 따라서 행정소송을 민사소송에 포괄되는 한 부분으로 보는 것이 어쩌면 자연스러웠을 것이다. 그렇지만 당시 대법원은 "행정소송법 제14조가 이 법에 특별한 규정이 없는 사항은 민사소송법의 정하는 바에 의한다고 하였어도 이는 특별한 규정이 없는 사항에 대하여 무제한적으로 민사소송법을 적용한다는 취지가 아니라 그 성질이 허용하는 한도내에서 그 법의 규정에 의한다는 뜻으로 해석하여야 할 것이다."라고 판시함으로써 행정소송의 특수성을 인정하였다.[22)]

현행 행정소송법 제8조 제1항에서는 "행정소송에 대하여는 다른 법률에 특별한 규정이 있는 경우를 제외하고는 이 법이 정하는 바에 의한다."라고 규정하여, 행정소송에서 적용되어야 할 일반법이 행정소송법이라는 점을 명시하고 있다. 따라서 행정소송이 민사소송의 특수한 소송유형의 하나이어서 그에 따라 적용될 일반법이 민사소송법이며 행정소송법은 그 특수한 부분에 적용되는 특별법에 불과한 것이 아니라, 행정소송은 민사소송과 동등한 하나의 독자적인 소송의 형태이고 거기에 적용될 일반법은 행정소송법이라는 것이 분명하다.[23)]

한편, 1998년 행정재판이 2심제에서 3심제로 된 이후 25년이 흐르는 동안 발전된 행정소송절차의 성과를 반영하여, 국민의 행정재판 이용의 편리성을 더욱 높이고, 국민의 적정하고 신속한 재판청구권 행사를 통한 행정상 권익 보호에 이바지하도록 행정소송절차에 관하여 필요한 사항을 규정하기 위하여, 2023. 8. 31. 대법원규칙 제3108호로 행정소송규칙이 제정되었다.

22) 대법원 1962. 1. 20. 선고 4292행항13 결정.
23) 김철용 · 최광률 대표집필, 주석 행정소송법, 박영사(2004), 147면.

2. 민사소송절차의 준용

위와 같이 행정소송법의 독자성이 인정되더라도 행정소송은 그 대상이 다를 뿐 민사소송과 마찬가지로 대립 당사자 사이에 발생한 법률상의 분쟁에 대하여 법원이 사실관계를 확정하고 법을 해석·적용함으로써 분쟁을 해결하는 절차이다. 또한 행정소송법은 그 자체로서 행정소송에 관한 모든 사항을 규율하고 있는 자기완결적인 법률이 아니다. 그렇기 때문에 행정소송법 제8조 제2항에서는 행정소송에서 행정소송법에 정한 것이 없을 때에는 민사소송법의 규정을 준용하도록 하고 있고, 행정소송규칙 제4조에서도 행정소송절차에 관하여 행정소송법령에 특별한 규정이 있는 경우를 제외하고 민사소송규칙 및 민사집행규칙의 규정을 준용하도록 하고 있다. 따라서, 행정소송법령에서 규정한 특칙 이외에는 민사소송법령이 일반적으로 준용되어 소송절차가 진행된다. 다만 행정소송의 성질이 허용하는 한도 내에서만 민사소송법령이 준용된다는 점에 유의할 필요가 있다.

이에 따라 법관의 제척·기피·회피, 당사자의 확정 및 정정, 비법인사단의 당사자능력, 선정당사자제도, 필수적 공동소송인의 추가, 소송비용, 기일 및 기간, 송달, 재판의 종류 및 형식, 소송절차의 중단·중지, 변론과 그 준비, 증거조사, 소송절차 이의권의 포기 및 상실, 상소제도 등에 관한 민사소송 관련법령은 행정소송에도 준용된다.

3. 행정소송법상의 규정

행정소송은 권리구제기능을 수행한다는 점에서 민사소송과 같지만 민사소송과는 달리 행정통제기능(적법성보장기능)도 아울러 수행한다. 이를 위하여 행정소송법에는 직권소송참가, 직권심리, 사정판결 등 직권주의적 요소를 내용으로 하는 규정들을 두고 있다.

한편, 행정소송법은 행정의 원활한 수행과 행정법관계의 조속한 안정을 위하여, 처분의 취소를 구하는 소송(취소소송)을 원칙적인 소송형태로 하고, 당사자적격, 전심절차, 제소기간, 잠정적 구제제도 등의 특별한 규정을 두고 있다.

행정소송법에는 행정소송만 가지는 이러한 특수성을 고려하여 아래와 같이 민사소송법과 다른 특별한 규정이 있다.

① 행정법원의 설치(제9조 제1항, 제40조 제1항).
② 행정심판제도의 존재(제18조).
③ 항고소송에서는 국가, 지방자치단체 등 행정주체가 아니라, 그 기관에 지나지 않는 '처분을 행한 행정청'이 피고가 된다(제13조).
④ 제소기간이 비교적 짧게 제한되어 있다(제20조).
⑤ 청구와 관련된 원상회복 · 손해배상 등 관련청구소송의 병합이 가능하다(제10조).
⑥ 제3자 등의 소송참가가 비교적 넓게 인정되어 있다(제16조, 제17조).
⑦ 소의 변경이 비교적 넓게 인정되어 있다(제21조, 제22조).
⑧ 법원은 필요하다고 인정할 때에는 직권으로 증거조사를 할 수 있고, 당사자가 주장하지 않은 사실에 대해서도 판단할 수 있다(제26조). 이는 소송의 일반원칙인 변론주의, 불고불리의 원칙에 어느 정도 제약이 가해졌다는 것을 의미한다.
⑨ 집행부정지의 원칙이 채택되어 있다(제23조). 예컨대, 건물의 철거명령을 받은 사람이 그 철거명령(처분)에 대하여 소송을 제기하더라도, 법원이 당사자의 신청에 의하거나 직권으로 집행정지결정을 하지 않았다면, 행정기관은 건물을 철거할 수 있다.
⑩ 원고의 청구가 이유 있다고 인정하는 경우에도 처분 등을 취소하는 것이 현저히 공공복리에 적합하지 않다고 인정하는 때에는 법원은 일정 조건하에서 원고의 청구를 기각할 수 있다(제28조). 이와 같은 내용의 판결을 '사정판결'이라 한다.
⑪ 처분 등을 취소하는 판결은 당사자(원고 · 피고)뿐만 아니라 제3자에 대해서도 효력이 있다(제29조). 민사소송에서 확정판결의 기판력이 원칙적으로 당사자(변론을 종결한 뒤의 승계인 등 포함)에 대해서만 미치는 것(민사소송법 제218조 제1항 참조)과 크게 다르다.

제4절 행정소송의 한계

Ⅰ. 사법작용으로서의 일반적인 한계

행정소송은 '구체적인 법률상의 분쟁이 있는 것을 전제로 당사자의 소 제기에 의하여 법원이 법령을 적용하여 분쟁을 해결하는 판단작용'이라는 점에서 민·형사소송 등 다른 소송유형과 마찬가지로 사법작용으로서의 성질을 가진다. 법원조직법 제2조 제1항에서도 "법원은 헌법에 특별한 규정이 있는 경우를 제외한 모든 법률상의 쟁송을 심판하고 이 법과 다른 법률에 따라 법원에 속하는 권한을 가진다."라고 규정함으로써 그와 같은 취지를 밝혀 놓고 있다. 행정소송이 사법작용의 성질을 가짐으로써 다음과 같은 특색과 한계가 인정된다.

1. 처분권주의의 지배

행정소송에서도 법원은 당사자의 소제기가 있어야 심리를 개시할 수 있고, 법원의 심리도 원칙적으로 당사자가 청구한 범위 내로 한정된다.

2. 주관소송의 원칙

행정소송은 개인의 권리구제를 주된 목적으로 하고 있으므로, 행정소송을 제기하기 위해서는 그에 관한 '법률상 이익'이 있어야 한다(행정소송법 제12조, 제35조, 제36조). 따라서 국가의 활동으로 인하여 개인이 향유하기는 하나 법의 보호를 받지 못하는 이익인 '반사적 이익' 또는 '사실상 이익'이 있다는 사실만으로는 행정소송을 제기할 수 없다. 또한 개인의 권리구제를 직접 목적으로 하지 않는 소송(민중소송, 기관소송 등의 객관소송)은 법률이 특별히 인정하는 경우에만 허용된다.

최근 환경소송, 소비자보호소송 등과 같이 공통된 재난이나 위해를 당한 수많은 피해자들을 위하여 그들이 공동소송의 요건을 갖추지 못한 경우에도 한꺼번에 분쟁을 해결하는 소송유형을 도입하자는 논의가 활발하다. 공익소송으로서의 다수당사자소송을 입법한 예로는 독일의 '단체소송'(Verbandsklage)과 미국의 '집단소송'(Class Action) 등이 있다.[24] 우리나라의 경우에는 미국의 집단소송을 모델로 한 증권관련 집단소송법상의 증권관련 집단소송과 독일의 단체소송을 모델로 한 소비자기본법상의 소비자 단체소송, 개인정보보호법상의 개인정보 단체소송 등이 부분적으로 도입되어 있다.

단체소송은 '부진정 단체소송'과 '진정 단체소송'으로 나뉘고, 후자는 다시 이기적 단체소송[25]과 이타적 단체소송[26]으로 나누어진다. '부진정 단체소송'은 단체가 그 자체의 법률상 이익을 보호받기 위하여 단체의 이름으로 제기하는 행정소송을 말하므로, 해당 단체에게 법률상 이익이 있다면 그 소송을 제기할 수 있다. 그러나, '진정 단체소송'은 단체 스스로의 법률상 이익을 구제받기 위하여 제기하는 소송이 아니어서, 부진정 단체소송과 달리 객관소송으로서의 성격을 가지므로, 법률에 특별한 규정이 없는 경우에는 허용되지 않는다.[27]

3. 구체적 사건성

어느 소송이나 구체적인 법률상의 분쟁을 대상으로 행해진다. 따라서 추상적인 법령의 효력이나 해석은 행정소송의 대상이 되지 않는다. 법령에 대해서는 구체적 규범심사만 허용되므로, 그 법령을 구체화하는 처분을 매개로 법령의 위법성을 다툴 수 있을 뿐이다(헌법 제107조, 행정소송법 제19조 등 참조). 다만 구체적 사항의 규율을 내용으로 하는 처분적 명령은 이를 구체화하는 처분을 매개함이 없이 그 자체로 직접적으로 국민의 구체적인 권리 · 의무에 영향을 미치기 때문에 예외적으로 행정소송의 대상이 될 수 있다.

Ⅱ. 권력분립에 따르는 한계

1. 재량행위와 행정유보론

권력분립의 원칙상 입법 · 사법권과 마찬가지로 행정의 독자성 역시 존중되

24) 이에 관한 자세한 사항은 송상현 · 박익환, 민사소송법, 신정7판, 박영사(2014), 177-188면 참조.

25) 단체가 그 구성원의 집단적 이익을 방어 또는 관철하기 위하여 단체의 이름으로 제기하는 행정소송을 말한다.

26) 어느 단체가 단체 자체의 이익이나 단체구성원의 이익을 직접적으로 방어 또는 관철하기 위한 것이 아니라, 어떤 제도나 문화적 가치의 보존이나 환경에 대한 훼손방지 및 보호와 같은 공익추구를 목적으로 제기하는 행정소송을 말한다.

27) 김남진 · 김연태, 행정법Ⅰ, 866면.

어야 한다. 특히 재량, 판단의 여지, 계획재량 등과 관련하여, '행정권에 대한 사법심사에서 행정유보'가 논의되고 있다. 행정유보는 행정의 일정영역을 다른 권력이 침해할 수 없다는 관점에서가 아니라 행정의 계속성, 전문성, 실효성 등이 존중되어야 한다는 관점에서 논의되어야 한다는 것이 중요하다.[28]

가령 재량행위의 경우 행정소송법 제27조에서는 "행정청의 재량에 속하는 처분이라도 재량권의 한계를 넘거나 그 남용이 있는 때에는 법원은 이를 취소할 수 있다."라고 규정하고 있다. 따라서, 재량의 영역에서는 행정청이 그 한계를 넘지 않는다면 위법한 것이 아니므로, 법원은 그 당부에 관하여 심사할 수 없다. 이는 행정심판에서 처분의 위법성뿐만 아니라 부당성에 대해서도 심판할 수 있는 것과 대비되는 것으로서 행정소송의 권력분립에 따르는 한계에서 기인한다.

2. 통치행위

가. 의　　의

'통치행위'라고 함은 통상적인 행정작용과는 달리 정치적인 성격이 강하여 사법부가 합헌성이나 합법성을 심사할 수 있는지 여부가 문제되는 법집행작용을 말한다. 이러한 통치행위는 법적 효과를 수반하는 '법적 통치행위'와 아무런 법적 효과를 수반하지 하지 않는 '사실적 통치행위'로 구별되는데, 그중에서 개인의 권리보호문제를 야기하지 않는 순수한 정치적 행위에 대해서는 논의할 실익이 없다(예: 대통령의 외교에 관한 행위, 영예의 수여, 국무총리 및 국무위원의 임면 등). 따라서, 행정소송법상 문제가 되는 것은 법적 통치행위이다. 법적 효과를 수반하여 법률적 판단이 가능함에도 불구하고 고도의 정치적 성격으로 인해 행정소송이나 헌법소원 등에 의한 사법심사의 대상에서 제외되는 국가행위가 있는지가 문제되는 것이다(통치행위이론).

나. 통치행위이론 인정 여부에 관한 학설의 대립

(1) 통치행위이론 긍정설

① 사법자제설: 통치행위가 사법심사의 대상이 되지 않는 것은 법원이 정치문제에 말려들기를 꺼려하여 스스로 사법심사를 자제하기 때문이라는 견해이다. 정치적으로 독립한 사법부가 정치적인 책임도 지지 않으면서 명

28) 김남진 · 김연태, 행정법 I, 868면.

백한 정치적 결정을 함으로써 초래하게 될지도 모르는 위험을 미연에 방지하여야 한다는 것이다.

② 재량행위설(합목적성설): 통치행위는 국가최고기관의 정치적 재량에 의하여 결정되는 것이어서 그 권한의 행사는 타당성 또는 합목적성 여부의 문제만 발생시킬 뿐 위법성의 문제는 발생시키지 않으므로, 통치행위는 사법심사의 대상이 되지 않는다고 보는 견해이다.

③ 내재적 한계설(권력분립설): 정치적으로 책임을 지지 않는 법원이 정치문제를 심사하는 것은 법원의 사법심사권에 존재하는 권력분립에 기한 내재적 한계를 넘어서기 때문에, 통치행위는 사법심사의 대상이 되지 않는다는 견해이다. 이 견해는 법치국가의 원리뿐만 아니라 국민주권의 원리·권력분립의 원리 등 여러 원리가 복합적으로 존재함으로 인하여 법치국가의 원리에도 내재적 한계가 있다는 데에서 통치행위에 대한 사법심사를 부정하는 근거를 찾는다. 그러면서 정치적으로 중요한 의미를 가지는 행위의 당부는 국민주권의 원리에 의하여 국민의 의사에 바탕을 두고 해결해야지 법원에 의하여 해결할 것이 아니고, 권력분립의 원리상 국회와 정부의 권한으로 되어 있는 고도의 정치성을 띤 국가행위는 정치적 책임이 없는 사법부가 관여할 것이 아니라고 주장한다.

(2) 통치행위이론 부정설

이 견해는 실질적 법치주의가 확립되고 국민의 재판청구권이 일반적으로 인정되어 있으며 행정소송상 개괄주의가 채택된 현대국가에서는 법률적 판단의 대상이 될 수 있는 국가작용은 모두 사법심사의 대상이 되어야 한다고 주장한다. 순수한 정치문제가 아니고 그 속에 법률문제가 결부되어 있는 경우 사법심사를 부인하게 되면 개괄적인 사법심사를 인정하고 있는 헌법 제107조 제2항에 반할 뿐만 아니라 국민의 기본권 보장에도 철저하지 못하다는 이유로 통치행위이론을 부정한다.

다. 대법원 판례의 입장

(1) 대북송금행위사건(대법원 2004. 3. 26. 선고 2003도7878 판결)

① 사실관계: 검찰은 피고인들이 남북정상회담의 개최과정에서 재정경제부장관에게 신고하지 않거나 통일부장관의 협력사업 승인을 얻지 않은 채 북

한 측에 사업권의 대가 명목으로 송금한 행위에 대하여 외국환거래법위반죄, 남북교류협력에 관한 법률위반죄, 특정경제범죄 가중처벌 등에 관한 법률위반(배임)죄 등으로 기소하였다. 이에 대하여 피고인들은 공소사실이 남북정상회담에 도움을 주기 위한 시급한 필요에서 비롯된 통치행위로서 사법심사의 대상이 되지 않는다고 주장하였다.

② 판시사항: 대법원은 "입헌적 법치주의국가의 기본원칙은 어떠한 국가행위나 국가작용도 헌법과 법률에 근거하여 그 테두리 안에서 합헌적·합법적으로 행하여질 것을 요구하며, 이러한 합헌성과 합법성의 판단은 본질적으로 사법의 권능에 속하는 것이다. 다만, 국가행위 중에는 고도의 정치성을 띤 것이 있고, 그러한 고도의 정치행위에 대하여 정치적 책임을 지지 않는 법원이 정치의 합목적성이나 정당성을 도외시한 채 합법성의 심사를 감행함으로써 정책결정이 좌우되는 일은 결코 바람직한 일이 아니며, 법원이 정치문제에 개입되어 그 중립성과 독립성을 침해당할 위험성도 부인할 수 없으므로, 고도의 정치성을 띤 국가행위에 대하여는 이른바 통치행위라 하여 법원 스스로 사법심사권의 행사를 억제하여 그 심사대상에서 제외하는 영역이 있다. 그러나 이와 같이 통치행위의 개념을 인정한다고 하더라도 과도한 사법심사의 자제가 기본권을 보장하고 법치주의 이념을 구현하여야 할 법원의 책무를 태만히 하거나 포기하는 것이 되지 않도록 그 인정을 지극히 신중하게 하여야 하며, 그 판단은 오로지 사법부만에 의하여 이루어져야 하는 것이다."라고 판시하면서, "남북정상회담의 개최는 고도의 정치적 성격을 지니고 있는 행위라 할 것이므로 특별한 사정이 없는 한 그 당부를 심판하는 것은 사법권의 내재적·본질적 한계를 넘어서는 것이 되어 적절하지 못하지만, 피고인들의 송금행위 자체는 헌법상 법치국가의 원리와 법 앞에 평등원칙 등에 비추어 볼 때 사법심사의 대상이 된다."라고 판단하였다.

(2) 관련 판례

대법원은 계엄선포행위가 고도의 정치적·군사적 성격을 띠는 행위이므로 계엄선포의 요건의 구비 여부나 선포의 당·부당을 심사하는 것은 사법권의 내재적인 본질적 한계를 넘어서는 것이라고 판시하였고,[29] 그와 같은 논리에 입각하여 계엄선포 및 그에 바탕을 둔 계엄포고가 유효하다는 전제하에 피고인에 대

한 계엄포고위반죄를 인정하였다.[30)]

한편, 피고인들이 군사반란으로 국권을 사실상 장악하는 한편 헌법기관인 국무총리와 국무회의의 권한을 사실상 배제하고자 하는 국헌문란의 목적을 달성하기 위하여 대통령과 국무총리 및 국무위원들을 강압하여 비상계엄의 전국 확대를 의결·선포하게 한 사안에서, "대통령의 비상계엄의 선포나 확대 행위가 고도의 정치적·군사적 성격을 지니고 있는 행위라 할 것이므로, 그것이 누구에게도 일견하여 헌법이나 법률에 위반되는 것으로서 명백하게 인정될 수 있는 등 특별한 사정이 있는 경우라면 몰라도, 그러하지 아니한 이상 그 계엄선포의 요건 구비 여부나 선포의 당·부당을 판단할 권한이 사법부에는 없다고 할 것이나, 비상계엄의 선포나 확대가 국헌문란의 목적을 달성하기 위하여 행하여진 경우에는 법원은 그 자체가 범죄행위에 해당하는지의 여부에 관하여 심사할 수 있다." 라고 판시하였다(5·18 사건).[31)] 또한 유언비어 날조·유포로 인한 대통령 긴급조치위반죄의 재심사건에서, "유신헌법 제53조에 근거한 긴급조치 제1호는 국민의 기본권에 대한 제한과 관련된 조치로서 형벌법규와 국가형벌권의 행사에 관한 규정을 포함하고 있다. 그러므로 기본권 보장의 최후 보루인 법원으로서는 마땅히 긴급조치 제1호에 규정된 형벌법규에 대하여 사법심사권을 행사함으로써, 대통령의 긴급조치권 행사로 인하여 국민의 기본권이 침해되고 나아가 우리나라 헌법의 근본이념인 자유민주적 기본질서가 부정되는 사태가 발생하지 않도록 그 책무를 다하여야 할 것이다."라고 판시하였다.[32)] 최근에는 서훈취소가 서훈수여의 경우와는 달리 이미 발생된 서훈대상자 등의 권리에 영향을 미치는 행위로서 관련 당사자에게 미치는 불이익의 내용과 정도 등을 고려하면 통치행위에 해당하지 않는다고 판시하였다.[33)]

---

29) 대법원 1964. 7. 21.자 64초3, 64초4, 64초6 결정; 대법원 1979. 12. 7.자 79초70 결정.

30) 대법원 1980. 8. 26. 선고 80도1278 판결; 대법원 1981. 4. 28. 선고 81도874 판결; 대법원 1982. 9. 14. 선고 82도1847 판결.

31) 대법원 1997. 4. 17. 선고 96도3376 판결.

32) 대법원 2010. 12. 16. 선고 2010도5986 전원합의체 판결. 마찬가지 취지로 1979. 10. 18. 비상계엄 선포에 따른 계엄포고 제1호에 대한 대법원 2018. 11. 29. 선고 2016도14781 판결도 있다.

33) 대법원 2015. 4. 23. 선고 2012두26920 판결.

라. 헌법재판소의 입장

헌법재판소는 대통령이 발한 금융실명거래 및 비밀보장에 관한 긴급재정경제명령에 대한 위헌확인 사건에서 대통령의 긴급재정경제명령이 국가긴급권의 일종으로 통치행위에 속한다고 하면서도, "통치행위를 포함하여 모든 국가작용은 국민의 기본권적 가치를 실현하기 위한 수단이라는 한계를 지켜야 하는 것이고, 헌법재판소는 헌법의 수호와 국민의 기본권 보장을 사명으로 하는 국가기관이므로, 비록 고도의 정치적 결단에 의하여 행해지는 국가작용이라고 할지라도 그것이 국민의 기본권 침해와 직접 관련되는 경우에는 당연히 헌법재판소의 심판대상이 될 수 있는 것이다."라고 판시하였다.[34)]

다만 국군의 이라크파병 결정에 대한 위헌확인 사건에서는 "이 사건 파병결정은 그 성격상 국방 및 외교에 관련된 고도의 정치적 결단을 요하는 문제로서, 헌법과 법률이 정한 절차를 지켜 이루어진 것임이 명백하므로, 대통령과 국회의 판단은 존중되어야 하고 헌법재판소가 사법적 기준만으로 이를 심판하는 것은 자제되어야 한다."라는 이유로 헌법소원심판청구를 각하하였다.[35)]

마. 검　　토

고도의 정치적 결단에 의한 행위로서 그 결단을 존중하여야 할 필요성이 있는 행위라는 의미에서 통치행위라는 개념을 인정할 수 있다. 그렇지만, 국회의원의 징계 · 제명처분(헌법 제64조 제4항)과 같이 헌법에서 명문으로 법원에 제소할 수 없다고 규정하고 있는 경우를 제외하고, 법률문제가 포함되어 있는 경우 그 법률문제는 원칙적으로 법원의 심사 · 판단이 행해져야 한다.

법치주의가 지배하고 행정소송에서 개괄주의가 인정되며 통치행위에 의하여 개인의 권리가 침해되는 경우가 있다는 점에서, 법적 통치행위와 사실적 통

34) 헌재 1996. 2. 29. 선고 93헌마186 결정.

35) 헌재 2004. 4. 29. 선고 2003헌마814 결정. 이에 대하여 4인의 별개의견은 "헌법재판소법 제68조 제1항의 헌법소원심판을 청구할 수 있는 자는 공권력의 행사 또는 불행사로 인하여 자기의 기본권이 현재 그리고 직접적으로 침해받은 자를 의미하는데, 청구인은 이 사건 파견결정으로 인해 파견될 당사자가 아니고 현재 군복무 중이거나 군입대 예정자도 아니며 단지 일반 국민의 지위에서 사실상 또는 간접적인 이해관계를 가진다고 할 수는 있으나, 이 사건 파병결정으로 인하여 청구인이 주장하는 바와 같은 행복추구권 등 헌법상 보장된 청구인 자신의 기본권을 현재 그리고 직접적으로 침해받는다고는 할 수 없다."라고 하였다.

치행위를 구별하지 않고 일체의 통치행위를 사법심사의 대상에서 제외하는 통치행위이론 긍정설에는 찬성할 수 없다.

실정법에 엄격한 요건이 규정되어 있는 경우 그 요건의 구비 여부는 법원의 심사대상이 되어야 한다. 또한, 고도의 정치성을 띤 행위라고 하더라도 국민주권의 원리, 비례의 원칙 등 헌법상의 원칙에 위배되어서는 안 된다. 다만 고도의 정치성을 띤 행위의 경우 결정기관에 정치적 형성의 자유가 인정되고, 그 범위 내에서 그에 대한 사법심사의 통제밀도가 낮아질 뿐인 것이다. 이러한 경우에도 그 행위가 기본권 침해와 관련된 경우에는 결정기관의 재량의 폭은 축소되고 그에 상응하여 사법심사의 범위는 확대되어야 한다.[36]

대법원은 계엄선포행위가 고도의 정치적·군사적 성격을 띠는 행위로 계엄선포의 요건의 구비 여부나 선포의 당·부당을 심사하는 것은 사법권의 내재적인 본질적 한계를 넘어서는 것이라고 한다. 그리고 대북송금행위 사건과 긴급조치 위반 사건에서도 고도의 정치성을 띤 국가행위인 통치행위의 당·부 심사는 특별한 사정이 없다면 사법권의 내재적·본질적 한계를 넘어서는 것이 된다고 하여 종전과 같은 태도를 보이고 있다. 다만 위 사건들에서 사법심사의 자제로 인하여 기본권을 보장하고 법치주의 이념을 구현하여야 할 법원의 책무를 태만히 하거나 포기하는 것이 된다고 인정될 경우에는 사법심사를 자제해서는 안 된다는 입장을 취하고 있다. 위와 같은 대법원의 입장은 정치성을 띤 모든 행위에 대하여 사법심사를 전면적으로 부정하지 않고 어떠한 경우에 통치행위로서 사법권의 내재적·본질적 한계를 넘어서지 않게 되는지 여부에 대한 판단기준을 제시하였다는 점에서 진일보한 측면이 있다.

그러나 계엄선포 요건의 구비 여부는 법률문제임에도 불구하고 사법권의 내재적인 본질적 한계를 넘어서는 것이라는 이유로 사법심사를 포기한 대법원의 태도에는 의문이 있다. 마찬가지 이유에서 국군의 이라크파병 결정에 대한 헌법소원을 사법자제의 논리만으로 본안판단을 하지 않고 각하한 헌법재판소의 판단도 의문이라 하지 않을 수 없다. 그리고 대북송금행위 사건과 긴급조치 위반 사건에서, 대법원은 통치행위에 대한 사법심사권 행사 여부가 오로지 사법부의 판단에 의하여 결정된다고 하는데, 이러한 입장은 자칫 객관적인 기준이 아니라

36) 같은 취지 김남진·김연태, 행정법 I, 10면.

법원의 자의적인 판단에 따라 사법심사권 행사 여부가 결정될 수 있다는 점에서 우려된다.

3. 의무이행소송 등의 허용 여부

행정청이 일정한 행위를 해야 할 의무가 있음에도 불구하고 행하지 않는 경우에 이행소송이 인정될 수 있는지 문제된다. 항고소송과 관련해서는 의무이행소송과 예방적 금지소송을 법정외 항고소송으로 인정할 것인가의 문제로 논의되고 있으나 판례는 이를 허용하지 않고 있다. 한편, 당사자소송에서도 ① 원상회복(결과제거)의 청구, ② 금전급부의 청구, ③ 정보제공 등의 청구, ④ 의견표시(명예훼손)의 철회 등을 내용으로 하는 소송을 인정할 수 있는지가 논의되고 있다. 이에 관해서는 해당 부분에서 살펴본다.

제5절 행정소송의 종류

Ⅰ. 성질에 의한 분류

1. 형성소송

형성소송은 법률관계의 변동을 일으키는 일정한 법률요건의 존재를 주장하여 그 변동을 선언하는 판결을 구하는 소송이다. 따라서 형성판결은 형성요건의 존재를 확정함과 아울러 새로운 행정법상의 법률관계를 발생시키거나 기존의 행정법상의 법률관계를 변경 · 소멸시키는 판결이다. 확인판결이나 이행판결이 선언적 효력을 가지는 반면, 형성판결은 창설적 효력을 가진다. 항고소송 중 취소소송은 대표적인 형성소송이다.

2. 이행소송

이행소송은 피고에 대한 특정한 이행청구권의 존재를 주장하여 그것의 확정과 이에 기한 이행을 명하는 판결을 구하는 소송이다. 원고가 주장하는 이행청구권의 강제적 실현에 이바지하는 소로써 이행청구권의 확정과 피고에 대한 이행명령의 두 가지를 목적으로 한다. 우리나라에서의 인정 여부는 별론으로 하고, 의무이행소송, 예방적 금지소송, 당사자소송으로서의 금전급부소송 등은 이행소송에 해당한다.

3. 확인소송

확인소송은 특정한 권리 또는 법률관계의 존재 또는 부존재를 주장하여 이를 확인하는 판결을 구하는 소송이다. 원칙적으로 권리 또는 법률관계만 확인소송의 대상이 된다. 항고소송 중 무효등 확인소송·부작위위법확인소송이나 당사자소송 중 공법상 법률관계의 존부의 확인을 구하는 소송은 확인소송에 해당한다.

Ⅱ. 내용에 의한 분류

현행 행정소송법 제3조는 내용에 따라 행정소송을 항고소송, 당사자소송, 민중소송, 기관소송으로 구분하고 있다. 행정소송은 크게 국민의 권리 또는 이익을 보호하고 공법상의 권리관계에 관한 분쟁을 해결하기 위한 주관소송과 개인의 권익구제가 아닌 행정작용의 적법성 확보를 위한 객관소송으로 나눌 수 있다. 이때 항고소송과 당사자소송은 주관소송이고, 민중소송과 기관소송은 객관소송이다.

1. 항고소송

항고소송은 "행정청의 처분 등이나 부작위에 대하여 제기하는 소송"으로서(행정소송법 제3조 제1호), 취소소송과 무효등 확인소송, 부작위위법확인소송이 여기에 속한다(같은 법 제4조).

2. 당사자소송

당사자소송은 "행정청의 처분 등을 원인으로 하는 법률관계에 관한 소송 그 밖에 공법상의 법률관계에 관한 소송으로서 그 법률관계의 한쪽 당사자를 피고로 하는 소송"이다(행정소송법 제3조 제2호). 통설은 당사자소송을 실질적 당사자소송과 형식적 당사자소송으로 나누어 설명하고 있다. 형식적 당사자소송은 실질적으로는 행정청의 처분 · 재결 등의 효력 그 자체를 다투는 것이 되어 항고소송의 실질을 가지지만 처분청을 피고로 하는 것이 아니라 그 법률관계의 한쪽 당사자를 피고로 하는 특수한 소송유형으로서, 개별법에 특별한 규정이 있는 경우에만 허용된다.[37] 실질적 당사자소송은 행정청의 처분 등의 효력 그 자체에 관한 다툼이 아니라 '행정청의 처분 등을 원인으로 하는 법률관계에 관한 소송 그밖에 공법상의 법률관계에 관한 소송'을 말한다. 특별한 수식이 없으면 당사자소송은 실질적 당사자소송을 가리킨다. 공법상 당사자소송과 민사소송의 구별기준에 관하여 판례는 소송물을 기준으로 그것이 공법상의 권리이면 당사자소송이고 사법상의 권리이면 민사소송이라고 구별하고 있으나, 통설은 소송물의 전제가 되는 법률관계를 기준으로 그것이 공법상 법률관계이면 당사자소송이고 사법상 법률관계이면 민사소송이라고 구별한다.

3. 민중소송

민중소송은 "국가 또는 공공단체의 기관이 법률에 위반되는 행위를 한 때에 직접 자기의 법률상 이익과 관계없이 그 시정을 구하기 위하여 제기하는 소송"이다(행정소송법 제3조 제3호).[38] 현행법상 인정되는 민중소송은 국민투표법이 정한 국민투표무효소송(국민투표법 제92조), 공직선거법이 정한 선거무효소송(공직선거법 제222조), 당선무효소송(공직선거법 제223조), 지방자치법이 정한 주민소송(지방자치법 제22조) 등이 있다.

4. 기관소송

기관소송은 "국가 또는 공공단체의 기관 상호간에 권한의 존부 또는 그 행사에 관한 다툼이 있을 때에 이에 대하여 제기하는 소송"이다(행정소송법 제3조 제4호). 행정소송법상 기관소송은 동일한 행정주체에 속하는 기관 간의 소송이므

37) 형식적 당사자소송의 예로 '공익사업을 위한 토지 등의 취득 및 보상에 관한 법률'(토지보상법) 제85조 제2항 소정의 보상금증감에 관한 소송 등이 제시되고 있다.

38) 민중소송은 일반 국민이 이해하기 쉬운 용어는 아니다. 비록 입법에는 실패하였지만 2012. 5. 24. 「행정소송법 개정공청회」를 거쳐 마련되었던 행정소송법 전부개정안(행정소송법 개정시안)에서는 공익소송으로 그 명칭을 변경하려고 하였었다.

로, 상이한 행정주체 사이 또는 상이한 행정주체에 속하는 기관 사이의 소송은 이에 해당하지 않는다는 것이 통설이다. 이에 따르면 기관소송의 유형에는 국가기관 상호간의 기관소송과 공공단체의 기관 상호간의 기관소송이 있을 수 있다. 그런데 헌법 제111조 제1항 제4호, 헌법재판소법 제61조, 제62조에 의하여, 국가기관 상호간의 권한쟁의심판과 국가기관과 지방자치단체 간의 권한쟁의심판, 지방자치단체 상호간의 권한쟁의심판은 헌법재판소의 관장사항에 해당하고, 행정소송법 제3조 제4호 단서에서는 헌법재판소법 제2조의 규정에 의하여 헌법재판소의 관장사항으로 되는 소송은 제외한다고 규정하고 있으므로, 이들은 행정소송으로서의 기관소송에서 제외된다.

행정소송법은 제3조 제4호와 제45조에서는 국가 또는 공공단체의 기관 상호간에 권한의 존부 또는 그 행사에 관한 다툼이 있을 때에도 법률이 정한 경우에 한하여 법률이 정한 사람만 제기할 수 있다고 규정하여 기관소송 법정주의를 취하고 있다. 현행법상 인정되고 있는 기관소송은 지방의회의 재의결에 대한 지방자치단체장의 소송(지방자치법 제120조 등)과 교육ㆍ학예에 관한 시ㆍ도의회의 재의결에 대한 교육감의 소송(지방교육자치에 관한 법률 제28조)이 있다.

그런데 현행 행정소송법이 채택하고 있는 기관소송 법정주의의 폐지를 주장하는 견해가 유력하다. 이러한 견해는 그 논거로서 위에서 본 현행법상 인정되고 있는 기관소송 이외에도 지방자치단체의 기관 사이에 생기는 그 밖의 분쟁이나 공공조합 및 영조물법인의 기관 사이에 생기는 분쟁도 법원이 해결하여야 할 필요가 있다는 점을 제시하고 있다.[39]

Ⅲ. 행정상 법률관계의 유형에 따른 행정소송의 가능성과 해당성

1. 개 관

행정상 법률관계는 행정에 관한 법률관계를 총칭하는 개념으로서,[40] 넓은

39) 한편 행정소송법 개정시안에서는 기관소송 법정주의를 부분적으로 폐지하려고 시도하였었다. 참고로 개정시안 제61조 제1항에서는 ① 동일한 공공단체의 기관 상호간에 권한의 존부 또는 그 행사에 관한 다툼이 있는 경우와 ② 법률이 정한 경우에 기관소송을 제기할 수 있도록 하되, ①의 경우에는 다른 법률에 특별한 규정이 있는 경우를 제외하고 어느 기관의 처분 등 또는 부작위가 다른 기관의 법령상의 독자적 권한을 침해하였거나 침해할 현저한 위험이 있는 때에 한하도록 하고 있었다.

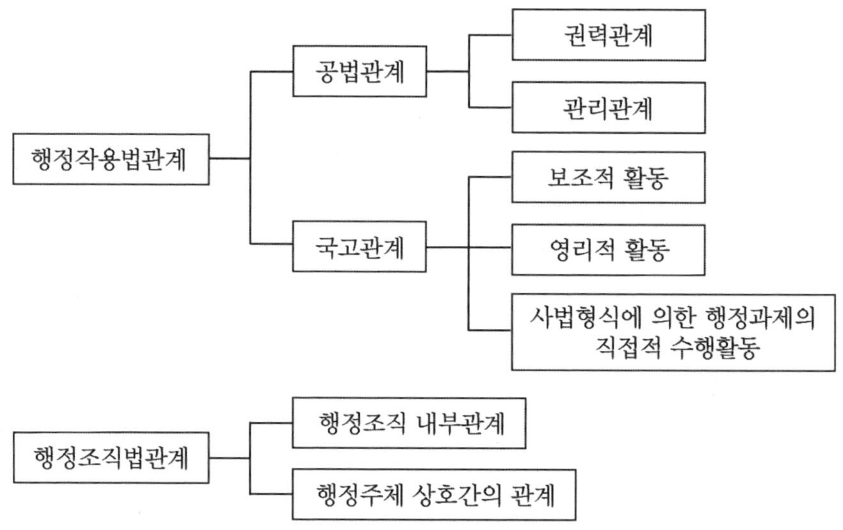

의미로는 행정조직법관계와 행정작용법관계로 나누어지고, 좁은 의미로는 행정작용법관계만 가리킨다. 행정작용법관계는 행정주체와 그 상대방이 되는 국민 또는 주민 사이의 법률관계이고, 행정조직법관계는 행정조직 내부에서 행정기관 상호간이나 행정주체 상호간의 관계를 말한다.

행정조직법관계는 다시 행정조직 내부관계와 행정주체 상호간의 관계로 나뉘고, 행정작용법관계는 권력관계, 관리관계, 국고관계로 분류된다. 이러한 행정상 법률관계에서 분쟁이 발생하는 경우 행정소송법적으로 어떻게 분쟁을 해결할 수 있는지 살펴본다.

2. 행정작용법관계에서의 분쟁

가. 권력관계

권력관계란 국가 또는 지방자치단체 등 행정주체가 그 상대방인 국민 또는 주민에게 일방적으로 명령·강제하거나 법률관계를 발생·변경·소멸시키는 법률관계를 말한다. 권력관계에서는 행정주체에게 특별한 우월적 지위가 인정되기도 하고, 그러한 지위에서 행한 행위는 공정력·집행력·불가쟁력 등 특별한 효

40) 개개의 행정법관계 특히 행정조직법관계에서는 권리의무관계를 뜻하는 법률관계가 아닌 것도 있어서, 행정상 법률관계라는 용어의 사용이 정확한 것은 아니다.

력이 부여되기도 한다. 따라서 국가 또는 지방자치단체는 행정행위(처분)의 발령으로 대표되는 권한의 행사로써 자신의 의사를 관철하면 되는 것이고 이를 위하여 재판상의 청구를 할 필요가 없다.

특히 공법상 의무이행을 확보하기 위하여 행정상의 강제집행수단이 법정되어 있는 경우에는 스스로의 강제력을 발동하여 그 의무이행상황을 실현시켜야지 민사소송이나 당사자소송을 통하여 강제집행을 하는 것은 허용되지 않는다. 예를 들면, 관리청은 국유재산법상 일반재산에 관해서도 행정재산과 마찬가지로 행정대집행법을 준용하여 철거 기타 필요한 조치를 할 수 있으므로, 따로 민사소송의 방법으로 시설물의 철거를 구하는 것은 허용되지 않는다.[41] 감사원법에 의하여 변상을 명하는 판정이 확정되어 있는 경우에는 국세징수법 중 체납처분의 규정에 의하여 위 판정을 집행할 수 있으므로, 그 판정된 변상금의 배상을 구하는 민사상 손해배상청구는 권리보호의 필요가 없고,[42] 회계관계직원의 그 직무상의 의무위반으로 인한 변상책임은 감사원의 변상판정에 의하지 않고 민사상 소구하여 그 책임을 물을 수 없다.[43] 또한, 도시재개발조합이 사업시행구역내에 있는 조합원 소유의 지장물에 대한 철거는 도시재개발법에 따른 행정대집행의 방법에 의하여 건물을 철거하지 않고 민사소송의 방법으로 건물의 철거를 구할 수는 없다.[44] 그리고, 중앙관서의 장이 보조금의 교부결정을 취소한 다음 보조금 관리에 관한 법률에 의하여 그 반환을 구하는 경우 국세체납처분의 예에 의하여 강제징수하지 않고 민사소송의 방법으로 반환을 청구할 수 없다.[45] 아울러 국유재산법

---

41) 대법원 2000. 5. 12. 선고 99다18909 판결 참조. 다만 관리청이 행정대집행을 실시하지 않는 경우에는 국가에 대한 토지 사용청구권을 가지는 자는 위 청구권을 보전하기 위하여 국가를 대위하여 민사소송으로 그 시설물의 철거를 구할 수 있다(대법원 2009. 6. 11. 선고 2009다1122 판결).

42) 대법원 1970. 4. 14. 선고 67다2138 판결; 대법원 1962. 9. 27. 선고 62다381 판결.

43) 대법원 1971. 11. 23. 선고 71다2050 판결; 대법원 1968. 11. 19. 선고 68다651 판결; 대법원 1975. 12. 6. 선고 75다385 판결; 대법원 1980. 2. 26. 선고 79다2241 판결.

44) 대법원 1989. 5. 23. 선고 88다카17822 판결; 대법원 1990. 11. 13. 선고 90다카23448 판결. 다만, "양곡관리법 제7조의 규정에 의하여 비록 피고의 재산에 체납처분을 할 수 있다고 하여서 원고가 피고에 대하여 청구하는 급부의 내용에 관하여 무슨 기판력이나 확정력이 있는 것이 아니므로 원고로서는 급부청구권의 확정을 위하여 이를 소송할 수 있다."라고 판시하여(대법원 1967. 4. 18. 선고 67다416 판결), 공법상 금전납무의무에 관한 체납처분 절차가 규정되어 있음에도 불구하고 민사소송을 긍정한 예도 있으나, 이는 주류적 판례에서 벗어난 예외인 사례이다.

45) 대법원 2012. 3. 15. 선고 2011다17328 판결.

상 일반재산의 대부료 등의 징수에 관하여 국세징수법 규정을 준용하고 있으므로, 민사소송의 방법으로 대부료 등의 지급을 구하는 것은 허용되지 않는다.[46]

다만 과세관청은 세법이 부여한 부과권 및 자력집행권 등에 기하여 조세채권을 실현할 수 있어 납세자를 상대로 소를 제기할 이익이 없지만, 납세의무자가 무자력이거나 소재불명이어서 체납처분 등의 자력집행권을 행사할 수 없는데 소멸시효기간의 경과가 임박하는 등의 특별한 사정이 있는 경우에는 그 시효중단을 위하여 공법상 당사자소송으로 조세채권존재확인소송을 제기할 수 있다.[47] 또한, 도시정비법령에 의하면 시장·군수가 아닌 사업시행자는 시장·군수에게 청산금의 징수를 위탁할 수 있고, 청산금의 징수는 지방세 체납처분의 예에 의한 징수 또는 징수 위탁과 같은 행정상 강제집행수단을 이용하여야 하지만, 시장·군수가 사업시행자의 청산금 징수 위탁에 응하지 않는다면 위 사업시행자는 공법상 당사자소송의 방법으로 청산금을 청구할 수 있다.[48]

반면에, 국가 또는 지방자치단체 등 행정주체가 처분 등을 발령하여 법률상 이익을 침해하면, 처분 등의 상대방 또는 이해관계 있는 제3자는 그 처분 등이 법률의 규정을 위반함으로써 법률에 의하여 부여된 자신의 권리가 침해되었음을 주장하면서 '항고소송'을 제기하여 다툴 수 있다.

나. 관리관계

관리관계란 행정주체가 사업 또는 재산의 관리주체로서 그 상대방 사이에 맺는 법률관계를 말한다. 관리관계에서는 권력관계와는 달리 행정주체와 국민이 대등한 관계에 있게 된다. 다만 그 분쟁이 공법상 법률관계에 관한 것이라는 점에서 민사소송이 아니라 행정소송, 그중에서도 '당사자소송'의 방법으로 해결되는 것이 보통이다.

다. 국고관계

국고관계란 행정주체가 경제적 활동의 주체로서 그 상대방과 대등한 지위에

---

46) 대법원 2014. 9. 4. 선고 2014다203588 판결.
47) 대법원 2020. 3. 2. 선고 2017두41771 판결.
48) 대법원 2017. 4. 28. 선고 2016두39498 판결. 도시개발사업조합이 직접 공법상 당사자소송으로 도시개발법에 따른 청산금의 지급을 구할 수 있는지에 관해서도 같은 법리가 적용된다(대법원 2017. 4. 28. 선고 2013다1211 판결).

서 맺는 법률관계를 말한다. 행정주체가 행하는 사법적 활동에는 행정의 보조적 활동(조달작용, 공사도급계약, 노무자고용계약 등을 체결하는 경우), 행정의 영리적 활동(국가가 광산이나 은행을 경영하거나 주식시장에 참가하는 경우, 지방자치단체가 영리 목적으로 기업을 경영하는 경우), 사법형식에 의한 행정과제의 직접적인 수행활동(사법상 계약에 따라 전기 · 가스 등을 공급하거나 자금지원 내지 채무보증을 하는 경우) 등이 있다.

국고관계에서 국가 또는 지방자치단체의 행위는 사법상의 행위로서 사법에 의한 규율을 받고, 그에 관한 법률상의 분쟁은 민사소송의 대상이 된다. 다만 행정사법이론이 적용되는 결과 민법의 일반조항을 매개로 헌법상 평등의 원칙, 자유권조항, 그 밖의 헌법원칙에 의한 공법상의 기속을 받을 수 있다.

3. 행정조직법관계에서의 분쟁

가. 행정조직 내부관계

행정기관 상호간의 관계는 권리의무의 관계가 아니라 직무권한 · 기관권한의 행사관계로서의 성질을 가지고, 권리주체 사이의 대립을 해소하는 것이 아니라 행정의사의 통일성을 확보하는 것을 목적으로 한다. 이러한 내부법관계는 행정의 일원성의 원칙 아래에서 행정조직의 계층구조의 원칙에 따라 기관들 사이의 분쟁은 공통되는 상급감독청의 개입과 지시에 의하여 해결되게 된다.

상급행정청과 하급행정청과의 관계에서 상급행정청은 하급행정청의 권한의 행사를 감독함으로써 행정의 통일을 기하게 된다. 보통 권한의 감독방법 및 수단으로 거론되는 것은 상급행정청이 하급행정청의 사무를 감사하고 보고를 받는 것을 내용을 하는 감시권, 하급행정청이 명령을 발하거나 처분을 하기 전에 미리 이에 대한 상급행정청의 동의를 구하게 하는 것을 내용으로 하는 인가권(승인 · 동의권), 상급행정청이 하급행정청의 권한행사에 대하여 지휘하는 것을 내용으로 하는 훈령권, 상급행정청이 직권으로 또는 행정심판 등의 청구에 의하여 하급행정청의 위법 또는 부당한 행위를 취소 또는 정지하는 것을 내용으로 하는 취소 · 정지권(정부조직법 제11조 제2항) 등이 있다. 대등행정청 상호간에는 서로 그 권한을 존중할 것이 요구되므로 원칙적으로 행정기관 상호간의 협의에 의하여 해결되어야 하나, 행정청 사이에 관할이나 권한에 대하여 다툼이 있는 경우에는 쌍방 행정청에 공통되는 상급행정청이 그에 관하여 결정하고(행정절차법 제6조 제2항), 최종적으로는 국무회의의 심의를 거쳐 대통령이 결정하게 된다(헌법 제89조 제10호).

행정기관 상호간의 분쟁은 대립하는 당사자 사이의 권리의무에 관한 다툼이 아니어서 법률상의 쟁송이 아니고, 행정기관은 권리주체로서의 법인격도 가지고 있지 않기 때문에 당사자능력도 없으며, 행정주체와 국민 사이의 관계에 이루어지는 외부법관계도 아니어서 처분성도 없고, 행정기관의 권리침해를 상정할 수 없으므로 원고적격도 인정될 수 없다.[49] 따라서 행정조직 내부관계에서의 분쟁은 행정조직 내부에서 해결되어야 하고, 법원은 취소소송은 물론 주관소송으로서의 행정소송절차로 개입하지 않는 것이 원칙이다(행정내부 불개입의 원칙).[50]

다만 행정영역 중에는 행정기관 상호간의 관계가 계층구조에 따라 행정의 통일성을 확보할 수 없는 구조를 가지고 있거나 상급기관의 지시의 기속성이 지배되지 않는 행정영역이 있을 수 있다. 지방자치단체장 또는 교육감과 지방의회 사이에 분쟁이 생긴 경우가 그 대표적인 예이다. 이 경우 법률이 특별히 법원의 공정한 판단과 소송절차에 의한 해결을 구하고 있는 경우가 있는데, 그것이 행정소송법 제3조 제4호 소정의 기관소송이다.

---

49) 그런데, 최근 법령이 특정한 행정기관 등으로 하여금 다른 행정기관에게 제재적 조치를 취할 수 있게 하면서, 그에 따르지 않으면 그 행정기관에 대하여 과태료를 부과하거나 형사처벌을 할 수 있도록 정하는 경우, 제재적 조치의 상대방인 행정기관 등에게 원고로서의 당사자능력과 원고적격을 인정하여 항고소송을 제기할 수 있다는 취지의 대법원 판결들이 선고되고 있다. 예컨대, 국민권익위원회가 시 · 도선거관리위원회 위원장에게 '갑에 대한 중징계요구를 취소하고 향후 신고로 인한 신분상 불이익처분 및 근무조건상의 차별을 하지 말 것을 요구'하는 내용의 조치요구를 한 사안에 관한 대법원 2013. 7. 25. 선고 2011두1214 판결, 국민권익위원회가 소방청장에게 인사 관련하여 부당한 지시를 하였다는 이유로 이를 취소할 것을 요구한 사안에 관한 대법원 2018. 8. 1. 선고 2014두35379 판결 등이 그것이다. 위 소송들은 국가기관 상호간에 제기된 것은 분명하지만 계층조직의 내부기관 사이에서 생긴 것이 아니라 서로 독립적인 기관 사이에서 생긴 분쟁이라는 특징을 가지고 있다. 그런데, 부패방지 및 국민권익위원회의 설치와 운영에 관한 법률이 2019. 4. 16. 개정되어 제62조의4 제1항에서 소속기관장 등에게 신분보장 등 조치결정에 대하여 30일 이내에 항고소송을 제기할 수 있도록 규정하고 있어서, 이제 위와 같은 문제는 입법적으로 해결되었다.

50) 참고로 독일 행정법원법(Verwaltungsgerichtsordnung: VwGO)은 국가조직의 구성요소들인 기관들 사이의 분쟁에 대한 무제한적인 사법적 통제는 국가조직의 신경체계를 절단하고 정상적인 국가행정의 기능을 불가능하게 만들며 결과적으로 법적 안정성의 침해와 관련된 시민의 희생을 야기시킨다는 이유로, 행정주체인 국가 또는 공법인의 내부영역의 분쟁과 관련하여 어떠한 규율도 두지 않고 있다[정하중, '지방자치단체 기관 상호간의 분쟁에 대한 행정소송', 안암법학 제7호, 안암법학회(1998. 8), 76면].

나. 행정주체 상호간의 관계

(1) 국가와 지방자치단체 상호간의 관계

국가가 지방자치단체 또는 그 기관을 상대로, 거꾸로 지방자치단체가 국가 또는 국가기관을 상대로 행정소송을 제기할 수 있는지 문제된다. 국고관계에서의 국가 또는 공공단체는 사법상의 권리주체로서 사법의 규율을 받고 사법상의 법인과 같은 사인으로 취급되기 때문에 다른 행정주체와의 관계에서는 공권력과 공법의 규율을 받는다.[51] 따라서 행정청이 국고관계에서의 국가 또는 공공단체에게 처분을 발령한 경우 사인으로서의 국가 또는 공공단체는 사법상 권리·이익의 침해를 배제하기 위하여 취소소송을 비롯한 항고소송을 제기할 수 있을 것이다. 문제는 공권력 주체로서의 국가와 지방자치단체 상호간의 관계에 있다.

지방자치법 제9장 이하에 따라 중앙행정기관은 지방자치단체장의 사무처리에 관하여 지도·감독할 수 있다. 지방자치법 제184조와 제185조는 지방자치단체 또는 단체장이 국가사무와 자치사무의 처리에 관하여 중앙행정기관의 지도 및 지원과 지도·감독을 받는다는 것을 규정하고 있다. 구체적인 사안에서 지방자치법 제188조에 의하여 지방자치단체의 사무에 관한 그 장의 명령이나 처분이 법령에 위반되거나 현저히 부당하여 공익을 해한다고 인정될 때에는 시·도에 대해서는 주무부장관이, 시·군 및 자치구에 대해서는 시·도지사 또는 (시·도지사가 시정명령을 하지 않으면서 주무부장관의 시정명령의 발령명령도 따르지 않을 때에는) 주무부장관이 기간을 정하여 서면으로 시정을 명하고 그 기간 내에 이행하지 않을 때에는 이를 취소하거나 정지할 수 있다(자치사무에 관해서는 법령에 위반하는 것에 한함). 또한, 지방자치법 제189조에 의하여 지방자치단체의 장이 법령의 규정에 따라 그 의무에 속하는 국가위임사무 또는 시·도위임사무의 관리 및 집행을 명백히 해태하고 있다고 인정되는 때에는 시·도에 대해서는 주무부장관이, 시·군 및 자치구에 대해서는 시·도지사 또는 (시·도지사가 이행명령을 하지 않으면서 주무부장관의 이행명령의 발령명령도 따르지 않을 때에는) 주무부장관이 기간을 정하여 서면으로 그 이행할 사항을 명령할 수 있다. 나아가 국가위임사무 등에 대하여

---

51) 유사한 사례로 대법원은 지방자치단체의 장이 다른 지방자치단체를 상대로 제기한 건축허가의 실질을 갖는 건축협의 취소처분의 취소소송을 허용한 것이 있다(대법원 2014. 2. 27. 선고 2012두22980 판결).

주무부장관 또는 시 · 도지사는 해당 지방자치단체의 장이 소정의 기간 내에 이를 이행하지 않을 때에는 해당 지방자치단체의 비용부담으로 대집행하거나 행정 · 재정상 필요한 조치를 할 수 있다. 한편, 지방자치법 제187조에 의하면, 중앙행정기관의 장과 지방자치단체의 장이 사무를 처리할 때 의견을 달리하는 경우 이를 협의 · 조정하기 위하여 국무총리 소속하에 협의조정기구를 둘 수 있고, 지방자치법 시행령 제106조에서는, "중앙행정기관이나 지방자치단체장이 협의조정위원회에 행정협의조정신청을 하여, 협의 조정 결과 협의조정위원회의 위원장이 협의 · 조정사항에 관한 결정을 하여 통보를 한 경우 관계 중앙행정기관의 장과 당해 지방자치단체의 장은 그 협의 · 조정 결정사항을 이행하여야 한다."라고 규정하고 있다.

국가는 시정명령 및 취소 · 정지권, 직무이행명령과 대집행 및 직접조치권 등의 감독권을 행사할 수 있을 때에는 굳이 행정소송의 방법으로 지방자치단체를 상대로 자신의 의사를 관철할 필요가 없다. 국가는 자치사무 · 단체위임사무 · 기관위임사무를 가리지 않고 시정명령 및 취소 · 정지권을 행사할 수 있고, 기관위임사무에 대해서는 직무이행명령과 대집행 및 직접조치권을 행사할 수 있다. 따라서 국가는 지방자치단체가 한 처분을 취소할 수 있는 방법을 사용하면 될 뿐 항고소송을 제기할 필요나 실익이 없다. 이러한 관점에서 대법원이 기관위임사무에서 국가가 지방자치단체장을 상대로 한 취소소송의 제기는 허용되지 않는다고 판시한 것이라고 생각한다.[52]

❑ **대법원 2007. 9. 20. 선고 2005두6935 판결:** 건설교통부장관은 지방자치단체의 장이 기관위임사무인 국토이용계획 사무를 처리함에 있어 자신과 의견이 다를 경우 행정협의조정위원회에 협의 · 조정 신청을 하여 그 협의 · 조정 결정에 따라 의견불일치를 해소할 수 있고, 법원에 의한 판결을 받지 않고서도 행정권한의 위임 및 위탁에 관한 규정이나 구 지방자치법에서 정하고 있는 지도 · 감독을 통하여 직접 지방자치단체의 장의 사무처리에 대하여 시정명령을 발하고 그 사무처리를 취소 또는 정지할 수 있으며, 지방자치단체의 장에게 기간을 정하여 직무이행명령을 하고 지방자치단체의 장이 이를 이행하지 아니할 때에는 직접 필요한 조치를 할 수도 있으므로, 국가

52) 위 판결은 기관위임사무에 한정하고 있으나 자치사무나 단체위임사무도 마찬가지라고 생각된다.

가 국토이용계획과 관련한 지방자치단체의 장의 기관위임사무의 처리에 관하여 지방자치단체의 장을 상대로 취소소송을 제기하는 것은 허용되지 않는다.

다음으로, 지방자치단체는 위와 같이 국가가 지방자치단체에 감독권을 행사하는 경우 그에 불복하는 소송을 제기할 수 있는지 문제된다. 지방자치법 제188조 제6항에서는 자치사무에 관한 명령이나 처분의 취소 또는 정지에 대하여 이의가 있으면 그 취소처분 또는 정지처분을 통보받은 날부터 15일 이내에 대법원에 소를 제기할 수 있다고 하여 자치사무에 대한 취소·정지처분 등의 불복소송을 허용하고 있다. 또한 같은 법 제189조 제6항에서는 국가위임사무에 대한 직무이행명령에 이의가 있으면 이행명령서를 접수한 날부터 15일 이내에 대법원에 소를 제기할 수 있다고 규정하여 국가위임사무에 대한 직무이행명령의 불복소송 역시 허용하고 있다. 동일한 행정주체 내에서의 기관 상호간의 소송만 기관소송으로 보는 통설에 의하면 위와 같은 불복소송은 기관소송에 해당되지 않으므로, 국가 또는 광역지방자치단체의 기관이 행한 감독처분에 대한 특별한 형태의 항고소송이다.

그런데, 국가의 감독권 행사와 그에 대한 지방자치단체의 불복소송을 허용하는 법률의 규정이 없는 경우에는 문제가 발생한다. 이미 앞에서 살펴본 것과 같이 국가 또는 지방자치단체가 '재산권의 주체'로서 행위한 경우에는 사인과 같은 지위에 있게 되어 항고소송이 허용된다고 보아야 하므로, 지방자치단체가 재산권의 주체가 아닌 공권력의 주체라는 입장에서 국가를 상대로 항고소송을 제기할 수 있는지가 문제된다.

이 문제는 지방자치단체의 장에게 내려진 국가기관이나 광역지방자치단체장의 처분에 관한 사무의 성질에 따라 나누어 살펴보아야 한다고 생각된다. 먼저 기관위임사무에 대한 감독처분에 대해서는 지방자치단체의 장이 국가기관의 하부기관의 지위에 있고 그 법률효과도 지방자치단체에 귀속되는 것이 아니므로, 앞에서 본 행정조직 내부관계에서의 분쟁과 같은 성격을 가지고 내부적인 절차에 따라 그 분쟁이 해결되어야 하는 관계로 새길 수 있다. 다음으로, 자치사무나 단체위임사무에 대해서는 지방자치단체장은 형식적으로는 감독처분의 상대방이지만 실질적으로는 지방자치단체의 대표자의 지위에서 상대방이 된 것이니 그 법률효과도 지방자치단체에 귀속되고 자치권의 침해는 지방자치단체의 고유한 법률적 이익의 침해에 해당하므로, 법률상의 쟁송성과 처분성, 법률상 이익 등을 모두 충족하는 것으로 볼 수 있기 때문에 항고소송으로 다툴 수 있다고 볼 수 있다.[53] 항고소송이 허용된다고 보는 경우 지방자치단체에게 행정소송법 제12조 소정의 법률상 이익을 가지는 것으로 볼 수 있는지 의문이나 우리나라의 대부분의 학자들은 원고적격이 있음을 인정하고 있다.[54] 이 경우 지방자치단체장은 그 법률효과가 귀속되는 주체인 지방자치단체의 이름으로 국가기관 또는 광역지방자치단체의 기관을 상대로 항고소송을 제기하여야 한다.[55]

(2) 지방자치단체 상호간의 관계

지방자치법 제164조 제1항에서 "지방자치단체는 다른 지방자치단체로부터 사무의 공동처리에 관한 요청이나 사무처리에 관한 협의 · 조정 · 승인 또는 지원의 요청을 받으면 법령의 범위에서 협력하여야 한다."라고 규정한 것과 같이 지방자치단체 상호간의 협력의무를 부과하고,[56] 같은 법 제169조에 의하여 지방자치단체의 장 또는 지방의회의 의장은 상호간의 교류와 협력을 증진하고, 공동의 문제를 협의하기 위하여 각각 전국적 협의체를 설립할 수 있도록 규정하고 있는데, 이는 지방자치단체 상호간의 관계가 기본적으로 협력관계라는 점을 나타낸다.

한편, 지방자치단체 상호간 또는 지방자치단체의 장 상호간 사무를 처리할 때 의견을 달리하여 다툼이 있는 때에는 행정안전부장관 또는 시 · 도지사가 당사자의 신청에 의하거나 당사자의 신청이 없는 때에도 그 분쟁이 공익을 현저히 저해하여 조속한 조정이 필요하다고 인정되는 경우에는 직권으로 행정안전부에 설치된 지방자치단체 중앙분쟁조정위원회와 시 · 도에 설치된 지방자치단체 지방분쟁조정위원회에서 이를 조정할 수 있다. 이 경우 행정안전부장관이나 시 · 도

53) 송영천, '지방자치제 시행과 관련한 각종 쟁송의 제문제', 50면; 서원우, '지방자치단체의 행정소송', 36면.

54) 그 근거로 항고소송이 프랑스의 월권소송과 같이 객관소송으로 파악될 수 있다는 점을 들거나, 행정소송법 제12조의 법률상 이익을 사인의 이익으로 한정할 수 없고 행정소송법 제1조에서 말하는 '국민'의 의미를 국가 내의 모든 법인격 주체로 확대해석할 수 있다는 점을 들고 있다.

55) 박정훈, 행정소송의 구조와 기능, 354면.

56) 김남진 · 김연태, 행정법Ⅱ, 제28판, 법문사(2024), 234면에서는 '협력의 대상이 되는 사무'는 해석상 자치사무 및 단체위임사무이고 기관위임사무는 포함되지 않는다고 한다.

지사는 조정에 대하여 결정을 하면 서면으로 지체 없이 관계 지방자치단체의 장에게 통보하여야 하며, 통보를 받은 지방자치단체의 장은 그 조정결정사항을 이행하여야 한다(지방자치법 제165조).

지방자치단체 상호간의 분쟁에 대하여 위와 같은 조정절차 이외에 법원에 제소하여 분쟁을 해결할 수 없는지에 관해서는 국가와 지방자치단체 상호간의 분쟁에 관한 논의가 마찬가지로 적용될 수 있다고 생각된다. 다만 지방자치단체 상호간의 권한쟁의심판은 헌법재판소의 관장사항에 해당한다.[57)]

57) 과거 지방자치단체의 관할구역의 경계를 다투는 관할분쟁은 헌법재판소의 권한쟁의심판으로 다루어져 왔었는데, 헌법재판소가 사실확정이 필요한 이러한 분쟁을 해결하는 것이 바람직한 것인지에 대하여 논란이 있었다[김하열, 헌법소송법, 제6판, 박영사(2025), 627면 참조]. 그런데 지방자치법 제5조가 2009. 9. 1. 법률 제9577호로 개정됨에 따라, 위와 같은 분쟁 중 지방자치단체 상호간에 공유수면의 매립이나 지적공부의 등록누락을 둘러싼 관할구역에 대한 분쟁은 행정안전부장관이 이의신청이 없으면 신청내용에 따라 정하고, 이의신청이 있으면 지방자치단체중앙분쟁조정위원회의 심의·의결에 따라 관할구역을 결정하게 되었고, 이에 불복하는 관계 지방자치단체장은 행정안전부장관의 결정에 대하여 그 결과를 통보받은 날부터 15일 이내에 대법원에 소송을 제기할 수 있게 되었다. 여기에서의 관계 지방자치단체장은 관할하는 지방자치단체로 결정될 가능성이 있는 광역지방자치단체장 뿐만 아니라 기초지방자치단체장을 포함한다(대법원 2021. 2. 4. 선고 2015추528 판결). 이에 따라 헌법재판소도 위와 같이 개정된 지방자치법 제5조가 시행된 이후에는 공유수면 매립지의 관할 귀속 문제는 권한쟁의심판의 대상에 속하지 않는다고 판시하였다(헌재 2020. 7. 16. 선고 2015헌라3 결정). 다만 위 조항의 적용을 받지 않는 공유수면의 해상경계에 관한 관할분쟁은 여전히 헌법재판소가 권한쟁의심판을 행하고 있다(헌재 2019. 4. 11. 선고 2016헌라8 결정).

제 2 장

행정사건의 관할

제1절 행정법원의 행정사건 관할의 전속성

Ⅰ. 행정법원의 설치

행정소송법은 1994. 7. 27. 법률 제4770호로 개정되고 법원조직법은 같은 날 법률 제4765호로 개정되어, 위 두 법률은 1998. 3. 1.부터 시행되고 있다. 행정소송법과 법원조직법이 개정되기 전에는 필요적 전치주의를 취하되 행정소송이 2심제로 운영되고 있었는데, 위 두 법률의 개정으로 말미암아 임의적 전치주의로 전환하고 3심제가 되었다. 그러면서 일반법원의 하나로 행정법원을 설치하고 행정법원으로 하여금 행정소송법상 항고소송과 당사자소송 및 다른 법률에 의하여 행정법원의 권한에 속하는 사건의 제1심을 담당하게 하였다.

다만 법원조직법 부칙 제2조에서는 행정법원이 설치되지 않은 지역에서의 행정법원의 권한에 속하는 사건은 행정법원이 설치될 때까지 해당 지방법원 본원 및 춘천지방법원 강릉지원이 관할하도록 규정하고 있다. 그런데, 아직까지도 서울행정법원 외에는 행정법원이 설치되어 있지 않다.

Ⅱ. 행정사건 관할의 전속성

행정소송법 제9조 제1항에서는, "취소소송의 제1심 관할법원은 피고의 소재지를 관할하는 행정법원으로 한다."라고 규정하고, 같은 법 제40조에서는 이를 당사자소송에 준용하면서, 국가 또는 공공단체가 피고인 경우에는 관계행정청의 소재지를 피고의 소재지로 본다고 규정하고 있다. 따라서 행정법원은 항고소송과 당사자소송을 그 관할로 하고 있다. 민중소송과 기관소송의 관할에 대해서는 그 소송을 인정하는 개별법률에서 특별규정을 두고 있다.

문제는 행정사건이 행정법원의 전속관할인지 여부이다.[1] 가사소송법 제2조에서 가사소송이 가정법원의 전속관할임을 명시한 것과 달리 행정소송법에서는 그러한 규정이 없어 논란의 여지가 있다. 그러나 행정사건은 성질상 행정법원의 전속관할에 속하므로, 행정법원의 전속관할에 속하는 사건을 지방법원이나 가정법원이 행하는 것은 전속관할 위반이 되어 절대적 상고이유가 된다.[2]

다만 행정법원이 설치되지 않아 지방법원 본원이 행정법원의 역할까지 하는 지역에서 지방법원 본원이 행정사건으로 취급하여야 할 것을 민사사건으로 접수하여 처리하였다 하더라도 이는 단순한 사무분담의 문제일 뿐 관할위반의 문제가 아니므로, 전속관할 위반의 문제는 발생하지 않는다.[3]

---

1) 전속관할이란 "어느 사건에 관하여 특정 법원만 배타적으로 갖는 경우의 관할"을 가리키고, 재판의 적정·공평 등 고도의 공익적 요구 때문에 인정되는 것이다. 이에 대하여 임의관할이란 "전속관할이 아닌 나머지의 법정관할"을 말하고, 이 경우 당사자의 편의와 공평이라는 사익 보호적인 관점에서 당사자의 합의(합의관할)나 상대방의 변론(변론관할)에 의하여 다른 관할이 생기는 것이 허용된다. 관할권의 존재는 소송요건이므로 법원의 직권조사사항이다. 전속관할의 경우 공익과 관련이 있기 때문에 법원이 관할의 원인사실 유무를 직권으로 탐지할 의무를 지게 된다(직권탐지주의). 이에 반하여 임의관할은 당사자의 합의 또는 변론에 의하여 법정관할을 바꿀 수 있기 때문에 당사자 사이에 다툼이 있는 경우에 한하여 관할권의 존부를 조사하게 된다. 전속관할이 정해진 경우에는 합의 또는 변론에 의하여 다른 법원에 관할권이 생길 수 없으므로 관할이 경합될 여지가 없으나, 임의관할의 경우에는 하나의 사건이 여러 법원의 관할에 해당할 수 있다. 임의관할에서 관할이 경합될 때에는 편의 또는 법원의 재량에 의하여 소송을 다른 법원에 이송할 수 있다. 제1심 법원이 전속관할을 위반한 경우 항소로 불복할 수 있고 절대적 상고이유가 된다. 그러나 임의관할을 위반한 경우 제1심 판결의 선고로 관할에 관한 하자가 치유되어 더 이상 관할위반의 주장을 할 수 없다. 다만 전속관할위반도 재심사유는 아니므로 판결이 확정되면 더 이상 다툴 수 없다.

2) 법원실무제요(행정), 29면; 주석 행정소송법, 155면. 대법원도 "도시 및 주거환경정비법상의 주택재건축정비사업조합을 상대로 관리처분계획안에 대한 총회결의의 무효확인을 구하는 소는 행정소송법상 당사자소송에 해당하므로 전속관할이 행정법원에 있다."라는 취지로 판시하였다(대법원 2009. 9. 17. 선고 2007다2428 전원합의체 판결).

3) 법원실무제요(행정), 30면. 따라서 당사자소송으로 제기하여야 할 사건을 민사소송으로 잘못 제기하였더라도 수소법원이 그 당사자소송의 관할도 가지고 있다면 행정소송절차로 심리할 수 있다(대법원 2014. 10. 14.자 2014마1072 결정). 이는 가사사건에도 유사한 문제가 발생하는데, 거기에서도 전속관할위반의 문제는 생기지 않는다고 해석한다[법원실무제요

한편, 가사소송법 제3조 제1항에서는 "사건이 가정법원과 지방법원 중 어느 법원의 관할에 속하는지 분명하지 아니한 경우에는 관계법원의 공통되는 고등법원이 관할법원을 지정한다."라고 규정하고 있다. 그러나, 행정소송법에는 이러한 관할지정제도가 규정되어 있지 않다. 행정사건에는 당사자적격, 제소기간 등 특유한 소송요건 등이 있으므로, 고등법원의 결정으로 행정사건과 민사사건을 구별하는 것은 적절하지 않기 때문이다.[4)]

나아가 행정사건 제1심판결에 대한 항소사건은 고등법원의 전속관할이다(법원조직법 제28조 제1호). 원고가 고의나 중대한 과실 없이 행정소송으로 제기하여야 할 사건을 민사소송으로 잘못 제기하고 단독판사가 제1심판결을 선고한 경우라고 하더라도 그에 대한 항소사건은 고등법원이 심판하여야 한다.[5)]

Ⅲ. 행정법원의 민사사건 처리의 허용 여부

앞에서 본 것처럼 행정법원은 행정사건에 관하여 전속성을 가지는데, 거꾸로 지방법원은 민사사건의 전속관할인지가 문제된다. 행정소송법은 행정법원이 행정사건과 병합하여 관련 민사사건을 처리할 수 있다고 명시하고 있는데(제10조 제2항 참조), 이러한 경우 이외에도 행정법원이 민사사건을 독립적으로 처리할 수 있는지에 관한 것이다.

이에 관한 명문의 규정이 없으므로 민사사건이 지방법원의 전속관할에 속한다고 할 수 없다는 견해가 있다(임의관할설). 이 견해에 따르면, 민사사건을 행정법원에 제기하더라도 피고가 동의하거나 관할위반의 항변을 하지 않고 본안에 대하여 변론한 경우에는 행정법원에 합의관할 · 변론관할이 생길 수 있다. 이에 반하여 법원조직법이 지방법원, 특허법원, 행정법원, 가정법원의 설치근거와 그 관할에 관한 규정을 달리 두고 있는 점, 행정소송은 행정법원의 전속관할로 하고 있는 것과 비교하여 균형이 맞지 않은 점 등으로 보아 민사사건은 지방법원

(가사[1]), 법원행정처(2010) 31면, 민유숙, '이혼과 관련된 재산상 청구의 관할과 이혼소송의 계속중 당사자 사망의 효과', 무등춘추 제4호, 광주지방변호사회(1996), 65면 참조].

4) 그러나, 관할 법원 선택의 위험을 방지하고 불편을 해소하기 위하여 가사소송법과 같은 입법적 보완이 필요하다. 참고로 행정소송법 개정시안은 가사소송법 제3조와 같은 규정을 두려고 하였었다.

5) 대법원 2022. 1. 27. 선고 2021다219161 판결.

의 전속관할이라는 견해도 있다(전속관할설). 이에 따르면, 민사사건이 행정법원에 제기된 경우 관할 지방법원으로 이송하여야 하고, 행정법원이 그대로 민사사건에 대한 판결을 하였다면 항소심으로서는 전속관할의 위반을 이유로 행정법원의 판결을 취소하고 관할 지방법원으로 이송하여야 한다. 한편 민사사건은 지방법원의 전속관할에 준하는 것으로 보아 행정법원에 변론관할·합의관할이 생기지 않으므로 행정법원이 민사사건을 심판하면 위법하기는 하지만, 민사사건이 지방법원의 전속관할은 아니어서 항소심에서는 그에 대한 관할위반의 항변을 하지 못한다는 견해(전속관할에 준한다는 견해)도 있을 수 있다.[6] 이 견해는 행정법원이 민사사건을 행정사건으로 오인하여 본안에 대하여 심판한 경우 항소심이 전속관할의 위반을 이유로 그 심판을 취소하고 관할 지방법원으로 이송하도록 하는 것은 법원의 잘못을 당사자에게 떠넘기는 것이 되어 바람직하지 않다는 점을 근거로 한다.

절차의 혼란을 피하고 변론관할이나 합의관할의 여지를 두며 행정사건과 민사사건 구별의 모호성, 소송경제의 도모 등을 고려하면, 민사사건은 지방법원의 전속관할이라고 보지 않는 것이 타당하다. 따라서 행정법원이 민사사건을 독립적으로 처리할 수 있다고 생각한다. 대법원도 민사사건이 서울행정법원에 제기되었음에도 불구하고 피고가 관할위반을 항변하지 않고 본안에 대하여 변론을 하였다면 서울행정법원에 변론관할이 생긴다고 판시하여 같은 입장에 있다.[7]

이렇게 보면, 행정법원이 민사사건을 처리하더라도 전속관할 위반은 아니고 단순한 관할위반의 주장은 항소심에서 금지되므로(민사소송법 제411조), 행정법원이 민사사건을 독립적으로 처리할 수 있다는 결론에 도달한다. 또한 행정사건에 병합하여 제기된 민사청구에 관하여 당사자가 행정사건만 취하하거나 법원의 심리 결과 행정사건 부분이 부적법하여 각하하여야 하는 경우에도 그 민사사건만 독립적으로 처리할 수 있게 된다. 그러나 대법원 판결 중에는 관련청구소송의

---

6) 김선흠, '가사소송에 있어서의 관할', 법조 제40권 제8호, 법조협회(1991. 8), 66면 참조.

7) 대법원 2013. 2. 28. 선고 2010두22368 판결. 그 이유에 대하여 "공법상의 당사자소송 사건인지 민사사건인지 여부는 이를 구별하기가 어려운 경우가 많고 행정사건의 심리절차에 있어서는 행정소송의 특수성을 감안하여 행정소송법이 정하고 있는 특칙이 적용될 수 있는 점을 제외하면 심리절차면에서 민사소송절차와 큰 차이가 없는 점"을 들고 있다. 나아가 민사사건을 행정소송절차로 진행한 것 자체로 위법하게 되는 것은 아니다(대법원 2018. 2. 13. 선고 2014두11328 판결).

병합은 본래의 항고소송이 적법할 것을 요건으로 하는 것이어서 본래의 항고소송이 부적법하여 각하되면 그에 병합된 관련청구도 소송요건을 흠결한 부적합한 것으로 각하되어야 한다고 판시한 것들이 있다.[8] 이에 관해서는 '관련청구소송의 병합'을 설명하는 부분에서 자세히 살펴보기로 한다.

제2절 토지관할

Ⅰ. 토지관할의 의의

토지관할은 있는 곳을 달리하는 같은 종류의 법원 사이에 같은 종류의 직분을 어떻게 배분할 것인지를 정하는 기준을 말한다. 토지관할은 사건이 어느 법원의 관할구역 내의 일정한 지점과 인적 또는 물적으로 관련되어 있는 경우 그 지점을 기준으로 정해진다. 이와 같이 토지관할의 발생원인이 되는 인적·물적 관련지점을 '재판적'이라 한다. 일반적 또는 원칙적으로 인정되는 재판적을 '보통재판적'이라 하고, 한정된 종류 및 범위 안에서 인정되는 재판적을 '특별재판적'이라 한다.

행정소송법 제9조, 제38조에서는 항고소송의 관할에 관하여 규정하고, 제40조에서는 당사자소송의 관할에 관하여 규정하면서 취소소송의 관할에 관한 규정을 준용하고 있다. 다만 민중소송과 기관소송의 경우에는 개별법률에서 정한 내용에 따른다.

Ⅱ. 항고소송과 당사자소송의 토지관할

1. 보통재판적

보통재판적이란 특정인에 대한 일체의 소송사건에 관해서 일반적으로 인정되는 토지관할이다. 소송을 제기하려는 원고 쪽에서 피고의 생활근거지에 있는

8) 대법원 2011. 9. 29. 선고 2009두10963 판결; 대법원 2001. 11. 27. 선고 2000두697 판결; 대법원 1997. 11. 11. 선고 97누1990 판결.

법원에 제소하는 것이 공평하므로, 민사소송법 제2조에서는 피고의 생활근거지가 있는 법원에 사건의 종류나 내용을 묻지 않고 항상 관할권이 생기도록 하였다. 행정소송법 제9조 제1항에서도 항고소송의 제1심 관할법원을 '피고의 소재지를 관할하는 행정법원'으로 규정하고 있다.

행정소송법 제40조 본문에 의하면 당사자소송의 경우에도 피고의 소재지를 관할하는 행정법원에 보통재판적이 있게 된다. 그런데, 당사자소송은 처분을 행한 행정청이 피고가 되는 것이 아니라 국가나 지방자치단체 등 권리주체가 피고가 되는 것이므로, 국가나 지방자치단체 등이 피고가 되는 경우 해당 소송과 구체적인 관계가 있는 관계행정청 소재지를 피고의 소재지로 보고 그 행정청의 소재지를 관할하는 행정법원이 보통재판적을 가지도록 정하였다(행정소송법 제40조 단서).

그런데, 앞서 본 것처럼 현재 행정법원이 설치된 법원은 서울행정법원뿐이고, 춘천지방법원 강릉지원의 경우에는 춘천지방법원 본원이 아니라 강릉지원에서 관할하므로, 서울행정법원과 춘천지방법원 강릉지원을 제외하고는 피고의 소재지를 관할하는 지방법원의 본원이 항고소송과 당사자소송의 제1심 관할법원이 되는 것이다.

2. 특별재판적

특별재판적은 보통재판적과 경합하는 임의관할이기 때문에 당사자는 경합하는 재판적 중 하나를 편의에 따라 선택할 수 있게 된다. 관할구역이 분명하지 않은 경우 민사소송법 제28조에 따라 관계된 법원과 공통되는 바로 위의 상급법원이 그 관계된 법원 또는 당사자의 신청에 따라 결정으로 관할법원을 정할 수 있도록 한 관할지정제도는 행정소송에도 준용될 수 있을 것이다.[9)]

위에서 살펴본 것과 같이 항고소송과 당사자소송의 보통재판적은 피고의 소재지를 관할하는 행정법원이나, 행정소송법 제9조 제2항에 의하면 ① 중앙행정기관, 중앙행정기관의 부속기관과 합의제행정기관 또는 그 장, ② 국가의 사무를 위임 또는 위탁받은 공공단체 또는 그 장이 피고인 경우에는 대법원 소재지를 관할하는 행정법원인 서울행정법원에도 관할이 있다. 이는 행정소송법이 2014. 5. 20. 개정되면서 변경된 것이다. 개정 전에는 중앙행정기관 또는 그 장이 피고

9) 주석 행정소송법, 289면 참조.

인 경우의 제1심 관할법원은 대법원 소재지의 행정법원으로 하도록 규정하고 있었으므로, 과천시와 대전광역시에 있는 정부종합청사에 속한 중앙행정기관 또는 그 장을 피고로 하는 경우에는 수원지방법원이나 대전지방법원이 아니라 대법원의 소재지인 서울행정법원에만 토지관할이 있었다. 그러나 지방분권 정책으로 다수의 중앙행정기관이나 공공단체가 세종특별자치시 등으로 이전하였음에도 불구하고 서울행정법원만 관할을 가지도록 할 수는 없으므로, 중앙행정기관, 중앙행정기관의 부속기관과 합의제행정기관, 공공단체 또는 그 장이 피고인 경우에는 대법원 소재지 또는 해당 중앙행정기관 등의 소재지를 관할하는 행정법원에 선택적으로 항고소송과 당사자소송을 제기할 수 있도록 한 것이다.

또한, 행정소송법 제9조 제3항에서는, "토지의 수용 기타 부동산 또는 특정의 장소에 관계되는 처분 등에 대한 취소소송은 그 부동산 또는 장소의 소재지 행정법원에 제기할 수 있다."라고 규정하고 있다. 여기에서 "기타 부동산 또는 특정의 장소에 관계되는 처분 등"이라 함은 부동산에 관한 권리의 설정·변경 등을 목적으로 하는 처분, 부동산에 관한 권리행사의 강제·제한·금지 등을 명령하거나 직접 실현하는 처분, 특정구역에서 일정한 행위를 할 수 있는 권리나 자유를 부여하는 처분, 특정구역을 정하여 일정한 행위의 제한·금지를 하는 처분 등을 말한다(행정소송규칙 제5조 제2항). 따라서, 광업권·어업권에 관한 처분, 농지 및 산림의 보전·개발을 위한 각종 규제 및 해제에 관한 처분, 건축물 철거처분, 국토계획법상 토지거래의 허가에 관한 처분, 도시계획, 자동차운수사업면허 및 취소, 행정재산의 사용허가에 관한 처분 등이 여기에 해당된다.[10]

한편, 행정소송규칙 제5조 제1항에 의하면, 국가의 사무를 위임 또는 위탁받은 공공단체 또는 그 장에 대하여 그 지사나 지역본부 등 종된 사무소의 업무와 관련이 있는 소를 제기하는 경우에는 그 종된 사무소의 소재지를 관할하는 행정법원에 제기할 수 있다.[11] 예를 들면, 국민건강보험공단이나 근로복지공단과 같은 공법인의 지사나 지점이 업무에 관하여 처분을 한 경우 그 지사 또는 지점 소재지 관할법원도 관할권을 가진다.

---

10) 행정소송규칙 해설, 법원행정처(2023), 32면.

11) 참고로 민사소송법 제12조에서도 "사무소 또는 영업소가 있는 사람에 대하여 그 사무소 또는 영업소의 업무와 관련이 있는 소를 제기하는 경우에는 그 사무소 또는 영업소가 있는 곳의 법원에 제기할 수 있다."라고 규정하고 있다.

Ⅲ. 토지관할의 임의성

행정소송에서도 민사소송과 마찬가지로 토지관할은 임의관할이다. 행정소송법 제9조나 제40조에 항고소송이나 당사자소송의 토지관할을 전속관할로 하는 명문의 규정이 없는 이상 이들 소송의 토지관할을 전속관할이라고 할 수 없다는 것이 대법원의 판례이다.[12] 따라서 민사소송법 제29조 제1항에 의하여 당사자가 합의로 제1심 관할법원을 정할 수 있고(합의관할), 같은 법 제30조에 의하여 피고가 제1심 법원에서 관할위반이라고 항변하지 않고 본안에 대하여 변론하거나 변론준비기일에서 진술하면 그 법원은 관할권을 가진다(변론관할). 또한 민사소송법 제411조 본문에 의하여 항소심에서 제1심 법원의 관할위반을 주장할 수도 없다.

다만 지방법원에서는 지방법원 본원만 행정소송을 수행할 수 있고, 지방법원 지원은 합의부라 하더라도 행정사건을 처리할 수 없으므로(춘천지방법원 강릉지원 제외), 합의관할이나 변론관할 등이 생길 여지가 없다.

제3절 사물관할

사물관할이라 함은 제1심 법원의 단독판사와 합의부 사이에서 제1심 소송사건의 분담을 정한 것을 말한다. 행정사건은 원칙적으로 판사 3인으로 구성된 합의부에서 재판하여야 하는 합의부 관할사건이다(법원조직법 제7조 제3항). 이는 지방법원 및 그 지원의 제1심 재판권을 원칙적으로 단독판사가 행사하도록 하면서 예외적으로 법원조직법 제32조 제1항 소정의 사건에 대해서만 합의부가 심판하도록 한 민사사건과 다른 점이다.

다만 '재정단독사건'이라고 하여 합의부가 단독판사가 재판할 것으로 결정한 사건에 대해서는 단독판사가 재판할 수 있다(법원조직법 제7조 제3항 단서). 재량권 남용 여부만 문제되는 사건과 같이 쟁점이 복잡하지 않아 단독판사가 독자적

12) 대법원 1994. 1. 25. 선고 93누18655 판결.

으로 심리하여 결정을 내릴 수 있는 사건은 신속하게 처리될 수 있도록 특례를 규정하고 있는 것이다. 서울행정법원의 실무에 의하면, 운전면허관련처분, 업무상재해관련처분, 양도소득세부과처분 등에 대한 행정소송은 단독판사가 담당하고 있다.13)

행정사건은 재정단독결정을 하지 않는 이상 합의부 관할이지만, 사물관할 또한 임의관할이다. 따라서 합의관할도 가능하고, 만일 행정사건이 지방법원 본원의 단독재판부에 계속되었는데 피고의 변론이 있으면 변론관할이 생길 수 있다.

제4절 심급관할

심급관할은 상소제도 때문에 나타나는 것인데, 하급법원의 재판에 대하여 불복이 있는 경우 심판할 상급법원을 정하는 관할을 말하고, 법원 사이의 심판의 순서, 상하관계를 정하는 것이 여기에 해당한다. 민사소송의 경우에는 불복수단인 상소로서 제1심 재판에 대한 항소·항고 및 제2심 재판에 대한 상고·재항

13) 서울행정법원 재정단독판사제도의 운영과 관련된 사무처리지침 제2조 제1항에서는 ① 자동차 운전면허 취소처분 취소사건, 자동차 운전면허 정지처분 취소사건 및 사건의 성격상 그와 유사한 사건, ② 산업재해소송사건(유족급여 등 부지급처분 취소소송사건, 산재보험료 부과처분 취소사건 제외), ③ 조세소송사건 중 양도소득세 부과처분 취소사건, 구청장을 피고로 하는 취득세, 개인 또는 법인지방소득세, 주민세, 재산세 사건(소송목적의 값이 2억원 이하인 경우), ④ 국가유공자 및 보훈보상대상자 관련사건(사망자와 관련된 사건 제외), ⑤ 이행강제금 부과처분 취소사건(노동사건과 관련된 사건 제외, 소송목적의 값이 2억원 이하인 경우), ⑥ 국·공유재산 변상금 관련사건(소송목적의 값이 2억원 이하인 경우), ⑦ 구청장을 피고로 하는 영업정지·취소(등록말소)처분 취소사건, 과징금 부과처분 취소사건, 장애등급결정처분·부여거부처분 취소사건, 택시운전사 경고처분·자격정지 취소사건(피고 서울특별시장의 경우 포함), 건축물대장 관련 사건, 용도변경 관련 사건, ⑧ 지방고용노동청장과 그 지청장을 피고로 하는 사건, ⑨ 인사혁신처장 및 공무원연금공단을 피고로 하는 공무상재해소송사건(사망자와 관련된 사건 제외), ⑩ 법무부장관, 출입국관리사무소장을 피고로 하는 출입국관련법 사건(출국명령, 강제퇴거, 체류기간연장 등 불허가, 영주권 불허가, 보호명령, 출·입국금지, 체류자격 비자교체, 출국금지기간연장, 여권·사증발급거부), ⑪ 토지수용 보상금청구 등 토지수용 관련 소송사건(원고가 50명 이상인 사건, 보상금 증·감액 외의 쟁점이 있는 사건 제외), ⑫ 난민사건, ⑬ 학교폭력 관련 소송사건, ⑭ 수사기관(검찰, 경찰에 한함)을 피고로 하는 정보공개청구사건(수사기록·불기소사건기록 외의 정보가 포함되어 있는 사건 제외) ⑮ 금전을 구하는 당사자소송 중 소송목적의 값이 2억원 이하인 사건 등에 대하여 재정단독결정을 할 수 있도록 규정하고 있다.

고의 2단계를 인정하여 3심제도를 채택하고 있다.

1998. 3. 1. 개정되기 전의 행정소송법과 법원조직법은 행정소송을 2심제로 규정하고 있었다. 그러나 현행 행정소송법과 법원조직법은 행정소송을 3심제로 하면서, 지방법원급인 행정법원을 설치하여 행정소송법상 항고소송과 당사자소송 및 다른 법률에 의하여 행정법원의 권한에 속하는 사건의 제1심을 담당하도록 하고, 항소심을 고등법원, 상고심을 대법원이 담당하도록 하고 있다.

다만 개별법규 중에는 서울고등법원을 제1심으로 규정하여 2심제로 운영하는 것들도 있다. 예를 들면, 보안관찰법 제23조, 독점규제 및 공정거래에 관한 법률(공정거래법) 제100조, 공정거래법 제100조를 준용하는 약관의 규제에 관한 법률 제30조의2 및 하도급거래 공정화에 관한 법률 제27조 등이 그것이다.

제5절 사건의 이송

Ⅰ. 의 의

이송은 어느 법원에 일단 계속된 소송을 그 법원의 재판에 의하여 다른 법원의 관할로 이전하는 것을 말한다. 어떠한 사건에 관하여 관할위반이 있더라도 바로 소를 각하함으로써 다시 소를 제기하게 하는 것보다는 관할권이 있는 법원에 이송하는 편이 당사자의 시간·노력·비용을 절감시키는 것이고, 소제기에 의한 시효중단·제척기간 준수의 효력을 유지시켜 주므로 당사자에게 유리하다. 또한, 관할위반이 아니더라도 편리한 법원으로 옮겨 재판을 하는 것이 소송촉진과 소송경제의 입장에서 좋을 수가 있다. 이러한 이유에서 이송제도가 인정되는 것이다.

제1심에서의 이송은 민사소송법이 준용되고 행정소송법상의 특별한 규정이 적용되는 결과, 관할위반으로 인한 이송과 편의에 의한 이송으로 나뉘고, 편의에 의한 이송은 다시 민사소송법 제35조를 준용한 이송과 행정소송법 제10조에 의한 관련청구소송의 이송으로 나뉜다.

다만 이송은 법원 사이의 사건의 이전을 의미하므로 같은 법원 내에서 담당재판부를 바꾸는 것은 이송에 속하지 않는다. 즉, 행정법원이 아직 설치되지 않은 지역에서 지방법원이 행정법원의 역할을 겸하는 경우(서울행정법원 관할의 지방법원을 제외한 전국 각 지방법원 본원 및 춘천지방법원 강릉지원), 그 법원 내에서의 민사부와 행정부의 관계는 사무분담의 관계일 뿐 이송문제가 아니라는 점에 주의하여야 한다.

Ⅱ. 관할위반으로 인한 이송

1. 의 의

행정소송은 그 소송의 특수성으로 말미암아 관할위반의 문제가 민사소송의 경우보다 자주 발생한다. 그런데 행정소송에서 관할위반의 제소를 부적법하다고 각하한다면 제소기간이 도과하는 등의 문제로 다시 소를 제기할 수 없는 결과가 초래되기 때문에 국민의 권리구제에 막대한 지장을 가져오게 된다. 그러므로 행정소송의 경우에는 민사소송의 경우보다 관할위반의 사건을 관할이 있는 법원으로 이송하여 줄 필요성이 크다.

2. 제1심 법원 사이에서의 이송

민사소송법 제34조 제1항은 "법원은 소송의 전부 또는 일부에 대하여 관할권이 없다고 인정하는 경우에는 결정으로 이를 관할법원에 이송한다."라고 규정하고 있다. 행정소송에서도 위 규정이 준용되므로, 행정사건에서 제1심 법원 사이에 관할위반이 있는 경우 제소를 받은 법원은 결정으로 관할법원에 이송하여야 한다.

3. 심급을 달리하는 경우의 이송

행정소송법 제7조는 "민사소송법 제34조 제1항의 규정은 원고의 고의 또는 중대한 과실 없이 행정소송이 심급을 달리하는 법원에 잘못 제기된 경우에도 적용한다."라고 규정하고 있다.

민사소송법 제34조 제1항은 지방법원 사이에 소를 잘못 제기한 경우에만 적용되고 지방법원에 제기할 사건을 고등법원이나 대법원에 제소한 경우에는 적용되지 않아 다른 심급 사이에는 사건을 이송할 수 없다는 견해가 있었기 때문에,

행정소송에서 이송이 가능한 범위를 넓혀 준다는 의도에서 심급을 달리하는 경우에도 이송이 가능한 것으로 행정소송법이 특별히 정한 규정이다.

그러나, 현재 민사소송에서도 심급을 달리하는 경우 민사소송법 제34조 제1항을 적용하여 이송하여야 한다는 것이 일반적인 설명이고,[14] 현행 민사소송 실무도 같다.[15] 따라서, 행정소송법 제7조는 불필요하거나 오히려 고의 또는 중대한 과실을 요건으로 함으로써 그 입법취지와는 반대로 민사소송보다 이송을 제약하게 되었다. 이러한 이유로 행정소송법 제7조상의 '고의 또는 중대한 과실'이라는 요건은 매우 좁게 해석하여야 한다.[16]

4. 행정사건으로 제기할 사건을 민사사건으로 제기한 경우의 처리문제

원고가 고의 또는 중대한 과실 없이 행정소송으로 제기하여야 할 사건을 민사소송으로 잘못 제기한 경우 그 처리는 행정사건의 전속성과 토지관할 및 사물관할의 임의성으로 인하여 기술적으로 복잡한 문제를 낳는다.[17]

해당 소송이 이미 행정소송으로서의 전심절차 및 제소기간을 도과하였거나 행정소송의 대상이 되는 처분 등이 존재하지도 않은 상태에 있는 등 행정소송으로서의 소송요건을 결하고 있음이 명백하여 행정소송으로 제기되었더라도 어차피 부적법하게 되는 경우가 아니라면, 수소법원으로서는 그 행정소송에 대한 관할도 동시에 가지고 있는 경우에는 당사자의 권리구제나 소송경제의 관점에서 원고로 하여금 항고소송으로 소 변경을 하도록 석명권을 행사하여 행정소송법이 정하는 절차에 따라 심리 · 판단하여야 하고,[18] 그 행정소송에 대한 관할을 가지고 있지 않다면 관할법원에 이송하여야 한다.[19]

---

14) 정동윤 · 유병현 · 김경욱, 민사소송법, 제11판, 법문사(2025), 185면; 정영환, 신민사소송법, 제3판, 법문사(2023), 241면.

15) 법원실무제요(행정), 36면.

16) 참고로 행정소송법 개정시안은 현행 행정소송법 제7조를 삭제하였었다.

17) 그 구체적인 처리방법에 관해서는, 하명호, '공법상 당사자소송과 민사소송의 구별과 소송상 취급', 인권과 정의 제380호, 대한변호사협회(2008. 4), 65면 이하 참조.

18) 대법원 2020. 1. 16. 선고 2019다264700 판결. 또한, 항고소송으로 제기하였어야 할 사건을 민사소송으로 잘못 제기한 경우 그 사건을 심리하는 항소심 법원이 동시에 제1심 항고소송의 관할법원이라면 당사자 권리구제나 소송경제의 관점에서 항고소송에 대한 제1심 법원으로서 사건을 심리 · 판단하여야 한다(대법원 1996. 2. 15. 선고 94다31235 전원합의체 판결).

19) 대법원 2018. 7. 26. 선고 2015다221569 판결. 도시정비법상 주택재건축정비사업조합에 대

다만 행정법원이 설치되지 않아 지방법원 본원이 행정법원의 역할까지 하는 지역에서 지방법원 본원이 행정사건으로 취급하여야 할 것을 민사사건으로 접수하여 처리하였다 하더라도 이는 단순한 사무분담의 문제일 뿐 관할위반의 문제가 아니므로, 전속관할위반의 문제는 발생하지 않는다는 점은 이미 앞에서 살펴보았다.

Ⅲ. 편의에 의한 이송

1. 민사소송법 제35조의 준용에 의한 이송

원고는 하나의 소송에 관할이 경합하는 경우 그중 하나를 임의로 선택하여 소를 제기할 수 있다. 그런데, 원고가 선택한 관할법원보다 다른 관할법원에서 재판을 하는 것이 현저한 손해 또는 지연을 피할 수 있는 경우가 있을 수 있다. 그리하여, 민사소송법 제35조는 전속관할이 정해진 소를 제외하고는 법원은 소송에 대하여 관할권이 있는 경우라도 현저한 손해 또는 지연을 피하기 위하여 필요하면 직권 또는 당사자의 신청에 따른 결정으로 소송의 전부 또는 일부를 다른 관할법원에 이송할 수 있도록 하고 있다. 여기서의 '현저한 손해'는 피고가 입는 소송수행상의 부담을 의미하고, '지연'은 사실심리에 시간과 노력이 크게 소요되어 법원의 부담을 가중시키는 것을 말한다.[20)]

행정소송에서도 민사소송법 제35조가 준용되어 관할이 경합된 경우 현저한 손해 또는 지연을 피하기 위하여 직권 또는 당사자의 신청에 따른 결정으로 소송의 전부 또는 일부를 다른 관할법원에 이송할 수 있다. 그렇지만, 행정소송에서는 관할이 경합하는 경우가 그리 많지 않을 것이므로, 위 규정에 의한 이송이 흔하지는 않을 것이라고 추측된다.

한 행정청의 조합설립인가처분이 있은 후에 조합설립결의의 하자를 이유로 민사소송으로 그 결의의 무효 등 확인을 구한 사안에서, 대법원은 그 소를 행정소송의 일종인 당사자소송으로 보고, 이송 후 관할법원의 허가를 얻어 조합설립인가처분에 대한 항고소송으로 변경될 수 있으니 관할법원인 행정법원으로 이송하여야 한다고 판시하였다(대법원 2009. 9. 24. 선고 2008다60568 판결).

20) 정동윤 · 유병현 · 김경욱, 민사소송법, 188면.

2. 관련청구소송의 이송

가. 행정소송법 제10조의 규정취지

행정소송법 제10조에서는, 취소소송과 ① 해당 처분 등과 관련되는 손해배상·부당이득반환·원상회복 등 청구소송, ② 해당 처분 등과 관련되는 취소소송 등 관련청구소송을 처음부터 취소소송이 계속된 법원에 병합하여 제기하거나, 후발적으로 취소소송에 사실심의 변론종결시까지 위 각 소송들을 병합하여 제소할 수 있다(제2항)고 규정하고 있다. 또한, 관련청구소송이 병합되지 않은 채 다른 법원에 각각 계속되고 있는 경우에도 당사자의 신청에 의하거나 직권으로 이를 취소소송이 계속된 법원으로 이송하여 병합할 수도 있다(제1항). 위 규정은 행정소송법 제38조와 제44조에 의하여 무효등 확인소송, 부작위위법확인소송과 당사자소송에도 준용된다.

서로 관련이 있는 수개의 청구를 하나의 소송절차에 병합하여 심판하는 것은 당사자나 법원의 부담을 덜고, 심리의 중복·재판의 저촉을 피할 수 있다는 이점이 있다. 이러한 이유로 민사소송법 및 행정소송법에서는 관련청구 병합소송제도가 널리 인정되고 있다. 다만 민사소송법 제253조는 수개의 청구가 '같은 종류의 소송절차'에 의하여 심판될 수 있는 경우에만 청구를 병합할 수 있게 하고 있다. 그러나, 이 규정은 행정소송을 위해서는 지나치게 엄격한 것이 되어 이를 완화할 필요가 있다. 반면에, 민사소송법상으로는 동종의 소송절차에 의하여 심판될 수 있기만 하면 '청구 상호간의 관련성'을 조건으로 하지 않는데, 신속성이 요청되는 행정소송에서는 그 범위를 제한할 필요가 있다. 바로 이러한 필요에 의하여 행정소송법에는 민사소송법에 대한 특칙으로서 관련청구소송의 이송·병합에 관한 규정이 마련되어 있는 것이다. 다만 관련청구소송이 이송되었더라도 이송받은 법원이 거기에 기속되는 것은 아니므로, 이송되어 온 사건을 반드시 계속 중인 주된 청구소송에 병합하여야 하는 것은 아니다.[21)]

---

21) 법원실무제요(행정), 38면.

나. 요 건

(1) 서로 다른 사실심 법원에서의 소송계속

관련청구소송을 이송하기 위해서는 주된 소송과 관련청구소송이 서로 다른 사실심 법원에 계속 중이어야 한다. 문제는 주된 소송이 항소심 법원에 계속 중이고 관련청구소송이 제1심 법원에 계속 중일 때에도 이송이 가능한지 여부이다. 심급이익의 박탈효과가 나타날 수 있기 때문에 생기는 의문이다. 그러나, 행정소송법 제10조 제2항에서는 사실심 변론종결시까지 관련청구소송을 병합하여 제기할 수 있다고 규정되어 있으므로, 법문의 규정상 가능하다고 보아야 할 것이다.[22] 반면에 제1심 법원에 계속 중인 사건에 항소심 법원에 계속 중인 사건을 이송하여 병합할 수는 없다고 본다.[23]

(2) 관련청구소송

취소소송에 관련청구소송을 병합하거나 취소소송이 계속된 법원에 이송할 수 있는데, 그 관련청구소송은 ① 해당 처분 등과 관련되는 손해배상·부당이득반환·원상회복 등 청구소송, ② 해당 처분 등과 관련되는 행정소송이다. 주된 청구와 관련청구의 원고와 피고가 동일할 필요는 없다(행정소송법 제10조 제2항, 제15조 참조).

(가) 해당 처분 등과 관련되는 손해배상·부당이득반환·원상회복 등 청구소송

여기에서 해당 처분 등과 관련된다고 함은 ① 처분이나 재결이 원인이 되어 발생한 청구, ② 처분이나 재결의 취소나 변경을 선결문제로 하는 청구 등을 의미한다. '청구소송'에는 손해배상·부당이득반환·원상회복청구 소송은 물론 손실보상청구소송, 결과제거청구소송 등도 포함될 수 있다. 뿐만 아니라 국가 또는 공공단체나 제3자를 피고로 하는 소송일 수도 있다. 행정청을 상대로 위법한 처분의 취소를 구하는 취소소송과 그 행정청이 속하는 국가 또는 지방자치단체를 상대로 위법한 처분으로 인하여 입은 손해를 배상하여 달라는 국가배상청구소송이 가장 전형적인 예이다. 관련청구소송은 민사소송일 수도 있다.

---

22) 이를 허용하지 않을 경우 제1심 법원에 계속 중인 관련사건을 취하하고 항소심 법원에 계속 중인 주된 소송에 병합하여 제기하도록 하여야 할 것인데, 그것은 소송경제에 반하고 당사자에게 불필요한 절차를 강요하는 것이 되어 부당하다.

23) 법원실무제요(행정), 39면 참조.

(나) 해당 처분 등과 관련되는 행정소송

여기에서 관련되는 행정소송이란 증거관계, 쟁점, 공격방어방법 등에 상당 부분 공통점이 있어 하나의 법원에서 주된 사건과 함께 심리하는 것이 바람직한 사건을 말한다. 함께 심리할 때 발생하는 효용과 그로 인한 절차의 지연, 심리의 복잡화 등의 폐해를 비교형량하여 여기에 포함되는 소송인지 여부를 가려야 할 것이다.

① 해당 처분과 함께 하나의 절차를 구성하는 다른 처분의 취소를 구하는 소송, ② 해당 처분에 관한 재결의 취소를 구하는 소송, ③ 재결대상인 원처분의 취소소송, ④ 해당 처분이나 재결의 취소 · 변경을 구하는 다른 사람(제3자)의 취소소송 등이 포함될 수 있다.

(3) 이송의 상당성

관련청구소송의 이송은 '상당하다고 인정하는 때'에 허용된다. 반드시 현저한 손해나 지연을 피하기 위한 필요가 있는 경우만 이에 해당하는 것은 아니고 이송이 상당하다고 판단되면 이송이 가능하다. 이송이 상당한지 여부는 상술한 제도의 취지에 비추어 판단할 일이다. 예를 들면, 주된 청구가 이미 변론 종결될 무렵이고 관련청구소송은 이제 막 제소된 경우에는 이송의 상당성이 부인될 수가 있다.

(4) 관련청구소송의 주된 청구소송 계속 법원으로의 이송

민사사건 등 관련청구소송을 행정사건이 계속 중인 관할법원으로 이송하여야 한다. 행정사건을 관련청구소송이 계속 중인 민사법원으로 이송하면 전속관할을 위반한 것과 같은 효과가 나타나기 때문이다.

관련청구소송의 이송규정은 취소소송, 무효등 확인소송, 부작위위법확인소송 및 당사자소송에도 적용되는데, 항고소송 사이에서 또는 항고소송과 당사자소송 사이에서 어느 소송을 주된 청구로 볼 것인지가 문제이다. 이를 판단할 수 있는 일률적인 기준을 제시하기는 어렵고 처분의 내용과 위법사유, 심리 정도 등을 종합하여 판단하는 수밖에 없다.[24)]

(5) 이송받을 법원에 관련청구소송에 대한 관할권이 있어야 하는지 여부

관련청구소송의 이송제도는 원래 행정법원에 관할이 없는 민사사건까지 소

---

24) 법원실무제요(행정), 40면.

송경제와 판결의 저촉 방지를 위하여 주된 소송이 계속 중인 행정법원에 이송할 수 있도록 하는 것이므로, 이송받을 법원이 반드시 관련청구소송의 관할권까지 가지고 있어야 되는 것은 아니다. 그러나 이 경우에도 전속관할을 위반해서는 안 된다.[25)]

Ⅳ. 이송절차와 그에 대한 불복절차

1. 관할위반으로 인한 이송: 직권이송

관할위반으로 인한 이송은 민사소송법 제34조가 준용되어 법원이 직권으로 결정하여 이송한다. 관할위반 여부는 소송요건으로서 직권조사사항이다. 따라서 관할위반이 있을 때에는 당사자의 신청을 기다릴 필요 없이 직권으로 이송하여야 한다. 이때 당사자가 이송신청을 하더라도 직권발동을 촉구하는 의미밖에 없으므로, 법원이 그 신청에 대하여 결정을 하지 않아도 되고, 기각결정을 하였더라도 당사자는 그 결정에 대하여 불복할 수 없다.

2. 편의에 의한 이송: 신청 또는 직권에 의한 이송

민사소송법 제35조의 준용에 의한 이송과 행정소송법 제10조에 의한 관련청구소송의 이송 등과 같은 편의에 의한 이송은 관할위반에 의한 이송과 달리 당사자에게도 신청권이 있다. 따라서 이송신청의 기각결정에 대하여 즉시항고를 할 수 있다. 여기에서의 당사자는 원고와 피고는 물론 그 소송에 참가한 제3자나 행정청도 포함된다.

3. 이송절차

이송신청을 하는 때에는 기일에 출석하여 하는 경우가 아니면 서면으로 신청이유를 밝혀야 한다. 제1심에서의 이송은 결정으로 한다. 따라서 반드시 변론을 거쳐야 하는 것은 아니지만 신청에 의한 이송의 경우에는 법원은 결정에 앞

---

25) 예를 들면, 보험료의 채무부존재확인소송(당사자소송)과 이미 납부한 보험료에 대한 부당이득반환청구소송(민사소송)이 병합되어 제1심이 인천지방법원 단독재판부에서 진행된 후 인천지방법원 합의부에 항소된 경우 관할법원인 서울고등법원에 이송하여야 한다(대법원 2016. 10. 13. 선고 2016다221658 판결 참조).

서 상대방에게 의견을 진술할 기회를 주어야 하고, 직권에 의한 이송의 경우에는 당사자의 의견을 들을 수 있다. 신청에 의한 경우 그 신청에 이유가 없으면 기각결정을 하고 이유가 있으면 이송결정을 하게 된다.

4. 즉시항고

이송결정과 이송신청의 기각결정에 대하여 불복하는 경우 당사자는 즉시항고를 할 수 있다(민사소송법 제39조). 관할위반을 이유로 한 이송에서는 당사자가 이송신청을 하더라도 직권발동을 촉구하는 의미밖에 없으므로, 법원이 착오로 이를 기각하더라도 그 기각결정에 대하여 즉시항고로써 불복할 수 없음은 앞에서 보았다.

Ⅴ. 이송의 효력

1. 이송결정의 기속력

이송결정이 확정되면 그 결정은 이송받은 법원을 구속하므로, 이송받은 법원은 이송결정에 따라야 하고 사건을 다시 다른 법원에 이송하지 못한다(민사소송법 제38조). 이를 이송결정의 기속력이라 한다. 당사자가 즉시항고로써 이송결정에 불복할 수 있는 점, 이송의 반복에 따른 소송지연을 막을 필요가 있는 점을 고려하여 마련된 것이다. 이송결정의 기속력은 당사자가 이송결정에 대하여 즉시항고를 하지 않아 확정되었다면 전속관할의 규정을 위배하여 이송한 경우에도 미친다.[26]

심급관할을 위배한 이송결정의 경우 기속력이 인정되는지가 문제 되지만 대법원 1995. 5. 15.자 94마1059, 1060 결정에 따르면 다음과 같은 결론이 된다. 심급관할을 위배하여 이송한 경우에 이송결정의 기속력이 이송받은 상급심 법원에도 미친다고 한다면 당사자의 심급의 이익을 박탈하여 부당할 뿐만 아니라, 이송을 받은 법원이 법률심인 대법원인 경우에는 직권조사사항을 제외하고는 새로운 소송자료의 수집과 사실확정이 불가능하여 당사자의 사실에 관한 주장 · 입증의 기회가 박탈되는 불합리가 생기므로, 심급관할을 위배한 이송결정의 기속력

---

26) 대법원 1995. 5. 15.자 94마1059, 1060 결정.

은 이송받은 상급심 법원에는 미치지 않는다. 반대로, 그 기속력이 이송받은 하급심 법원에도 미치지 않는다고 한다면 사건이 하급심과 상급심 법원 간에 반복하여 전전 이송되는 불합리한 결과를 초래하게 될 가능성이 있어 이송결정의 기속력을 인정한 취지에 반할 뿐더러 민사소송의 심급구조상 상급심의 이송결정은 하급심을 구속하게 되므로, 심급관할을 위배한 이송결정의 기속력은 이송받은 하급심 법원에는 미친다.[27)]

2. 소송계속의 유지

이송결정이 확정되면 소송은 처음부터 이송받은 법원에 계속된 것으로 본다(민사소송법 제40조 제1항). 따라서 소제기에 의한 시효중단이나 법률상 기간준수의 효력은 그대로 유지된다. 이송결정이 확정된 경우 이송결정을 한 법원의 법원서기관 · 법원사무관 · 법원주사 또는 법원주사보는 그 결정의 정본을 소송기록에 붙여 이송받을 법원에 보내야 한다(같은 조 제2항). 법원은 소송의 이송결정이 확정된 뒤라도 기록을 보내기 전까지는 급박한 사정이 있는 때 직권으로 또는 당사자의 신청에 따라 필요한 처분을 할 수 있다(민사소송법 제37조).

27) 같은 취지의 판례로는 대법원 1996. 2. 23. 선고 95누8867, 8874 판결; 대법원 2000. 1. 14. 선고 99두9735 판결 등이 있다.

제 3 장

항고소송의 의의와 종류

제1절 의 의

행정소송은 국민의 권리구제를 주된 기능으로 하는 주관소송으로서의 항고소송과 당사자소송, 행정작용의 적법성 확보를 목적으로 하는 객관소송으로서의 기관소송과 민중소송으로 나누어진다. 여기에서 항고소송이란 "행정청의 처분 등이나 부작위에 대하여 제기하는 소송"을 말한다(행정소송법 제3조 제1호).

행정소송법 제4조에서는 항고소송을 취소소송, 무효등 확인소송, 부작위위법확인소송으로 구분하고 있으므로 아래에서 살펴본다. 그밖에도 행정소송법 제4조에 열거되어 있지 않은 형태의 항고소송을 인정할 수 있는지(법정외 항고소송의 허용문제)에 관해서도 설명한다.

제2절 취소소송

Ⅰ. 의 의

취소소송은 "행정청의 위법한 처분 등을 취소 또는 변경하는 소송"을 말한다(행정소송법 제4조 제1호). 처분 등은 처분과 재결을 말한다. 그런데, 행정소송법은 원처분주의를 채택한 결과 재결의 취소·변경은 원칙적으로 해당 재결 자체에 고유한 위법이 있음을 이유로 하는 경우에만 인정된다(같은 법 제19조).

행정소송법 제4조 제1호의 '변경'의 의미에 관하여, 학설은 적극적 변경을 의미하는 것이라고 해석하여 법정외 항고소송의 허용성에 관한 이론적 근거를 마련하기도 하나, 판례는 행정심판과는 달리 변경의 의미를 일부취소로 새기고 처분을 적극적으로 변경하는 형성소송을 허용하지 않는다.

처분(행정행위)은 비록 위법하더라도 상대방 또는 이해관계인에 대하여 정당한 권한을 가진 기관(처분청, 행정심판위원회, 행정법원)에 의하여 취소되지 않는 한 유효한 것으로 통용되는 효력인 공정력을 가진다(행정기본법 제15조 참조).[1] 공정력은 행정목적의 신속한 달성, 행정법관계의 안정성 유지, 상대방의 신뢰보호 등과 같은 정책적 고려에서 인정되는 처분의 구속력이다. 취소소송은 바로 이러한 잠정적 통용력을 배제하여 처분의 효력을 실효시키기 위한 소송인 것이다.

Ⅱ. 취소소송의 성질

취소소송의 성질에 관하여 학설은 형성소송설(통설), 확인소송설, 구제소송설로 나뉜다.

형성소송설은 취소소송이 일정한 법률관계를 성립시킨 해당 행정행위(처분)의 취소·변경을 통하여 그 법률관계를 변경 또는 소멸시킨다는 점에서 형성적 성질을 갖는다고 한다.

확인소송설은 사인에게는 실체법상 행정행위에 대한 형성권이 부여될 수 없고 단지 국가 등에 대한 위법처분취소청구권이 인정되는 데 그치는 것이므로, 취소소송은 그 행정행위의 위법성을 확인하는 성질을 가질 뿐이라고 한다.[2]

구제소송설은 취소소송이 처분의 위법성 확정이라는 확인소송적 성질과 그 공정력의 배제라는 형성소송적 성질을 아울러 가지는 특수한 유형의 소라고 한다.

취소소송은 법률관계를 성립시킨 행정행위의 취소·변경을 통하여 그 법률

---

1) 대법원 1994. 4. 12. 선고 93누21088 판결. 다만 대법원은 아직까지도 상대방 또는 이해관계인에 대한 구속력인 공정력과 제3의 국가적 기관에 대한 구속력인 구성요건적 효력을 구별하지 않는다.

2) 이렇게 취소소송이 확인소송의 성질을 가지고 있다는 점과 객관소송으로서의 성질을 강조하게 되면, 처분의 범위를 법규명령, 행정규칙, 사실행위 등으로 확대할 수 있는 이론적 기반이 마련될 수 있다고 주장하는 견해가 있다[박정훈, '취소소송의 성질과 처분 개념', 고시계 제46권 제9호, 국가고시학회(2001. 9), 28면 이하 참조].

관계를 변경 또는 소멸시키는 것이 본질이라는 점에서 형성소송설이 타당하다. 또한 행정소송법 제29조 제1항이 취소소송의 인용판결에 대하여 대세적 효력(제3자에 대한 구속력)을 부여하고 있다는 것은 행정소송법이 형성소송설에 입각하고 있음을 보여 주는 것이라 할 수 있다.[3)]

Ⅲ. 취소소송의 소송물

1. 소송물의 의의

가. 민사소송법학에서의 논의

소송물이라 함은 심판의 대상이 되는 기본단위로서 소송의 객체를 말한다.[4)] 민사소송법학계에서는 소송물의 동일성을 판단하는 기준이 무엇인지에 관하여 치열하게 논쟁이 전개되어 왔는데, 그 결과에 따라 소송절차의 개시단계에서 토지관할과 사물관할 및 심판대상과 심리범위, 소송절차의 진행과정에서 중복소송 여부, 청구의 병합과 청구의 변경 여부, 처분권주의 위반 여부, 소송절차의 종료 후에는 기판력의 객관적 범위 및 소 취하 후 재소 금지의 범위를 결정하는 수단이 되기 때문이다.[5)]

판례는 기본적으로 구실체법설(구소송물이론)의 입장에서 소송물을 소의 모습과 관계없이 실체법상의 권리 또는 법률관계의 주장이라고 이해하고 있다(소송물 = 실체법상 권리의 주장). 그러나, 소송물은 실체법상 청구권과 별개의 문제이고 순수하게 소송법상 요소로 구성하여야 한다는 소송법설(신소송물이론)이 민사소송법학계의 지배적인 견해이다. 그 중에서도 신청과 사실관계 양자에 의하여 소송물을 구성하려는 이지설(소송물 = 청구취지 + 청구원인사실)과 신청만으로 소송물을 구성하려는 일지설(소송물 = 청구취지)이 대립한다. 그밖에도 실체법설의 관점에서 소송물을 실체법상 청구권과 결합시키되 청구권 경합이나 형성권 경합의 경우 실체법상 청구권 개념을 수정하는 신실체법설과 소송물을 실체법상 청

3) 김남진 · 김연태, 행정법 I , 876면.
4) 정동윤 · 유병현 · 김경욱, 민사소송법, 283면; 정영환, 신민사소송법, 431면.
5) 김동현, '이지설에 따른 소송물의 재구성-독일에서의 논의를 참고하여-', 안암법학 제48권, 안암법학회(2015), 328면.

구와 무관하게 소송법적 요소로 보되 청구원인사실을 중시하는 핵심설(청구원인 일지설) 등도 주장되고 있다.

우리나라와 독일 민사소송법학계에서의 지배적인 학설이라고 할 수 있는 이지설에 의하면, 소송물은 '신청과 사실관계에 의하여 특정된 원고의 권리주장 내지 재판의 요구'라고 정의되고, '신청'뿐만 아니라 '사실관계'도 소송물을 특정하는 구성요소가 된다. 여기에서의 사실관계는 실체법상 권리 또는 법률관계를 발생 또는 구성하는데 필요한 사실을 뜻하는 것이 아니라 더 넓게 사회적 · 역사적으로 볼 때 하나라고 할 수 있는 일련의 생활사실관계를 말하고,[6] 당사자의 입장에서 거래관념에 따라 자연스럽게 살펴볼 때(자연적 고찰방법) 원고가 재판을 위하여 제출한 사실복합체에 속하는 모든 사실이 여기에 포함되는데,[7] 이는 원고에 의하여 주장되는 구체적 사실관계가 아니라 법관의 입장에서 사건의 전체적인 경과로 파악되는 사실관계이다.[8]

나. 취소소송에서 소송물에 관한 논의의 전제

취소소송에서도 민사소송에서와 같이 소송물이라는 개념을 관념할 수 있으나 이를 어떻게 이해할 것인지는 쉽지 않은 문제이다. 취소소송은 특정한 처분의 위법성을 다투면서 그 처분의 취소를 구하는 구조를 가지고 있으므로, 취소소송의 소송물이 무엇인지는 민사소송에서만큼 중요한 것이라고 할 수는 없지만, 취소소송에서도 소송물이 심리와 판단의 대상을 결정하고 심리범위를 한정하며 기판력의 객관적 범위를 정해주는 역할을 수행하므로, 여전히 큰 의미를 가진다.

취소소송의 소송물을 논하기 위해서는 취소소송의 독특한 구조에 대한 이해가 선행되어야 한다. 취소소송을 비롯한 항고소송은 행정청이 먼저 그에 관한 선결적인 규율을 한 다음 이에 대하여 리뷰하는 복심적 구조로 되어 있다. 즉,

---

6) 정동윤 · 유병현 · 김경욱, 민사소송법, 291면.

7) 김동현, '이지설에 따른 소송물의 재구성-독일에서의 논의를 참고하여-', 367면. 예컨대, 매매대금지급청구소송에서 주장된 매매라는 생활사실관계(사실복합체)에는 당사자의 입장에서 매매의 본질에 따라 자연스럽게 살펴보면, 매매계약의 체결사실, 목적물의 인도사실 등은 포함되지만, 어음발행은 이에 포함되지 않고 별도의 생활사실관계를 구성한다고 한다.

8) 김용진, '소송상 쟁점사항과 소송물이론', 법학연구 제12권 제1호, 충남대학교 법학연구소 (2001. 12), 167면.

취소소송은 마치 자판 없는 항소심 또는 항고심의 구조를 가진다는 점에서 어떠한 생활사실관계에 대하여 법원이 시심적으로 규율을 하는 민사소송이나 당사자소송, 형사소송과 다른 구조적 특징을 가지고 있다.

이러한 기초하에서 취소소송의 소송물은 소송의 목적인 처분의 실체적 성질, 상대방의 실체법적 권리 및 소송경제, 분쟁의 일회적 해결의 이념, 공법상의 다른 구제수단의 유무 등을 종합적으로 검토하여 판단되어야 한다. 결국은 취소소송에서 절차적 정의와 분쟁의 일회적 해결이라는 가치가 조화가 이루어지는 지점에서 해결되어야겠지만, 민사소송법학계의 현대적인 흐름을 참작해보더라도 국민이 소송을 두 번 이상 제기하지 않고 분쟁이 해결될 수 있도록 하는 논리구성이 바람직하다고 생각된다.[9]

다. 학설

우리나라에서 취소소송의 소송물에 관한 논쟁은 전통적으로 원고가 취소를 구하는 처분에 대한 개개의 위법사유를 소송물로 볼 것인지 아니면 위법성 일반을 소송물로 볼 것인지에 관한 것이었다.

(1) 위법성 일반이라고 하는 견해

취소소송의 소송물은 해당 처분의 위법성 일반이므로, 당사자는 해당 처분에 존재하는 모든 위법사유를 주장할 수 있다는 견해이다. 이 견해는 ① 법원이 처분의 적법 여부를 판단할 때 처분이 행해질 당시에 존재하였던 모든 사정을 참작할 수 있어야 하고, ② 이를 허용하지 않는다면 분쟁의 일회적 해결의 요청에 반하여 소송경제적으로 문제가 되며, ③ 모든 사건에서 소를 제기하면서 동시에 위법사유를 특정하기 어려울 뿐만 아니라, ④ 개개의 위법사유가 소송물이라고 한다면 제소기간의 제약 때문에 소송계속 중에 원고의 주장을 변경할 수 없게 되는 결과가 초래되는데 이는 원고에게 부당한 결과를 가져온다는 점 등을 논거로 한다.

(2) 개개의 위법사유라고 하는 견해

처분에 존재하는 개개의 위법사유가 각각 독립한 소송물로 된다는 견해이다. 이 견해는 ① 소송물을 해당 처분의 위법성 일반으로 본다면 기판력도 위법

---

9) 이상덕, '항고소송에서 분쟁의 1회적 해결 요청과 상소의 이익', 사법 제51호, 사법발전재단(2020), 576면 참조.

성 일반에 미치기 때문에 원고는 늦어도 사실심 변론종결시까지 모든 위법사유를 주장하여야 하고 원고가 주장하지 않았던 위법사유는 부당하게 실권의 불이익을 받게 되며, ② 소송물을 개개의 위법사유로 보아야 취소소송의 목적인 국가에 대한 국민의 권리보호에 충실하게 된다는 점 등을 논거로 든다.

(3) 그 밖의 견해

위법성 일반설에 따르면서도 행정절차법 제23조 제1항에서 행정청에게 처분시 이유제시의무를 부과하고 있다는 점을 근거로 취소소송의 소송물을 '계쟁처분과 그 처분사유에 관한 위법성 일반'이라고 하거나, 뒤에서 보는 것과 같이 취소소송의 심리범위가 처분사유의 추가·변경의 허용범위와 일치하는 것에 착안하여 '계쟁처분 및 계쟁처분과 그 근거사유(또는 규율내용)와 기본적 사실관계가 동일한 처분의 위법성 일반'이라고 수정하여 설명하는 견해가 있다.

라. 검토

취소소송의 소송물이 개개의 위법사유라고 볼 경우 제소기간이 도과되어 원고가 당초에 주장하지 않은 위법사유를 새롭게 주장할 수 없는 결과가 발생할 수 있으므로, 처분의 위법성 일반이라는 견해를 취할 수밖에 없고, 그것이 통설과 판례이다.[10] 이렇게 보게 되면, 해당 소송에서 원고가 주장하는 개개의 위법사유와 피고가 주장하는 처분사유는 공격방어방법에 불과하게 된다.

한편, 취소소송이 복심적 구조를 가지고 있다는 점을 고려하면, 원심판결에 대한 불복이 있을 때 불복의 이유나 불복의 범위와 관계없이 원심판결 전부의 확정이 차단되고 항소심으로 이심되는 것과 같은 이치로,[11] 처분에 대하여 취소소송을 제기하면 그 처분 전부의 확정력이 차단된다고 볼 수 있다. 이렇게 보게 되면, 원고가 해당 소송에서 주장하는 개개의 위법사유와 피고가 해당 소송에서 주장하는 처분사유는 공격방어방법에 불과하게 된다.

다만 현실적으로 소송에서 심리의 대상이 되는 것은 해당 처분의 추상적인 위법성 일반이 아니라 당사자가 내세우고 있는 개개의 위법사유가 될 수밖에 없다.

---

10) 대법원 1996. 4. 26. 선고 95누5820 판결; 대법원 1989. 4. 11. 선고 87누647 판결.
11) 민일영 대표편집, 주석 민사소송법(Ⅳ), 제8판, 한국사법행정학회(2018), 32면.

2. 처분의 동일성

통설과 판례와 같이 취소소송의 소송물을 처분의 위법성 일반으로 본다면, 취소소송의 소송물이 '처분' 단위로 획정되므로, 그 처분이 무엇을 가리키는 것인지는 매우 중요한 문제가 된다. 일반적으로 처분은 주체, 상대방, 처분일시에 의하여 특정되므로, 이러한 요소들은 처분의 동일성을 정하는 요소로 된다는 점에 대하여 다툼이 없고, 처분의 주문이 동일성의 요소로 되는 점에 대해서도 의문이 없다. 따라서 처분의 주체, 상대방, 처분일시, 주문 등이 다르면 별개의 처분으로 보게 된다.

처분사유가 동일성의 요소로 되는지에 관하여, ① 일반적으로 처분사유는 처분의 동일성의 요소가 아니지만 징계처분에서의 징계대상사실은 동일성의 요소가 된다는 견해, ② 일반적으로 동일성의 요소가 아니지만 처분시에 사유를 명시한 경우에는 동일성의 요소로 된다는 견해, ③ 처분사유 중 근거법조는 동일성의 요소라고 하는 견해, ④ 처분사유는 항상 동일성의 요소라고 하는 견해, ⑤ 처분사유는 동일성의 요소가 아니라고 하는 견해의 대립이 있다.

처분사유는 동일성의 요소가 아니라는 견해가 전통적인 통설이고 타당하다. 행정청은 구체적인 사실을 확정한 다음 그에 기초하여 법령을 적용하는 과정을 거쳐 처분을 발령하게 되는데, 이때 처분에 관한 사실상의 기초와 법령상의 근거를 합쳐서 처분사유라고 한다. 그러나, 취소소송의 심리는 행정청이 처분당시에 인식하였던 사실관계와 법적 관점에 구속되는 것이 아니라 재판부가 스스로 사실관계를 확정하고 스스로의 법적인 관점에서 처분의 위법 여부를 판정한다. 따라서 처분의 동일성은 처분청이 인식하고 주장하는 처분사유에 따라 획정될 수 없다. 또한, 모든 처분에 처분사유가 명시되는 것은 아니기 때문에 만약 처분사유를 동일성의 요소로 보게 되면 처분사유가 명시되지 않은 처분의 경우에는 그 동일성을 판정하는 기준 자체가 없게 된다.

다만 통설·판례가 말하는 '처분의 위법성 일반'은 처분을 취소하게 하는 추상적인 위법성을 말하는 것으로 보이는데, 이에 대해서는 다음과 같은 의문이 있다. 처분은 이미 벌어진 또는 벌어질 구체적인 사실을 전제로 하는 행정작용이므로, 규율하고자 하는 구체적인 생활사실관계를 파악하지 않고는 그 처분이 무엇인지 도무지 알 수가 없다.12) 예를 들면, 같은 행정청이 같은 상대방에게 같은 일시에 행해진 정직 2개월의 징계처분이라고 하더라도 뇌물수수로 인한 징계처분과 무단결근으로 인한 징계처분을 같은 것이라고 취급할 수는 없다. 따라서, 처분의 '위법성'은 막연한 추상적 · 형식적인 것이 아니라 생활사실관계를 전제로 한 구체적인 것이라고 보아야 한다.

3. 취소청구권의 존부를 취소소송의 소송물의 구성요소로 볼 것인지 여부

가. 문제의 소재

이미 앞에서 설명한 것처럼 취소소송의 성질에 관하여 형성소송설, 확인소송설, 구제소송설로 나뉘지만, 지배적인 학설은 형성소송설이다. 형성소송설은 취소소송이 일정한 법률관계를 성립시킨 해당 행정행위의 취소 · 변경을 통하여 그 법률관계를 변경 또는 소멸시킨다는 점에서 형성적 성질을 갖는다고 보는 것이다.

민사소송법학계에서도 형성소송을 법률관계의 변동을 일으키는 일정한 법률요건의 존재를 주장하여 그 변동을 선언하는 판결을 구하는 소송이라고 정의하고, 그 대표적인 예로서 상법 제185조 소정의 회사설립취소소송과 같은 법 제376조 소정의 주주총회결의취소소송을 든다. 예를 들어 상법 제185조에서 채권자에 대한 사해행위로 회사를 설립한 때에는 채권자는 회사의 설립취소를 "청구"할 수 있다고 규정하고 있는 것에서 보는 것처럼, 원고가 형성권을 재판상 청구하는 구조로 되어 있다. 따라서, 이지설에 따른 형성소송의 소송물은 청구취지에 표시된 형성을 구할 수 있는 법적 지위의 주장과 이를 뒷받침하는 청구원인의 사실관계가 된다.13) 이러한 점에 착안하여, 독일에서는 "처분의 취소를 구하는 원고의 소송상 청구권"이 취소소송의 소송물이거나 하나의 요소가 된다고 주장하는 견해가 있다.14)

---

12) 취소소송의 복심적 구조를 이해한다면, 처분의 동일성을 인식하는 것은 민사소송의 제1심에서 소송물을 인식하는 것에 대응하는 것이므로, 이지설에 따르면 생활사실관계를 전제로 파악되어야 한다.

13) 정동윤 · 유병현 · 김경욱, 민사소송법, 311면.

14) 독일의 학설과 판례에 대한 설명은 홍강훈, '신소송물이론의 이원설에 근거한 부관의 독립쟁송가능성 및 독립취소가능성에 관한 연구', 공법연구 제44집 제2호, 한국공법학회(2015. 12), 386-390면 참조.

나. 검토(개인적인 견해)

처분단계에서 행정청이 어떠한 생활사실관계에 대하여 먼저 그에 관한 선결적인 규율을 한 다음 소송단계에서 그 처분을 리뷰하게 되는 취소소송의 복심적 구조를 이해한다면, 소송과정에서 위법성(형성요건)이 확인되면 그 소송구조상 당연히 처분으로 이루어진 법률관계가 무효화되는 것이라 볼 수밖에 없다. 이때 원고가 취소청구권을 재판상 행사하지 않은 것처럼 보일 수 있지만, 취소소송을 소송유형으로 선택하였을 때 그 자체로 이미 그에 대한 청구를 한 것이나 다름없게 된다. 따라서, 민사소송에서와 같이 취소청구권의 존부를 소송물로 포착할 필요가 없다.[15] 그리하여, 행정소송법 제4조 제1호에서는 취소소송을 "행정청의 위법한 처분 등을 취소 또는 변경하는 소송"이라고만 규정하고 상법 제185조에서 규정되어 있는 것처럼 취소의 "청구"에 대하여 언급하지 않은 것이라고 생각된다.

그럼에도 불구하고 취소소송의 성격을 형성소송이라고 규정하는 것은 법률관계를 성립시킨 행정행위의 취소·변경을 통하여 그 법률관계를 변경 또는 소멸시키는 판결의 형성력에서 착안한 것이다. 그런데, 앞에서 본 것처럼 이러한 취소소송의 구조와 민사소송에서의 형성소송과의 차이를 강조하고 취소소송의 성격을 확인소송이라고 보고 취소소송을 객관소송이라고 주장하는 견해가 있다. 물론 취소소송의 심판대상이 민사소송의 경우와 달리 처분에 대한 위법성의 확인(형성요건의 확인)이라는 점만 고려하면 확인소송적 성격이 없는 것은 아니다. 그렇지만, 이행소송은 급부요건의 확인과 이행청구권의 존부가 소송물이 되고 형성소송은 형성요건의 확인과 형성권의 존부가 소송물이 되는 것처럼 모든 유형의 소송은 확인소송적 요소를 기본적인 요건으로 하고 있는 것이므로, 취소소송에서만 이를 강조하고 취소판결의 형성력을 도외시한 다음 취소소송의 형성소송적 성질을 부인할 수는 없을 것이다.

4. 소결

이상의 논의를 종합하면, 취소소송의 소송물은 처분의 위법성 일반이고, 원

---

15) 박정훈, 행정소송의 구조와 기능, 385면에서는 처분의 취소가 위법성의 필연적 결과라는 관점에서 같은 결론에 도달하고 있다.

고가 주장하는 위법사유나 행정청이 인식한 사실상의 기초와 행정청의 법적인 관점인 처분사유는 처분의 동일성을 획정하는 요소로 볼 수 없다. 다만 개인적인 관점에서 볼 때, '처분의 위법성 일반'에서 그 위법성은 처분의 형성요건으로 취소사유가 있다는 식으로 형식적·추상적으로 파악되는 것이 아니고 규율하고자 하는 사실관계를 전제로 한 처분의 구체적인 위법성이라고 생각된다.

한편, 취소소송이 형성소송이라면 위법성의 확인(형성요건)뿐만 아니라 형성권(취소청구권)의 존부를 포괄하여야 하는데 그렇지 않냐는 의문이 있을 수 있지만, 우리나라 행정소송법이 취소소송의 본안판단에서 위법성 견련성을 요구하지 않아 위법성이 확인되면 그 자체로 처분의 효력이 소멸되는 것이고, 취소소송의 복심적 구조상 소송유형의 선택 그 자체가 취소청구권을 행사한 것이나 마찬가지라고 볼 수 있는 점에서, 형성권의 재판상 행사를 의미하는 민사소송에서의 형성소송과는 다르므로, 취소청구권의 존부는 소송물의 요소가 되지 않는다.

결론적으로 취소소송의 소송물은 구체적인 생활사실관계를 전제로 발령된 처분의 실체적·절차적 위법성 일반이라고 정의할 수 있고, 규율의 대상이 되는 생활사실관계에 따라 소송물의 외연을 이루는 처분의 동일성이 달라진다.

이상에서 살펴본 소송물을 어떻게 파악할 것인지에 관한 인식의 차이는 뒤에서 보는 취소소송의 심리범위(처분사유의 추가·변경의 범위), 기속력의 객관적 범위에 관한 견해의 차이로 나타날 수 있다. 이에 관해서는 해당부분에서 설명하기로 한다.

Ⅳ. 취소소송의 소송요건과 구조

소송요건이라 함은 소가 법원에서 적법한 것으로 취급되어 본안판결을 받는데 필요한 사항을 말한다. 당사자가 소로써 요구하는 권리주장에 관한 재판에 앞서 소송요건을 갖추지 못한 소를 걸러냄으로써 국가의 재판권을 효율적으로 행사하게 할 필요가 있다. 그러한 의미에서 소송요건은 본안판결 및 본안심리의 요건이 된다.[16]

취소소송의 소송요건으로 우선 거론되는 것은 행정소송의 대상적격에 관한

16) 정동윤·유병현·김경욱, 민사소송법, 426면.

문제이다. 앞에서 본 대로 취소소송은 행정청의 위법한 처분 등을 취소 또는 변경하는 소송이므로, 그 대상은 처분과 재결이다. 행정소송법 제2조 제1항 제1호에서는, 처분을 "행정청이 행하는 구체적 사실에 관한 법집행으로서의 공권력의 행사 또는 그 거부와 그 밖에 이에 준하는 행정작용"이라고 정의하고 있다. 처분에 대하여 행정심판을 거친 때에도 원칙적으로 처분을 대상으로 하고, 재결 자체의 고유한 위법이 있음을 이유로 하는 경우에만 재결을 대상으로 할 수 있다(행정소송법 제19조).

다음으로, 행정소송도 원고와 피고의 대립하는 당사자가 구체적인 사건을 서로 다툰다는 점에서 민사소송과 다르지 않다. 당사자라 함은 자기의 이름으로 법원에 대하여 소를 제기하거나 소를 제기당함으로써 판결의 명의인이 되는 사람을 말한다. 여기에서 누가 원고 · 피고 · 참가인이 될 수 있는 소송법상의 자격을 가지는지에 관한 당사자능력의 문제가 발생한다. 나아가 당사자능력이 있는 사람 중에서 다시 누가 소송물인 권리 또는 법률관계에 관하여 소송을 수행하고 그 결과로 본안판단을 받을 수 있는 자격을 가지는지에 관한 당사자적격의 문제도 발생한다. 그중에서도 취소소송에서는 처분의 취소를 구할 정당한 당사자로서 원고적격의 문제가 크게 대두되는데, 행정소송법 제12조 전단에서는 "처분 등의 취소를 구할 법률상 이익이 있는 자"에게 원고적격을 인정하고 있기 때문이다.

한편, 헌법이 국민에 대하여 재판청구권을 보장하고 있다 하더라도 권리 또는 법률관계에 관한 분쟁이 생긴 경우 그 모든 분쟁을 법원이 해결할 수는 없다. 국가의 입장에서 보면 처리능력의 한계로 인하여 판결을 할 만한 의미가 있는지의 관점에서 소송을 제한할 필요가 있고, 당사자의 입장에서 보면 소를 제기하여 판결을 받기 위한 실질적인 이익 내지 필요가 있어야 한다. 이러한 소의 정당한 이익 내지 필요를 소의 이익이라 한다. 행정소송법 제12조 후단에서는 "처분 등의 효과가 기간의 경과, 처분 등의 집행 그 밖의 사유로 인하여 소멸된 뒤에도 그 처분 등의 취소로 인하여 회복되는 법률상 이익이 있는 자의 경우" 취소소송을 제기할 수 있다고 규정하고 있다.

그밖에도 취소소송의 소송요건으로는 관할, 취소소송의 제소기간 준수 여부, 행정심판이 필요적 전치절차일 때 그 이행 여부 등이 있다.

그런데 위와 같은 소송요건 중에서도 취소소송에서 가장 중요한 것은 대상적격과 원고적격의 문제이다. 취소소송은 원칙적으로 개인의 권리 내지 법적 지위에 직접 영향을 미치는 행정행위(처분)로 그 대상을 국한하고, 동시에 그 처분으로 인하여 법률상 이익을 침해당한 사람만 취소소송을 제기할 정당한 당사자로 인정하는 구조를 가지고 있는 것이다.

Ⅴ. 무효를 선언하는 의미의 취소소송

취소소송은 하자가 있으나 그 하자가 취소사유에 불과하여 유효한 것으로 통용되고 있고 처분의 효력을 판결로써 배제하는 소로서, 당초부터 무효인 처분에 대하여 그 무효의 확인을 구하는 소인 무효확인의 소와 구별된다. 그러나 무효사유와 취소사유의 구별 자체가 곤란하고 상대적일 뿐만 아니라, 무효든 취소든 그 처분의 효력이 부인되기만 하면 소를 제기한 당사자의 목적은 달성되는 것으로 볼 수 있고 행정행위의 취소사유는 무효사유를 포함하는 것이므로, 처분에 취소사유를 넘어 무효사유가 있더라도 무효확인소송이 아닌 취소소송을 제기할 수 있다.

이러한 경우의 취소소송을 통상 '무효를 선언하는 의미의 취소소송'이라고 한다. 이는 형식적으로는 취소소송이므로, 이 소송을 제기하기 위해서는 전심절차나 제소기간 등 취소소송으로서 갖추어야 할 소송요건을 구비하고 있어야 한다. 판례도 과세처분의 무효선언을 구하는 의미에서 그 취소를 구하는 소송이라도 전심절차를 거쳐야 한다고 판시하였다.[17]

제3절 무효등 확인소송

Ⅰ. 의 의

무효등 확인소송은 "행정청의 처분 등의 효력 유무 또는 존재 여부를 확인

17) 대법원 1990. 8. 28. 선고 90누1892 판결.

하는 소송"을 말한다(행정소송법 제4조 제2호). 처분에 대한 무효확인소송이 전형적 형태라고 할 수 있다. 그밖에도 행정소송상 확인소송으로서 처분 등의 존재확인소송, 부존재확인소송, 유효확인소송, 실효확인소송 등을 생각할 수 있으므로, 이를 분명히 하기 위하여 행정소송법은 '무효등 확인소송'이라고 규정하고 있다. 그러나 무효등 확인소송은 외관상 현존하는 처분의 무효·부존재 등의 확인을 구하는 소송이지, 행정청에게 작위·부작위의 의무가 있음의 확인을 구하는 소송은 아니다. 무효확인소송은 취소소송에서와 같은 제소기간, 행정심판전치 등의 제약을 받지 않는다.

처분이 무효이거나 부존재인 경우에는 그 처분의 무효 또는 부존재(과세처분 등의 무효 또는 부존재, 공무원의 파면처분의 무효 또는 부존재 등)를 전제로 현재의 법률관계에 관한 주장(부당이득반환청구, 공무원의 보수청구 등)을 할 것이지, 구태여 처분의 무효나 부존재를 확인받을 필요가 있는지에 관한 의문이 들 수 있다.

그러나 처분의 하자가 무효사유인지 취소사유인지 구별하는 것은 결코 쉬운 일이 아니므로, 행정청이 무효 또는 부존재인 처분을 집행할 우려가 있다. 따라서 처분인 것처럼 보이는 외관을 제거할 필요가 있다. 반대로 행정청이 유효한 처분을 마치 무효 또는 존재하지 않는 것처럼 취급하여 상대방의 권리를 침해할 수도 있다. 이 경우에 유효확인소송이나 존재확인소송과 같은 적극적 확인의 소를 제기하여 처분의 효력 및 존재에 관한 공적인 확인을 받을 필요가 있다. 여기에 무효등 확인소송의 존재의의가 있다.

Ⅱ. 대상과 소송물

무효등 확인소송도 취소소송과 마찬가지로 '처분 등'을 소송대상으로 한다(행정소송법 제38조 제1항, 제19조 참조). 그리고 무효등 확인소송의 대상이 되기 위해서는 적어도 유효한 처분 등으로 오인될 만한 외견적 존재가 있어야 한다.

무효등 확인소송의 소송물은 처분 등의 유·무효 또는 존재·부존재이고, 청구취지만으로 소송물의 동일성이 특정되는 것이므로, 청구원인으로 내세운 무효사유는 공격방어방법에 불과하다. 재결의 무효등 확인소송은 재결 자체에 고유한 위법이 있음을 이유로 하는 경우에만 가능하다(같은 법 제19조 단서, 제38조 제1항 참조).

> ❑ **대법원 1992. 2. 25. 선고 91누6108 판결:** 과세처분 무효확인소송의 경우 소송물은 권리 또는 법률관계의 존부 확인을 구하는 것이며, 이는 청구취지만으로 소송물의 동일성이 특정된다고 할 것이고 따라서 당사자가 청구원인에서 무효사유로 내세운 개개의 주장은 공격방어방법에 불과하다고 볼 것이며, 한편 확정된 종국판결은 그 기판력으로서 당사자가 사실심의 변론종결시를 기준으로 그때까지 제출하지 않은 공격방어방법은 그 뒤 다시 동일한 소송을 제기하여 이를 주장할 수 없다.

Ⅲ. 성　질

무효등 확인소송은 적극적으로 처분 등의 효력을 소멸시키거나 부여하는 것이 아니라 소극적으로 처분 등의 존부나 효력의 유무를 확인·선언하는 소송으로서 확인소송의 성질을 갖는다. 한편, 위 소송은 처분 등으로 인한 현재의 법률관계의 확인을 구하는 것이 아니라 처분 등의 존부, 효력 자체를 그 대상으로 하므로 항고소송의 일종이다.

과거에는 무효등 확인소송에도 민사소송법상의 '확인의 이익'에 관한 법리를 그대로 적용하였다. 예를 들어 과세처분에 따라 세금을 이미 납부한 경우에는 민법상의 부당이득반환청구소송은 가능하나 과세처분무효확인의 소는 확인의 이익이 없어 부적법하다는 것이 판례였다. 그러나, 대법원은 종래의 태도를 변경하고 무효확인을 구할 법률상 이익에 관한 새로운 해석을 내놓았다.[18] 위 판결에 따르면, 처분의 근거 법률에 의하여 보호되는 직접적이고 구체적인 이익이 있는 경우에는 행정소송법 제35조에 규정된 '무효확인을 구할 법률상 이익'이 있고, 이와 별도로 무효확인을 구할 필요가 있는지 여부에 관한 무효확인소송의 보충성이 요구되지 않는다는 것이다. 따라서, 행정사건으로서 무효확인소송을 제기할 때 처분의 무효를 전제로 한 이행소송 등과 같은 직접적인 구제수단이 있는지 여부를 따질 필요가 없게 되었다. 이에 관해서는 뒤에서 소의 이익을 설명할

18) 대법원 2008. 3. 20. 선고 2007두6342 전원합의체 판결. 이러한 법리는 부존재확인소송에도 마찬가지로 적용된다(대법원 2025. 11. 20. 선고 2025두33652 판결).

때 다시 살펴볼 것이다.

Ⅳ. 취소소송과 무효확인소송의 관계

1. 처분의 무효와 취소

처분이 적법하게 성립하고 효력을 발생하기 위해서는 주체·절차·형식·내용상의 요건이 갖춰져야 하는데, 그러한 요건이 충족되지 않으면 그 처분에는 하자가 있다고 표현할 수 있고 대부분 위법한 것이 된다.[19] 통상 '처분의 하자'라고 함은 위법사유를 뜻하는 좁은 의미의 하자를 말하고, 위법한 처분은 '무효'인 처분과 '취소'할 수 있는 처분으로 나누어진다. 무효인 처분은 외형은 갖추고 있으나 처분으로서의 효력이 없다. 반면에 취소할 수 있는 처분은 하자가 있음에도 불구하고 권한 있는 기관으로부터 취소됨으로써 비로소 처분의 효력이 상실된다.

행정의 실효성 확보 또는 법적 안정성의 요청을 강조하게 되면 무효사유를 엄격하게 볼 것이고, 당사자의 권리구제의 요청을 강조하게 되면 무효사유를 완화하게 된다. 이 양자의 요청 중 어느 것도 가볍게 볼 수 없으므로, 무효사유와 취소사유의 구별기준에 관한 논의는 양자의 요청을 어떻게 조화시킬 것인지의 문제가 되는데, 그 구별기준에 관해서는 중대·명백설이 통설과 판례의 입장이다.[20] 중대·명백설이란 하자의 내용이 중대하고 외관상 명백한 때에는 해당 행정행위가 무효이나, 어느 하나의 요건이라도 결여한다면 취소할 수 있는 행정행위에 불과하다는 견해로서, 무효요건으로 중대성과 명백성을 함께 요구한다. 여

---

19) 처분에 하자가 있다고 하더라도 위법하지 않은 경우가 있을 수 있다. 가령 여러 처분사유에 관하여 하나의 제재적 처분을 하였는데 그중 일부가 인정되지 않는다고 하더라도 나머지 처분사유들만으로도 그 처분의 정당성이 인정되는 경우에는 그 처분을 위법하다고 보아 취소해서는 안 된다는 것이 판례이다(대법원 2020. 5. 14. 선고 2019두63515 판결). 또한, 주택재개발정비사업조합의 총회결의에 자격을 상실한 조합원들이 참여하였으나 그들을 제외하더라도 사업시행계획 수립을 위한 의결정족수를 넉넉히 충족하여 사업시행계획 수립에 관한 총회결의의 결과에 어떤 실질적인 영향을 미쳤다고 볼 만한 특별한 사정이 없다면, 자격을 상실한 조합원들에게 소집통지가 이루어졌고 그들이 총회결의에 일부 참여하였다는 점만으로 총회결의가 무효라거나 총회결의를 통해 수립된 사업시행계획에 이를 취소하여야 할 정도의 위법사유가 있다고 단정하기는 어렵다고 한 사례가 있다(대법원 2021. 2. 10. 선고 2020두48031 판결).

20) 처분의 무효와 취소에 관한 자세한 내용은 하명호, 행정법 제7판, 박영사(2025), 185-205면 참조.

기에서 하자의 중대성이란 행정행위가 중요한 법률요건을 위반하고 위반의 정도가 심하다는 것을 말한다. 하자의 명백성은 바라보는 관점에 따라 다양한 주장이 제기될 수 있지만, 판례는 처분기관의 지·부지와는 관계없이, 특히 권한 있는 국가기관의 판단을 기다릴 것 없이 누가 판단하더라도 동일한 결론에 도달할 수 있을 정도로 '하자의 존재가 외관상 객관적으로 명백한 것'이라고 해석하고 있다(외관상 일견명백설).[21]

2. 병렬관계

앞에서 본 것처럼 어떠한 처분의 위법사유가 무효사유이면서 동시에 취소사유가 될 수는 없으므로, 취소소송과 무효확인소송은 서로 양립할 수 없는 별개의 소송이다. 그러므로 단순병합이나 선택적 병합은 불가능하고 예비적 병합만 가능하다.[22] 통상 무효확인소송을 주위적 청구로, 취소소송을 예비적 청구로 병합하는 것이 실무례이다.

3. 포용관계

취소소송과 무효확인소송은 별개의 소송이기는 하지만, 양자는 모두 처분등에 존재하는 위법한 하자를 이유로 제기하는 소송이라는 점에서 공통되고, 무효사유와 취소사유는 단지 하자의 정도에 차이가 있는 것에 불과하므로, 실제로는 서로 포용관계에 있다. 취소청구에는 엄밀한 의미의 취소뿐만 아니라 무효의 선언을 구하는 의미로서의 취소도 포함된 것이라고 볼 수 있고,[23] 반대로 무효확인의 청구에는 원고가 취소를 구하지 않는다는 점을 명백히 하지 않은 이상

---

21) 외관상 일견명백설은 누가 보더라도 하자가 명백하다는 것을 요구하여, 무효사유를 인정하는 기준으로서 지나치게 엄격하여 국민의 권리구제에 미흡하다는 비판을 받고 있다. 그 대안으로 행정행위가 무효로 되기 위해서는 하자의 중대성은 항상 요구되지만, 명백성은 행정의 법적 안정성이나 제3자의 신뢰보호의 요청이 있는 경우에만 가중적으로 요구된다는 견해(명백성 보충요건설)가 주장되고 있다. 이 견해에 따르면, 동일한 처분이 대량으로 행해졌거나 이해관계를 가진 제3자가 있는 경우에는 명백성이 요구되나, 과세처분과 같이 직접 상대방에게만 부담을 지우는 경우에는 명백성을 요구하지 않는다.

22) 대법원 1999. 8. 20. 선고 97누6889 판결.

23) 다만 무효선언을 구하는 취소청구의 의미를 넘어서서 무효확인까지 포함되는 것으로 볼 수는 없을 것이고, 따라서 무효확인을 구하는지 여부를 석명할 의무도 없다(대법원 1982. 6. 22. 선고 81누424 판결).

그 처분이 무효가 아니라면 취소를 구한다는 취지도 포함되어 있는 것으로 볼 수 있다.[24)]

당사자가 취소소송을 제기하였는데 살펴보니 그 하자가 중대·명백한 것이어서 무효사유가 있는 것으로 판단되면 법원은 원고 전부승소판결을 선고하여야 한다(무효를 선언하는 의미의 취소판결). 반대로 당사자가 처분의 무효확인을 구하는 소를 제기하였는데 그 처분에 단지 취소사유만 있는 경우로서 제소기간의 준수와 같은 취소소송에 필요한 소송요건을 갖추고 있는 때에는 법원으로서는 당사자에게 취소를 구하는지 여부를 석명하여 당사자가 명백히 취소는 구하지 않는다고 하지 않는다면 취소의 소로 청구취지를 변경시킨 후 취소판결을 선고하게 된다(행정소송규칙 제16조 참조).[25)] 이때 취소소송과 무효확인소송은 소의 종류를 달리하는 별개의 소송이므로, 소의 변경 없이 그대로 취소판결을 하기는 곤란하다고 생각된다.

제4절 부작위위법확인소송

Ⅰ. 의 의

부작위위법확인소송이란 "행정청의 부작위가 위법하다는 것을 확인하는 소송"을 말한다(행정소송법 제4조 제3호). 여기에서 '부작위'라고 함은, 행정청이 당사자의 신청에 대하여 상당한 기간 내에 일정한 처분을 하여야 할 법률상 의무가 있음에도 불구하고 신청을 인용하는 적극적 처분이나 각하 또는 기각 등의 소극적 처분을 하지 않는 것을 말한다(같은 법 제2조 제1항 제2호). 이 경우 부작위가 위법하다는 것을 선언하여 행정청으로 하여금 응답을 신속히 하게 함으로써 부작위라는 소극적 위법상태를 제거하는 것을 목적으로 하는 소송이다.

24) 따라서, 법원으로서는 해당 처분의 취소를 구할 수 있는 경우라면 무효사유가 증명되지 않더라도 취소사유에 해당하는 위법이 있는지 여부까지 심리하여야 한다(대법원 1987. 4. 28. 선고 86누887 판결, 대법원 2005. 12. 23. 선고 2005두3554 판결 등 참조).

25) 취소소송으로서의 소송요건을 갖추지 못한 경우에는 법원으로서는 석명을 구하거나 취소사유가 있는지 살펴볼 필요 없이 청구를 기각하면 된다(과세처분에서 행정심판의 전치를 거치지 않은 경우: 대법원 1987. 4. 28. 선고 86누887 판결).

부작위위법확인소송은 거부처분 취소소송과 구별하여야 한다. 부작위위법확인소송은 당사자의 신청에 대하여 행정청이 아무런 응답을 하지 않은 것이 위법하다는 것을 확인하는 것이고, 당사자의 신청을 인용하지 않는 행위인 거부처분에 대한 취소를 구하는 것이 아니다.

Ⅱ. 성 질

부작위위법확인소송은 '공권력 행사로서의 행정청의 처분'의 부작위를 그 대상으로 하는 것이므로, 취소소송이나 무효등 확인소송과 마찬가지로 항고소송에 해당한다. 행정소송법 역시 부작위위법확인소송을 항고소송의 하나로 규정하고 있다(제4조).

한편, 부작위위법확인소송은 법률관계를 변동하는 것이 아니라 부작위에 의하여 외형화·현실화된 법상태가 위법임을 확인하는 것이므로, 확인소송으로서의 성질을 갖는다. 그리하여 부작위위법확인소송에서의 승소판결은 행정청의 특정한 부작위의 위법 여부를 확인하는 데 그치고, 적극적으로 행정청에게 일정한 처분을 할 의무를 직접 명하지는 않는다.

Ⅲ. 기 능

행정청의 위법한 부작위에 대한 구제수단으로, 의무이행소송을 제도화한 국가(독일 행정법원법 제42조 제1항) 및 직무집행명령소송이 인정되고 있는 국가(영국과 미국)에서는 부작위위법확인소송은 불필요하므로 원칙적으로 허용하지 않는다.[26] 그러나 현행 행정소송법이 그와 같은 이행소송을 받아들이지 않고 소극적이고도 우회적인 부작위위법확인소송만 제도화한 이유는 권력분립의 원칙, 사법부의 부담경감 및 사법자제적 측면을 고려한 것이다.

---

26) 참고로 의무이행심판이 도입되어 있는 행정심판법에도 부작위위법확인심판이 존재하지 않는다.

❑ **대법원 1989. 9. 12. 선고 87누868 판결:** 행정심판법 제3조에 의하면 행정청의 위법 또는 부당한 거부처분이나 부작위에 대하여 의무이행심판을 할 수 있으나 행정소송법 제4조에서는 행정심판법상의 의무이행심판청구에 대응하여 부작위위법확인소송만을 규정하고 있으므로 행정청의 부작위에 대한 의무이행소송은 현행법상 허용되지 않는다.

다만 현행법은 부작위위법확인소송의 실효성확보수단을 강구함으로써 의무이행소송이 채택된 것과 다름없는 효과를 거두려고 한다. 행정청이 부작위가 위법하다는 판결을 선고받고도 처분을 하지 않는 경우 제1심 수소법원은 당사자의 신청에 의하여 결정으로써 상당한 기간을 정하고 행정청이 그 기간 내에도 이행하지 않는 때에는 그 지연기간에 따라 일정한 배상을 할 것을 명하거나 즉시 손해배상을 할 것을 명할 수 있다(행정소송법 제38조, 제34조 제1항). 이와 같은 간접강제를 통해 이행소송과 유사한 효과를 거두려고 하는 것이다.[27]

제5절 법정외 항고소송의 허용 여부와 도입논의

Ⅰ. 의 의

행정소송법 제4조에 명시된 취소소송, 무효등 확인소송, 부작위위법확인소송 이외의 항고소송(법정외 항고소송)이 허용될 수 있는지에 관하여 다툼이 있다. 그러한 법정외 항고소송으로 현재 활발히 논의되고 있는 것은 의무이행소송과 예방적 금지소송이다.

27) 한편, 행정심판에서는 재결의 실효성을 확보하기 위하여 위와 같은 간접강제 외에도, 직접처분제도가 마련되어 있다. 당사자의 신청을 거부하거나 부작위로 방치한 처분의 이행을 명하는 재결이 있는 경우 행정청은 지체 없이 그 재결의 취지에 따라 다시 이전의 신청에 대한 처분을 하여야 하고, 해당 행정청이 처분을 하지 않은 때에는 행정심판위원회는 당사자의 신청에 따라 기간을 정하여 서면으로 시정을 명하고 그 기간 내에 이행하지 않은 경우에는 해당 처분을 직접 할 수 있다(행정심판법 제49조, 제50조).

Ⅱ. 의무이행소송

1. 의의 및 도입의 필요성

의무이행소송은 "사인이 어떠한 행정행위를 신청하였는데 행정청이 이를 거부하거나 아무런 응답을 하지 않는 경우에 행정청에게 그 거부된 또는 방치된 행정행위를 행하여 줄 것을 구하는 내용의 행정소송"을 말한다.

현행 행정소송법에서는 사인의 신청에 대하여 행정청이 거부처분을 하는 경우에는 거부처분에 대한 취소소송 또는 무효등 확인소송을 통하여, 행정청이 응답을 하지 않는 경우에는 부작위위법확인소송을 통하여 권리구제가 이루어진다. 그러나 판결에 의하여 거부처분이 취소되거나 부작위가 위법하다는 것이 확인되었음에도 처분청이 판결의 취지에 따른 처분을 하지 않는 경우 위 소송들은 그 의미를 상실한다. 따라서 행정소송법은 판결의 실효성을 확보하고 원고가 실질적으로 권리구제를 받을 수 있도록 보장하기 위하여 제30조 제2항에서 기속력의 효과로서 행정청의 재처분 의무를 명시하고, 그 의무이행을 담보하기 위하여 제34조 제1항에서 간접강제에 관한 규정을 두고 있다. 그러나 뒤에서 살펴보는 것처럼 기속력의 객관적 · 시간적 범위 및 그에 따른 재처분 의무의 내용과 관련하여 원고가 위 소송들에서 승소하더라도 실제로는 당초 신청한 처분을 발급받지 못할 수도 있다.

그러나 의무이행소송이 도입된다면 법원은 거부처분을 취소하거나 부작위의 위법성을 확인하는 것에 그치지 않고 판결로써 행정청으로 하여금 적극적인 행위를 하도록 강제할 수 있게 된다. 따라서 수익적 행정행위의 발급에 관하여 거부처분 취소소송이나 부작위위법확인소송보다 더욱 강력한 권리구제수단이 된다. 또한 분쟁의 신속하고 일회적인 해결이 가능해져서 소송경제가 도모된다.

2. 학 설

독일의 행정법원법 제42조 제1항 등과 달리 우리나라의 행정소송법에는 의무이행소송에 관한 명문의 규정이 없고 그 허용 여부가 학설에 맡겨져 있다.

가. 소극설

행정소송법상 항고소송의 종류는 취소소송, 무효등 확인소송, 부작위위법확인소송으로 한정하고 있으므로, 의무이행소송은 허용될 수 없다는 견해로서(다수설), 다음의 두 가지 관점이 있다.

권력분립의 관점에서 소극적으로 보는 견해가 있다. 적극적인 행정작용을 행할 권한은 행정권에 전속한 것이고, 법원은 그로 인하여 위법상태가 발생하여 소송이 제기되면 그것을 판단할 권한만 있으므로, 법원이 행정청에게 특정한 처분의 발령을 명할 수 없다는 것이다. 이 견해에 의하면, 의무이행소송의 허용은 법원이 행정권한의 발동에 관한 행정청의 제1차적 판단권을 침해하는 것이고, 특히 재량적 행정작용에서는 더욱 그렇다. 기능적 관점에서 보더라도, 법원의 조직이나 소송절차는 행정청의 제1차적 판단을 전제로 그 위법성을 판단하는 기능을 수행하는 데에 적절하게 구성되어 있을 뿐이고 행정작용을 행하기에 적절하지 않다.

다음으로 의무이행소송이 국민의 권리보호를 위하여 필요하고 권력분립의 원칙과 모순되는 것은 아니라고 보면서도, 행정소송법이 행정심판법과는 달리 의무이행소송을 명시하지 않고 있으므로, 그러한 소송은 허용될 수 없다고 보는 견해가 있다. 행정소송법이 행정심판법과 달리 의무이행소송을 명시하지 않았는데도 이를 인정한다면 입법자의 의사에 반한다는 것이다.

소극설에 따르면 법원은 적극적 형성판결이나 이행판결을 할 수 없으며, 행정소송법 제4조 제1호의 "변경"은 소극적 변경(일부취소)을 의미하는 것이 된다.

나. 적극설

행정소송법 제4조에 규정된 항고소송의 종류는 예시적인 것으로서 판례나 관습법에 의한 다른 항고소송의 형태를 배제하는 것은 아니므로, 현행법상의 해석론으로도 의무이행소송을 허용할 수 있다는 견해이다.

이 견해에 의하면, 권력분립의 원칙의 참뜻은 권력 상호간의 견제와 균형을 도모함으로써 권력의 남용을 막고 개인의 권리를 보장하려는 데 있다는 것이다. 그런데 의무이행소송은 마땅히 행해져야 할 처분이 거부됨으로써 침해된 원고의 권리를 구제하고 기왕에 초래된 위법상태를 해결하기 위한 것이므로, 권력분립의 원칙의 본뜻을 저해하는 것이 아니다.

또한, 행정청은 이미 소송이 제기되기 전에 이미 원고의 신청에 대한 판단의 기회를 가졌고, 소송이 제기된 후에도 처분의 발급에 관한 주장과 증명을 통하여 행정에 관한 제1차적 판단권을 행사할 수 있으므로, 의무이행소송으로 인하여 행정청의 제1차적 판단권이 침해된다는 주장은 올바르지 않다는 것이다.

따라서, 행정소송법 제1조가 "공권력의 행사 또는 불행사 등으로 인한 국민의 권리 또는 이익의 침해를 구제하고"라고 규정하고 있으므로, 행정소송법 제4조 제1호의 "변경"을 적극적으로 이해하여 이행판결 또는 적극적 형성판결을 허용하자는 것이다.

다. 제한적 적극설

이 견해는 원칙적으로 행정소송법에 규정된 항고소송만 인정되나, 국민의 권리구제의 관점에서 예외를 인정하고 있다. ① 행정청에게 제1차적 판단권을 행사하게 할 것도 없을 정도로 처분의 요건이 일의적으로 정해져 있고, ② 사전에 구제하지 않으면 회복할 수 없는 손해가 있으며, ③ 다른 적당한 구제방법이 없는 경우에만 의무이행소송이 인정된다고 보는 입장이다.

3. 판례의 태도

판례는 "행정청에 대하여 행정상의 처분의 이행을 구하는 청구는 특별한 규정이 없는 한 행정소송의 대상이 될 수 없다."라고 하여 의무이행소송을 허용하지 않고 있다.[28] 나아가 행정청에게 일정한 적극적인 처분을 하여야 할 법적 의무가 있음의 확인을 구하는 작위의무확인소송도 부적법하다고 한다.[29]

---

28) 대법원 1995. 3. 10. 선고 94누14018 판결(검사에 대한 압수물 환부이행청구소송); 대법원 1994. 12. 22. 선고 93누21026 판결(상가특별공급 및 영업비보상 등의 이행청구); 대법원 1989. 9. 12. 선고 87누868 판결(어업권회복등록절차의 이행청구); 대법원 1989. 5. 23. 선고 88누8135 판결(건물 철거 등의 시정을 명하고 그에 따른 대집행절차의 이행을 구하는 청구); 대법원 1986. 8. 19. 선고 86누223 판결(토지등급설정 및 수정처분의 시정을 구하는 청구).

29) 대법원 1989. 1. 24. 선고 88누3314 판결(애국지사의 사망일시금 및 유족생계부조수당 지급의무의 확인청구); 대법원 1992. 11. 10. 선고 92누1629 판결(이주대책수립의무의 확인청구).

4. 검 토

가. 권력분립의 원칙 및 행정의 선결권 침해 여부

의무이행소송의 도입으로 행정청의 제1차적 판단권, 특히 재량행위에서 재량권 행사의 기회가 침해되고 권력분립의 원칙이 무너지는 것이 아니냐는 것이 소극설의 주된 논거이다.

다른 나라의 입법례나 과거의 행정소송법 개정안들을 살펴보면, 의무이행소송에서 법원이 내릴 승소판결의 유형은 특정한 처분의 발급을 명하는 '특정처분 명령판결'과 하자 없는 처분을 발급하도록 명하는 '재결정 명령판결' 등이 있다. 그런데, 재량행위에 대해서는 법원이 특정한 처분을 명하는 것이 아니라 단지 법원의 판결의 취지에 따라 새롭게 처분을 하여야 할 의무만 부과하는 재결정 명령판결이 내려지게 되는 것이므로, 법원이 특정처분을 명함으로써 행정청이 적법하게 행사할 것이 예정되어 있던 재량권이 침해받는 경우는 생기지 않는다. 또한, 의무이행판결은 취소소송과 같은 형성판결이 아니라 이행판결에 해당하여 법원이 직접 처분을 내리지 않고 행정청이 스스로 해당 처분을 내리도록 하는 것이고, 강제집행의 수단으로도 직접강제는 인정되지 않고 간접강제만 예정되어 있어 행정에 대한 적절한 배려를 행하고 있다.[30]

설령 법원이 행정청에 갈음하여 직접 처분을 한다고 하더라도 행정청의 권한이 침범되는 것도 아니다. 이는 행정청이 마땅히 하여야 할 처분을 발령하지 않음으로써 신청인의 권리를 침해하고 있는 위법한 상태를 제거하는 것이므로, 행정재판의 본질인 사법의 행정에 대한 당연한 통제로서 정당화된다.[31] 권력분립의 원칙은 국가권력을 형식적·기계적으로 분산한다는 데에 의미를 갖는 것이 아니라, 국가권력의 집중에 의해 야기될 수 있는 권한남용을 방지하고 이를 통해 국민의 기본권을 보장하려는 데 그 본래의 의미가 있는 것이므로, 법원이 행정청에게 일정한 의무를 명하더라도 그것이 국민의 권리구제, 기본권 보장에 기여하는 것이라면 권력분립의 원칙에 반한다고 할 수 없다.[32] 행정조직과 그 권

30) 김창석, '의무이행소송 도입의 행정소송에 대한 영향', 저스티스 제75호, 한국법학원(2003. 10), 75면 참조.
31) 김창석, '의무이행소송 도입의 행정소송에 대한 영향', 91면.
32) 김춘환, '의무이행소송의 허용성', 법학논고 제2집, 조선대학교 법학연구소(1996. 6), 32면.

한이 방대해짐으로써 그 권한남용의 위험도 증대된 만큼 행정에 대한 법원의 통제권한도 그에 따라 고양되어야만 견제와 균형이 이루어질 수 있는 것이지, 행정권한이 강력해져 가는 현실과 상관없이 법원이 언제까지나 소극적 통제방식만 고집할 수는 없는 것이다.

나. 입법정책의 문제

전통적인 행정쟁송수단인 취소소송 등은 침익적 행정행위로부터 국민의 권익을 보호하는 데 적절한 수단이긴 하지만, 현대 복지국가에서 행정청이 국민에게 일정한 생활보장적 급부를 하여야 할 의무가 있음에도 이를 이행하지 않는 경우와 같이 행정청의 부작위가 문제되는 경우에는 충분한 구제수단이라고 볼 수 없다. 또한 법원이 행정청에 갈음하여 일정한 행위를 결정하고 그 이행을 명한다는 것이 반드시 사법권의 한계를 벗어난다거나 권력분립의 원칙에 어긋난다고 볼 수 없다는 점은 이미 앞에서 보았다. 따라서 입법론상으로는 의무이행소송과 예방적 금지소송 등 법정외 항고소송을 허용할 필요가 있다.

그러나 이론상 의무이행소송 등을 금할 이유가 없다는 것과 실정법상 어떤 종류의 소송을 어느 범위까지 허용할 것인지는 전혀 다른 차원의 문제이고, 후자는 입법정책의 문제이다. 행정심판법이 의무이행심판을 명시적으로 인정하고 있는 반면 행정소송법 제4조에서는 의무이행소송을 명시하지 않고 있는 것을 감안하면 현행법이 법정외 항고소송을 허용하지 않는 것이라고 해석할 수밖에 없다.

Ⅲ. 예방적 금지소송

1. 의 의

예방적 금지소송은 장래 행정청이 일정한 처분을 할 것이 명백한 경우 그 처분을 하지 않을 것을 구하는 내용의 소송을 말하고, 소극적 형태의 의무이행소송이라 할 수 있다. 예방적 금지소송의 인정 여부에 대해서도 학설의 대립이 있다.

2. 학　설

가. 소극설

예방적 금지소송은 행정청이 법집행작용으로서의 일정한 처분을 하기 전에 해당 권한의 행사를 사전에 차단하는 것으로서 권력분립의 원칙과 행정청의 제1차적 판단권의 존중이라는 관점에서 허용될 수 없다는 견해이다.[33] 또한, 행정소송법 제4조의 항고소송의 유형에 대한 규정은 제한적으로 이해되어야 한다는 점을 논거로 든다.

나. 제한적 허용설

예방적 금지소송은 공권력에 의한 침해가 절박한 경우에 문제되는 것으로 단순히 현상악화를 방지하고자 하는 공권력 행사에 대한 소극적 방어행위라고 볼 수 있기 때문에, 적극적 의무이행소송에 대해서는 부정적인 학자들도 예방적 금지소송에 대해서는 긍정적인 입장을 취하기도 한다. 다만 권력분립의 원칙 및 행정청의 제1차적 판단권의 존중이라는 관점에서 일정한 제한적 요건하에 인정된다는 것이 다수설이다. 그 요건으로, ① 처분이 행해질 개연성이 있고 절박하며, ② 처분요건이 일의적으로 정해져 있고, ③ 미리 구제하지 않으면 회복할 수 없는 손해가 발생할 우려가 있으며, ④ 다른 구제수단이 없는 경우를 제시하고 있다.

3. 판례의 태도

판례는 행정소송법상 행정청이 일정한 처분을 하지 못하도록 그 부작위를 구하는 청구는 허용되지 않는 부적법한 소송이라고 한다.[34] 따라서, 신축건물의 준공처분을 하여서는 안 된다는 내용의 부작위를 구하는 청구는 행정소송에서 허용되지 않는다고 한다.[35]

---

33) 다만 예방적 금지소송에 대하여 부정적인 입장을 가진 학자들도 현행법의 해석상 허용되지 않는다는 논거를 들고 있을 뿐이고, 권리구제의 공백을 메우기 위하여 그러한 소송유형의 도입이 필요하다는 것은 인정하고 있다.

34) 대법원 2006. 5. 25. 선고 2003두11988 판결.

35) 대법원 1987. 3. 24. 선고 86누182 판결.

4. 검　　토

예방적 금지소송을 허용한다고 하더라도 사법권의 범위를 벗어난다거나 권력분립의 원칙에 어긋난다고 보이지는 않는다. 그러나 이론상 이행소송 등을 금할 이유가 없다는 것과 어떤 종류의 소송을 어느 범위까지 허용할 것인지는 전혀 다른 차원의 문제이고, 후자는 입법정책의 문제라 생각한다.

Ⅳ. 도입 논의

1. 행정소송법의 개정 시도

입법론상으로 의무이행소송과 예방적 금지소송 등 법정외 항고소송을 도입할 필요가 있다는 점에 대해서는 이론이 없다. 1984년에 행정소송법을 전부개정할 때에도 의무이행소송이나 예방적 금지소송을 도입할 것인지 여부가 뜨거운 쟁점이었다. 그러나 당시에는 침익적 행정행위의 취소에 초점을 둔 자유주의적 행정소송제도의 확립이 시급한 문제였고, 법원이 행정에 되도록 개입하지 않는 것이 바람직하다는 사고방식이 지배하고 있었다. 이러한 상황에서 당시 통설은 권력분립의 원칙 또는 행정에 대한 행정청의 제1차적 판단권의 존중, 행정행위 발급의 재량성 등을 이유로 의무이행소송이나 예방적 금지소송의 도입에 소극적이었다. 그 이후 1994년에 행정소송법이 일부개정되어 행정심판을 임의적 전심절차로 하고 행정소송의 3심제가 채택되는 등의 변화가 있었으나 여전히 의무이행소송 등이 도입되지 않았다.

그러다가 대법원은 행정소송의 실효성 확보나 현대형 행정에 대한 권리구제의 실질화를 기하기 위한 입법적 노력으로 2002. 4. 행정소송법 개정위원회를 구성하고 행정소송법 전면개정 의견을 마련하여 2006. 9. 8. 국회에 제출하였는데, 여기에서는 의무이행소송과 예방적 금지소송이 도입되어 있었다. 아울러 법무부도 2006. 4. 26. 행정소송법 개정 특별분과위원회를 구성하고 별도로 행정소송법 개정안을 마련한 다음 2007. 11.경 국회에 제출하였는데, 대법원안과 마찬가지로 위 각 소송을 도입하는 것으로 되어 있었다. 그러나 위 시도들은 17대 국회가 임기만료로 해산하면서 자동으로 폐기되었다.

최근에도 법무부는 국민의 높아진 권리의식을 반영하여 적정하고 실효성 있는 권리구제절차를 마련하기 위한 입법적 노력의 일환으로, 2011. 11. 15. 행정소송법 개정위원회를 구성하고 2012. 5. 24.「행정소송법 개정 공청회」를 개최한 다음 거기에서 채택된 행정소송법 개정시안을 기초로 행정소송법 전부개정법률안(행정소송법 개정안)을 만들어 2013. 3. 20.부터 같은 해 4. 30.까지 입법예고까지 거쳤으나, 국회에 제출도 못해보고 19대 국회가 임기만료로 해산되었다.

이웃 대만이 1998년 독일식으로 행정소송법을 개정하고, 일본이 2004년 행정사건소송법을 개정한 반면에, 우리나라에서 입법적 논의는 비교적 일찍 시작되었지만 그 결실을 맺지 못하고 있는 점은 안타까운 일이다. 그 결과 우리나라의 행정소송체계는 자유주의적 법치국가적 관점의 권리구제시스템에 머물고 있다고 평가될 수밖에 없다.

2. 행정소송법 개정안과 개정시안의 내용

가. 행정소송법 개정안에서 의무이행소송의 내용

행정소송법 개정안에서 규정하고 있었던 의무이행소송의 내용을 소개하면 다음과 같다.[36] 우선 의무이행소송을 "행정청의 위법한 거부처분이나 부작위에 대하여 처분을 하도록 하는 소송"이라고 정의하였었다(제4조 제4호). 의무이행소송은 처분을 신청한 자로서 행정청의 거부처분이나 부작위에 대해서 처분을 할 것을 구할 법적 이익이 있는 자가 제기할 수 있도록 하였었다(제41조). 제소기간과 관련해서는, ① 거부처분의 경우에는 취소소송에 관한 규정을 준용하여 거부처분이 있음을 안 날로부터 90일 이내에 제기하여야 하고, ② 부작위에 대해서는 법령상 처분기간이 정해져 있는 경우에는 그 기간이 지나기 전에 제기할 수 없으며, 처분기간이 정해져 있지 않은 경우에는 특별한 사정이 없다면 처분을 신청한 날부터 90일이 지나기 전에는 제기할 수 없도록 규정되어 있었다(제42조 제1항·제2항, 제21조).

당사자의 신청에 대한 행정청의 거부행위나 부작위가 위법한 것으로 판단된

36) 의무이행소송의 도입에 따른 쟁점과 해석론에 관한 자세한 사항은, 하명호, '의무이행소송의 도입 필요성과 바람직한 도입방안', 국가법연구 제15집 제2호, 한국국가법학회(2019. 6); 오에스더·하명호, '의무이행소송의 도입과 그 방향', 안암법학 제38호, 안암법학회(2012. 5) 참조.

경우 법원이 내려야 할 판결은 두 가지로 나뉘는데, ① 당사자의 신청에 따른 처분을 할 의무가 있음이 법령상 명백하고 그 의무를 이행하게 하는 것이 상당하다고 인정하는 경우에는 행정청에 그 의무를 이행하도록 선고하고, ② 행정청이 그 처분을 하지 않는 것이 재량권의 한계를 넘거나 남용이 있다고 인정하는 경우에는 행정청에 판결의 취지를 존중하여 처분을 이행하도록 선고한다. 이때 거부처분의 경우에는 이를 함께 취소하여야 한다(제44조). 의무이행판결이 확정되면 그 사건에 관하여 당사자인 행정청과 관계행정청을 기속한다(제45조 제1항). 그럼에도 불구하고 행정청이 법원의 확정판결에 따른 처분을 하지 않으면 당사자의 신청에 따라 결정으로써 간접강제를 명할 수 있다(제46조 제1항).

그밖에도 의무이행소송과 더불어 수익적 행정처분에 대한 실효적 권리구제를 꾀하기 위하여, 그동안 민사집행법의 준용 여부를 두고 논란이 되어 왔던 가처분 규정을 새롭게 도입하여 계쟁물에 관한 가처분과 임시의 지위를 정하기 위한 가처분이 가능하게 되었었다(제26조 제1항).

나. 행정소송법 개정시안에서 예방적 금지소송의 내용

행정소송법 개정안은 행정소송법 개정위원회의 개정시안에서 도입하기를 권고한 법정외 항고소송 중에서, 의무이행소송은 도입하였지만 예방적 금지소송은 채택하지 않았었다. 참고로 행정소송법 개정시안에서 규정하고 있었던 예방적 금지소송의 내용을 소개하면 다음과 같다.

행정소송법 개정시안에서는 예방적 금지소송을 "행정청이 장래에 위법한 처분을 할 것이 임박한 경우에 그 처분을 금지하는 소송"이라고 정의하였었다. 위 소송은 행정청이 장래에 위법한 처분을 할 것이 임박한 경우에 그 처분의 금지를 구할 법적 이익이 있는 자가 사후에 그 처분의 효력을 다투는 방법으로는 회복하기 어려운 중대한 손해가 발생할 것이 명백한 경우에만 제기할 수 있고, 법원은 행정청이 장래에 위법한 처분을 할 것이 임박하여 그 처분을 하지 않도록 하는 것이 상당하다고 인정하는 경우 행정청에게 그 처분을 하지 않도록 금지판결을 선고하도록 규정하고 있었다.

[참고] 개인적 공권의 유형과 그에 대응하는 항고소송의 형태

개인적 공권은 그 내용에 따라 방어권, 청구권, 형성권으로 분류할 수 있다.[37] 먼저 개인적 공권으로서의 방어권은 행정주체의 위법한 권리침해에 대항하여 자유권적 기본권의 방어적 기능에 기초한 배제청구권으로 나타난다. 그러나 위와 같이 이미 실현된 침해에 대한 소극적인 배제청구권과 별도로, 장래에 권리의 침해에 대한 충분한 개연성이 있는 리스크를 사전에 대비하기 위한 예방청구권도 생각해볼 수 있다. 방어권과 관련된 행정행위의 유형은 주로 직권형 처분으로서 침익적 행정행위가 될 것이다. 배제청구권은 항고소송 중 무효확인소송과 취소소송으로 실현되고, 예방청구권은 현행 행정소송법에는 법정되어 있지는 않지만 예방적 금지소송이나 당사자소송으로서 예방적 확인소송의 형태를 생각해볼 수 있다.

다음으로, 청구권은 개인이 행정주체에게 적극적으로 수익적 행정행위를 요구하는 권리를 말하는데, 이는 다시 실질적 청구권과 형식적 청구권으로 나눌 수 있다. 실질적 청구권이란 개인이 신청한 특정한 행정행위의 발급 구하는 권리를 말하고(행정행위발급청구권), 주로 허가유보부 금지에서 자유의 회복을 요구하는 형태로 나타난다. 형식적 청구권이란 개인의 신청에 대한 단순한 응답요구권을 가리키고(무하자재량행사청구권), 주로 급부행정 등에서 수익적 행정행위의 발급을 요구하는 형태로 나타난다. 전자와 관련된 신청형 처분은 기속행위일 가능성이 높고, 후자는 재량행위가 되는데, 만일 재량이 영으로 수축된 경우 행정개입청구권의 문제가 된다.[38] 한편, 양자 모두 신청형 처분과 관련되고, 이때의 신청권은 법령의 기재 여부에 따라 법규상 신청권과 조리상 신청권으로 구분된다.

---

37) 공권의 유형에 관한 자세한 설명은 이승훈, '공법상 당사자소송 중 확인소송에 관한 연구', 고려대학교 박사학위논문, 2020, 101면 이하 참조. 이와 관련하여, 개인적 공권을 방어권과 요구권으로 나누고, 전자는 다시 침해에 대한 배제청구권(제1유형), 침해에 대한 예방청구권(제2유형)으로, 후자는 상대방의 이행청구권(제3유형)과 제3자의 요구권(제4유형: 행정개입청구권)으로 다시 나누어서 설명하기도 한다[김현준, '실체적 공권의 4유형과 행정소송법상 항고소송', 공법학연구 제13권 제2호, 한국비교공법학회(2012), 62면 이하].

38) 이에 관한 자세한 설명은, 하명호, 행정법, 65면 이하 참조.

마지막으로, 개인적 공권으로서의 형성권은 개인이 일방적으로 어떠한 법률관계를 발생, 변경 또는 소멸시킬 수 있는 권리를 말하는데, 이에 해당하는 예로서 공법상 계약의 해지 또는 취소에 관한 권리, 공법상 단체로의 가입 또는 탈퇴에 관한 권리 등이 있다. 이와 관련된 분쟁은 행정행위 또는 처분이 개재되어 있지 않으므로, 항고소송이 아니라 당사자소송과 같은 다른 소송유형으로 해결된다.

이상에서 살펴본 내용을 도식화하면 아래의 표와 같다.

	권리의 유형	권리의 내용	처분의 형태	소송유형
방어권	배제청구권	위법한 처분에 대한 침해의 배제	직권형 처분	무효확인소송, 취소소송
	예방청구권	리스크의 사전대비		(예방적 금지소송)
청구권	행정행위발급 청구권	허가유보부 금지에서 자유의 회복 등	신청형 처분 (기속행위)	거부처분 무효확인소송, 취소소송, 부작위위법확인소송 (의무이행소송: 특정처분명령판결)
	무하자재량행사 청구권	수익적 행정의 요구 등	(재량행위)	(의무이행소송: 재결정명령판결)
	(행정개입청구권)		(재량권의 영으로의 수축)	(의무이행소송: 특정처분명령판결)
형성권		공법상 법률관계의 형성		주로 당사자소송

제 4 장

항고소송의 당사자

제1절 개 설

항고소송의 소송요건으로 우선적으로 거론되는 것은 당사자에 관한 문제이다. '당사자'라 함은 자기의 이름으로 법원에 소를 제기하거나 소를 제기당함으로써 판결의 명의인이 되는 사람을 말한다. 행정소송도 원고와 피고가 대립하여 구체적인 사건을 서로 다툰다는 점에서 민사소송과 다르지 않다. 여기에서 누가 당사자가 될 수 있는 소송법상의 자격을 가지는지라고 하는 '당사자능력'의 문제와 누가 소송물인 권리 또는 법률관계에 관하여 소송을 수행하고 그 결과 본안판단을 받을 수 있는 자격을 가지는지라고 하는 '당사자적격'의 문제가 발생한다.

항고소송도 당사자가 대립하는 소송구조를 취한다는 점에서 당사자소송이나 민사소송과 같다. 그러나 항고소송에서는 당사자 사이에 직접적인 권리·이익의 대립이 있는 것이 아니다. 적극적인 당사자인 원고는 위법한 처분 등으로 인하여 권리·이익이 침해되었다는 이유로 그 처분의 효력 배제를 구하지만, 행정청은 자신의 권리·이익을 도모하는 것이 아니라 법령의 적용에 잘못이 없다는 것을 주장할 뿐이다. 또한 행정청은 권리주체가 아니라 국가·지방자치단체 등의 '기관'에 지나지 않으나 행정소송법 제13조 제1항의 규정으로 인하여 피고의 지위를 인정받고 있을 뿐이다.

항고소송에서는 당사자와 관련된 소송요건 중에서 처분의 배제를 구할 정당한 당사자인지라고 하는 '원고적격'의 문제가 무엇보다 중요하게 제기된다. 행정소송법 제12조 전단에서는 "처분 등의 취소를 구할 법률상 이익이 있는 자"에게 원고적격을 인정하고 있다. 한편, 헌법이 국민에 대하여 재판청구권을 보장하고 있다 하더라도 모든 분쟁을 법원이 해결할 수는 없다. 국가의 입장에서 보면 처리능력의 한계 때문에 소송을 제한할 필요가 있고, 당사자의 입장에서 보면 소를 제기하여 판결을 받기 위한 실질적인 이익 내지 필요가 있어야 의미가 있게 된다. 이러한 소의 정당한 이익 내지 필요를 '소의 이익'이라 한다. 이와 관련하여 행정소송법 제12조 후단에서는 "처분 등의 효과가 기간의 경과, 처분 등의 집행 그 밖의 사유로 인하여 소멸된 뒤에도 그 처분 등의 취소로 인하여 회복되는 법률상 이익이 있는 자의 경우" 취소소송을 제기할 수 있도록 규정하고 있다. 그 밖에도 항고소송은 '피고적격'에 관한 특별한 규정을 두고 있다.

제2절 당사자능력

당사자능력은 '소송의 당사자인 원고 · 피고 또는 참가인이 될 수 있는 소송법상의 능력 또는 자격'을 말한다. 민법에서 권리의무의 주체가 될 수 있는 능력 내지 자격을 권리능력이라고 하는데, 당사자능력은 소송의 주체로서 재판권의 행사를 받는 데 필요한 소송법상의 권리능력을 말한다. 당사자라고 하는 개념은 소송법상의 것으로 실체법상의 개념인 권리능력과 반드시 일치하지는 않는다. 민사소송은 사법상의 권리주체 사이에 일어나는 법률상 분쟁을 처리하는 제도이므로 권리능력이 있는 사람은 당사자능력자로 당연히 취급하지만, 소송법적 관점에서 필요한 때에는 권리능력이 인정되지 않는 사람에게도 당사자능력이 부여되기도 한다.

민사소송에서 실체법상 권리능력이 있는 자연인과 법인은 당연히 당사자능력을 가진다. 국가와 지방자치단체도 법인으로 취급되어 당사자능력이 있으나, 그 내부 기관인 행정기관, 행정청 등은 민법상 권리주체가 아니므로 당사자능력이 없다.[1] 다만 법인이 아닌 사단 또는 재단은 민법상 권리주체가 아니면서도 민사소송법 제52조에 따라 그 대표자 등을 통하여 그 단체의 이름으로 당사자가 될 수 있다.

---

1) 정동윤 · 유병현 · 김경욱, 민사소송법, 217면.

행정소송에서도 행정소송법에 특별한 규정이 없는 사항에 대해서는 민사소송법이 준용되어 당사자능력에 관한 민사소송법적인 설명이 그대로 적용된다(행정소송법 제8조 제2항). 그런데, 대법원 판결 중에는 위와 같은 당사자능력에 관한 소송법적 통념을 깨고 행정기관에게 당사자능력을 인정한 사례가 있다.[2] 법령이 특정한 행정기관 등으로 하여금 다른 행정기관을 상대로 제재적 조치를 취할 수 있도록 하면서 그에 따르지 않으면 그 행정기관에 대하여 과태료를 부과하거나 형사처벌을 할 수 있도록 정하고 있는 경우, 제재적 조치의 상대방인 행정기관 등에게 항고소송 원고로서의 당사자능력과 원고적격을 인정할 수 있다는 것이다. 위 소송들은 국가기관 상호간에 제기된 것은 분명하지만 계층조직의 내부기관 사이에서 생긴 것이 아니라 서로 독립적인 기관 사이에서 생긴 분쟁이라는 특징을 가지고 있다.[3]

한편, 항고소송에서는 피고의 당사자능력에 관한 독특한 규정을 두고 있다. 행정소송법 제13조 제1항에서는, "취소소송은 다른 법률에 특별한 규정이 없는 한 그 처분 등을 행한 행정청을 피고로 한다."라고 규정하고, 이는 같은 법 제38조에 의하여 무효등 확인소송과 부작위위법확인소송에도 준용된다. 위 규정은 행정청이 실체법상 권리능력은 물론 소송법상 당사자능력도 없는 행정기관에 불과함에도 불구하고 행정청에게 피고가 될 수 있는 당사자능력을 부여한 행정소송법의 특별한 규정이다.[4] 따라서, 항고소송의 피고라는 영역을 벗어나서 적용

---

2) 국민권익위원회가 시·도선거관리위원회 위원장에게 '갑에 대한 중징계요구를 취소하고 향후 신고로 인한 신분상 불이익처분 및 근무조건상의 차별을 하지 말 것을 요구'하는 내용의 조치요구를 한 사안에 관한 대법원 2013. 7. 25. 선고 2011두1214 판결, 국민권익위원회가 소방청장에게 인사 관련하여 부당한 지시를 하였다는 이유로 이를 취소할 것을 요구한 사안에 관한 대법원 2018. 8. 1. 선고 2014두35379 판결. 그런데, 부패방지 및 국민권익위원회의 설치와 운영에 관한 법률은 2019. 4. 16. 개정되어 제62조의4 제1항에서 소속기관장 등에게 신분보장 등 조치결정에 대하여 30일 이내에 항고소송을 제기할 수 있도록 규정하고 있어서, 이제 위와 같은 문제는 입법적으로 해결되었다. 한편, 헌법재판소도 "헌법 제31조 제4항이 규정하는 교육의 자주성 및 대학의 자율성은 헌법 제22조 제1항이 보장하는 학문의 자유의 확실한 보장을 위해 꼭 필요한 것으로서 대학에 부여된 헌법상 기본권인 대학의 자율권이므로, 국립대학인 청구인도 이러한 대학의 자율권의 주체로서 헌법소원심판의 청구인능력이 인정된다."라고 판시하였다(헌재 2015. 12. 23. 선고 2014헌마1149 결정).

3) 이러한 경우에는 행정기관의 제재적 조치가 그 내용에 따라 '구체적 사실에 대한 법집행으로서 공권력의 행사'에 해당할 수 있고, 그 제재적 조치는 성격상 단순한 내부의 권한 행사에 머무는 것이 아니라 상대방에 대한 공권력 행사로서 항고소송을 통한 주관적 구제대상이 될 수 있다는 것이다.

4) 항고소송에서 행정청에게 피고능력을 부여한 우리나라의 입법례는 다소 이례적이다. 독일

할 수 없는 것이므로, 행정청이 항고소송의 원고가 된다거나 당사자소송의 원고 내지 피고가 될 수 있는 능력까지 있는 것은 아니라는 점에 유의하여야 한다. 따라서, 행정청은 원고가 될 수 없으므로, 항고소송에서 행정청의 이름으로 반소를 제기할 수는 없다.

제3절 원고적격

Ⅰ. 의 의

당사자적격이란 '특정의 소송사건에서 당사자로서 소송을 수행하고 본안판결을 받기에 적합한 자격'을 말한다. 권한의 관점에서 소송수행권이라고도 한다. 당사자적격이 있는 사람를 통상 '정당한 당사자'라고 부른다.

당사자적격은 당사자가 특정사건에서 자기의 이름으로 소송을 수행하고 판결을 받았지만 그것이 별 가치가 없는 것이라면 소송은 무의미하게 되므로, 이러한 무의미한 소송을 배제하기 위한 소송요건이다. 한편, 소의 이익은 '본안판단을 구하는 것을 정당화시킬 수 있는 이익 내지 필요'를 말한다.[5] 당사자적격은

의 경우 연방과 각 주, 지방자치단체 등이 당사자가 되고 행정청은 피고가 될 수 없다(독일 행정법원법 제61조). 다만 독일에서도 주법이 주 행정청을 피고로 삼을 수 있도록 규정하고 있는 경우에는 예외적으로 행정청이 피고가 될 수 있지만 16개주 중 8개주만 그러한 규정을 두고 있다. 그 8개주 중 4개주는 모든 관청에 대하여, 3개주는 주 직속관청에 대하여, 나머지 1개주는 지방자치단체에 대한 감독소송에서만 피고능력을 인정하고 있다[F. O. Kopp/R. Schenke, Verwaltungsgerichtsordung, 12., neubearbeitete Auflage, Vertrag C.H. Beck (2000), S.638]. 일본의 경우에도 처분 또는 재결을 한 행정청이 소속된 국가 또는 공공단체가 피고가 되고, 그 행정청이 국가 또는 공공단체에 소속되지 않은 경우에만 해당 행정청이 피고가 된다(일본 행정사건소송법 제11조). 원래는 우리나라의 경우와 마찬가지로 처분을 행한 행정청을 피고로 삼도록 되어 있었으나, 2004년의 행정사건소송법의 개혁으로 위와 같이 개정된 것이다. 그 개정취지는 피고로 될 행정청을 특정하는 원고의 부담을 경감하여 국민으로 하여금 행정소송을 쉽게 이용할 수 있도록 하고, 소의 변경이나 병합 등의 절차를 용이하게 하려는 것에 있다고 한다[岡田正則, '日本における行政訴訟法制度の形成史と改革の課題', 사법 제22호, 사법발전재단(2012. 12), 408면; 南 博方・高橋 滋, 条解 行政事件訴訟法, 第3版補正版, 弘文堂(2009), 311頁 참조]. 한편, 프랑스에서 월권소송은 당사자에 대한 소송이 아니고 행위에 대한 소송으로 인식되고 있기 때문에 취소의 대상이 된 행정결정 내지 행위를 한 행정청이 피고가 된다[高世三郎・西川知一郎, フランスにおける行政裁判制度の研究, 法曹會(1998), 168頁 參照].

당사자 측면에서 본 주관적 이익이라는 점에서, 청구내용을 객관적으로 보고서 본안판결의 필요성과 실효성을 따지는 소의 이익과 구별된다.

특히 취소소송에서 당사자적격 중 원고적격은 처분 등의 취소를 구할 수 있는 자격을 의미한다. 법원으로부터 본안판결을 받기 위해서는 소장·관할법원 등과 같은 형식적 요건을 갖춘 것만으로는 부족하고 넓은 의미의 소의 이익의 하나로서 원고적격을 필요로 한다. 따라서 법원은 당사자의 주장에 구애됨이 없이 직권으로 심리·판단하여야 하고, 원고적격이 흠결된 경우에는 부적법한 소로서 각하하여야 한다.

행정소송법 제12조 전단은 "취소소송은 처분 등의 취소를 구할 법률상 이익이 있는 자가 제기할 수 있다."라고 규정하고 있다. 공법상 법률관계에서 생긴 분쟁을 해결하는 것, 즉 공권의 침해에 대하여 구제하는 것을 행정소송의 주된 기능으로 파악하는 통설적 견해에 의하면, 법률상 이익은 공권의 성립요건이라는 실체법적 의미뿐만 아니라 항고소송에서 원고적격을 가지는지 여부를 가르는 소송법적 의미도 가지게 된다.

그리하여 취소소송은 처분과 관련된 법률이 사익을 보호하는 취지를 포함하고 있는 경우 국가 등 행정주체가 처분을 가지고 그 법률에 의하여 보호되는 사익을 침해하였다면, 원고적격 단계에서 법률을 위반한 해당 처분으로 말미암아 그 법률에 의하여 부여된 원고의 권리(법률상 이익)가 침해되었음을 주장하고, 본안에서 그 법률위반 및 권리침해가 실제로 존재하느냐 여부가 판단되는 구조를 가지고 있는 것이다.

Ⅱ. 취소소송의 원고적격(법률상 이익을 가진 자)

1. 법률상 이익과 반사적 이익

전통적인 사고방식에 의하면, 공권이 성립하기 위해서는 ① 행정주체에게 일정한 작위, 부작위, 급부, 수인 등의 의무를 부과하는 강행법규가 존재하여야

5) 민사소송법학에서 '소의 이익이 있다는 것'은 청구가 본안판결을 받기에 적합한 일반적인 자격(청구대상의 적격)을 가지고 있고, 원고가 청구에 관하여 본안판결을 구할 현실적인 필요(권리보호의 필요 또는 협의의 소의 이익)가 있다는 것을 말한다(송상현·박익환, 민사소송법, 207면 참조). 여기에 당사자적격을 포함시키면 넓은 의미의 소의 이익이 된다.

하고(강행법규성), ② 행정법규가 단순히 공익의 실현이라는 목적 이외에 사적 이익의 보호도 의욕하여야 한다(법규의 사익보호성). 또한 ③ 개인이 받는 이익을 행정주체에 대하여 소송을 통하여 관철시킬 수 있는 법상의 힘이 부여되어야 한다(의사력 또는 청구권능 부여성).

공권의 성립요소로서 강행법규성이 요구되었던 것은 상대방이 의무를 지지 않는 권리라는 것을 생각할 수 없으므로, 관련 법규가 임의법규로서 행정주체에게 일정한 행위를 할 수도 안 할 수도 있는 재량을 부여한 경우에는 공권이 성립하기 어렵다고 인식되었기 때문이다. 그러나, 특정한 행위의 발령권한이 재량에 속하더라도 행정청에게 하자 없는 결정을 구할 수 있는 권리 정도는 가지고 있다고 볼 수 있다. 이를 하자 없는 재량행사청구권(무하자재량행사청구권)이라 하고 오늘날 그 법리가 일반적으로 받아들여지고 있다. 또한, 헌법상 재판을 받을 권리와 행정소송법상 개괄적 권리구제제도가 보장되고 있는 오늘날 청구권능 부여성을 별도의 성립요소로 보지 않는 것이 일반적이다. 이렇게 공권의 성립요소 중 강행법규성과 청구권능 부여성의 의미가 상실됨으로써, 공권성 여부는 법률상 이익의 존재 여부(사익보호성의 충족 여부)로 환원되었다.

법규의 사익보호성은 행정법규가 단순히 공익의 실현이라는 목적 이외에 사적 이익의 보호도 의욕하여야 한다는 것을 의미한다. 어떤 법규가 전적으로 공익의 보호만 목적으로 하고 있을 뿐 사익의 보호를 의도하지 않는다면, 그로 인하여 개인이 이익을 받는다고 하더라도 이를 두고 공권이라고 할 수 없다. 이렇게 관련 법규가 공익상의 관점에서 행정주체 또는 제3자에 대하여 일정한 의무를 부과한 결과 개인이 이익을 향유하더라도 법에 의하여 보호받지 못하는 이익을 강학상 '반사적 이익' 또는 '사실상 이익'이라고 한다.

공권(법률상 이익)과 반사적 이익을 구별하는 실익은 어떤 이익이 소송을 통해 구제받을 수 있는지를 가려내는 데 있다. 그런데, 처분의 상대방에게는 이러한 법률상 이익이 당연히 인정된다.[6] 침익적 행정행위가 적법하게 행해진다면 상

---

6) 대법원 2018. 3. 27. 선고 2015두47492 판결 참조. 그런데, 대법원은 사증발급의 법적 성질, 출입국관리법의 입법 목적, 사증발급 신청인의 대한민국과의 실질적 관련성, 상호주의 원칙 등을 고려하면 출입국관리법의 해석상 외국인에게는 사증발급 거부처분의 상대방이라고 하더라도 취소를 구할 법률상 이익이 인정되지 않는다고 판시하였다(대법원 2018. 5. 15. 선고 2014두42506 판결). 위 판결의 사안은 대한민국 국민과 혼인신고를 한 중국 국적의 여성이 주선양한국총영사관의 총영사에게 한 결혼이민 사증발급신청의 거부처분을 취

대방은 그것을 수인하여야 하지만, 그것이 위법하게 행해졌다면 법치국가의 원리상 그 배제를 구하는 길이 당연히 열려져 있어야 한다.[7] 즉, 침익적 행정행위의 상대방은 그 행정행위의 근거법률을 매개로 하지 않고서도 자유권의 방어권적 기능에 의하여 바로 그 침익적 행정행위의 취소를 구할 법률상의 이익이 인정된다. 다음으로 수익적 행정행위의 발급을 거부하는 처분 중에서 그 발급을 구하는 수익적 행정행위가 경찰 목적의 금지를 해제하는 허가와 같이 자유권에 포섭되는 경우에는 앞에서 본 침익적 행정행위의 상대방과 같이 자유권의 방어권적 기능에 의거하여 바로 법률상의 이익이 인정될 수 있을 것이다. 문제는 수익적 행정행위의 발급을 거부하는 처분 중 그 발급이 행정청의 재량에 맡겨져 있고 사회적 기본권과 같이 법령이 제정되어야 기본권의 내용, 실현방법, 효력 등이 구체화되는 경우이다. 이때에는 자유권의 경우와 같이 헌법상 보장되는 기본권의 방어적 기능을 원용해서 법률상 이익을 바로 인정하기 곤란하다. 그러나, 특히 우

소하여 달라는 것이었다. 대법원은 사증발급은 외국인이 대한민국에 입국하기 위한 예비조건 내지 입국허가의 추천으로서의 성질을 가질 뿐 외국인에게 대한민국에 입국할 권리를 부여하거나 입국을 보장하는 입국허가결정이 아니라는 점, 사증발급에 관한 출입국관리법령상의 규정들은 대한민국의 출입국 질서와 국경관리라는 공익을 보호하려는 취지일 뿐 외국인에게 대한민국에 입국할 권리를 보장하거나 대한민국에 입국하고자 하는 외국인의 사익까지 보호하려는 취지로 해석하기는 어렵다는 점, 중국 출입경관리법에서는 외국인이 사증발급 거부 등 출입국 관련 제반 결정에 대하여 불복하지 못하도록 명시하고 있는 점 등을 논거로 하고 있다. 그러나 사증발급에 관한 출입국관리법령상 규정들이 과연 처분의 상대방인 외국인의 사익을 배제한 순수한 공익적인 것이라고 해석할 수 있는 것인지, 국회가 규율대상을 외국인으로 삼았는데 사법부가 외국인에게 권리구제를 위한 기회를 박탈할 수 있는 것인지 등에 관한 의문이 들 뿐만 아니라, 적어도 이 문제는 원고적격의 문제가 아니라 외국인에 대한 사증발급신청 거부행위가 처분인지 여부라는 대상적격의 문제이거나 사법부의 판단범위에 속하는지 여부라는 사법부 권한의 범위에 관한 문제가 아닌지 검토해볼 필요가 있다. 다만 위 판결에서는 출입국행정과 관련하여 원고적격이 부정되고 있는 외국인은 대한민국 영토 밖에 거주하는 사람으로 한정하고 있다. 이와는 달리 국적법상 귀화불허가처분이나 출입국관리법상 체류자격변경 불허가처분, 강제퇴거명령 등을 다투는 외국인이 대한민국에 적법하게 입국하여 상당한 기간을 체류한 사람으로서 대한민국과의 실질적 관련성 내지 대한민국에서 법적으로 보호가치 있는 이해관계를 형성한 경우에는 해당 처분의 취소를 구할 원고적격이 있다고 하였다. 뿐만 아니라 대한민국에서 출생하여 오랜 기간 대한민국 국적을 보유하면서 거주하던 사람이 미국 국적을 취득함으로써 대한민국 국적을 상실한 재외동포가 제기한 사증발급신청 거분처분에 대한 취소소송에서 대한민국과의 실질적 관련성을 들어 원고적격을 인정하였다(대법원 2019. 7. 11. 선고 2017두38874 판결).

7) 이러한 논리는 독일에서 '상대방이론'(Adressantentheorie)라고 불려지고, 학설과 판례에 의하여 승인되고 있으며(박정훈, 행정소송의 구조와 기능, 196면), 일본에서도 일반적으로 받아들여지고 있다[塩野 宏(서원우 · 오세탁 공역), 일본행정법론, 법문사(1996), 370면].

리나라의 판례에 따를 때, 행정청의 어떠한 행위가 국민의 권리의무에 영향을 미치는지 여부나 신청권의 존재 여부 등은 이미 항고소송의 대상적격(처분성 여부)에서 판단이 이루어진다. 따라서, 대상적격의 판단단계에서 처분성이 인정된다면 그 수익적 행정행위의 발급을 구하는 신청인인 이상 하자 없는 재량에 의한 결정을 받을 법률상의 이익(무하자재량행사청구권)이 바로 인정될 것이다.[8)]

따라서, 원고적격에 관한 논의에서는 처분의 상대방을 제외하고 해당 처분과 관계된 제3자 중 어느 범위에서 원고적격을 인정할 것인지가 특히 문제된다. 이와 같은 법률상 이익을 매개로 처분의 상대방이 아닌 제3자라 할지라도 자신의 법률상 이익의 침해에 대한 구제를 받기 위하여 타인을 상대방으로 한 처분을 심판의 대상으로 삼아 항고소송을 제기할 가능성이 열리게 되는 것이다.

2. 법률상 이익의 의미(구별기준)

'법률상 이익'은 공권의 성립요건이라는 실체법적 의미뿐만 아니라 행정소송법상 항고소송의 원고적격을 가지는지 여부를 따지는 소송법적 의미도 가진다. 종래에는 권리구제설과 법률상 보호되고 있는 이익구제설, 법률상 보호가치가 있는 이익구제설, 적법성보장설 등이 주장되고 있었으나, 최근에는 주로 법률상 보호되고 있는 이익구제설과 법률상 보호가치가 있는 이익구제설이 대립하고 있다.

가. 학 설

(1) 권리구제설

이 견해는 취소소송의 기능을 위법한 처분에 의하여 침해된 실체법상 권리의 보호에 있다고 본다. 따라서, 위법한 처분 등으로 인하여 권리를 침해당한 자만 취소소송을 제기할 수 있는 원고적격을 갖는다고 한다.

(2) 법률상 보호이익설

이 견해는 취소소송을 고유한 의미의 '권리'가 아니라 법률이 개인을 위하여 보호하고 있는 이익을 구제하기 위한 수단으로 본다. 이에 의하면, '법률상 이익'이란 법률상 보호되고 있는 이익을 의미하게 된다.

---

8) 박정훈, 행정소송의 구조와 기능, 91면; 塩野 宏, 行政法Ⅱ, 第5版, 有斐閣(2010), 126頁 참조.

(3) 보호할 가치가 있는 이익구제설

이 견해는 취소소송을 권리 또는 실체법상의 보호이익을 보장하기 위한 수단으로만 보지 않고, 법률을 해석 · 적용하여 구체적인 분쟁을 해결하는 절차라는 점을 강조한다. 따라서, 법률상 이익의 유무를 반드시 실정법 규정에 의하여 판단하는 것이 아니라, 위법한 처분 등에 의하여 침해된 이익이 재판상 보호할 가치가 있는지 여부에 의하여 판단하려고 한다. 그리하여, 침해된 이익이 법률상 보호되는 이익이건 사실상의 이익이건 실질적으로 보호할 가치가 있는 이익이라면 널리 원고적격을 인정하려고 한다.

(4) 적법성보장설

앞에서 열거한 견해들은 공통적으로 개인의 주관적인 권리(법률상 이익)의 구제라는 행정소송의 기능을 바탕에 두고 있다. 그러나, 이와는 달리 적법성보장설은 행정소송의 적법성보장 내지 행정통제기능을 중시한다. 이에 의하면, 원고적격을 판정할 때 원고가 주장하는 이익의 성질이 아니라 해당 처분을 다툴 가장 적합한 이익 상태에 있는 자에게 원고적격을 인정하게 된다.

나. 판 례

대법원은 "행정처분의 직접 상대방이 아닌 제3자라 하더라도 당해 행정처분으로 인하여 법률상 보호되는 이익을 침해당한 경우에는 취소소송을 제기하여 그 당부의 판단을 받을 자격이 있다 할 것이나, 여기에서 말하는 법률상 보호되는 이익이란 당해 행정처분의 근거법률에 의하여 보호되는 직접적이고 구체적인 이익을 말하고 제3자가 당해 행정처분과 관련하여 간접적이거나 사실적 · 경제적인 이해관계를 가지는 데 불과한 경우는 여기에 포함되지 아니한다."라고 판시하여,[9] 대체로 법률상 보호이익설을 취하고 있다고 평가된다.

다. 검 토

적법성보장설은 취소소송을 객관소송으로 보기 때문에 현행 행정소송법 아래에서는 타당하지 않다. 권리구제설은 실체법상 권리가 침해된 경우에만 원고적격을 인정하므로 원고적격의 인정범위가 좁다는 비판을 받는다. 그러나, 공권

---

9) 대법원 2002. 10. 25. 선고 2001두4450 판결; 대법원 2007. 1. 25. 선고 2006두12289 판결; 대법원 2010. 5. 13. 선고 2009두19168 판결.

의 개념을 넓게 보고 실체법상의 보호이익을 확장하면, 실체법에 의하여 보호되고 있는 이익도 권리에 포함시킬 수 있게 되는데, 그 경우 권리구제설과 법률상 보호이익설은 같은 것이 된다.

오늘날 의미 있는 학설의 대립은 법률상 보호이익설과 보호할 가치 있는 이익구제설이라 할 수 있다. 전자는 실체법을 준거로 법률상 이익을 도출하는 반면, 후자는 소송법적 관점에서 재판에 의하여 보호할 가치가 있는 이익을 법률상 이익이라고 본다. 즉, 공권과 반사적 이익의 중간영역에 보호이익이라는 관념을 인정하여, 보호이익은 '권리는 아니면서도 그렇다고 반사적 이익으로 볼 수 없는 이익으로서 행정쟁송을 통해 구제되어야 할 이익'이라고 함으로써 행정소송을 통해 구제받을 수 있는 이익의 범위를 넓히려고 시도한다.

그러나, 보호가치 있는 이익구제설은 실체법이 보호하지 않는 이익을 쟁송법적으로 보호할 수 있다는 납득하기 어려운 논리가 전제되어야 한다. 또한, 법원은 법이 보호하는 이익을 재판을 통해 보호할 수 있는 것이지 법이 보호하고 있지도 않은데도 스스로 보호할 가치가 있다고 판단하고 보호할 수 있는 것은 아니다. 아직 법에 의하여 보호되고 있지는 않고 법에 의하여 보호될 가치 또는 필요가 있다고 생각되는 이익에 불과한 경우에는 권리가 될 수 없기 때문이다. 어떤 이익이 보호할 가치가 있는지 여부 그리고 그에 입각한 보호 여부는 입법자의 판단사항이다.[10] 그러므로, 행정소송법 제12조가 "취소소송은 처분 등의 취소를 구할 법률상의 이익이 있는 자가 제기할 수 있다."라고 규정하고 있는데, 이는 법률상 보호이익설을 뒷받침한다고 볼 수 있다.

다수설과 판례에 따라 법률상 보호이익설을 취할 경우, 처분 등으로 인하여 권리뿐만 아니라 법률에 의하여 보호되는 이익을 침해받은 자도 원고적격을 가지게 된다. 여기에서 말하는 법률상 보호이익이란 해당 처분의 근거법률에 의하여 보호되는 직접적이고 구체적인 이익을 말하고, 해당 처분과 관련된 간접적이거나 사실적 · 경제적인 이익은 여기에 해당하지 않는다. 다만 해당 처분의 근거법률이 공익 또는 공공의 이익을 보호하는 것을 주된 목적으로 하더라도 이와 더불어 사익도 동시에 보호하는 것으로 해석되는 경우에는 취소를 구할 법률상의 이익이 있는 자로 파악되어 원고적격이 인정된다.

---

10) 김남진 · 김연태, 행정법 I, 888면.

라. 법률상 이익의 확대화 경향

법률을 해석하여 법률상 이익과 반사적 이익을 명확하게 구별하는 것은 쉽지 않고 양자의 구별은 상대적 · 유동적인 것이므로, 실제에서 당사자가 침해받은 이익이 법률에 의하여 보호되는 이익인지 반사적 이익인지를 명확하게 구별해 내는 것은 매우 어려운 일이다. 결국에는 해당 행정법규의 취지 · 목적, 그 처분으로 침해되는 이익의 내용 · 성질 · 태양 등을 종합하여 개별법규의 해석에 의하여 구체적으로 판단할 수밖에 없다.

오늘날 환경권과 소비자권, 문화적 생활을 누릴 권리 등의 중요성이 부각됨에 따라 종래 공익만 보호하는 것으로 여겨지던 법률을 사익도 보호하는 것으로 해석함으로써 개인의 권리구제를 도모하는 것이 학설과 판례의 경향이다. 그리하여, 과거에 반사적 이익으로 간주되었던 것들이 법률상 이익으로 취급되게 되었고, 그에 따라 원고적격을 인정하는 범위가 넓어지고 있다.

3. 법률상 이익의 판단근거(법률의 범위)

다수설과 판례에 따라 법률상 보호이익설을 취할 경우 그 법률의 범위를 어떻게 이해하는지에 따라 법률상 이익의 범위가 달라질 수 있다.

학설은 법률상 이익을 ① 처분의 근거가 되는 실체법규에 의하여 보호되는 이익, ② 처분의 근거가 되는 실체법규 및 절차법규에 의하여 보호되는 이익, ③ 처분의 근거가 되는 법률의 전체 취지에 비추어 보호되는 이익, ④ 처분의 근거법률 이외에 다른 법률, 헌법의 규정, 관습법 및 조리 등 법체계 전체에 비추어 보호되는 이익 등으로 해석하는 견해로 나뉜다.

판례는 해당 처분의 근거법률에 의하여 보호되는 직접적이고 구체적인 이익을 법률상 이익이라고 보면서, 관계법률의 취지를 목적론적으로 해석하거나, 처분의 직접적인 근거규정뿐만 아니라 처분시에 준용되는 규정을 근거법률에 포함시키거나, 처분의 실체법적 근거법률 이외에 처분을 할 때 적용되는 절차법 규정의 취지에 비추어 법률상 이익을 인정하는 등 법률상 이익의 판단근거가 되는 법률의 범위를 확대하는 경향이 있다.[11] 즉, 대법원은 "당해 처분의 근거법규(근거법규가

---

11) 대법원 2004. 8. 16. 선고 2003두2175 판결.

다른 법규를 인용함으로 인하여 근거법규가 된 경우까지를 아울러 포함한다)의 명문규정에 의하여 보호받는 법률상 이익, 당해 처분의 근거법규에 의하여 보호되지는 아니하나 당해 처분의 행정목적을 달성하기 위한 일련의 단계적인 관련처분들의 근거법규(이하 관련법규라 한다)에 의하여 명시적으로 보호받는 법률상 이익, 당해 처분의 근거법규 또는 관련법규에서 명시적으로 당해 이익을 보호하는 명문의 규정이 없더라도 근거법규 및 관련법규의 합리적 해석상 그 법규에서 행정청을 제약하는 이유가 순수한 공익의 보호만이 아닌 개별적 · 직접적 · 구체적 이익을 보호하는 취지가 포함되어 있다고 해석되는 경우까지를 말한다."라고 판시하였다.[12]

다만 판례는 아직까지는 처분의 근거법률 이외에 다른 법률, 헌법의 규정, 관습법 및 조리 등은 법률상 이익의 해석을 위하여 고려하고 있지 않은 것으로 보인다.[13] 대법원은 새만금 사건에 관한 판결에서, 헌법 제35조 제1항에서 정하고 있는 환경권에 관한 규정만으로는 그 권리의 주체 · 대상 · 내용 · 행사방법 등

12) 근거법규 및 관련법규에 명시되어 있지는 않으나 그 해석으로 법률상 이익을 도출한 예로서, 교육부장관이 사학분쟁조정위원회의 심의를 거쳐 학교법인의 이사 8인과 임시이사 1인을 선임한 처분의 취소를 구한 사안에서, 해당 사립학교법령 및 정관규정이 헌법 제31조 제4항에 정한 교육의 자주성과 대학의 자율성에 근거한 교수협의회와 총학생회의 학교운영참여권을 구체화하여 보호하고 있다는 이유로 위 학교법인 소속 대학교 교수협의회와 총학생회의 원고적격을 인정하였다(대법원 2015. 7. 23. 선고 2012두19496 판결). 또한, 교육감이 사립학교법 제43조를 근거로 사립학교법인의 이사장 및 학교장들에게 '사립학교 직원들의 호봉을 정정하고, 과다 지급된 급여를 환수할 것'을 명령한 사안에서, 관련법규인 사립학교법 제70조의2 제1항이 사립학교 직원들의 보수를 정관으로 정하도록 하고 원고들이 소속된 각 학교법인의 정관이 그 직원들의 보수를 공무원의 예에 따르도록 한 것은, 그 직원의 경제적 생활안정과 복리향상을 보장하고자 하는 사익도 보호하고 있다는 이유로 위와 같은 명령을 받은 사립학교 소속 직원들의 원고적격을 인정하였다(대법원 2023. 1. 12. 선고 2022두56630 판결). 아울러 건축법은 집합건물의 공용부분을 대수선하려는 자로 하여금 구분소유자 전원을 구성원으로 하는 관리단집회에서 구분소유자 2/3 이상 및 의결권 2/3 이상의 결의로써 그 대수선에 동의하였다는 사정을 증명하여야 대수선에 관한 허가를 받을 수 있도록 규정하고 있는데, 이러한 건축법 규정을 구분소유자들이 공유하고 각자 그 용도에 따라 사용할 수 있는 공용부분의 대수선으로 그 공용부분의 소유 · 사용에 제한을 받을 수 있는 구분소유자의 개별적 이익을 구체적이고 직접적으로 보호하려고 하는 것이라고 해석하고, 집합건물 공용부분의 대수선과 관련한 행정청의 처분에 대하여 그 처분의 직접 상대방 외에 해당 집합건물의 구분소유자에게도 그 취소를 구할 원고적격을 인정하였다(대법원 2024. 3. 12. 선고 2021두58998 판결).

13) 참고로 행정소송법 개정안 제12조 전문에서는 "법률상 이익이 있는 자"를 "법적 이익이 있는 자"로 규정하고 있었다. 기존의 실무가 현행 행정소송법상의 "법률상 이익"의 문구에 얽매어 법령 이외에는 원고적격을 인정하는 근거로 삼지 못하였던 것에서 탈피하여 과감하게 헌법의 규정, 관습법 및 조리 등으로 확대하려는 의도였다[박정훈, '원고적격 · 의무이행소송 · 화해권고결정', 행정소송법 개정 공청회 자료집, 법무부(2012. 5), 18면 참조].

이 구체적으로 정립되어 있다고 볼 수 없고, 환경정책기본법 제6조도 그 규정내용 등에 비추어 국민에게 구체적인 권리를 부여한 것으로 볼 수 없다는 이유로, 환경영향평가 대상지역 밖에 거주하는 주민에게 헌법상의 환경권 또는 환경정책기본법에 근거하여 공유수면매립면허처분과 농지개량사업 시행인가처분의 무효확인을 구할 원고적격이 없다고 판시하였다.[14] 그렇지만 대법원은 위 새만금 사건에 관한 판결에서 처분의 절차규정인 환경영향평가법에서 법률상 이익을 도출하여 본안으로 나아갔다. 이에 대해서는 후술한다.

4. 공익만 위한 규정인지 개인적·구체적 이익도 보호하는지의 판단

이미 설명한 것과 같이 처분 등의 직접 상대방이 그 처분 등의 취소를 구할 수 있다는 점은 이론의 여지가 없다. 문제되는 것은 처분의 상대방 이외의 제3자 중 어느 범위에서 원고적격을 인정할 것인지이다. 실무상 주로 경업자소송, 경원자소송, 이웃주민소송, 환경소송 등에서 쟁점이 된다.

가. 경업자

경업자소송이라 함은 '여러 영업자가 경쟁관계에 있는 경우에 행정청이 다른 영업자에게 한 처분이나 부작위로 인하여 불이익을 받았다고 주장하는 영업자가 그 처분이나 부작위에 대하여 제기하는 소송'을 말한다.

판례는 기존업자가 제기한 신규업자에 대한 인·허가처분의 취소소송에서, 기존업자가 특허기업인 경우에는 대체로 그 기존업자가 특허로 인하여 받은 이익을 법률상 이익이라고 보고 그 기존업자에 대하여 원고적격을 인정한다. 반면에 기존업자가 허가를 받아 영업을 하는 경우에는 그 기존업자가 허가로 인하여 받는 이익은 반사적 이익 내지 사실상 이익에 지나지 않는다고 보아 원고적격을 부정하는 경향이 있다.[15]

---

14) 대법원 2006. 3. 16. 선고 2006두330 전원합의체 판결. 같은 취지 천성산 도롱뇽 사건에 관한 대법원 2006. 6. 2.자 2004마1148, 1149 결정.

15) 허가란 질서유지 또는 위험의 예방을 위하여 일정한 행위를 법령에 따라 잠정적으로 금지시킨 다음 법정요건이 충족되는 경우에 그 금지된 행위를 적법하게 할 수 있도록 원래의 자유를 회복시켜 주는 것을 말한다(예: 주택가에서의 건축허가, 영업허가). 한편, 특허란 특정인을 위하여 새로운 법률상의 힘을 부여하는 행정행위를 말하고, 특정의 상대방에게 새로운 권리(공물사용권·광업권의 부여, 자동차운수사업, 도시가스사업, 전기사업 등 공익사업의 허가), 권리·행위능력(공법인의 설립), 포괄적 법률관계(귀화허가)를 설정해주는 설

그러나, 경업자에게 법률상 이익(원고적격)을 인정한 판례들이 해당 사업이 특허에 해당하는지 여부를 명시적으로 밝히고 있는 것은 아니다. 위 판례들은 처분의 근거법률의 해석을 통하여 처분의 근거법률이 해당 업종의 건전한 발전을 도모하여 공공의 복리를 증진하는 것을 목적으로 할 뿐 아니라 업자간의 과다한 경쟁으로 인하여 야기되는 경영상의 불합리를 방지하는 것 역시 공공의 복리를 위하여 필요하다는 판단하에 면허, 인·허가 등의 조건을 제한하여 기존업자의 경영합리화를 보호하는 것도 목적으로 하고 있는지 여부를 원고적격의 유무를 판단하는 기준으로 설시하고 있다.

따라서, 국민의 일상생활에 긴요한 재화나 역무를 제공하는 사업 중 해당 사업이 가지는 고도의 공공성 때문에 그 적정한 제공을 확보하기 위하여 법령에 의하여 엄격한 규제를 가하는 한편, 해당 사업에 대한 처분의 근거법령에 업자간의 적정배치기준이나 수급조정을 정하는 규정 등 기존업자의 이익보호에 관한 규정을 둠으로써 기존업자가 경쟁으로부터 보호되어 경영상의 이익을 법적으로 보호받고 있는지 여부가 관건이 된다.

(1) 법률상 이익이 인정된 사례

① 선박운항사업면허처분에 대한 기존업자(대법원 1969. 12. 30. 선고 69누106 판결): 행정소송에서 소송의 원고는 행정처분에 의하여 직접 권리를 침해당한 자임을 보통으로 하나 직접권리의 침해를 받은 자가 아닐지라도 소송을 제기할 법률상의 이익을 가진 자는 그 행정처분의 효력을 다툴 수 있다고 해석되는바, 해상운송사업법 제4조 제1호에서 당해 사업의 개시로 인하여 당해 항로에서 전공급수송력이 전수송수요량에 대하여 현저하게 공급 과잉이 되지 아니하도록 규정하여 허가의 요건으로 하고 있는 것은 주로 해상운송의 질서를 유지하고 해상운송사업의 건전한 발전을 도모하여 공공의 복리를 증진함을 목적으로 하고 있으며 동시에 한편으로는 업자 간의 경쟁으로 인하여 경영의 불합리를 방지하는 것이 공공의

권행위이다. 영업허가의 대상은 식품접객업, 숙박업, 유기장업, 사행행위영업 등과 같이 행정주체의 관여영역이 보건위생, 선량한 풍속, 사회질서의 유지인 사업인 반면, 특허의 대상은 전기·수도·가스·운수 사업 등 국민생활에 필수적인 재화나 역무를 제공하는 사업으로서 고도의 공익성이 있는 사업(공익사업)이라는 특징이 있다. 그리고 관련법규의 표현이 불명확할 경우에 영업허가는 기속행위의 성질을 가지나, 공익사업의 특허는 재량행위에 속하게 된다.

복리를 위하여 필요하므로 허가조건을 제한하여 기존업자의 경영의 합리화를 보호하자는 데도 목적이 있다. 이러한 기존업자의 이익은 단순한 사실상의 이익이 아니고 법에 의하여 보호되는 이익이라고 해석된다.

② 자동차운송사업면허에 대한 당해 노선의 기존업자(대법원 1974. 4. 9. 선고 73누173 판결): 행정소송에서 소송의 원고는 행정처분에 의하여 직접 권리를 침해당한 자임을 보통으로 하나 직접 권리의 침해를 받은 자가 아닐지라도 소송을 제기할 법률상의 이익을 가진 자는 그 행정처분의 효력을 다툴 수 있다고 해석되는바, 자동차운수사업법 제6조 제1호에서 당해 사업계획이 당해 노선 또는 사업구역의 수송수요와 수송력 공급에 적합할 것을 면허의 기준으로 한 것은 주로 자동차 운수사업에 관한 질서를 확립하고 자동차운수의 종합적인 발달을 도모하여 공공복리의 증진을 목적으로 하고 있으며, 동시에 업자간의 경쟁으로 인한 경영의 불합리를 미리 방지하는 것이 공공의 복리를 위하여 필요하므로 면허조건을 제한하여 기존업자의 경영의 합리화를 보호하자는 데에도 그 목적이 있다 할 것이다. 따라서 이러한 기존업자의 이익은 단순한 사실상의 이익이 아니고, 법에 의하여 보호되는 이익이라고 해석된다.

③ 직행버스정류장설치인가처분에 대하여 그로부터 약 70m 떨어져 정류장을 운영하는 기존업자(대법원 1975. 7. 22. 선고 75누12 판결): 피고는 자동차정류장법에 의한 정류장설치에 관한 권한도 없이 소외 ○○여객자동차 주식회사에 대하여 원고회사의 정류장이 속해 있는 위 시외버스 공동정류장에서 불과 70m밖에 떨어져 있지 않은 인접길목에 따로 이 사건 직행버스 정류장의 설치인가를 해 주어서 원고회사를 비롯한 업자들은 영업상 막대한 손실을 입게 된 사실을 인정한 다음, 원고회사는 적법한 자동차정류장을 설치하고 있고 기존업자로서 위 처분으로 인하여 사실상의 이익을 침해당하는 것만이 아니고 법에 의하여 마땅히 보호되어야 할 이익도 침해받는 것이라 할 것이어서 위 처분의 취소를 구할 법률상의 이익이 있다.[16)]

---

16) 1971. 1. 12. 법률 제2273호로 제정된 자동차정류장법 제6조 제2호가 자동차정류장사업의 면허기준으로서 "당해 정류장사업의 규모가 당해 지역의 수송량에 적합할 것"을 요건으로 하고 있었는데, 위 규정의 입법취지를 자동차정류장사업에 관한 질서를 확립하고 위 사업

④ 기존 시외버스를 시내버스로 전환하는 사업계획변경인가처분에 대한 노선이 중복되는 기존 시내버스업자(대법원 1987. 9. 22. 선고 85누985 판결): 자동차운수사업법 제6조 제1호의 규정의 목적이 자동차운수사업에 관한 질서를 확립하고 자동차운수의 종합적인 발달을 도모하여 공공의 복리를 증진함과 동시에 업자 간의 경쟁으로 인한 경영의 불합리를 미리 방지하자는 데 있다 할 것이므로, 기존 시내버스업자로서는 다른 운송사업자가 운행하고 있는 기존 시외버스를 시내버스로 전환을 허용하는 사업계획변경인가처분에 대하여 그 취소를 구할 법률상의 이익이 있다고 할 것이다.

⑤ 기존 시내버스의 노선 및 운행계통과 일부 중복되는 시외버스 운송업계획변경인가처분에 대한 기존 시내버스업자(대법원 2002. 10. 25. 선고 2001두4450 판결): 구 여객자동차 운수사업법(2000. 1. 28. 법률 제6240호로 개정되기 전의 것) 제6조 제1항 제1호에서 '사업계획이 당해 노선 또는 사업구역의 수송수요와 수송력공급에 적합할 것'을 여객자동차운송사업의 면허기준으로 정한 것은 여객자동차운송사업에 관한 질서를 확립하고 여객자동차운송사업의 종합적인 발달을 도모하여 공공의 복리를 증진함과 동시에 업자 간의 경쟁으로 인한 경영의 불합리를 미리 방지하자는 데 그 목적이 있다 할 것이고, (중략) 기존의 시내버스운송사업자와 시외버스운송사업자들은 경업관계에 있는 것으로 봄이 상당하다 할 것이어서 기존의 시내버스운송사업자에게 시외버스운송사업계획변경인가처분의 취소를 구할 법률상의 이익이 있다.

⑥ 분뇨 등 관련 영업허가를 받아 영업을 하고 있는 기존업자(대법원 2006. 7. 28. 선고 2004두6716 판결): 구 오수·분뇨 및 축산폐수의 처리에 관한 법률(2002. 12. 26. 법률 제6827호로 개정되기 전의 것)과 같은 법 시행령(2003. 7. 25. 대통령령 제18065호로 개정되기 전의 것)상 업종을 분뇨와 축산폐수 수집·운반업 및 정화조청소업으로 하여 분뇨 등 관련 영업허가를 받아 영업을 하고 있는 기존업자의 이익은 법률상 보호되는 이익이다.

⑦ 담배 일반소매인 지정결정에 대하여 구 담배사업법령에 의한 거리제한규정을

의 종합적인 발달을 도모하여 공공의 복리를 증진함과 동시에 업자 간의 경쟁으로 인한 경영의 불합리를 미리 방지하사는 데 있다고 해석한 것이다.

원용하고 있는 기존의 담배 일반소매인(대법원 2008. 3. 27. 선고 2007두23811 판결): 담배 일반소매인의 지정기준으로서 일반소매인의 영업소 간에 일정한 거리제한을 두고 있는 것은 담배유통구조의 확립을 통하여 국민의 건강과 관련되고 국가 등의 주요 세원이 되는 담배산업 전반의 건전한 발전 도모 및 국민경제에의 이바지라는 공익목적을 달성하고자 함과 동시에 일반소매인 간의 과당경쟁으로 인한 불합리한 경영을 방지함으로써 일반소매인의 경영상 이익을 보호하는 데에도 그 목적이 있다고 보이므로, 일반소매인으로 지정되어 영업을 하고 있는 기존업자의 신규 일반소매인에 대한 이익은 단순한 사실상의 반사적 이익이 아니라 법률상 보호되는 이익이라고 해석함이 상당하다.

⑧ 직행형 시외버스운송사업자에 대한 사업계획변경인가처분의 취소를 구하는 기존의 고속형 시외버스운송사업자(대법원 2010. 11. 11. 선고 2010두4179 판결):[17] 구 여객자동차 운수사업법(2009. 2. 6. 법률 제9532호로 개정되기 전의 것, 이하 '법'이라 한다) 제5조 제1항 제1호에서 '사업계획이 해당 노선이나 사업구역의 수송수요와 수송력 공급에 적합할 것'을 여객자동차운송사업의 면허기준으로 정한 것은 여객자동차운송사업에 관한 질서를 확립하고 여객자동차운송사업의 종합적인 발달을 도모하여 공공의 복리를 증진함과 동시에 업자 간의 경쟁으로 인한 경영의 불합리를 미리 방지하자는 데 그 목적이 있다 할 것이고, 법 제3조 제1항 제1호와 법 시행령(2008. 11. 26. 대통령령 제21132호로 개정되기 전의 것) 제3조 제1호, 법 시행규칙(2008. 11. 6. 국토해양부령 제66호로 전부개정되기 전의 것) 제7조 제5항 등의 각 규정을 종합하여 보면, 고속형 시외버스운송사업과 직행형 시외버스운송사업은 다 같이 운행계통을 정하고 여객을 운송하는 노선여객자동차운송사업 중 시외버스운송사업에 속하므로, 위 두 운송사업이 사용버스의 종류, 운행거리, 운행구간, 중간정차 여부 등에서 달리 규율된다는 사정만으로 본질적인 차이가 있다고 할 수 없으며, 직행형 시외버스운송사업자에 대한 사업계획변경인가처분으로 인하여 기존의 고속형 시외버스운송사업자의 노선 및 운행계통과 직행형 시외버스운송사업자들의 그것

17) 같은 취지 대법원 2018. 4. 26. 선고 2015두53824 판결.

들이 일부 중복되게 되고 기존업자의 수익감소가 예상된다면, 기존의 고속형 시외버스운송사업자와 직행형 시외버스운송사업자들은 경업관계에 있는 것으로 봄이 상당하므로, 기존의 고속형 시외버스운송사업자에게 직행형 시외버스운송사업자에 대한 사업계획변경인가처분의 취소를 구할 법률상의 이익이 있다고 할 것이다.

⑨ 노후화된 도선 1척을 신형 선박으로 교체하는 내용의 도선사업변경면허처분의 취소를 구하는 동일 항로에서 경쟁관계에 있는 도선사업자(대법원 2020. 4. 9. 선고 2019두49953 판결): 이 사건 처분으로 인하여 이 사건 항로에서 운항하는 도선의 톤수, 최대 적재중량이 증가하므로, 원고의 해상여객운송사업 영업권을 침해하는 것이다.

⑩ 다른 약사에 대한 약국개설등록처분으로 인하여 조제 기회를 전부 또는 일부 상실하게 된 기존 약국개설자(대법원 2025. 9. 11. 선고 2024두34276 판결): 약국개설등록과 관련하여 약사법 제20조 제5항 제2호, 제3호, 제4호는 의료기관과 약국 사이에 일정한 장소적 관련성이 있는 경우 약국을 개설하지 못하도록 하고 있다. 이는 약사법 제23조, 제23조의2, 제24조, 제24조의2, 제26조 등 관련 규정의 체계나 내용 등에 비추어, 의료기관과 담합행위를 할 가능성이 큰 약국의 개설을 금지함으로써 의료기관의 처방전에 대한 인근 약국개설자들의 접근 기회가 공정하게 배분되도록 하고, 나아가 인근 약국개설자가 약사법이 정하는 바에 따라 의료기관으로부터 독립하여 조제업무를 수행할 수 있도록 하는 취지도 있다. 따라서, '의료기관의 처방약 조제 기회를 공정하게 배분받을 기존 약국개설자의 이익'은 약국개설등록처분의 근거 법규 및 관련 법규에 의하여 보호되는 개별적 · 직접적 · 구체적 이익이라고 할 수 있다. 그러므로, 다른 약사에 대한 약국개설등록처분으로 인하여 조제 기회를 전부 또는 일부라도 상실하게 된 기존 약국개설자는 특별한 사정이 없는 한 해당 처분의 취소를 구할 법률상 이익이 있다.

(2) 법률상 이익을 부정한 사례

① 목욕탕 영업허가에 대하여 기존 목욕탕업자(대법원 1963. 8. 31. 선고 63누101 판결): 현행 헌법 제15조와 제28조에 의하여 영업의 자유는 헌법상

국민에게 보장된 자유의 범위에 포함된다 할 것이며, 예외적으로 질서유지와 공공복리를 위하여 필요한 경우에 한하여 법률로서, 이 영업의 자유를 제한할 수 있을 뿐이라 할 것인바 법률 제808호 공중목욕장업법은 공중목욕장업에 허가제를 실시하고 있으나,[18] 그 허가는 사업경영의 권리를 설정하는 형성적 행위가 아니고 경찰금지의 해제에 불과하며 그 허가의 효과는 영업자유의 회복을 가져올 뿐이라 할 것으로서 위 공중목욕장업법에 의하면 공중위생의 견지에서 환경과 설비의 합리적 제한을 두어 목욕장의 설치 장소, 시설 또는 구조의 적절만이 목욕장 경영의 허가기준으로 규정되어 있을 뿐이고 거리제한과 같은 분포의 적정에 관하여는 같은 법에 아무런 규정이 없고, 가사 분포의 적정이 공공의 복리를 위하여 필요한 것이라 할지라도 같은 법이 환경과 설비에 관하여서만 규정하고 분포의 적정에 관하여 규정을 두지 않은 이상 분포의 적정이라는 이유로 헌법상 보장된 영업의 자유가 제한될 수 없다 할 것이다. 다만 공중목욕장업법 시행세칙 제4조에 분포의 적정에 관하여 규정된 바 있으나 이 분포의 이 적정은 공중목욕장의 환경과 설비에 관한 공중목욕장업법의 법조문 요건에도 해당되지 아니하므로 분포의 적정을 허가요건으로 하는 같은 법 시행세칙 제4조의 규정은 같은 모법에 위반되는 무효의 것이라 할 것이고, 따라서 1962. 10. 29.자 경상남도지사의 부산시장에 대한 경남보사 제6305호로서 지시한 공중목욕장 상호간의 거리제한에 관한 것 역시 위에서 설명한 바와 같은 이유로서 무효라 할 것이다. 그러므로 위에서 설명한 바와 같이 원고에 대한 공중목욕장업 경영 허가는 경찰금지의 해제로 인한 영업자유의 회복이라고 볼 것이므로 이 영업의 자유는 법률이 직접 공중목욕장업 피허가자의 이익을 보호함을 목적으로 한 경우에 해당되는 것이 아니고 법률이 공중위생이라는 공공의 복리를 보호하는 결과로서 영업의 자유가 제한됨으로 인하여 간접적으로 관계자인 영업자유의 제한이 해제된 피허가자에게 이익을 부여하게 되는 경우에 해당되는 것이고, 거리의 제한과 같은 위의 시행세칙이나 도지사의 지시가 모두 무효인 이상 원고가 이 사건 허가처분에 의하여 목욕장업에 의한 이익이 사

18) 현행 공중위생관리법에서는 목욕장업을 허가업이 아니라 신고업으로 규율하고 있다.

실상 감소된다 하여도 이 불이익은 본건 허가처분의 단순한 사실상의 반사적 결과에 불과하고 이로 말미암아 원고의 권리를 침해하는 것이라고는 할 수 없으므로 원고는 피고의 피고 보조참가인에 대한 이 사건 목욕장업허가처분에 대하여 그 취소를 소구할 수 있는 법률상 이익이 없다.

② 석탄가공업 신규허가에 대한 기존업자(대법원 1980. 7. 22. 선고 80누33, 34 판결): 석탄수급조절에 관한 임시조치법 제1조에 의하면 이 법은 석탄 및 석탄가공제품의 수급을 조정함으로써 국민생활의 안정을 도모함을 목적으로 하고 있고, 동법 제5조에 의하면 석탄가공업을 하고자 하는 자는 동력자원부장관의 허가를 받아야 하고, 그 허가의 기준과 절차에 관하여 필요한 사항은 대통령령으로 정한다 하고 동법 시행령 제8조 제1항에 의하면 동법 제5조 제2항에 석탄가공업의 허가기준(시설)과 제2항에 석탄가공업의 허가를 받고자 하는 자는 그 석탄가공시설의 설치 장소가 연탄의 수급 및 환경위생상 지장이 없는 적절한 장소인가의 여부에 관하여 미리 동력자원부장관의 검토를 받을 수 있다고 규정하고, 동법 제7조에 의하면 동조 각 호에 해당하지 아니한 자는 누구나 석탄가공업의 허가를 받을 수 있고, 동법 제8조에 의하면 허가된 석탄가공업의 전부 또는 일부의 양도, 상속, 합병에 의하여 그 지위를 승계한다고 규정하고 있는바, 위 각 규정취지를 종합하여 보면, 석탄가공업의 허가는 석탄가공제품의 수급의 조정으로서 국민생활의 안정을 도모할 공익적 목적에 있다 할 것이고, 동법 시행령 제8조 제2항 규정취지는 석탄가공업자의 석탄가공업 설치 장소가 연탄의 수급에 있어서나 또는 환경위생상에 지장이 없는 적절한 장소인가의 여부를 석탄가공업의 허가를 받고자 하는 자가 미리 동력자원부장관의 검토를 받을 수 있다는 임의규정에 불과하다 할 것이니 위와 같이 영업허가 요건을 규정함으로써 기히 석탄가공 영업허가를 받은 자가 현실적으로 영업수입의 독점적 이익을 받는 결과가 된다 하더라도 그 이익은 위 허가제도의 반사적 효과라 할 뿐더러 달리 기존 피허가업자의 경영의 합리화를 보호키 위하여 새로운 허가에 관하여 제한을 한 아무런 규정도 없다 할 것이므로 이 사건 석탄가공업 허가는 이른바 명령적 행정행위, 즉 사업경영의 권리를 설정하는 형성적 행정행위가 아니

고 질서유지와 공공복리를 위한 경찰금지를 해제하는 명령적 행위로 인한 영업자유의 회복으로 본 원심판단은 시인되고 거기에 소론과 같은 석탄가공업의 허가에 관한 법리오해가 있다 할 수 없으므로 이와 배치되는 견해에서 이 사건의 허가는 소위 형성적 행정행위에 속한다 함을 전제로 한 논지는 이유 없음에 귀착된다.

③ 새로운 치과의원 개설이 가능한 건물용도변경처분에 대하여 인근의 기존의 치과의원 의사(대법원 1990. 5. 22. 선고 90누813 판결): 이 사건에서의 원고 주장을 요약하면, 피고는 원고가 경영하는 치과의원이 있는 같은 아파트단지 내에서 30미터 정도의 거리에 있는 이 사건 각 건물에 대하여 상품매도점포로서의 근린생활시설로 되어 있던 용도를 원고와 경합관계에 있는 치과의원을 개설할 수 있도록 의원으로서의 근린생활시설로 변경함으로써 원고에게 중대한 손해를 입게 하였으므로 위 용도변경처분의 취소를 구한다는 것이나, 의료법상 의료인은 신고만으로 의원이나 치과의원을 개설할 수 있고 건축법 기타 건축관계 법령상 의원 상호간의 거리나 개소에 아무런 제한을 두고 있지 아니하므로 원고가 위 용도변경으로 인하여 받게 될 불이익은 간접적이거나 사실적, 경제적인 불이익에 지나지 아니하여 그것만으로는 원고에게 위 용도변경의 취소를 구할 소익이 있다고 할 수 없다.

④ 양곡가공업허가에 대하여 기존업자(대법원 1990. 11. 13. 선고 89누756 판결, 대법원 1981. 1. 27. 선고 79누433 판결): 양곡가공업허가는 금지를 해제하는 명령적 행위에 불과하여 그 허가의 효과도 영업자유의 회복을 가져올 뿐이므로, 이 영업의 자유는 법률이 직접 양곡가공업의 피허가자에게 독점적 재산권을 취득하게 하는 것이 아니라, 법률이 국민식량의 확보와 국민경제의 안정이라는 공공의 복리를 목적으로 영업의 자유를 일반적으로 제한함으로 인하여 그 영업자유의 제한이 해제된 피허가자에게 간접적으로 사실상의 이익을 부여하게 됨에 불과하다 할 것이니, 피고보조참가인에게 이 사건 양곡가공업허가를 해 준 지역이 새로운 양곡가공업의 허가를 하여 줄 수 없도록 법령상 제한되어 있는 곳이라고 볼 근거가 없는 이상, 그 허가처분으로 인하여 이미 같은 허가를 받고 있는 원고의 양

곡가공업상의 이익이 사실상 감소된다고 하더라도 이 불이익은 이 사건 양곡가공업허가처분으로 인한 단순한 사실상의 반대적 결과에 지나지 아니하고 이로 말미암아 법률상 원고의 권리가 침해당한 것이라고 할 수는 없는 것이므로 원고는 피고보조참가인에 대한 이 사건 양곡가공업허가처분에 대하여 그 취소를 소구할 수 있는 법률상 이익이 없다.

⑤ 자동차운송사업 양도 · 양수에 대한 인가처분에 있어서 기존업자(대법원 1997. 4. 25. 선고 96누14906 판결): 행정처분의 상대방이 아닌 제3자라 하더라도 그 처분 등으로 인하여 법률상 보호되는 이익을 침해당한 경우에는 취소소송을 제기하여 그 당부의 판단을 받을 자격이 있는 것이지만, 위 법률상 보호되는 이익이란 당해 처분의 근거법률에 의하여 보호되는 직접적이고 구체적인 이익을 말하고 간접적이거나 사실적, 경제적 이해관계를 가지는 데 불과한 경우는 여기에 해당되지 않는 것인바(대법원 1992. 4. 24. 선고 91누6634 판결, 대법원 1995. 10. 17. 선고 94누14148 전원합의체 판결 등 참조), 위 자동차운수사업인 · 면허사무처리요령은 행정처분 등에 관한 사무처리기준과 처분절차를 정한 것으로서 그 규정의 형식 및 내용 등에 비추어 볼 때 행정조직 내부에 있어서의 행정명령의 성격을 지닐 뿐 대외적으로 국민이나 법원을 구속하는 힘이 없다 할 것이고, 위 사무처리요령에서 당해 운행계통에 대한 연고 등에 따라 운행횟수 증회, 운행계통 신설, 변경 등에 관한 인가나 면허를 하도록 규정하고 있다 하더라도 이러한 규정에 의하여 원고가 장래 운행횟수의 증회, 운행계통의 신설, 변경 등에 관하여 얻을 수 있는 기대이익은 법률상 보호되는 직접적이고 구체적인 이익이라고 볼 수는 없다 할 것이다.[19]

---

19) 위 판결의 사안은 다음과 같다. ① 여객자동차운송사업자인 주식회사 ○○고속은 1994. 11. 19. 피고보조참가인(△△고속)에게 그 운송사업 중 일부 노선에 대한 시외(직행)버스 자동차운송사업을 양도하였고, 피고(전라북도지사)는 1994. 12. 24. 위 사업양도양수를 인가하는 이 사건 처분을 하였다. ② 원고(주식회사 ㅁㅁ고속)는 위 ○○고속이 운행하던 노선(양도된 부분 중 일부와 남은 부분 중 일부)과 일부 중복된 구간을 운행하는 시외버스 운송사업자로서, 위법한 이 사건 처분으로 인하여 장래 위 중복된 구간에 관한 운행횟수 증회, 운행계통 신설 및 변경 등에 있어서 불이익을 입게 되었다는 이유로 이 사건 처분의 취소를 구하였다. 그런데 앞에서 본 법률상 이익이 인정된 판례들은 노선연장이나 증차 등으로 기존업자의 영업상 이익이 침해된 경우에 관한 것으로서 그러한 이익이 법률상 이익에 해당된다는 것이나, 이 사건의 경우는 ○○고속이 참가인에게 자신이 운영하던 일부 노

⑥ 약사들에 대한 한약조제권 인정에 대하여 한의사(대법원 1998. 3. 10. 선고 97누4289 판결): 한의사 면허는 경찰금지를 해제하는 명령적 행위(강학상 허가)에 해당하고, 한약조제시험을 통하여 약사에게 한약조제권을 인정함으로써 한의사들의 영업상 이익이 감소되었다고 하더라도 이러한 이익은 사실상의 이익에 불과하고 약사법이나 의료법 등의 법률에 의하여 보호되는 이익이라고는 볼 수 없으므로, 한의사들이 한약조제시험을 통하여 한약조제권을 인정받은 약사들에 대한 합격처분의 무효확인을 구하는 당해 소는 원고적격이 없는 자들이 제기한 소로서 부적법하다.

나. 경원자

경원자소송이라고 함은 '인 · 허가 등 수익적 행정행위가 필요한 사업에서 행정청이 수인의 신청을 받아 적격 여부를 심사한 후 우선순위에 따라 일부에 대해서만 인 · 허가 등을 하는 경우, 심사의 잘못 등으로 우선순위 있는 자신에 대하여 인 · 허가 등이 되지 않고 타인에 대하여 인 · 허가 등이 되었다고 주장하는 사람이 타인에 대한 인 · 허가 등에 대하여 다투는 소송'을 말한다. 경원관계에 있는 경우로서 동일 대상지역에 대한 공유수면매립면허나 도로점용허가 혹은 일정지역에서의 영업허가 등에 관하여 거리제한규정이나 업소 개수 제한규정 등이 있는 경우를 예로 들 수 있다.[20]

이렇게 인 · 허가 등의 수익적 처분을 신청한 수인이 서로 경쟁관계에 있어서 일방에 대한 허가 등의 처분이 타방에 대한 불허가 등으로 귀결될 수밖에 없는 때 허가 등의 처분을 받지 못한 사람은 비록 경원자에 대하여 이루어진 허가 등 처분의 상대방이 아니라 하더라도 해당 처분의 취소를 구할 법률상 이익이 인정된다.[21] 경원자소송이 인정되는 경우 다른 사람에 대한 허가처분과 자신에

선에 관한 노선면허 내지 운행계통과 차량, 부속시설 등을 일체로 양도하여 그 부분에 관한 사업주가 교체되었을 뿐, 노선연장이나 증차 등으로 인한 현실적 이익침해는 없고, 단지 원고로서는 기존의 경쟁 사업자 외에 참가인이 동일한 운행경로를 포함한 운행계통을 갖게 되어 그 중복운행구간의 연고 있는 사업자 수가 증가하고, 또한 참가인의 기면허노선 거리가 늘어나게 된 결과, 장래 운행횟수 증회, 운행계통 변경 및 신설 등을 하는 경우에 종래 얻을 수 있었던 기회 및 범위가 줄어들게 된다는 것인데, 과연 이러한 이익도 법률상 이익으로 볼 수 있는지 및 그 이익침해가 있다고 볼 수 있는지 여부가 문제된 사안이다.

20) 대법원 1999. 10. 12. 선고 99두6026 판결.

21) 대법원은 교육과학기술부장관이 전남대학교, 전북대학교, 제주대학교, 원광대학교에 대하여 한 법학전문대학원 예비인가처분에 대한 항고소송에서 학교법인 조선대학교의 원고적

대한 불허가처분은 표리의 관계에 있는 것이므로, 다른 사람에 대한 허가 등 처분의 취소를 구하거나 자신에 대한 불허가처분의 취소를 구하거나 또는 양자를 병합하여 소를 제기할 수도 있다.[22]

다만 구체적인 경우에 타인에 대한 인·허가처분이 취소된다 하더라도 자신이 인·허가처분을 받지 못하였던 불이익이 회복되지 않는 때에는 해당 처분의 취소를 구할 법률상 이익이 없다. 예컨대, 명백한 법적 장애로 인하여 원고 자신의 신청이 인용될 가능성이 처음부터 배제되어 있는 경우,[23] 절대평가제를 적용하여 일정한 점수를 넘는 사람에게 수익적 효과를 부여하기로 한 경우[24] 등에서는 선정되지 않은 신청인에게 법률상 이익이 인정되지 않는다.

다. 이웃주민

이웃주민소송(隣人訴訟)이라 함은 '어떠한 시설의 설치를 허가하는 처분에 대하여 해당 시설의 인근주민이 다투는 소송'을 말한다. 판례는 종래 국토의 계획 및 이용에 관한 법률(국토계획법), 건축법 등의 규제를 통해 주민이 이익을 보더라도 그것은 반사적 이익, 사실상의 이익에 지나지 않는다고 보았으나, 최근에는 점점 법률상 이익으로 보려고 하는 경향이 있다.

(1) 법률상 이익을 인정한 사례

① 대법원 1975. 5. 13. 선고 73누96, 97 판결(연탄공장 사건):

【사안의 개요】 구 도시계획법에 따라 주거지역으로 지정된 지역에 연탄공장허가를 하였는데, 이 공장으로부터 70㎝ 사이에 연접한 같은 주거지역 내인 원고 소유의 가옥에서는 소음 때문에 '일상 대화에 지장'이 있

격을 인정하였다(대법원 2009. 12. 10. 선고 2009두8359 판결).

22) 신청인 자신에 대한 불허가처분의 취소소송에 관하여 그 소송의 승소판결로써 경원자에 대한 허가 등 처분이 바로 취소되거나 그 효력이 소멸되는 것은 아니므로 소의 이익이 없는 것은 아닌지 의문이 들 수 있다. 그러나, 행정청은 취소판결의 기속력에 따라 그 판결에서 확인된 위법사유를 배제한 상태에서 취소판결의 원고와 경원자의 각 신청에 관하여 처분요건의 구비 여부와 우열을 다시 심사하여야 할 의무가 있고, 재심사 결과 경원자에 대한 수익적 처분이 직권으로 취소되고 취소판결의 원고에게 수익적 처분이 이루어질 가능성이 있으므로 위 소송은 의미가 있다(대법원 2015. 10. 29. 선고 2013두27517 판결 참조).

23) 대법원 1998. 9. 8. 선고 98두6272 판결.

24) 농업에너지이용효율화사업에 관한 보조금을 지급하기 위하여, 시행기관의 장이 공모를 통하여 보조사업자(농가)의 계약상대방이 될 수 있는 시공업체를 절대평가제로 통하여 선정한 사안에서, 위 사업에 선정되지 않은 사람들은 다른 업체들에 대한 선정처분의 취소를 구할 법률상 이익이 없다(대법원 2021. 2. 4. 선고 2020두48772 판결).

고, 원동기의 진동으로 '통상적인 주거의 안녕을 영위하기가 곤란'하며, 이로 인하여 원고는 소유가옥의 가치가 하락하고 임대가 어려워 재산권을 침해받고 있다고 주장하고 있다.

【원심의 판단】 원고가 주거지역 내에 건물을 소유하고 있고 이러한 주거지역에는 건축법상 건축물의 제한이 있음으로써 현실적으로 어떤 이익을 받고 있는 것이 사실이라 하더라도 이는 그 지역 거주의 개개인에게 보호되는 개인적인 이익이 아니고 단지 공공복리를 위한 건축법규의 제약의 결과로서 생기는 반사적 이익에 불과한 것이므로, 이러한 이익이 침해되었다 하더라도 이 사건 행정처분의 상대자가 아닌 원고가 위 연탄공장 허가의 취소를 소구할 수는 없다고 판단하면서 이 사건 소를 각하하였다.

【대법원의 판단】 도시계획구역 안에서의 주거지역이라는 것은 도시계획법 제17조에 의하여 "거주의 안녕과 건전한 생활환경의 보호를 위하여 필요하다."라고 인정되어 지정된 지역이고, 이러한 주거지역 안에서는 도시계획법 제19조 제1항과 개정 전 건축법 제32조 제1항에 의하여 공익상 부득이 하다고 인정될 경우를 제외하고는 위와 같은 거주의 안녕과 건전한 생활환경의 보호를 해치는 모든 건축이 금지되고 있으며, 이와 같이 금지되는 건축물로서 건축법은 "원동기를 사용하는 공장으로서 작업장의 바닥 면적의 합계가 50㎡를 초과하는 것"을 그 하나로 열거하고 있다(이 사건 공장이 위 제한을 초과하고 있음은 물론이다). 위와 같은 도시계획법과 건축법의 규정취지에 비추어 볼 때, 이 법률들이 주거지역 내에서의 일정한 건축을 금지하고 또는 제한하고 있는 것은 도시계획법과 건축법이 추구하는 공공복리의 증진을 도모하고자 하는 데 그 목적이 있는 동시에 한편으로는 주거지역 내에 거주하는 사람의 "주거의 안녕과 생활환경을 보호"하고자 하는 데도 그 목적이 있는 것으로 해석이 된다. 그러므로 주거지역 내에 거주하는 사람이 받는 위와 같은 보호이익은 단순한 반사적 이익이나 사실상의 이익이 아니라 바로 법률에 의하여 보호되는 이익이라고 할 것이다.

② 대법원 1995. 9. 26. 선고 94누14544 판결: 도시계획법 제12조 제3항, 도시계획시설기준에 관한 규칙 제125조 제1항에 의하여 도시계획시설 중

화장장의 구조 및 설치에 관한 준거법률로 된 매장 및 묘지 등에 관한 법률 시행령 제4조 제2호, 제9조가 일정한 지역에 공설화장장의 설치를 금하고 있음에 의하여 보호되는 인근 주민들의 이익은 도시계획결정처분의 근거법률에 의하여 보호되는 이익이므로, 인가가 밀집한 지역 등으로부터 1,000m 이내에 공설화장장의 설치를 내용으로 하는 도시계획결정의 취소를 구하는 인근 주민은 원고적격이 있다.

③ 대법원 2000. 7. 6. 선고 98두8292 판결: 원고들이 피고가 건축법 제53조 소정의 일조 등의 확보를 위한 건축물의 높이제한 규정에 위반하여 주택건설사업계획승인처분을 하는 바람에 인근 주민들의 일조권 등이 침해될 염려가 있다고 주장한 사안에서, 위 처분의 취소를 구할 원고적격이 있음을 전제로 본안판단으로 청구를 기각한 원심을 수긍하였다.

④ 대법원 2001. 7. 27. 선고 99두8589 판결: 관광지조성사업시행허가처분에 오수처리시설의 설치 등을 조건으로 하였으나 그 시설이 설치되더라도 효능이 불확실하여 오수가 확실하게 정화 처리될 수 없어 인접 하천 등의 수질이 오염됨으로써 인근 주민들의 식수 등도 오염되어 주민들의 환경이익 등이 침해되거나 침해될 우려가 있는 경우 인근 주민들의 원고적격을 인정하였다.

(2) 법률상 이익을 부정한 사례

① 대법원 1981. 9. 22. 선고 80누449 판결: 인근 공장주들이 제기한 다른 자에 대한 고압가스제조허가처분의 취소를 구하는 소송에서, 대법원은 액화가스시설의 폭발위험성으로 인하여 자신들의 안전한 조업을 할 법률상의 이익이 침해당하였다는 원고들의 주장에 대하여 원심이 … 법령상 소정의 안전도가 확보된 충전 판매시설을 갖추었고, 원고들의 공장과도 상당한 거리를 두고 있어서 … 가까운 장래에 이 사건 허가시설이 폭발할 위험이 있다고 인정되지 아니하므로 원고들의 법률상의 이익이 침해되었다고 볼 수 없다는 원심의 판단을 수긍하였다.

② 대법원 1991. 12. 13. 선고 90누10360 판결: 산림훼손허가 및 중소기업창업사업계획승인처분의 근거법률인 중소기업창업지원법 및 산림법 등의 관계규정에 비추어 볼 때, 그 처분이 취소됨으로 인하여 원고들과 같은

인근 주민들의 농경지 등이 훼손 또는 풍수해를 입을 우려가 제거되는 것과 같은 이익은 각 처분의 근거법률에 의하여 보호되는 이익이 아니므로, 원고들에게는 위 처분들의 취소를 구할 원고적격이 없다.

③ 대법원 1992. 9. 22. 선고 91누13212 판결: 일반적으로 도로는 국가나 지방자치단체가 직접 공중의 통행에 제공하는 것으로서 일반 국민은 이를 자유로이 이용할 수 있는 것이기는 하나, 그렇다고 하여 그 이용관계로부터 당연히 그 도로에 관하여 특정한 권리나 법령에 의하여 보호되는 이익이 개인에게 부여되는 것이라고까지는 말할 수 없으므로, 일반적인 시민생활에 있어 도로를 이용만 하는 사람은 그 용도폐지를 다툴 법률상의 이익이 있다고는 말할 수 없고, 문화재지정이나 그 보호구역지정이 있음으로써 지역주민이나 국민일반 또는 학술연구자가 문화재를 활용하고 그로 인한 이익을 얻는 것임은 사실이지만, 이와 같은 이익이 일반국민이나 인근 주민의 문화재를 향유할 구체적이고도 법률적인 이익이라고 할 수 없다. 따라서 인근 주민인 원고에게 민영주택건설사업계획승인처분의 취소를 구할 원고적격이 없다.

④ 대법원 1993. 11. 9. 선고 93누13988 판결: 건축 관련법규는 준공처분과 관련하여 인접주택 소유자의 권리에 대하여 특별한 규정을 두고 있지 않고, 건물의 준공처분은 건축허가를 받아 건축된 건물이 건축허가사항대로 건축행정목적에 적합한가의 여부를 확인하고 준공검사필증을 교부하여 줌으로써 허가받은 자로 하여금 건축한 건물을 사용, 수익할 수 있게 하는 법률효과를 발생시키는 것에 불과하며, 건축한 건물이 인접주택 소유자의 권리를 침해하는 경우 준공처분이 그러한 침해까지 정당화하는 것은 아닐 뿐만 아니라, 인접주택 소유자가 입는 생활환경상의 이익침해는 실제로 위 건물의 전부 또는 일부가 철거됨으로써 회복되거나 보호받을 수 있는 것인데, 위 건물에 대한 준공처분의 무효확인이나 취소를 받는다 하여도 그로 인하여 건축주는 위 건물을 적법하게 사용할 수 없게 되어 위 건물은 준공 이전의 상태로 돌아가게 되는 것에 그칠 뿐 위반건물에 대한 시정명령을 할 것인지 여부, 그 시기 및 명령의 내용 등은 행정청의 합리적 판단에 의하여 결정되어야 할 자유재량에 맡겨져 있는 점

등에 비추어 보면, 신축한 건물이 무단증평, 이격거리 위반, 베란다 돌출, 무단구조변경 등 건축법에 위반하여 시공됨으로써 인접주택 소유자의 사생활과 일조권을 침해하고 있다고 하더라도, 인접건물 소유자들로서는 위 준공처분의 무효확인이나 취소를 구할 법률상 이익이 없다.

⑤ 대법원 1995. 2. 28. 선고 94누3964 판결: 콘크리트제조업종의 공장입지지정승인처분이 취소됨으로 인하여 그 공장설립예정지에 인접한 마을과 주위 토지 및 그 지상의 묘소가 분진, 소음, 수질오염 등의 해를 입을 우려에서 벗어나는 것과 같은 이익은 그 입지지정승인처분의 근거법률에 의하여 보호되는 직접적이고 구체적인 이익이라고 할 수 없고, 그 공장입지지정승인처분이 건축된 공장의 가동으로 인하여 발생할 공해의 발생까지 정당화하는 것은 아니며 이는 별도의 법률의 규제를 받게 되므로, 서울에 거주하며 그 공장설립예정지에 인접한 곳에 2필지의 토지를 공유하여 그 지상에 선대의 묘 4기를 두고 있는 자나 공장설립예정지로부터 약 500m 떨어진 곳에서 살고 있는 주민 등은 그 지정승인처분의 취소를 구할 원고적격이 없다.

⑥ 대법원 1995. 9. 26. 선고 94누14544 판결: 상수원보호구역 설정의 근거가 되는 수도법 제5조 제1항 및 동 시행령 제7조 제1항이 보호하고자 하는 것은 상수원의 확보와 수질보전일 뿐이고, 그 상수원에서 급수를 받고 있는 지역주민들이 가지는 상수원의 오염을 막아 양질의 급수를 받을 이익은 직접적이고 구체적으로는 보호하고 있지 않음이 명백하여 위 지역주민들이 가지는 이익은 상수원의 확보와 수질보호라는 공공의 이익이 달성됨에 따라 반사적으로 얻게 되는 이익에 불과하므로 지역주민들에 불과한 원고들에게는 위 상수원보호구역변경처분의 취소를 구할 법률상의 이익이 없다.

⑦ 대법원 2000. 2. 8. 선고 97누13337 판결: ○○대학교 부지가 한강변에서 볼 때 서울시의 도시경관을 대표할 수 있는 남산과 조망상 일체를 이루므로 위 부지에 대하여 서울시민이 쾌적한 환경에서 살 수 있도록 경관유지를 위한 고도제한을 내용으로 하는 도시계획용도지구(고도지구)변경결정을 한 사안에서 원고가 토지를 원고 학교법인 ○○대학으로부터

매수한 후 도시계획상 제한이 가하여졌다고 하더라도 그러한 사정만으로는 원고의 이익이 당해 처분의 근거법률에 의하여 직접 보호되는 구체적인 이익이 아닌 제3자가 단지 간접적인 사실상 경제적인 이해관계를 가지는 경우에 해당하여 용도지구변경결정의 무효확인이나 취소를 구할 당사자적격이 없다.

⑧ 대법원 2002. 6. 11. 선고 2002두1656 판결: 건축물의 용적률을 제한하고 있는 것은 적당한 도시공간을 확보하여 과밀화를 방지함으로써 도시기능의 조화를 도모하는 데 그 주된 목적이 있는 것이고 이로써 직접 인접지 거주자 등의 개별적인 이익을 보호하려는 것은 아니므로, 이 사건 건물의 부지와 인접한 토지에 주택을 소유하고 있을 뿐인 원고로서는 가사 위 건물의 용적률이 법에서 허용하는 한도를 벗어났다고 하더라도 그러한 이유만으로 위 건물에 대한 건축허가의 취소를 구할 법률상의 이익이 있다고 할 수 없고, 그밖에 원고가 법률에 의하여 보호되는 직접적이고 구체적인 어떤 이익을 침해받았다고 볼 수도 없으므로, 원고에게는 이 사건 건축허가처분의 취소를 구할 원고적격이 없다.

⑨ 대법원 2012. 6. 28. 선고 2010두2005 판결: 재단법인 甲 수녀원이 매립목적을 택지조성에서 조선시설용지로 변경하는 내용의 공유수면매립목적변경승인처분으로 인하여 법률상 보호되는 환경상 이익을 침해받았다면서 행정청을 상대로 처분의 무효확인을 구하는 소송을 제기한 사안에서, 공유수면매립목적변경 승인처분으로 甲 수녀원에 소속된 수녀 등이 쾌적한 환경에서 생활할 수 있는 환경상 이익을 침해받는다고 하더라도 이를 가리켜 곧바로 甲 수녀원의 법률상 이익이 침해된다고 볼 수 없고, 자연인이 아닌 甲 수녀원은 쾌적한 환경에서 생활할 수 있는 이익을 향수할 수 있는 주체가 아니므로 위 처분으로 위와 같은 생활상의 이익이 직접적으로 침해되는 관계에 있다고 볼 수도 없으며, 위 처분으로 환경에 영향을 주어 甲 수녀원이 운영하는 잼 공장에 직접적이고 구체적인 재산적 피해가 발생한다거나 甲 수녀원이 폐쇄되고 이전해야 하는 등의 피해를 받거나 받을 우려가 있다는 점 등에 관한 증명도 부족하므로, 甲 수녀원에 처분의 무효확인을 구할 원고적격이 없다.

라. 환경 관련(절차법 규정에 근거한 법률상 이익 인정)

환경 관련 소송에서도, 해당 처분의 상대방이 아니더라도 그 처분으로 인하여 법률상 이익을 침해당한 제3자는 항고소송을 제기하여 권리를 구제받을 수 있다. 다만 해당 처분의 근거 법규 등이 공익만 보호하고 사익을 보호하는 목적을 가지고 있지 않다고 해석된다면 법률상 이익을 인정할 수 없다. 이와 관련하여 환경부장관이 생태·자연도 1등급으로 지정되었던 지역을 2등급 또는 3등급으로 변경하는 내용의 생태·자연도 수정·보완하는 내용의 고시에 대하여, 1등급 권역의 인근 주민들이 가지는 이익은 반사적 이익에 불과하여 원고적격이 없다는 판례가 있다.[25)]

그런데, 대법원은 "행정처분의 근거법규 또는 관련법규에 그 처분으로써 이루어지는 행위 등 사업으로 인하여 환경상 침해를 받으리라고 예상되는 영향권의 범위가 구체적으로 규정되어 있는 경우에는, 그 영향권 내의 주민들에 대하여는 당해 처분으로 인하여 직접적이고 중대한 환경피해를 입으리라고 예상할 수 있고, 이와 같은 환경상의 이익은 주민 개개인에 대하여 개별적으로 보호되는 직접적·구체적 이익으로서 그들에 대하여는 특단의 사정이 없는 한 환경상 이익에 대한 침해 또는 침해 우려가 있는 것으로 사실상 추정되어 법률상 보호되는 이익으로 인정됨으로써 원고적격이 인정되며, 그 영향권 밖의 주민들은 당해 처분으로 인하여 그 처분 전과 비교하여 수인한도를 넘는 환경피해를 받거나 받을 우려가 있다는 자신의 환경상 이익에 대한 침해 또는 침해 우려가 있음을 증명하여야만 법률상 보호되는 이익으로 인정되어 원고적격이 인정된다."라고 판단하고 있다.[26)]

우선 위 판결은 법률상 이익의 판단근거가 되는 법률의 범위를 확장하여 처분의 근거법규가 아니라 절차법규에서 법률상 이익을 도출하였다는 점에서 의의가 있다.

여기에서 환경상 이익에 대한 침해 또는 침해 우려가 있는 것으로 사실상 추정되어 원고적격이 인정되는 자는 환경상 침해를 받으리라고 예상되는 영향권 내의 주민들이다. 영향권 내의 주민인지의 여부는 반드시 거주 여부를 기준으로 판별할 것이 아니라 그 사안의 특수성을 고려하여 영향권 내에 거주하는 것과

25) 대법원 2014. 2. 21. 선고 2011두29052 판결.
26) 대법원 2006. 12. 22. 선고 2006두14001 판결.

동일하게 평가될 수 있다면 여기에 포함시킬 수 있다. 예컨대, 그 영향권 내에 거주하지 않더라도 농작물을 경작하는 등 현실적으로 환경상 이익을 향유하는 자는 영향권 내의 주민들로 취급할 수 있으나, 단지 그 영향권 내의 건물·토지를 소유하거나 환경상 이익을 일시적으로 향유하는 데 그치는 자는 여기에 포함되지 않는다.[27)]

환경상 이익에 대한 침해 또는 침해 우려가 있음이 증명된 경우로서 다음과 같은 사례가 있다. 대법원은 낙동강 상류지역에 공장설립을 승인하는 처분에 대해 낙동강 하류지역인 부산이나 양산에 거주하는 원고들이 환경상 이익침해를 이유로 취소소송을 제기한 사안에서, "위 공장이 설립될 지역 부근에 물금취수장이 있는데, 물금취수장은 그 위치 등 구체적 사정에 비추어 볼 때 공장입지제한지역에 해당하는 '상수원 등 용수이용에 현저한 영향을 미치는 지역' 혹은 '수질오염에 의한 환경오염이 발생할 우려가 있는 개발행위의 주변지역'에 위치한다고 볼 여지가 충분하므로, 그 물금취수장으로부터 수도관을 통해 수돗물을 공급받고 있는 원고들로서는 위 공장설립승인처분에 대하여 그 취소를 구할 원고적격이 있다."라고 판시한 사례가 있다.[28)]

한편, 자연인이 아닌 법인은 쾌적한 환경에서 생활할 수 있는 이익을 향수할 수 있는 주체가 될 수 없다. 대법원은 재단법인인 수녀원은 매립목적을 택지조성에서 조선시설용지로 변경하는 내용의 공유수면매립목적 변경 승인처분의 무효확인을 구할 원고적격이 없다고 판시하였다.[29)]

처분의 근거법규 또는 관련법규에 그 처분으로써 이루어지는 행위 등 사업으로 인하여 환경상 침해를 받으리라고 예상되는 영향권의 범위가 규정되어 있는 구체적인 경우로서, 환경영향평가법상 환경영향평가 대상지역, 환경정책기본법령상 사전환경성검토협의 대상지역, 액화석유가스의 안전 및 사업관리법 시행규칙상의 안전거리, 폐기물처리시설 설치촉진 및 주변지역지원 등에 관한 법률

---

27) 대법원 2009. 9. 24. 선고 2009두2825 판결.

28) 대법원 2010. 4. 15. 선고 2007두16127 판결. 대법원은 물금취수장이 법령에서 정하고 있는 해당 사업으로 인하여 환경상 침해를 받으리라고 예상되는 영향권의 범위 내에 있고, 원고들은 그로부터 수도관 등 급수시설에 의해 수돗물을 공급받고 있으므로, 원고들이 갖게 되는 환경상 이익침해 우려를 그 거주지역에 관계없이 취수시설인 물금취수장이 입게 되는 수질오염 등의 피해 우려와 동일하게 평가한 것이다.

29) 대법원 2012. 6. 28. 선고 2010두2005 판결.

및 시행령상의 간접영향권의 범위 등이 있다.

(1) **환경영향평가 대상지역**

① 대법원 1998. 4. 24. 선고 97누3286 판결: 환경영향평가대상사업인 공원집단시설지구개발사업에 관한 승인 · 허가처분의 근거법률인 자연공원법령 및 환경영향평가법령의 환경영향평가에 관한 규정들의 취지는 환경영향평가대상지역 안의 주민들의 환경상의 이익을 그들의 개별적이고 직접적 · 구체적 이익으로서도 보호하려는 데 있으므로 환경영향평가대상지역 안의 주민들에게는 위 승인 · 허가처분의 취소를 구할 제3자 원고적격이 있다.

② 대법원 1998. 9. 4. 선고 97누19588 판결: 원자로 시설부지 인근 주민들과 환경영향평가대상지역 안의 원자로 시설부지 인근 주민들은 방사성물질 등에 의한 생명 · 신체의 안전침해를 이유로 또는 방사성물질 이외의 원인에 의한 환경침해를 받지 아니하고 생활할 수 있는 이익이 침해되었음을 이유로 원자로시설부지사전승인처분의 취소를 구할 원고적격이 있다.

③ 대법원 1998. 9. 22. 선고 97누19571 판결: 환경영향평가대상지역 안의 주민들이 그 대상사업인 전원(電源)개발사업실시계획 승인처분과 관련하여 갖는 환경상 이익은 직접적 · 구체적 이익이므로 위 주민들은 그 침해를 이유로 위 처분의 취소를 구할 원고적격이 있다.

④ 대법원 2001. 7. 27. 선고 99두2970 판결: 환경영향평가에 관한 위 자연공원법령 및 환경영향평가법령상의 관련규정의 취지는 집단시설지구개발사업으로 인하여 직접적이고 중대한 환경피해를 입으리라고 예상되는 환경영향평가대상지역 안의 주민들이 개발 전과 비교하여 수인한도를 넘는 환경침해를 받지 아니하고 쾌적한 환경에서 생활할 수 있는 개별적 이익까지도 이를 보호하려는 데에 있다 할 것이므로, 위 주민들이 위 변경승인처분과 관련하여 갖고 있는 위와 같은 환경상의 이익은 주민 개개인에 대하여 개별적으로 보호되는 직접적 · 구체적인 이익이라고 보아야 할 것이어서, 국립공원 집단시설지구개발사업으로 인하여 직접적이고 중대한 환경피해를 입으리라고 예상되는 환경영향평가대상지역 안의 주민들이 누리고 있는 환경상의 이익이 위 변경승인처분으로 인하여 침해되거나

침해될 우려가 있는 경우에는 그 주민들에게 위 변경승인처분과 그 변경승인처분의 취소를 구하는 행정심판청구를 각하한 재결의 취소를 구할 원고적격이 있다고 보아야 한다.

⑤ 대법원 2006. 3. 16. 선고 2006두330 전원합의체 판결(새만금 사건): 공유수면매립면허처분과 농지개량사업시행 인가처분의 근거법규 또는 관련법규가 되는 구 공유수면매립법(1997. 4. 10. 법률 제5337호로 개정되기 전의 것), 구 농촌근대화촉진법(1994. 12. 22. 법률 제4823호로 개정되기 전의 것), 구 환경보전법(1990. 8. 1. 법률 제4257호로 폐지), 구 환경보전법 시행령(1991. 2. 2. 대통령령 제13303호로 폐지), 구 환경정책기본법(1993. 6. 11. 법률 제4567호로 개정되기 전의 것), 구 환경정책기본법 시행령(1992. 8. 22. 대통령령 제13715호로 개정되기 전의 것)의 각 관련규정의 취지는, 공유수면매립과 농지개량사업 시행으로 인하여 직접적이고 중대한 환경피해를 입으리라고 예상되는 환경영향평가대상지역 안의 주민들이 전과 비교하여 수인한도를 넘는 환경침해를 받지 아니하고 쾌적한 환경에서 생활할 수 있는 개별적 이익까지도 이를 보호하려는 데에 있다고 할 것이므로, 위 주민들이 공유수면매립면허처분 등과 관련하여 갖고 있는 위와 같은 환경상의 이익은 주민 개개인에 대하여 개별적으로 보호되는 직접적·구체적 이익으로서 그들에 대하여는 특단의 사정이 없는 한 환경상의 이익에 대한 침해 또는 침해우려가 있는 것으로 사실상 추정되어 공유수면매립면허처분 등의 무효확인을 구할 원고적격이 인정된다. 한편, 환경영향평가대상지역 밖의 주민이라 할지라도 공유수면매립면허처분 등으로 인하여 그 처분 전과 비교하여 수인한도를 넘는 환경피해를 받거나 받을 우려가 있는 경우에는, 공유수면매립면허처분 등으로 인하여 환경상 이익에 대한 침해 또는 침해우려가 있다는 것을 입증함으로써 그 처분 등의 무효확인을 구할 원고적격을 인정받을 수 있다.

(2) 환경정책기본법령상 사전환경성검토협의 대상지역

대법원은 환경정책기본법령상 사전환경성검토협의 대상지역 내에 포함될 개연성이 충분하다고 보이는 주민들에게 그 협의대상에 해당하는 창업사업계획승인처분과 공장설립승인처분의 취소를 구할 원고적격이 인정된다고 판시하였다.[30]

(3) 액화석유가스의 안전 및 사업관리법 시행규칙상 안전거리

대법원은 "액화석유가스의 안전 및 사업관리법 시행규칙 제8조 제1호가 액화석유가스 충전시설 중 저장설비·충전설비 및 탱크로리 이입·충전장소는 그 외면으로부터 보호시설까지 50m 이상의 안전거리를 유지하도록 하면서, 다만 시·도지사가 공공의 안전을 위하여 필요하다고 인정하는 지역에 대하여는 일정거리를 더하여 정할 수 있도록 규정하고 있고, 위 거리제한규정에 의하여 보호되는 안전거리 내의 보호시설에 거주하는 주민들의 이익은 위 근거법령에 의하여 보호되는 직접적이고 구체적인 이익이라 할 것이나, 위 안전거리 밖의 보호시설에 거주하는 주민들이 위 액화석유가스 충전시설 설치허가의 취소로 인하여 가지게 되는 생활의 불편 및 불안감 해소, 경제적인 손실의 방지 등의 이익은 간접적·사실적·경제적 이해관계에 불과한 것으로 이 사건 처분의 근거법령에 의하여 보호되는 법률상의 이익이라고 볼 수는 없다 할 것이어서 위 시행규칙 제8조 제1호가 정하고 있는 안전거리 밖의 주민들인 원고들에게는 그 처분의 취소를 구할 법률상 이익이 없다."라고 판시하였다.[31]

(4) 폐기물처리시설 설치촉진 및 주변지역지원 등에 관한 법률 및 시행령상의 간접영향권

대법원은 "구 폐기물처리시설 설치촉진 및 주변지역지원 등에 관한 법률(2002. 2. 4. 법률 제6656호로 개정되기 전의 것) 및 같은 법 시행령의 관계규정의 취지는 처리능력이 1일 50t인 소각시설을 설치하는 사업으로 인하여 직접적이고 중대한 환경상의 침해를 받으리라고 예상되는 직접영향권 내에 있는 주민들이나 폐기물소각시설의 부지경계선으로부터 300m 이내의 간접영향권 내에 있는 주민들이 사업시행 전과 비교하여 수인한도를 넘는 환경피해를 받지 아니하고 쾌적한 환경에서 생활할 수 있는 개별적인 이익까지도 이를 보호하려는 데에 있다 할 것이므로, 위 주민들이 소각시설입지지역결정·고시와 관련하여 갖는 위와 같은 환경상의 이익은 주민 개개인에 대하여 개별적으로 보호되는 직접적·구체적 이익으로서 그들에 대하여는 특단의 사정이 없는 한 환경상의 이익에 대한 침해 또는 침해우려가 있는 것으로 사실상 추정되어 폐기물소각시설의 입지지역

30) 대법원 2006. 12. 22. 선고 2006두14001 판결.

31) 대법원 2003. 6. 10. 선고 2003두3154 판결; 대법원 2003. 11. 28. 선고 2002두10636 판결.

을 결정 · 고시한 처분의 무효확인을 구할 원고적격이 인정된다고 할 것이고, 한편 폐기물소각시설의 부지경계선으로부터 300m 밖에 거주하는 주민들도 위와 같은 소각시설 설치사업으로 인하여 사업시행 전과 비교하여 수인한도를 넘는 환경피해를 받거나 받을 우려가 있음에도 폐기물처리시설 설치기관이 주변영향지역으로 지정 · 고시하지 않는 경우 같은 법 제17조 제3항 제2호 단서 규정에 따라 당해 폐기물처리시설의 설치 · 운영으로 인하여 환경상 이익에 대한 침해 또는 침해우려가 있다는 것을 입증함으로써 그 처분의 무효확인을 구할 원고적격을 인정받을 수 있다."라고 판시하였다.32)

(5) 납골당 설치에 관한 조례상의 제한거리

파주시의 구 장사시설의 설치 및 운영조례 제6조 본문은 사설납골시설을 설치할 수 있는 장소로 20호 이상의 인가가 밀집한 지역으로부터 500m 이상 떨어진 곳 등을 규정하고 있다. 대법원은 납골시설 설치장소에서 500m 내에 20호 이상의 인가가 밀집한 지역에 거주하는 파주시 주민들의 원고적격에 관하여, "구 장사 등에 관한 법률(2007. 5. 25. 법률 제8489호로 전부개정되기 전의 것) 제14조 제3항, 같은 법 시행령 제13조 제1항 [별표 3]에서 납골묘, 납골탑, 가족 또는 종중 · 문중 납골당 등 사설납골시설의 설치장소에 제한을 둔 것은, 이러한 사설납골시설을 인가가 밀집한 지역 인근에 설치하지 못하게 함으로써 주민들의 쾌적한 주거, 경관, 보건위생 등 생활환경상의 개별적 이익을 직접적 · 구체적으로 보호하려는 데 취지가 있다."라고 전제하고, 위 주민들에게 납골당이 누구에 의하여 설치되는지를 따질 필요 없이 납골당 설치에 대하여 환경상 이익침해를 받거나 받을 우려가 있는 것으로 사실상 추정된다고 판시하였다.33)

(6) 광산 개발로 인하여 재산상 · 환경상 이익의 침해를 받거나 받을 우려가 있는 토지나 건축물의 소유자와 점유자 또는 이해관계인 및 주민

대법원은 "광업권설정허가처분의 근거법규 또는 관련법규가 되는 구 광업법 제10조, 제12조 제2항, 제29조 제1항, 제29조의2, 제39조, 제48조, 제83조 제2항, 제84조 내지 제87조, 제88조 제2항, 제91조 제1항, 구 광산보안법 제1조, 제5조

---

32) 대법원 2005. 3. 11. 선고 2003두13489 판결.

33) 대법원 2011. 9. 8. 선고 2009두6766 판결. 위 판결에서 법률상 이익을 도출한 조례조항은 사설 납골시설에 적용되는 것임에도 불구하고, 종교단체가 설립하는 납골시설에 관한 사안에 적용하여 법률상 이익을 도출하였다는 점은 주목할 만하다.

제1항, 제2호, 제7호 등의 규정을 종합하여 보면, 위 근거법규 또는 관련법규의 취지는 광업권설정허가처분과 그에 따른 광산 개발과 관련된 후속 절차로 인하여 직접적이고 중대한 재산상·환경상 피해가 예상되는 토지나 건축물의 소유자나 점유자 또는 이해관계인 및 주민들이 전과 비교하여 수인한도를 넘는 재산상·환경상 침해를 받지 아니한 채 토지나 건축물 등을 보유하며 쾌적하게 생활할 수 있는 개별적 이익까지도 보호하려는 데에 있다고 할 것이므로, 광업권설정허가처분과 그에 따른 광산 개발로 인하여 재산상·환경상 이익의 침해를 받거나 받을 우려가 있는 토지나 건축물의 소유자와 점유자 또는 이해관계인 및 주민들로서는 그 처분 전과 비교하여 수인한도를 넘는 재산상·환경상 이익의 침해를 받거나 받을 우려가 있다는 것을 증명함으로써 그 처분의 취소를 구할 원고적격을 인정받을 수 있다."라고 판시하였다.[34]

마. 제2차 납세의무자

원 납세의무자에 대한 과세처분에 대하여 납부통지서를 받은 제2차 납세의무자 및 물적 납세의무자·납세보증인 등에게 원고적격이 인정된다(국세기본법 제55조 제2항). 다른 공동상속인들의 상속세에 대한 연대납부의무를 지는 상속인은 다른 공동상속인들에 대한 과세처분 자체의 취소에 대하여 법률상 이익을 가지고,[35] 과세관청이 조세의 징수를 위하여 체납자가 점유하고 있는 제3자의 소유동산을 압류한 경우 그 체납자는 그 압류처분에 의하여 해당 동산에 대한 점유권의 침해를 받으므로 그 압류처분의 취소나 무효확인을 구할 원고적격이 있다.[36]

바. 상속인

원고가 사망하고 소송물인 권리관계가 성질상 승계될 수 없는 경우에는 소송은 종료된다. 그러나, 피상속인에 대한 과세처분이나 건물철거명령 등 일신전속적이지 않은 처분에 대해서는 그 재산상속인에게 원고적격이 인정될 수 있다.

대법원은 채석허가를 받은 수허가자가 사망한 경우 수허가자의 상속인이 수허가자로서의 지위를 승계하고, 산림을 무단형질변경한 자가 사망한 경우 해당 토

---

34) 대법원 2008. 9. 11. 선고 2006두7577 판결.
35) 대법원 2001. 11. 27. 선고 98두9530 판결.
36) 대법원 2006. 4. 13. 선고 2005두15151 판결.

지의 소유권 또는 점유권을 승계한 상속인은 그 복구의무를 부담하므로, 관할 행정청은 그 상속인에 대하여 복구명령을 할 수 있다고 판시하였고,[37] 부동산실권리자법에 의하여 부과된 과징금 채무는 대체적 급부가 가능한 의무이므로 위 과징금을 부과받은 자가 사망한 경우 그 상속인에게 포괄승계된다고 판시하였다.[38]

대법원은 산업재해보상보험법의 규정에 의한 보험급여의 수급권자가 사망한 경우 그에게 지급하여야 할 보험급여로서 아직 지급되지 않은 보험급여의 수급권은 민법에 정한 상속순위에 따라 상속인들이 상속하는 것이 아니라 산업재해보상보험법에 정한 순위에 따라 우선순위에 있는 유족이 이를 승계하는 것이므로, 보험급여를 지급하지 않기로 하는 내용의 처분에 대한 취소를 구하는 소송에서 그 보험급여의 수급권을 승계한 유족이 그 소송을 수계한다고 판시하였다.[39] 한편, 공무상 요양불승인처분 취소소송 도중 원고인 공무원이 사망한 경우에는 민법상의 재산상속인이 소송수계를 하는 것으로 해석하고 있다.[40]

사. 단체와 그 구성원

법인의 주주 또는 이사, 종업원 등은 법인 자체에 대한 각종 처분(주류제조면허취소처분, 자동차운송사업면허취소처분 등과 같은 법인 자체에 대한 각종 침익적 처분)에 대하여 사실상 · 간접적 · 경제적 이해관계를 가지는 데 불과하므로, 처분의 상대방이 법인일 경우에는 그 법인이 해당 처분의 취소 등을 구할 원고적격이 있을 뿐 그 주주나 대표이사 등에게 원고적격이 있다고 할 수 없다는 판결이 주류다.

다만, ① 해당 처분으로 인하여 법인이 더 이상 영업 전부를 행할 수 없게 되었고, 영업에 대한 인 · 허가의 취소 등을 거쳐 해산 · 청산되는 후속절차도 처분 당시에 이미 예정되어 있었으며, 그 후속절차가 취소되더라도 그 처분의 효력이 유지된다면 그 법인이 종전에 행하던 영업을 다시 행할 수 없는 예외적인 경우,[41] ② 해당 처분으로 인하여 궁극적으로 주식이 소각되거나 주주의 법인

---

37) 대법원 2005. 8. 19. 선고 2003두9817, 9824 판결.
38) 대법원 1999. 5. 14. 선고 99두35 판결.
39) 대법원 2006. 3. 9. 선고 2005두13841 판결.
40) 대법원 2001. 3. 27. 선고 2000두10205 판결; 대법원 2006. 4. 27. 선고 2005두4069 판결.
41) 대법원 2005. 1. 27. 선고 2002두5313 판결. 금융감독위원회가 부실금융기관인 A은행에 대하여 영업정지, 계약이전결정, 임원 전원에 대한 업무집행정지 및 관리인 선임처분을 함으로써 A은행의 자산 대부분이 다른 은행으로 이전되어 더 이상 그 영업을 할 수 없게 되었고 그 후속절차로서 영업에 대한 인 · 허가의 취소를 거쳐 파산되는 절차 또한 예정되어 있

에 대한 권리가 소멸하는 등 주주의 지위에 중대한 영향을 초래하게 되는데도 그 처분의 성질상 그 법인이 이를 다툴 것을 기대할 수 없고 달리 주주의 지위를 보전할 구제방법이 없는 경우[42]에는 주주도 그 처분에 관하여 직접적이고 구체적인 법률상 이해관계를 가진다고 보아 그 효력을 다툴 원고적격이 있다고 하였다.

아. 그 밖의 경우

그밖에 원고적격이 인정된 경우로서, 교도소장의 접견허가거부처분에 대하여 그 접견신청자 및 그 대상자이었던 미결수,[43] 학교법인의 임원취임승인신청반려처분에 대하여 그 임원으로 선임된 사람,[44] 주택건설사업계획승인취소처분에 대하여 그 처분 전에 해당 사업을 양수하고 사업주체변경승인신청을 한 사람,[45] 채석허가취소처분에 대하여 수허가자 지위의 양수인,[46] 충돌선박의 선장에 대한 중앙해양안전심판원의 징계재결에 대하여 공익의 대표자인 조사관,[47] 임대주택의 분양전환승인처분에 대하여 임대주택법상의 임차인대표회의,[48] 회원모집계획서에 대한 시·도지사의 검토결과 통보처분에 대하여 예탁금회원제 골프장의 기존회원,[49] 교원소청심사위원회가 사립대학교 총장의 재임용 거부처분을 취

었기 때문에, 위 인·허가 취소처분이 취소되더라도 이 사건 각 처분의 효력이 유지된다면 A은행이 종전에 행하던 영업을 다시 행할 수 없게 되었으므로, A은행의 주주인 원고들에게도 그 원고적격이 인정되어야 한다는 것이다. A은행의 주주가 민사소송법 제64조, 제62조에 의하여 법원의 허가를 받아 특별대리인 선임하여 A은행으로 하여금 위 처분의 취소를 구하는 소송을 제기할 수 있는 길이 없는 것은 아니었으나(대법원 1997. 12. 12. 선고 97누10284 판결 참조), 위와 같은 계약이전결정이나 해산처분 등과 같이 법인의 존속 자체를 직접 좌우하는 처분의 경우에는 통상의 법인에 대한 처분과는 달리 그 주주도 직접적인 이해관계를 가지므로 그에 대하여 다툴 수 있는 기회는 제공하여야 한다는 취지로 읽힌다. 그러나 그 법인의 주주가 법인에 대한 처분 이후의 주식 양수인인 경우에는 그 처분에 대하여 간접적·경제적 이해관계를 가질 뿐 법률상 직접적·구체적 이익을 가지는 것은 아니다(대법원 2010. 5. 13. 선고 2010두2043 판결).

42) 대법원 2004. 12. 23. 선고 2000두2648 판결. 대법원 2007. 1. 25. 선고 2006두12289 판결에서는 도시 및 주거환경정비법상 조합설립추진위원회의 구성에 동의하지 않은 정비구역 내의 토지 등 소유자가 조합설립추진위원회 설립승인처분의 취소를 구할 원고적격이 인정된다고 판시하였다.

43) 대법원 1992. 5. 8. 선고 91누7552 판결.

44) 대법원 2007. 12. 27. 선고 2005두9651 판결.

45) 대법원 2000. 9. 26. 선고 99두646 판결.

46) 대법원 2003. 7. 11. 선고 2001두6289 판결.

47) 대법원 1993. 2. 12. 선고 92추79 판결; 대법원 2002. 9. 6. 선고 2002추54 판결.

48) 대법원 2010. 5. 13. 선고 2009두19168 판결.

49) 대법원 2009. 2. 26. 선고 2006두16243 판결.

소한다는 결정처분을 한 경우 그 결정을 내린 사립대학교 총장,[50] 교육감이 사립학교법인의 이사장 및 학교장들을 상대로 '사립학교 직원들인 원고들의 호봉을 정정하고, 과다 지급된 급여를 환수할 것'을 명령한 경우 그 사립학교 직원,[51] 교육부장관의 2024. 3. 20.자 2025학년도 의대정원배정처분에 대하여 의과대학에 재학 중인 학생,[52] 산학협력단에 대한 학술지원 사업비 환수처분을 한 경우 해당 비위를 저지른 것으로 지목된 참여교수[53] 등이 있다.

한편, 판례가 반사적 이익을 침해받은 자로 보아 원고적격을 부정한 사례로서, 문화재지정처분에 대하여 그 지정이 엉뚱하게 되었다고 주장하는 종중,[54] 경제학적 접근이 필요한 조세정책과목의 담당교수에 행정학 전공 교수를 임용함으로써 학습권이 침해되었음을 주장하는 학생,[55] 부교수임용처분에 대하여 같은 학과의 기존 교수,[56] 노동조합설립신고수리행위에 대하여 사용자인 회사[57] 등이 있다.

또한, 판례가 간접적 이해관계인으로 보아 원고적격을 부정한 예로는, 상호연대납세의무자관계에 있는 동업자에 대한 과세처분에 대하여 다른 동업자,[58] 수증자에 대한 증여세부과처분에 대하여 증여자,[59] 원천징수의무자에 대한 납세고지에 대하여 그 원천납세의무자,[60] 운수회사에 대한 과징금부과처분에 대하여 그 부과처분의 원인을 제공하여 사후에 사실상 변상해 줄 관계에 있는 운전기

---

50) 대법원 2011. 6. 24. 선고 2008두9317 판결. 따라서, 교원소청심사위원회의 결정에 대하여 행정소송을 제기할 수 있는 자에는 교원의 지위 향상 및 교육활동 보호를 위한 특별법 제10조 제3항에서 명시하고 있는 교원, 사립학교법 제2조에 따른 학교법인 또는 사립학교 경영자뿐 아니라 소청심사의 피청구인이 된 학교의 장도 포함된다.

51) 대법원 2023. 1. 12. 선고 2022두56630 판결.

52) 대법원 2024. 6. 19. 자 2024무689 결정에서는 교육부장관의 증원배정 처분의 근거가 된 고등교육법령 및 대학설립·운영 규정(대통령령)은 의과대학의 학생정원 증원의 한계를 규정함으로써 의과대학에 재학 중인 학생들이 적절하게 교육받을 권리를 개별적·직접적·구체적으로 보호하고 있다고 볼 여지가 충분하므로, 의대 재학 중인 신청인들은 증원배정 처분 중 자신이 재학 중인 의과대학에 대한 부분의 집행정지를 구할 법률상 이익이 있지만, 의과대학 교수, 전공의 또는 수험생 지위에 있는 나머지 신청인들에 대해서는 증원배정 처분의 집행정지를 구할 법률상 이익이 인정되지 않는다고 판시하였다.

53) 대법원 2025. 2. 13. 선고 2024두57996 판결.

54) 대법원 2001. 9. 28. 선고 99두8565 판결.

55) 대법원 1993. 7. 27. 선고 93누8139 판결.

56) 대법원 1995. 12. 12. 선고 95누11856 판결.

57) 대법원 1997. 10. 14. 선고 96누9829 판결.

58) 대법원 1983. 8. 23. 선고 82누506 판결; 대법원 1988. 5. 10. 선고 88누11 판결.

59) 대법원 1990. 4. 24. 선고 89누4277 판결 등 참조.

60) 대법원 1994. 9. 9. 선고 93누22234 판결.

사,[61] 대물적 허가가 아닌 사설묘지설치허가취소처분에 대하여 분묘가 위치한 임야를 양수한 사람,[62] 다른 운송사업자의 사업구역 위배를 이유로 한 과징금부과처분을 취소한 재결에 대하여 다른 운송사업자,[63] 아파트단지 내 건축허가처분에 대하여 기존 상권의 침해를 주장하는 같은 단지 내 상가 점포를 분양받은 사람,[64] 토지구획정리사업시행자(현 도시개발사업시행자)가 한 환지처분에 대하여 공사수급자,[65] 토지구획정리사업시행인가에 대하여 그 취소소송의 변론종결 전에 토지구획정리사업지구 내의 소유토지를 타에 양도하고 소유권이전등기를 마쳐준 사람,[66] 중앙해양안전심판원의 재결에 대하여 침몰선박의 부보 보험회사,[67] 경찰서장의 기존 횡단보도 존폐결정에 대하여 도시계획사업실시권자,[68] 아파트 관리사무소의 종합소득세 감액경정거부처분에 대하여 종합소득세의 신고·납부, 경정청구업무를 처리한 그 관리사무소장,[69] 교육감이 학교법인의 정상화 과정에서 행한 임시이사 해임 및 이사 선임에 대하여 학교법인의 설립자[70] 등이 있다.

아울러 판례는 국세체납을 원인으로 한 부동산 압류처분에 대하여 나중에 압류부동산을 매수한 자나 저당권자·가등기담보권자,[71] 귀속재산불하처분취소처분에 대하여 그 처분이 있은 뒤 그 재산에 관한 권리일체를 양도받은 사람,[72] 건물의 사용검사처분의 취소를 구하는 주택법상 입주자나 입주예정자[73] 등에 대하여 원고적격을 부정하였다.

---

61) 대법원 1994. 4. 12. 선고 93누24247 판결.
62) 대법원 1979. 10. 16. 선고 79누175 판결.
63) 대법원 1992. 12. 8. 선고 91누13700 판결.
64) 대법원 1998. 12. 23. 선고 98두14884 판결.
65) 대법원 1999. 7. 23. 선고 97누1006 판결.
66) 대법원 2003. 11. 13. 선고 2001두4962 판결.
67) 대법원 2002. 8. 23. 선고 2002추61 판결.
68) 대법원 2000. 10. 24. 선고 99두1144 판결.
69) 대법원 2003. 9. 23. 선고 2002두1267 판결.
70) 대법원 2014. 1. 23. 선고 2012두6629 판결.
71) 대법원 1985. 2. 8. 선고 82누524 판결; 대법원 1985. 5. 14. 선고 83누700 판결; 대법원 1989. 10. 10. 선고 89누2080 판결; 대법원 1997. 2. 14. 선고 96누3241 판결. 다만 압류등기된 부동산을 양수하여 소유권이전등기를 마친 사람은 국세징수법 제24조 제5항 및 제53조의 압류해제요건이 충족되었다는 이유로 압류해제신청을 할 수 있고, 그 신청이 거부된 경우 그 거부처분의 취소를 구할 수 있다(대법원 1993. 4. 27. 선고 92누15055 판결).
72) 대법원 1996. 2. 27. 선고 95누6212 판결.
73) 대법원 2014. 7. 24. 선고 2011두30465 판결; 대법원 2015. 1. 29. 선고 2013두24976 판결.

Ⅲ. 무효등 확인소송과 부작위위법확인소송에서의 원고적격

무효등 확인소송은 처분 등의 효력 유무 또는 존재 여부의 확인을 구할 법률상 이익이 있는 자가 제기할 수 있다(행정소송법 제35조). 여기에서 법률상 이익의 의미 등은 취소소송에서 설명한 것과 같다.

부작위위법확인소송은 처분의 신청을 한 자로서 부작위의 위법확인을 구할 법률상의 이익이 있는 자가 제기할 수 있다(행정소송법 제36조). 처분의 신청을 현실적으로 한 자만 제기할 수 있고, 신청을 하지 않은 제3자 등은 제기할 수 없는 것이다.

제4절 협의의 소의 이익

Ⅰ. 개 설

소의 이익은 행정소송에서도 소송요건의 하나로 인정된다. 따라서, 민사소송과 마찬가지로 소를 제기할 수 있으려면 본안판결을 구할 정당한 이익 내지 필요가 있어야 한다. 소의 이익의 유무는 직권조사사항이고, 사실심 변론종결시에는 물론 상고심에서도 존속하여야 한다.[74]

Ⅱ. 취소소송에서 소의 이익

1. 개 설

가. 행정소송법 제12조 후문과 그 해석문제

행정소송법 제12조 후문에서는, "처분 등의 효과가 기간의 경과, 처분 등의 집행 그 밖의 사유로 인하여 소멸된 뒤에도 그 처분 등의 취소로 인하여 회복되

---

74) 대법원 2005. 11. 24. 선고 2002두10940 판결; 대법원 2005. 10. 13. 선고 2005두7143 판결; 대법원 2005. 5. 12. 선고 2004두14809 판결; 대법원 2004. 7. 8. 선고 2002두1946 판결; 대법원 1995. 11. 21. 선고 94누11293 판결; 대법원 1996. 2. 23. 선고 95누2685 판결 등 다수.

는 법률상 이익이 있는 자의 경우에는 또한 같다."라고 규정하고 있다.

행정소송법 제12조의 제목은 '원고적격'이지만, 전문은 앞에서 살펴본 '원고적격'에 관한 규정이고, 후문은 '권리보호의 필요'에 관한 것이다.[75] 따라서, 행정소송법 제12조의 제목을 '원고적격'으로 하고, 후문에도 전문과 같이 '법률상 이익'이라는 문구를 사용한 것은 타당하지 않다. 또한, 어떠한 이익이 상실되었다가 회복되는 경우뿐만 아니라 처분의 취소로 인하여 새로운 이익이 얻어지거나 불이익이 제거되는 경우에도 소의 이익이 인정될 수 있으므로,[76] "그 처분 등의 취소로 인하여 회복되는"이라는 문구도 적절한 표현이 아니다.

한편, 행정소송법 제12조 후문의 '법률상 이익'의 해석과 관련해서도 다툼이 있다. 명예 · 신용 등은 법률상 이익에 포함되지 않는다는 견해, 명예 · 신용 등의 인격적 이익, 보수청구와 같은 재산적 이익 및 불이익 제거와 같은 사회적 이익도 인정될 수 있다는 견해로 나뉜다. 대법원은 자격정지처분의 취소청구에서 "정지기간이 경과된 이상 그 처분의 취소를 구할 이익이 없고 설사 그 처분으로 인하여 명예, 신용 등 인격적인 이익이 침해되어 그 침해상태가 자격정지기간 경과 후까지 잔존하더라도 이와 같은 불이익은 위 처분의 직접적인 효과라고 할 수 없다."라고 판시하였다.[77]

처분 등의 효과가 소멸된 후에도 그 처분이 위법이었음을 확인할 정당한 이익이 있다면 '권리보호의 필요'를 인정해야 할 것이다. 그와 같은 관점에서 보면 행정소송법 제12조 '후문상의 법률상 이익'은 적어도 '전문상의 법률상 이익'보다는 넓은 것으로 해석된다.[78]

---

75) 김남진 · 김연태, 행정법 I, 901면.

76) 박정훈, '원고적격 · 의무이행소송 · 화해권고결정', 19면 참조.

77) 대법원 1978. 5. 23. 선고 78누72 판결.

78) 김남진 · 김연태, 행정법 I, 902면. 대법원 1995. 10. 17. 선고 94누14148 전원합의체 판결의 반대의견에서는 이에 관한 법리를 잘 설명하고 있다. 즉, "행정소송법 제12조 후문이 규정하는 '처분의 취소로 인하여 회복되는 법률상 이익'의 유무는, 원래 항고소송의 목적, 기능을 어떻게 이해하며, 국민의 권익신장을 위하여 어느 범위에서 재판청구권의 행사를 허용할 것인가의 문제와 관련되는 것으로서, 이를 위 조항에 대한 일의적, 문리적, 형식적 해석에 의하여 판별할 수는 없고, 구체적인 사안별로 관계법령의 규정 및 그 취지를 살펴서 현실적으로 '권리보호의 실익'이 있느냐를 기준으로 판단하여야 할 것이다."라고 설시하고 있다.

나. 일반적인 판단기준

협의의 소익의 유무에 대한 일반적인 판단기준으로 다음과 같은 점이 제시되고 있다.79)

첫째, 취소소송보다 쉬운 방법으로 목적을 달성할 수 있다면 권리보호의 필요는 부인될 것이다.

둘째, 원고의 청구가 이론적인 의미만 있을 뿐 실제적 효용이 없다면 권리보호의 필요는 부인될 것이다.

셋째, 원고의 청구가 법원이나 피고에게 불필요한 부담이나 손해를 끼치려는 의도로 제기되었다는 등의 특별히 비난받을 목적을 추구하는 경우에는 권리보호의 필요가 부인되어야 한다(소권남용의 문제).

2. 원　　칙

가. 개　　관

취소소송은 위법한 처분 등에 의하여 침해되거나 방해받은 원고의 권리를 구제하기 위하여 그 처분 등에 의하여 발생한 위법상태를 배제함으로써 처분 등이 있기 전의 상태를 회복시키는 소송이다. 처분의 존재로 인하여 국민의 권익이 실제로 침해되고 있는 경우뿐만 아니라 권익이 침해될 수 있는 구체적 · 현실적 위험이 있는 경우에도 그 위험을 제거하기 위하여 취소소송을 제기할 이익이 인정된다.80)

결론적으로 취소소송을 제기할 수 있으려면 처분 등의 효력이 존속하고 있어야 하고, 그 취소로써 원상회복이 가능하여야 한다. 또한, 처분 등이 있은 후의 사정에 의하여 권리와 이익의 침해 등이 해소된 경우에는 그 처분의 취소를

79) 김남진 · 김연태, 행정법 I, 902-906면 참조.

80) 산업집적활성화 및 공장설립에 관한 법령에 의하면, 공장설립승인처분이 있고 난 뒤에 또는 그와 동시에 공장건축허가처분을 하는 것이 허용되므로, 공장설립승인처분이 취소된 경우에는 그 승인처분을 기초로 한 공장건축허가처분도 취소되어야 하고, 공장설립승인처분에 근거하여 토지의 형질변경이 이루어진 경우에는 원상회복을 하여야 한다. 따라서 개발제한구역 안에서의 공장설립을 승인한 처분이 위법하다는 이유로 취소되었다고 하더라도 그 승인처분에 기초한 공장건축허가처분이 잔존하는 이상, 공장설립승인처분이 취소되었다는 사정만으로 인근 주민들의 환경상 이익이 침해되는 상태나 침해될 위험이 종료되었다거나 이를 시정할 수 있는 단계가 지나버렸다고 단정할 수 없고, 인근 주민들은 여전히 공장건축허가처분의 취소를 구할 소의 이익이 있다(대법원 2018. 7. 12. 선고 2015두3485 판결).

구할 소의 이익은 인정되지 않는다.

나. 처분의 효력이 상실된 경우

(1) 처분이 취소된 경우

처분의 전부 또는 일부가 처분청이나 그 상급행정청에 의하여 취소된 후 새로운 처분이 이루어진 경우, 취소된 종전 처분에 대한 취소소송은 소의 이익이 없다. 또한, 종전 처분을 변경하는 후속처분이 있는 경우 후속처분의 내용이 종전 처분을 대체하거나 그 주요 부분을 실질적으로 변경하는 때에는 종전 처분의 효력을 상실시키고 새로운 처분을 한 것으로 보아야 하므로, 이 경우에도 종전 처분에 대한 소의 이익은 없게 된다.

판례에 의하면, 분뇨 등 관련영업 허가신청반려처분 취소소송 계속 중에 행정청이 위 처분을 직권으로 취소함과 동시에 소송계속 중에 생긴 사정변경을 이유로 위 신청을 재반려하는 처분을 한 경우 당초의 반려처분의 취소를 구하는 소,[81] 건축허가취소처분의 취소를 구하는 소송계속 중 행정심판절차에서 해당 처분을 취소한다는 형성적 재결이 이루어진 경우 그 재결로 취소된 처분의 취소를 구하는 소, 교원소청심사위원회의 파면처분 취소결정에 대한 취소소송 계속 중 학교법인이 교원에 대한 징계처분을 파면에서 해임으로 변경한 경우 종전 파면처분의 취소를 구하는 소[82]는 소의 이익이 없다.

다만 선행처분의 내용을 변경하는 후행처분이 있다고 하더라도 그것이 선행처분의 주요 부분을 실질적으로 변경하는 것이 아니라 일부만 소폭으로 변경하는 정도에 불과한 경우 선행처분은 후행처분에 의하여 변경되지 않은 범위 내에서 존속하고 후행처분은 선행처분의 내용 중 일부를 변경하는 범위 내에서 효력을 가진다는 것이 판례이다.[83] 따라서, 종전 처분을 변경하는 후속처분이 있는

81) 대법원 2006. 9. 28. 선고 2004두5317 판결.
82) 대법원 2010. 2. 25. 선고 2008두20765 판결.
83) 대법원 2012. 12. 13. 선고 2010두20782, 20799 판결. 대법원은 피고가 허가를 해주었던 열병합발전소의 설치허가를 열전용 보일러시설 3기 중 1기를 다른 열병합발전소로 옮기고 최대열부하 규모를 693Gcal/h에서 590Gcal/h로 축소하기로 하는 내용으로 변경하는 허가를 한 사안에서, 위와 같은 변경사항을 제외하면 변경허가는 당초의 허가와 그 내용이 동일하다고 하면서 위와 같이 설시하였다. 더 나아가 원고가 선행처분의 취소를 구하는 소를 제기한 후 후행처분의 취소를 구하는 청구를 추가하여 청구를 변경하였다면 후행처분에 관한 제소기간 준수 여부는 청구변경 당시를 기준으로 판단하여야 하나, 선행처분에만 존재하는 취소사유를 이유로 후행처분의 취소를 청구할 수는 없다고 판시하였다.

경우 후속처분의 내용이 종전처분을 대체하거나 그 주요 부분을 실질적으로 변경하는 것인지 아니면 후속처분에서 추가·철회·변경된 부분의 내용과 성질상 그 나머지 부분과 가분적인지 등을 살펴서 처분을 확정하여야 한다.[84] 후자의 경우에는 종전 처분이 소멸된 것이 아니라 후속처분과 병존하여 효력을 유지하고 있으므로 종전 처분에 대한 소는 여전히 소의 이익이 있다. 그 경우에도 병존하여 남아 있는 부분이 처분의 상대방에게 유리한 것이라면, 그 부분의 취소를 구할 소의 이익은 당연히 없다.[85]

(2) 처분의 효력기간이 경과된 경우 등

처분에 효력기간이 정해져 있는 경우 그 기간의 경과로 효력이 소멸하므로, 그 기간경과 후에는 그 처분이 외형상 잔존함으로 인하여 어떠한 법률상 이익이 침해되었다고 볼 만한 다른 사정이 없는 한 그 처분의 취소를 구할 소의 이익이 없다. 따라서 기간이 경과한 영업정지처분이나 면허정지처분의 취소를 구하는 소는 원칙적으로 소의 이익이 없으므로, 위 처분의 취소를 구하려고 하는 자는 미리 집행정지결정을 받을 필요가 있다.

한편, 환지처분이 있게 되면 환지예정지처분은 그 효력이 소멸하므로 환지처분 공고 후에는 환지예정지지정처분의 취소소송은 소의 이익이 없고,[86] 원자로건설허가처분이 있게 되면 원자로부지사전승인처분은 위 허가처분에 흡수되어 독립된 존재가치를 상실하므로 더 이상 위 승인처분의 취소를 구할 소의 이익이 없다.[87]

다. 원상회복이 불가능한 경우

처분 등을 취소하더라도 원상회복이 불가능하게 된 경우 소의 이익이 없다. 따라서, 집행이 완료된 경우,[88] 관계법령이 개폐된 경우,[89] 자격을 상실한 경

---

84) 대법원 2015. 11. 19. 선고 2015두295 전원합의체 판결. 피고 구청장이 관내 대형마트에 대한 영업제한 시간을 오전 0시에서 오전 8시까지로 정하고 매월 둘째 주와 넷째 주 일요일을 의무휴업일로 지정하는 내용의 처분을 행한 후 영업제한 시간만 오전 0시부터 오전 10시로 변경한 사안이다.

85) 대법원 2020. 4. 9. 선고 2019두49953 판결 참조.

86) 대법원 1999. 10. 8. 선고 99두6873 판결 등 다수.

87) 대법원 1998. 9. 4. 선고 97누19588 판결.

88) 철거처분이 완료된 이후 대집행계고처분의 취소를 구할 소의 이익 소멸(대법원 1993. 6. 8. 선고 93누6164 판결).

89) 광업권의 설정에서 출원반려처분이 있은 후 해저광업권은 정부만 가지도록 법령이 바뀌었을 때 그 취소를 구할 소의 이익은 소멸된다(대법원 1972. 4. 11. 선고 71누98 판결). 또

우[90] 등에는 소의 이익이 없다. 판례에 의하면, 도시재개발법에 의한 도시재개발사업에서 분양처분이 일단 고시되어 효력을 발생하게 된 이후에는 관리처분계획의 변경을 구할 소의 이익이 없고,[91] 도시정비법상 이전고시가 효력을 발생한 경우에도 마찬가지이다.[92] 또한, 도시정비법상 조합설립추진위원회 구성승인처분을 다투는 소송 계속 중 조합설립인가처분이 이루어지면 그 구성승인처분에 대한 취소 또는 무효확인을 구할 소의 이익이 없다.[93] 한편, 종합유선방송 전송선로시설 제공역무를 사업내용으로 하는 전송망사업자로 지정받은 자가 특정주파수대역을 이용한 무선국개설허가를 받은 뒤 기간만료 등으로 그 효력이 상실된 이상 위 전송망사업자는 위 주파수대역의 제3자에 대한 실험국개설허가처분의 취소를 구할 소의 이익이 없다.[94] 나아가 건축법 소정의 이격거리를 두지 않고 건축물을 건축하도록 할 수 있게 되어 있는 건축허가는 비록 위법하다 하더라도 이미 건축공사가 완료되었다면 인접한 대지의 소유자로서는 위 건축허가처분의 취소를 구할 소의 이익이 없다.[95] 마찬가지로 구 공원녹지법상 도시자연공원에 해당하는 부지 위에 골프장을 설치하는 내용의 공원조성계획 변경입안제안에 대한 거부처분이 있은 후 위 부지에 관한 공원시설결정이 폐지되고 국토계획

한, 지방의료원의 설립·통합·해산은 지방자치단체의 조례로 결정할 사항이므로, 도지사의 지방의료원에 대한 폐업결정 이후 지방의료원을 해산한다는 내용의 조례가 제정·시행되었다면, 위 폐업결정의 취소를 구할 소의 이익은 소멸된다(대법원 2016. 8. 30. 선고 2015두60617 판결).

90) 부당노동행위(해고)구제 재심판정취소의 소에서 근로자가 이미 제기한 해고무효확인의 소(민사소송)가 원고패소로 확정되거나 근로계약기간이 종료된 경우 소의 이익은 소멸된다(대법원 2022. 7. 14. 선고 2020두54852 판결).

91) 위 분양처분은 전체의 절차를 처음부터 다시 밟지 않는 한 그 일부만 따로 떼어 변경될 수 없고, 분양처분의 일부 변경을 위한 관리처분계획의 변경도 분양처분이 이루어지기 전에만 가능하므로, 조합원은 분양처분이 효력을 발생한 이후에는 관리처분계획의 변경 또는 분양거부처분의 취소를 구할 수 없고, 재개발조합으로서도 분양처분의 내용을 일부 변경하는 취지로 관리처분계획을 변경할 수 없기 때문이다(대법원 2001. 12. 11. 선고 2000두8073 판결; 대법원 1999. 10. 8. 선고 97누12105 판결; 대법원 1991. 10. 8. 선고 90누10032 판결 등).

92) 대법원 2012. 3. 22. 선고 2011두6400 전원합의체 판결.

93) 조합설립추진위원회 구성승인처분은 조합설립이라는 종국적 목적을 달성하기 위한 중간단계의 처분에 해당하지만, 그 법률요건이나 효과가 조합설립인가처분의 그것과는 다른 독립적인 처분이기 때문에, 추진위원회 구성승인처분에 대한 취소 또는 무효확인 판결의 확정만으로는 이미 조합설립인가를 받은 조합에 의한 정비사업의 진행을 저지할 수 없기 때문이다(대법원 2013. 1. 31. 선고 2011두11112, 2011두11129 판결).

94) 대법원 2007. 4. 12. 선고 2004두7924 판결.

95) 대법원 1992. 4. 24. 선고 91누11131 판결.

법상 도시자연공원 구역으로 변경된 경우 종전의 입안제안신청 거부처분의 취소를 구할 소의 이익이 없다.[96] 그리고, 임대주택법령에 의하면 분양전환승인처분 이후 진행된 분양전환절차에서 분양계약을 체결하지 않고 임대주택에서 퇴거한 임차인은 분양전환승인일로부터 6개월이 경과하면 우선분양전환권을 상실하게 되므로, 위 임차인은 분양전환승인처분의 취소를 구할 소의 이익이 없다.[97] 아울러 원고 소속 경찰서장이 국가인권위원회의 징계권고결정에 따라 원고에게 불문경고처분을 하였으나 이에 불복하지 않아 위 처분이 확정된 후 제기된 국가인권위원회의 징계권고결정에 대한 취소소송은 소의 이익이 없다.[98] 그러나, 대학입학시기가 지났다고 하더라도 다음 해에 입학할 수도 있으므로, 불합격처분의 취소를 구할 소의 이익은 인정된다.[99]

종래 대법원은 관할청으로부터 취임승인이 취소된 학교법인의 이사의 임기가 소송계속 중에 만료되고 사립학교법 제22조 제2호의 임원결격사유에 정해진 기간까지 경과하였다면 취임승인취소처분 취소소송이나 임시이사선임처분의 취소소송은 소의 이익이 없다고 하였다.[100] 그런데, 대법원은 기존의 입장과 달리 학교법인의 자주성과 정체성을 대변할 지위에 있다고 할 수 있는 종전이사는 학교법인의 설립목적을 구현함에 적절한 정식이사를 선임하는 문제와 관련하여 직접적인 이해관계를 가지므로, 종전이사들은 자신이 정식이사로서의 지위를 회복하는지 여부 또는 스스로 새로운 정식이사를 선임할 권한이 있는지 여부와 관계없이 구 사립학교법상의 임시이사들이 정식이사를 선임하는 내용의 이사회 결의에 대하여 그 무효확인을 구할 소의 이익이 있다고 판시한 사례가 있다.[101] 더 나아가서 비록 취임승인이 취소된 학교법인의 정식이사들에 대하여 원래 정해져

---

96) 대법원 2015. 12. 10. 선고 2013두14221 판결에 따르면, 구 공원녹지법 제2조 제3호는 구 국토계획법 제38조의2에 의하여 도시관리계획으로 결정된 도시자연공원구역에 대해서는 공원조성계획의 입안 및 결정 등에 관한 구 공원녹지법 제16조, 제16조의2 등이 적용되지 않는다고 규정함으로써, 도시자연공원구역은 국토계획법 제2조 제17호가 정하는 "용도구역"에 해당할 뿐, 공원조성계획의 입안 및 결정의 대상인 도시계획시설로서의 공원에는 해당되지 않는다.

97) 대법원 2020. 7. 23. 선고 2015두48129 판결.

98) 대법원 2022. 1. 27. 선고 2021두40256 판결.

99) 대법원 1990. 8. 28. 선고 89누8255 판결.

100) 대법원 2003. 3. 14.자 2002무56 결정; 대법원 2003. 3. 14. 선고 2002두10568 판결; 대법원 2003. 10. 24. 선고 2003두5877 판결 등.

101) 대법원 2007. 5. 17. 선고 2006다19054 전원합의체 판결(상지학원 사건).

있던 임기가 만료되고 구 사립학교법 제22조 제2호 소정의 임원결격사유기간마저 경과하였다 하더라도, 그 임원취임승인취소처분이 위법하다고 판명되고 나아가 임시이사들의 지위가 부정되어 직무권한이 상실되면, 그 정식이사들은 후임이사 선임시까지 민법 제691조의 유추에 의하여 직무수행에 관한 긴급처리권을 가지게 되고 이에 터 잡아 후임 정식이사들을 선임할 수 있게 되므로, 취임승인이 취소된 학교법인의 정식이사들로서는 그 취임승인취소처분 및 임시이사 선임처분에 대한 각 취소를 구할 소의 이익이 있다고 판시하기도 하였다.[102]

라. 처분 후 사정변경에 의하여 이익침해가 해소된 경우

처분 후의 사정에 의하여 이익침해가 해소된 경우에도 소의 이익이 부정된다. 공익근무요원 소집해제신청이 거부된 후 계속 공익근무요원으로 근무함에 따라 복무기간만료로 소집해제처분을 받은 경우 그 소집해제신청 거부처분의 취소를 구할 소의 이익이 소멸하고,[103] 불합격처분 취소를 구하는 소송 도중 새로 실시한 시험에서 합격한 경우에도 마찬가지다.[104]

그러나, 고등학교에서 퇴학처분을 당한 후 고등학교 졸업학력 검정고시에 합격한 경우에는 시험의 합격으로 고등학생이라는 신분이 회복되는 것은 아니므로 소의 이익이 있다.[105]

---

102) 대법원 2007. 7. 19. 선고 2006두19297 전원합의체 판결(경기학원 사건). 위와 같은 퇴임이사의 긴급처리권은 퇴임 이사의 직무수행을 곧바로 중단시키면 이사회 의결을 할 수 없는 긴급한 상황이 발생하게 되는 것을 전제로 달리 그 퇴임 이사에게 업무를 수행케 하는 것이 부적당하다고 인정할 만한 특별한 사정이 없는 경우에만 인정되는 예외적·비상적 권한이다. 한편, 사립학교법 제25조의3에 의한 관할청의 정식이사 선임권은 퇴임 정식이사의 긴급처리권을 비롯한 민법상의 자율적 수단에 의해서는 학교법인 활동을 계속 이어나가기 어려운 경우에 인정되는 공적 개입 수단이다. 이러한 관계 법령의 체계상 퇴임 정식이사의 긴급처리권으로 후임 정식이사의 선임이 가능한 경우에는 애초에 관할청의 정식이사 선임권의 요건을 충족하지 않는다고 볼 수도 있다. 반면에 이미 이사회의 의사결정 기능이 정상적으로 작동하지 않는 상황이 초래되어 관할청의 정식이사 선임권의 요건을 충족한 경우에는 정식이사 선임권은 관할청으로 옮겨와서 그 선임권의 행사를 통하여 학교법인 이사회가 정상화되는 것이므로, 이러한 경우에까지 퇴임한 정식이사의 긴급처리권이 무조건 보장되는 것은 아니다(대법원 2021. 10. 14. 선고 2021두39362 판결).

103) 대법원 2005. 5. 13. 선고 2004두4369 판결.

104) 의사국가시험(대법원 1993. 11. 9. 선고 93누6867 판결), 사법시험 제1차 시험(대법원 2001. 8. 21. 선고 2000두8288 판결; 대법원 1996. 2. 23. 선고 95누2685 판결).

105) 대법원 1992. 7. 14. 선고 91누4737 판결.

3. 예 외

가. 처분의 외형상 잔존 등을 이유로 취소의 필요성이 인정되는 경우

처분 등의 효과가 직권취소, 기간의 경과, 처분 등의 집행 그 밖의 사유로 인하여 소멸된 후에도 처분이 외형상 잔존함으로 인하여 어떠한 법률상 이익이 침해되고 있고, 그 처분의 취소를 구함으로써 그 처분으로 인한 불이익이 제거될 수 있다면 소의 이익이 인정될 수 있다. 그러나, 판례는 처분이 위법함을 이유로 손해배상청구를 할 예정이라는 사유만으로는 취소의 필요성을 인정하지 않고 있다.[106] 판례가 소의 이익을 인정한 사례는 다음과 같다.

공무원에 대한 파면처분 등 징계처분 후 정년이 도래한 경우 징계처분 이후의 급료 등을 청구할 필요와 다른 공직에의 취임제한 등의 법률상 불이익을 배제할 이익이 있고,[107] 공무원에 대한 파면처분 이후 일반사면된 경우 사면으로 공무원의 지위가 회복되는 것은 아니므로 그 취소를 구할 소의 이익이 있다.[108] 또한, 사립학교 교원이 소청심사를 청구하여 해임처분의 효력을 다투던 중 정년이 도래하거나 형사판결의 확정 등 당연퇴직사유가 발생하여 교원의 지위를 회복할 수 없다고 할지라도, 해임처분이 취소되거나 변경되면 해임처분일부터 당연퇴직사유 발생일까지의 기간에 대한 보수 지급을 구할 수 있는 경우에는 소청심사청구를 기각한 교원소청심사위원회 결정의 취소를 구할 소의 이익이 있다.[109] 아울러 근로자가 부당해고 구제신청을 하여 해고의 효력을 다투던 중 정

---

106) 대법원 2005. 5. 13. 선고 2004두4369 판결 참조.

107) 대법원 1985. 6. 25. 선고 85누39 판결; 대법원 1977. 7. 12. 선고 74누147 판결. 마찬가지로 지방의원 제명의결 취소소송 계속 중 임기가 만료되어 제명의결의 취소로 지방의회 의원으로서의 지위를 회복할 수 없더라도 그 취소로 인하여 최소한 제명의결시부터 임기만료일까지의 기간에 대하여 월정수당의 지급을 구할 수 있으므로, 여전히 그 제명의결의 취소를 구할 이익이 남아 있다(대법원 2009. 1. 30. 선고 2007두13487 판결). 또한, 해임처분 무효확인 또는 취소소송 계속 중 임기가 만료되어 해임처분의 무효확인 또는 취소로 지위를 회복할 수는 없다고 할지라도, 그 무효확인 또는 취소로 해임처분일부터 임기만료일까지 기간에 대한 보수 지급을 구할 수 있는 경우에는 해임처분의 무효확인 또는 취소를 구할 이익이 있다(대법원 2012. 2. 23. 선고 2011두5001 판결).

108) 대법원 1983. 2. 8. 선고 81누121 판결.

109) 대법원 2024. 2. 8. 선고 2022두50571 판결. 참고로 교원소청심사에 관한 사안으로서 사립학교 교원이 이미 임용기간 만료 후라도 계속 근무하던 중 학교법인으로부터 신규임용을 취소한다는 통지를 받았다면 이에 대한 소청심사를 청구할 이익이 인정된다(대법원 2012. 6. 14. 선고 2011두29885 판결). 왜냐하면, 교원이 임용 후 임용취소통지일까지 기간에 대하여 전혀 교육경력을 인정받지 못하게 됨으로써 대학교원 자격기준 등에 관한 규정에 정해진 자격기준에 필요한 연구실적 연수(年數) 및 교육경력 연수(年數)를 갖추었는지에 영

년에 이르거나 근로계약기간이 만료하는 등의 사유로 원직에 복직하는 것이 불가능하게 된 경우에도 해고기간 중의 임금 상당액을 지급받을 필요가 있다면 임금 상당액 지급의 구제명령을 받을 이익이 유지되므로 구제신청을 기각한 중앙노동위원회의 재심판정을 다툴 소의 이익이 있다.[110] 한편, 공장등록이 취소된 후 그 공장시설물이 철거되었다 하더라도 대도시 안의 공장을 지방으로 이전할 경우 조세특례제한법상의 세액공제 및 소득세 등의 감면과 같은 혜택이 있다면 그 공장등록 취소처분을 구할 소의 이익은 여전히 있다.[111] 그리고, 현역병입영통지처분 이후 입영으로 집행이 종료되었다 하더라도 입영 이후의 법률관계에 영향을 미치므로 그 취소를 구할 소의 이익이 있다.[112] 도시개발사업의 시행에 따른 도시계획변경결정처분과 도시개발구역지정처분 및 도시개발사업실시계획인가처분은 위 각 처분이 행해졌다는 것 자체로 그 처분의 목적이 종료되는 것이 아니고 위 각 처분이 유효하게 존재하는 것을 전제로 해당 도시개발사업에 따른 일련의 절차 및 처분이 행해지기 때문에, 위 각 처분이 취소된다면 그것이 유효하게 존재하는 것을 전제로 이루어진 토지수용이나 환지 등에 따른 각종의 처분이나 공공시설의 귀속 등에 관한 법적 효력이 영향을 받게 되므로, 도시개발사업의 공사 등이 완료되고 원상회복이 사회통념상 불가능하게 되었더라도 위 각 처분의 취소를 구할 소의 이익은 남아 있다.[113]

한편, 제재적 처분이 기간만료로 소멸하였으나 법령에서 당초의 제재적 처

향을 미쳐 교원으로 임용되는 데 법령상 제약으로 작용할 수도 있는 등 불이익을 입을 수 있기 때문이다.

110) 대법원 2020. 2. 20. 선고 2019두52386 전원합의체 판결. 아울러 위 전원합의체 판결에서는 근로자가 근로기준법 제30조 제3항에 따라 금품지급명령을 신청한 경우에도 마찬가지라고 판시하였다. 한편, 위 전원합의체 판결 선고 후 2021. 5. 18. 개정된 근로기준법 제30조 제4항에서는 "노동위원회는 근로계약기간의 만료, 정년의 도래 등으로 근로자가 원직복직이 불가능한 경우에도 제1항에 따른 구제명령이나 기각결정을 하여야 한다."라고 규정하고 있다. 다만 대법원 2022. 7. 14. 선고 2020두54852 판결에서는 근로자가 부당해고 구제신청을 할 당시 이미 정년에 이르거나 근로계약기간 만료, 폐업 등의 사유로 근로계약관계가 종료하여 근로자의 지위에서 벗어난 경우까지 위 전원합의체 판결이 적용되는 것은 아니고, 이때에는 노동위원회의 구제명령을 받을 이익이 소멸한다고 판시하였다.

111) 대법원 2002. 1. 11. 선고 2000두3306 판결.

112) 대법원 2003. 12. 26. 선고 2003두1875 판결.

113) 대법원 2005. 9. 9. 선고 2003두5402, 2003두5419(병합) 판결. 마찬가지로 주택재개발사업조합이 당초 조합설립변경인가에 기초하여 사업시행계획의 수립 등의 후속 행위를 하였다면 당초의 인가가 무효로 확인되거나 취소될 경우 그 유효를 전제로 이루어진 후속 행위 역시 소급하여 효력을 상실하게 되므로, 당초의 인가의 취소를 구할 소의 이익이 소멸된다고 볼 수 없다(대법원 2013. 10. 24. 선고 2012두12853 판결).

분을 다른 처분의 전제요건이나 가중사유로 규정하고 있는 경우에[114] 당초의 처분을 다툴 소의 이익이 있는지 여부가 문제된다. 종래의 판례는 법률 또는 대통령령에서 이를 규정하고 있는 경우에는 처분의 취소를 구할 소의 이익이 있다고 보았다.[115] 반면에 부령이나 지방자치단체의 규칙, 그 밖의 행정규칙에서 종전에 동종의 제재를 받은 자에 대하여 이를 가중처분하도록 하는 처분기준이 마련되어 있는 경우에는 부령, 훈령 등은 행정청 내부의 사무처리준칙에 불과하여 행정청이 그 가중요건에 따라 가중된 제재처분을 하더라도 법원은 이에 구속되지 않고 그 근거법률의 규정 및 취지에 따라 가중된 제재처분의 적법 여부를 심리 · 판단할 수 있어서, 과거에 제재적 처분을 받은 전력으로 인한 불이익은 사실상의 불이익에 지나지 않으므로, 그 제재기간이 경과하였다면 취소를 구할 소의 이익이 없다고 판시하였다.[116] 그러나 대법원은 종래의 판례를 변경하여, 부령인 시행규칙 또는 지방자치단체의 규칙의 형식으로 정한 처분기준에서 제재적 처분을 받은 것을 가중사유나 전제요건으로 삼아 장래의 제재적 처분을 하도록 정하고 있는 경우에도, 행정규칙의 내부적 구속력으로 인하여 후행처분을 받을 우려가 현실적으로 존재하므로, 제재적 처분의 제재기간 경과 후 그 취소를 구할 소의 이익이 있다고 판시하였다.[117]

---

114) 참고로 '위반행위의 횟수에 따른 가중처분기준'은 위반행위에 따른 제재처분을 받았음에도 또다시 되풀이 한 같은 내용의 위반행위를 반복하는 경우에 더욱 중하게 처벌하려는 데에 그 취지가 있으므로(대법원 2014. 6. 12. 선고 2014두2157 판결 참조), 실제 선행 위반행위가 있고 그에 대한 유효한 제재처분이 이루어지면 가중요건을 충족하는 것이고, 선행 제재처분에 처분의 종류를 잘못 선택하거나 그 양정에 재량권을 일탈 · 남용한 하자가 있었던 경우라고 하더라도 달리 볼 것은 아니다(대법원 2020. 5. 28. 선고 2017두73693 판결).

115) 대법원 2005. 3. 25. 선고 2004두14106 판결 등 참조. 다만 법률 또는 대통령령에서 가중적 제재요건이 정해져 있는 경우에도 그 처분에서 정한 기간이 경과하고, 다시 그로부터 일정한 기간이 경과하여 법률 또는 대통령령에 정해진 가중된 제재처분을 받을 우려마저 없어졌다면 특별한 사정이 없는 한 그 처분의 취소를 구할 법률상 이익이 없다(대법원 2000. 4. 21. 선고 98두10080 판결).

116) 대법원 1995. 10. 17. 선고 94누14148 전원합의체 판결; 대법원 2003. 10. 10. 선고 2003두6443 판결 등 다수. 예를 들면, 식품위생법 시행규칙이 행정청 내부의 사무처리준칙에 불과하다는 이유로, 영업정지처분을 위반하여 영업하다가 영업취소처분을 받고 이에 대하여 취소의 소를 제기하였다고 하더라도 영업정지처분에 따른 정지기간이 경과된 이상 그 영업정지처분의 취소를 구할 법률상 이익이 없다고 판시하였다(대법원 2002. 3. 15. 선고 2001두10622 판결; 대법원 2003. 10. 10. 선고 2003두6443 판결).

117) 대법원 2006. 6. 22. 선고 2003두1684 전원합의체 판결.

나. 법률상 해명의 필요성 등이 인정되는 경우

행정소송법 제12조 후문에서는 “처분 등의 취소로 인하여 회복되는 법률상 이익이 있는 자의 경우”라고 규정하여, 마치 어떠한 이익이 상실되었다가 회복되는 경우에만 소의 이익이 인정되는 것처럼 해석될 수도 있지만, 처분의 취소 그 자체만으로 새로운 이익이 얻어지거나 불이익이 제거되는 경우에도 소의 이익은 인정된다고 보아야 한다.

이와 관련하여, 대법원은 “원고에게 처분의 취소를 통해 회복되는 이익이 없더라도 동일한 소송당사자 사이에서 동일한 사유로 위법한 처분이 반복될 위험성이 있어 처분의 위법성 확인 내지 불분명한 법률문제에 대한 해명이 필요하다고 판단되는 경우, 선행처분과 후행처분이 단계적인 일련의 절차로 연속하여 행해져 후행처분이 선행처분의 적법함을 전제로 이루어짐에 따라 선행처분의 하자가 후행처분에 승계된다고 볼 수 있어 이미 소를 제기하여 다투고 있는 선행처분의 위법성을 확인하여 줄 필요가 있는 경우 등에는 행정의 적법성 확보와 그에 대한 사법통제, 국민의 권리구제의 확대 등의 측면에서 소의 이익을 인정할 수 있다.”라고 판시하였다.[118] 여기에서 ‘그 행정처분과 동일한 사유로 위법한 처분이 반복될 위험성이 있는 경우’란 불분명한 법률문제에 대한 해명이 필요한 상황에 대한 대표적인 예시일 뿐, 반드시 ‘해당 사건의 동일한 소송 당사자 사이에서’ 반복될 위험이 있는 경우만을 의미하는 것은 아니다.[119]

이에 따라, 수형자의 영치품에 대한 사용신청 불허처분 후 그 수형자가 다른 교도소로 이송되었다 하더라도, 법률적 해명의 필요성을 근거로 제시하고 아울러 수형자의 권리와 이익의 침해 등이 해소되지 않은 점, 그 수형자가 원래의 교도소로 다시 이송될 수도 있다는 점 등을 감안하여 위 영치품 사용신청 불허처분의 취소를 구할 이익이 소멸되지 않았다고 판시한 사례가 있다.[120] 위와 같

---

118) 대법원 2007. 7. 19. 선고 2006두19297 전원합의체 판결(경기학원 사건); 대법원 2019. 5. 10. 선고 2015두46987 판결; 대법원 2020. 2. 27. 선고 2018두67152 판결.

119) 대법원 2020. 12. 24. 선고 2020두30450 판결. 피고가 원고에 소속된 감사팀의 부실감사를 이유로 업무정지처분을 하였지만 그 정지기간이 경과한 사안에서, 원심은 원고가 감사팀의 잘못을 인정하고 있어 향후 감사업무를 수행하는 과정에서 같은 잘못을 반복할 가능성은 없으므로 위 업무정지처분의 취소를 구할 소의 이익이 인정되지 않는다고 하였으나, 대법원은 위와 같은 사유로 원심이 본안에 관하여 실체판단을 하여야 한다는 취지로 원심을 파기환송하였다.

120) 대법원 2008. 2. 14. 선고 2007두13203 판결. 참고로 위 판결에서는 사안의 교도소가 전국

은 법리는 원고의 청구를 받아들이지 않는 경우에도 적용되는데, 중앙노동위원회가 전국교직원노동조합과 교육감과 사이에 교원노조법에 따른 노동쟁의 중재재정을 함에 있어서 사용자를 '교육감'이 아니라 '교육청'으로 잘못 기재한 것을 가지고 당사자적격이 없는 교육청을 교섭당사자로 한 위 중재재정의 무효확인을 구한 사안에서, 원심판결 선고 후 위 중재재정의 유효기간이 경과하였으나 예외적으로 소의 이익이 있다고 인정한 사례가 있다.[121)]

[참고] 대법원 2006. 6. 22. 선고 2003두1684 전원합의체 판결

〈사안의 개요〉

1. 이 사건 처분: 원고(철도, 항만, 공항 등 설계 · 감리회사)에 대하여 2001. 1. 27. 구 환경영향평가법 제13조 제1항 제6호에 기한 1개월(2001. 2. 2~ 3. 1)의 영업정지처분
2. 사유: 철도청 의뢰 인천국제공항 전용철도 제1단계 건설사업에 대한 환경영향평가서를 부실하게 작성함
3. 기간의 도과: 제1심은 2001. 2. 8. 판결선고시까지 집행정지한 후 2002. 3. 22. 판결을 선고하면서 집행정지를 하지 않음 ⇒ 2002. 4. 13. 기간이 경과함
4. 원고는 영업정지기간(2002. 3. 23 ~ 4. 13) 사이에 3건의 신규대행계약을 체결하였음

〈제재적 처분기준〉

○ 환경 · 교통 · 재해 등에 관한 영향평가법 제12조 제1항 제8호는 등록취소 또는 업무정지를 명할 수 있는 경우로 '이 법 또는 이 법에 의한 명령에 위반한 경우'를 거시하고 있음

○ 위 법 제12조 제2항에 따라 행정처분의 기준 등을 정한 그 시행규칙 제10조 [별표 2] 2. 개별기준 (11)은 '업무정지처분기간 중 신규계약에 의하여 영향평가대행업무를 한 경우'를 법 제12조 제1항 제8호에 관한 위반사항의 하나로 들고 있음

교정시설의 결핵 및 정신질환 수형자들을 수용 · 관리하는 의료교도소이라는 사정도 감안하였다.

121) 대법원 2024. 4. 16. 선고 2022두57138 판결.

※ 구 환경 · 교통 · 재해 등에 관한 영향평가법 시행규칙

[별표 2] 평가대행자에 대한 행정처분의 기준(제10조 관련)

2. 개별기준

위 반 사 항	관련조항	행정처분기준	
		1차	2차
(11) 업무정지처분기간 중 신규계약에 의하여 영향평가대행업무를 한 경우	법 제12조 제1항 제8호	업무정지 6월	등록취소

〈판시사항〉

제재적 행정처분이 그 처분에서 정한 제재기간의 경과로 인하여 그 효과가 소멸되었으나, 부령인 시행규칙 또는 지방자치단체의 규칙의 형식으로 정한 처분기준에서 제재적 행정처분을 받은 것을 가중사유나 전제요건으로 삼아 장래의 제재적 행정처분을 하도록 정하고 있는 경우, 제재적 행정처분의 가중사유나 전제요건에 관한 규정이 법령이 아니라 규칙의 형식으로 되어 있다고 하더라도, 그러한 규칙이 법령에 근거를 두고 있는 이상 그 법적 성질이 대외적 · 일반적 구속력을 갖는 법규명령인지 여부와는 상관없이, 관할 행정청이나 담당공무원은 이를 준수할 의무가 있으므로 이들이 그 규칙에 정해진 바에 따라 행정작용을 할 것이 당연히 예견되고, 그 결과 행정작용의 상대방인 국민으로서는 그 규칙의 영향을 받을 수밖에 없다. 따라서 그러한 규칙이 정한 바에 따라 선행처분을 받은 상대방이 그 처분의 존재로 인하여 장래에 받을 불이익, 즉 후행처분의 위험은 구체적이고 현실적인 것이므로, 상대방에게는 선행처분의 취소소송을 통하여 그 불이익을 제거할 필요가 있다. 또한 나중에 후행처분에 대한 취소소송에서 선행처분의 사실관계나 위법 등을 다툴 수 있는 여지가 남아 있다고 하더라도, 이러한 사정은 후행처분이 이루어지기 전에 이를 방지하기 위하여 직접 선행처분의 위법을 다투는 취소소송을 제기할 필요성을 부정할 이유가 되지 못한다. 그러한 쟁송방법을 막는 것은 여러 가지 불합리한 결과를 초래하여 권리구제의 실효성을 저해할 수 있기 때문이다. 오히려 앞서 본 바와 같이 행정청으로서는 선행처분이 적법함을 전제로 후행처분을 할 것이 당연히 예견되므로, 이러한 선

행처분으로 인한 불이익을 선행처분 자체에 대한 소송에서 사전에 제거할 수 있도록 해 주는 것이 상대방의 법률상 지위에 대한 불안을 해소하는 데 가장 유효적절한 수단이 된다고 할 것이고, 또한 그 소송을 통하여 선행처분의 사실관계 및 위법 여부가 조속히 확정됨으로써 이와 관련된 장래의 행정작용의 적법성을 보장함과 동시에 국민생활의 안정을 도모할 수 있다. 이상의 여러 사정과 아울러, 국민의 재판청구권을 보장한 헌법 제27조 제1항의 취지와 행정처분으로 인한 권익침해를 효과적으로 구제하려는 행정소송법의 목적 등에 비추어 행정처분의 존재로 인하여 국민의 권익이 실제로 침해되고 있는 경우는 물론이고 권익침해의 구체적·현실적 위험이 있는 경우에도 이를 구제하는 소송이 허용되어야 한다는 요청을 고려하면, 규칙이 정한 바에 따라 선행처분을 가중사유 또는 전제요건으로 하는 후행처분을 받을 우려가 현실적으로 존재하는 경우에는, 선행처분을 받은 상대방은 비록 그 처분에서 정한 제재기간이 경과하였다 하더라도 그 처분의 취소소송을 통하여 그러한 불이익을 제거할 권리보호의 필요성이 충분히 인정된다고 할 것이므로, 선행처분의 취소를 구할 법률상 이익이 있다고 보아야 한다.

〈평 가〉

대법원은 행정소송법 제12조 전단의 법률상 이익을 "근거법률에 의하여 구체적이고 직접적으로 보호되는 이익"(법률상 이익구제설)으로 보아 이러한 이익이 인정되는 경우에만 '원고적격'을 인정하면서, 행정소송법 제12조 후단의 "처분 등의 효과가 기간의 경과, 처분 등의 집행 그 밖의 사유로 인하여 소멸된 뒤에도 그 처분 등의 취소로 인하여 회복되는 법률상 이익이 있는 자의 경우에는 또한 같다."라는 규정을 '권리보호의 필요'에 관한 규정으로 보고 있다. 이와 관련하여 실효된 처분에 대한 취소소송이 가능한지에 대하여 논란이 있어 왔으나, 종래 판례가 제재적 처분기준이 시행규칙으로 규정된 경우 소의 이익이 없다고 일관되게 판시하여 왔던 것과는 달리 위 전원합의체 판결에서는 소의 이익을 인정하였다는 점에서 의의가 있다. 그러나 제재적 행정처분의 기준을 정한 부령인 시행규칙의 법적 성질에 대해서는 구체적인 언급을 하지 않은 채 선행처분에서 정한 제재기간이 경과한 후에도 그 처분의 취소를 구할 소의 이익이 있다고 보고 있는데, 부령인 제재적 처분기준의 법규성을 인정하는 이론적 기초 위에서 그 법률상 이익을 긍정하는 것이 법리적으로는 더욱 합당하다고 한 별개의견을 경청할 필요가 있다(법규명령 형식의 행정규칙론 참조).

4. 인가처분 취소소송에서 소의 이익

인가란 제3자의 법률행위를 보충하여 법률효과를 완성시켜 주는 행정행위를 말하고, 이를 보충행위라고도 한다. 법령상으로는 인허, 승인 등의 용어가 사용되기도 한다. 대법원은 어업협동조합의 임원 선출에 관한 행정청의 인가,[122] 민법 제45조 제3항의 재단법인 정관변경의 허가[123] 등을 인가라고 판시하였다.

인가의 대상은 법률행위만 될 수 있는데, 그 행위에는 사법상의 성질을 가지는 것(예: 사업양도의 인가)뿐만 아니라 공법상의 성질을 가지는 것(예: 지방채기채의 인가)도 있다. 어느 경우에나 행정청의 인가는 법률적 행위가 완전한 효력을 발생하기 위한 요건이라는 점이 특징이고, 인가로 인하여 비로소 제3자의 법률행위의 효과가 완성된다.

이렇게 행정청의 인가처분은 일정한 법적 행위에 대한 효력보충적인 행위이므로 효력보충의 대상인 기본행위를 떠나 그것만으로 유효하게 존립할 수 없고, 기본행위가 부존재하거나 무효인 때에는 인가는 대상이 없는 행위로서 무효가 되며, 무효인 기본행위에 대하여 인가처분이 있다 하더라도 기본행위가 유효한 것으로 될 수는 없다.

따라서, 기본행위는 적법 · 유효하고 보충행위인 인가처분 자체에만 하자가 있다면 그 인가처분의 무효확인이나 취소를 주장할 수 있지만, 기본행위 자체에 하자가 있어 그 효력에 다툼이 있는 경우에는 민사쟁송이나 항고소송으로 기본행위의 무효확인을 구하는 등의 방법으로 분쟁을 해결하여야 할 것이지 기본행위에 대한 보충행위로서 그 자체만으로는 아무런 효력도 없는 인가처분만의 취소나 무효확인을 구하는 것은 분쟁해결의 유효적절한 수단이 아니므로 소의 이익이 없다.

---

122) 대법원 1969. 11. 11. 선고 66누146 판결.
123) 대법원 1995. 5. 16. 선고 95누4810 판결.

❑ **대법원 1979. 2. 13. 선고 78누428 전원합의체 판결:** 자동차운수사업의 양수도 계약이 취소된 경우 그 계약에 대한 행정청의 인가처분도 무효로 된다.

❑ **대법원 1980. 5. 27. 선고 79누196 판결:** 하천공사 권리의무양수도에 관한 허가는 보충행위로서, 그 기본행위인 권리의무양수도계약이 무효인 때에는 허가처분도 별도의 취소조치를 기다릴 필요 없이 당연히 무효이다.

❑ **대법원 1983. 12. 27. 선고 82누491 판결:** 기본행위인 기술도입계약이 해지로 인하여 소멸되면 인가처분도 무효선언이나 취소처분 없이 당연히 실효된다.

❑ **대법원 1987. 8. 18. 선고 86누152 판결:** 사립학교 임원에 대한 감독청의 취임승인은 보충행위로서 성질상 기본행위인 임원선임행위를 떠나 승인처분 그 자체만으로는 법률상 아무런 효력도 발생할 수 없으므로 기본행위인 학교법인의 임원선임행위가 불성립 또는 무효인 경우에는 비록 그에 대한 감독청의 취임승인이 있었다 하여도 이로써 무효인 그 선임행위가 유효한 것으로 될 수는 없다.

❑ **대법원 1996. 5. 16. 선고 95누4810 판결:** 인가는 기본행위인 재단법인의 정관변경에 대한 법률상의 효력을 완성시키는 보충행위로서, 그 기본이 되는 정관변경 결의에 하자가 있을 때에는 그에 대한 인가가 있었다 하여도 기본행위인 정관변경 결의가 유효한 것으로 될 수 없으므로 기본행위인 정관변경 결의가 적법 유효하고 보충행위인 인가처분 자체에만 하자가 있다면 그 인가처분의 무효나 취소를 주장할 수 있지만, 인가처분에 하자가 없다면 기본행위에 하자가 있다 하더라도 따로 그 기본행위의 하자를 다투는 것은 별론으로 하고 기본행위의 무효를 내세워 바로 그에 대한 행정청의 인가처분의 취소 또는 무효확인을 소구할 법률상의 이익이 없다.

❑ **대법원 2021. 2. 10. 선고 2020두48031 판결:** 기본행위인 도시정비법에 기초하여 주택재개발정비사업조합이 수립한 사업시행계획에는 하자가 없는데 보충행위인 관할 행정청의 인가처분에 고유한 하자가 있다면 그 인가처분의 무효확인이나 취소를 구하여야 할 것이지만, 인가처분에는 고유한 하자가 없는데 사업시행계획에 하자가 있다면 사업시행계획의 무효확인이나 취소를 구하여야 할 것이지 사업시행계획의 무효를 주장하면서 곧바로 그에 대한 인가처분의 무효확인이나 취소를 구하여서는 아니 된다.

[참고] 대법원 2009. 9. 17. 선고 2007다2428 전원합의체 판결

(1) 도시정비법상 관리처분계획 개관

도시 및 주거환경정비법(도시정비법)에 따르면, 주택재건축·재개발 등의 정비사업을 시행하려면 토지소유자로 구성된 조합을 설립하고, 조합원의 분양신청을 받은 다음 관리처분계획안을 마련하여[124] 그에 대한 조합 총회결의와 토지 등 소유자의 공람절차를 거친 후 행정청의 인가·고시를 거쳐야 한다.

※ 도시정비법에 따른 개략적인 재개발사업의 흐름

도시·주거환경정비기본계획 ⇨ 정비계획의 수립 및 정비구역의 지정 ⇨ 조합의 설립인가 ⇨ 사업시행인가 ⇨ 시공사 선정 ⇨ 분양신청 ⇨ 관리처분계획인가 ⇨ 이주·착공 및 분양 ⇨ 준공인가 ⇨ 이전고시 ⇨ 청산

(2) 관리처분계획과 그 인가처분에 관한 소송에서 소의 이익

종래 대법원은 관리처분계획안에 대한 조합 총회결의를 기본행위로 보고, 행정청의 인가·고시를 보충행위인 인가처분으로 보았다. 따라서 인가처분에만 하자가 있는 경우에는 그 인가처분의 취소나 무효확인을 구할 수 있을 것이지만 조합 총회결의에 하자가 있는 경우 그 결의를 다투어야지 보충행위인 인가처분을 다툴 것이 아니라고 하였다. 또한 기본행위인 조합 총회결의를 다투는 소송은 민사소송이고 행정청의 인가·고시 등이 완료된 후라도 소의 이익이 소멸되는 것은 아니라고 하였다.

그런데, 대법원 2009. 9. 17. 선고 2007다2428 전원합의체 판결은 기존의 태도를 변경하여, 관리처분계획안에 대한 조합 총회결의를 다투는 소송은 민사소송이 아닌 당사자소송으로 관리처분계획이라는 처분에 이르는 절차적 요건에 관한 소송에 해당한다고 하였다. ① 도시정비법상 주택재건축정비사업조합(재건축조합)은 주택재건축사업을 시행하는 공법인으로서 그 목적 범위 내에서 법령이 정하는 바에 따라 일정한 행정작용을 행하는 행정주체의 지위를 가지고, ② 재건축조합이 행정주체의 지위에서 도시정비법 제48조에 따라 수립하는 관리처분계획은 정비사업의

124) 관리처분계획은 분양설계, 분양대상자 등을 포함하여 재개발사업 완료 후에 행할 양도처분의 내용을 정하는 것이다. 관리처분계획의 내용에 따라 아파트 분양 등이 결정된다.

시행 결과 조성되는 대지 또는 건축물의 권리귀속에 관한 사항과 조합원의 비용분담에 관한 사항 등을 정함으로써 조합원의 재산상 권리 · 의무 등에 구체적이고 직접적인 영향을 미치게 되므로, 이는 구속적 행정계획으로서 재건축조합이 행하는 독립된 처분에 해당하며, ③ 관리처분계획안에 대한 조합 총회결의는 관리처분이라는 처분에 이르는 절차적 요건 중 하나라는 것이다.

또한, 이 판결에서 관리처분계획안에 대한 조합 총회결의는 관리처분계획이 인가 · 고시되기 전에는 당사자소송으로 다툴 수 있지만, 관리처분계획이 인가 · 고시된 후에는 관리처분계획에 대한 항고소송으로 다투어야 하고 그와 별도로 행정처분에 이르는 절차적 요건 중 하나에 불과한 총회결의 부분만 따로 떼어 내어 효력 유무를 다투는 확인의 소를 제기하는 것은 특별한 사정이 없는 한 허용되지 않는다고 하였다.

결국 재건축조합이 수립한 관리처분계획이라는 처분이 기본행위이고, 그에 대한 인가가 보충행위인 인가처분이며, 관리처분계획안에 대한 조합 총회결의는 관리처분계획이라는 처분이 성립하기 위한 절차적 요건으로서 관리처분계획이 인가 · 고시되기 전까지는 다툴 수 있지만 민사소송이 아니라 당사자소송으로 다투어야 한다는 것이다.

❑ **대법원** 2004. 7. 22. **선고** 2004**다**13694 **판결(기존의 판결)**: ① 구 도시재개발법(2002. 12. 30. 법률 제6852호 도시 및 주거환경정비법 부칙 제2조로 폐지)에 의하여 성립된 재개발조합의 조합원 총회결의가 유효하게 성립하면 그 조합원은 원칙적으로 거기에 구속되는 법률상의 관계에 있으므로 그 조합원 총회의 소집절차 또는 결의방법, 결의내용이 법령이나 정관에 위반되는 하자가 있는 등의 총회결의에 무효원인이 있는 경우에는 재개발조합의 조합원은 특별한 사정이 없는 한 조합원 총회결의 무효확인의 소를 제기할 소의 이익이 있다고 할 것이다. ② 한편 피고가 시행하던 재개발사업이 관리처분계획인가와 사용검사승인, 분양처분고시, 이전등기 등의 절차가 완료되었다고 하더라도 그로 인하여 곧바로 원고들이 피고에 대하여 총회결의 무효확인의 소를 구할 소의 이익이 없어진다고 단정할 수도 없다.

❑ **대법원** 2009. 9. 17. **선고** 2007**다**2428 **전원합의체 판결**: ① 관리처분계획은 재건축조합이 조합원의 분양신청 현황을 기초로 관리처분계획안을 마련하여 그

에 대한 조합 총회결의와 토지 등 소유자의 공람절차를 거친 후 관할 행정청의 인가·고시를 통해 비로소 그 효력이 발생하게 되므로(도시정비법 제24조 제3항 제10호, 제48조 제1항, 제49조), 관리처분계획안에 대한 조합 총회결의는 관리처분계획이라는 행정처분에 이르는 절차적 요건 중 하나로, 그것이 위법하여 효력이 없다면 관리처분계획은 하자가 있는 것으로 된다. 따라서 행정주체인 재건축조합을 상대로 관리처분계획안에 대한 조합 총회결의의 효력 등을 다투는 소송은 행정처분에 이르는 절차적 요건의 존부나 효력 유무에 관한 소송으로서 그 소송결과에 따라 행정처분의 위법 여부에 직접 영향을 미치는 공법상 법률관계에 관한 것이므로, 이는 행정소송법상의 당사자소송에 해당한다. ② 그리고 이러한 소송은, 관리처분계획이 인가·고시되기 전이라면 위법한 총회결의에 대해 무효확인 판결을 받아 이를 관할 행정청에 자료로 제출하거나 재건축조합으로 하여금 새로이 적법한 관리처분계획안을 마련하여 다시 총회결의를 거치도록 함으로써 하자 있는 관리처분계획이 인가·고시되어 행정처분으로서 효력이 발생하는 단계에까지 나아가지 못하도록 저지할 수 있고, 또 총회결의에 대한 무효확인판결에도 불구하고 관리처분계획이 인가·고시되는 경우에도 관리처분계획의 효력을 다투는 항고소송에서 총회결의 무효확인소송의 판결과 증거들을 소송자료로 활용함으로써 신속하게 분쟁을 해결할 수 있으므로, 관리처분계획에 대한 인가·고시가 있기 전에는 허용할 필요가 있다. 그러나 나아가 관리처분계획에 대한 관할 행정청의 인가·고시까지 있게 되면 관리처분계획은 행정처분으로서 효력이 발생하게 되므로, 총회결의의 하자를 이유로 하여 행정처분의 효력을 다투는 항고소송의 방법으로 관리처분계획의 취소 또는 무효확인을 구하여야 하고, 그와 별도로 행정처분에 이르는 절차적 요건 중 하나에 불과한 총회결의 부분만을 따로 떼어내어 효력 유무를 다투는 확인의 소를 제기하는 것은 특별한 사정이 없는 한 허용되지 않는다고 보아야 한다.

한편, 도시정비법상 이전고시까지 효력을 발생한 후에는 조합원 등이 관리처분계획에 대한 항고소송을 제기할 수 없다.[125] 판례에 따르면, 이전고시의 효력 발생으로 이미 대다수 조합원 등에 대하여 획일적·일률적으로 처리된 권리귀속 관계를 모두 무효화하고 다시 처음부터 관리처분계획을 수립하여 이전고시 절차를 거치도록 하는 것은 정비사업의 공익적·단체법적 성격에 배치되기 때문이다. 결국 관리처분계획에 대하여 항고소송은 이전고시가 행해지기 전까지 제기되어야 하고, 행정소송법에 규정된 집행정지결정을 받아 후속절차인 이전고시까지 나아가지 않게 할 필요가 있다. 그렇지 않으면 조합원 등으로서는 보류지에 관한 권리관계를 다투는 소송이나 청산금부과처분에 관한 항고소송, 무효인 관리처분계획으로 인한 손해배상소송 등과 같은 다른 권리구제수단을 통하여 그 권리의 회복을 도모하는 수밖에 없다.

참고로 도시정비법에 근거하여 행하는 재건축조합의 설립인가는 단순히 사인들의 조합설립행위에 대한 보충행위에 그치는 것이 아니라 도시정비법상 주택재건축사업을 시행할 수 있는 권한을 갖는 행정주체(공법인)로서의 지위를 부여하는 것으로서 그 명칭과 관계없이 특허에 해당한다.[126] 따라서 조합설립의 결의는 조합설립인가처분이라는 처분을 하는 데 필요한 요건 중 하나에 불과한 것이어서, 조합설립의 결의에 하자가 있다면 그 하자를 이유로 조합설립인가 처분의 취소소송이나 무효확인소송을 제기하여야 하고, 이와는 별도로 조합설립결의 부분만 따로 떼어내어 그 효력 유무를 다투는 확인의 소를 제기하는 것은 확인의 이익이 없다.[127]

5. 재결 취소소송에서 소의 이익

행정심판의 재결 자체에 고유한 위법이 있어 원처분의 취소소송과 재결의 취소소송을 함께 제기하였는데 원처분에 대한 취소판결이 먼저 확정된 경우 재결취소의 소는 이익이 없게 된다.

그러나, 원처분이 적법하여 그 취소의 소가 원고패소로 확정된 경우에는 이로써 재결 취소소송의 소익이 반드시 소멸된다고 단정할 수 없다. 행정심판은 처분의 위법뿐만 아니라 부당도 심판할 수 있는데, 재량행위의 경우에는 법원이 재결 자체에 고유한 하자가 있다는 이유로 재결에 대한 취소판결이 확정되더라도 그 판결에 따라 다시 진행된 재결절차에서 원처분이 적법하지만 부당하다는

125) 대법원 2012. 3. 22. 선고 2011두6400 전원합의체 판결.

126) 대법원 2009. 9. 24. 선고 2008다60568 판결, 대법원 2010. 1. 28. 선고 2009두4845 판결.

127) 같은 취지에서, 원고가 피고(도시환경정비사업조합)와 공동사업시행자로서 관리처분계획인가를 받은 후 피고가 조합원 총회를 거쳐 원고에게 공동사업시행 관련 약정에 관한 해지를 통보하였고, 이에 따라 사업시행자를 '피고 및 원고'에서 '피고'로 변경하는 내용의 사업시행계획(변경)인가처분이 있었다면, 변경인가처분에 대한 항고소송을 제기할 수 있음은 별론으로 하고, 그 처분에 이르는 절차적 요건 중 하나인 조합원 총회결의의 집행행위에 불과한 위 해지통보의 무효확인을 구할 수 없다(대법원 2023. 12. 21. 선고 2023다275424 판결).

이유로 원처분을 취소할 여지가 있기 때문이다. 다만 기속행위의 경우에는 재결절차에서 부당하다는 이유로 취소할 수 없으므로, 이 경우의 재결취소소송은 소의 이익이 없어 부적법하다.[128]

Ⅲ. 무효등 확인소송에서 확인의 이익문제

과세처분이 위법하다는 이유로 이미 납부한 세금의 반환을 청구한 사례를 생각해 보자. 과세처분에 취소사유가 있는 경우에는 과세처분의 구성요건적 효력 또는 공정력 때문에 과세처분이 유효함을 전제로 할 수밖에 없어 그 효력을 부인할 수 없으므로, 법률상 원인이 없다는 이유로 부당이득반환을 명할 수 없게 된다. 이 경우 원고로서는 먼저 과세처분의 취소소송을 제기하거나 부당이득반환청구소송을 병합하여 제기하며 승소판결을 받는 수밖에 없다.[129] 한편, 과세처분에 무효사유가 있는 경우에는 과세관청이 납부된 세액을 보유할 근거가 없으므로 이를 부당이득으로 반환하여야 한다. 이 경우 소송방식이 문제된다.

종래의 대법원 판례는 민사소송인 과세처분 무효를 원인으로 한 부당이득반환청구소송을 제기할 수 있음에도 불구하고 과세처분 무효확인의 소를 제기하는 것은 확인의 이익이 없다고 보아 부적법 각하하였다. 이는 무효확인소송을 확인의 소로 보고 민사소송법상의 확인의 이익을 소송요건으로 보았기 때문이다. 즉,

128) 대법원 2025. 3. 27. 선고 2024두61018 판결(양도소득세의 환급을 구하는 경정청구 거부처분에 대한 조세심판원의 결정취소소송).

129) 대법원 1973. 7. 10. 선고 70다1439 판결. 예를 들면, 과세관청이 원천징수의무자가 납세의무를 이행하지 않거나 그에 따라 납부된 세액이 정당한 세액에 미달한다고 보아 납부할 세액을 정하여 고지하는 경우, 과세관청의 의사는 이때 비로소 대외적으로 공식화되는 것이므로, 원천징수의무자가 위 납부고지에 따라 세액을 납부한 뒤 과세관청과 견해를 달리하여 불복하고자 할 경우에는, 과세관청이 정한 세액과 관련된 하자가 중대하고도 명백하여 무효가 아닌 이상 곧바로 부당이득반환을 구하는 민사소송을 제기할 것이 아니라, 징수처분에 대하여 전심절차와 행정소송을 제기함으로써 구제를 받아야 한다(대법원 2025. 9. 4. 선고 2025다211104 판결). 이러한 법리는 행정주체의 사인에 대한 부당이득반환청구권의 경우에도 마찬가지로 적용된다. 가령 요양기관의 국민건강보험공단에 대한 요양급여비용청구권은 요양기관의 청구에 따라 공단이 지급결정을 함으로써 구체적인 권리가 발생하는 것이므로, 요양기관의 요양급여비용 수령의 법률상 원인에 해당하는 요양급여비용 지급결정이 취소되지 않았다면, 그 결정에 따라 지급된 요양급여비용이 법률상 원인 없는 이득이라고 할 수 없고, 국민건강보험공단의 요양기관에 대한 부당이득반환청구권도 성립하지 않는다(대법원 2020. 9. 3. 선고 2015다230730 판결).

확인의 소는 원고의 법적 지위의 불안 또는 위험을 제거하기 위하여 가장 유효·적절한 수단일 경우에만 허용된다고 보아 무효확인소송을 제기하는 것보다 더 발본색원적인 수단이 있는 경우에는 권리보호의 필요가 없다는 것이다(확인소송의 보충성).[130]

그러나 위와 같은 판례의 태도는 다음과 같은 문제가 있다. ① 민사소송에서 확인의 소는 강제집행으로 뒷받침되지 않기 때문에 이행의 소에 비하여 유효·적절한 분쟁해결의 수단이 되지 못한다. 그러나 행정소송에서는 무효확인판결 자체만으로도 판결의 기속력에 의하여 그 실효성을 확보할 수 있으므로 민사소송에서와 같이 분쟁의 궁극적 해결을 위한 확인의 이익 여부를 논할 필요가 적다. 그리고 ② 행정소송은 행정작용에 대하여 특수한 취급을 하기 위하여 별도로 마련된 소송제도로서 민사소송과는 그 목적과 취지를 달리하므로, 소의 이익문제도 그 소송제도를 마련한 취지에 따라 달리 정해질 수 있다.[131] 그런데 분쟁의 실태에 따라서는 민사소송보다 무효확인소송이 더 적절한 쟁송방식이 되는 경우가 있고, 이러한 경우에 쟁송방식의 선택권을 원고에게 주는 것이 권리구제의 강화라는 측면에서 타당할 수 있다.

그리하여, 대법원은 기존의 판례를 변경하고, 무효확인을 구할 법률상 이익에 관한 새로운 해석을 내놓았다.[132] 행정처분의 근거법률에 의하여 보호되는 직접적이고 구체적인 이익이 있는 경우에는 행정소송법 제35조에 규정된 '무효확인을 구할 법률상 이익'이 있다고 볼 수 있고, 이와 별도로 무효확인을 구할 필요가 있는지 여부에 관한 무효확인소송의 보충성이 요구되는 것은 아니므로, 행정사건에서 무효확인소송을 함에 있어 행정처분의 무효를 전제로 한 이행소송 등과 같은 직접적인 구제수단이 있는지 여부를 따질 필요가 없다는 것이다.[133] 이러한 법리는 부존재확인소송에도 마찬가지로 적용된다.[134]

---

130) 대법원 2006. 5. 12. 선고 2004두14717 판결 등 다수.

131) 독일 행정법원법 제43조 제2항에서는 "원고가 형성의 소 또는 이행의 소를 통하여 권리를 실현시킬 수 있거나 있었던 경우에는 확인을 구할 수 없다. 다만, 행정행위의 무효확인을 구하는 경우에는 그러하지 아니하다."라고 규정하여 무효확인소송의 보충성을 인정하지 않고 있다.

132) 대법원 2008. 3. 20. 선고 2007두6342 전원합의체 판결.

133) 따라서, 원고가 대한민국을 상대로 정년전역과 퇴역대상자라는 점에 대한 확인을 구하면서, 동시에 육군참모총장을 상대로 명예전역명령의 유효확인을 구할 수도 있다(대법원 2019. 2. 14. 선고 2017두62587 판결).

그 결과 행정청의 위법한 처분 등으로 인하여 권리 또는 이익의 침해를 입은 국민에게 소송형태에 관한 선택권을 부여하여 부당이득반환청구의 소 등의 제기가능성 여부와 관계없이 행정처분에 관한 무효확인소송을 바로 제기할 수 있도록 양 소송의 병존가능성을 인정함으로써 국민의 권익구제 강화라는 측면에서 상당한 진전이 기대된다. 다만 뒤에서 보는 것과 같이 판례와 달리 학설에 따라 공법상 부당이득반환청구소송을 민사소송이 아니라 당사자소송으로 취급하는 것이 바람직하다.

한편, 절차상 또는 형식상 하자로 무효인 처분에 대하여 행정청이 적법한 절차 또는 형식을 갖추어 다시 동일한 처분을 하였다면, 종전의 무효인 처분에 대한 무효확인청구는 과거의 법률관계의 효력을 다투는 것에 불과하므로 무효확인을 구할 이익은 없다.[135]

제5절 피고적격

Ⅰ. 행정소송법 제13조 제1항의 규정

민사소송뿐만 아니라 항고소송을 비롯한 모든 행정소송에서, 피고도 당사자능력을 가져야 하고, 당사자적격으로서 피고적격을 가져야 한다는 것은 당연하다. 그런데, 행정소송법 제13조 제1항에서는 "취소소송은 다른 법률에 특별한 규정이 없는 한 그 처분 등을 행한 행정청을 피고로 한다."라고 특별히 규정하고, 위 조항은 무효등 확인소송과 부작위위법확인소송에도 준용된다. 따라서, 처분에 대한 취소소송과 무효등 확인소송에서는 처분 등을 행한 행정청이 피고가 되고, 재결에 대한 취소소송과 무효등 확인소송에서는 해당 재결을 행한 행정심판위원회 및 그 밖의 재결청이 피고가 된다. 부작위법확인소송에서는 국민으로부터 일정한 행위를 해 줄 것을 요구하는 신청을 받은 행정청이 피고가 된다.

이렇게 항고소송에서 소송법의 일반이론과 달리 실체법상 권리능력은 물론 소송법상 당사자능력도 없는 행정기관에 불과한 '처분 등을 행한 행정청'에게 피

134) 대법원 2025. 11. 20. 선고 2025두33652 판결.
135) 대법원 2010. 4. 29. 선고 2009두16879 판결.

고적격을 인정하고 있는 취지에 대하여 소송기술상의 편의를 도모하기 위한 것이라고 설명하는 것이 일반적이나, 당사자능력을 설명할 때 언급한 것처럼 행정소송법의 제정과 관련된 연혁적 이유에서 기인한 것이라고 추측된다.

Ⅱ. 행 정 청

1. 의 의

행정청은 "국가 또는 공공단체의 기관으로서 직접 대외적 구속력 있는 의사를 결정·표시할 수 있는 권한을 가진 기관"을 말한다. 행정기본법 제2조 제2호에서는 '행정청'을 "행정에 관한 의사를 결정하여 표시하는 국가 또는 지방자치단체의 기관"과 "그밖에 법령등에 따라 행정에 관한 의사를 결정하여 표시하는 권한을 가지고 있거나 그 권한을 위임 또는 위탁받은 공공단체 또는 그 기관이나 사인"이라고 정의하고 있다. 행정절차법 제2조 제1호에서는 "행정에 관한 의사를 결정하여 표시하는 국가 또는 지방자치단체의 기관"과 "그밖에 법령 또는 자치법규에 따라 행정권한을 가지고 있거나 위임 또는 위탁받은 공공단체 또는 그 기관이나 사인"이라고 정의하고, 행정심판법 제2조 제4호에서도 이와 유사하게 규정하고 있다. 한편, 행정소송법 제2조 제2항에서는 "이 법을 적용함에 있어서 행정청에는 법령에 의하여 행정권한의 위임 또는 위탁을 받은 행정기관, 공공단체 및 그 기관 또는 사인이 포함된다."라고 규정하고 있다.

한편, 정부조직법에서도 '행정기관', '행정기관의 장' 등의 용어를 사용하고 있다(제5조, 제6조 등 참조). 그러나, 행정소송법에서 말하는 행정청은 의사결정의 표시기관이라는 점에서 행정조직법상의 그것과 반드시 일치하지는 않는다. 보조기관(국장 등)도 때로 행정청이 될 수 있고, 국회·법원의 기관도 행정청으로 기능하는 경우가 있다(직원의 임명 등). 또한, 공공단체, 공무수탁사인도 처분을 발할 수 있다.

행정청은 의사결정을 외부에 표시하는 기관이므로, 실질적으로 의사를 결정하는 기관이라고 하더라도 내부기관이라면 피고적격을 가지지 못한다. 따라서 사법시험 불합격처분 취소소송에서의 사법시험위원회,[136] 애국지사 유족확인부

136) 대법원 1966. 3. 29. 선고 65누103 판결.

결처분 취소소송에서의 보훈심사위원회위원장,[137] 세무사자격시험 거부처분 취소소송에서의 세무사자격시험위원회[138]는 피고적격이 없다.

2. 독임제기관의 경우

통상 행정청은 행정관서의 장과 같은 독임제 단독기관(예: 행정안전부장관·지방자치단체장 등)인 것이 보통이다. 서울특별시라는 지방자치단체를 예로 들면, 권리의무의 귀속주체는 서울특별시 자체이고 서울특별시장 등과 같은 행정기관이 아니다. 따라서, 민사소송이나 당사자소송 같은 경우 피고능력자나 적격자는 서울특별시가 되는 것이고, 서울특별시장 등과 같은 행정기관이 아니라는 점은 소송법에서의 상식이다. 그러나, 앞에서 본 행정소송법상 특별규정에 의하여 항고소송에서는 서울특별시 대신 서울특별시장과 같은 행정청이 피고가 된다.

3. 합의제기관의 경우

행정청은 통상 독임제기관으로서 단독기관이나, 수인의 위원으로 구성된 행정기관에서 위원들의 합의로 처분을 하는 경우도 있다. 이와 같은 합의체 행정기관이 한 처분에 대한 취소소송의 경우에는 그 합의체 행정청 자체가 피고가 되는 것이 원칙이고, 합의체 행정청의 대표가 단독으로 피고가 되는 것이 아니다. 예를 들면, 공정거래위원회, 토지수용위원회, 교원소청심사위원회, 공직자윤리위원회, 감사원, 한국저작권위원회[139] 등이 행정청으로서 피고적격을 갖는다.

다만 법률에 다른 규정이 있는 경우가 있는데, 중앙노동위원회의 처분에 대한 소는 중앙노동위원회위원장을 피고로 하고(노동위원회법 제27조), 해양사고에 대한 중앙심판원의 재결에 관한 소는 중앙심판원장을 피고로 하도록 특별규정을 두고 있다(해양사고의 조사 및 심판에 관한 법률 제75조).

4. 공법인 등

행정청에는 처분 등을 할 수 있는 권한이 있는 국가 또는 지방자치단체와

---

137) 대법원 1989. 1. 24. 선고 88누3314 판결.
138) 대법원 1994. 12. 23. 선고 94누5915 판결.
139) 따라서 '저작권심의조정위원회(한국저작권위원회의 전신) 위원장'을 피고로 저작권 등록처분의 무효확인을 구하는 소는 부적법하다(대법원 2009. 7. 9. 선고 2007두16608 판결).

같은 행정주체에 소속된 행정기관뿐만 아니라 법령에 의하여 행정권한의 위임 또는 위탁을 받은 행정기관, 공공단체 및 그 기관 또는 사인도 포함된다. 따라서 공법인이나 공무수탁사인도 국가나 지방자치단체의 사무를 위임받아 행하는 범위 내에서 처분을 한 이상 행정청이 되고, 항고소송의 피고적격을 갖는다.

대부분의 경우 행정권한의 위임을 받아 처분을 하는 자는 공법인 그 자체이지 공법인의 대표자가 아니다. 따라서 공법인의 처분은 공법인 자신의 이름으로 행하는 것이므로 그에 대한 항고소송의 피고는 공법인이 되어야 하는 것이지 그 대표자가 피고가 되는 것이 아니라는 점에 유의하여야 한다. 이렇게 되면 공법인은 행정주체이자 행정청이 되므로 항고소송의 피고적격을 가지는 것은 물론 행정주체로서 당사자소송이나 민사소송에서의 피고적격도 가지게 되는 것이다. 대법원은 사업시행자인 공법인이 관계법령에 따라 공공사업을 시행하면서 그에 따른 이주대책을 실시하는 경우 그 이주대책상의 수분양권에 관한 확인·결정이 위법한 것이라면 사업시행자인 해당 공법인을 상대로 그 취소소송을 제기할 수 있다고 하면서 대한주택공사의 피고적격을 인정하였다.[140] 그 밖에도 토지구획정리조합,[141] 한국토지개발공사,[142] 의료보험조합,[143] 의료보험연합회,[144] 농어촌진흥공사,[145] 농지개량조합[146] 등에게 피고적격을 인정하였다.

서울특별시 도시개발공사가 행하는 이주대책 대행에서는 서울특별시장을 피고로 한 판결[147]과 도시개발공사를 피고로 한 판결[148]로 그 입장이 나뉘어 있다가, 결국에는 도시개발공사를 피고로 하는 것으로 정리되었다.[149]

---

140) 대법원 1994. 5. 24. 선고 92다35783 전원합의체 판결(이주대책에 관한 처분).

141) 대법원 1965. 6. 22. 선고 64누106 판결.

142) 대법원 1992. 10. 27. 선고 92누1643 판결; 대법원 1994. 1. 28. 선고 93누14080 판결.

143) 대법원 1988. 3. 22. 선고 87다카1509 판결.

144) 대법원 1993. 12. 10. 선고 93누12619 판결; 대법원 1993. 12. 10. 선고 93누12619 판결; 대법원 1993. 12. 10. 선고 93누12619 판결.

145) 대법원 1994. 6. 14. 선고 94누1197 판결.

146) 대법원 1995. 6. 9. 선고 94누10870 판결. 농지개량조합은 농업기반공사 및 농지관리기금법이 2000. 1. 1.부터 시행되면서 농업기반공사에 합병되었고, 위 법률이 2005. 12. 29. 한국농촌공사 및 농지관리기금법으로 개정되면서 농업기반공사의 명칭이 한국농촌공사로 변경되었다.

147) 대법원 1996. 5. 10. 선고 96누2118 판결; 대법원 1994. 6. 28. 선고 94누1760 판결.

148) 대법원 1999. 8. 20. 선고 98두17043 판결.

149) 대법원 2007. 8. 23. 선고 2005두3776 판결. 다만 대법원 2007. 2. 22. 선고 2004두7481 판결에서는 피고를 에스에이치공사로 삼지 않았는데, 그 사건의 사안에서는 이주대책 수립권

5. 지방의회

지방의회가 지방자치단체의 행정기관이라는 것은 분명하지만 의사를 외부에 표시하는 기관이 아니고 단지 지방자치단체 내부의 의결기관에 불과하다. 따라서, 지방의회는 원칙적으로 항고소송의 피고가 될 수 없고, 지방자치단체의 대표기관인 지방자치단체의 장이 피고가 된다. 그리하여, 지방의회가 의결한 조례가 집행행위의 개입 없이도 그 자체로서 직접 국민의 권리의무에 영향을 미쳐 항고소송의 대상이 되는 경우(처분적 조례의 경우)에도, 피고는 조례를 공포한 지방자치단체의 장이고[150] 지방의회가 아니다. 그러나, 지방의회의원에 대한 징계의결,[151] 의장선임의결,[152] 의장불신임결의 등의 취소·무효확인을 구하는 소와 같이 지방의회의 의결 자체를 대상으로 하는 소의 피고는 지방의회이다.

Ⅲ. 처분 등을 행한 행정청

1. 의 의

'처분 등을 행한 행정청'은 외부적으로 자기의 이름으로 행위를 한 행정청을 말한다. 상급행정청이나 다른 행정청의 지시나 통보 기타 사유에 의하여 처분을 한 경우라고 하더라도 피고는 해당 처분을 한 행정청이 된다.

한편, 항고소송의 피고가 되는 행정청은 정당한 권한이 있어야 하는 것이 아니다. 어떠한 행정청이 권한이 없음에도 불구하고 일정한 처분을 행하였다 하더라도, 위 처분으로 인하여 권익이 침해된 당사자는 정당한 권한이 있는지 여부와 관계없이 처분을 행한 행정청을 피고로 삼아 항고소송을 제기하여야 하고, 권한이 있는지 여부는 본안에서 판단되어야 한다. 즉, 권한 없는 행정청이 행한 처분의 취소를 구하는 경우, 행정청을 잘못 지정하였다고 하면서 소를 각하할

한을 위임 또는 대행받지 않았다는 점을 감안한 것이다.

150) 대법원 1996. 9. 20. 선고 95누8003 판결: 처분적 조례에 대한 항고소송의 피고적격 → 조례를 공포한 지방자치단체의 장, 교육에 관한 조례에 대해서는 시·도 교육감.

151) 대법원 1993. 11. 26. 선고 93누7341 판결: 지방의회의원에 대한 징계의결의 취소나 무효를 다투는 소의 피고적격 → 지방의회.

152) 대법원 1995. 1. 12. 선고 94누2602 판결: 지방의회의 의장선임의결에 대한 항고소송의 피고적격 → 지방의회.

것이 아니라, 오히려 본안심리를 하여 권한 없는 행정청이 처분을 하였다는 주체의 하자를 들어 그 처분을 취소함으로써 당사자의 권리를 구제하여야 하는 것이다.

2. 행정권한의 대리의 경우

행정청의 권한의 대리라고 함은 '다른 행정기관이 피대리청의 권한의 전부 또는 일부를 피대리청을 위한 것이라고 표시하고 자기의 이름으로 행사하되, 그 행위의 효과는 피대리청에게 귀속시키는 것'을 말한다. 따라서, 대리기관이 대리관계를 표시(현명)하고 피대리청을 대리하여 처분을 한 때에는 피대리청이 피고가 되어야 한다.[153]

3. 행정권한의 위임과 내부위임의 경우

행정권한의 위임은 "행정청이 법률에 따라 특정한 권한을 다른 행정청에 이전하여 수임청의 권한으로 행사하도록 함으로써 권한의 법적인 귀속이 변경되는 것"을 말한다. 행정권한의 위임은 법률이 허용하고 있는 경우에만 인정된다. 이에 반하여 행정권한의 내부위임은 "행정청의 내부적인 사무처리의 편의를 도모하기 위하여 보조기관 또는 하급 행정관청으로 하여금 권한을 사실상 행사하게 하는 것"이므로, 법률이 위임을 허용하고 있지 않은 경우에도 인정된다. 권한위임의 경우에는 수임청이 자기의 이름으로 그 권한행사를 할 수 있지만 내부위임의 경우에는 수임청은 위임청의 이름으로만 그 권한을 행사할 수 있을 뿐 자기의 이름으로는 그 권한을 행사할 수 없다.[154]

행정권한의 위임이 있는 경우 위임청은 권한을 상실하고 수임청으로 권한이 이전되므로, 수임청이 자기의 이름으로 처분을 행할 정당한 행정청이 된다. 반대로 내부위임의 경우에는 행정권한이 이전되는 것이 아니므로, 원 행정청의 이름

---

153) 대법원 2018. 10. 25. 선고 2018두43095 판결. 농림축산식품부장관이 농지보전부담금 부과처분을 한다는 의사표시가 담긴 납부통지서를 수납업무 대행자인 한국농어촌공사가 원고에게 전달한 사안에서, 한국농어촌공사가 농림축산식품부장관의 대행자 지위에서 위와 같은 납부통지를 하였음을 분명하게 밝혔다면, 농림축산식품부장관이 위 농지보전부담금 부과처분을 외부적으로 자신의 명의로 행한 행정청으로서 항고소송의 피고가 되어야 하고, 단순한 대행자에 불과한 한국농어촌공사를 피고로 삼을 수 없다.

154) 대법원 1995. 11. 28. 선고 94누6475 판결.

으로 처분을 행하여야 한다. 행정권한의 위임이 있는 경우 위임청의 이름으로 처분을 행하거나 내부위임이 있었음에 불과한데도 위임을 받은 보조기관이나 하급 행정청의 이름으로 처분을 행한 경우에 그 처분은 주체의 하자가 있어 위법하게 된다. 따라서 한국자산관리공사가 압류재산을 공매하는 것은 세무서장의 공매권한의 위임에 의한 것이므로, 한국자산관리공사가 한 공매처분에 대한 취소소송 등의 항고소송을 제기할 때에는 수임청으로서 실제로 공매를 행한 한국자산관리공사를 피고로 하여야 하고, 위임청인 세무서장은 피고적격이 없다.[155] 반대로 체납취득세에 대한 압류처분 권한을 도지사로부터 위임받은 시장이 구청장에게 내부위임한 경우 구청장으로서는 시장 명의로 압류처분을 대행처리할 수 있을 뿐이고 자신의 명의로 이를 할 수 없으므로, 구청장이 자신의 명의로 한 압류처분에 대한 항고소송은 구청장을 피고로 삼아 제기하여야 하고 그 경우 위 압류처분은 권한 없는 자에 의하여 행해진 위법한 처분으로 인정되어 승소하게 될 것이다.[156]

❑ **대법원 1994. 6. 14. 선고 94누1197 판결:** 항고소송은 원칙적으로 소송의 대상인 행정처분 등을 외부적으로 그의 명의로 행한 행정청을 피고로 하여야 하는 것으로서, 그 행정처분을 하게 된 연유가 상급행정청이나 타 행정청의 지시나 통보에 의한 것이라 하여 다르지 않으며, 권한의 위임이나 위탁을 받아 수임행정청이 정당한 권한에 기하여 수임행정청 명의로 한 처분에 대하여는 말할 것도 없고, 내부위임이나 대리권을 수여받은 데 불과하여 원행정청 명의나 대리관계를 밝히지 아니하고는 그의 명의로 처분 등을 할 권한이 없는 행정청이 권한 없이 그의 명의로 한 처분에 대하여도 처분명의자인 행정청이 피고가 되어야 한다.

4. 특별법에 의한 예외

대통령 등이 처분청인 경우에는 법률에 특별한 규정이 있다. 대통령이 행한 국가공무원, 교육공무원, 외무공무원, 경찰공무원과 국가소방공무원에 대한 징계, 그 밖의 불이익처분이나 부작위에 관한 항고소송에서는 각각 소속장관(경찰

155) 대법원 1997. 2. 28. 선고 96누1757 판결.
156) 대법원 1993. 5. 27. 신고 93누6621 판결 참조.

공무원의 경우에는 경찰청장 또는 해양경찰청장, 국가소방공무원의 경우에는 소방청장) 또는 대통령령으로 정하는 기관의 장이 피고가 된다(국가공무원법 제16조 제2항, 경찰공무원법 제34조, 소방공무원법 제30조 등 참조).[157] 중앙선거관리위원회위원장의 위와 같은 처분이나 부작위의 경우에는 중앙선거관리위원회사무총장을 피고로 한다.

국회의장이 행한 처분에 대한 행정소송의 피고는 국회사무총장이 되고(국회사무처법 제4조 제3항), 대법원장의 경우에는 법원행정처장이 되며(법원조직법 제70조), 헌법재판소장의 경우에는 헌법재판소사무처장이 된다(헌법재판소법 제17조 제5항).

Ⅳ. 피고적격자의 변경

행정기관의 명칭, 관할의 변경 또는 행정조직상의 권한분장의 변경에 의하여 처분 등을 행할 당시의 행정청이 다른 행정청으로 명칭이 바뀌거나 처분 등을 할 권한이 다른 행정청에 이전된 경우 해당 처분에 대한 소의 피고를 누구로 하여야 하는지 문제된다. 행정소송법 제13조 제1항 단서에 의하면 처분 등이 있은 뒤에 그 처분 등에 관계되는 권한이 다른 행정청에 승계된 때에는 이를 승계한 행정청이 피고가 된다. 따라서, A 경찰서장의 경찰처분이 있은 뒤에 A 경찰서의 관할구역이 분할되어 B 경찰서가 생긴 경우 위 경찰처분에 대한 취소소송은 B 경찰서장을 상대로 제기하여야 한다. 또한, 근로복지공단이 원고에 대하여 고용보험료를 부과·고지하는 처분을 한 다음 국민건강보험공단이 고용보험 및 산업재해보상보험의 보험료징수 등에 관한 법률 제4조에 따라 종전 근로복지공단이 수행하던 보험료의 고지 및 수납 등의 업무를 수행하게 되었고, 위 법 부칙 제5조가 "위 법 시행 전에 종전의 규정에 따른 근로복지공단의 행위는 국민건강보험공단의 행위로 본다."라고 규정하고 있어서, 원고에 대한 근로복지공단의 고용보험료의 고지에 관한 업무는 국민건강보험공단이 그 명의로 고용노동부장관의 위탁을 받아 한 것으로 보아야 하므로, 위 처분에 대한 항고소송의 피고는 국

157) 대통령의 교장승진 임용제외처분에 대한 취소소송을 교육부장관을 상대로 제기한 사례로서 대법원 2018. 3. 27. 선고 2015두47492 판결 참조.

민건강보험공단이 되어야 한다.[158)]

한편, 처분이나 재결을 한 행정청이 없게 된 때에는 그 처분 등에 관한 사무가 귀속되는 국가 또는 공공단체가 피고가 된다(행정소송법 제13조 제2항). 지방자치단체에 소속한 기관이 국가로부터 기관위임을 받아 사무처리를 하다가 그 권한이 폐지된 경우 그 사무는 국가에 귀속하게 되므로 국가가 피고가 되어야지 지방자치단체가 되는 것이 아니다.

항고소송이 제기된 후에 그 처분 등에 관계되는 권한이 다른 행정청에 승계되거나 처분이나 재결을 한 행정청이 없게 된 경우에는 법원은 당사자의 신청에 의하거나 직권으로 피고를 경정하여야 한다(행정소송법 제14조 제6항). 이때의 피고경정은 뒤에서 보는 잘못 지정한 피고의 경정(같은 조 제1항)이 사실심 변론종결시까지 허용되는 것과 달리 상고심에서도 허용된다.[159)]

제6절 당사자의 변경

Ⅰ. 개 설

어떠한 당사자 사이에 판결절차가 개시되었는지가 분명해야만 기판력의 주관적 범위가 명확해지기 때문에, 현실의 소송사건에서 원고가 누구이고 피고가 누구인지 확정하는 것은 매우 중요하다(당사자의 확정문제). 통상은 소장의 당사자란의 기재에 따라 확정되는 경우가 많겠지만, 그 기재와 실제의 당사자가 다른 경우도 없는 것은 아니므로, 당사자란의 기재뿐만 아니라 청구의 취지 · 원인 및 소장의 다른 모든 기재 등 소장 전체를 기준으로 합리적으로 해석 · 판단하여 당사자를 확정하여야 한다(실질적 기준설).[160)]

소제기 당시 확정된 당사자의 표시에 의문이 있거나 당사자가 정확히 표시되지 않은 경우에 그 표시를 정정하는 것을 '당사자표시정정'이라 한다. 한편 '당사자의 변경'이란 소송계속 중 종래의 당사자가 소송에서 탈퇴하고 그를 대신하

158) 대법원 2013. 2. 28. 선고 2012두22904 판결.
159) 대법원 1999. 3. 6.자 98두8810 결정.
160) 대법원 1996. 3. 22. 선고 94다61243 판결.

여 새로운 당사자가 소송에 가입하거나 기존의 당사자에 추가하여 새로운 당사자가 소송에 가입하는 현상을 말한다. 당사자의 변경은 당사자의 동일성이 바뀌는 것이지만 당사자표시정정은 그렇지 않다는 점에서 차이가 있다.

당사자의 변경은 '소송승계'와 '임의적 당사자변경'으로 나누어진다. 소송승계는 소송 중에 분쟁주체로서의 지위가 제3자로 이전됨에 따라 새롭게 주체가 된 제3자가 당사자가 되어 종래의 소송을 속행하는 경우를 말한다. 한편, 임의적 당사자변경은 분쟁주체로서의 지위변경과 관계없이 새로운 제3자가 소송에 가입하는 경우이다.

민사소송법은 행정소송의 성질에 반하지 않는 한 준용되므로, 민사소송에서 당사자의 변경에 관한 규정은 행정소송에도 그대로 준용되고, 이에 덧붙여 행정소송법에 특별한 규정이 있는 경우에는 그에 따른다.

Ⅱ. 소송승계

1. 포괄승계와 특정승계(민사소송법의 준용에 의한 승계)

행정소송의 경우에도 소송 중에 원고의 사망, 법인의 합병 등에 의한 포괄승계(당연승계)와 계쟁물의 양도에 의한 특정승계 등이 발생할 수 있다. 이 경우 민사소송법의 관련규정이 준용되므로, 항고소송에서도 민사소송에서와 같은 당사자 지위의 승계가 이루어질 수 있다.

따라서, 피상속인에 대한 과세처분이나 건물철거명령 등 일신전속적이지 않은 처분에 대하여 재산상속인은 그 취소소송 계속 중에 소송을 승계할 수 있다. 예를 들면, 대법원은 채석허가를 받은 수허가자가 사망한 경우 수허가자의 상속인이 수허가자로서의 지위를 승계하고, 산림을 무단으로 형질변경한 사람이 사망한 경우 해당 토지의 소유권 또는 점유권을 승계한 상속인은 그 복구의무를 부담하므로, 관할 행정청은 그 상속인에 대하여 복구명령을 할 수 있다고 판시하였다.[161] 또한, 부동산실권리자법에 의하여 부과된 과징금 채무는 대체적 급부가 가능한 의무이므로, 위 과징금을 부과받은 사람이 사망한 경우 그 상속인에게 포괄승계된다고 하였다.[162]

---

161) 대법원 2005. 8. 19. 선고 2003두9817, 9824 판결.

그러나, 민법에 따른 상속인과 항고소송의 수계인이 다를 수가 있으므로 주의를 요한다. 산업재해보상보험법의 규정에 의한 보험급여의 수급권자가 사망한 경우 그에게 지급하여야 할 보험급여로서 아직 지급되지 않은 보험급여의 수급권은 민법에서 정한 상속순위에 따라 상속인들이 상속하는 것이 아니라 산업재해보상보험법에서 정한 순위에 따라 우선순위에 있는 유족이 이를 승계하는 것이므로, 보험급여를 지급하지 않기로 하는 내용의 처분에 대한 취소를 구하는 소송에서는 그 보험급여의 수급권을 승계한 유족이 그 소송을 수계한다.[163]

소송 계속 중 당사자가 사망하였거나 회생절차의 개시결정이 있었는데, 법원이 이를 알지 못한 채 소송수계가 이루어지지 않은 상태 그대로 소송절차를 진행하여 판결을 선고하였다면, 그 판결은 소송절차를 수계할 자의 절차적 권리를 침해한 판결이므로, 마치 대리인에 의하여 적법하게 대리되지 않았던 경우와 마찬가지로 상소 또는 재심에 의하여 취소될 수 있다.[164] 그러나, 소송대리인이 있는 경우에는 소송절차가 중단되지 않으므로(민사소송법 제238조), 소송절차의 수계가 없었다고 하더라도 위법한 절차의 진행이라고 할 수 없다.

한편, 순수한 대인적 처분이나 생명, 신체 등 일신전속적인 이익을 침해하는 처분에 대한 항고소송에서는 승계가 불가하다. 자격취소소송 중 원고가 사망한 경우 그 소송은 승계되지 않고 그대로 종료되므로, 법원은 소송종료절차에 따라 소송을 종결하면 된다.[165]

또한, 지위승계에 대하여 행정청의 승계허가나 신고수리를 받아야만 하는 영업에서는 취소소송의 대상이 되는 처분 등에 관한 소에서도 행정청의 승계허가나 신고수리가 있어야만 소송승계가 가능하게 된다. 예컨대, 식품위생법상 영업정지처분의 취소소송 중 영업양도가 된 경우 양수인은 식품위생법 제39조 제3항에 따라 허가청에 승계신고를 하여 그 수리를 받아야 소송승계를 할 수 있다.

---

162) 대법원 1999. 5. 14. 선고 99두35 판결.

163) 대법원 2006. 3. 9. 선고 2005두13841 판결. 그러나, 공무상 요양불승인처분 취소소송 도중 원고인 공무원이 사망한 경우에는 민법상의 재산상속인이 소송수계를 하는 것으로 해석하고 있다(대법원 2001. 3. 27. 선고 2000두10205 판결; 대법원 2006. 4. 27. 선고 2005두4069 판결). 또한, 석탄산업법에 따른 유족보상일시금 상당의 재해위로금 수급권자에 관해서도 민법의 상속에 관한 규정을 적용하여야 하고, 산업재해보상보험법의 유족급여 수급권자에 관한 규정을 유추할 수 없다(대법원 2020. 9. 24. 선고 2020두31699 판결).

164) 대법원 2021. 5. 7. 선고 2020두58137 판결 참조.

165) 대법원 2003. 8. 19. 선고 2003두5037 판결.

2. 권한청의 변경으로 인한 피고경정

처분 등이 있은 뒤에 그 처분 등에 관계되는 권한이 다른 행정청에 승계되거나(행정소송법 제13조 제1항 단서) 처분이나 재결을 한 행정청이 없어지게 되는 경우(같은 조 제2항)에는 법원은 당사자의 신청 또는 직권에 의하여 피고를 경정하여야 한다(행정소송법 제14조 제6항).

행정소송법 제14조 제6항은 항고소송의 피고를 권리의무의 귀속주체가 아닌 처분을 행한 행정청으로 정하고 있기 때문에 마련된 민사소송과 다른 특유한 소송승계제도이다. 위 규정은 취소소송뿐만 아니라 무효등 확인소송과 부작위위법확인소송에도 준용된다.

행정소송법은 피고의 경정에 관하여 권한청의 변경으로 인한 피고경정뿐만 아니라 피고를 잘못 지정한 경우의 피고경정제도도 두고 있다. 전자는 직권에 의해서도 가능하다는 점을 제외하고는 경정결정의 절차, 불복, 효과 등에서 후자와 같은데, 후자에 대해서는 뒤에서 살펴본다.

Ⅲ. 임의적 당사자변경

1. 의　　의

임의적 당사자변경은 “분쟁주체로서의 지위변경과 관계없이 새롭게 제3자가 소송에 가입하는 것”을 말한다. 민사소송에서 임의적 당사자변경은 당사자의 동일성을 해치기 때문에 원칙적으로 허용되지 않는다. 다만 민사소송법에서도 ① 당사자의 추가에 해당하는 필수적 공동소송인의 추가(제68조), ② 예비적·선택적 공동소송인의 추가(제70조), ③ 당사자의 교체에 해당하는 피고의 경정(제260조)은 예외적으로 인정하고 있다. 민사소송에서의 이러한 세 가지 형태의 임의적 당사자변경은 모두 제1심 변론종결시까지만 허용되고, 원고의 경정은 제도상 허용되지 않는다.

그런데 행정소송법에서 피고의 임의적 변경은 비교적 넓게 허용되고 있다. 따라서 행정소송법상의 여러 특칙을 활용할 필요가 있다.

2. 원고의 변경

현행법상 동일성이 유지되는 범위 내에서 소장에 기재된 원고의 표시를 단순히 수정하는 데 그치는 원고의 표시정정 이외에 원고의 임의적 변경에 관한 제도적 장치는 마련되어 있지 않다. 판례는 원고의 표시를 자연인 '○○○'에서 '○○ 주식회사의 대표이사 ○○○'으로 표시정정하는 것은 당사자의 동일성을 해하는 것으로서 허용되지 않을 뿐만 아니라 실질적으로 당사자가 변경되는 것으로 허용될 수 없다고 하였다.[166] 다만 민사소송법에서 인정하는 임의적 당사자변경 중 당사자의 추가에 해당하는 필수적 공동소송인의 추가(민사소송법 제68조)의 경우에는 신청에 의한 원고의 추가가 허용될 수 있다.

판례 중에는 피상속인이 양도소득세부과처분에 대하여 이의신청, 심사청구를 거쳐 국세심판소장에게 심판청구를 한 후 사망하였고, 그 사망사실을 모르는 국세심판소장은 사망한 피상속인을 청구인으로 표시한 기각결정을 하자, 상속인들이 기각결정에 승복하지 않고 망인 명의로 양도소득세부과처분 취소소송을 제기한 후 상속인들 명의로 소송수계신청을 한 경우, 비록 전치절차 중에 사망한 피상속인의 명의로 소가 제기되었다고 하더라도 실제로 그 소를 제기한 사람들은 망인의 상속인들인데 그 표시를 잘못한 것에 불과하다고 전제하고 소송수계신청을 당사자표시정정신청으로 보아 이를 받아들인 예가 있다.[167]

3. 잘못 지정한 피고의 경정(행정소송법 제14조)

가. 제도의 취지

피고의 경정이란 "소송의 계속 중에 피고를 종전에 피고로 지정된 자와 동일성이 없는 다른 자로 변경하는 것"을 말한다. 행정조직이 복잡하고 권한의 변경 등도 빈번하여 누가 피고적격을 가지고 있는지 파악하기 어려운 경우가 적지 않기 때문에 피고를 잘못 지정하는 경우가 있을 수 있다. 그러한 소를 부적법한 것으로 각하하게 되면, 다시 정당한 피고를 정하여 제소하려고 해도 제소기간의 도과 등의 사유로 그것이 불가능해질 수 있다. 행정소송법은 바로 그와 같은 불

166) 대법원 1995. 12. 5. 선고 95누1484 판결.
167) 대법원 1994. 12. 2. 선고 93누12206 판결.

합리한 결과를 피하고 구제의 길을 확보하려는 의도에서 '피고경정' 제도를 마련해 놓고 있는 것이다.

나. 민사소송법 제260조상의 피고경정과 비교

행정소송법은 민사소송법이 1990. 1. 13. 법률 제4201호로 개정되면서 피고경정에 관한 규정을 신설하기 전에도 이미 피고경정을 허용하고 있었다. 그러나, 이제는 민사소송에서도 피고경정이 가능하므로, 현실적으로 큰 의미는 없다고 볼 수 있다.

그렇다고 하더라도 ① 민사소송에서는 피고가 본안에 관하여 준비서면을 제출하거나 준비기일에서 진술하거나 변론을 한 후에는 피고의 동의가 있는 경우에만 경정이 가능하나, 행정소송의 경우에는 그러한 제한이 없고, ② 민사소송에서는 서면에 의한 신청을 요하나, 행정소송에서는 구두신청도 가능하며, ③ 행정소송에서는 제2심에서도 피고경정을 할 수 있다는 등의 차이가 있다.

다. 요　　건

(1) 사실심 계속 중

행정소송법 제14조 제1항에 따른 피고경정은 제1심 변론종결시까지만 할 수 있는 민사소송과 달리 사실심 변론을 종결할 때까지도 할 수 있다(행정소송규칙 제6조). 그리고, 이 규정에 대한 반대해석상 법률심인 상고심에서 피고경정이 허용되지 않는다는 것은 의문이 없다.

행정소송규칙이 제정되기 전에는 위와 같은 피고경정이 제1심에서만 허용되는지 아니면 항소심에서도 허용되는지 여부에 대하여 논란이 될 수 있었다. 항소심에서 피고의 경정을 허용하면 새롭게 소송에 가입하는 피고는 제1심의 심리 및 판결을 받지 못하게 되기 때문이다. 그러나, 피고경정에 관한 행정소송법 제14조 제1항에는 민사소송법 제260조 제1항 본문과 같이 피고경정을 제1심에 한정하는 명문의 규정이 없고, 행정소송에서의 피고경정은 실질적인 당사자변경이라기보다는 소관부처의 변경이라는 의미가 커서 실질적인 심급이익의 박탈이라는 문제는 생기지 않으며, 행정소송에서는 제소기간의 제한 등으로 인하여 피고경정의 필요성이 민사소송보다 매우 크다는 점 등을 감안하면 항소심에서도 피고경정이 가능하다고 해석하는 것이 일반적이었다. 대법원도 "행정소송법 제14

조에 의한 피고경정은 사실심 변론종결에 이르기까지 허용되는 것으로 해석하여야 할 것이고, 굳이 제1심 단계에서만 허용되는 것으로 해석할 근거는 없다."라고 판시하였다.[168] 그리하여, 행정소송규칙 제6조는 위와 같은 해석론과 대법원 판례의 법리를 명문화한 것이다.

(2) 잘못된 피고의 지정

"피고를 잘못 지정한 때"란 해당 취소소송의 피고로 지정된 자가 행정소송법 제13조 또는 다른 법률의 특별규정에 의한 정당한 피고적격을 가지지 않는 경우를 말한다. 잘못 지정되었는지 여부는 법원이 당사자의 주장에 구속됨이 없이 객관적으로 판단할 사항이다. 피고경정제도는 피고를 잘못 선택한 원고의 권리를 구제하기 위한 것이고 특히 원고는 법을 잘 알지 못하는 경우가 많을 것이므로, 당사자가 피고를 잘못 지정하였다고 주장하면서 피고경정을 신청하였다고 하더라도 법원은 원래의 피고가 정당하다고 판단하면 그 신청을 배척할 수 있다.[169]

피고를 잘못 지정하였는지 여부는 제소시를 기준으로 판단한다. 제소 후의 사정(행정청의 권한의 변동 · 소의 변경 등)으로 인하여 피고를 경정하는 것은 여기에서의 피고경정에 해당하지 않는다.

(3) 새로운 피고의 정당성 여부

신청에 의한 피고경정의 경우 피고를 정하는 것은 원칙적으로 원고의 권한 및 책임에 속한다. 따라서, 새로운 피고가 정당한 피고적격자인지 여부와 관계없이 법원은 원고의 신청에 따라 피고경정을 허가할 수도 있다.[170]

그렇다고 하더라도 법원은 원고로 하여금 정당한 피고로 경정할 수 있도록 석명권을 행사하는 등 적절한 조치를 취하여야 한다. 대법원은 "행정소송에서 원고가 처분청이 아닌 행정관청을 피고로 잘못 지정하였다면 법원으로서는 석명권을 행사하여 원고로 하여금 피고를 처분청으로 경정하게 하여 소송을 진행케 하여야 할 것이다."라고 판단하였는데, 위 판결은 이 문제를 해결하는 데 참고할 만하다.[171]

168) 대법원 2006. 2. 23.자 2005부4 결정.
169) 같은 취지 법원실무제요(행정), 79면.
170) 같은 취지 법원실무제요(행정), 79면.
171) 대법원 1990. 1. 12. 선고 89누1032 판결.

(4) 원고의 고의 · 과실이 없어야 하는지 여부

원고가 피고를 잘못 지정한 것에 원고의 고의 · 과실이 있는지 여부는 묻지 않는다. 다만 소송지연 등을 목적으로 피고를 다르게 지정하는 경우 피고경정을 허가하지 않을 수도 있을 것이다.172)

(5) 피고의 동의 요부(要否)

민사소송에서는 피고경정이 종전 피고에 대한 소취하의 성질을 가지므로, 피고가 본안에 관하여 준비서면을 제출하거나 변론준비기일에서 진술하거나 변론을 한 뒤에는 그의 동의를 받아야 한다(민사소송법 제260조 제1항 단서). 그러나, 행정소송에서는 그러한 제한이 없어 변론을 한 이후에도 종전 피고의 동의 없이 피고경정이 가능하고 새로운 피고의 동의도 필요 없다. 이러한 점이 민사소송과 다른 행정소송만의 특색이다.

라. 절 차

(1) 원고의 신청

피고를 잘못 지정한 경우에 피고의 경정은 원고의 신청에 의하여 행한다(행정소송법 제14조 제1항). 법원이 직권으로 피고를 경정하는 결정을 할 수는 없다. 신청은 구술 또는 서면으로 가능하고, 구술에 의한 경우 법원사무관 등의 면전에서 진술하여 그 취지를 조서에 기재한 후 법원사무관 등이 기명날인한다.

원고가 피고를 잘못 지정하였다면 법원으로서는 당연히 석명권을 행사하여 원고로 하여금 피고를 경정하게 한 다음 소송을 진행하게 하였어야 할 것임에도 불구하고 이러한 조치를 취하지 않은 채 피고의 지정이 잘못되었다는 이유로 소를 각하하는 것은 위법하다.173)

---

172) 같은 취지 법원실무제요(행정), 80면.

173) 대법원 2004. 7. 8. 선고 2002두7852 판결. 국무회의에서 건국훈장 독립장이 수여된 망인에 대한 서훈취소를 의결하고 대통령이 결재함으로써 서훈취소가 결정된 후 망인의 유족에게 '독립유공자 서훈취소결정 통보'를 한 기관에 불과한 국가보훈처장을 상대로 서훈취소결정의 무효확인 등의 소를 제기하였다면, 법원으로서는 석명권을 행사하여 정당한 피고로 경정하게 하여 소송을 진행하여야 한다(대법원 2014. 9. 26. 선고 2013두2518 판결). 이러한 법리는 당사자소송의 경우에도 마찬가지로 적용되는데, 고용·산재보험료 납부의무 부존재확인의 소는 근로복지공단을 피고로 삼아 제기하여야 하나, 단지 보험료의 징수업무만 수행하는 국민건강보험공단을 상대로 제기한 경우, 법원으로서는 피고경정 여부에 관한 석명권을 행사하여야 한다(대법원 2016. 10. 13. 선고 2016다221658 판결).

(2) 심 리

피고경정의 요건충족 여부에 관해서는 법원이 직권으로 조사한다. 변론을 거칠 것인가 여부는 법원의 재량사항이다(민사소송법 제134조 제1항 단서).

(3) 결정과 불복절차

법원은 심리의 결과 피고경정의 요건을 충족하였다고 판단되면 결정의 형식으로써 피고의 경정을 허가할 수 있다(행정소송법 제14조 제1항). 피고경정의 허가결정은 서면으로 하여야 하고, 법원은 결정의 정본을 새로운 피고에게 송달하여야 한다(같은 조 제2항). 한편, 원고의 신청을 각하하는 결정에 대해서는 즉시항고를 할 수 있다(같은 조 제3항).

피고경정허가결정에 대하여 신청인이 불복하지 못하는 것은 당연하고, 경정 전 피고는 허가결정에 불복하더라도 항고를 제기할 수는 없으며 행정소송법 제8조 제2항에 의하여 준용되는 민사소송법 제449조 제1항[174] 소정의 특별항고를 제기할 수 있을 뿐이다.[175]

마. 피고경정허가의 효과

(1) 신소의 제기

피고경정에 대한 허가결정이 있을 때에는 새로운 피고에 대한 소송은 처음에 소를 제기한 때에 제기된 것으로 본다(같은 조 제4항). 제소기간의 기산점을 당초의 소제기시로 간주하는 것은 제소기간 경과에 대한 불이익을 배제하기 위한 것이다.

(2) 구소의 취하

피고경정의 허가결정이 있을 때에는 종전의 피고에 대한 소송은 취하된 것으로 본다(같은 조 제5항). 민사소송과 달리 피고의 동의를 구하는 절차를 취할 필요가 없다.

(3) 종전의 소송자료 등의 효력

피고가 경정된 경우, 경정 전의 소송자료가 어떠한 효력을 가지는지에 관해

---

174) 민사소송법 제449조 제1항에서는 "불복할 수 없는 결정이나 명령에 대하여는 재판에 영향을 미친 헌법위반이 있거나, 재판의 전제가 된 명령·규칙·처분의 헌법 또는 법률의 위반 여부에 대한 판단이 부당하다는 것을 이유로 하는 때에만 대법원에 특별항고를 할 수 있다."라고 규정하고 있다.

175) 대법원 2006. 2. 23.자 2005부4 결정.

서는 견해가 나누어져 있다. 새로운 피고는 반드시 종전 피고가 행한 소송상태를 승계하거나 종전 피고가 제출한 소송자료에 구속될 이유가 없으므로 당연히 승계된다고 볼 수는 없겠지만, 당사자가 원용하면 소송자료 등의 승계가 인정된다고 할 것이다.[176]

4. 소의 변경에 수반되는 피고경정

행정소송에서의 소의 변경은 민사소송법 제262조가 준용되는 청구의 기초에 변경이 없는 범위 내에서 하는 소송물의 변경뿐만 아니라 행정소송법에 고유한 것으로서 피고의 경정을 포함한 소의 종류의 변경과 처분변경으로 인한 소의 변경을 포함하는 넓은 개념이다.

행정소송법에 고유한 소의 종류의 변경제도는 행정소송의 종류가 다양하고 그 성질과 제소요건이 제각각이기 때문에 착오로 행정소송의 종류를 그르칠 염려가 있어서 원고가 항고소송 상호간 또는 항고소송과 당사자소송 상호간 소의 종류를 잘못 선택한 경우 간편하게 변경할 수 있도록 한 것이 그 입법취지이고, 그에 따라 행정소송법 제21조 제4항에서 소의 변경에 수반되는 피고의 경정을 허용하고 있으므로, 피고경정과 관련하여 아무런 문제가 발생하지 않는다.

문제는 민사소송법이 준용되는 소변경(청구의 기초가 변경이 없는 범위 내에서 청구취지 및 원인을 변경하는 소의 변경)에서 피고의 변경도 가능한지 여부이다. 위에서 살펴본 것처럼 소의 종류의 변경으로 인한 피고변경도 가능한데 거기에 이르지 않는 소의 변경에 피고의 경정을 허용하지 않을 이유가 없으므로, 이 경우에도 행정소송법 제14조의 규정에 따라 법원의 허가를 얻어 피고의 경정이 가능하다고 해석된다.[177] 예를 들면, 징계위원회를 피고로 삼아 징계의결 취소소송을 하다가 징계처분 취소소송으로 소를 변경함과 아울러 징계권자를 피고로 경정하는 것은 가능하다. 다만 이 경우에 원칙적으로 제소기간에 관한 행정소송법상의 특칙이 적용되지는 않는다.[178] 그러나, 변경 전후의 처분이 밀접한 관련이 있어

176) 법원실무제요(행정), 84면.
177) 같은 취지 법원실무제요(행정), 85면; 주석 행정소송법, 438면.
178) 대법원 2004. 11. 25. 선고 2004두7023 판결 참조. 원고가 제2 처분의 취소를 구하는 소를 제기하였다가 소송 계속 중에 제소기간 내에 제1 처분의 취소를 구하는 것으로 청구취지를 교환적으로 변경하였고, 제소기간이 도과한 후 다시 청구취지를 교환적으로 변경하여 제2 처분의 취소청구를 선택적 청구 중의 하나로 하고 있다면, 제2 처분에 관한 취소청구 부분

서 해석상 제소기간의 소급을 인정할 수 있는 경우가 있을 수 있다. 한편, 대법원은 행정소송법상 소의 종류의 변경과 같이 행정소송법상 항고소송으로 제기하여야 할 사건을 민사소송으로 잘못 제기한 경우 항고소송을 민사소송으로, 민사소송을 항고소송으로 변경하는 것이 가능하다고 전제하고, 이때 행정소송법상 소의 종류의 변경과 마찬가지로 그 제소기간의 준수 여부는 처음에 소를 제기한 때를 기준으로 판단하여야 한다고 판시하였다.[179]

5. 필수적 공동소송에서 누락된 당사자의 추가(민사소송법 제68조의 준용)

민사소송에서 여러 사람이 공동으로 원고나 피고가 되지 않으면 안 되는 소송(예: 공유물분할소송)에서, 당사자가 일부 누락된 경우 부적법한 소가 된다. 이때 제1심 변론종결시까지 누락된 당사자를 추가할 수 있다. 다만 원고의 추가는 추가될 자의 동의가 필요하다(민사소송법 제68조 제1항 단서).

행정소송에서도 민사소송법 제68조가 준용되어 필수적 공동소송인 중 일부가 누락된 경우 제1심 변론종결시까지 원고의 신청에 의한 결정으로 누락된 원·피고를 추가할 수 있다. 공동소송인의 추가가 있는 경우 민사소송법 제68조 제3항에 따라 처음의 소가 제기된 때 추가된 당사자와의 사이에 소가 제기된 것으로 보므로, 제소기간 준수 여부도 처음 소제기 당시를 기준으로 한다.

제7절 소송참가

Ⅰ. 소송참가의 의의

소송참가란 "소송계속 중 제3자가 자기의 법률상의 지위를 보호하기 위하여 소송에 참가하는 것"을 말한다. 소송참가는 ① 제3자가 단순히 당사자의 한 쪽의 승소를 돕기 위하여 참가하는 '보조참가'(민사소송법 제71조), ② 소송계속 중의 소송당사자 쌍방에 대하여 독립한 당사자로서 참가하는 '독립당사자참가'(같은 법 제

의 소는 부적법하다는 것이 판례이다.

179) 대법원 2022. 11. 17. 선고 2021두44425 판결.

79조), ③ 제3자가 당사자 일방의 공동소송인으로서 참가하는 '공동소송참가'(같은 법 제83조), ④ 필수적 공동소송인에 준하는 지위가 해석상 인정되는 '공동소송적 보조참가'(같은 법 제78조) 등이 있다. 독립당사자참가를 비롯한 소송참가는 제3자와의 사이에서 소송의 목적을 합일적으로 확정할 필요성과 합리성을 전제로 하는데, 어느 것이나 소송의 결과에 따른 제3자의 이익을 보호하려는 목적을 가지고 있다.

그런데 행정소송에는 소송의 대상인 처분 등이 수인의 권익에 관계되는 경우가 민사소송에 비하여 상대적으로 많을 뿐만 아니라 제3자효적 행정행위의 경우에서 보는 것처럼 처분의 효력이 상대방 이외의 제3자에게 영향을 미치는 경우가 많으므로, 소송참가를 허용할 필요성이 민사소송의 경우보다 매우 크다. 특히 항고소송의 경우에는 원고의 승소판결에 대세적 효력을 부여하므로(행정소송법 제29조 제1항), 당초 소송에 관여하지 않던 제3자의 권익보호를 위하여 소송참가가 더욱 넓게 보장될 필요가 있다. 따라서 행정소송법은 제3자의 소송참가(제16조)와 행정청의 소송참가(제17조)에 관하여 특별히 규정하고 있다.[180]

Ⅱ. 제3자의 소송참가

1. 행정소송법 제16조에 의한 제3자의 소송참가

가. 제도의 취지

제3자의 소송참가는 "소송의 결과에 따라 권리·이익의 침해를 받을 제3자가 있는 경우 법원이 당사자 또는 제3자의 신청에 의하거나 직권으로 그 제3자를 소송에 참가시키는 제도"이다. 제3자의 소송참가는 취소소송 이외의 무효등 확인소송과 부작위위법확인소송에도 준용된다(행정소송법 제38조).

행정소송에서는 그 판결이 다수의 권익에 관계되는 것이 많을 뿐만 아니라 항고소송에서는 판결에 대세적 효력(행정소송법 제29조 제1항)까지 인정되므로 제3

180) 행정소송법 개정시안에서는 처분으로 인하여 영향을 받을 이해관계인의 참여를 보장하고 분쟁의 일회적 해결을 도모하기 위하여, 법원이 당사자 이외의 관계행정청 또는 소송결과에 이해관계가 있는 제3자에게 소제기 사실을 통지하거나 공고할 수 있도록 하는 제도를 도입하려고 하였었다.

자의 권익보호를 위하여 소송참가가 넓게 보장되어야 한다는 취지에서, 민사소송법상의 소송참가제도와 별도로 규정하고 있는 것이다. 예를 들면, 허가청이 경원자 A와 B 중 A에 대하여 허가를 한 사안에서 B가 허가청을 상대로 A에 대한 허가의 취소소송을 제기하였다고 가정하면, 그 취소소송의 원고와 피고는 B와 허가청이 될 것이므로 실질적 이해관계인인 A는 소송에서 배제되는 결과가 발생하게 된다. 이 경우 A로 하여금 B와 허가청 사이의 소송에 참가하여 해당 소송의 당사자로서 자신에게 이익이 되는 주장을 하고 판결을 받게 할 필요가 있다. 또한, 위 취소소송에서 원고인 B의 승소판결은 대세적 효력이 있으므로, 소송에 관여하지 않은 제3자인 A에게도 효력이 미친다. 그러므로, 실질적인 당사자로서의 지위를 가지게 되는 제3자로 하여금 공격방어방법을 제출할 기회를 제공함으로써 적정한 심리 · 재판을 실현하고, 제3자에 의한 재심청구(같은 법 제31조)를 미연에 방지하기 위하여 제3자의 소송참가제도가 마련된 것이다.

나. 참가의 요건

(1) 타인 사이의 소송계속

소송이 어느 심급에 있는지는 묻지 않으므로 상고심에서도 가능하다. 그렇지만, 소가 적법하게 제기되어 계속되고 있어야 한다.

(2) 소송의 결과에 따라 권리 또는 이익의 침해를 받을 자

참가인이 되려면 참가이유로서 소송의 결과에 의하여 권리 또는 이익의 침해를 받을 것이 요구된다. 소송의 결과에 따라 권리 또는 이익을 침해당한다고 하는 것은 판결의 결론인 주문에서의 소송물 자체에 관한 판단의 결과 권리 · 이익이 박탈당하는 것을 말한다. 그밖에도 판결에 구속되는 행정청의 새로운 처분에 의하여 권리 · 이익을 박탈당하는 경우까지 포함된다. 경원자소송에서 X가 면허를 받고 Y의 신청이 거부되어 Y가 제기한 거부처분 취소소송에서 승소하더라도, X에 대한 면허가 저절로 소멸되지는 않지만 취소판결의 구속을 받는 처분청의 행위를 통하여 궁극적으로 X에 대한 면허가 취소될 것이므로, X는 판결에 의하여 권익을 침해받을 자가 되는 것이다.

(3) 제3자

여기에서 '제3자'라고 함은 "소송당사자 이외의 자"를 말하고, 국가 · 공공단체도 이에 포함될 수 있다. 그러나, 행정청은 당사자능력이 없으므로, 여기에서 말하는 '제3자'가 될 수 없다.[181] 취소판결에 의하여 '침해될 권리 또는 이익'이란 '법률상의 이익'을 의미하고 반사적 이익이나 사실상의 이익은 여기에 포함되지 않으므로, 제3자는 위에서 말하는 법률상 이익을 가지고 있어야 한다.[182]

(4) 참가의 대상

소송의 결과에 따라 권리 또는 이익을 침해받을 제3자는 원고와 피고 어느 쪽을 위해서도 참가할 수 있다. 이 점에서 뒤에서 보는 피고 행정청을 위해서만 참가할 수 있는 행정청의 소송참가와 다르다.

다. 참가의 절차

(1) 직권 또는 참가신청

제3자의 소송참가는 제도의 취지에 비추어 보아 직권소송참가(강제참가)가 원칙일 것이나, 이를 널리 이용하게 할 필요도 있기 때문에 당사자 및 제3자에게도 참가신청권을 인정하고 있다(행정소송법 제16조 제1항 참조).

(2) 참가의 허부결정

당사자 또는 제3자로부터 참가신청이 있는 경우 법원은 그 요건의 존부를 심사하여 결정으로써 허가 여부의 재판을 하게 된다. 당사자가 이의를 제기하지 않더라도 같다. 민사소송법 제71조에 의한 보조참가는 당사자가 참가에 대하여 이의를 신청한 때에만 법원이 참가를 허가할 것인지 아닌지를 결정하여야 한다는 점에서 차이가 있다. 직권소송참가의 경우에는 법원은 결정으로써 제3자에게 참가를 명한다(행정소송법 제16조 제1항). 법원이 참가결정을 하고자 할 때에는 미리 당사자 및 제3자의 의견을 들어야 한다(같은 조 제2항). 그러나, 법원이 그 의견에 구속되는 것은 아니다.

참가를 신청한 제3자는 그 신청을 각하한 결정에 대하여 즉시항고를 할 수 있다(같은 조 제3항). 당사자가 제3자의 소송참가신청을 하였으나 법원이 각하결정을 한 경우 그 당사자는 각하결정에 대하여 불복할 수 없다고 해석된다.[183] 행정소송법 제16조 제3항에서는 제3자만 불복할 수 있도록 명시하고 있고, 제3자의

181) 이 경우 행정청은 행정소송법 제17조에 의한 행정청의 소송참가 규정에 의하여 참가할 수는 있다.

182) 김남진 · 김연태, 행정법 I , 914면.

183) 김남진 · 김연태, 행정법 I , 915면.

소송참가는 제3자의 보호와 공익의 보장을 주된 목적으로 하는 것이기 때문이다.

행정소송법 제16조 제3항의 반대해석상 참가를 허가한 결정에 대해서는 당사자 및 제3자 누구도 독립하여 불복할 수 없다. 따라서 본안에 대한 불복절차에서 소송절차의 위법 여부를 다툴 수 있을 뿐이다. 민사소송법 제73조 제1항에 의한 보조참가에서는 그 신청에 대한 허가결정에 대해서도 즉시항고를 할 수 있는 것과 다른 점이다.

라. 참가인의 지위

(1) 참가결정 전의 지위

참가를 신청한 제3자는 그 각하결정이 있을 때까지는 참가인으로서 소송수행을 할 수 있다.[184] 각하결정이 있게 되면 그때까지 행한 제3자의 소송행위는 효력을 상실한다. 다만 당사자가 이것을 원용하게 되면 효력이 유지된다(민사소송법 제75조 참조).

(2) 참가결정 후의 지위(참가인의 지위)

법원의 참가결정이 있게 되면 제3자는 참가인의 지위를 획득한다. 참가인인 제3자에 대해서는 필수적 공동소송에 대한 민사소송법 제67조의 규정이 준용되므로(행정소송법 제16조 제4항), 참가인은 피참가인과 필수적 공동소송에서의 공동소송인에 준하는 지위에 서는 것이나, 당사자에 대하여 독자적인 청구를 하는 것은 아니므로, 그 성질은 공동소송적 보조참가와 비슷하다는 것이 우리나라에서의 통설 및 유사규정을 가지고 있는 일본에서의 유력설이다.

따라서, 공동소송적 보조참가인의 소송행위에 따르는 제한이 그대로 유효하므로, 참가인의 소송행위는 참가할 때의 소송진행 정도에 따른 제한을 받게 된다. 그 결과 공격방어방법의 제출이 시기에 늦었는지 여부나 부제출에 고의 또는 중대한 과실이 있는지 여부, 준비절차 종료 여부 등은 피참가인을 표준으로 판단하고, 상고심에서 참가한 때는 사실상의 주장이나 증거제출이 불가능하다.[185]

또한, 민사소송법 제67조가 준용됨에 따라 참가인은 통상의 보조참가인에

184) 김남진 · 김연태, 행정법 I, 915면. 이에 반하여 민사소송법 제75조를 준용하는 명문의 규정이 없고, 민사소송법상 보조참가와는 달리 법원의 결정에 의하여 비로소 참가가 허용된다는 점에서 소극적으로 해석하는 견해도 있다.

185) 법원실무제요(행정), 95-96면.

비하여 다음과 같은 독립적인 지위가 인정된다.[186] 공동소송인 중 한 사람이 한 유리한 소송행위는 모두를 위하여 효력이 있지만, 불리한 행위는 모두가 함께하지 않으면 효력이 없다. 그리하여, 한 사람이라도 상대방의 주장을 다투면 모두가 다툰 것이 되고, 피참가인이나 참가인 중 누구라도 상소가 가능하며, 참가인이 상소를 한 경우 피참가인이 상소를 취하할 수 없다.[187] 그러나, 소의 취하는 피참가인이 혼자서도 할 수 있다는 점에 유의하여야 한다.[188] 한 사람이라도 기일에 출석하여 변론을 하거나 기간을 준수하였으면 다른 공동소송인이 결석하거나 기간을 지키지 않았더라도 게을리 한 효과를 받지 않는다. 상소기간은 참가인에 대한 판결송달시부터 개별적으로 진행하지만 당사자와 참가인 모두에 대하여 상소기간이 경과될 때까지는 판결이 확정되지 않는다. 한 사람에 대한 소송의 중단·중지의 사유가 발생하면 소송 전체를 중단·중지하지 않으면 안 된다. 참가인 등에 대한 상대방의 소송행위는 유·불리를 불문하고 전원에 대하여 효력이 있다. 따라서 한 사람이라도 기일에 출석하면 상대방은 그 사람에게 준비서면에 기재하지 않은 사실도 주장할 수 있다.[189]

(3) 참가인에 대한 판결의 효력

참가인의 지위를 취득한 제3자는 판결의 효력을 받는다. 이는 민사소송법상 보조참가인이 참가적 효력만 받는 것과 다르다. 참가인이 된 제3자는 판결확정 후 행정소송법 제31조에 의한 재심의 소를 제기할 수 없다. 왜냐하면 위 재심의 소는 귀책사유 없이 소송에 참가하지 못한 제3자를 위하여 마련된 제도이기 때문이다.

---

186) 아래의 내용에 대한 자세한 설명은 법원실무제요(행정), 96-97면, 정동윤·유병현·김경욱, 민사소송법, 1130면 참조.

187) 대법원 1967. 4. 25. 선고 66누96 판결.

188) 공동소송적 보조참가는 그 성질상 필수적 공동소송 중에서 유사필수적 공동소송에 준한다 할 것인데, 유사필수적 공동소송에서는 원고들 중 일부가 소를 취하하는 경우에 다른 공동소송인의 동의를 받을 필요가 없고, 소취하는 판결이 확정될 때까지 할 수 있고 취하된 부분에 대해서는 소가 처음부터 계속되지 않은 것으로 간주되며(민사소송법 제267조), 본안에 관한 종국판결이 선고된 경우에도 그 판결 역시 처음부터 존재하지 않은 것으로 간주된다. 따라서 소의 취하는 재판의 효력과는 직접적인 관련이 없는 소송행위로서 공동소송적 보조참가인에게 불이익이 된다고 볼 수 없으므로, 피참가인이 공동소송적 보조참가인의 동의 없이 소를 취하하더라도 유효하다(대법원 2013. 3. 28. 선고 2011두13729 판결).

189) 법원실무제요(행정), 97면.

2. 민사소송법에 의한 소송참가

행정소송법은 민사소송법상 각종 참가에 관한 규정을 배제하고 있지 않다. 행정소송법 제16조의 규정에 의한 참가 역시 소송참가의 특별한 유형일 뿐 행정소송에서 그 이외의 소송참가가 불가능하다는 것은 아니다. 따라서 행정소송에서는 행정소송법이 정한 참가 외에 민사소송법상 보조참가를 비롯한 각종 참가도 여전히 가능하다고 보아야 할 것이다. 판례와 실무관행도 대체로 그에 따르고 있다.[190]

실무적으로 행정소송에서 민사소송법상의 여러 가지 참가유형 중에 보조참가를 하는 경우가 많은데, 그 실질이 단순한 보조참가인지 아니면 공동소송적 보조참가인지 다툼이 있어 왔다. 행정소송법 제16조의 "소송의 결과에 따라 권리 이익의 침해를 받을 제3자"나 민사소송법 제71조의 "소송의 결과에 이해관계 있는 제3자"는 그 범위에 사실상 차이가 없고, 항고소송의 인용판결은 대세적 효력을 가지므로(행정소송법 제29조, 제38조 제2항), 판결의 효력을 받는 제3자가 민사소송에 의한 보조참가인이라 하더라도 그 실질은 민사소송법 제78조에 규정된 공동소송적 보조참가인과 유사한 지위에 있게 된다.[191] 대법원도 판결의 효력이 참가인에게도 미치는 점 등 행정소송의 성질에 비추어 보아 그 참가는 민사소송법 제78조에서 규정하는 공동소송적 보조참가라고 판시하였다.[192] 따라서 항고

---

190) 대법원 2008. 2. 14. 선고 2007두21303 판결 등 다수의 판례는 보조참가가 허용됨을 전제로 하고 있다.

191) 법원실무제요(행정), 98면.

192) 대법원 2013. 3. 28. 선고 2011두13729 판결; 대법원 2012. 11. 29. 선고 2011두30069 판결; 대법원 2017. 10. 12. 선고 2015두36836 판결. 따라서 참가인이 적법하게 상고를 제기하고 그 상고이유서 제출기간 내에 상고이유서를 제출하였다면, 상고를 제기하지 않은 피참가인인 피고의 상고이유서 제출기간이 도과하였다고 하더라도, 그 상고이유서의 제출은 적법하고, 참가인이 상소를 할 경우에 피참가인이 상소취하나 상소포기를 할 수 없다고 판시하였다. 참고로 공동소송적 보조참가를 한 참가인은 상고를 제기하지 않은 채 피참가인이 상고를 제기한 부분에 대한 상고이유서를 제출할 수 있지만 이 경우 상고이유서 제출기간을 준수하였는지 여부는 피참가인을 기준으로 판단하여야 하므로, 상고하지 않은 참가인이 피참가인의 상고이유서 제출기간이 지난 후 상고이유서를 제출하였다면 적법한 기간 내에 제출한 것으로 볼 수 없다. 따라서, 공동소송적 보조참가를 한 참가인과 피참가인이 서로 원심에 대하여 불복하는 부분을 달리하여 각각 상고하였다면, 참가인이 '피참가인만이 불복한 부분'에 대하여 피참가인이 주장하지 않은 새로운 상고이유 주장을 하는 경우에 상고이유의 주장을 할 수 있는 기간은 피참가인의 상고이유서 제출기간 내로 제한된다(대법원 2020. 10. 19. 선고 2019두40611 판결).

소송에서 행정소송법 제16조에 의한 참가 외에 별도로 민사소송법에 의한 보조참가를 허용하는 것에 대하여 의문을 제기하는 견해도 있다.[193]

행정청은 민사소송법상 당사자능력이 없으므로, 민사소송법상의 보조참가를 할 수 없고, 뒤에서 살펴보는 행정청의 소송참가만 할 수 있다.

❑ **대법원** 2002. 9. 24. **선고** 99**두**1519 **판결:** 타인 사이의 항고소송에서 소송의 결과에 관하여 이해관계가 있다고 주장하면서 민사소송법(2002. 1. 26. 법률 제6626호로 전문개정된 것) 제71조에 의한 보조참가를 할 수 있는 제3자는 민사소송법상의 당사자능력 및 소송능력을 갖춘 자이어야 하므로 그러한 당사자능력 및 소송능력이 없는 행정청으로서는 민사소송법상의 보조참가를 할 수는 없고 다만 행정소송법 제17조 제1항에 의한 소송참가를 할 수 있을 뿐이다(행정청에 불과한 서울특별시장의 보조참가신청을 부적법하다고 한 사례).

한편, 피고 행정청에 대해서는 처분의 취소를 구하고 원고에 대해서는 관련된 민사상의 청구를 하는 형태의 독립당사자참가는 허용될 수 있을 것이다.[194] 또한 행정소송에서도 공동소송참가도 가능할 것이다.

다만 독립당사자참가나 공동소송참가의 경우 민사소송법에 규정된 각각의 참가요건을 갖추어야 하고 독립된 소로서 당사자적격, 제소기간, 행정심판전치 등 행정소송를 제기할 때 갖추어야 하는 소송요건이 모두 구비되어야 하므로, 실제로 활용되기는 쉽지 않을 것이다.

Ⅲ. 행정청의 소송참가

1. 제도의 취지

행정청이 처분 또는 재결을 할 때 처분청 또는 행정심판위원회 이외의 행정청이 그에 관계하는 경우가 적지 않다. 그런데, 처분의 취소소송은 처분청을, 재결의 취소소송은 행정심판위원회를 비롯한 재결청을 피고로 제기하는 것이 원칙

193) 이에 관한 학설의 대립에 대해서는 주석 행정소송법, 461-462면 참조.
194) 같은 취지 법원실무제요(행정), 99면. 이에 관한 학설의 대립에 대해서는 주석 행정소송법, 462-463면 참조.

이므로(행정소송법 제13조 제1항), 처분청 또는 재결청 이외의 행정청이 중요한 공격방어방법을 가지고 있더라도 해당 소송에 관계인으로서 참여할 수 없다는 문제가 있다. 그리하여, 행정소송법은 관계행정청으로 하여금 직접 소송에 참여하여 공격방어방법을 제출케 함으로써, 심리 · 재판에 적정을 기할 수 있도록 행정청의 소송참가제도를 명문으로 규정하고 있는 것이다(행정소송법 제17조).

행정청의 소송참가제도는 소송의 적정한 해결을 도모하는 것에 입법취지가 있으므로 직권심리주의(행정소송법 제26조)와 밀접한 관련을 가지고, 제3자의 이익보호를 입법목적으로 하는 제3자의 소송참가제도와는 그 취지를 달리한다.[195]

2. 참가의 요건

가. 타인 사이의 소송계속

행정청의 소송참가도 제3자의 소송참가와 같이 참가의 대상이 되는 취소소송이 계속되고 있어야 가능하다. 그 소송이 어느 심급에 있는가는 불문한다.

나. 다른 행정청

'다른 행정청'에는 참가의 대상이 되는 소송의 피고인 행정청 이외의 행정청이 해당된다. 다만 계쟁 처분 · 재결과 관계있는 행정청이어야 할 것이다. 계쟁의 처분 또는 재결에 관하여 피고인 행정청을 지휘 · 감독하는 상급청, 재결이 행해진 경우의 원처분청의 경우가 많을 것이다.

다. 피고 행정청을 위한 참가

행정청의 소송참가의 취지가 제3자의 권익보호보다는 소송의 적정한 해결에 있다는 점, 행정의사의 분열을 초래하는 것은 허용되지 않는다는 점 등을 감안하면, 소송에 참가하고자 하는 행정청은 성질상 피고 행정청을 위하여 참가할 수 있을 뿐이다. 따라서, 지방노동위원회가 구제명령을 발하였으나 중앙노동위원회가 구제명령을 취소하는 재결을 한 경우 원고가 중앙노동위원회위원장을 상대로 한 재결의 취소소송에서 지방노동위원회가 자신이 행한 구제명령이 옳고 중앙노동위원회의 재결이 잘못된 것이라고 주장하면서 원고를 위하여 참가하는 것은 허용될 수 없다.

---

195) 법원실무제요(행정), 100면.

라. 참가의 필요

'참가의 필요'는 제도의 취지상 관계되는 다른 행정청을 소송에 참가시킴으로써 소송자료 및 증거자료가 풍부하게 되어 사건의 적정한 심리와 재판을 하는데 필요한 경우를 말한다.196) 참가의 필요는 법원이 판단한다.

한편, 피고 행정청 이외의 다른 행정청은 모두 소송참가를 할 수 있어 산하 행정청이라고 참가하지 못할 이유는 없을 것이나, 피고 행정청의 지휘·감독하에 있는 행정청의 소송자료 등은 피고 행정청이 쉽게 입수할 수 있으므로, 소송참가의 필요성이 부인될 수도 있다.

3. 참가의 절차

법원의 직권, 당사자 또는 '해당 행정청(소송에 참가하고자 하는 다른 행정청)'의 신청에 의한다(행정소송법 제17조 제1항). 신청의 방식에 관해서는 민사소송법 제72조(참가신청의 방식)가 준용된다.

참가의 허부의 재판은 결정의 형식으로 하고 당사자 및 해당 행정청의 의견을 미리 들어야 한다(같은 조 제2항). 그 결정에 대해서는 불복할 수 없다.

4. 참가 행정청의 지위

법원의 참가결정이 있게 되면, 그 소송에 참가한 행정청에 대해서는 민사소송법 제76조(참가인의 소송행위)의 규정이 준용된다(행정소송법 제17조 제3항 참조). 따라서 참가 행정청은 소송수행에서 보조참가인에 준하는 지위에 서게 되므로, 소송에 관하여 공격·방어·이의·상소 기타 일체의 소송행위를 할 수 있다. 그러나 피참가인의 소송행위와 저촉되는 소송행위는 할 수 없고, 하더라도 무효가 된다(민사소송법 제76조 제2항).

5. 명령·규칙 소관 행정청에 대한 소송통지

행정소송규칙 제7조에서는 법원으로 하여금 명령·규칙의 위헌 또는 위법 여부가 쟁점이 된 사건에서 그 명령·규칙 소관 행정청이 피고와 동일하지 않는

196) 대법원 2002. 9. 24. 선고 99두1519 판결.

경우에 해당 명령·규칙의 소관 행정청에 소송계속 사실을 통지할 수 있도록 하고(제1항), 위와 같은 통지를 받은 행정청은 법원에 해당 명령·규칙의 위헌 또는 위법 여부에 관한 의견서를 제출할 수 있다고 규정하고 있다(제2항). 법원은 소관 행정청이 해당 명령·규칙의 위헌 또는 위법 여부에 대하여 밝힌 법률의견을 심리에 참조할 수 있고, 나아가 필요한 경우에는 직권으로 소관 행정청을 참가시킬 수도 있을 것이다.

이는 행정청의 소송참가와 같이 소송의 적정한 해결이라는 입법취지에서, 명령·규칙의 위헌·위법이 쟁점이 되는 사건에서 처분청인 피고와 명령·규칙의 개정·폐지 권한을 가지는 소관 행정청이 다른 경우 소관 행정청에게 해당 명령·규칙의 위헌·위법 여부가 쟁점인 소송이 계속 중인 사실을 통지함으로써, 전문성 있는 소관 행정청이 소송에 참여할 수 있는 기회를 적극적으로 보장하기 위한 것이다.

제8절 소송상의 대리인

Ⅰ. 개 설

1. 민사소송법의 준용

행정소송의 소송대리에도 민사소송법의 관련규정이 준용된다. 민사소송법 제87조(소송대리인의 자격), 제89조(소송대리권의 증명), 제90조(소송대리권의 범위) 등이 행정소송에 준용되는 규정들이다.

2. 국가소송법의 적용

국가를 당사자로 하는 소송에 관한 법률(국가소송법)의 적용영역은 '국가소송'과 '행정소송'이다(제1조 참조). 국가소송법은 국가소송을 '소송의 주체'라는 형식적 관점에서 "국가를 당사자 또는 참가인으로 하는 소송"라고 정의하고 있다. 행정소송에 관해서는 국가소송과는 달리 개념을 규정하지 않고 단지 괄호 안에 "행정청을 참가인으로 하는 경우를 포함한다."라고 하고, 제6조 제1항에서 "행정소송을 수행할 때 행정청의 장은 법무부장관의 지휘를 받아야 한다."라고 규정하고 있다. 따라서 국가소송법의 적용을 받는 행정소송은 '행정청의 장이 수행하는 행정소송'이라고 정의할 수 있다.[197]

국가소송(국가를 당사자 또는 참가인으로 하는 소송)에서는 법무부장관이 국가를 대표하고, 법무부의 직원, 검사, 공익법무관, 소관행정청의 직원을 소송수행자로 지정하여 소송을 수행하도록 할 수 있다(제2조, 제3조). 반면에 항고소송을 비롯한 국가소송법상의 행정소송의 경우에는 행정청의 장이 그 소속직원 등을 소송수행자로 지정하여 소송수행을 할 수 있다(국가소송법 제5조). 나아가 행정소송규칙 제3조에서는 소송수행자를 지정할 때 그 직위와 업무, 전문성 등을 고려하여 해당 사건의 소송수행에 적합한 사람이 지정될 것을 요구함으로써, 행정소송의 적정을 도모하고 있다.

Ⅱ. 국가소송법상 법무부장관의 권한

국가소송법 제2조는 "국가소송에 있어서는 법무부장관이 국가를 대표한다."라고 규정하고 있으므로, 법무부장관은 스스로 국가를 대표하여 국가소송을 수행한다(국가소송에서의 소송대표권).

반면에 국가소송법상의 행정소송의 경우에는 소송당사자로 된 행정청이 소송상의 대표권을 행사하므로, 행정청의 장은 그 행정청의 직원 또는 상급행정청의 직원을 지정하여 행정소송을 수행하게 하거나 변호사를 소송대리인으로 선임하여 행정소송을 수행하게 할 수 있다(제5조). 이 경우 법무부장관에게는 국가적인 이해관계와 공공적인 필요성 때문에 행정소송에서의 소송관여권만 인정될 뿐이다.[198] 법무부장관의 소송관여권은 ① 소송지휘권, ② 소송수행자 지정권, ③ 행정청의 지정대리인·변호사에 대한 해임권 등을 그 내용으로 한다.

국가소송법은 소송지휘권에 관하여, 행정소송의 수행에서 법무부장관은 행정청의 장을 지휘할 수 있고(제6조 제1항), 소관 소송사무에 관하여 소송사무를 총괄

197) 여기에서의 행정청은 행정조직법상의 행정기관을 말한다. 국가소송법 제2조의2에서는 "이 법의 적용을 받는 행정청에는 법령에 따라 행정권한의 위임 또는 위탁을 받은 행정기관, 공공단체, 그 기관 또는 사인(私人)이 포함된다."라고 규정하고 있다.

198) 정구환, 국가소송의 이론과 실무, 육법사(2002), 46면 참조.

하기 위하여 임명된 소송총괄관[199]을 지휘할 수 있다고 규정하고 있다(제8조 제2항). 법무부장관은 행정기관 소속의 직원인 소송수행자를 직접 지휘하지 못하고 행정청의 장과 소송총괄관을 통한 간접적인 소송지휘권을 행사하도록 되어 있는 것이다(간접적 소송지휘권).[200]

다음으로 소송수행자 지정권에 관하여, 행정청의 장의 소송수행자 지정권과는 별도로 법무부장관도 국가소송법상의 행정소송에 관하여 필요하다고 인정될 때에는 법무부의 직원, 검사 또는 공익법무관을 지정하여 그 소송을 수행하게 할 수 있다고 규정하고 있다(제6조 제2항 전단). 그런데, 국가소송법 시행령 제6조에서는 ① 부과조세액이 법무부령이 정하는 금액이상인 조세부과처분에 관한 사건, ② 일반직 3급 이상의 국가공무원(고위공무원단에 속하는 일반직공무원 포함) 또는 지방공무원 및 이에 준하는 공무원의 신분관계에 관한 사건으로서 법무부장관이 공동수행사건으로 함이 상당하다고 인정하는 사건, ③ 감사원의 시정 또는 징계요구에 의한 처분 및 변상판정에 관한 사건, ④ 정부시책에 중대한 영향을 미칠 우려가 있거나 사회의 이목을 끌만한 사건으로서 법무부장관이 공동수행사건으로 함이 상당하다고 인정하는 사건(공동수행사건)은 법무부의 직원과 소관 행정청의 소송수행자가 공동으로 소송을 수행하고(제1항),[201] 그밖의 행정소송사건(지휘사건)은 소관행정청의 소송수행자가 법무부장관의 지휘를 받아 그 소송을 수행한다(제2항)고 규정하고 있다.

마지막으로 행정청의 지정대리인·변호사에 대한 해임권에 관하여, 국가의

---

199) 국가소송법 제8조 제1항에서는 "중앙행정기관의 장은 대통령령이 정하는 바에 따라 법무 및 송무 사무를 담당하는 4급 이상의 소속직원 중에서 소관 소송사무를 총괄할 소송총괄관 1인을 임명하여야 한다."라고 규정하고 있다.

200) 국가소송법 제8조 제3항에서는, "소송총괄관은 해당 기관의 소송에 관하여 소송수행자로 지정된 그 기관의 직원을 지휘·감독한다."라고 규정하고 있다.

201) 법무부장관이 지정할 수 있는 소송수행자의 자격에 대하여 국가소송법 제6조 제2항에서는 법무부의 직원, 검사 또는 공익법무관이라고 정하고 있는 반면, 시행령 제6조 제1항에서는 법무부의 직원만 공동수행사건의 소송수행을 하도록 규정하고 있어서 법률과 시행령의 규정에 차이가 있다. 법률이 상위규범이고 해당 시행령 조항은 내부사무처리에 관한 규정이므로, 법무부장관이 실제로 검사 또는 공익법무관을 소송수행자로 지정할 경우 그 지정이 위법하지 않다고 보는 견해가 있을 수 있다. 그러나 법률에서 위임받은 법무부장관의 소송수행의 재량권을 집행명령인 시행령으로 그 권한을 합리적으로 제한한 것이라고 해석한다면 위와 같은 지정은 위법하다고 보아야 할 것이고, 이러한 해석이 검찰에 위임된 행정소송과 관련된 권한을 법무부장관이 직접 행사하도록 하여 행정소송의 지휘체계의 효율화를 도모하려고 하는 2020. 8. 5.자 시행령의 개정취지에 부합한다.

정당한 이익을 보호하고 소송지휘권을 실효적으로 행사할 수 있도록 법무부장관은 행정청의 장이 지정한 소송수행자나 선임한 변호사를 해임하게 할 수 있다고 규정하고 있다(제6조 제2항 후단).

Ⅲ. 지정대리인(소송수행자)[202]

1. 지정할 수 있는 소송의 범위

가. 국가가 당사자인 사건과 행정청의 장이 수행하는 행정소송 사건의 경우

법무부장관은 법무부 직원, 검사, 공익법무관, 소관 행정청 직원을 지정하여 국가소송을 수행하게 할 수 있고, 행정청의 장은 그 행정청의 직원 또는 상급행정청의 직원을 지정하여 행정소송을 수행하게 할 수 있다(국가소송법 제3조 제1항, 제2항, 제5조 제1항).

따라서 ① 민사소송과 당사자소송 등 국가가 당사자 또는 참가인인 소송과 ② 행정청의 장이 수행하는 행정소송[203]에서 지정대리인에 의한 소송수행이 가능하다.

나. 지방자치단체가 당사자인 민사소송이나 당사자소송의 경우

국가소송법 제5조 제1항에 규정된 '행정청의 장'에는 지방자치단체 그 자체가 포함되는 것은 아니다. 따라서 지방자치단체의 장이 아닌 지방자치단체 자체가 당사자인 소송에서는 소송수행자를 지정할 수 없고, 민사소송에서처럼 대표자 본인이 직접 소송을 수행하거나 변호사를 대리인으로 선임할 수밖에 없다. 따라서 지방자치단체장이 피고인 항고소송 등에서는 소송수행자 지정이 가능하나, 지방자치단체가 피고가 되는 당사자소송이나 민사소송에서는 소송수행자에 의한 소송수행이 불가능하다.

---

202) 법령상으로는 '지정대리인'(국가소송법 제7조 참조)이라는 용어와 '소송수행자'(같은 법 제8조 제3항, 제9조 등 참조)라는 용어가 혼용되나, 실무상으로는 통상 '소송수행자'라 한다.

203) 행정청인 특허청장이 피고가 되는 사정계(결정계) 특허소송에서도 특허청장은 소송수행자를 지정할 수 있다.

> ❑ **대법원 2006. 6. 9. 선고 2006두4035 판결:** 지방자치단체는 국가를 당사자로 하는 소송에 관한 법률의 적용대상이 아니어서 같은 법률 제3조, 제7조에서 정한 바와 같은 소송수행자의 지정을 할 수 없고, 또한 민사소송법 제87조가 정하는 변호사대리의 원칙에 따라 변호사 아닌 사람의 소송대리는 허용되지 않는 것이므로, 원심이 변호사 아닌 피고 소속 공무원으로 하여금 소송수행자로서 피고의 소송대리를 하도록 한 것은 민사소송법 제424조 제1항 제4호가 정하는 '소송대리권의 수여에 흠이 있는 경우'에 해당하는 위법이 있는 것이다.

2. 지정과 감독

가. 지정(법무부장관과 행정청의 장)

국가소송에서 법무부장관은 그 부의 직원, 검사 또는 공익법무관을 소송수행자로 지정할 수 있고(국가소송법 제3조 제1항), 행정청이 소관 또는 감독하는 사무에 관하여 필요한 때에는 해당 행정청의 장의 의견을 들은 후, 행정청의 직원을 지정할 수 있다(같은 조 제2항). 이러한 법무부장관의 권한은 각급 검찰청장에게 위임되어 있다(제13조, 시행령 제2조). 이에 따라 검찰총장은 대법원에 계속 중인 사건, 고등검찰청 검사장은 관할구역을 같이하는 고등법원에 계속 중인 사건과 해당 고등검찰청 소재지에 있는 지방법원 또는 그 지원에 관할권이 있는 사건, 고등검찰청 소재지 외의 지방검찰청 검사장은 관할구역을 같이하는 지방법원 또는 그 지원에 관할권이 있는 사건에서 소송수행자를 지정할 수 있다(조정사건, 중재사건, 그 밖의 비송사건 포함).

국가소송법상의 행정소송에서 행정청의 장은 그 행정청의 직원 또는 미리 상급행정청의 장의 승인을 얻어 상급행정청의 직원을 지정하여 소송을 수행하게 할 수 있다(국가소송법 제5조).

나. 감 독

국가소송법상의 행정소송의 수행에서 법무부장관은 행정청의 장을 지휘하고, 필요할 경우 직접 법무부 직원 또는 검사, 공익법무관을 소송수행자로 지정하여 소송을 수행하게 할 수 있다. 구체적으로 앞에서 언급한 공동수행사건에 관해서는 법무부의 직원을 소송수행자로 지정하여 소관행정청의 소송수행자와 공동으로 소송을 수행하게 하고, 지휘사건에 관해서는 법무부의 직원으로 하여금 소관행정청의 소송수행자를 지휘하게 한다(시행령 제6조 제4항).

또한 행정청의 장이 지정하거나 선임한 소송수행자나 변호사를 해임하게 할 수도 있다(국가소송법 제6조).

3. 소송수행자의 권한

소송수행자는 그 소송에 관하여 대리인 선임 외의 모든 재판상의 행위를 할 수 있다(국가소송법 제7조). 따라서 소송수행자 본인의 권한으로 특별수권이 없더라도 소취하, 조정, 화해, 청구의 포기와 인락, 소송탈퇴, 상소제기 또는 취하 등을 할 수 있다. 다만 국가소송법 시행령 제3조에서는 각급 검찰청의 장이 ① 소송물가액이 2억원 이상인 사건, ② 사안의 중대성을 고려할 때 승인이 필요하다고 법무부장관이 인정하는 사건에 관해서는 소의 제기 및 취하, 상소의 포기 및 취하, 화해, 청구의 포기 및 인낙, 소송대리인의 선임 및 해임의 소송행위를 하려는 때에는 법무부장관의 승인을 받아야 하도록 규정하고 있다.

행정실무에서는 소송수행자를 지정할 때 위와 같은 주요 소송행위를 하기 위해서는 사전·사후에 보고하고 특별한 위임 또는 지휘를 받도록 하고 있다.[204] 그러나 이러한 대리권 제한은 행정청 내부의 통제에 불과하여, 그에 반하는 소송수행이라도 그 소송법적 효력에는 영향이 없다.[205]

소송수행자 지정의 효력은 해당 심급뿐만 아니라 상급심에도 미친다.[206] 이 점에서 변호사의 심급대리의 원칙과 다르다.

---

204) 국가소송법 시행규칙 제12조 [별지 제30호 서식] 참조.
205) 대법원 1962. 3. 29. 선고 4294민상841 판결.
206) 대법원 1996. 7. 30. 선고 95재다328 판결.

제 5 장
항고소송의 대상

제1절 항고소송의 대상으로서 처분과 재결

행정소송법은 항고소송의 대상을 처분과 재결이라고 규정하면서도 그 대상을 구체적으로 열거하지 않고 개괄하고 있다. 행정소송법 제19조 본문에서는 취소소송은 '처분 등'을 대상으로 한다고 규정하고, 같은 법 제2조 제1항 제1호에서는, '처분 등'이라 함은 "행정청이 행하는 구체적 사실에 관한 법집행으로서의 공권력의 행사 또는 그 거부와 그밖에 이에 준하는 행정작용(이하 '처분'이라 한다) 및 행정심판에 대한 재결"을 말한다고 규정하고 있으며, 이는 무효등 확인소송과 부작위위법확인소송에 준용된다(같은 법 제38조).

항고소송에서 처분이 존재하는지 여부는 소송요건으로서 직권조사사항에 해당한다. 따라서 법원이 직권으로 심리하여 그 존재 여부를 판단하여야 하고, 당사자의 자백에 구속되지 않으므로 당사자들이 처분의 존재에 관하여 다투지 않더라도 법원은 그 존부에 관하여 의심이 있는 경우 이를 직권으로 밝혀 보아야 한다. 또한 당사자가 처분의 존재 여부에 관하여 사실심 변론종결시까지 주장하지 않았고 상고심에서 비로소 주장하더라도 그 사항은 상고심의 심판범위에 포함된다.[1)]

1) 대법원 2004. 12. 24. 선고 2003두15195 판결.

제2절 처 분

Ⅰ. 개 념

1. 의 의

행정소송법 제2조 제1항 제1호에서는, '처분'을 "행정청이 행하는 구체적 사실에 관한 법집행으로서의 공권력의 행사 또는 그 거부와 그밖에 이에 준하는 행정작용"이라고 정의하고 있다. 이에 관해서는 행정기본법 제2조 제4호, 행정절차법 제2조 제2호 및 행정심판법 제2조 제1호에서도 유사하게 규정되어 있다.

한편, 강학상 행정행위는 행정청이 행하는 일체의 행위(최광의), 행정청의 공법행위(광의), 행정청이 구체적 사실에 관한 법집행으로서 행하는 공법행위(협의)라고 정의할 수도 있겠지만, 우리나라와 일본에서의 통설은 행정행위를 최협의의 개념으로 '행정청이 구체적 사실에 관한 법집행으로서 행하는 권력적 · 단독적 공법행위'로 파악하고 있다.

2. 행정소송법상 처분과 강학상 행정행위와의 관계

행정쟁송법(행정심판법 · 행정소송법)에 처분개념이 등장하면서부터 쟁송법상의 처분개념을 강학상 행정행위개념과 동일한 것으로 볼 것인지에 대하여 견해가 대립하고 있다.

가. 학 설

강학상 행정행위와 쟁송법상 처분을 같은 것으로 보면서 그들과 다른 행정작용과의 구별의 징표를 철저히 탐구하려는 일원설(실체법상 처분개념설)과 양자를 달리 보고 후자의 내포를 확대하려고 노력하는 이원설(쟁송법상 처분개념설)이 대립하고 있다.

이원설은 항고쟁송의 대상이 되는 처분에는 행정구제의 기회확대라는 요구를 반영하여 다양한 성질의 행정작용이 포함되지 않을 수 없고, 현행 행정심판법 · 행정소송법이 '처분'의 관념을 넓게 정의하고 있으므로, 처분과 행정행위를 같은 개념으로 볼 수는 없다고 주장한다.[2] 이에 대하여 일원설은 행정작용은 법적 효과와 쟁송수단의 여하 등에 따라 명령(행정입법) · 행정행위 · 행정계약 · 사실행위 등으로 구분되는데, 이원설을 따른다면 행정작용의 구분 및 행위형식의 분류에 관한 학문적 노력을 무위로 만들 염려가 있고, 하나의 법기술적인 도구개념인 처분에 이질적인 성질의 것들을 모두 담아 넣는 것은 바람직하지 못하다고 주장한다.[3]

나. 판 례

판례는 "항고소송의 대상이 되는 행정처분이라 함은 행정청의 공법상의 행위로서 특정사항에 대하여 법규에 의한 권리의 설정 또는 의무의 부담을 명하거나 기타 법률상 효과를 발생하게 하는 등 국민의 권리의무에 직접관계가 있는 행위를 가리키는 것이고, 행정권 내부에서의 행위나 알선, 권유, 사실상의 통지 등과 같이 상대방 또는 기타 관계자들의 법률상 지위에 직접적인 법률적 변동을 일으키지 아니하는 행위 등은 항고소송의 대상이 되는 행정처분이 아니다."라고 판시하여,[4] 일원설에 가까운 태도를 유지하고 있었다.

그러면서도 "어떤 행정청의 행위가 행정소송의 대상이 되는 행정처분에 해당하는가는 그 행위의 성질, 효과 외에 행정소송 제도의 목적 또는 사법권에 의한 국민의 권리보호의 기능도 충분히 고려하여 합목적적으로 판단되어야 한다." 라고 판시하여,[5] 실체법상의 행정행위보다 확대될 수 있음을 암시하는 것이 있고, 나아가 "행정청의 어떤 행위를 행정처분으로 볼 것이냐의 문제는 추상적, 일반적으로 결정할 수 없고, 구체적인 경우 행정처분은 행정청이 공권력의 주체로서 행하는 구체적 사실에 관한 법집행으로서 국민의 권리의무에 직접 영향을 미치는 행위라는 점을 고려하고 행정처분이 그 주체, 내용, 절차, 형식에 있어서 어느 정도 성립 내지 효력요건을 충족하느냐에 따라 개별적으로 결정하여야 하

---

2) 김동희 · 최계영, 행정법 I, 제27판, 박영사(2023), 692면; 박균성, 행정법론(상), 제24판, 박영사(2025), 1335면.

3) 류지태 · 박종수, 행정법신론, 제18판, 박영사(2021), 190면 참조. 쟁송법상 처분개념은 실체법상 행정행위의 개념보다는 더 넓지만 쟁송법상의 이해관계를 관철하기 위하여 행정행위의 개념을 새롭게 만들어 내는 것은 바람직하지 않다고 한다.

4) 대법원 1996. 3. 22. 선고 96누433 판결 등 다수.

5) 대법원 1984. 2. 14. 선고 82누370 판결.

며, 행정청의 어떤 행위가 법적 근거도 없이 객관적으로 국민에게 불이익을 주는 행정처분과 같은 외형을 갖추고 있고, 그 행위의 상대방이 이를 행정처분으로 인식할 정도라면 그로 인하여 파생되는 국민의 불이익 내지 불안감을 제거시켜 주기 위한 구제수단이 필요한 점에 비추어 볼 때 행정청의 행위로 인하여 그 상대방이 입는 불이익 내지 불안이 있는지 여부도 그 당시에 있어서의 법치행정의 정도와 국민의 권리의식 수준 등은 물론 행위에 관련한 당해 행정청의 태도 등도 고려하여 판단하여야 한다."라고 판시하기도 하였다.[6]

이러한 태도를 종합하면, 판례는 원칙적으로 일원설(실체법적 처분개념설)에 입각하여 행정행위를 항고소송의 주된 대상으로 보면서도 예외적으로 행정행위가 아닌 공권력 행사도 항고소송의 대상이 될 수 있는 여지를 남겨 두고 있다고 평가할 수 있다.[7]

다. 검 토

행정심판법 및 행정소송법상의 처분개념은 광범위한 권리보호를 위하여 도입된 개념이다. "그밖에 이에 준하는 행정작용"이라는 법률용어의 정의로는 어울리지 않는 표현을 쓰면서 전형적인 행정행위에는 해당하지 않지만 개인의 법적 지위에 영향을 미치는 권력적 성질을 가지는 행정작용에 대해서는 취소소송의 대상으로 삼아 효과적인 권리구제를 기하려는 의도를 갖고 있는 것이라고 해석된다.

따라서, 행정소송법 제2조 제1항 제1호의 "행정청이 행하는 구체적 사실에 관한 법집행으로서의 공권력의 행사 또는 그 거부"라는 전단의 내용은 강학상의 행정행위에 해당하고, "그밖에 이에 준하는 행정작용"은 항고소송의 대상을 넓히기 위하여 법집행으로서의 공권력의 행사로서의 성질은 가지지만 전형적인 행정행위에는 해당하지 않는 행정작용을 포함시킨 것으로 해석된다. 즉, 권력적 사실행위 등을 '처분'에 포함시켜 항고쟁송으로 다툴 수 있게 함으로써 국민의 권리구제 기회의 확대를 도모하고 있는 것이다.[8]

---

6) 대법원 1993. 12. 10. 선고 93누12619 판결.
7) 김남진 · 김연태, 행정법 I, 939면.
8) 김남진 · 김연태, 행정법 I, 942면 참조.

Ⅱ. 처분의 개념적 요소

1. 행 정 청

처분은 '행정청'의 행위이다. 따라서 행정청이 아닌 학교법인이 한 사립학교 교원에 대한 징계는 처분이 아니나, 교육부장관이나 교육감·교육장 등이 한 국·공립학교 교직원에 대한 징계는 처분이 되는 것이다. 행정청은 국가 또는 공공단체의 기관으로서 직접 대외적 구속력 있는 의사를 결정·표시할 수 있는 권한을 가진 기관을 말하고, 내부기관은 여기에 포함되지 않는다. 통상 행정청은 행정관서의 장과 같은 독임제기관(예: 행정안전부장관·지방자치단체장 등)인 경우가 대부분이지만, 합의제기관(예: 토지수용위원회·소청심사위원회·국가배상심의회 등)인 경우도 있다.

행정기본법 제2조 제2호에서는 '행정청'을 "행정에 관한 의사를 결정하여 표시하는 국가 또는 지방자치단체의 기관"과 "그밖에 법령등에 따라 행정에 관한 의사를 결정하여 표시하는 권한을 가지고 있거나 그 권한을 위임 또는 위탁받은 공공단체 또는 그 기관이나 사인"이라고 정의하고, 행정절차법 제2조 제1호에서는 "행정에 관한 의사를 결정하여 표시하는 국가 또는 지방자치단체의 기관"과 "그밖에 법령 또는 자치법규에 따라 행정권한을 가지고 있거나 위임 또는 위탁받은 공공단체 또는 그 기관이나 사인"이라고 정의하고 있으며, 행정심판법 제2조 제4호에서도 유사하게 규정하고 있다. 행정소송법 제2조 제2항에서는 "이 법을 적용함에 있어서 행정청에는 법령에 의하여 행정권한의 위임 또는 위탁을 받은 행정기관, 공공단체 및 그 기관 또는 사인이 포함된다."라고 규정하고 있다. 한편, 정부조직법에서는 '행정기관', '행정기관의 장' 등의 용어를 사용하고 있다(제5조, 제6조 등 참조).

그런데, 여기에서의 행정청은 행정조직법상의 그것이 아니라, 실질적·기능적 의미로 파악하여야 한다. 따라서, 보조기관(국장 등)도 때로는 행정청이 될 수 있고, 국회·법원의 기관도 행정청으로 기능하는 경우가 있다(직원의 임명 등). 또한, 공공단체, 공무수탁사인도 처분을 발할 수 있다.

다만 공법인은 법령에 의하여 국가 또는 지방자치단체의 사무를 위임받아 행정객체인 제3자에게 행정권을 행사하고 그 법적 효과가 궁극적으로 귀속되는 관계하에서 행정주체로서의 지위를 가지고, 아울러 위임받은 권한을 행사한다는 의미에서 행정청의 지위를 겸한다. 따라서, 국가 또는 지방자치단체로부터 위임받은 사무가 아닌 공법인과 그 임직원 사이의 내부관계에서는 법령에 명시적인 규정이 없다면 행정주체나 행정청의 지위에 있다고 할 수 없다. 대법원은 공법인인 의료보험관리공단과 그 직원 사이의 근무관계는 공법관계가 아니라 사법관계라고 하였고,[9] 한국마사회가 조교사 또는 기수의 면허를 부여하거나 취소하는 것은 사법상의 법률관계에서 이루어지는 단체 내부에서의 징계 또는 제재라고 하였다.[10]

국가나 지방자치단체가 국가계약법이나 지방계약법에 따라 당사자가 되어 체결하는 계약은 사법상의 계약일 뿐 공권력을 행사하는 것이거나 공권력 작용과 일체성을 가진 것이 아니므로, 이에 관한 분쟁은 행정소송의 대상이 될 수 없다는 것이 판례이다.[11] 그러나, 국가나 지방자치단체와의 계약을 위반한 사업자들에 대한 제재로서 행하는 입찰참가자격 제한조치는 국가를 당사자로 하는 계약에 관한 법률이나 지방재정법에 근거를 둔 처분이라는 데 의문이 없다.[12]

과거 한국전력공사나 한국토지주택공사와 같은 공기업의 경우에는 근거법규가 없다는 이유로 위 공사들이 행한 입찰참가자격 제한조치 등 제재처분은 사법상의 효력을 가진 통지행위에 불과하여 처분이 아니라는 것이 판례였다.[13] 그

9) 대법원 1993. 11. 23. 선고 93누15212 판결.

10) 대법원 2008. 1. 31. 선고 2005두8269 판결. 다만 "농지개량조합은 인사규정상 직원이 도지사가 시행하는 공개경쟁채용의 방법으로 임명하도록 되어 있고 이러한 직원의 임용자격, 복무상의 의무, 그 신분보장 및 징계처분에 관하여는 공무원에 관한 것과 같은 엄격한 규정을 두고 있는 취지 및 목적으로 미루어 보면, 농지개량조합과 그 직원과의 관계는 사법상의 근로계약관계가 아닌 공법상의 특별권력관계로 규율지어지고 있다고 인정되므로 그 조합의 직원에 대한 징계처분의 취소를 구하는 소송은 행정소송사항에 속한다."라고 판시하였다(대법원 1995. 6. 9. 선고 94누10870 판결).

11) 대법원 1996. 12. 20. 선고 96누14708 판결.

12) 국가연구개발사업의 관리 등에 관한 규정에 근거하여 한국환경산업기술원장이 환경기술개발사업 협약을 체결한 상대방에게 한 연구개발 중단 조치 및 연구비 집행중지 조치도 처분에 해당한다는 것이 판례이다(대법원 2015. 12. 24. 선고 2015두264 판결).

13) 일례로, 대법원 1995. 2. 28. 선고 94두36 판결에서는, 한국토지개발공사법의 규정에 의하여 설립된 자본금 전액 정부투자법인일 뿐인 한국토지개발공사가 행정소송법 소정의 행정청 또는 그 소속기관이거나 이로부터 일정기간 입찰참가자격을 제한하는 내용의 부정당업자 제재처분의 권한을 위임받았다고 볼 만한 아무런 법적 근거가 없으므로, 한국토지개발공사가 한 그 제재처분은 행정소송의 대상이 되는 행정처분이 아니라 단지 상대방을 그 공사가 시행하는 입찰에 참가시키지 않겠다는 뜻의 사법상의 효력을 가지는 통지행위에 불

러나 현행 공공기관의 운영에 관한 법률 제39조 제2항에서는 “공기업 · 준정부기관은 공정한 경쟁이나 계약의 적정한 이행을 해칠 것이 명백하다고 판단되는 사람 · 법인 또는 단체 등에 대하여 2년의 범위 내에서 일정기간 입찰참가자격을 제한할 수 있다.”라는 근거규정을 마련하고 있으므로, 처분으로 보아야 할 것이다. 대법원도 위 조항의 적용 여부에 따라 한국토지주택공사에 대해서는 이를 인정하였고,[14] 수도권매립지관리공사에 대해서는 이를 부인하였다.[15]

2. 공권력의 발동으로 행하는 일방적 공법행위

처분은 행정주체가 행정객체에 대하여 우월한 지위에서 행하는 ‘공권력 행사작용’으로서의 성질을 갖는다. 따라서 행정청이 상대방과의 의사의 합치에 의하여 성립하는 공법상 계약은 공권력의 행사에 해당하지 않으므로 처분이 아니다. 또한 비권력적 사실행위는 처분에 포함되지 않는다.

그런데, 행정청이 자신과 상대방 사이의 법률관계를 일방적인 의사표시로 종료시킨 경우 그것이 공권력의 행사작용으로서 처분에 해당하는 것인지 아니면 공법상 계약관계의 일방 당사자로서 대등한 지위에서 행하는 해지와 같은 의사표시에 해당하는 것인지는 구별하기 쉽지 않다.[16] 이 경우 문제가 되는 의사표시가 법령에 근거한 것인지 계약에 근거한 것인지가 관건이 된다고 할 것인데, 관계 법령이 상대방의 법률관계에 관하여 구체적으로 어떻게 규정하고 있는지에 따라 개별적으로 판단할 수밖에 없다.[17] 나아가 공공기관이 법령 또는 계약에

과하고, 또한 그 공사의 이와 같은 통지행위가 있다고 하여 상대방에게 예산회계법 제95조 제2항, 지방재정법 제62조 제2항에 의한 국가 또는 지방자치단체에서 시행하는 모든 입찰에의 참가자격을 제한하는 효력이 발생한다고 볼 수도 없으므로 그 상대방이 한국토지개발공사를 상대로 하여 제기한 부정당업자 제재처분 효력정지신청의 본안소송은 부적법하다는 이유로, 원심결정을 파기하여 그 효력정지신청을 각하하였다.

14) 대법원 2013. 9. 12. 선고 2011두10584 판결.

15) 수도권매립지관리공사는 공공기관의 운영에 관한 법률 제5조 제4항에 의한 ‘기타 공공기관’에 불과하여 같은 법 제39조에 의한 입찰참가자격 제한 조치를 할 수 없다고 판시하였다(대법원 2010. 11. 26.자 2010무137 결정).

16) 가령 입찰참가자격 제한조치를 사법상의 효력만 가지는 통지행위라고 본다면 민사소송으로 무효확인소송을 제기하여야 하는데, 그 통지행위의 의미는 장래의 입찰에 참가할 수 없다는 것에 불과하여 그로써 새로운 법률관계가 형성되거나 기존의 법률관계가 변경 · 소멸되는 것은 아니므로, 확인의 이익이 부정되어 권리구제를 받을 길이 묘연해질 수 있으나(대법원 1998. 3. 24. 선고 97다33867 판결 참조), 처분성을 인정한다면 항고소송으로 입찰참가자격 제한조치를 둘러싼 분쟁을 일거에 해결할 수 있다.

근거하여 선택적으로 입찰참가자격 제한조치를 할 수 있는 경우에 그 일방적 조치가 법령에 근거한 처분인지 아니면 계약에 근거한 권리행사인지는 원칙적으로 의사표시의 해석문제이므로, 상대방에게 통지한 문서의 내용과 해당 조치에 이르기까지의 과정을 객관적·종합적으로 고찰하여 판단하여야 하고, 그럼에도 불구하고 여전히 불분명하면 그에 대한 불복방법 선택에 중대한 이해관계를 가지는 상대방의 인식가능성 내지 예측가능성을 중요하게 고려하여 규범적으로 이를 확정하여야 한다는 것이 판례의 입장이다.[18]

처분은 공법행위로서의 성질을 가지므로, 사법상 행위는 처분이 아니다.[19] 따라서 행정청의 법적 행위일지라도 ① 물자 등의 구매를 위한 사법상의 보조작용, ② 홍삼판매와 같은 영리활동, ③ 공적 임무작용이기는 하나 사법상 계약의 형식을 취하는 행위 등과 같은 행정상의 사법작용은 처분이 아니다. 행정주체의 어떠한 행위가 공법상의 행위인지 여부는 일률적으로 말하기 곤란하다. 그 행위의 근거법령, 목적, 방법, 내용, 분쟁해결에 관한 특별규정의 존재 여부 등 제반 사정을 종합적으로 검토하여 결정하여야 한다.

판례에 의하면, 국·공유재산이라고 하더라도 일반재산의 대부, 매각 등은 사법상의 행위이나,[20] 행정재산의 목적 외 사용허가는 처분이고 그 신청에 대한 거부행위도 처분이다.[21] 관리청이 행정재산의 사용·수익을 허가한 다음 그 사

---

17) 대법원은 중소기업기술정보진흥원장이 甲 주식회사와 사이에 체결된 중소기업 정보화지원사업의 지원에 관한 협약을 체결하였는데, 위 회사의 귀책사유를 들어 행한 협약의 해지 및 그에 따른 환수통보는 공법상 계약에 따른 의사표시로 보아야 하고 처분이 아니라고 판시하였다(대법원 2015. 8. 27. 선고 2015두41449 판결). 반면에, 산업집적활성화 및 공장설립에 관한 법률에 따른 산업단지관리공단의 지위, 입주계약 및 변경계약의 효과, 입주계약 및 변경계약 체결 의무와 그 의무를 불이행한 경우의 형사적 내지 행정적 제재, 입주계약 해지의 절차, 해지통보에 수반되는 법적 의무 및 그 의무를 불이행한 경우의 형사적 내지 행정적 제재 등을 종합적으로 고려하면, 입주변경계약의 취소는 행정청인 관리권자로부터 관리업무를 위탁받은 산업단지관리공단이 우월적 지위에서 입주기업체들에게 일정한 법률상 효과를 발생하게 하는 것으로서 처분이라고 판시하였다(대법원 2017. 6. 15. 선고 2014두46843 판결).

18) 대법원 2018. 10. 25. 선고 2016두33537 판결. 위 판결에서는, 피고가 행정절차법에 따라 입찰참가자격 제한에 관한 절차를 진행하고 원고에게 불복방법으로 행정심판이나 행정소송의 제기를 안내한 사안에서, 위 조치의 처분성을 인정하였다.

19) 도시정비법에 따른 주택재건축정비사업조합은 공법인이기는 하지만 현금청산 불이행은 행정주체로서의 공권력 불행사가 아니라 권리제한등기 없는 소유권 이전의무와 동시이행관계에 있는 사법상 금전지급의무 불이행에 불과하다(헌재 2011. 3. 29. 선고 2011헌마128 결정).

20) 대법원 2000. 2. 11. 선고 99다61675 판결; 대법원 1995. 5. 12. 선고 94누5281 판결.

용·수익을 하는 자에 대한 사용료 부과행위는 처분이고,[22] 관리청이 국유재산법에 따라 무단점유자에 대하여 부과하는 변상금부과행위도 처분이다.[23]

대부분의 공무원은 임용처분의 형식으로 임명되지만, 계약직공무원(이전의 전문직공무원)과 같이 공법상 계약에 의하여 임용되는 공무원도 있다. 후자의 경우 국가나 지방자치단체와 계약직공무원 사이의 채용계약의 효력에 관한 소송은 공법상 당사자소송에 의하게 된다. 따라서, 서울대공전술연구소 연구원 채용계약,[24] 공중보건의사 채용계약,[25] 시립무용단원 위촉,[26] 시립합창단원 위촉,[27] 국방홍보원장 채용계약,[28] 이장에 대한 면직행위,[29] 서울특별시 시민감사옴부즈만 채용계약 거절통보[30] 등에 관한 소송은 항고소송이 아니라 공법상 당사자소송으로 처리된다.

3. 구체적 집행행위

행정소송은 구체적 사건에 관한 법적 분쟁을 해결하기 위한 법적 절차이므로, '구체적 사실에 관한 법집행작용'만 처분이 된다. 이 점에서 행정청에 의한 법의 제정작용 내지는 그 산물로서의 명령(법규명령·행정규칙 등)은 처분이 아니다.

통상 명령은 일반적·추상적 규율이고 행정행위는 개별적·구체적 규율이라고 하여 양자를 대비시킨다. 여기에서 일반적인지 개별적인지는 '규율대상'에 관한 것이다. 수범자(행정행위의 규율대상)가 불특정 다수인인 경우를 '일반적'이라 하고, 특정인 또는 특정할 수 있는 인적 범위인 경우를 '개별적'이라 한다.[31] 추

---

21) 대법원 2006. 3. 9. 선고 2004다31074 판결(국립의료원 부설 주차장에 관한 위탁관리용역 운영계약의 실질은 행정재산에 대한 국유재산법상의 사용·수익 허가라는 취지).
22) 대법원 1996. 2. 13. 선고 95누11023 판결.
23) 대법원 2000. 11. 24. 선고 2000다28568 판결 등.
24) 대법원 1993. 9. 14. 선고 92누4611 판결.
25) 반면에 국·공립병원의 전공의(인턴, 레지던트)는 공무원연금법상 급여대상인 국가공무원법상의 전문직공무원이 아니라고 판시하였다(대법원 1994. 12. 2. 선고 94누8778 판결).
26) 대법원 1995. 12. 22. 선고 95누4636 판결.
27) 대법원 2001. 12. 11. 선고 2001두7794 판결.
28) 대법원 2002. 11. 26. 선고 2002두5948 판결.
29) 대법원 2012. 10. 25. 선고 2010두18963 판결.
30) 대법원 2014. 4. 24. 선고 2013두6244 판결.
31) 일반적 또는 개별적 규율이냐는 수적으로 구분되는 것이 아니라 수범자의 범위를 객관적으로 확정할 수 있는지에 달려 있다. 예컨대, 집회해산명령은 아무리 대규모 집회일지라도 명령을 발할 당시 집회에 참가한 사람의 범위를 확정할 수 있기 때문에 개별적 규율에 해

상적인지 구체적인지는 '적용되는 사안(경우)'에 관한 것이다. 불특정 다수의 사안에 반복적으로 적용되는 것을 '추상적'이라 하고, 시간적 · 공간적으로 특정한 사안에 적용되는 것을 '구체적'이라 한다. 결국 명령은 불특정 다수인을 대상으로 장래에 향하여 되풀이 규율하는 것이고, 처분은 특정인을 특정의 사안에서 규율하는 것이라 할 수 있다.

명령은 그것을 특정인에 대하여 구체화하는 행정작용을 매개로 비로소 현실적인 행정목적을 달성할 수 있다. 예컨대, 행정청이 법령의 위임을 받아 「혈중알코올농도 0.1% 이상의 술에 만취한 상태로 운전한 경우 운전면허를 취소하여야 한다」는 규율을 정해 놓았다면 이것이 법규으로서의 명령에 해당한다. 그리고 행정청이 위 요건에 해당하는 특정인에게 '면허취소'라는 조치를 취하였다면 이것이 '구체적 사실에 관한 법집행으로서의 공권력의 행사'로서의 처분이고, 항고소송의 대상이 된다.

가장 전형적인 처분은 개별 · 구체적인 법적 규율이다(인적인 개별성과 사안의 구체성). 그러나 행정소송법의 규정상 인적 범위는 개방되어 있기 때문에 일반 · 구체성을 가진 일반처분이나 물적 행정행위도 처분으로 본다(예: 신호등의 신호, 횡단보도의 설치).

그러나 현실적으로는 '명령', '고시', '계획' 등의 이름으로 처분의 성질을 가진 행정작용이 행해질 수 있다. 이러한 경우 항고소송의 대상으로 삼지 않는다면 항고소송을 피하기 위하여 처분을 명령 등의 형식으로 제정할 위험이 있으므로, 명칭 · 형식 여하를 불문하고 그러한 행정작용을 처분으로 보아 그에 대한 항고소송을 인정할 필요가 있다.[32]

대법원은 법령 · 조례가 구체적 집행행위의 개입 없이 그 자체로서 직접 국민에 대하여 구체적 효과를 발생하여 특정한 권리의무를 형성하게 하는 경우 항고소송의 대상이 된다고 하였다(처분적 명령 · 조례의 문제).

대법원이 조례나 시행령 등의 처분성을 인정한 사례로는 두밀분교를 폐지하는 내용의 경기도립학교 설치조례에 관한 사건[33] 등이 있다. 반면에, 처분성을

당하는 것이다.

32) 이러한 법리를 최초로 밝힌 판결은 대법원 1953. 8. 19. 선고 53누37 판결(거제군의 위치에 관한 대통령령의 취소를 구한 사건)이다.

33) 대법원 1996. 9. 20. 선고 95누8003 판결. 대법원은 문제가 된 경기도립학교 설치조례가

부정한 사례로는 농지부속시설보상요강에 관한 사건,[34] 자동차관리법 시행규칙에 관한 사건,[35] 안산시 건축조례에 관한 사건,[36] 조합정관이 정할 보험료액의 산정기준 내지 방법을 규정한 시행령에 관한 헌법소원사건,[37] 기획재정부장관이 일정 요건을 갖춘 일본산 공기압 전송용 밸브에 대하여 5년간 적용할 덤핑방지관세율을 규정한 '일본산 공기압 전송용 밸브에 대한 덤핑방지관세의 부과에 관한 규칙'에 관한 사건[38] 등이 있다.

한편, 고시는 통지행위의 일종에 불과한 것인데, 그 내용에 따라 법규적 성격을 가지는 것도 있고, 행정청 내부에만 효력을 갖는 행정규칙도 있을 것이며, 오늘날 대법원과 헌법재판소가 인정한 것처럼 개별적·구체적인 성격을 가지고 있어 처분으로 볼 수 있는 것도 있다.

이른바 약가고시 사건에서는 특정 제약회사의 특정 약제에 대하여 '상한금액'을 특정 금액으로 인하하는 내용(A 주식회사의 1번 약제에 대한 상한금액을 병당 23,027원에서 19,315원으로, 8번 약제에 대한 상한금액을 정당 102원에서 69원으로 인하)의 고시를 항고소송의 대상이 되는 처분에 해당한다고 보았다.[39] 반면에 고시를

도립학교의 명칭과 위치를 나타낸 [별표 1]의 난(欄) 중 "상색초등학교 두밀분교장"란을 삭제함으로써 공립초등학교의 폐지를 규정하고 있는데, 그에 의하여 취학아동과 그 보호자는 두밀초등학교를 직접 이용할 이익을 상실하게 되므로 위 조례는 항고소송의 대상이 되는 처분이라고 한 원심의 판단을 수긍하였다. 대법원이 위 사건에서 조례의 처분성을 인정한 것은 위 조례의 경우 집행행위의 개입이 있을 수 없으므로, 조례의 처분성을 직접 다투는 방법 외에는 행정소송으로서 다툴 방법이 없기 때문이다.

34) 대법원 1961. 5. 1. 선고 4292행상55 판결.

35) 대법원 1992. 3. 10. 선고 91누12639 판결.

36) 대법원 1998. 11. 27. 선고 98두12789 판결.

37) 헌재 1998. 2. 27. 선고 96헌마134 결정. 조합정관이 정할 보험료액의 산정기준 내지 방법을 정한 구 의료보험법령상의 규정들에 의하여 직접 기본권침해가 있는 것이 아니라, 위 규정들에 따라 조합정관에서 보험료액이 정해진 다음 보험자의 보험료부과처분이라는 집행행위를 통하여 비로소 현실화되어 기본권침해가 인정되고, 이러한 집행행위에 대해서는 구 의료보험법상 구제절차를 밟을 수 있는 길이 따로 열려져 있으므로 위 규정들은 기본권침해의 직접성이 없다.

38) 대법원 2022. 12. 1. 선고 2019두48905 판결. 위 시행규칙에서 덤핑물품과 관세율 등 과세요건을 규정하는 것만으로 납세의무자에게 덤핑방지관세를 납부할 의무가 성립하는 것은 아니고, 수입된 덤핑물품에 관한 세관장의 덤핑방지관세 부과처분 등 별도의 집행행위가 있어야 비로소 상대방의 권리의무나 법률관계에 영향을 미치게 된다.

39) 대법원 2006. 9. 22. 선고 2005두2506 판결. 같은 취지로 대법원 2003. 10. 9.자 2003무23 결정에서도 항정신병 치료제의 요양급여 인정기준에 관한 보건복지부 고시가 다른 집행행위의 매개 없이 그 자체로서 제약회사, 요양기관, 환자 및 국민건강보험공단 사이의 법률관계를 직접 규율한다는 이유로 처분에 해당한다고 판시하였다.

처분으로 보지 않은 사례로는 건설부장관의 기준지가고시의 취소를 구하는 사건,[40] 환경처의 고시의 무효확인을 구하는 사건[41] 등이 있다.[42]

4. 국민의 권리의무에 직접 영향이 있는 법적 행위

가. 총 설

처분은 국민에게 특정 사항에 대하여 법규에 의한 권리의 설정 또는 의무의 부담을 명하거나 기타 법률상 효과를 발생하게 하는 등 직접적으로 법적 효과를 발생시키는 행위이다(규율성).[43] 상급행정기관의 하급행정기관에 대한 승인·동의·지시 등은 행정기관 상호간의 내부행위로서 국민의 권리의무에 직접 영향을 미치는 것이 아니므로 처분이라고 볼 수 없다.[44] 병역법상 병역의무 기피자의 인적사항 공개절차를 예로 들면, 병무청장은 정당한 사유 없이 입영 등에 응하지 않는 사람에 대하여 병역기피자 인적사항 공개결정을 하고 그 사람의 인적사항과 병역의무 미이행 사항 등을 인터넷 홈페이지 등에 공개할 수 있는데, 그 사전절차로써 관할 지방병무청은 병역의무기피공개심의위원회의 심의를 거친 잠정공개대상자에게 인적사항 등의 공개대상자임을 통지하여 소명기회를 주어야 하고, 통지일부터 6개월이 지난 후 위원회로 하여금 잠정공개대상자의 병역의무 이행상황을 고려하여 공개 여부를 재심의하게 한 후 공개대상자를 결정하여야 한다. 위와 같은 공개절차에서 항고소송의 대상을 병무청장의 공개결정으로 삼아야 한다는 것이 판례이다.[45] 병무청장이 하는 병역의무기피자에 대한 인적사

---

40) 대법원 1979. 4. 24. 선고 78누227 판결.

41) 대법원 1991. 8. 27. 선고 91누1738 판결.

42) 이와 같은 판결에서는, "행정소송의 대상이 될 수 있는 것은 구체적인 권리의무에 관한 분쟁이어야 하고 일반적, 추상적인 법령이나 고시 자체로서 국민의 구체적인 권리의무에 직접적인 변동을 초래하는 것이 아닌 것은 그 대상이 될 수 없는 것이므로 구체적인 권리의무에 관한 분쟁을 떠나서 고시 자체의 무효확인을 구하는 원고의 청구는 행정소송의 대상이 아닌 사항에 대한 것으로서 부적법하다."라고 설시하고 있다.

43) 대법원 2011. 9. 8. 선고 2009두6766 판결에서는 교회가 수리를 요하는 신고인 종교단체 납골당설치 신고를 한 것에 대하여 행정청이 납골당설치 신고사항 이행통지를 한 경우, 그 이행통지가 새롭게 교회 또는 관계자들의 법률상 지위에 변동을 일으키지는 않으므로 이를 수리처분과 별도로 처분이라고 볼 수 없다고 판시하였다.

44) 대법원 1997. 9. 26. 선고 97누8540 판결. 따라서 감사원이 지방자치단체장에게 한 소속 공무원에 대한 징계요구와 이에 불복하여 제기한 재심의청구의 기각결정은 처분이 아니다(대법원 2016. 12. 27. 선고 2014두5637 판결). 권한의 위임이나 위탁도 마찬가지다(대법원 2013. 2. 28. 선고 2012두22904 판결).

항 등의 공개조치에는 특정인을 병역의무기피자로 판단하여 그에게 불이익을 가한다는 공개결정을 전제로 한 사실행위로서 집행행위에 불과하고, 관할 지방병무청장의 공개대상자결정은 병무청장의 최종적인 공개결정에 대한 내부행위인 경우가 많기 때문이다.

또한, 국민의 권리의무에 영향이 없는 의견, 알선, 권유, 행정지도 등 비권력적 사실행위 등도 처분이라고 할 수 없다. 예를 들면, 국민건강보험공단이 '직장가입자 자격상실 및 자격변동 안내' 및 '사업장 직권탈퇴에 따른 가입자 자격상실 안내'를 통보하였더라도, 이로써 가입자의 자격이 변동되거나 지역가입자로서의 건강보험료를 납부하여야 하는 의무가 발생하는 것은 아니므로, 위 각 통보의 처분성은 부인된다.46)

그런데, 최근에는 과거와 달리 처분의 개념표지를 다소 완화하여 해석함으로써 국민의 권리구제의 기회를 확대하는 경향이 있다. 가령 친일반민족행위자

---

45) 대법원 2019. 6. 27. 선고 2018두49130 판결. 관할 지방병무청장의 공개대상자결정이 대상자에게 개별적으로 통보되었다면 공개 대상자에게 조기에 권리구제 기회를 부여할 필요가 있어서 항고소송으로 다툴 수 있을 것이지만, 이 경우에도 병무청장이 같은 내용으로 최종적 공개결정을 하였다면 관할 지방병무청장의 공개대상자결정을 별도로 다툴 소의 이익은 없어질 것이다.

46) 대법원 2019. 2. 14. 선고 2016두41729 판결. 또한, 여객자동차 운송사업자 갑 주식회사가 시내버스 노선을 운행하면서 환승요금할인 및 청소년요금할인을 시행한 데에 따른 손실을 보전해 달라며 경기도지사와 광명시장에게 보조금 지급신청을 하였으나, 경기도지사가 갑 회사와 광명시장에게 '갑 회사의 보조금 지급신청을 받아들일 수 없음은 기존에 회신한 바와 같고, 광명시에서는 적의 조치하여 주기 바란다'라는 취지로 통보한 사안에서, 경기도 여객자동차 운수사업 관리 조례 제15조에 따른 보조금 지급사무는 광명시장에게 위임되었으므로 위 신청에 대한 응답은 광명시장이 하여야 하고, 경기도지사는 갑 회사의 보조금 지급신청에 대한 처분권한자가 아니며, 위 통보는 경기도지사가 갑 회사의 보조금 신청에 대한 최종적인 결정을 통보하는 것이라기보다는 광명시장의 사무에 대한 지도·감독권자로서 갑 회사에 대해서는 보조금 지급신청에 대한 의견을 표명함과 아울러 광명시장에 대하여는 경기도지사의 의견에 따라 갑 회사의 보조금 신청을 받아들일지를 심사하여 갑 회사에 통지할 것을 촉구하는 것이므로, 경기도지사의 위 통보는 갑 회사의 권리·의무에 직접적인 영향을 주는 것이 아니어서 처분이 아니라는 사례가 있다(대법원 2023. 2. 23. 선고 2021두44548 판결). 또한, 보건복지부장관이 2024. 2. 6. 의과대학 입학정원 확대방안에 관하여 2025학년도부터 2,000명 증원할 것이라고 발표한 후 교육부장관이 의과대학을 보유한 각 대학의 장으로부터 의대정원 증원 신청을 받아 2024. 3. 20. 2025학년도 전체 의대정원을 2,000명 증원하여 각 대학별로 배정한 사안에서, 보건복지부장관의 증원발표는 행정청의 내부적인 의사결정을 대외적으로 공표한 것에 그칠 뿐 국민의 권리의무에 영향을 미친다고 볼 수 없고, 의과대학별 정원 증원이라는 구체적인 법적 효과가 교육부장관의 증원배정에 따라 비로소 발생하는 것이므로 교육부장관의 증원배정은 처분으로 볼 수 있다는 사례가 있다(대법원 2024. 6. 19. 자 2024무689 결정).

재산조사위원회의 재산조사개시결정[47]이라든가 방산물자의 지정취소,[48] 과세관청의 세무조사결정,[49] 공정거래위원회의 부당한 공동행위 자진신고자 등의 시정조치 또는 과징금 감면신청에 대한 감면불인정 통지,[50] 건강보험심사평가원의 요양급여의 적정성 평가 결과 전체 하위 20% 이하에 해당하는 요양기관에 대한 입원료 가산 및 별도 보상 적용 제외 통보,[51] 진실·화해를 위한 과거사정리위원회의 진실규명결정,[52] 교육공무원법상 승진후보자명부에 의한 승진심사방식으로 행해지는 승진임용에서 승진후보자명부에 포함되어 있던 후보자에 대한 승진임용 제외행위,[53] 근로복지공단의 사업주에 대한 개별 사업장의 사업종류 변경결정,[54] 국립대학교 총장의 교육·연구 및 학생지도비 환수 통지[55] 등은 직접적

47) 대법원 2009. 10. 15. 선고 2009두6513 판결에서는 조사대상자가 위원회의 보전처분 신청으로 재산권 행사에 실질적인 제한을 받게 되고 조사행위에 응하여야 하는 법적 의무를 부담하게 되는 점, 재산조사결정에 대한 이의신청절차만으로는 조사대상자에 대한 권리구제 방법으로 충분치 않은 점, 조사대상자로 하여금 개개의 과태료 처분에 대하여 불복하거나 조사 종료 후의 국가귀속결정에 대해서만 다툴 수 있도록 하는 것보다는 그에 앞서 재산조사개시결정에 대하여 다툼으로써 분쟁을 조기에 근본적으로 해결할 수 있는 점 등을 근거로 재산조사개시결정은 처분에 해당한다고 하였다.

48) 대법원 2009. 12. 24. 선고 2009두12853 판결에서는 방산물자의 지정이 취소되면 그 물자를 생산하는 업체에 대한 방산업체 지정도 취소될 수밖에 없고 그렇게 되면 방산물자 등에 대한 수출지원뿐만 아니라 방산업체로서 방위사업법 등에 따라 누릴 수 있는 각종 지원과 혜택도 상실하게 되므로, 방산물자 지정취소는 그 방산물자에 대하여 방산업체로 지정되어 이를 생산하는 사람의 권리의무에 직접 영향을 미치는 행위로서 처분에 해당한다고 하였다.

49) 대법원 2011. 3. 10. 선고 2009두23617, 23624 판결에서는 부과처분을 위한 과세관청의 질문조사권이 행해지는 세무조사결정이 있는 경우 납세의무자는 세무공무원의 과세자료 수집을 위한 질문에 대답하고 검사를 수인하여야 할 법적 의무를 부담하게 되는 점, 세무조사는 기본적으로 적정하고 공평한 과세의 실현을 위하여 필요한 최소한의 범위 안에서 행하여져야 하고, 더욱이 동일한 세목 및 과세기간에 대한 재조사는 납세자의 영업의 자유 등 권익을 심각하게 침해할 뿐만 아니라 과세관청에 의한 자의적인 세무조사의 위험마저 있으므로 조세공평의 원칙에 현저히 반하는 예외적인 경우를 제외하고는 금지될 필요가 있는 점, 납세의무자로 하여금 개개의 과태료 처분에 대하여 불복하거나 조사 종료 후의 과세처분에 대하여만 다툴 수 있도록 하는 것보다는 그에 앞서 세무조사결정에 대하여 다툼으로써 분쟁을 조기에 근본적으로 해결할 수 있는 점 등을 종합하면, 세무조사결정은 납세의무자의 권리·의무에 직접 영향을 미치는 공권력의 행사에 따른 행정작용으로서 항고소송의 대상이 된다고 하였다.

50) 대법원 2012. 9. 27. 선고 2010두3541 판결.

51) 대법원 2013. 11. 14. 선고 2013두13631 판결.

52) 대법원 2013. 1. 16. 선고 2010두22856 판결.

53) 대법원 2018. 3. 27. 선고 2015두47492 판결. 임용권자는 3배수의 범위 안에 들어간 후보자들을 대상으로 승진임용 여부를 심사하여야 하므로, 승진후보자 명부에 포함된 후보자는 임용권자로부터 정당한 심사를 받게 될 것에 관한 절차적 기대를 하게 되는데, 이러한 승진임용 제외처분이 항고소송의 대상이 아니라면 달리 구제받을 방법이 없기 때문이다.

으로 법적 효과를 발생시키는 행위인지 의문이 있을 수 있으나, 대법원은 이를 권리의무에 직접 영향을 미치는 행위라고 하여 처분성을 인정하였다.

한편, 소송요건으로서 처분인지 여부와 본안에서 그 처분이 이유 있는지 여부는 별개의 문제라는 것에 유의하여야 한다. 어떠한 처분의 근거나 법적인 효과가 법률이나 법규명령이 아니라 행정규칙에 규정되어 있다고 하더라도, 그 처분이 행정규칙의 내부적 구속력에 의하여 상대방에게 권리의 설정 또는 의무의 부담을 명하거나 그 밖의 법적인 효과를 발생하게 하여 상대방의 권리의무에 직접 영향을 미친다면 그 행위는 처분에 해당한다는 것이 판례이다. 예를 들면, 한국수력원자력 주식회사가 자신이 만든 행정규칙인 '공급자관리지침'에 근거하여 등록된 공급업체에게 행하는 '등록취소 및 그에 따른 일정 기간의 거래제한조치'도 처분이다.[56]

나아가 사법상 계약에 근거하거나 처분의 근거가 아예 없다고 하더라도 국민의 권리의무에 직접 영향을 미친다면 처분이 될 수 있다. 조달청이 물품구매계약 추가특수조건이라는 사법상 계약에 근거하여 행한 나라장터 종합쇼핑몰 거래정지조치는 계약상의 효력을 넘어서서 관계법령에 따라 나라장터를 통하여 수요기관의 전자입찰에 참가하거나 나라장터 종합쇼핑몰에서 등록된 물품을 수요기관에 직접 판매할 수 있는 지위를 직접 제한하거나 침해하므로 처분에 해당한

---

54) 대법원 2020. 4. 9. 선고 2019두61137 판결. 종래에는 산재보험적용 사업종류 변경결정이 처분이 아니라고 판시하기도 하였으나(대법원 1989. 5. 23. 선고 87누634 판결; 대법원 1995. 7. 28. 선고 94누8853 판결), 위 판결에서는 개별 사업장의 사업종류가 사업주에게 불리한 내용으로 변경되면 산재보험료율이 인상되고, 사업주가 납부하여야 하는 산재보험료가 증가한다는 점을 근거로 처분성을 인정하였다. 2003. 12. 31. 고용산재보험료징수법이 제정·시행되어, 그 이전과는 달리 근로복지공단이 개별 사업장의 사업종류를 변경하고 산재보험료를 산정하는 판단작용을 하고, 국민건강보험공단은 근로복지공단으로부터 그 자료를 넘겨받아 단순히 사업주에 대해서 산재보험료를 납부고지하고 징수하는 역할만 수행하므로, 근로복지공단의 사업종류 변경결정의 당부에 관하여 국민건강보험공단으로 하여금 소송상 방어를 하게 하는 것보다는 그 결정의 행위주체인 근로복지공단으로 하여금 소송의 당사자로서 방어를 하게 하는 것이 합리적이라는 점이 반영된 것이라고 생각된다.

55) 대법원 2025. 5. 15. 선고 2024두35989 판결.

56) 대법원 2020. 5. 28. 선고 2017두66541 판결. 한편, 대법원 2004. 11. 26. 선고 2003두10251, 10268 판결에서는 정부 간 항공노선의 개설에 관한 잠정협정 및 비밀양해각서와 건설교통부 내부지침에 의한 항공노선에 대한 운수권배분처분이 항고소송의 대상이 되는 처분에 해당한다고 하였다. 또한, 대법원 2012. 9. 27. 선고 2010두3541 판결에서는 「구 부당한 공동행위 자진신고자 등에 대한 시정조치 등 감면제도 운영고시」 제14조 제1항에 따른 시정조치 등 감면신청에 대한 감면불인정 통지의 처분성을 긍정하였다.

다.[57] 아울러 도가 설치 · 운영하는 지방의료원의 폐업 · 해산은 조례로 결정할 사항임에도 불구하고 도지사가 조례의 근거 없이 지방의료원을 폐업하겠다는 결정도 처분이다.[58] 또한, 행정절차법에서 정한 처분절차의 준수 여부도 본안에서 판단할 문제이지 소송요건 심사단계에서 고려할 요소가 아니다.[59]

나. 행정청 내부행위나 중간처분

징계처분절차에서 징계위원회의 결정은 행정기관의 내부행위로서 직접 국민의 권리의무에 영향이 없는 행위이므로 처분이 아니다.[60] 경찰서장이 운전면허 행정처분처리대장에 기재하는 벌점의 배점도 자동차운전면허의 취소 · 정지처분의 기초자료를 제공하기 위한 것에 불과하고 그 자체로 국민의 권리의무에 아무런 영향이 없으므로 처분이 아니고,[61] 하도급거래 공정화에 관한 법률(하도급

---

57) 대법원 2018. 11. 29. 선고 2015두52395 판결. 이 판결의 사안은 조달업자가 조달청과 물품구매계약을 체결하고 국가종합전자조달시스템인 나라장터 종합쇼핑몰 인터넷 홈페이지를 통해 요구받은 제품을 수요기관에 납품하였는데, 조달청이 계약이행내역 점검 결과 일부 제품이 계약 규격과 다르다는 이유로 물품구매계약 추가특수조건 규정에 따라 6개월의 나라장터 종합쇼핑몰 거래정지 조치를 한 사안이다. 국가종합전자조달시스템인 나라장터 종합쇼핑몰에 등록한 전자조달이용자는 이를 통하여 수요기관의 경쟁입찰 등에 참가하거나 나라장터 종합쇼핑몰에서 등록된 물품을 수요기관에 직접 판매할 수 있는 지위를 취득하게 되고, 조달청장이 각 수요기관에서 공통적으로 필요로 하는 수요물자에 관하여 제3자 단가계약 또는 다수공급자계약을 체결하고 이를 나라장터 종합쇼핑몰에 등록하면, 수요기관은 나라장터 종합쇼핑몰에서 필요한 물품을 직접 선택하여 구매할 수 있게 된다. 그런데, 조달청장이 나라장터 종합쇼핑몰 거래정지조치를 하게 되면, 추가특수조건에 의하여 해당 계약의 품명이 포함된 모든 형태의 계약이 연계적으로 거래정지 대상이 된다. 즉, 계약상대자가 동일 품명에 해당하는 여러 품목의 물품에 관하여 2개 이상의 제3자 단가계약을 체결한 경우 거래정지 사유가 1개의 계약과 관련해서만 인정되는 경우에도 나머지 계약까지 거래정지 대상이 될 수 있으므로, 거래정지 조치는 계약상대자에게 중대한 불이익이 될 수 있다. 또한, 거래정지 기간 경과 후 계약상대자가 조달청장과 새로운 다수공급자계약을 체결하려고 하거나 조달청장에게 우수조달물품 지정신청을 할 때, 거래정지를 받은 사실 자체가 계약체결 거부 사유 또는 감점 사유로 불이익하게 작용할 수 있다(대법원 2018. 11. 29. 선고 2017두34940 판결). 참고로 위 판결이 선고된 이후 조달사업에 관한 법률이 2020. 3. 31. 개정되어, 해당 계약상대자, 세부 품명 또는 품목에 대하여 2년 이내의 범위에서 거래를 정지할 수 있는 법적 근거가 마련되었다(제22조 제1항).

58) 대법원 2016. 8. 30. 선고 2015두60617 판결. 다만 위 결정을 발표하고 그에 따라 폐업을 위한 일련의 조치가 이루어진 후 지방의료원을 해산한다는 내용의 조례를 공포하고 지방의료원의 청산절차가 마쳐져서 지방의료원을 폐업 전의 상태로 되돌리는 원상회복은 불가능하다는 이유로 위 결정의 취소를 구할 소의 이익이 없다고 하였다.

59) 대법원 2019. 6. 27. 선고 2018두49130 판결.

60) 대법원 1983. 2. 8. 선고 81누314 판결.

61) 대법원 1994. 8. 12. 선고 94누2190 판결.

법)상 벌점 부과행위는 입찰참가자격의 제한요청 등의 기초자료로 사용하기 위한 것이고 사업자의 권리 · 의무에 직접 영향을 미치는 행위라고 볼 수 없으므로 처분이 아니다.62) 병역법상 신체등위판정도 행정청이라고 볼 수 없는 군의관이 하도록 되어 있고 그 자체만으로 바로 병역법상의 권리의무가 정해지는 것이 아니라 지방병무청장이 병역처분을 함으로써 비로소 병역의무의 종류가 정해지는 것이므로, 처분이라고 보기 어렵다.63) 독점규제 및 공정거래에 관한 법률에 근거한 공정거래위원회의 고발조치는 사직 당국에 대하여 형벌권 행사를 요구하는 행정기관 상호간의 행위에 불과하므로 처분이 아니다.64)

또한, 중앙해양안전심판원이 해양사고의 조사 및 심판에 관한 법률에 따라 한 원인규명재결, 문화체육부장관의 외국영화 수입추천에 앞서 거치는 절차인 공연윤리위원회의 수입불가심의, 국방부장관의 군인명예전역수당 지급처분에 앞서 거치는 각군 참모총장의 수당지급대상자의 추천행위65) 등은 처분이라고 볼 수 없다. 전파주관청이었던 당시의 정보통신부장관이 국제공용자원인 위성궤도 및 주파수를 우리나라의 자원으로 확보하기 위하여 국제전기통신연합(ITU)의 전파규칙에 따라 국제전기통신연합에 대하여 하는 위성망국제등록신청은 국민의 권리의무에 영향을 미치는 행위가 아니므로 처분이라고 할 수 없다.66) 그리고, 한국자산관리공사가 해당 부동산을 인터넷을 통하여 재공매(입찰)하기로 한 결정 자체는 내부적인 의사결정에 불과하고, 한국자산관리공사가 한 공매통지는 공매의 요건이 아니라 공매사실 자체를 체납자에게 알려 주는 데 불과하여 상대방의 법적 지위나 권리 · 의무에 직접 영향을 주는 것이 아니므로, 처분에 해당하지 않는다.67)

---

62) 대법원 2023. 1. 12. 선고 2020두50683 판결.
63) 대법원 1993. 8. 27. 선고 93누3356 판결.
64) 대법원 1995. 5. 12. 선고 94누13794 판결.
65) 대법원 2009. 12. 10. 선고 2009두14231 판결.
66) 대법원 2007. 4. 12. 선고 2004두7924 판결.
67) 대법원 2007. 7. 27. 선고 2006두8464 판결; 대법원 2011. 3. 24. 선고 2010두25527 판결. 따라서 공매절차 중 매각결정에 대하여 다투어야 할 것으로 생각된다. 한편, 공매통지는 공매처분의 절차적 요건에는 해당하므로, 공매처분을 하면서 체납자 등에게 공매통지를 하지 않았거나 위법한 공매통지를 한 경우 그 공매처분은 위법하다(대법원 2008. 11. 20. 선고 2007두18154 전원합의체 판결).

❑ **대법원 1994. 8. 12. 선고 94누2190 판결:** 피고(관악경찰서장)가 그 관리하에 있는 운전면허 행정처분처리대장에 기재하는 벌점의 배점은 자동차운전면허의 취소, 정지처분의 기초자료를 제공하기 위한 것이고, 그 대장상의 배점 자체만으로는 아직 국민에 대하여 구체적으로 어떤 권리를 제한하거나 의무를 명하는 등 법률적 규제를 하는 효과를 발생하는 요건을 갖춘 것이 아니어서 그 무효확인 또는 취소를 구하는 소송의 대상이 되는 행정처분이라고 할 수 없다.

다만 과정적 행위의 형태를 띠고 있더라도 행정청의 그러한 행위로 인하여 국민의 권리의무에 직접적인 변동이 초래되면 처분으로 볼 수 있을 것이다. 토지수용의 전 단계로 행해지는 사업인정이나 재개발사업시행인가는 처분으로서 독립하여 항고소송의 대상이 되고, 노동위원회의 중재회부결정, 건축계획심의신청에 대한 반려처분,[68] 법학전문대학원 예비인가 거부결정[69] 등은 그 자체로 독립한 법적 효과를 가지고 있어서 처분에 해당한다. 부동산 가격공시 및 감정평가에 관한 법률에 의하여 국토교통부장관이 매년 결정 · 공시하는 표준지공시지가나 시장 · 군수 · 구청장이 결정 · 공시하는 개별공시지가의 결정은 각종 부담금과 조세 산정의 기준이 되어 국민의 권리나 의무 또는 법률상 이익에 직접 관계되는 것으로 처분에 해당한다.[70] 또한, 지방자치단체의 장이 공유재산법에 근거하여 기부채납 및 사용 · 수익허가 방식으로 민간투자사업을 추진하는 과정에서 우선협상대상자를 선정하는 행위와 이미 선정된 우선협상대상자를 그 지위에서 배제하는 행위는 민간투자사업의 세부내용에 관한 협상을 거쳐 공유재산법에 따른 공유재산의 사용 · 수익허가를 우선적으로 부여받을 수 있는 지위를 설정하거나 이미 설정한 지위를 박탈하는 조치이므로 처분에 해당한다.[71] 한편, 대법원은 과세관청의 소득처분에 따른 소득금액변동통지가 항고소송의 대상이 될 수 없다는 종전의 견해[72]를 변경하여 조세처분에 해당한다고 하였다.[73]

68) 대법원 2007. 10. 11. 선고 2007두1316 판결.
69) 헌재 2009. 2. 26. 선고 2008헌마370, 2008헌바147(병합) 결정.
70) 표준지공시지가결정: 대법원 1994. 3. 8. 선고 93누10828 판결; 대법원 1995. 3. 28. 선고 94누12920 판결. 개별공시지가결정: 대법원 1993. 1. 15. 선고 92누12407 판결; 대법원 1993. 6. 11. 선고 92누16706 판결.
71) 대법원 2020. 4. 29. 선고 2017두31064 판결.
72) 대법원 1984. 6. 26. 선고 83누589 판결; 대법원 1986. 7. 8. 선고 84누50 판결; 대법원 1987. 1. 20. 선고 86누419 판결; 대법원 1987. 6. 9. 선고 86누667 판결; 대법원 1987. 7.

위와 같이 과정적 행위의 형태를 띠고 있는 행정청의 행위를 처분으로 볼 수 있는지 여부를 판단할 때에는 제소기간과 불가쟁력을 통한 법률관계의 조기 확정과 행정의 원활한 수행을 보장할 필요가 있는 경우인지 여부도 중요한 기준이 된다. 하도급법 빛 시행령의 관련 규정에 의하면, 시행령으로 정하는 기준에 따라 부과한 벌점의 누산점수가 일정 기준을 초과하면 공정거래위원회는 관계 행정기관의 장에게 해당 사업자에 대한 입찰참가자격제한 요청결정을 하고 이를 요청받은 관계 행정기관의 장은 특별한 사정이 없으면 그 사업자에 대하여 입찰참가자격을 제한하는 처분을 하여야 한다. 대법원은 공정거래위원회의 입찰참가자격제한 요청결정을 처분으로 보았는데, 그 이유로 사업자가 입찰참가자격제한 처분에 대해서만 다툴 수 있도록 하는 것보다 그에 앞서 이루어진 입찰참가자격제한 요청결정의 위법성을 다툴 수 있도록 함으로써 분쟁을 조기에 근본적으로 해결하도록 하는 것이 법치행정의 원리에도 부합한다는 점을 들고 있다.[74]

다. 부분허가

폐기물처리장이나 원자력발전소와 같이 장기간이 소요되는 대규모 공사에서 그에 대한 허가·인가는 포괄적인 1회적 결정으로 발급되지 않는다. 이러한 공사에서는 종국적인 허가·인가 전에 계획서 등을 제출하게 한 다음 사전에 요건의 일부를 심의하여 적정통보를 받은 사람이 시설공사 등을 착수할 수 있거나 시설 등을 갖추어 허가·인가 등의 신청을 할 수 있도록 되어 있는 경우가 대부분이다. 이와 같은 다단계 행정절차에서 예비결정이나 부분허가는 한정된 사항이기는 하지만 종국적으로 규율하는 처분의 효과가 발생하므로, 부분허가나 그 신청에 대한 거부는 국민의 권리의무에 직접 영향을 미치는 것으로서 처분에 해당한다. 따라서, 폐기물처리업의 허가에 앞서 행하는 사업계획서에 대한 적정·부적정 통보,[75] 원자로건설부지 사전승인[76] 등은 처분이다.

---

21. 선고 85누912 판결; 대법원 1991. 2. 26. 선고 90누4631 판결; 대법원 1993. 1. 19. 선고 92누8293 판결; 대법원 1993. 6. 8. 선고 92누12483 판결; 대법원 2003. 1. 24. 선고 2002두10360 판결.

73) 대법원 2006. 4. 20. 선고 2002두1878 전원합의체 판결.

74) 대법원 2023. 2. 2. 선고 2020두48260 판결. 다만 앞에서 본 것처럼 하도급법상 벌점 부과 행위는 입찰참가자격의 제한요청 등의 기초자료로 사용하기 위한 것이고 사업자의 권리·의무에 직접 영향을 미치는 행위라고 볼 수 없으므로 처분이 아니라고 판시하였다(대법원 2023. 1. 12. 선고 2020두50683 판결).

그러나, 장래 일정한 처분 또는 불처분을 약속하는 의사표시인 확약(내인가·내허가)은 대외적 효력이 없고 행정청만 구속하므로 처분이 아니라는 것이 판례이다.

❑ **대법원 1995. 1. 20. 선고 94누6529 판결:** 어업권면허에 선행하는 우선순위결정은 행정청이 우선권자로 결정된 자의 신청이 있으면 어업권면허처분을 하겠다는 것을 약속하는 행위로서 강학상 확약에 불과하고 행정처분은 아니므로, 우선순위결정에 공정력이나 불가쟁력과 같은 효력은 인정되지 아니하며, 따라서 우선순위결정이 잘못되었다는 이유로 종전의 어업권면허처분이 취소되면 행정청은 종전의 우선순위결정을 무시하고 다시 우선순위를 결정한 다음 새로운 우선순위결정에 기하여 새로운 어업권면허를 할 수 있다.[77]

다만 행정청이 내인가를 한 후 그 본인가신청이 있음에도 내인가를 취소함으로써 다시 본인가에 대하여 별도로 인가 여부의 처분을 한다는 사정이 보이지 않는 경우 위 내인가의 취소를 인가신청거부처분으로 본 사례가 있다.[78]

❑ **대법원 1994. 4. 12. 선고 93누10804 판결(우선순위탈락결정):** 우선순위결정을 신청하였다가 어업권면허결격사유가 있다는 이유로 우선순위결정대상에서조차 탈락하자 이를 행정처분으로 보고 그 취소를 구한 사안에서, 우선순위탈락결정이 독립한 처분이라는 것을 전제로 본안판결을 한 사례.[79]

75) 대법원 1998. 4. 28. 선고 97누21086 판결.
76) 대법원 1998. 9. 4. 선고 97누19588 판결.
77) 어업권면허의 부여절차는 어장이용개발계획의 수립, 우선순위의 결정, 어업권면허의 부여 등의 순서로 이루어진다. 이 사건은 원고와 피고보조참가인 등이 각자 제1종 양식어업의 어장에 관하여 어업권면허를 받기 위한 우선순위결정을 신청하자, 피고는 1993. 1. 12. 피고보조참가인 등이 원고보다 우선순위자라는 이유로 피고보조참가인 등을 1순위자로, 원고를 2순위자로 하는 내용의 우선순위결정을 하여 이를 통지한 다음, 같은 해 4. 30. 1순위자로 결정된 피고보조참가인 등에게 어업권면허처분을 한 사안이다.
78) 대법원 1991. 6. 28. 선고 90누4402 판결.
79) 대법원 1995. 1. 20. 선고 94누6529 판결과 대법원 1994. 4. 12. 선고 93누10804 판결의 차이점은 다음과 같다. 후자의 대상으로 된 우선순위탈락결정은 행정청이 상대방을 우선순위결정의 대상으로조차 삼지 않음으로써 상대방에게 어업권면허를 부여하지 않겠다는 종국적인 법률효과를 발생시킨 것이다. 따라서, 우선순위탈락결정은 우선순위결정과 달리

라. 행정계획

대법원은 도시 · 군기본계획에 대해서는 구속력을 부인하고 있지만 도시 · 군관리계획에 대해서는 처분성을 인정하여 행정소송의 대상이 된다는 확립된 견해(행정행위설)를 가지고 있고,[80] 헌법재판소도 마찬가지이다.[81]

> ❑ **대법원 1982. 3. 9. 선고 80누105 판결(따름 판례 : 대법원 1986. 8. 19. 선고 86누256 판결):** 도시계획법 제12조 소정의 도시계획결정이 고시되면 도시계획구역 안의 토지나 건물소유자의 토지형질변경, 건축물의 신축 · 개축 또는 증축 등 권리행사가 일정한 제한을 받게 되는바, 이런 점에서 볼 때 고시된 도시계획결정은 특정 개인의 권리 내지 법률상의 이익을 개별적이고 구체적으로 규제하는 효과를 가져오게 하는 행정청의 처분이라 할 것이고 이는 행정소송의 대상이 되는 것이라 할 것이다.[82]

그러나, 도시계획 중에는 법규명령적인 것도 있고, 행정행위적인 것도 있을 수 있어서 모든 도시계획을 획일적으로 처분(행정행위)이라고 단정할 수는 없을 것이다. 같은 도시 · 군관리계획이라고 하더라도 성질을 달리하는 여러 종류의 계획이 있다는 점에 유의하여야 한다.[83]

대법원 판례를 좀 더 구체적으로 살펴보면, 하수도법에 의하여 기존의 하수도정비기본계획을 변경하여 광역하수종말처리시설을 설치하는 등의 내용으로 수립된 하수도정비기본계획이나 구 도시계획법상의 도시기본계획은 직접적 구속력이 없어서 처분이 아니다. 구 농어촌도로정비법 제6조 소정의 농어촌도로기본계획은 관할구역 안의 도로에 대한 장기개발방향의 지침을 정하기 위한 계획으로

독립한 처분으로 보아야 할 것이므로, 이는 엄밀한 의미에서 확약이 아니어서, 양 판결은 모순되는 것이 아니다.

80) 대법원 1978. 12. 26. 선고 78누281 판결; 대법원 1982. 3. 9. 선고 91누35 판결; 대법원 1982. 3. 9. 선고 80누105 판결; 대법원 1985. 7. 23. 선고 83누727 판결; 대법원 1990. 9. 28. 선고 89누8101 판결; 대법원 1991. 2. 26. 선고 90누5597 판결; 대법원 1991. 4. 23. 선고 90누2994 판결; 대법원 1993. 10. 8. 선고 93누10569 판결; 대법원 1993. 11. 9. 선고 93누8283 판결; 대법원 1995. 11. 10. 선고 94누12852 판결; 대법원 1995. 12. 22. 선고 95누3831 판결; 대법원 1997. 3. 14. 선고 96누16698 판결 등 참조.

81) 헌재 1991. 6. 3. 선고 89헌마46 결정; 헌재 1991. 7. 22. 선고 89헌마174 결정.

82) 위 판례는 구 도시계획법에 관한 것이므로, 여기에서 말하는 도시계획은 구 도시계획법상 협의의 도시계획(현행 국토계획법상 도시 · 군관리계획)을 말하는 것이다.

83) 환지계획의 처분성을 부인한 대법원 1999. 8. 20. 선고 97누6889 판결.

서 그에 후속되는 농어촌도로정비계획의 근거가 되는 것일 뿐 그 자체로 국민의 권리의무를 개별적, 구체적으로 규제하는 효과를 가지는 것은 아니므로 이 역시 처분이 아니다.[84] 한편, 국토해양부, 환경부, 문화체육관광부, 농림수산식품부가 합동으로 2009. 6. 8. 발표한 '4대강 살리기 마스터플랜' 등은 4대강 정비사업과 주변지역의 관련사업을 체계적으로 추진하기 위하여 수립한 종합계획이자 '4대강 살리기 사업'의 기본방향을 제시하는 계획으로서 처분에 해당하지 않는다.[85]

반면에 특정 개인의 권리 · 이익을 규제하는 개별적이거나 구체적 행위는 처분으로 보아야 하는데, 고시된 도시 · 군관리계획결정, 택지개발예정지구의 지정, 도시정비법상의 관리처분계획과 같은 구속적 행정계획이나 토지거래계약에 관한 허가구역의 지정[86] 등은 그에 의하여 야기되는 특정인의 권익침해가 구체적이라는 점에서 처분성을 인정하였다.

마. 각종 공부기재행위

종래 대법원은 건축물대장이나 토지대장 등은 기본적으로 행정사무집행의 편의와 사실증명의 자료로 삼기 위한 것일 뿐, 그 등재나 변경등재로 인하여 해당 건축물에 대한 실체상의 권리관계에 변동을 초래하는 것은 아니라는 이유로 건축물대장의 용도란의 변경등재행위,[87] 기재사항의 정정신청거부,[88] 소유권에 관한 사항의 기재변경신청거부[89] 등은 모두 처분이 아니라고 하여 그 취소를 구하는 소를 각하하여 왔다.

그러나, 지적공부상 토지분할신청 거부행위는 분필이 되지 않을 경우 자기 소유 토지의 일부에 대하여 소유권의 양도나 저당권의 설정 등 필요한 처분행위를 할 수 없다는 불이익이 발생한다는 이유로 처분성을 인정하였다.[90] 또한, 건

84) 대법원 2000. 9. 5. 선고 99두974 판결.
85) 대법원 2011. 4. 21.자 2010무111 전원합의체 결정.
86) 대법원 2006. 12. 22. 선고 2006두12883 판결.
87) 대법원 1985. 3. 12. 선고 84누738 판결.
88) 대법원 1989. 12. 12. 선고 89누5348 판결.
89) 대법원 1998. 2. 24. 선고 96누5612 판결.
90) 대법원 1992. 12. 8. 선고 92누7542 판결; 대법원 1993. 3. 23. 선고 91누8968 판결. 참고로 1필지의 토지의 일부에 대한 소유권이전등기 절차 이행을 명하는 확정판결에 근거한 토지분할신청이라고 하더라도, 지적소관청은 인접 대지경계선으로부터의 이격거리 기준에 저촉된다는 등 건축법령이나 그 밖의 법령의 토지분할금지 규정에 어긋난다는 점을 근거

축주 명의변경신청 거부행위에 대해서는 건축주는 건축법상 각종 권리의무의 주체가 되고 보존등기 명의인이 된다는 이유로 처분성을 인정하였다.[91] 한편, 지적공부상 지목변경신청 거부행위에 대하여 지목은 토지에 대한 공법상의 규제, 개발부담금의 부과대상, 지방세의 과세대상, 공시지가의 산정, 손실보상가액의 산정 등 토지행정의 기초로서 공법상 법률관계에 영향을 미치고, 토지소유자는 지목을 토대로 토지의 사용·수익·처분에 일정한 제한을 받게 되는 점 등을 고려하면, 토지소유권을 제대로 행사하기 위한 전제요건으로서 토지소유자의 실체적 권리관계에 밀접하게 관련되어 있으므로, 지적공부 소관청의 지목변경신청 반려행위는 국민의 권리관계에 영향을 미치는 것으로서 처분에 해당한다고 판시하였다.[92]

나아가 건축물대장의 작성은 건축물의 소유권을 제대로 행사하기 위한 전제조건으로서 건축물 소유자의 실체적 권리관계에 밀접하게 관련되어 있으므로, 신축건물에 대한 건축물대장 소관청의 작성신청 반려행위는 국민의 권리관계에 영향을 미치는 것으로서 처분에 해당하고,[93] 마찬가지 이유로 지적공부 소관청이 토지대장을 직권으로 말소한 행위도 처분에 해당한다고 판시하였다.[94] 또한, 건축물대장의 기재사항 중 건축물 용도변경신청을 반려한 행위,[95] 행정청이 구분소유 건축물을 하나의 건축물로 건축물대장을 합병한 행위,[96] 건축물대장을 직권말소한 행위,[97] 지적공부상의 토지면적등록 정정신청을 반려한 행위[98] 등에 대해서도 처분성을 인정하였다.

반면에 관할관청이 무허가건물의 무허가건물관리대장의 등재요건에 관한 오류를 바로잡으면서 해당 무허가건물을 무허가건물관리대장에서 삭제하는 행위,[99]

로 그 신청을 거부할 수 있다(대법원 2024. 3. 12. 선고 2023두50349 판결).

91) 대법원 1992. 3. 31. 선고 91누4911 판결.

92) 대법원 2004. 4. 22. 선고 2003두9015 전원합의체 판결.

93) 대법원 2009. 2. 12. 선고 2007두17359 판결.

94) 대법원 2013. 10. 24. 선고 2011두13286 판결. 토지대장은 토지에 대한 공법상의 규제, 개발부담금의 부과대상, 지방세의 과세대상, 공시지가의 산정, 손실보상가액의 산정 등 토지행정의 기초자료로서 공법상의 법률관계에 영향을 미칠 뿐만 아니라, 토지에 관한 소유권보존등기 또는 소유권이전등기를 신청하려면 이를 등기소에 제출하여야 하는 점 등을 고려하였다.

95) 대법원 2009. 1. 30. 선고 2007두7277 판결.

96) 대법원 2009. 5. 28. 선고 2007두19775 판결.

97) 대법원 2010. 5. 27. 선고 2008두22655 판결.

98) 대법원 2011. 8. 25. 선고 2011두3371 판결.

99) 대법원 2009. 3. 12. 선고 2008두11525 판결. 무허가건물관리대장은 행정관청이 지방자치

행정청이 토지대장의 소유자명의변경신청을 거부한 행위[100]에 대해서는 처분성을 부정하였다.

이렇게 다소 엇갈리는 듯 보이는 판례의 입장은, 해당 공부의 성격이 단지 행정사무집행의 편의와 사실증명의 자료로 삼기 위한 것에 불과한 것인지 아니면 그 등재나 변경으로 인하여 해당 토지나 건축물에 대한 실체상의 권리관계에 영향을 미치는 사항에 관한 것인지에 따라 처분성 유무를 판별하고 있다고 정리할 수 있겠다.

바. 비권력적 행위: 경고의 문제

권유, 알선, 비구속적 행정지도는 그 자체로 국민에게 불이익이 없으므로 처분이 아니다. 이러한 비권력적 사실행위 중 공무원에 대한 법정 징계처분에 속하지 않는 '경고'가 처분에 해당하는지 여부가 문제 될 수 있다. 그에 대한 판단은 경고가 공무원으로서의 지위, 신분이나 권리의무관계에 불이익을 초래하는 법적인 효과를 가지는 것으로 볼 수 있는지 여부에 달려 있다.

이를 부정한 사례로서, "공무원이 소속장관으로부터 받은 '직상급자와 다투고 폭언하는 행위 등에 대하여 엄중 경고하니 차후 이러한 사례가 없도록 각별히 유념하기 바람'이라는 내용의 서면에 의한 경고가 공무원의 신분에 영향을 미치는 국가공무원법상의 징계의 종류에 해당하지 아니하고, 근무충실에 관한 권고행위 내지 지도행위로서 그 때문에 공무원으로서의 신분에 불이익을 초래하는 법률상의 효과가 발생하는 것도 아니므로, 경고가 국가공무원법상의 징계처분이나 행정소송의 대상이 되는 행정처분이라고 할 수 없다."라고 판시한 것이 있고,[101] 마찬가지 이유에서 '구 서울특별시 교육·학예에 관한 감사규칙 제11조, 서울특별시교육청 감사결과 지적사항 및 법률위반 공무원 처분기준에 정해진 경고'가 행정행위에 해당하지 않는다고 판시한 것이 있다.[102]

단체의 조례 등에 근거하여 무허가건물 정비에 관한 행정상 사무처리의 편의와 사실증명의 자료로 삼기 위하여 작성, 비치하는 대장으로서 무허가건물을 무허가건물관리대장에 등재하거나 등재된 내용을 변경 또는 삭제하는 행위로 인하여 해당 무허가건물에 대한 실체상의 권리관계에 변동을 가져오는 것이 아니고, 무허가건물의 건축시기, 용도, 면적 등이 무허가건물관리대장의 기재에 의해서만 증명되는 것도 아니기 때문이라고 한다.

100) 대법원 2012. 1. 12. 선고 2010두12354 판결. 이 경우 민사소송인 소유권 확인의 소로 분쟁을 해결하는 것이 원칙적이고 발본적인 해결방법이라는 점을 염두에 둔 것으로 보인다.

101) 대법원 1991. 11. 12. 선고 91누2700 판결.

한편 이를 긍정한 사례로서, "행정규칙에 의한 불문경고조치가 비록 법률상의 징계처분은 아니지만 위 처분을 받지 아니하였다면 차후 다른 징계처분이나 경고를 받게 될 경우 징계감경사유로 사용될 수 있었던 표창공적의 사용가능성을 소멸시키는 효과와 1년 동안 인사기록카드에 등재됨으로써 그동안은 장관표창이나 도지사표창 대상자에서 제외시키는 효과 등이 있으므로 항고소송의 대상이 되는 행정처분에 해당한다."라고 판시한 것이 있다.[103] 또한, 검찰총장이 행정규칙인 「대검찰청 자체감사규정」, 「검찰공무원의 범죄 및 비위 처리지침」 등을 근거로 검사에게 행한 '경고조치'는 일정한 서식에 따라 검사에게 개별통지를 하고 이의신청을 할 수 있으며, 검사가 검찰총장의 경고를 받으면 1년 이상 감찰관리 대상자로 선정되어 특별관리를 받을 수 있고, 경고를 받은 사실이 인사자료로 활용되어 복무평정, 직무성과금 지급, 승진·전보인사에서도 불이익을 받게 될 가능성이 높아지며, 향후 다른 징계사유로 징계처분을 받게 될 경우에 징계양정에서 불이익을 받게 될 수 있다는 이유로 처분성을 긍정한 사례도 있다.[104]

금융감독원장의 문책경고가 처분인지 여부도 마찬가지이다. 대법원은 금융기관의 임원에 대한 금융감독원장의 문책경고가 항고소송의 대상이 되는지 여부가 쟁점이 된 사안에서, "금융기관 검사 및 제재에 관한 규정 제22조는 금융기관의 임원이 문책경고를 받은 경우에는 금융업관련 법 및 당해 금융기관의 감독관련 규정에서 정한 바에 따라 일정기간 동안 임원선임의 자격제한을 받는다고 규정하고 있고, 은행법 제18조 제3항의 위임에 기한 구 은행업감독규정 제17조 제2호 (다)목, 제18조 제1호는 제재규정에 따라 문책경고를 받은 자로서 문책경고일로부터 3년이 경과하지 아니한 자는 은행장, 상근감사위원, 상임이사, 외국은행지점 대표자가 될 수 없다고 규정하고 있어서, 문책경고는 그 상대방에 대한 직업선택의 자유를 직접 제한하는 효과를 발생하게 하는 등 상대방의 권리의무에 직접 영향을 미치는 행위로서 행정처분에 해당한다."라고 판시하였다.[105] 반

102) 대법원 2004. 4. 23. 선고 2003두13687 판결. 위 판결에 따르면, 교육공무원법, 교육공무원 징계령, 교육공무원 징계양정 등에 관한 규칙에 근거하여 행해지고, 인사기록카드에 등재되며, '2001년도 정부포상업무지침'에 따른 포상추천 제한사유 및 교육공무원 징계양정 등에 관한 규칙 제4조 제1항 단서에 정해진 징계감경사유 제외대상에 해당하는 불문(경고)과는 달리, 위와 같은 경고는 항고소송의 대상이 되는 처분에 해당하지 않는다.

103) 대법원 2002. 7. 26. 선고 2001두3532 판결.

104) 대법원 2021. 2. 10. 선고 2020두47564 판결.

면에 금융감독원장이 종합금융주식회사의 전 대표이사에게 재직 중 금융관련 법규를 위반하고 신용질서를 심히 문란하게 한 사실이 있다는 내용으로 문책경고장(상당)을 보낸 행위가 처분인지 여부가 쟁점이 된 사안에서, "이 사건 서면 통보행위는 어떠한 법적 근거에 기하여 발하여진 것이 아니고, 단지 종합금융회사의 업무와 재산상황에 대한 일반적인 검사권한을 가진 피고가 위 회사에 대하여 검사를 실시한 결과, 원고가 위 회사의 대표이사로 근무할 당시 행한 것으로 인정된 위법·부당행위 사례에 관한 단순한 사실의 통지에 불과한 것이라고 하면서 행정행위가 아니다."라고 하였다.[106]

위 각 판결에서 금융감독원장의 문책경고는 외형상 같은 것으로 보이나, 전자는 현직임원에 대한 제재로서 금융업관련 법규에 근거한 문책경고이고, 그에 따라 일정기간 동안 임원선임의 자격제한 등 직업선택의 자유를 직접 제한하는 효과를 가짐에 반하여, 후자는 금융감독원장이 종합금융주식회사의 전 대표이사에게 재직 중 위법·부당행위 사례를 첨부하여 금융관련 법규를 위반하고 신용질서를 심히 문란하게 한 사실이 있다는 내용의 '문책경고장(상당)'을 보낸 것으로, 현행법체계와는 달리[107] 아무런 법적 근거도 없었고 직업선택의 자유 등에 대한 아무런 제재가 없었다는 점에 유의하여야 한다.[108]

사. 권리의무와 관계없는 결정이나 단순한 관념의 통지

판례에 따르면, 납세의무자의 국세환급청구권은 오납액의 경우에는 처음부

105) 대법원 2005. 2. 17. 선고 2003두14765 판결.

106) 대법원 2005. 2. 17. 선고 2003두10312 판결.

107) 현행 금융회사의 지배구조에 관한 법률 제35조에서는 금융위원회가 비위행위를 저지른 금융회사의 임원에게 문책경고와 같은 조치를 할 수 있을 뿐만 아니라 금융회사의 퇴임한 임원이 재임 중이었더라면 위와 같은 조치를 받았을 것이라고 인정되는 경우에도 그 조치의 내용을 해당 금융회사의 장을 통하여 통보하도록 규정되어 있다. 그리고 같은 법 제5조 제1항 제7호에 의하면, 위와 같은 제재조치를 받은 임원뿐만 아니라 해당 조치에 상응하는 통보를 받은 퇴임한 임원도 5년을 초과하지 않는 범위에서 금융회사의 임원이 될 수 없다고 규정하고 있다. 따라서 현행법체계 아래에서는 금융위원회의 퇴임한 임원에 대한 제재통보는 위 판례와는 달리 처분성이 인정되어야 할 것이라고 생각된다.

108) 다만 대법원 2005. 2. 17. 선고 2003두10312 판결에서, 피고로부터 문책경고를 통보받은 종합금융회사가 금융기관검사 및 제재에 관한 규정 시행세칙 제64조 제2항에 따라 인사기록부에 원고의 위법·부당사실 등을 기록·유지함으로써, 원고는 위 회사나 다른 금융기관에 취업을 할 때 지장을 받을 수 있다고 주장하였으나, 그러한 불이익이 있다고 하더라도 그것은 위 서면통보행위로 인한 것이 아닐 뿐만 아니라 사실상의 불이익에 불과한 것이라고 하였다.

터 법률상 원인이 없으므로 납부 또는 징수시에 이미 확정되어 있고, 초과납부액의 경우에는 신고 또는 부과처분의 취소 및 경정에 의하여 조세채무의 전부 또는 일부가 소멸한 때에 확정되며, 환급세액의 경우에는 각 개별세법에서 규정한 환급요건에 따라 확정되는 것이므로, 국세기본법의 국세환급금 및 국세환급가산금 결정에 관한 규정은 이미 납세의무자의 환급청구권이 확정된 국세환급금 및 가산금에 대한 내부적 사무처리절차로서 과세관청의 환급절차를 규정한 것에 지나지 않고 그 규정에 의한 국세환급금(가산금 포함)결정에 의하여 비로소 환급청구권이 확정되는 것은 아니므로, 세무서장이 하는 국세환급금이나 그에 대한 가산금결정은 납세의무자가 갖는 환급청구권의 존부나 범위에 구체적이고 직접적인 영향을 미치는 처분이라고 볼 수 없다.[109]

또한 국가공무원법상 당연퇴직은 결격사유가 있을 때 법률상 당연히 퇴직하는 것이지 공무원관계를 소멸시키기 위한 별도의 처분을 요하는 것이 아니고, 당연퇴직의 인사발령은 법률상 당연히 발생하는 퇴직사유를 공적으로 확인하여 알려 주는 관념의 통지에 불과하고 공무원의 신분을 상실시키는 새로운 형성적 행위가 아니므로 처분이 아니다.[110] 임용결격사유로 인한 임용취소통지도 원래의 임용행위가 당초부터 당연무효이었음을 공적으로 확인하여 알려 주는 사실의 통지에 불과할 뿐 공무원 신분을 상실시키는 새로운 형성적 행위가 아니므로 처분이 아니다.[111]

그리고 공무원의 연가보상비청구권은 공무원이 연가를 실시하지 않는 등 법령상 정해진 요건이 충족되면 그 자체만으로 지급기준일 또는 보수지급기관의

109) 대법원 1989. 6. 15. 선고 88누6436 전원합의체 판결; 대법원 1997. 10. 10. 선고 97다26432 판결 등. 더 나아가 위와 같은 과오납금이나 환급세액의 반환청구권이 공권인지 사권인지 논란이 있다. 환급세액의 지급을 구하는 소송은 부당이득반환소송으로서 민사소송으로 다루어야 한다는 것이 종래의 대법원 판례이었으나, 대법원 2013. 3. 21. 선고 2011다95564 전원합의체 판결에서는 부가가치세 환급세액지급소송의 성격을 공법상 당사자소송으로 보면서, 개별 세법에서 정한 환급세액의 반환을 일률적으로 부당이득반환이라고 본 기존의 대법원 판결(대법원 1987. 9. 8. 선고 85누565 판결, 대법원 1988. 11. 8. 선고 87누479 판결 등)을 변경하였다. 그러나 위 전원합의체 판결은 조세에 대한 과오납금 반환소송을 민사소송으로 본 기존의 판결은 변경하지 않았을 뿐만 아니라 그 이후에 선고된 판결에서는 과오납금의 반환을 구하는 민사소송으로 환급을 청구할 수 있다고 판시하였다(대법원 2015. 8. 27. 선고 2013다212639 판결). 더 자세한 내용은 공법상 당사자소송과 민사소송의 관계에 관한 부분에서 설명하기로 한다.

110) 대법원 2004. 5. 13. 선고 2004두3205 판결; 대법원 1995. 11. 14. 선고 95누2036 판결.

111) 대법원 2001. 4. 10. 선고 2000두10472 판결.

장이 정한 지급일에 구체적으로 발생하고 행정청의 지급결정에 의하여 비로소 발생하는 것은 아니므로, 행정청이 공무원에게 연가보상비를 지급하지 않은 행위로 인하여 공무원의 연가보상비청구권 등 법률상 지위에 아무런 영향을 미치는 것이 아니어서 행정청의 연가보상비 부지급행위는 처분이 아니다.[112] 법원행정처장이 법관의 미지급 명예퇴직수당액의 지급 신청을 거부하는 의사표시도 마찬가지다.[113]

한편, 형사소송법 제258조 제1항의 처분결과통지는 불기소결정에 대한 항고기간의 기산점이 되고, 형사소송법 제259조의 공소불제기이유고지는 고소인 등으로 하여금 항고 등으로 불복할지 여부를 결정하는 데 도움을 주도록 하기 위한 것이므로, 이러한 통지 내지 고지는 불기소결정이라는 검사의 처분이 있은 후 그에 대한 불복과 관련한 절차일 뿐 별도의 독립한 처분이 아니다.[114]

아. 질의회신이나 진정에 대한 답변

법령의 해석질의에 대한 답변, 진정사건이나 청원에 대한 처리결과 통보 등은 그 자체로 국민의 권리의무에 영향을 미치는 것이 아니므로 처분이 아니다. 또한, 민원사무 처리에 관한 법률에 의한 사전심사결과 통보도 마찬가지 이유로 처분이 아니다.[115] 그러나, 실제에서는 거부처분과 구별하기 어려운 경우가 많다.

5. 처분으로서 외형을 갖출 것

처분으로서 외형을 갖춘 행위만 항고소송의 대상이 된다. 처분의 외형조차 갖추지 못한 경우를 처분의 부존재라고 하고, 처분의 외형은 가지고 있으나 중대·명백한 하자가 있어서 효력이 없는 경우를 처분의 무효라고 한다. 처분의 무효와 부존재가 효력면에서 실질적인 차이는 없지만, 전자는 무효확인소송의 대상이 되고 후자는 부존재확인소송의 대상이 된다.

처분이 내부적으로 결정되었을 뿐 외부적으로 표시되지 않으면 처분이 있다 할 수 없으므로 부존재확인소송의 대상이 된다. 반면에 상대방이 특정되어 있는

---

112) 대법원 1999. 7. 23. 선고 97누10857 판결.
113) 대법원 2016. 5. 24. 선고 2013두14863 판결.
114) 대법원 2018. 9. 28. 선고 2017두47465 판결.
115) 대법원 2014. 4. 24. 선고 2013두7834 판결.

처분에서 처분서면을 송달하였으나 그 송달이 부적법한 경우에는 효력발생요건을 갖추지 못한 무효의 처분이므로, 무효확인소송을 제기하여야 한다.

6. 행정소송 외에 다른 불복절차가 마련되어 있지 않을 것

행정청의 행위가 처분에 해당한다고 하더라도 그 처분의 근거법률에서 행정소송 이외의 다른 불복절차를 예정하고 있는 경우에는 해당 처분은 항고소송의 대상이 될 수 없다.

❑ **대법원 2000. 3. 28. 선고 99두11264 판결(검사의 공소):** 형사소송법에 의하면 검사가 공소를 제기한 사건은 기본적으로 법원의 심리대상이 되고 피의자 및 피고인은 수사의 적법성 및 공소사실에 대하여 형사소송절차를 통하여 불복할 수 있는 절차와 방법이 따로 마련되어 있으므로 검사의 공소제기가 적법절차에 의하여 정당하게 이루어진 것이냐의 여부에 관계없이 검사의 공소에 대하여는 형사소송절차에 의하여서만 이를 다툴 수 있고 행정소송의 방법으로 공소의 취소를 구할 수는 없다.

❑ **대법원 2018. 9. 28. 선고 2017두47465 판결(검사의 불기소):** 검사의 불기소결정에 대해서는 검찰청법에 의한 항고와 재항고, 형사소송법에 의한 재정신청에 의해서만 불복할 수 있는 것이므로, 이에 대해서는 행정소송법상 항고소송을 제기할 수 없다.

❑ **대법원 1993. 11. 23. 선고 93누16833 판결(과태료):** 옥외광고물 등 관리법 제20조 제1, 3, 4항 등의 규정에 의하면 옥외광고물 등 관리법에 의하여 부과된 과태료처분의 당부는 최종적으로 비송사건절차법에 의한 절차에 의하여만 판단되어야 한다고 보아야 할 것이므로 위와 같은 과태료처분은 행정소송의 대상이 되는 행정처분이라고 볼 수 없다.[116)]

❑ **대법원 1980. 10. 14. 선고 80누380 판결(통고처분):** 조세범처벌절차법에 의하여 범칙자에 대한 세무관서의 통고처분은 행정소송의 대상이 아니다.

---

116) 건축법상 과태료에 대해서는 대법원 1995. 7. 28. 선고 95누2623 판결 참조. 현재는 질서위반행위규제법에서 과태료의 과벌절차를 규율하고 있다.

❑ **대법원 2006. 7. 28. 선고 2004두13219 판결(금감위 파산신청)**: 구 금융산업의 구조개선에 관한 법률(2002. 12. 26. 법률 제6807호로 개정되기 전의 것) 제16조 제1항 및 구 상호저축은행법(2003. 12. 11. 법률 제6992호로 개정되기 전의 것) 제24조의13에 의하여 금융감독위원회는 부실금융기관에 대하여 파산을 신청할 수 있는 권한을 보유하고 있는바, 위 파산신청은 그 성격이 법원에 대한 재판상 청구로서 그 자체가 국민의 권리·의무에 어떤 영향을 미치는 것이 아닐 뿐만 아니라, 위 파산신청으로 인하여 당해 부실금융기관이 파산절차 내에서 여러 가지 법률상 불이익을 입는다 할지라도 파산법원이 관할하는 파산절차 내에서 그 신청의 적법 여부 등을 다투어야 할 것이므로, 위와 같은 금융감독위원회의 파산신청은 행정소송법상 취소소송의 대상이 되는 행정처분이라 할 수 없다.

주의할 것은 종전에는 건축법상의 이행강제금 부과처분의 당부를 비송사건절차법상의 절차에 의하여 다투도록 되어 있었기 때문에 그에 대한 항고소송을 제기할 수 없었으나, 건축법이 2007. 4. 6. 개정되어 이제는 이행강제금 부과처분도 항고소송으로 다툴 수 있는 길이 열렸다는 점이다. 대법원도 이행강제금 납부의 최초 독촉은 징수처분으로서 처분에 해당한다고 판시하였다.[117]

한편, 공무원범죄몰수법 제9조의2에서는 범인 외의 자가 정황을 알면서 취득한 불법재산 등에 대하여 그 범인 외의 자를 상대로 추징의 집행을 할 수 있다고 규정하고 있지만, 그 집행에 관한 검사의 처분에 대하여 제3자가 불복할 수 있는 방법과 절차가 마련되어 있지 않고, 위 조항에 따라 제3자를 상대로 추징의 집행을 할 때 그에게 의견진술과 방어의 기회를 보장하는 규정도 없다. 이 경우 추징의 집행을 받는 제3자는 검사의 처분이 부당함을 이유로 형사소송법 제489조에 따라 재판을 선고한 법원에 재판의 집행에 관한 이의를 신청할 수도 있고, 그와 별도로 행정소송법상 항고소송을 제기하여 처분의 위법성 여부를 다툴 수 있다는 것이 판례이다.[118]

---

117) 대법원 2009. 12. 24. 선고 2009두14507 판결. 그러나 농지법에 따른 이행강제금 부과처분에 불복하는 경우에는 여전히 비송사건절차법에 따른 재판절차가 적용되고, 행정소송법상 항고소송의 대상이 아니다(대법원 2019. 4. 11. 선고 2018두42955 판결).

118) 대법원 2022. 7. 28. 선고 2019두63447 판결. 형사소송법은 재산형 등의 재판은 검사의 명령에 의하여 집행하고(제477조 제1항) 재판의 집행을 받은 자 또는 그 법정대리인이나 배우자는 집행에 관한 검사의 처분이 부당함을 이유로 재판을 선고한 법원에 이의신청을 할 수 있다고 규정하여(제489조) 재산형 등 재판의 집행에 관한 검사의 처분에 대한 불복방법

Ⅲ. 처분인지 여부의 판별방법

행정청의 행위가 항고소송의 대상이 되는 처분인지 여부는 그 행위가 앞에서 보는 처분의 개념요소를 갖추고 있는지 여부에 달려 있다. 그렇지만, 현실적으로 어떠한 행위가 처분에 해당하는지에 관한 기준을 추상적 · 일반적으로 제시하기는 어렵다. 구체적인 사건에서 관련 법령의 내용과 취지, 그 행위의 주체 · 내용 · 형식 · 절차, 그 행위와 상대방 등 이해관계인이 입는 불이익과의 실질적 견련성, 그리고 법치행정의 원리와 해당 행위에 관련한 행정청 및 이해관계인의 태도 등을 참작하여 개별적으로 결정할 수밖에 없다.[119] 이때 행정청의 행위에 대한 불복방법 선택에 중대한 이해관계를 가지는 상대방의 인식가능성과 예측가능성도 중요하게 고려하여 규범적으로 판단하여야 한다.

가령 행정청이 처분인지 여부가 불분명한 행위에 대하여 행정절차법 제26조에 따라 행정심판이나 항고소송을 제기할 수 있다고 불복방법을 안내하였다면, 처분의 상대방은 그 행위가 처분이라고 인식할 수밖에 없었을 것이고, 그에 따라 제기된 항소소송에서 행정청이 처분성이 없다고 본안전항변을 한다면 이는 행정기본법 제11조 제1항의 성실의무의 원칙이나 행정절차법 제4조 제1항의 신의성실의 원칙에 어긋난다고 할 것이다. 대법원도 이러한 법리에 입각하여, 피고가 행정절차법에 따라 입찰참가자격 제한에 관한 절차를 진행하고 원고에게 불복방법으로 행정심판이나 행정소송의 제기를 안내한 사안에서 위 조치의 처분성을 인정하였다.[120] 또한, 원고가 피고의 안내에 따라 이주대책 대상자 제외결정

과 절차를 마련해두고 있다. 그런데, 위 판결에서 이와 별도로 항고소송을 제기할 수 있는 이유에 대하여, 형사소송법 제489조가 정한 집행에 관한 이의신청 절차는 판결의 선고를 받은 피고인을 염두에 둔 것이므로 공무원범죄몰수법 제9조의2에 따른 추징의 집행에 관한 검사의 처분의 근거 법률인 공무원범죄몰수법에서 예정하고 있는 불복방법이 아니고, 형의 선고를 받은 피고인이 아닌 제3자에 대하여 예정된 불복방법이라고 볼 수도 없으며, 위 이의신청절차는 통상의 재판절차와는 달리 법원이 신청인의 출석 없이 서면으로만 심리하여 결정할 수도 있어 재산형 등 재판의 집행을 받은 자가 피고인 이외의 제3자인 경우에는 그의 의견진술 기회를 충분히 보장할 수 없고, 위 이의신청은 재산형 등의 집행이 종료된 후에는 허용되지 않으며, 이의신청을 하더라도 집행정지의 효력도 없어 집행이 신속히 종결되는 경우에는 재판의 집행을 받은 제3자의 권리 구제에 한계가 있으므로 제3자의 권익보호에 미흡하다는 점을 들고 있다.

119) 대법원 2010. 11. 18. 선고 2008두167 전원합의체 판결.
120) 대법원 2018. 10. 25. 선고 2016두33537 판결.

에 대한 이의신청을 하자 다시 이주대책 대상자 제외결정을 하면서 행정심판이나 항고소송으로 불복할 수 있다는 뜻을 안내한 사안에서 위 결정의 처분을 인정하기도 하였다.[121] 그리고, 피고가 원고에게 「공공감사에 관한 법률」 제23조에 따라 감사결과 및 조치사항을 통보한 뒤 그와 동일한 내용으로 다시 원고에게 시정명령을 내리면서 그 근거법령으로 유아교육법 제30조를 명시한 사안에서, 비록 위 시정명령이 원고에게 부과하는 의무의 내용은 같을지라도, 「공공감사에 관한 법률」 제23조에 따라 통보된 조치사항을 이행하지 않은 경우와 유아교육법 제30조에 따른 시정명령을 이행하지 않은 경우에 당사자가 입는 불이익이 다를 뿐만 아니라 이에 대한 불복방법으로 행정심판의 청구와 행정소송의 제기를 안내하였다면, 위 유아교육법 제30조에 따른 시정명령을 처분으로 볼 수 있다고 하였다.[122] 마찬가지로 피고는 원고에게 제재처분을 통지하면서 위 처분에 이의가 있는 경우 이의신청을 할 수 있고 아울러 처분이 있음을 알게 된 날로부터 90일 이내에 행정심판 또는 행정소송을 제기할 수 있다는 등의 불복방법을 고지한 후 원고의 이의신청에 따라 원고에 대한 제재를 다시 심의한 다음 위 1차 통지일로부터 90일이 지난 시점에 원고에게 2차 통지를 하면서 다시 행정심판 또는 행정소송에 의한 불복방법을 고지하였다면, 위 2차 통지는 항고소송의 대상이 되는 처분이라고 하였다.[123]

Ⅳ. 특수한 처분

1. 거부처분

가. 개 념

거부행위란 행정청이 국민으로부터 공권력의 행사를 신청받았으나, 그 신청이 형식적 요건을 갖추지 못했다는 이유로 그 신청을 각하하거나 이유가 없다는 이유로 그 신청을 받아들이지 않는 행위를 말한다. 이러한 거부행위는 그 자체로 법률관계를 변동시키는 것이 아니기 때문에 항고소송의 대상이 되는 처분에

121) 대법원 2021. 1. 14. 선고 2020두50324 판결.
122) 대법원 2022. 9. 7. 선고 2022두42365 판결.
123) 대법원 2022. 7. 28. 선고 2021두60748 판결.

해당하는지 의문이 생길 수 있다.[124)]

처분은 누가 주도하여 발동되었는지에 따라 직권형 처분과 신청형 처분으로 나눌 수 있다. 전자는 행정청이 스스로 행정절차를 개시하여 이루어지는 것으로서, 침익적인 경우가 많다. 반면에 후사는 상대방의 신청이 계기가 되어 이루어지는 것으로서,[125)] 수익적인 경우가 많다. 그런데, 여기에서의 쟁점은 위와 같은 거부행위가 어느 경우에 신청형 처분으로 취급되는지에 관한 것이다.

대법원은 거부행위가 거부처분이 되기 위해서는 국민이 행정청에 대하여 그 신청에 따른 처분을 해 줄 것을 요구할 수 있는 법규상 또는 조리상의 권리가 있어야 한다는 입장이다.[126)] 그러면서 거부처분이 처분성을 갖는 이유를 법규상 또는 조리상 신청인에게 어떠한 공권력의 행사를 요구할 권리가 있음에도 행정청이 이를 받아들이지 않는 것은 신청인의 권리 내지 법적 이익을 침해하는 것이라는 점에서 찾고 있다.[127)]

거부처분은 실체법적으로 부관이 붙지 않고 적극적 효과를 가지지 않으며 거부처분의 철회는 의미가 없다는 점 등에서 일반적인 처분과 다소 다른 특이점을 가지고 있다.

나. 거부행위가 처분이 되기 위한 요건

판례는 거부행위의 처분성을 신청권의 침해에서 찾고 있으므로, 신청인의 신청에 대한 행정청의 거부가 처분이 되기 위해서는 ① 신청한 행위가 공권력의 행사이어야 하고, ② 신청인의 법률관계에 영향을 미치는 행위이어야 하며, ③ 신청인에게 그러한 신청을 할 권리가 있어야 한다.[128)]

이러한 판례의 태도에 대하여, 처분성 여부는 어떠한 행정청의 행위에 대한 객관적인 법적 성격의 판단이지 주관적인 권리침해 여부에 대한 판단이 아니므

---

124) 신청이 애초부터 없었던 상태와 신청을 하였으나 거부된 상태는 모두 외견상으로는 국민의 권리의무에 아무런 영향이 없다는 점에서 같은 것으로 보일 수 있다.

125) 물론 상대방이 해당 처분의 발급을 촉구하는 의미에서 '신청'을 하는 경우가 있을 수 있는데, 이때의 신청은 사인의 공법행위로서의 신청이 아니라 직권발동을 촉구하는 의미의 사실상의 신청에 불과하다[김현준, '행정처분절차에 있어서 직권과 신청', 토지공법연구 제66집, 한국토지공법학회(2014. 8), 330면].

126) 대법원 1990. 9. 28. 선고 89누8101 판결.

127) 대법원 1984. 10. 23. 선고 84누227 판결; 주석 행정소송법, 553면.

128) 대법원 1995. 5. 26. 선고 93누21729 판결; 대법원 1996. 5. 14. 선고 95누13081 판결 등.

로, 그 판단기준은 그것이 공권력행사의 거부인지 여부와 그 거부나 인용이 법적인 영향이 있는지에 있다고 전제하면서,[129] 법규상 또는 조리상의 권리침해의 문제는 원고적격에 관련된 판단으로 이해하여야 한다는 비판이 제기된다.[130] 즉, 주관적인 권리침해 여부에 대한 판단은 처분성과 관련되는 문제가 아니라 원고적격과 관련되는 문제라는 것이다.

그러나, 대법원은 "거부처분의 처분성을 인정하기 위한 전제요건이 되는 신청권의 존부는 구체적 사건에서 신청인이 누구인가를 고려하지 않고 관계 법규의 해석에 의하여 일반 국민에게 그러한 신청권을 인정하고 있는가를 살펴 추상적으로 결정되는 것이다."라고 판시하고,[131] 그 전제 하에서 신청권의 존재 여부를 처분성 인정 여부의 문제로 보고 있다.

신청권을 거부처분이 성립하기 위한 일반적 · 추상적인 개념으로 이해하여 대상적격의 문제로 보고 그 신청권과 원고의 주관적 관련성 유무를 원고적격의 문제로 파악한다면 판례가 이해하는 논리구조를 수긍할 수 있다. 다만 비판론이 제기하는 것처럼 신청의 대상이 처분인지 여부에 따라 신청권의 존부를 결정한다면 거부행위의 처분성 여부에 관한 명확한 기준이 제시되고 신청권의 범위도 넓어질 것으로 생각된다.[132]

여하튼 거부처분은 행정행위의 신청이 있는 경우 그것을 거부하는 행정작용이므로, 사실행위의 거부, 계약의 청약에 대한 거부 등 행정행위에 해당되지 않는 행정작용에 대한 거부는 여기에서 말하는 거부처분에 해당되지 않는다. 따라서 국 · 공유 일반재산의 매각 · 대부 · 임대기간의 연장요청 등 사경제적 행위에 대한 요청의 거부는 거부처분이 아니다.[133]

---

129) 거부하든 인용하든 법적인 측면에서 아무런 변화가 없다면 그러한 거부행위는 처분이라 할 수 없다. 그러나 인용함으로써 어떠한 법적 효과가 생긴다면 그에 대한 거부행위는 처분이라고 하여야 할 것이다.

130) 홍준형, 행정구제법, 한울아카데미(2001), 544면.

131) 대법원 2009. 9. 10. 선고 2007두20638 판결; 대법원 1996. 6. 11. 선고 95누12460 판결 등 다수.

132) 김남진 · 김연태, 행정법 I, 947면 참조. 대법원도 교육공무원법상 승진후보자 명부에 의한 승진심사 방식으로 행해지는 승진임용에서 승진후보자 명부에 포함되어 있던 후보자를 승진임용인사발령에서 제외하는 행위의 처분성 여부를 판단할 때, 신청권의 법리에 따른 거부행위의 처분성 판단방법에 의하지 않고 그 승진임용 제외행위 자체를 불이익처분으로 구성하여 처분성을 인정하기도 하였다(대법원 2018. 3. 27. 선고 2015두47492 판결).

133) 대법원 1998. 9. 22. 선고 98두7602 판결; 대법원 1983. 9. 13. 선고 83누240 판결.

다. 신청권의 의미

앞에서 본 것처럼 판례에 의하면, 행정청이 국민의 신청에 대하여 한 거부 행위가 처분이라고 하기 위해서는 그 국민에게 그 행위발동을 요구할 법규상 또는 조리상의 신청권이 있어야만 한다.134) 여기에서 신청권의 존부는 구체적 사건에서 신청인이 누구인가를 고려하지 않고 관계 법규의 해석에 의하여 일반 국민에게 그러한 신청권을 인정하고 있는지를 살펴 추상적으로 결정된다.135)

한편, 신청권은 실질적 신청권과 형식적 신청권으로 나눌 수 있다. 실질적 신청권이란 신청을 인용하여 특정 처분의 발령이라는 만족적 결과를 구하는 권리를 말하고, 형식적 신청권이란 신청에 따른 응답을 받을 권리를 가리킨다. 그런데, 대법원은 신청권의 범위에 실질적 신청권뿐만 아니라 형식상 단순한 응답 요구권도 포함되는 것으로 이해하고 있다.

라. 신청권의 존재 여부

법규상 신청권은 법령의 규정이 있는지 여부에 따라 인정 여부가 결정될 것이므로, 이를 판단하는데 큰 어려움은 없다. 그러나 어느 경우에 법률의 명시적 규정이 없음에도 조리상 신청권을 인정할 수 있는지에 대한 판단은 어려운 문제이다. 조리상 신청권의 인정기준으로 ① 거부행위에 대하여 항고소송으로 다투는 이외에 다른 권리구제방법이 없는 경우, ② 관계법규의 해석상 행정청이 그 처분을 하여야 할 의무가 있다는 것이 명백한 경우, ③ 행정청이 그러한 권한을 행사하지 않음으로써 국민이 입는 불이익이 부득이한 것으로 용인될 수 없을 정도로 매우 큰 경우 등이 종합적으로 참작되어야 한다는 것이 제시되고 있다.136)

대법원은 거부처분의 전제가 되는 조리상 신청권에 대하여 엄격한 태도를 취하고 있었으나, 최근에는 아래에서 보는 것처럼 신청권의 범위를 다소 확대하

---

134) 대법원 1998. 7. 10. 선고 96누14036 판결; 대법원 2003. 9. 26. 선고 2003두5075 판결.

135) 대법원 1996. 6. 11. 선고 95누12460 판결.

136) 판례가 취하는 조리상 신청기준은 본안에서 청구가 인용되어야 한다는 판단을 먼저 내린 다음 그렇기 때문에 소송요건이 충족되었다고 하는 논리적 오류를 범하는 것이라는 지적이 있다[이상덕, '거부처분의 처분성 인정요건으로서의 신청권이론에 대한 비판적 고찰', 사법 제55호, 사법발전재단(2021. 3), 1065면]. 이러한 비판을 피하기 위해서라도 이에 관한 객관적인 기준을 제시할 필요가 있고, 이미 앞에서 신청의 대상이 처분인지 여부에 따라 신청권의 존부를 결정하는 것을 그 기준으로 삼는 것이 좋겠다라는 견해를 제시하였다.

고 있다.

① **검사 임용신청**: 법령상 검사임용신청 및 그 처리의 제도에 관한 명문규정이 없다고 하여도 임용권자는 임용신청자들에게 전형의 결과에 대한 응답이 있다고 보아야 하고 원고로서는 그 임용신청에 대하여 임용 여부의 응답을 받을 권리가 있다.[137)]

② **인천대학교 사건에서 교육공무원으로의 임용신청**: 사립대학에서 공립대학으로 설립자변경에 따라 새로운 설립자가 된 지방자치단체장이 종전 교원들에게 임용을 약정하고,[138)] 그 후 교육행정의 최고 감독관청인 교육부장관이 위 약정을 한 지방자치단체장을 개교사무처리취급책임자로 임명하였으며, 교육부장관 스스로 위 교원신분보장에 관한 보완지시까지 하였다면, 위 교원들에게 조리상 교육공무원으로의 임용신청권이 인정된다.[139)]

③ **공사중지명령의 해제신청**: 지방자치단체장의 공사중지명령 내용 자체로 또는 그 성질상으로 명령 이후에 그 원인사유가 해소되는 경우에는 잠정적으로 내린 해당 공사중지명령의 해제를 요구할 수 있는 권리가 위 명령의 상대방에게 인정된다.[140)]

④ **공유재산의 관리청에 대한 행정재산의 사용 · 수익에 대한 허가신청**: 행정재산의 사용 · 수익허가처분의 성질에 비추어 국민에게는 행정재산의 사용 · 수익허가를 신청할 조리상 신청권이 있다.[141)]

⑤ **환지소유자의 환지등기촉탁신청**: 관계법규가 사업시행자로 하여금 지체 없이 환지등기촉탁을 하도록 규정하고 있으므로 조리상 신청권이 인정된다.[142)]

⑥ **실용신안권 소멸등록에 대한 회복등록신청**: 실용신안권이 불법 또는 착오로 소멸등록된 경우, 실용신안권자에게 그 회복등록을 신청할 권리가 인정된다.[143)]

⑦ **평생교육시설 설치자 명의변경신청**: 법령상 평생교육시설 설치자의 지위승

---

137) 대법원 1991. 2. 12. 선고 90누5825 판결.
138) 교육공무원으로서의 임용결격사유가 없다면 전원을 교육공무원으로 임용하겠다는 내용이다.
139) 대법원 1997. 10. 10. 선고 96누4046 판결.
140) 대법원 1997. 12. 26. 선고 96누17745 판결.
141) 대법원 1998. 2. 27. 선고 97누1105 판결.
142) 대법원 2000. 12. 22. 선고 99두11349 판결.
143) 대법원 2002. 11. 22. 선고 2000두9229 판결.

계를 명문으로 금지하지 않고 그 지위 승계를 금지하여야 할 합리적인 필요성도 인정된다고 할 수 없으며, 현실적으로 설치자의 지위승계를 허용하여야 할 필요성도 있으므로, 학력인정 학교형태의 평생교육시설 설치자 명의의 변경을 요구할 권리가 있다.[144)]

⑧ 국 · 공립 대학교원의 신규임용 신청: 원래 대법원은 "국 · 공립 대학교원에 대한 임용권자가 임용지원자를 대학교원으로 임용할 것인지 여부는 임용권자의 판단에 따른 자유재량에 속하는 것이어서, 임용지원자로서는 임용권자에게 자신의 임용을 요구할 권리가 없을 뿐 아니라, 임용에 관한 법률상 이익을 가진다고 볼 만한 특별한 사정이 없는 한, 임용 여부에 대한 응답을 신청할 법규상 또는 조리상 권리가 있다고도 할 수 없다."라고 판시하였다.[145)] 그러나, 임용지원자라고 하더라도 임용에 관한 법률상 이익을 가진다고 볼 만한 특별한 사정이 있는 경우(대학의 임용규정 등이 정하는 임용예정자 또는 임용후보자의 지위에 있는 경우)에는, 임용 여부에 대한 응답을 구할 법규상 또는 조리상 신청권이 있다고 볼 여지를 남겨 두었다. 그러다가 대학교원의 신규채용에서 유일한 면접심사 대상자로 선정된 임용지원자에 대한 교원신규채용 중단조치가 처분에 해당한다고 판시하였다.[146)]

⑨ 대학교원의 재임용 신청: 원래 대법원은 교육공무원법상 임용기간이 만료된 대학교원은 그 기간의 만료로 대학교원으로서의 신분관계는 당연히 종료되는 것이고 그 임용기간의 만료에 따른 재임용의 기대권을 가진다고 할 수 없으므로 그에 대한 임용권자의 재임용제외결정 및 통지는 처분이 아니라고 하였다.[147)] 그러나 이후 기간제로 임용되어 임용기간이 만료된 국 · 공립대학의 조교수는 교원으로서의 능력과 자질에 관하여 합리적인 기준에 의한 공정한 심사를 받아 위 기준에 부합되면 특별한 사정이 없는 한 재임용되리라는 기대를 가지고 재임용 여부에 관하여 합리적인 기준에 의한 공정한 심사를 요구할 법규상 또는 조리상 신청권을 가진다고 할 것이니, 임용권자가 임용기간이 만료된 조교수에 대하여

144) 대법원 2003. 4. 11. 선고 2001두9929 판결.
145) 대법원 2003. 10. 23. 선고 2002두12489 판결. 유사한 이유로 중요무형문화재 보유자의 추가 인정에 관한 조리상 신청권도 부정하였다(대법원 2015. 12. 10. 선고 2013두20585 판결).
146) 대법원 2004. 6. 11. 선고 2001두7053 판결.
147) 대법원 1997. 6. 27. 선고 96누4305 판결.

재임용을 거부하는 취지로 한 임용기간만료의 통지는 위와 같은 대학교원의 법률관계에 영향을 주는 것으로서 처분에 해당한다고 판례를 변경하였다.[148]

⑩ **학교용지부담금에 대한 환급신청**: 개발사업시행자가 납부한 개발부담금 중 부과처분 후에 납부한 학교용지부담금에 해당하는 금액에 대해서는 조리상 개발부담금 부과처분의 취소나 변경 등 개발부담금의 환급에 필요한 처분을 신청할 권리를 가진다.[149]

⑪ **주민등록번호에 대한 변경신청**: 피해자의 의사와 무관하게 주민등록번호가 유출된 경우에는 비록 주민등록법상 변경사유로 규정되어 있지 않더라도 조리상 주민등록번호의 변경을 요구할 신청권이 인정된다.[150]

마. 처분의 변경신청권의 인정 여부

(1) 원칙적 부정

처분의 상대방 등이 당초에 있었던 처분에 하자가 있다고 하거나 사후에 사정변경 또는 공익상 필요가 발생하였다는 이유로 행정청에 대하여 당초 처분을 취소·철회·변경해 줄 것을 신청하였는데 처분청이 아무런 응답을 하지 않거나 그 신청을 거부한 경우 처분의 상대방 등이 부작위위법확인의 소나 거부처분취소의 소를 제기할 수 있는지 문제된다.

이에 대하여 판례는 개별 법령에서 그 변경을 요구할 신청권을 규정하고 있거나 관계 법령의 해석상 그러한 신청권이 인정될 수 있다는 특별한 사정이 없으면, 국민에게 그 처분의 변경을 구할 신청권을 인정하지 않고 있다.[151] 이는 주로 기존의 도시계획에 대하여 변경을 청구할 수 있는지의 문제로 발생한다.

첫째, 처분의 취소, 철회 및 변경에 관한 조리상의 신청권을 인정한다면, 처분의 불가쟁력이나 제소기간의 취지를 몰각시킨다는 점이다. 당사자가 당초의

148) 대법원 2004. 4. 22. 선고 2000두7735 전원합의체 판결. 재임용 심사를 거친 사립대학 교원과 학교법인 사이의 재임용계약 체결이 서로간의 계약 내용에 관한 의사의 불일치로 말미암아 무산되었더라도 교원이 재임용을 원하고 있었던 이상 이러한 재임용계약의 무산은 실질적으로 학교법인의 재임용거부처분에 해당하고, 학교법인이 기존 취업규칙이 적용되는 교원에게 변경된 취업규칙의 적용에 동의해야만 재임용계약을 체결할 수 있다는 조건을 제시하였다면 이를 이유로 한 재임용거부처분은 재량권을 일탈·남용하여 위법하다(대법원 2024. 6. 17. 선고 2021두49771 판결).
149) 대법원 2016. 1. 28. 선고 2013두2938 판결.
150) 대법원 2017. 6. 15. 선고 2013두2945 판결.
151) 대법원 2017. 2. 9. 선고 2014두43264 판결.

도시계획결정에 대하여 제소기간의 도과로 적법한 취소소송을 제기하지 못하는 상황에서 행정청에게 위 도시계획결정에 대하여 계획재량의 일탈·남용 등 위법성을 주장하면서 그 도시계획결정의 해제 또는 변경을 구하는 신청을 하고 이에 대한 행정청의 거부에 대하여 취소소송을 제기할 수 있다면, 그 처분의 불가쟁력이나 취소소송의 제소기간을 형해화시키는 것이 되므로 허용할 수 없다는 것이다.

둘째, 도시계획은 그 수범자가 무수히 많으므로, 조리상의 신청권으로서 계획변경청구권을 인정한다면 행정부 업무의 부담이 가중되거나 법원의 사건 폭주 등의 염려가 있으리라는 우려를 고려한 것으로 보인다. 즉, 대법원은 행정계획이 일단 확정된 후에는 일정한 사정변경이 있더라도 지역주민에게 일일이 그 계획의 변경 또는 폐지를 청구할 권리를 인정해 줄 수 없다고 판시하고 있다.

❑ **대법원 1997. 9. 12. 선고 96누6219 판결:** 도시계획법령이 토지형질변경행위허가의 변경신청 및 변경허가에 관하여 아무런 규정을 두지 않고 있을 뿐 아니라, 처분청이 처분 후에 원래의 처분을 그대로 존속시킬 필요가 없게 된 사정변경이 생겼거나 중대한 공익상의 필요가 발생한 경우에는 별도의 법적 근거가 없어도 별개의 행정행위로 이를 철회·변경할 수 있지만 이는 그러한 철회·변경의 권한을 처분청에게 부여하는 데 그치는 것일 뿐 상대방 등에게 그 철회·변경을 요구할 신청권까지를 부여하는 것은 아니라 할 것이므로, 이와 같이 법규상 또는 조리상의 신청권이 없이 한 국민들의 토지형질변경행위 변경허가신청을 반려한 당해 반려처분은 항고소송의 대상이 되는 처분에 해당되지 않는다.

❑ **대법원 2002. 11. 26. 선고 2001두1192 판결:** 구 도시계획법(2000. 1. 28. 법률 제6243호로 전문 개정되기 전의 것)상 주민이 행정청에 대하여 도시계획 및 그 변경에 대하여 어떤 신청을 할 수 있음에 관한 규정이 없었고 도시계획과 같이 장기성·종합성이 요구되는 행정계획에 있어서 그 계획이 일단 확정된 후에 어떤 사정의 변동이 있다고 하여 지역주민에게 일일이 그 계획의 변경 또는 폐지를 청구할 권리를 인정해 줄 수도 없었다고 할 것이다.

(2) 도시계획입안제안권에 근거하여 도시계획변경신청권을 인정한 경우

법령상 신청권이 부여되어 있는 경우에는 그것을 매개로 도시계획의 변경신청을 하게 되고 이를 거부하면 그 거부처분에 대하여 취소소송을 제기할 수 있을 것이다. 그런데, 국토의 계획 및 이용에 관한 법률 제26조에 의하면, 주민 및 이해관계자는 ① 기반시설의 설치 · 정비 또는 개량에 관한 사항과 ② 지구단위계획구역의 지정 및 변경과 지구단위계획의 수립 및 변경에 관한 사항, ③ 개발진흥지구 중 공업기능 또는 유통물류기능 등을 집중적으로 개발 · 정비하기 위한 개발진흥지구로서 대통령령으로 정하는 개발진흥지구(산업 · 유통개발진흥지구)와 용도지구 중 해당 용도지구에 따른 건축물이나 그 밖의 시설의 용도 · 종류 및 규모 등의 제한을 지구단위계획으로 대체하기 위한 용도지구의 지정 및 변경에 관한 사항, ④ 입지규제최소구역의 지정 및 변경과 입지규제최소구역계획의 수립 및 변경에 관한 사항에 관해서는 도시 · 군관리계획의 입안을 제안할 수 있다. 대법원은 이러한 국토계획법령상의 도시계획입안제안권에 착안하여 주민에게 도시계획변경신청권을 인정하고 있다. 도시계획입안제안권을 일종의 법령상의 신청권으로 보는 것이다.152)

❑ **대법원** 2004. 4. 28. **선고** 2003**두**1806 **판결**: 도시계획구역 내 토지 등을 소유하고 있는 주민으로서는 입안권자에게 도시계획입안을 요구할 수 있는 법규상 또는 조리상의 신청권이 있다고 할 것이고, 이러한 신청에 대한 거부행위는 항고소송의 대상이 되는 행정처분에 해당한다.

한편, 대법원은 위와 같은 법리를 확장하여 위와 같은 도시계획의 입안제안사항 중 기반시설의 설치 · 정비 또는 개량에 관한 도시 · 군관리계획의 입안제안뿐만 아니라 같은 사항에 관한 도시시설계획의 변경이나 폐지를 신청하는 경우에도 적용하고 있다.153)

152) 같은 맥락에서 대법원은 산업입지에 관한 법령에 근거하여 산업단지개발계획상 산업단지 안의 토지 소유자로서 산업단지개발계획에 적합한 시설을 설치하여 입주하려는 자에게 산업단지지정권자 또는 그로부터 권한을 위임받은 기관에 대하여 산업단지개발계획의 변경을 요청할 수 있는 신청권을 인정하고 있다(대법원 2017. 8. 29. 선고 2016두44186 판결).

153) 대법원 2012. 1. 12. 선고 2010두5806 판결의 사안은 '장기간 집행되지 아니한' 도시계획시설의 결정권자에게 도시계획시설의 변경을 신청한 것이었으나, 대법원 2015. 3. 26. 선고 2014두42742 판결에서는 판시사항만으로는 '장기간 집행되지 아니한' 도시계획시설의 변경인지 여부를 알 수 없다.

☐ **대법원 2012. 1. 12. 선고 2010두5806 판결:** 행정주체가 행정계획을 입안·결정하면서 이익형량을 전혀 행하지 않거나 이익형량의 고려 대상에 마땅히 포함시켜야 할 사항을 빠뜨린 경우 또는 이익형량을 하였으나 정당성과 객관성이 결여된 경우에는 행정계획결정은 형량에 하자가 있어 위법하게 된다. 이러한 법리는 행정주체가 구 국토의 계획 및 이용에 관한 법률 제26조에 의한 주민의 도시관리계획 입안 제안을 받아들여 도시관리계획결정을 할 것인지를 결정할 때에도 마찬가지이고, 나아가 도시계획시설구역 내 토지 등을 소유하고 있는 주민이 장기간 집행되지 아니한 도시계획시설의 결정권자에게 도시계획시설의 변경을 신청하고, 결정권자가 이러한 신청을 받아들여 도시계획시설을 변경할 것인지를 결정하는 경우에도 동일하게 적용된다고 보아야 한다.

(3) 사실상 수익적 행정행위의 거부에 해당하는 경우

대법원은 원칙적으로 도시계획의 변경을 신청할 권리를 인정할 수 없지만, 장래 일정한 기간 내에 관계 법령이 규정하는 시설 등을 갖추어 일정한 처분을 구하는 신청을 할 수 있는 법률상 지위에 있는 자가 한 도시계획의 변경신청에 대한 행정청의 거부가 결과적으로 해당 처분 자체를 거부하는 셈이 되는 경우에는 예외적으로 그 신청인에게 계획변경신청권이 인정된다고 판시하였다.

☐ **대법원 2003. 9. 23. 선고 2001두10936 판결:** 구 폐기물관리법 등 관련 규정에 따라 관할청으로부터 폐기물처리사업계획의 적정통보를 받아 장래 일정한 기간 내에 관계 법령이 규정하는 시설 등을 갖추어 폐기물처리업허가신청을 할 수 있는 법률상 지위에 있는 자가 관할청으로부터 폐기물처리업허가를 받기 위해서는 당해 부동산에 대한 용도지역을 '농림지역 또는 준농림지역'에서 '준도시지역'으로 변경하는 국토이용계획변경이 선행되어야 하고, 원고의 위 계획변경신청을 피고가 거부한다면 이는 실질적으로 원고에 대한 폐기물처리업허가신청을 불허하는 결과가 되므로, 이러한 경우에는 계획변경을 신청할 법규상 또는 조리상 권리를 가진다.

(4) 제3자의 이익을 침해하는 경우

제3자의 이익을 침해한다는 특별한 사정이 있는 경우에 변경신청권을 인정한 사례도 있다. 예컨대, 건축주가 토지 소유자로부터 토지사용승낙서를 받은 다음 그 토지 위에 건축물을 건축하기로 하는 건축허가를 받았다가 착공에 앞서 건축주의 귀책사유로 해당 토지를 사용할 권리를 상실한 경우 위와 같은 건축허가의 존재로 말미암아 토지에 대한 소유권의 행사를 방해받을 수 있는 토지소유자로서는 건축허가의 철회를 신청할 수 있다는 것이다.154)

(5) 처분의 재심사제도와의 관계

행정쟁송의 제소기간이 도과되었거나 쟁송절차를 모두 거친 경우라고 하더라도 추후에 처분의 기초가 된 사실관계 또는 법률관계가 변경되어 당초 처분의 근거가 된 사실관계와 법률관계가 사회적 관념이나 법질서와 충돌하는 때에는 당초 처분을 재고할 수 있도록 하여 당사자의 권리를 보호할 필요가 있다. 이에 따라 행정기본법 제37조에서는 처분의 재심사에 관하여 규정하고 있다.

제재처분 및 행정상 강제를 제외한 처분에 불가쟁력이 발생하여 다툴 수 없게 된 경우라도 ① 처분의 근거가 된 사실관계 또는 법률관계가 추후에 당사자에게 유리하게 바뀐 경우, ② 당사자에게 유리한 결정을 가져다주었을 새로운 증거가 있는 경우, ③ 민사소송법 제451조에 따른 재심사유에 준하는 사유가 발생한 경우 등 대통령령으로 정하는 경우에 해당하면 당사자는 해당 처분을 한 행정청에 대하여 처분을 취소·철회하거나 변경할 것을 신청할 수 있다. 위 재심사사유 중 "민사소송법 제451조에 따른 재심사유에 준하는 사유가 발생한 경우 등 대통령령으로 정하는 경우"에 대하여, 시행령 제12조에서는 ① 처분 업무를 직접 또는 간접적으로 처리한 공무원이 그 처분에 관한 직무상 죄를 범한 경우, ② 처분의 근거가 된 문서나 그 밖의 자료가 위조되거나 변조된 것인 경우, ③ 제3자의 거짓 진술이 처분의 근거가 된 경우, ④ 처분에 영향을 미칠 중요한 사항에 관하여 판단이 누락된 경우 등이라고 규정하고 있다.

한편, 앞에서 본 것처럼 처분의 상대방 등이 당초에 있었던 처분에 하자가 있다고 하거나 사후에 사정변경 또는 공익상 필요가 발생하였다는 이유로 행정청에게 당초 처분의 취소·철회·변경을 신청하였는데, 장래 일정한 기간 내에 관계 법령이 규정하는 시설 등을 갖추어 일정한 처분을 구하는 신청을 할 수 있는 법률상 지위에 있는 자가 한 도시계획의 변경신청에 대한 행정청의 거부가 결과적으로 해당 처분 자체를 거부하는 셈이 되는 경우, 제3자의 이익을 침해한

154) 대법원 2017. 3. 15. 선고 2014두41190 판결. 이 판례를 행정행위의 재심사와 연관지워 설명한 평석은 「신상민, '처분의 변경신청권과 행정행위의 재심사', 행정판례연구 XXIII-1, 박영사, 2018」 참조.

다는 특별한 사정이 있는 경우 등에는 그 신청인에게 조리상의 신청권이 인정될 수 있다.

그런데, 처분의 재심사제도가 도입됨으로써 위와 같은 처분의 변경신청에 따른 권리구제가 더 이상 인정되지 않는 방향으로 해석될 여지가 있다. 그러나 행정기본법 제정과정에서도 위와 같은 우려에 대해서도 논의가 되었고 재심사제도는 법령이나 판례에 따라 인정되는 권리구제수단에 더하여 추가되는 제도라는 점을 전제로 처분의 재심사제도가 도입되었다. 이러한 입법과정과 입법취지를 감안하면 행정기본법이 시행되어 정착되더라도 재심사제도와 기존에 판례에서 인정되어오던 조리상의 신청권에 기한 처분의 취소·철회·변경에 관한 구제는 별개라고 보아야 할 것이다.

[참고] 처분의 재심사제도

행정기본법 제37조(처분의 재심사) ① 당사자는 처분(제재처분 및 행정상 강제는 제외한다. 이하 이 조에서 같다)이 행정심판, 행정소송 및 그 밖의 쟁송을 통하여 다툴 수 없게 된 경우(법원의 확정판결이 있는 경우는 제외한다)라도 다음 각 호의 어느 하나에 해당하는 경우에는 해당 처분을 한 행정청에 처분을 취소·철회하거나 변경하여 줄 것을 신청할 수 있다.

1. 처분의 근거가 된 사실관계 또는 법률관계가 추후에 당사자에게 유리하게 바뀐 경우
2. 당사자에게 유리한 결정을 가져다주었을 새로운 증거가 있는 경우
3. 「민사소송법」 제451조에 따른 재심사유에 준하는 사유가 발생한 경우 등 대통령령으로 정하는 경우

② 제1항에 따른 신청은 해당 처분의 절차, 행정심판, 행정소송 및 그 밖의 쟁송에서 당사자가 중대한 과실 없이 제1항 각 호의 사유를 주장하지 못한 경우에만 할 수 있다.

③ 제1항에 따른 신청은 당사자가 제1항 각 호의 사유를 안 날부터 60일 이내에 하여야 한다. 다만, 처분이 있은 날부터 5년이 지나면 신청할 수 없다.

④ 제1항에 따른 신청을 받은 행정청은 특별한 사정이 없으면 신청을 받은 날부터 90일(합의제행정기관은 180일) 이내에 처분의 재심사 결과(재심사 여부와 처분의 유지·취소·철회·변경 등에 대한 결정을 포함한다)를 신청인에게 통지하여야 한다. 다만, 부득이한 사유로 90일(합의제행정기관은 180일) 이내에 통지할 수 없는 경우에는 그 기간을 만료일 다음 날부터 기산하여 90일(합의제행정기관은 180일)의 범위에서 한 차례 연장할 수 있으며, 연장 사유를 신청인에게 통지하여야 한다.

⑤ 제4항에 따른 처분의 재심사 결과 중 처분을 유지하는 결과에 대해서는 행정심판, 행정소송 및 그 밖의 쟁송수단을 통하여 불복할 수 없다.
⑥ 행정청의 제18조에 따른 취소와 제19조에 따른 철회는 처분의 재심사에 의하여 영향을 받지 아니한다.
⑦ 제1항부터 제6항까지에서 규정한 사항 외에 처분의 재심사의 방법 및 절차 등에 관한 사항은 대통령령으로 정한다.
⑧ 다음 각 호의 어느 하나에 해당하는 사항에 관하여는 이 조를 적용하지 아니한다.
1. 공무원 인사 관계 법령에 따른 징계 등 처분에 관한 사항
2. 「노동위원회법」 제2조의2에 따라 노동위원회의 의결을 거쳐 행하는 사항
3. 형사, 행형 및 보안처분 관계 법령에 따라 행하는 사항
4. 외국인의 출입국 · 난민인정 · 귀화 · 국적회복에 관한 사항
5. 과태료 부과 및 징수에 관한 사항
6. 개별 법률에서 그 적용을 배제하고 있는 경우

(1) 의의

행정쟁송의 제소기간이 도과되었거나 쟁송절차를 모두 거친 경우라고 하더라도 추후에 처분의 기초가 된 사실관계 또는 법률관계가 변경되어 당초 처분의 근거가 된 사실관계와 법률관계가 사회적 관념이나 법질서와 충돌하는 때에는 당초 처분을 재고할 수 있도록 하여 당사자의 권리를 보호할 필요가 있다.

법원에서 확정된 판결에 대해서도 민사소송법과 형사소송법에 따라 일정한 요건하에 재심이 허용되는데, 행정행위에 대해서도 재심사의 기회를 보장하지 않을 이유가 없으므로, 행정기본법 제37조에 정의와 형평의 관점에서 처분의 재심사제도가 도입되었다. 이러한 재심사제도는 불가쟁력을 깨는 예외적 제도로서 의의가 있다.

(2) 재심사사유와 대상 및 신청적격

제재처분 및 행정상 강제를 제외한 처분에 불가쟁력이 발생하여 다툴 수 없게 된 경우라도 ① 처분의 근거가 된 사실관계 또는 법률관계가 추후에 당사자에게 유리하게 바뀐 경우, ② 당사자에게 유리한 결정을 가져다주었을 새로운 증거가 있는 경우, ③ 민사소송법 제451조에 따른 재심사유에 준하는 사유가 발생한 경우 등 대통령령으로 정하는 경우에 해당하면 당사자는 해당 처분을 한 행정청에 대하여 처분을 취소 · 철회하거나 변경할 것을 신청할 수 있다. 위 재심사

사유 중 "민사소송법 제451조에 따른 재심사유에 준하는 사유가 발생한 경우 등 대통령령으로 정하는 경우"에 대하여, 시행령 제12조에서는 ① 처분 업무를 직접 또는 간접적으로 처리한 공무원이 그 처분에 관한 직무상 죄를 범한 경우, ② 처분의 근거가 된 문서나 그 밖의 자료가 위조되거나 변조된 것인 경우, ③ 제3자의 거짓 진술이 처분의 근거가 된 경우, ④ 처분에 영향을 미칠 중요한 사항에 관하여 판단이 누락된 경우 등이라고 규정하고 있다.[155)]

재심사의 대상에서 '제재처분'과 '행정상 강제'를 제외하고 있는데, 처분의 재심사는 우리나라 행정법제에서 처음으로 도입되는 제도이므로, 입법의 신중을 기하기 위하여 우선 수익적 행정행위를 중심으로 운영해보고 추후 확대 여부를 결정하기로 한 결과이다. 또한, 불가쟁력이 발생한 경우 중 '법원의 확정판결'이 있는 경우가 제외되어 있는데, 이는 행정소송으로 확정된 판결의 기판력을 재심을 거치지 않고 무력화시키는 결과로 이어질 우려가 반영되어 '쟁송기간 도과'의 경우로 한정하게 되었다.

한편, 재심사의 신청권자는 당사자로 한정된다. 신청권자에 '이해관계인'을 포함시키지 않은 이유는 입법과정에서 신청권자의 범위가 지나치게 확대되어 행정청에 부담이 커진다는 의견이 반영된 결과이다.

(3) 신청의 제한사유와 신청기간

행정기본법은 재심사의 요건이 다소 넓어 행정의 부담이 된다는 우려를 고려하여 당사자가 중대한 과실 없이 해당 처분의 절차, 행정심판, 행정소송 및 그 밖의 불복절차에서 재심사 사유를 주장하지 못한 경우에만 신청할 수 있도록 제한하고 있다(제2항). 이는 재심사의 남용을 막기 위한 장치로서 해당 처분의 절차와 행정쟁송에서 재심사의 사유를 주장하였거나 주장하지 못하였더라도 당사자에게 중대한 과실이 있는 경우에는 재심사 신청을 허용하지 않으려는 것이다.

재심사의 신청기간은 재심사 사유를 안 날부터 60일 이내이고, 처분이 있는 날부터 5년이 지나면 신청할 수 없도록 제한하였다(제3항). 이와 같이 재심사의 신청기간과 제척기간도 신청의 제한사유와 아울러 재심사의 남용을 막기 위한 장치로서의 의미를 가진다.

---

155) 참고로 독일 행정절차법 제51조에서는 행정청은 당사자의 신청에 의하여 ① 처분의 근거

(4) 재심사의 결과통지와 불복

행정청은 특별한 사정이 없으면 신청을 받은 날부터 90일(합의제행정기관은 180일) 이내에 처분의 재심사 결과를 신청인에게 통지하여야 하되, 부득이한 사유로 그 기간 내에 통지할 수 없는 경우에는 한 차례 연장할 수 있다(제4항).

처분의 재심사 결과도 처분으로서의 성격을 가진다. 그런데, 행정기본법은 처분을 유지하는 결과에 대해서는 행정심판, 행정소송 및 그 밖의 쟁송수단을 통하여 불복할 수 없도록 하여 불필요한 쟁송의 반복을 방지하고 재심사로 인한 행정청의 부담을 완화하고 있다(제5항).[156] 쟁송기간이 지나 불가쟁력이 발생한 처분에 대하여 재심사와 쟁송을 통한 불복을 반복할 수 있게 된다면, 행정청의 부담이 증가하고 사법시스템을 무력화할 수 있다는 우려가 반영된 것이다. 그러나 이는 법치국가의 원칙과 국민의 재판청구권 및 개괄주의를 채택한 행정소송제도의 취지 등에 반하는 것으로 헌법에 위반되고, 이 조항으로 인하여 재심사의 제도적 실효성이 반감되며, 재심사의 사유 · 요건 등을 감안하면 쟁송이 과도하게 반복될 우려는 크지 않다는 점 등을 이유로 이 조항을 삭제하여야 한다는 견해가 있는데,[157] 이는 경청할 만한 의견이라고 생각되고, 이에 관한 향후의 논의가 주목된다.

(5) 직권취소 및 철회와의 관계

당사자가 재심사를 신청하였는데 기각되면 해당 사안은 직권취소나 철회도 못하는 것 아니냐는 오해할 염려가 있으므로, 행정기본법은 행정청이 재심사와 관계없이 직권취소나 철회를 할 수 있도록 명확히 규정하고 있다(제6항). 한편, 앞에서 본 것처럼 재심사제도와 기존에 판례에서 인정되어오던 조리상의 신청권에 기한 처분의 취소 · 철회 · 변경에 관한 구제는 전혀 별개라고 인식되어야 한다.

가 되는 사실관계 또는 법률관계가 이해관계인에게 유리하게 변경된 경우, ② 이해관계인에게 유리한 결정을 초래할 만한 새로운 증거가 제출된 경우, ③ 민사소송법상 재심사유에 준하는 사유가 발생한 경우 불가쟁력이 발생한 행정행위를 폐지 또는 변경할 수 있다는 취지로 규정되어 있다.

156) 이상학, '행정기본법 제정안의 평가와 주요쟁점 검토', 공법학연구 제21권 제4호, 한국비교공법학회(2020), 210면에서는 재심사를 인용하거나 유지하는 결정에 대해서는 규율하고 있으나 재심사의 요건에 해당하지 않아 각하하는 결정에 대해서는 입법적 흠결이 있다고

(6) 적용배제

처분의 재심사는 ① 공무원 인사 관계 법령에 따른 징계 등 처분에 관한 사항, ② 노동위원회법 제2조의2에 따라 노동위원회의 의결을 거쳐 행하는 사항, ③ 형사, 행형 및 보안처분 관계 법령에 따라 행하는 사항, ④ 외국인의 출입국·난민인정·귀화·국적회복에 관한 사항, ⑤ 과태료 부과 및 징수에 관한 사항, ⑥ 개별 법률에서 그 적용을 배제하고 있는 경우 등에 대해서는 그 적용이 배제된다(제8항).

2. 재량행위

기속행위는 법이 정한 요건이 충족되면 법이 정한 효과로서의 일정한 행위를 반드시 하거나 하여서는 안 되는 경우의 행정행위를 말하고, 재량행위는 법이 정한 요건이 충족되었다고 하더라도 행정법규가 행정청에 법적 효과를 스스로 결정할 수 있는 권한을 위임한 경우의 행정행위를 말한다. 재량에는 어떤 행위를 할 수도 하지 않을 수도 있는 재량(결정재량)과 다수의 행위 중 어느 하나를 선택할 수 있는 재량(선택재량)으로 나누어지는데, 하나의 행정행위에 결정재량과 선택재량이 모두 인정되어 있는 경우도 있고 그중 어느 하나만 인정되어 있는 경우도 있다.

이렇게 행정청은 입법자로부터 재량권을 부여받아 법의 목적과 구체적 사안을 고려하여 해당 사안에 적합한 합리적인 결정을 내릴 수 있게 된다는 점을 생각해보면, 기속행위와 재량행위의 구별기준은 일차적으로 입법자가 자신의 의사를 표현한 행정법규의 문언에서 찾아야 하고, 그와 함께 부차적으로 그 취지나 목적, 행위의 성질이 고려될 수 있다. 판례도 "어느 행정행위가 기속행위인지 재량행위인지 나아가 재량행위라 할지라도 기속재량행위인지 또는 자유재량행위에 속하는 것인지 여부는 이를 일률적으로 규정지을 수 없는 것이고, 당해 처분의 근거가 된 규정의 형식이나 체제 또는 문언에 따라 개별적으로 판단하여야 한다."라고 판시하여 행정법규의 문언에 중점을 두어 판별하고 있다.[158] 다만 "수

주장하고 있다. 상당히 경청할 만한 주장이라고 생각되나, 그 결정도 결과적으로 원처분을 유지하는 것이므로, 유지결정에 포함되어 불복할 수 없다고 해석될 것이라고 예상된다.

157) 이러한 위헌의견은 행정기본법 입법예고안이 변경되어 이 조문이 삽입된 이후 홍준형 교수 등이 중심이 되어 제기된 것이다.

익적 행정처분으로서 행정청의 재량행위에 속한다."라고 판시하면서 행위의 성질에 중점을 두어 판단한 경우도 있다.[159] 이는 법률의 문언이 기속행위와 재량행위를 판별하는데 명확하지 않은 경우에는 개개의 사안에서 문제된 관련 법령의 문언과 행위의 성질을 종합적으로 고려한 결과이다.

한편, 법률요건 부분에 '필요한 경우', '상당한 이유', '공익', '미풍양속', '공공질서' 등과 같이 일의적이지 않고 그 의미가 구체적 상황에 따라 그때그때 판단되어질 수 있는 개념(불확정 개념)을 포함하고 있는 경우가 많이 있다. 불확정 개념도 법적 개념이기에 법원에 의한 전면적인 사법심사의 대상이 된다. 그런데, 행정청의 평가·결정에 대하여 그 정당성 여부를 사법부가 판단하는 것이 불가능하거나 합당하지 않아 행정청의 판단을 존중해줄 수밖에 없거나 존중하는 것이 이치에 맞는 영역이 있을 수 있고, 그러한 경우 행정청이 독자적으로 판단할 수 있는 범위가 인정되는 영역(판단의 여지)이 생길 수 있다.[160]

재량은 '복수행위 사이의 선택의 자유'가 법령에 의하여 처음부터 인정되는 것이지만, 판단의 여지는 불확정개념의 해석·적용문제로서 법원에 의한 전면적 심사의 대상이 되는 영역에서 예외적으로 인정된다는 점, 판단의 여지는 법률요건에 관한 해석·적용의 문제인 반면 재량은 법률효과의 결정에 관한 문제라는 점, 재량은 입법자에 의하여 부여되지만 판단의 여지는 법원이 행정청의 판단을 존중해준 결과라는 점 등의 차이가 있으므로, 재량과 판단의 여지는 개념상 구별되는 것이다(판단의 여지설). 그러나, 행정청에게 판단의 여지가 인정되는 경우에는 그 한도에서 법원에 의한 심사권이 제한된다는 점에서 재량과 유사하다. 따라서, 판례는 판단의 여지라는 개념을 재량과 구별하여 사용하지 않고 있다.

재량행위는 해당 처분이 재량의 테두리 내에서 행사된 이상 당·부당의 문제만 발생할 뿐 위법의 문제는 생기지 않는다. 그러나, 재량권의 한계를 넘거나 그 남용이 있을 때에는 그 행위는 위법하므로 행정소송법 제27조에 따라 취소할 수 있다는 데 의문이 없다.

---

158) 대법원 1995. 12. 12. 선고 94누12302 판결, 대법원 2003. 12. 12. 선고 2001두3388 판결.

159) 대법원 1997. 11. 11. 선고 97누11966 판결.

160) 주로 사람의 인격·적성·능력 등에 관한 비대체적 결정(예; 학생의 성적평가, 공무원의 근무평정), 예술·문화 등의 분야에서 어떤 물건이나 작품의 가치 또는 유해성 등에 대한 독립한 합의제 행정기관의 판단을 구속적 가치평가(예; 교과서 검정), 리스크에 대한 판단과 같은 예측결정, 사회형성적 결정 등에서 논의된다.

재량행위와 기속행위를 구분하는 가장 큰 이유는 행정소송에서 심사방법의 차이라고 할 수 있다. 기속행위의 경우 법규에 대한 기속성으로 인하여 법원이 사실인정과 관련한 법규의 해석·적용을 통하여 일정한 결론을 도출한 후 그 결론에 비추어 행정청이 한 판단의 적법 여부를 독자적인 입장에서 판정하게 되나, 재량행위의 경우 행정청의 재량에 기한 공익판단의 여지를 감안하여 법원은 독자의 결론을 도출함이 없이 해당 행위에 재량권의 일탈·남용이 있는지 여부만 심사하게 된다. 이러한 재량권의 일탈·남용 여부에 대한 심사는 사실오인, 비례·평등의 원칙 위배, 해당 행위의 목적 위반이나 동기의 부정 유무 등을 그 판단대상으로 한다.161)

대법원이 이러한 심사방법에 따라 재량행위의 위법 여부를 판단한 예를 보면, 경찰공무원이 교통법규 위반 운전자로부터 1만 원을 받은 경찰공무원을 해임처분한 것이 징계재량권의 일탈·남용이 아니라는 사례가 있고,162) 본선도로를 주행하는 차량과 교통사고가 발생할 위험이 있어 주유소 진·출입을 위한 가·감속차로를 설치하는 것이 부적합하다는 이유로 도로점용허가신청을 거부한 처분이 재량권의 범위를 일탈·남용하지 않았다는 사례가 있다.163)

한편, 구 주택건설촉진법 제33조에 의한 주택건설사업계획 승인은 재량행위이어서 명문의 규정이 없어도 국토 및 자연의 유지와 환경보전 등 공익상 필요를 이유로 그 승인신청을 불허가할 수 있으므로, 서울특별시 전역에 대한 생태현황을 조사하여 만든 도시생태현황도(비오톱 맵)의 내용을 주택건설사업계획의 승인에 대한 불허가처분의 근거자료 내지 참고자료로 사용하더라도 법치행정의 원칙에 어긋나지 않는다고 판시한 사례가 있다.164)

3. 권력적 사실행위

사실작용 중 공무원에 의한 무허가건물의 철거작용과 같은 '권력적 사실행위'는 처분으로 볼 수 있어 항고소송의 대상이 될 수 있다. 강제격리, 미결수용인 자의 이송,165) 교도소장이 특정 수형자를 '접견내용 녹음·녹화 및 접견 시

161) 대법원 2001. 2. 9. 선고 98두17593 판결.
162) 대법원 2006. 12. 21. 선고 2006두16274 판결.
163) 대법원 2007. 5. 31. 선고 2005두1329 판결.
164) 대법원 2007. 5. 10. 선고 2005두13315 판결.

교도관 참여대상자'로 지정한 행위,[166] 유치나 예치, 영업소 폐쇄, 단수처분,[167] 대집행의 실행 등은 권력적 사실행위로서 처분에 해당한다.

권력적 사실행위에 대하여 행정쟁송을 제기할 경우 소제기 당시에는 집행 완료로 인하여 소의 이익이 흠결되어 각하되는 경우가 많을 것이다. 다만 대법원은 처분의 취소를 통해 회복되는 이익이 없더라도 동일한 사유로 위법한 처분이 반복될 위험성이 있어 처분의 위법성 확인 내지 불분명한 법률문제에 대한 해명이 필요하다고 판단되는 경우 소의 이익을 인정할 수 있다고 판시하였다.[168] 권력적 사실행위에 대한 헌법소원에서도 간혹 헌법적 해명의 필요성이라는 명목으로 개인의 권리구제와 관련 없이 본안판단을 하는 경우가 있다.

4. 부 관

부관은 처분의 효과를 제한하기 위하여 주된 의사표시에 부가된 종된 의사표시라고 정의할 수 있다.[169] 부관은 행정청으로 하여금 구체적 사정에 적합한 행정을 할 수 있도록 유연성을 부여하는 기능을 수행한다(유연성 · 상황적합성의 부여). 행정기본법 제17조 제1항에서는 부관의 종류에 대하여 "조건, 기한, 부담, 철회권의 유보"를 예시하고 있는데, 그밖에도 법률효과의 일부배제, 행정행위의 사후변경의 유보 · 부담유보 등이 있다.

한편, 행정기본법 제17조에서는 통설과 판례에 입각하여, 처분에 재량이 있는 경우(재량행위)에는 부관을 붙일 수 있고(제1항), 처분에 재량이 없는 경우(기속행위)에는 법률에 근거가 있는 경우에 부관을 붙일 수 있도록 하였다(제2항). 같은 조 제4항에서는 학설과 판례를 반영하여, ① 해당 처분의 목적에 위배되지 않을 것, ② 해당 처분과 실질적인 관련이 있을 것, ③ 해당 처분의 목적을 달성하기 위하여 필요한 최소한의 범위일 것 등 부관을 적법하게 붙일 수 있는 요건을

---

165) 대법원 1992. 8. 7.자 92두30 결정.

166) 대법원 2014. 2. 13. 선고 2013두20899 판결.

167) 대법원 1979. 12. 28. 선고 79누218 판결.

168) 대법원 2007. 7. 19. 선고 2006두19297 전원합의체 판결. 여기에서 반복된 위험성은 반드시 '해당 사건의 동일한 소송당사자 사이에서' 반복될 위험이 있는 경우에만 한정되는 것은 아니다(대법원 2020. 12. 24. 선고 2018두67152 판결).

169) 위와 같은 통설과 달리 행정행위의 효과를 제한 또는 요건을 보충하기 위하여 주된 행위에 부가된 종된 규율이라고 정의하는 견해도 유력하다(김남진 · 김연태, 행정법 I, 286면 참조).

규정하고 있다.

판례에 의하면, 부관은 그 자체로 직접 법적 효과를 발생하는 처분이 아니므로, 독립하여 행정쟁송의 대상이 되지 않고 본체인 행정행위와는 독립적으로 취소될 수 없다.[170] 그러나 부담은 다른 부관과는 달리 본체인 행정행위의 불가분적인 요소가 아니고 그 자체가 하나의 처분이 되므로, 본체인 행정행위와 별도로 부담 그 자체의 독립취소가 가능하다. 따라서 행정청이 재건축조합에 대하여 주택재건축정비사업시행인가처분을 하면서 정비사업의 시행으로 인하여 용도폐지되는 지방자치단체 소유의 정비기반시설을 유상으로 매입하도록 하는 부담을 붙였는데 그 부담이 위법한 경우 본체인 행정행위와 분리하여 그 부담만 취소할 수 있다.[171]

판례에 따르면, 위법한 부담 이외의 부관으로 인하여 권리를 침해당한 사람은 결국 ① 부관부 행정행위 전체의 취소를 구하거나,[172] ② 먼저 행정청에 부관없는 또는 부관의 내용을 변경하는 처분으로 변경해 줄 것을 신청한 다음 그것이 거부된 경우 거부처분 취소소송을 제기할 수밖에 없다.[173]

---

170) 기간: 대법원 1986. 8. 19. 선고 86누202 판결; 대법원 2001. 6. 15. 선고 99두509 판결. 법률효과의 일부배제: 대법원 1991. 12. 3. 선고 90누8503 판결; 대법원 1993. 10. 8. 선고 93누2032 판결.

171) 대법원 2007. 6. 28. 선고 2007두1699 판결.

172) 어업면허처분 중 그 면허유효기간 부분의 취소를 구하는 청구를 인용한 원심판결에 대하여 대법원은 "어업면허처분을 함에 있어 그 면허의 유효기간을 1년으로 정한 경우 …… 위 어업면허처분 중 그 면허유효기간만의 취소를 구하는 청구는 허용될 수 없다."(대법원 1986. 8. 19. 선고 86누202 판결)라고 판시하여 부담을 제외한 나머지 부관에 대해서는 부관만의 취소는 구할 수 없고, 부관이 붙은 행정행위 전체의 취소를 통해서만 부관을 다툴 수 있다는 태도를 취하고 있다. 이에 따라 대법원은 "도로점용허가의 점용기간은 행정행위의 본질적인 요소에 해당한다고 볼 것이어서 부관인 점용기간을 정함에 있어서 위법사유가 있다면 이로써 도로점용허가처분 전부가 위법하게 된다 할 것이다."(대법원 1985. 7. 9. 선고 84누604 판결)라고 판시하여, 위법부관이 중요부분이면 전부취소의 판결을, 그렇지 않으면 기각판결을 내림으로써 부담 이외에는 위법한 부관만의 일부취소를 인정하지 않는다.

173) 그러한 사례로 대법원 1990. 4. 27. 선고 89누6808 판결이 있다. 다만 법규에 처분의 변경에 관한 신청절차가 없다면, 일반적으로 처분을 변경하여 달라는 조리상 신청권이 인정되지는 않을 것이므로, 행정청이 처분변경을 거부한 경우 그것이 거부처분이 되기는 어려울 것으로 생각된다.

5. 경정처분(변경처분)

가. 의 의

행정청이 일정한 처분을 한 후 감축 또는 확장하는 것을 경정처분(변경처분)이라 한다. 경정처분(변경처분)은 당초의 처분을 그대로 유지한 채 수정하는 데 불과하므로, 당초의 처분을 취소하거나 철회하고 새로운 처분을 하는 등 당초의 처분과의 동일성을 상실하는 경우와 구별된다. 절차위배 등을 이유로 처분을 취소한 후 절차를 갖추어 다시 처분을 하는 것도 별개의 처분이고 경정처분은 아니다. 또한, 종래의 위법한 부분을 제거하기 위하여 행한 감액경정처분이라고 하더라도 성립 당시에 적법한 요건을 갖추지 못한 흠을 사후에 보완하여 처음부터 적법한 행정행위로 효력을 발생하게 하는 하자의 치유와는 개념적으로 다르다.[174)]

이 문제는 소제기 전에 처분이 변경된 경우 제소기간과 관련하여 주로 논의된다.[175)] 또한 경정처분은 징계처분이나 영업정지처분 등 제재처분에서도 찾아볼 수 있으나, 주로 과세처분 등 각종 부담금 부과처분의 경우에 나타나므로, 그것을 중심으로 살펴본다.

나. 조세소송에서 당초처분과 경정처분 상호간의 관계

당초처분과 경정처분과의 법률관계에 관하여 다음과 같은 견해의 대립이 있다.[176)] 각 견해에 따라서 항고소송의 대상, 제소기간의 기산점이 달라질 수 있다.

(1) 학 설

① **병존설(단계설)**: 당초처분과 경정처분은 서로 독립하여 별개로 병존하고 경정처분의 효력은 그 처분에 의하여 추가로 확정된 과세표준 및 세액부분에만 미친다는 견해

② **흡수설**: 당초처분은 경정처분에 흡수되어 소멸하고 경정처분의 효력은 처

---

174) 대법원 2019. 1. 17. 선고 2016두56721, 56738 판결. 따라서 하자의 치유에서와는 다르게 행정쟁송이 제기된 이후에도 허용된다.

175) 소제기 후 처분을 변경한 때에는 원고가 처분변경이 있음을 안 날로부터 60일 이내에 신청에 의하여 법원의 결정으로 소를 변경할 수 있고, 이 경우 제소기간 준수의 요건을 갖춘 것으로 보게 된다(행정소송법 제22조).

176) 더 자세한 내용은 정해남, '당초의 과세처분과 경정처분의 법률관계', 재판자료 제60집, 법원도서관(1993), 84-95면 참조.

음부터 다시 조사 결정한 과세표준 및 세액전체에 미친다는 견해

③ **흡수병존설**: 당초처분은 경정처분에 흡수 소멸되지만 그 효력은 그대로 존속하며 경정처분의 효력은 그 경정결정에 의하여 증감된 과세표준 및 세액부분에만 미친다는 견해

④ **역흡수설**: 경정처분은 당초처분에 흡수 소멸되나 당초처분에 의하여 확정된 과세표준과 세액을 그 경정된 내용에 따라 증감시키는 효력을 발생한다는 견해

⑤ **역흡수병존설**: 경정처분은 당초처분과 결합되어 일체로 병존하면서 당초처분에 의하여 확정된 과세표준과 세액을 증감시키는 효력을 가진다는 견해

(2) 종래의 판례

(가) 증액경정처분의 경우

종래 판례는 증액경정의 경우에는 당초의 처분이 나중의 증액경정처분에 흡수되므로 증액경정처분만 소송의 대상이 되고(흡수설),[177] 제소기간 준수 여부도 증액경정처분을 기준으로 판단하였다. 그리고 당초처분이 불복기간의 경과로 확정되었다고 하더라도 증액경정처분에 대한 소송절차에서 증액경정처분으로 증액된 세액에 관한 부분뿐만 아니라 당초처분으로 결정된 세액에 대해서도 그 위법 여부를 다툴 수 있다고 하였다.

> ❑ **대법원 1999. 5. 11. 선고 97누13139 판결**: 과세관청이 과세표준과 세액을 결정한 후 그 과세표준과 세액에 탈루 또는 오류가 있는 것이 발견되어 이를 증액하는 경정처분이 있는 경우, 그 증액경정처분은 당초처분을 그대로 둔 채 당초처분에서의 과세표준과 세액을 초과하는 부분만을 추가로 확정하는 처분이 아니고, 재조사에 의하여 판명된 결과에 따라서 당초처분에서의 과세표준과 세액을 포함시켜 전체로서의 과세표준과 세액을 결정하는 것이어서 증액경정처분이 되면 당초처분은 증액경정처분에 흡수되어 소멸하므로, 그 증액경정처분만이 존재한다.

177) 대법원 1987. 12. 22. 선고 85누599 판결; 대법원 1999. 5. 11. 선고 97누13139 판결; 대법원 2005. 6. 10. 선고 2003두12721 판결 등.

(나) 감액경정처분의 경우

감액경정처분의 경우에는 당초처분의 일부취소에 해당하고 소송의 대상이 되는 것은 일부취소되고 남은 당초처분이며(역흡수설),[178] 제소기간의 준수 여부도 당초의 처분을 기준으로 판단한다.[179] 당초처분이 있은 뒤 감액경정처분이 행해진 경우에는 당초처분의 전부를 취소한 다음 새롭게 잔액에 대하여 구체적 조세채무를 확정시키는 처분이 아니라 당초처분의 일부를 취소하는 효력을 갖는 것에 불과하며, 감액경정처분은 그에 의하여 감소된 세액부분에 관해서만 법적 효과를 미치는 것으로서 이는 당초처분과 별개 독립된 것이 아니고 실질적으로 당초처분의 변경이라는 것이다.[180]

따라서, 감액경정처분은 세액의 일부취소라는 납세자에게 유리한 효과를 가져오는 처분으로서 그 취소를 구할 이익이 없고, 항고소송의 대상이 되는 것은 당초처분 중 경정결정에 의하여 취소되지 않고 남아 있는 부분인 감액된 당초처분이므로, 당초처분 중 감액부분에 대한 취소청구는 소의 이익이 없다. 또한, 당초의 과세처분이 있은 후 이를 증액하는 경정처분을 하였다가 다시 감액하는 재경정처분이 있은 경우, 당초처분은 경정처분에 흡수되어 독립된 존재가치를 상실하고 재경정처분은 감액된 세액부분에 대해서만 그 효력이 미치므로 소송의 대상과 전심절차의 이행 여부는 경정처분을 대상으로 판단하게 된다. 이러한 법리는 국세심판원이 심판청구를 일부 인용하면서 정당한 세액을 명시하여 취소하지 않고 경정기준을 제시하여 해당 행정청으로 하여금 구체적인 과세표준과 세액을 결정하도록 하거나 해당 행정청으로 하여금 재조사하게 한 다음 구체적인 과세표준과 세액을 결정하도록 함에 따라 해당 행정청이 감액경정결정을 하는 경우에도 마찬가지로 적용된다.[181]

다만 해당 행정청이 감액경정결정을 할 때 심판결정의 취지에 어긋나게 결정하거나 그 결정 자체에 위법사유가 존재하여 그에 대하여 별도의 쟁송수단을 인정하여야 할 특별한 사정이 있는 경우에는 예외적으로 감액경정결정을 항고소

178) 대법원 1983. 4. 12. 선고 82누35 판결; 대법원 1995. 8. 11. 선고 95누351 판결.
179) 대법원 1997. 10. 24. 선고 96누10768 판결.
180) 대법원 1997. 10. 24. 선고 96누10768 판결 등.
181) 대법원 2007. 10. 26. 선고 2005두3585 판결; 대법원 1998. 5. 26. 선고 98두3211 판결; 대법원 1997. 10. 24. 선고 96누10768 판결; 대법원 1996. 7. 30. 선고 95누6328 판결; 대법원 1983. 4. 12. 선고 82누35 판결.

송의 대상으로 삼을 수 있다.[182)]

❑ **대법원 1997. 10. 24. 선고 96누10768 판결:** 국세심판소가 양도소득세부과처분 심판청구를 일부 인용하면서 정당한 세액을 명시하여 취소하지 아니하고 '이 사건 과세처분은 부동산의 취득 및 양도 당시의 실지거래가액을 재조사하여 그 과세표준과 세액을 결정한다'는 경정기준을 제시하여 세액을 결정하도록 하는 재결에 따라 감액경정결정이 이루어진 경우 그에 대한 별도의 쟁송수단을 인정하여야 할 특별한 사정이 없는 한 항고소송의 대상은 당초의 부과처분 중 경정결정에 의하여 취소되지 않고 남은 부분이고 경정결정이 항고소송의 대상이 되는 것은 아니다.[183)]

❑ **대법원 1996. 7. 30. 선고 95누6328 판결:** ……항고소송의 대상은 그 증액경정처분 중 감액재경정결정에 의하여 취소되지 않고 남은 부분이고, 감액재경정결정이 항고소송의 대상이 되는 것은 아니다. 이러한 법리는 국세심판소가 심판청구를 일부 인용하면서 정당한 세액을 명시하여 취소하지 아니하고 경정기준을 제시하여 당해 행정청으로 하여금 구체적인 과세표준과 세액을 결정하도록 함에 따라, 당해 행정청이 감액경정결정을 함에 있어 심판결정의 취지에 어긋나게 결정하거나 혹은 그 결정 자체에 위법사유가 존재하여 그에 대하여 별도의 쟁송수단을 인정하여야 할 특별한 사정이 없는 한 마찬가지로 적용된다.

(3) 개정된 국세기본법 제22조의3에 관한 해석

(가) 규정의 내용

국세기본법 제22조의3(경정 등의 효력) ① 세법에 따라 당초 확정된 세액을 증가시키는 경정은 당초 확정된 세액에 관한 이 법 또는 세법에서 규정하는 권리 · 의

---

182) 대법원 1996. 7. 30. 선고 95누6328 판결.

183) 다만 위 판결에서는 국세심판소가 위와 같은 심판결정을 한 경우에는 해당 행정청의 경정결정 고지일을 행정소송 제기에 관한 불복기간의 기산점으로 삼아야 한다거나 이 경우의 불복대상으로 국세심판소의 심판결정 이외에도 해당 행정청의 경정결정도 인정하여야 한다고 할 수 없다고 판시하였다. 그러나, 위 부분의 판시는 대법원 2010. 6. 25. 선고 2007두12514 전원합의체 판결에 의하여, 재조사결정은 처분청의 후속처분에 의하여 그 내용이 보완됨으로써 이의신청 등에 대한 결정으로서의 효력이 발생한다고 할 것이므로, 재조사결정에 따른 심사청구기간이나 심판청구기간 또는 행정소송의 제소기간은 이의신청인 등이 후속처분의 통지를 받은 날부터 기산된다는 취지로 변경되었다.

무관계에 영향을 미치지 아니한다.
② 세법에 따라 당초 확정된 세액을 감소시키는 경정은 그 경정으로 감소되는 세액 외의 세액에 관한 이 법 또는 세법에서 규정하는 권리·의무관계에 영향을 미치지 아니한다.

국세기본법 제22조의3 제2항은 감액경정청구에 관한 종전 판례의 입장을 확인한 것이어서 종전의 다수설인 일부취소설의 입장에서 이해하면 별 문제가 없으나, 제1항의 규정은 증액경정처분의 경우 흡수설을 취한 종전 판례와 상충되는 것으로 보여 해석상 어려운 문제를 야기한다.

(나) 해석론

학설은 ① 병존설의 입장에서 해석하려는 견해, ② 기존 판례의 입장에서 해석하려는 견해, ③ 흡수병존설의 입장에서 해석하려는 견해 등이 대립하고 있었다.

개정입법의 취지가 이미 확정된 세액부분도 증액경정처분이라는 우연한 사정으로 재심리대상이 되는 것은 불합리하다는 과세관청의 의사가 강하게 반영된 것으로 이러한 과세관청의 불만은 심리방법의 문제라기보다는 확정된 세액의 일실가능성에 있다고 보이는 점, 법문상 증액경정은 "당초 세액에 관한 …… 권리, 의무관계에 영향을 미치지 아니한다."라고 규정하여 처분이라는 용어 대신 세액이라는 용어를 사용하고 있는 점, 당초처분과 경정처분을 통일적으로 심리한다고 할 때 개개의 과세요건사실 자체가 당초처분과 경정처분에 공통되고 있는 경우 그 일부만 심리대상이 된다는 것은 실체적 진실규명이라는 소송절차의 입장에서 수긍하기 어려운 점 등을 고려하여 볼 때, 쟁송절차적인 측면에서는 종전과 같이 흡수설의 입장에서 총액주의원칙에 따라 심판하되, 당초처분에 의하여 확정된 세액은 변경대상이 되지 않는 것으로 보는 것이 타당하다는 견해가 유력하였다.[184]

(다) 대법원 판례

대법원은 국세기본법 제22조의3 제1항의 해석과 관련하여 증액경정처분이 있는 경우 당초 신고나 결정은 증액경정처분에 흡수된다고 판시하였다. 다만 당

184) 소순무·윤지현, 조세소송, 개정10판, 영화조세통람(2020), 465면.

초처분에 관하여 소송법상 불가쟁력이 발생한 경우 취소되는 세액의 범위는 증액경정된 범위에 한정된다는 점을 명백히 밝히지는 않았지만 국세기본법 제22조의2 제1항의 입법취지가 그러하다고 판시하여 간접적으로 이를 긍정하였다(흡수병존설).

❑ **대법원 2009. 5. 14. 선고 2006두17390 판결:** 증액경정처분은 당초 신고하거나 결정된 세액을 그대로 둔 채 탈루된 부분만을 추가하는 것이 아니라 증액되는 부분을 포함시켜 전체로서 하나의 세액을 다시 결정하는 것인 점, 부과처분취소소송 또는 경정거부처분취소소송의 소송물은 과세관청이 결정하거나 과세표준신고서에 기재된 세액의 객관적 존부로서 청구취지만으로 그 동일성이 특정되므로 개개의 위법사유는 자기의 청구가 정당하다고 주장하는 공격방어방법에 불과한 점과 국세기본법 제22조의2(현행 제22조의3) 제1항의 주된 입법취지는 증액경정처분이 있더라도 불복기간의 경과 등으로 확정된 당초 신고 또는 결정에서의 세액만큼은 그 불복을 제한하려는 데 있는 점 등을 종합하여 볼 때, 국세기본법 제22조의2의 시행 이후에도 증액경정처분이 있는 경우 당초 신고나 결정은 증액경정처분에 흡수됨으로써 독립된 존재가치를 잃게 된다고 보아야 할 것이므로, 원칙적으로는 당초 신고나 결정에 대한 불복기간의 경과 여부 등에 관계없이 증액경정처분만이 항고소송의 심판대상이 되고, 납세의무자는 그 항고소송에서 당초 신고나 결정에 대한 위법사유도 함께 주장할 수 있다고 해석함이 타당하다.

다. 그 밖의 경우

판례는 행정청이 식품위생법령에 따라 영업자에게 행정제재처분을 한 후 그 처분을 영업자에게 유리하게 변경하는 처분을 한 경우,[185] 행정청이 과징금 부과처분을 하였다가 감액처분을 한 경우[186] 등에 관해서도 조세소송에서 감액경

185) 대법원 2007. 4. 27. 선고 2004두9302 판결. 위 판결의 사안은 영업정지 3개월 처분을 2개월의 영업정지에 갈음하는 과징금부과처분으로 변경한 경우이다.

186) 대법원 2008. 2. 15. 선고 2006두3957 판결. 그러나 이러한 법리는 공정거래법상의 자진신고로 인한 과징금 감면처분에는 적용되지 않는다. 즉, 공정거래위원회가 부당한 공동행위를 한 사업자에게 과징금 부과처분(선행처분)을 한 뒤 다시 자진신고 등을 이유로 과징금 감면처분(후행처분)을 한 경우에는 후행처분은 자진신고 감면까지 포함하여 그 처분의 상대방이 실제로 납부하여야 할 최종적인 과징금액을 결정하는 종국적 처분이고, 선행처분은 이러한 종국적 처분을 예정하고 있는 일종의 잠정적 처분으로서 후행처분이 있을 경우 선행처분은 후행처분에 흡수되어 소멸하므로, 선행처분의 취소를 구하는 소는 이미 효력을

정처분이 있었던 경우와 같은 방식으로 해결하고 있다.

6. 반복된 행위

계고나 독촉이 수차례에 걸쳐 이루어졌다고 하더라도 최초의 계고와 독촉만 처분이다. 대법원은 보험자 또는 보험자단체가 부당이득금 또는 가산금의 납부를 독촉한 후 다시 동일한 내용의 독촉을 하는 경우 최초의 독촉만 징수처분으로서 처분이 되며 소멸시효 중단사유가 되고, 그 후에 한 동일한 내용의 독촉은 단순한 민법상의 최고에 불과하여 처분이라 할 수 없다고 판시하였다.[187] 마찬가지 이유에서 지방병무청장이 공익근무요원 소집통지를 한 후 소집대상자의 원에 의하여 또는 직권으로 그 기일을 연기한 다음 다시 한 공익근무요원 소집통지는 독립된 처분에 해당하지 않는다고 판시하였다.[188]

한편, 거부처분의 경우 신청횟수의 제한이 없는 한 같은 내용의 신청을 수차례 할 수 있고 각각의 거부처분이 별개로 취급되므로, 각각 항고소송의 대상이 된다.[189] 이때 별개의 거부처분으로 볼 것인지 여부는 신청의 제목이 아니라 신청의 내용을 살펴보아 새로운 신청을 제기한 것이라고 볼 수 있는 것인지의 관점에서 살펴보아야 한다.[190]

잃은 처분의 취소를 구하는 것으로 부적법하다(대법원 2015. 2. 12. 선고 2013두987 판결). 반대로 공정거래위원회가 과징금 부과처분과 별도로 감면기각처분을 한 경우에는 사업자로서는 두 처분의 취소를 구할 실익이 모두 인정되므로, 각각의 처분에 대하여 함께 또는 별도로 불복할 수 있다(대법원 2017. 1. 12. 선고 2016두35199 판결).

187) 대법원 1999. 7. 13. 선고 97누119 판결.

188) 대법원 2005. 10. 28. 선고 2003두14550 판결.

189) 대법원 1992. 12. 8. 선고 92누7542 판결.

190) 대법원 2019. 4. 3. 선고 2017두52764 판결에서는 원고가 감염병예방법상 예방접종 피해에 대한 손실보상청구를 하였는데 거부되자, 위 법령에 이의신청에 관한 규정이 없고 민원처리에 관한 법률상 이의신청 기간이 도과되었음에도 불구하고, 이의신청이라는 제목으로 다시 제기한 손실보상청구를 거부한 사안에서, 위 이의신청을 기존의 거부처분에 대한 불복이 아니라 새롭게 제기한 손실보상신청이라고 보고 그에 대한 거부행위의 처분성을 인정하였다. 참고로 행정기본법 제36조 제4항에서는 이의신청에 대한 결과를 통지받은 후 90일 이내에 행정심판 또는 행정소송을 제기할 수 있고, 제6항에 따라 개별법에서 이의신청 제기 후 행정심판이나 행정소송을 제기하는 경우 제소기간에 대하여 아무런 규정을 두고 있지 않은 경우에도 제4항이 적용된다. 따라서, 행정기본법 제36조가 2023. 3. 24. 시행 이후에는 위 사안의 경우에 위 판례와 관계없이 이의신청이 기각된 날로부터 90일 이내에 행정심판이나 행정소송을 제기할 수 있다.

7. 신고수리행위

가. 신고의 의의

행정법상 신고란 사인이 행정청에 내하여 일정한 의사표시를 하거나 일정한 사실이나 관념을 통지함으로써 공법상의 효과를 발생시키는 사인의 공법행위를 말한다.

신고는 ① 아무런 법적인 효과를 수반하지 않는 신고(목격자의 화재신고, 보행자의 교통사고신고 등),[191] ② 행정청의 수리 없이 신고 그 자체만으로 법적 효과를 발생하는 신고(혼인신고, 각종 영업신고),[192] ③ 행정청의 신고수리나 그에 따른 등록의 요건을 갖춘 경우에만 법률효과가 발생되는 신고(골프장업 등록 등), ④ 세금감면신고나 각종 부담금상의 혜택이나 이익을 받기 위한 신고 등으로 나눌 수 있다. ①의 경우는 그 수리나 수리거부가 신고자의 지위에 아무런 법률상 영향이 없어 처분성을 가지는지를 따질 필요도 없으나 ②와 ③의 경우는 이를 구별할 실익이 있으며, ④의 경우는 특수한 것으로 별도로 다루어야 할 필요가 있다.

나. 신고의 유형

(1) 자기완결적 행위로서의 신고(수리를 요하지 않는 신고)와 행위요건적 행위로서의 신고(수리를 요하는 신고)

'수리를 요하지 않는 신고'는 그 자체가 행정기관에 도달한 때에 관계법이 정하는 법적 효과가 발생하는 것으로서 행위요건적 행위가 아니라 자기완결적 행위이다. 반면에, '수리를 요하는 신고'는 관계법상 행정청에 신고요건을 심사하여 수리 여부를 결정할 수 있는 권한이 부여되고 있는 것으로서 실질적으로는 완화된 허가와 같은 의미를 가진다.[193]

---

191) 예컨대, 하도급법 제22조 제1항 전단에 따른 신고는 공정거래위원회에게 하도급법에 위반되는 사실에 관한 직권발동을 촉구하는 단서를 제공하는 것에 불과하다(대법원 2021. 5. 7. 선고 2020두57332 판결).

192) 공직자윤리법상의 신고, 독점규제 및 공정거래에 관한 법률상의 신고, 문화재보호법상의 신고 중에도 이에 해당하는 것이 있다. 이 경우의 신고행위는 과태료 등의 처벌을 받지 않게 된다거나 제3자에게 대항할 수 있다는 등의 효과가 있을 뿐이다. 기본적으로 감독청의 행정상 편의를 위한 정보제공의 의미가 강하다.

193) 후자를 등록으로 부르는 견해가 있다. 등록신청이나 수리를 요하는 신고는 모두 행정청이 등록이나 신고수리를 하여야 일정한 효과가 발생하는 점, 등록은 대체로 신고나 신청을 수

행정절차법 제40조에서는 수리를 요하지 않는 신고의 절차와 효력에 대하여 규율하고 있고, 행정기본법 제34조에서는 수리를 요하지 않는 신고와 수리를 요하는 신고의 구별기준과 후자의 효력에 대하여 규정하고 있다. 위와 같이 행정기본법과 행정절차법은 두 가지 유형의 신고에 대하여 양분하여 규정함으로써 하나의 행정작용을 총체적으로 규율하지 못하는 체계상의 문제를 가지고 있다.

행정절차법 제40조(신고) ① 법령등에서 행정청에 일정한 사항을 통지함으로써 의무가 끝나는 신고를 규정하고 있는 경우 신고를 관장하는 행정청은 신고에 필요한 구비서류, 접수기관, 그 밖에 법령등에 따른 신고에 필요한 사항을 게시(인터넷 등을 통한 게시를 포함한다)하거나 이에 대한 편람을 갖추어 두고 누구나 열람할 수 있도록 하여야 한다.

② 제1항에 따른 신고가 다음 각 호의 요건을 갖춘 경우에는 신고서가 접수기관에 도달된 때에 신고 의무가 이행된 것으로 본다.

1. 신고서의 기재사항에 흠이 없을 것
2. 필요한 구비서류가 첨부되어 있을 것
3. 그 밖에 법령등에 규정된 형식상의 요건에 적합할 것

③ 행정청은 제2항 각 호의 요건을 갖추지 못한 신고서가 제출된 경우에는 지체 없이 상당한 기간을 정하여 신고인에게 보완을 요구하여야 한다.

④ 행정청은 신고인이 제3항에 따른 기간 내에 보완을 하지 아니하였을 때에는 그 이유를 구체적으로 밝혀 해당 신고서를 되돌려 보내야 한다.

행정기본법 제34조(수리 여부에 따른 신고의 효력) 법령등으로 정하는 바에 따라 행정청에 일정한 사항을 통지하여야 하는 신고로서 법률에 신고의 수리가 필요하다고 명시되어 있는 경우(행정기관의 내부 업무 처리 절차로서 수리를 규정한 경우는 제외한다)에는 행정청이 수리하여야 효력이 발생한다.

리한 행위의 부수적인 절차로서 행정상의 감독과 관리 등의 필요에 의한 것이라는 점, 등록제가 신고제와 허가제의 중간적 위치를 점하고 있는 점 등에서 수리를 요하는 신고와 등록이 비슷한 성질을 가지고 있는 것은 사실이다(관세사, 세무사, 공인회계사 등의 등록신청에 대한 등록거부는 당연히 처분이다). 그러나 수리를 요하는 신고에서 등록이 반드시 필수적인 절차가 되는 것은 아니고 등록제는 등록 후 결격사유가 생기면 취소하여야 하는 등록취소제도가 있는 등 신고제와는 다소 다른 규제제도라는 점에서 양자가 완전히 일치하는 것은 아니다.

(2) 신고필증의 의미

행정청이 신고인에 대하여 교부하는 신고필증 내지 증명서의 의미도 '수리를 요하지 않는 신고'의 경우에서는 일정한 사항을 행정청에 알렸다는 통지행위를 사실상 확인하는 의미로 사실로서의 신고수리이다. 반면에, '수리를 요하는 신고'의 경우에서는 그 서면 자체로 새로운 법적 효과를 발생시키는 직접적인 원인이 되어 법적 절차로서의 신고수리가 된다.

(3) 양자의 구별

사인의 행위에 대한 행정청의 사전 감독의 방법으로 허가제를 취하느냐 신고제를 취하느냐, 신고제를 채택한 경우에도 수리를 요하게 할 것인지 아닌지는 입법정책의 문제이다. 그런데, 행정기본법이 제정되기 전에는 수리를 요하는 신고인지 여부가 명확하게 규정하지 않은 경우가 매우 많아서 해석상의 혼란이 야기되고 있었으므로, 입법적인 정비가 절실하였다.[194]

이 문제는, 우선 구체적인 경우에 어떠한 제도를 취하고 있는지는 법령상의 규정에 따를 것이지만,[195] 그러한 명시적인 규정이 없는 경우에는 행정청이 신고내용을 검토하여 적합하면 신고를 수리하도록 규정하고 있거나,[196] 신고를 받으면 일정 기간 내에 신고인에게 수리 여부를 통지하여야 하고 그 기간 내에 통지하지 않으면 수리한 것으로 보도록 규정[197]하고 있는 때에는 수리를 요하는 신고라고 볼 수 있다.

법령에 명시적인 규정이 없을 때에는 법의 목적과 취지, 법령의 제반 규정 등을 살펴보아 신고에 대한 심사가 허용되는지 여부를 합리적으로 해석하여 구

---

194) 법제처는 2016년부터 2019년까지 4개년간 「신고제 합리화 사업」을 추진하였는데, 신고를 규정하고 있는 법률 중 428개의 법률을 대상으로 정비 여부를 검토하여 '수리를 요하는 신고'와 '수리를 요하지 않는 신고'로 분류한 다음 수리를 요하는 신고로 명시한 218개의 법률을 선정하고 그 취지를 명확하게 하기 위하여 법률조항을 개선하는 작업을 하였다. 그 결과 2024. 1. 현재 198개 법률이 정비되었다.

195) 대체로 학설상의 용어와 법령상의 용어가 일치하나 그렇지 않은 경우가 많으므로 용어에 구애될 필요는 없다.

196) 관광진흥법 제24조 제4항에서는, "문화체육관광부장관은 제3항에 따른 신고를 받은 경우 그 내용을 검토하여 이 법에 적합하면 신고를 수리하여야 한다."라고 규정하고 있다.

197) 「전통시장 및 상점가 육성을 위한 특별법」 제14조 제3항에서는, "시장 · 군수 · 구청장이 제2항에서 정한 기간 내에 신고수리 여부 또는 민원 처리 관련 법령에 따른 처리기간의 연장을 신고인에게 통지하지 아니하면 그 기간(민원 처리 관련 법령에 따라 처리기간이 연장 또는 재연장된 경우에는 해당 처리기간을 말한다)이 끝난 날의 다음 날에 신고를 수리한 것으로 본다."라고 규정하고 있다.

별하는 수밖에 없다.

신고제는 허가제보다 규제를 완화하여 국민에게 자유의 영역을 넓혀 주되 행정청이 행정상 정보를 파악하여 관리할 필요가 있으므로 국민으로 하여금 일정한 사항을 하기 전에 행정청에게 정보제공 차원에서 이를 알리게 하는 정도의 최소한의 규제를 가하는 것이다. 따라서, 원칙적으로는 신고가 형식적·절차적 요건을 갖춘 경우198) 신고서가 행정청에 도달하면 신고로서의 효과가 발생하는 수리를 요하지 않는 신고라 할 것이다.

수리를 요하는 신고제는 그 운용 여하에 따라서는 실질적으로 허가제와 거의 같게 되는데, 충족하여야 할 요건사항, 수수료 등 행정상의 부담 등에서 허가제보다 완화된 것이라고 보아야 한다. 따라서, 수리를 요하는 신고의 경우 그 거부나 반려처분 등은 항고소송의 대상이 되는 처분에 해당하는 점은 허가제와 같다고 할 것이다.

(4) 행정기본법 시행 이전의 판례

(가) 개략적인 기준

판례가 수리를 요하지 않는 신고로 본 경우와 수리를 요하는 신고로 본 경우의 대략적인 구별기준을 예시하면 다음과 같다.

자기완결적 신고로 본 것은, ① 법령이 신고의무만 규정하고 있을 뿐 실체적 요건에 관해서는 아무런 규정을 두지 않은 경우, ② 법령에서 신고를 하게 한 취지가 국민에게 일정한 사항을 하기 전에 행정청에게 이를 알리도록 함으로써 행정청으로 하여금 행정상 정보를 파악하여 관리하는 정도의 최소한의 규제를 가하기 위한 경우, ③ 사회질서나 공공복리에 미치는 영향력이 적은 행위 내지 직접적으로 행정 목적을 침해하는 것이 아닌 행위에 관련된 경우, ④ 법령이 대상영업의 종류에 따라 허가제와 신고제를 구분하여 규정하고 있는데 해당 영업이 신고제로 되어 있는 경우, ⑤ 신고불이행이 행정질서벌의 일종인 과태료에 그치고 의무위반자에 대한 별다른 행정재제가 없는 경우 등이다.

한편, 수리를 요하는 신고로 본 것은, ① 법령에서 신고대상 영업 등에 관하여 일정한 실체적 요건을 정하거나 행정청의 실질적인 검토를 허용하고 있는 규

198) 무엇이 형식적·절차적 요건인지는 각 신고행위에 따라 조금씩 달라질 수 있으나 행정절차법 제40조 제2항의 규정내용이 일반적인 요건에 관한 기준이 될 수 있다.

정을 두고 있는 경우, ② 사회질서나 공공복리에 미치는 영향력이 큰 행위 또는 직접적으로 행정 목적을 침해하는 행위에 관련된 경우, ③ 관계법령에서 명문으로 수리규정을 둔 경우, ④ 신고불이행에 대하여 행정벌이나 제재를 가하는 경우 등이다.

그러나, 판례는 위와 같이 예시한 구별기준에 따라 수리를 요하는 신고인지 여부의 판단을 일관하는 것도 아니다. 가령 의료법령에서 병원의 개설은 허가제로 규정하고 의원의 개설은 신고제로 규정하고 있음에도 불구하고, 대법원은 위와 같은 기준에 따른 결론과 달리 정신과의원의 개설을 수리를 요하지 않는 신고라고 보지 않았다.[199]

(나) 수리를 요하지 않는 신고로 본 경우

① 단순히 의무를 종결시키는 신고

구 체육시설의 설치·이용에 관한 법률 제18조에 의한 변경신고서[200]와 같이 단순히 의무가 종결되는 경우에는 "그 신고 자체가 위법하거나 그 신고에 무효사유가 없는 한 이것이 도지사에게 제출하여 접수된 때에 신고가 있었다고 볼 것이고, 도지사의 수리행위가 있어야만 신고가 있었다고 볼 것은 아니다."라고 판시하였다.[201]

② 건축신고와 같은 신고유보부 금지를 해제하는 신고

종래의 판례는 차고 48.6㎡를 증축하는 내용의 증축신고[202]나 길이 18㎡, 높이 1.8㎡의 담장설치신고,[203] 공동주택관리규칙이 정한 공동주택 및 부대시설·복리시설의 경미한 사항에 대한 건축행위[204] 등과 같은 건축신고의 경우 건축을 하고자 하는 자가 적법한 요건을 갖춘 신고만 하면 행정청의 수리행위 등 별다른 조치를 기다릴 필요 없이 건축을 할 수 있는 것이라고 하여 수리를 요하지 않는 신고로 보았다.

---

199) 대법원 2018. 10. 25. 선고 2018두44302 판결.

200) 1994. 1. 7. 법률이 전문개정되면서 이에 관한 신고제도가 없어졌으나, 당시의 체육시설 설치·이용에 관한 법률 제18조에서는 "체육시설업자는 체육시설의 이용자로부터 이용료 또는 관람료를 받고자 할 때에는 미리 시·도지사에게 신고하여야 한다. 이를 변경하고자 할 때에도 또한 같다."라고 규정되어 있었다.

201) 대법원 1993. 7. 6.자 93마635 결정.

202) 대법원 1999. 10. 22. 선고 98두18435 판결.

203) 대법원 1995. 3. 14. 선고 94누9962 판결.

204) 대법원 1999. 4. 27. 선고 97누6780 판결.

③ 신고납부방식의 조세에서의 신고

신고납부방식의 국세에서 납세자가 과세관청에 대하여 과세표준과 세액을 신고한 때 확정의 효력이 발생하므로 확인적 부과처분의 문제는 생길 여지가 없고, 자진신고로 납부하는 세금을 과세관청이 수납하는 행위는 단순한 사무적 행위에 불과할 뿐 부과처분이 있다고 할 수 없다.[205] 개정된 구 관세법 제17조 제2항(현행 관세법 제38조 제2항)도 납세신고를 받은 때에 심사 후 납세의무자에게 신고납부서를 교부한다는 부분을 삭제하여 순수한 신고납세 방식으로 전환하였으므로, 위와 마찬가지이다.[206]

(다) 수리를 요하는 신고로 본 경우

① 완화된 허가로서의 신고

학교보건법 제6조 소정의 학교환경 위생정화구역 내에서의 당구장업소에 대한 체육시설업신고,[207] 구 노인복지법에 의한 유료노인복지주택의 설치신고,[208] 체육시설의 회원을 모집하고자 하는 자의 회원모집계획서의 제출,[209] 구 장사 등에 관한 법률상의 납골당 설치신고,[210] 악취방지법상의 악취배출시설 설치·운영신고[211] 등은 수리를 요하는 신고로 보고, 그 수리행위를 처분으로 보았다.

② 지위승계의 신고

식품위생법에 의한 영업양도에 따른 지위승계신고,[212] 액화석유가스의 안전관리 및 사업법에 의한 사업양수에 의한 지위승계신고,[213] 관광진흥법에 따른 관광사업의 양도·양수에 의한 지위승계신고,[214] 여객자동차 운수사업법에 따른 운송사업면허 양도·양수신고[215]의 경우에 이를 수리하는 허가관청의 행위는 단순히 양도·양수인 사이에 이미 발생한 사법상 사업양도의 법률효과에 의하여 양수인이 그 영업을 승계하였다는 사실의 신고를 접수하는 행위에 그치는 것이 아

---

205) 대법원 1990. 2. 27. 선고 88누1837 판결 등 다수.
206) 대법원 1996. 12. 6. 선고 95누11184 판결.
207) 대법원 1991. 7. 12. 선고 90누8350 판결.
208) 대법원 2007. 1. 11. 선고 2006두14537 판결.
209) 대법원 2009. 2. 26. 선고 2006두16243 판결.
210) 대법원 2011. 9. 8. 선고 2009두6766 판결.
211) 대법원 2022. 9. 7. 선고 2020두40327 판결.
212) 대법원 1995. 2. 24. 선고 94누9146 판결.
213) 대법원 1993. 6. 8. 선고 91누11544 판결.
214) 대법원 2007. 6. 29. 선고 2006두4097 판결.
215) 대법원 2007. 3. 29. 선고 2006두17543 판결.

니라 영업허가자의 변경이라는 법률효과를 발생시키는 행위이므로 그 수리행위는 처분이라고 보고 있다.[216]

③ 등록적 성격의 신고

판례는 건축주 명의변경 신고수리 거부행위와 관련하여 행정청이 허가대상 건축물 양수인의 건축주 명의변경신고라는 구체적인 사실에 관한 법집행으로서 그 신고를 수리하여야 할 법령상의 의무를 지고 있음에도 불구하고 그 신고의 수리를 거부한 행위를 처분이라고 보고 있다.[217] 주민등록법상 전입신고의 수리[218]와 유통산업발전법에서의 대규모점포의 개설 등록에 대한 수리,[219] 신문 등의 진흥에 관한 법률에서의 신문 등록에 대한 수리[220]도 여기에 해당한다.

(5) 행정기본법 시행(2023. 3. 24.) 이후의 구별기준

위에서 살펴본 것처럼 신고는 신고서가 행정청에 도달하면 효력이 발생하는 '수리를 요하지 않는 신고'와 행정청이 수리하여야 효력이 발생하는 '수리를 요하는 신고'로 나누어져 있다. 그런데, 수리를 요하는 신고인지 여부가 명확하게 규정하지 않은 경우가 매우 많아서 해석상의 혼란이 야기되었고, 판례도 그에 관한 명확한 기준을 제시하지 못하고 있었다. 이에 따라 행정기본법 제34조에서는 법률에 신고의 수리가 필요하다고 명시되어 있는 경우 그 신고의 효력에 관

216) 따라서, 양수인은 영업자 지위승계 신고서에 해당 영업장에서 적법하게 영업을 할 수 있는 요건을 모두 갖추었다는 점을 확인할 수 있는 소명자료를 첨부하여 제출하여야 한다. 예를 들면, 식품위생법상 지위승계의 신고요건에는 신고 당시에 해당 영업의 종류에 사용할 수 있는 적법한 건축물의 사용권원을 확보하고 식품위생법에서 정한 시설기준을 갖추었다는 점도 포함되므로, 건축물 용도변경절차를 거치지 않은 채 단독주택에서의 일반음식점 영업을 양수한 자가 그와 같은 신고의무를 이행하지 않은 채 영업을 계속한다면 시정명령 또는 영업정지 등 제재처분의 대상이 될 수 있다(대법원 2020. 3. 26. 선고 2019두38830 판결).

217) 대법원 1992. 3. 31. 선고 91누4911 판결.

218) 대법원 2009. 6. 18. 선고 2008두10997 전원합의체 판결. 다만 주민들의 거주지 이동에 따른 주민등록전입신고에 대하여 행정청이 이를 심사하여 그 수리를 거부할 수는 있다고 하더라도, 그러한 행위는 자칫 헌법상 보장된 국민의 거주·이전의 자유를 침해하는 결과를 초래할 수도 있으므로, 시장 등의 주민등록전입신고 수리 여부에 대한 심사는 주민등록법의 입법목적의 범위 내에서 제한적으로 이루어져야 한다. 따라서, 전입신고를 받은 시장 등의 심사대상은 전입신고자가 30일 이상 생활의 근거로서 거주할 목적으로 거주지를 옮기는지 여부만으로 제한되고, 전입신고자가 거주의 목적 이외에 다른 이해관계에 관한 의도를 가지고 있는지 여부, 무허가건축물의 관리, 전입신고를 수리함으로써 해당 지방자치단체에 미치는 영향 등과 같은 사유는 주민등록법이 아닌 다른 법률에 의하여 규율되어야 하며, 주민등록전입신고의 수리 여부를 심사하는 단계에서는 고려대상이 될 수 없다.

219) 대법원 2015. 11. 19. 선고 2015두295 전원합의체 판결.

220) 대법원 2019. 8. 30. 선고 2018두47189 판결.

한 사항을 밝힘으로써, 수리가 필요한 신고의 효력에 대한 혼란을 해소하고 신고제도가 투명하고 예측가능하도록 하고 있다.

행정기본법 제34조에 따르면, 법률에 수리가 필요하다고 명시되어 있는 경우의 신고는 행정청이 수리하여야 효력이 발생한다.221) 여기에서 공정거래법 제49조에 따른 위반행위의 신고와 같이 법적으로 신고할 의무가 없는 신고는 이 조의 적용대상이 아니라는 점을 명확히 하기 위하여, 위 조항의 적용대상은 "법령 등으로 정하는 바에 따라 행정청에 일정한 사항을 통지하여야 하는 신고"로 한정하여 규정되어 있었다. 또한, 법령에 신고의 수리에 관한 표현이 들어있더라도 사실상 행정 내부 업무처리절차에 해당하는 경우에는 자기완결적 신고로 보도록 하기 위하여 괄호에 "행정기관의 내부 업무처리절차로서 수리를 규정한 경우는 제외된다."라는 뜻을 명기하고 있다.

다. 신고의 요건과 수리의 처분성

행정절차법 제40조 제2항에서는 법령 등에서 행정청에 대하여 일정한 사항을 통지함으로써 의무가 끝나는 신고를 규정하고 있는 경우 그 신고가 ① 신고서의 기재사항에 흠이 없을 것, ② 필요한 구비서류가 첨부되어 있을 것, ③ 그밖에 법령 등에 규정된 형식상의 요건에 적합할 것을 갖춘 경우에는 신고서가 접수기관에 도달된 때에 신고의 의무가 이행된 것으로 본다고 규정하고 있다. 따라서 위와 같은 요건을 갖춘 신고만 하면 의욕한 대로의 법률효과가 발생하는 것이고,222) 행정청으로서도 형식적 하자가 없으면 이를 수리하여야 하며,223) 실체적인 사유를 이유로 신고수리를 거부할 수 없다.224)

---

221) 앞에서 본 것처럼 행정기본법 제정 전의 판례에 의하면 주민등록법상의 전입신고는 수리를 요하는 신고라고 취급되었으나, 주민등록법은 어디에도 전입신고에 관하여 수리가 필요하다고 명시되어 있지 않으므로, 이제는 수리를 요하는 신고라고 보기 어려울 것으로 보인다.

222) 이에 대해서는 실체적인 요건도 갖춘 신고만 적법한 신고로서의 효력이 있다는 반론도 있다. 그러나 판례는 법령에 규정되어 있는 제반 서류와 요건을 갖추어 신고를 한 경우 행정청은 원칙적으로 이를 수리하여 신고필증을 교부하여야 하고, 법령에서 정한 요건 이외의 사유를 들어 수리를 거부할 수 없다는 입장에 있다. 따라서 법령에서 요구하고 있지 않는 사유를 들어 수리를 거부할 수 없다(대법원 2018. 1. 25. 선고 2015두35116 판결 참조).

223) 행정절차법 제40조 제3항, 제4항 참조.

224) 대법원은 이미 다른 사람 명의로 숙박업 신고가 되어 있는 시설 등의 전부 또는 일부에서 새로 숙박업을 하고자 하는 자가 그 시설 등의 소유권 등 정당한 사용권한을 취득하여 법령에서 정한 요건을 갖추어 신고한 경우 행정청이 단지 해당 시설 등에 관한 기존의 숙박업 신고가 외관상 남아있다는 이유만으로 이를 거부할 수 없다고 판시하였다(대법원 2017.

설령 행정청이 실체적 사유에 기하여 그 신고수리를 거부하더라도 그러한 거부행위가 신고인의 법률상 지위에 직접적인 법률적 변동을 일으키지 않으므로, 처분이 아니어서 불수리처분, 반려처분 또는 거부처분의 취소소송으로 다툴 수 없다는 것이 통설이다. 판례도 수리를 요하지 않는 신고의 경우, 특히 건축신고와 관련하여 그 수리의 처분성을 부인하고 항고소송의 대상이 아니라고 해석하는 것이 주류였다.[225)]

그러나, 수리를 요하지 않는 신고의 수리에 관하여 처분성을 부인한다면, 당사자는 수리를 거부당하였다고 하더라도 그 상태만으로는 소송을 통하여 행정구제를 받을 수 없게 된다. 예컨대, 건축주 등이 건축신고가 반려되더라도 수리와 관계없이 적법한 신고에 의하여 건축을 할 수 있다고 믿고 건축을 개시하면 시정명령, 이행강제금, 벌금의 대상이 되거나 해당 건축물을 사용하여 행할 행위의 허가가 거부될 수 있고, 그에 대한 항고소송과 같은 불복은 건축행위 후에 이루어지는 공사중지나 철거명령 또는 대집행인 철거행위를 대상으로 할 수밖에 없게 된다. 이러한 결론은 당사자의 법적 지위를 매우 불안정하게 하고 철거명령은 사실상의 철거행위가 종료된 경우에는 소의 이익이 없게 되며 경제적으로도 당사자에게 불합리한 부담을 주는 것으로 바람직하지 않을 수도 있다.

그리하여, 신고납부 방식의 조세의 경우 수리행위 자체에 대한 불복소송은 허용되지 않지만, 경정 등의 청구를 행하게 한 후 그 청구를 거부한 처분에 대하여 항고쟁송을 제기할 수 있게 하였다(국세기본법 제45조의2, 지방세기본법 제51조).[226)]

---

5. 30. 선고 2017두34087 판결). 한편, 가설건축물의 존치기간 연장신고에 대하여 법령에서 요구하고 있지도 않은 '대지사용승낙서' 등의 서류가 제출되지 않았다거나 대지소유권자의 사용승낙이 없다는 등의 사유를 들어 수리를 거부할 수 없고(대법원 2018. 1. 25. 선고 2015두35116 판결), 국토계획법상 개발행위허가 기준에 부합하지 않는다는 점을 이유로 가설건축물 축조신고의 수리를 거부할 수도 없다(대법원 2019. 1. 10. 선고 2017두75606 판결).

225) 대법원 1997. 4. 25. 선고 97누3187 판결; 대법원 1995. 3. 14. 선고 94누9962 판결; 대법원 1999. 10. 22. 선고 98두18435 판결 등 참조. 건축신고 외의 사안에 해당하는 것으로 대법원 1985. 8. 20. 선고 85누329 판결이 있다(구 도로운송차량법 제61조 제1항의 규정에 따라 관할관청이 2륜 소형자동차의 사용자가 하는 사용신고를 수리하고, 시행규칙 제16조 제2항의 규정에 의하여 사용 신고필증을 교부하는 행위는 신고사실을 확인하는 행위에 불과하고 그로 인하여 사용신고자에게 어떠한 권리를 설정하거나 의무를 부담케 하는 법률효과가 발생하는 것이 아니므로 그 사용신고의 수리행위는 처분이 아니다).

226) 지방세의 경우 지방세기본법이 제정되기 전에는 구 지방세법 제72조 제1항에서 "신고납부 또는 수정신고납부를 한 경우에는 그 신고납부를 한 때에 처분이 있었던 것으로 본다."라고 규정하여 신고납부시 부과처분이 있는 것으로 의제한 후 의제된 처분에 대하여 항고소

위와 같은 입법적 배려가 없는 경우에도 수리가 거부된 단계에서 항고소송을 통하여 다툴 기회를 줄 필요가 있다는 관점에서 수리를 요하지 않는 신고의 경우에도 그 수리에 관하여 처분성을 확대하여(쟁송법상 처분개념) 항고소송의 대상이 된다는 견해가 제기되기도 하였다.[227] 판례 중에도 수리를 요하지 않는 신고의 경우 그 수리에 관하여 처분성을 인정한 경우가 없는 것은 아니다. 건축법상의 건축신고와 관련된 판결로는 대법원 2000. 2. 25. 선고 97누6414 판결이 있다. 체육시설의 신고와 관련하여 대법원 1998. 4. 24. 선고 97도3121 판결은 수리를 요하지 않는 신고라고 판시하였음에도, 대법원 1993. 4. 27. 선고 93누1374 판결 및 대법원 1991. 7. 12. 선고 90누8350 판결은 모두 신고수리거부 내지 반려행위를 처분임을 전제로 판시하였고, 대법원 1996. 2. 27. 선고 94누6062 판결에서는 체육시설업신고를 수리를 요하는 신고인지 여부에 관하여 판단하지는 않았지만 체육시설업신고 거부처분은 처분이라고 명시적으로 판시하였다.[228] 또한, 유선업 경영신고에 관해서도 대법원 1992. 5. 8. 선고 91누5655 판결은 "유선 및 도선업법 제3조 제1항, 제5항의 규정 등에 의하면 법에서 유선업경영신고에 대한 실질적 검토를 행정관청에 허용하고 있다고 볼 만한 규정을 두고 있지 아니하고 있으므로 유선업의 경영신고는 이른바 강학상의 사인의 공법행위로서의 신고에 해당하고 그 신고를 받은 행정청은 법과 시행령 소정의 형식적(절차적) 요건에 하자가 없는 한 이를 수리하여야 할 것"이라고 하면서도 실체적 요건 미비로 반려한 행위가 처분임을 전제로 본안에 나아가 판단하고 있다.

그러다가 대법원은 건축신고에 관하여 기존의 입장을 변경하고, 건축신고 반려행위가 항고소송의 대상이 된다는 듯한 입장을 취하였다.[229] 그리고, 착공신고 반려행위에 대하여 분명하게 항고소송의 대상이 된다고 판시하였다.

송을 제기할 수 있게 하였었다(대법원 2001. 2. 9. 선고 99두5955 판결).

227) 가령 김용섭, '행정법상 신고와 수리', 판례월보 제352호, 판례월보사(2000. 1), 48면.

228) 위 판례의 태도에 대하여 「김남진, '신고의 수리거부처분의 취소', 법률신문 제2346호」, 「홍정선, '신고체육시설업의 신고는 수리를 요하는 신고가 아니다', 법률신문 제2519호」에서는 판례가 수리를 요하지 않는 신고에서 그 수리에 대한 처분성을 부인하여야 함에도 이를 인정한 것은 잘못이라는 취지로 비판을 하고 있다. 한편 「김용섭, '행정법상 신고와 수리', 50면」에서는 위 신고는 수리를 요하는 신고인데 대법원에서 다른 법리를 설시하고 있다고 지적하고 있다.

229) 대법원 2010. 11. 18. 선고 2008두167 전원합의체 판결.

❑ **대법원 2011. 6. 10. 선고 2010두7321 판결:** 건축주 등으로서는 착공신고가 반려될 경우, 당해 건축물의 착공을 개시하면 시정명령, 이행강제금, 벌금의 대상이 되거나 당해 건축물을 사용하여 행할 행위의 허가가 거부될 우려가 있어 불안정한 지위에 놓이게 된다. 따라서 착공신고 반려행위가 이루어진 단계에서 당사자로 하여금 반려행위의 적법성을 다투어 법적 불안을 해소한 다음 건축행위에 나아가도록 함으로써 장차 있을지도 모르는 위험에서 미리 벗어날 수 있도록 길을 열어 주고, 위법한 건축물의 양산과 철거를 둘러싼 분쟁을 조기에 근본적으로 해결할 수 있게 하는 것이 법치행정의 원리에 부합한다. 그러므로 행정청의 착공신고 반려행위는 항고소송의 대상이 된다고 보는 것이 옳다.

한편, 토지변경허가를 수반하는 건축신고와 같이 건축법상 인·허가 의제효과를 가지는 건축신고의 경우에는 아예 명시적으로 수리를 요하는 신고라고 판시하였다.[230] 건축법 제11조 제5항에서는 제1항에 따른 건축허가를 받으면 각 호에서 정한 허가 등을 받거나 신고를 한 것으로 본다고 규정하면서, 제14조 제2항에서는 위 인·허가의제조항을 건축신고에 준용하고 있고, 나아가 건축법 시행령 제11조 제4항, 제9조 제1항, 건축법 시행규칙 제12조 제1항 제2호에서는 건축신고를 하려는 자는 인·허가의제조항에 따른 허가 등을 받거나 신고를 하기 위하여 해당 법령에서 제출하도록 의무화하고 있는 신청서와 구비서류를 제출하여야 한다고 규정하고 있다. 대법원은 "건축법에서 이러한 인·허가의제제도를 둔 취지는, 인·허가의제사항과 관련하여 건축허가 또는 건축신고의 관할 행정청으로 그 창구를 단일화하고 절차를 간소화하며 비용과 시간을 절감함으로써 국민의 권익을 보호하려는 것이지, 인·허가의제사항 관련 법률에 따른 각각의 인·허가 요건에 관한 일체의 심사를 배제하려는 것으로 보기는 어렵다. 왜냐하면 건축법과 인·허가의제사항 관련 법률은 각기 고유한 목적이 있고, 건축신고와 인·허가의제사항도 각각 별개의 제도적 취지가 있으며 그 요건 또한 달리하기 때문이다. 나아가 인·허가의제사항 관련 법률에 규정된 요건 중 상당수는 공익에 관한 것으로서 행정청의 전문적이고 종합적인 심사가 요구되는데, 만약 건축신고만으로 인·허가의제사항에 관한 일체의 요건심사가 배제된다고 한다면, 중대한 공익상의 침해나 이해관계인의 피해를 야기하고 관련법률에서 인·

230) 대법원 2011. 1. 20. 선고 2010두14954 전원합의체 판결.

허가제도를 통하여 사인의 행위를 사전에 감독하고자 하는 규율체계 전반을 무너뜨릴 우려가 있다. 또한 무엇보다도 건축신고를 하려는 자는 인·허가의제사항 관련 법령에서 제출하도록 의무화하고 있는 신청서와 구비서류를 제출하여야 하는데, 이는 건축신고를 수리하는 행정청으로 하여금 인·허가의제사항 관련 법률에 규정된 요건에 관하여도 심사를 하도록 하기 위한 것으로 볼 수밖에 없다."라고 판시하였다. 판례는 이를 근거로 인·허가의제효과를 수반하는 건축신고는 일반적인 건축신고와는 달리 행정청이 그 실체적 요건에 관한 심사를 한 후 수리하여야 하는 수리를 요하는 신고로 보았다.

8. 자동적 처분

가. 의의

인공지능과 빅데이터 기술 및 클라우드 컴퓨터 기술, 사물인터넷 기술 등을 활용한 디지털전환이 고도화되면,[231] 컴퓨터와 같은 자동장치를 이용하여 프로그램에 따라 자동적으로 이루어지는 자동적 행정작용이 빈번하게 활용될 것으로 전망된다. 이러한 자동화 시스템에 의한 행정작용의 법적 성질이 문제이겠지만, 결국은 행정과정의 최종단계에서 행정행위로 이루어지는 경우가 대부분일 것이다. 그리하여, 행정기본법 제20조에서는 "행정청은 법률로 정하는 바에 따라 완전히 자동화된 시스템(인공지능 기술을 적용한 시스템을 포함한다)으로 처분을 할 수 있다. 다만, 처분에 재량이 있는 경우는 그러하지 아니하다."라고 규정하여, 제4차 산업혁명에 대응하고 행정의 디지털화를 촉진하기 위하여 행정청이 완전히 자동화된 시스템이나 인공지능 기술을 적용한 시스템으로 처분을 할 수 있는 토대를 마련하고 있다.

현재 완전히 자동화된 행정시스템의 예로는, 식품의약품안전처가 2023년부터 안전성에 문제가 없는 수입식품에 대하여 자동으로 검사하고 수입신고의 수

231) 디지털 전환(Digital Transformation)은 디지털변환(Digitization)이나 디지털화(Digitalization)와 개념적으로 구별된다. 디지털변환은 아날로그 정보를 디지털화하는 것이고, 디지털화는 업무프로세스 전체를 디지털화하는 것을 말한다. 디지털 전환은 디지털 방식으로 사고(Digital First)하는 조직으로 전환하여 새로운 가치를 창출하는 것으로 이해되고, 기술의 도입뿐만 아니라 조직문화, 고객경험, 비즈니스 프로세스의 변화를 도모하는 것으로서, 단순한 디지털변환을 넘어서서 전략적 변화와 혁신을 추구하는 전자정부의 성숙한 단계라고 평가되고 있다.

리 여부를 심사하는 '전자심사24(SAFE-i24)' 시스템을 들 수 있다.[232] 이 조항은 향후 교통신호 위반단속, 시험 채점, 세금 결정[233] 등을 완전히 자동화된 시스템으로 행한 경우에도 적용될 것으로 예상된다.

나. 행정기본법 제20조의 적용범위

행정기본법 제20조에서는 행정청의 재량이 없는 처분의 경우 행정청으로 하여금 개별 법률에 근거하여 처분의 전과정을 완전히 자동화된 시스템이나 인공지능 기술을 적용한 시스템으로 처분을 할 수 있도록 하고 있다. 그러나 '처분과정의 일부 자동화'는 법령상 근거가 없이도 가능하기 때문에 이 조항의 적용대상이 아니다.

한편, 이 조항이 바로 자동적 처분의 집행근거가 되는 것은 아니고, 처분의 특성이 충분히 검토된 후 개별 법률에 근거를 두고 도입할 수 있게 하였다.[234] 또한, 행정청(인간)의 재량적 판단(의사결정)이 필요한 처분의 경우에는 다양한 요소를 고려한 이익형량이 가능할 지에 대해서는 의문이 있기 때문에, 처분의 전과정이 자동화된 처분을 허용하지 않고 있다.[235]

---

232) 수입식품안전관리 특별법상 수입식품 등의 수입신고는 식품의약품안전처장이 수입신고의 내용을 검토하여 법에 적합하면 신고를 수리하고, 필요한 경우 조건을 붙일 수 있는데(제20조 제1항 및 제3항), 제20조의2 제1항에서는 "수입신고 중 국민건강에 미치는 위해발생의 우려가 낮고 반복적으로 수입되는 수입식품등의 수입신고는 행정기본법 제20조에 따라 제39조의2의 수입식품통합정보시스템에 의하여 완전히 자동화된 방식으로 수리할 수 있다."라고 규정하고 있다. 이에 따라 식품의약품안전처의 '전자심사24' 운영체계는 영업자가 수입신고서를 제출하면 전산시스템이 최초 수입검사이력, 금지원료 사용여부, 부적합이력 등 약 260여 개의 항목을 자동으로 검토하는 전자심사를 실시하고, 전자심사결과 적합한 경우 자동으로 수입신고 확인증을 발급한다. 그리고, 이러한 절차는 최대 5분 이내 소요된다고 한다.

233) 참고로 독일 연방조세법전 제155조 제4항에서는 "직무담당자에 의하여 개별 사건이 처리되지 않아도 되는 경우, 과세관청은 가지고 있는 정보와 납세의무자의 제출내역을 근거로 전적으로 자동화에 기반하여 세액확정 · 조세공제액 산정 · 사전예납 산정 및 이에 대한 수정 · 취소 · 철회 · 폐지 또는 변경을 할 수 있다."라고 규정하고 있다.

234) 참고로 독일의 경우에는 연방행정절차법에 '자동화된 행정행위'의 일반법적 근거를 마련하면서 연방사회법전(제31a조)과 연방조세법전(제155조 제4항)을 함께 개정하여 2017. 1. 1.부터 시행하고 있다.

235) 독일 연방행정절차법제35a조에서는 "법규정에 따라 허용되고, 재량 및 판단여지가 존재하지 않는 경우, 행정행위는 자동장치에 의하여 완전히 발해질 수 있다."라고 규정하고 있다.

다. 행정쟁송과 관련된 쟁점

자동적 처분에서의 하자도 일반적인 행정행위의 하자와 다르게 취급되지 않을 것이므로, 이에 대한 권리구제도 통상의 행정쟁송에 의하여 이루어진다. 행정기본법 제정 이전에도 이미 대법원은 서면으로 부과처분이 이루어지지 않는 통행료부과처분이라도, 유료도로법 제10조에 따른 통행료 공고 및 톨게이트에서 한국도로공사 소속 통행료 수납직원이 운전자에게 통행료를 요구하는 행위를 통행료 부과처분이라고 볼 수 있다는 것을 전제로 체납통행료를 소정의 기한까지 납부할 것을 통지하는 내용의 처분에 대하여 본안판단을 한 것도 있다.[236)]

먼저 자동화행정작용의 결과를 행정청이 업무수행을 위하여 자동장치를 사용한 것으로 보아 행정청에 귀속시킬 수 있는지 문제가 된다. 행정청이 프로그램의 설계와 관리에 관여하지 않았는데 데이터에 기반한 결과가 통지된 경우 행정청의 최종적인 판단이 없었는데도 그 결과를 행정청에 귀속시킬 수 있는지 의문이 들기 때문이다. 그러나, 행정청이 알고리즘의 착오나 하자를 감수하고 자동장치를 사용한 것이므로 그 결과도 귀속시킬 수 있다고 본다.[237)]

다음으로, 인공지능 알고리즘 그 자체에 대한 항고소송의 제기는 그 일반·추상성 때문에 쉽지 않을 것으로 보이므로,[238)] 이에 관한 입법적 대응이 필요하다.

한편, 현행 행정기본법 제20조에 의하면, 자동적 행정작용은 기속행위에만 허용되므로, 현행 판례에 따라 판단대치방식의 사법심사가 이루어지게 될 것이다. 이에 대하여, 개별 사안에서 알고리즘의 결과로서의 자동적 행정작용에 대한 적법성 통제의 최후의 보루라고 보는 시각이 있는 반면,[239)] 이러한 결과는 인간과 다른 알고리즘의 결과를 허용하는 자동적 행정작용 가능성의 근본취지를 허무는 것이라고 의문을 제기하는 견해가 있다.[240)]

---

236) 대법원 2005. 6. 24. 선고 2003두6641 판결.

237) 조성규, "인공지능에 기반한 자동화된 행정결정의 행정법적 쟁점", 동북아법연구 제16권 제4호, 전북대학교 동북아법연구소(2023), 177면.

238) 임성훈, "인공지능행정이 행정절차·행정소송에 미치는 영향에 대한 시론적 고찰", 159면.

239) 임성훈, "인공지능행정이 행정절차행정소송에 미치는 영향에 대한 시론적 고찰", 160면.

240) 조성규, "인공지능에 기반한 자동화된 행정결정의 행정법적 쟁점", 181면.

[참고] 법규명령에 대한 통제

1. 일반법원에 의한 통제

가. 구체적 규범통제

(1) 의의

헌법 제107조 제2항은 "명령 · 규칙[241]이 헌법이나 법률에 위반되는 여부가 재판의 전제가 된 경우에는 대법원은 이를 최종적으로 심사할 권한을 가진다."라고 규정함으로써 구체적 규범통제제도를 취하고, 행정소송법은 항고소송의 대상을 '처분 등'에 한정하여 인정하고 있다(제19조, 제38조). 따라서, 법규명령의 위헌 · 위법성은 구체적인 사건에서 재판의 전제가 되는 경우에만 그 사건의 심판을 위한 선결문제로서 다루어질 수 있다. 이때 대법원이 법규명령을 헌법 또는 법률에 위반되었다고 선언하는 경우에는 법원조직법 제7조 제1항 제1호 · 제2호에 따라 전원합의체에서 심리하여야 한다.[242] 다만 앞에서 언급한 것처럼 예외적으로 법규명령이 '처분'의 성질을 가지는 경우에는 그 처분적 명령에 대한 항고소송이 가능하다.

(2) 위헌 · 위법으로 판정된 명령의 효력

구체적 규범통제를 통하여 위헌 · 위법으로 판정된 명령의 효력에 대하여 ① 당해 사건 외에는 폐지되기 전까지 유효하다는 견해, ② 개별적 사건에서 적용만 거부하여야 하나 현재 대법원이 법규명령의 무효를 일반적으로 선언하고 있다는 견해, ③ 일반적으로 무효가 된다는 견해 등이 대립하고 있다.

법원의 본래의 임무는 구체적 사건의 심판이지 명령 · 규칙의 효력 자체를 심사하는 것은 아니므로, ①설이 타당하다. 대법원 판결은 당해 사건에서 위헌으로 판단되기 때문에 당해 사건에 그 명령 · 규칙을 적용하지 않는 '적용 배제'에 그치는 것이므로, 위헌 · 위법으로 판정된 명령도 일반적으로는 여전히 효력을 가

241) 대법원규칙, 중앙선거관리위원회규칙 등과 같이 명칭은 규칙이나 법규명령으로 취급되는 것을 말한다.

242) 대법원 2017. 6. 15. 선고 2016두52378 판결에서 보는 것처럼, 최근 대법원은 명령 · 규칙이 상위법령의 위임 없이 제정되는 등 위임입법의 한계를 벗어난 경우에는 그 대외적 효력을 인정할 수 없어 법규명령으로 볼 수 없다는 이유로 전원합의체로써 심리하지 않는 경우가 많이 있다. 그러나 법원조직법 제7조 제1호 · 제2호는 명령 · 규칙에 대한 규범통제절차를 규정한 것이고 규범통제의 방법에는 위임의 한계를 벗어났는지 여부가 당연히 포함되는 것이므로, 위와 같은 최근의 경향은 법원조직법을 위반한 것이 아닌지 의문이 든다. 아울러 종래와는 달리 조례도 명령 · 규칙이 아니라는 이유로 헌법이나 법률에 위반된다고 인정되더라도 전원합의체로 심리하지 않고 있다.

지게 된다. 다만 다른 사건에서 하급심이 대법원의 판결에 따르는 것은 대법원의 위헌심사에 일반적 효력이 인정되기 때문이 아니라 판례로서 사실상의 구속력 때문이라고 이해할 수 있다(개별적 효력설). 이 점에서 법률의 효력을 상실시키는 헌법재판소의 위헌결정의 효력(헌법재판소법 제47조 제2항)과 다르다는 점을 유의할 필요가 있다.

(3) 명령 · 규칙 소관 행정청에 대한 소송통지 및 확정 후 통보 · 게재절차

명령 · 규칙의 위헌 · 위법이 쟁점이 되는 사건에서 해당 행정청인 피고와 명령 · 규칙의 개정 · 폐지 권한을 가지는 소관 행정청이 다른 경우가 있을 수 있는데, 이 경우 전문성 있는 소관 행정청이 소송에 참여할 수 있는 기회를 적극적으로 보장할 필요가 있으므로, 행정소송규칙 제7조에서는 법원으로 하여금 해당 명령 · 규칙의 소관 행정청에 소송계속 사실을 통지할 수 있도록 함으로써(제1항), 해당 명령 · 규칙의 내용, 목적 및 취지, 입법경위 등에 관하여 잘 알고 있는 소관 행정청에게 법원에 해당 명령 · 규칙의 위헌 또는 위법 여부에 관한 의견서를 제출할 기회를 주고 있다(제2항).

한편, 행정소송에서 재판의 전제가 된 명령 · 규칙의 위헌 · 위법이 인정되면, 해당 명령 · 규칙의 정비를 행정부에 촉구할 필요가 있다. 그리하여, 행정소송법 제6조에서는 위헌 · 위법 판결이 확정되면 행정안전부장관에게 통보하고, 행정안전부장관은 이를 관보에 게재하도록 하고 있다. 그런데, 피고 행정청과 소관 행정청이 다른 경우와 하급심에서 판결이 확정되는 경우도 있을 수 있으므로, 이를 대비하여 행정소송규칙 제2조에서는 대법원이 그 명령 · 규칙의 소관 행정청에게 그 취지를 통보하도록 하고, 하급심 판결에 의하여 명령 · 규칙에 대한 위헌 · 위법 판결이 확정되면 그 심사결과를 행정청이 인식할 수 있게 하기 위하여 해당 재판서 정본을 지체없이 대법원에 송부하도록 하고 있다.

이를 두고 현행 구체적 규범통제가 실제상 추상적 규범통제에 접근하고 있다고 보는 견해가 있다. 그러나 문제가 된 명령 · 규칙의 개정을 검토할 기회를 행정부에게 부여하거나 그러한 명령 · 규칙의 집행이나 적용에 신중을 기하여 동종 사안의 재발을 방지하고자 하는 것 이상의 의미는 없다. 참고로 행정기본법 제39조 제1항에서는 정부에게 권한 있는 기관에 의하여 위헌으로 결정되어 법령이 헌법에 위반되거나 법률에 위반되는 것이 명백한 경우에 해당 법령을 개선하여야 할 의무를 부과하고 있다.

2. 헌법재판소에 의한 통제

헌법 제107조 제2항에 따라 구체적인 사건에서 법규명령의 위헌 · 위법 여부가 재판의 전제가 되는 경우에 대법원에게 최종적인 심사권이 있다는 것은 명확하나, 재판의 전제성이 없는 경우에 법규명령의 헌법소원 대상적격 여부에 관하여 대법원과 헌법재판소간에 견해가 대립한다.

헌법재판소는 여기에서 말하는 대법원의 최종심사권이란 구체적인 소송사건에서 명령 · 규칙의 위헌여부가 재판의 전제가 되었을 경우를 말하므로, 명령 · 규칙 그 자체에 의하여 직접 기본권이 침해되었다는 것을 이유로 헌법소원심판을 청구할 수 있다고 해석하고 있다.243) 반면에 대법원은 입법론이라면 몰라도 현행법의 해석론으로서는 헌법재판소의 명령 · 규칙 위헌심사권을 인정할 수 없다는 입장에 있다.244)

□ 법무사법 시행규칙 헌법소원 사건(헌재 1990. 10. 15. 선고 89헌마178 결정)

〈사실관계〉 청구인은 법무사가 되고자 법무사시험을 준비 중인 사람이다. 법무사시험을 정기적으로 실시하도록 한 구 법무사법 제4조 제1항 제2호의 취지에 반하여 법무사시험의 실시여부를 법원행정처장의 재량에 맡김으로써 법무사시험을 실시하지 않을 수도 있도록 규정한 구 법무사법 시행규칙 제3조 제1항이 법무사시험 응시의 기회를 박탈한다는 이유로 헌법소원 심판청구를 제기하였다.

〈결정요지〉 헌법 제107조 제2항이 규정한 명령 · 규칙에 대한 대법원의 최종심사권이란 구체적인 소송사건에서 명령 · 규칙의 위헌여부가 재판의 전제가 되었을 경우 법률의 경우와는 달리 헌법재판소에 제청할 것 없이 대법원이 최종적으로 심사할 수 있다는 의미이며, 명령 · 규칙 그 자체에 의하여 직접 기본권이 침해되었음을 이유로 하여 헌법소원심판을 청구하는 것은 위 헌법규정과는 아무런 상관이 없는 문제이다. 따라서 입법부 · 행정부 · 사법부에서 제정한 규칙이 별도의 집행행위를 기다리지 않고 직접 기본권을 침해하는 것일 때에는 모두 헌법소원심판의 대상이 될 수 있는 것이다. 이 사건에서 심판청구의 대상으로 하는 것은 법원행정처장의 법무사시험 불실시 즉 공권력의 불행사가 아니라 법원행정처장으로 하여금 그 재량에 따라 법무사시험을 실시하지 않아도 괜찮다고 규정한 법무사법 시행규칙 제3조 제1항이다. 법령 자체에 의한 직접적인 기본권침해 여부가 문제되었을 경우 그 법령의 효력을 직접 다투는 것을 소송물로 하여 일반 법원에 구제를 구할 수 있는 절차는 존재하지 않으므로 이 사건에서는 다른 구제절차를 거칠 것 없이 바로 헌법소원심판을 청구할 수 있는 것이다.

제3절 재 결

Ⅰ. 개 설

행정심판의 재결은 처분과 함께 항고소송의 대상이 된다(행정소송법 제2조 제1항 제1호, 제3조 등). 행정소송법은 '처분'과 '재결'을 포괄하는 뜻으로 '처분 등'이라는 용어를 사용하고 있고(제2조, 제18조, 제22조 등), 그 '처분 등'이 항고소송의 대상이므로(제4조), 결국 처분과 재결은 모두 항고소송의 대상이 된다.

행정심판법의 적용을 받는 형식적 의미의 행정심판뿐만 아니라 행정기관이 행하는 행정쟁송으로서의 심판도 '재결'에 포함된다.

Ⅱ. 원처분주의와 재결주의

재결은 준사법적 행정행위로서 그 자체로 처분에 해당한다. 따라서, 원처분과 이에 대한 재결은 모두 항고소송의 대상이 될 수 있다. 그런데, 원처분과 재결이 모두 소송의 대상이 된다고 할 경우, 원고는 같은 결과를 얻기 위하여 양자에 대한 항고소송을 각각 제기할 수도 있고 그 소송들이 동시에 다른 재판부에서 진행될 수도 있어, 소송경제에 반하거나 저촉되는 판결이 발생하는 문제가 생길 수 있다. 따라서, 원처분이나 재결 중 어느 하나만 선택하게 할 필요가 있는데, 어느 것을 선택하여야 하느냐에 따른 구분이 '원처분주의'와 '재결주의'이다.

원처분주의는 원처분과 재결 모두에 대하여 소를 제기할 수 있지만, 원처분의 위법에 대해서는 원처분에 대한 항고소송에서만 주장할 수 있으며, 재결에

---

243) 헌재 1990. 10. 15. 선고 89헌마178 결정을 비롯한 다수의 결정.

244) 법원행정처 헌법재판연구반, '명령·규칙의 위헌심사권에 관한 연구보고서', 저스티스 제23권 제2호, 한국법학원(1990. 12), 166-192면 참조.

대한 항고소송에서는 원처분의 하자를 주장할 수 없고 재결 자체의 고유한 위법에 대해서만 주장할 수 있도록 하는 제도를 말한다. 이에 비하여 재결주의는 오로지 재결에 대해서만 소를 제기할 수 있도록 하되 재결 자체의 위법뿐만 아니라 원처분의 위법도 주장할 수 있도록 하는 제도를 말한다.

행정소송법 제19조 단서는 재결도 취소소송의 대상이 된다고 하면서도 재결 자체에 고유한 위법이 있음을 이유로 하는 경우에 한하고 있으므로, 원처분주의를 채택하고 있다. 이는 무효등 확인소송 및 부작위위법확인소송에서도 준용된다(행정소송법 제38조). 그 이유는 재결이 위법하더라도 원처분을 대상으로 취소소송을 제기하는 것이 간편하고도 직접적인 구제방법이 되기 때문이다. 그러나, 개별법 중에는 재결주의를 채택하고 있는 경우가 있다.

Ⅲ. 재결 자체의 고유한 위법

1. 의　　의

재결에 대한 항고소송은 재결 자체에 고유한 위법이 있는 경우에만 가능하다. 재결 자체에 고유한 위법이 있는 경우란 재결의 주체,[245] 재결의 절차나 형식,[246] 내용[247] 등에 관하여 위법이 있는 경우이다.

2. 각하재결

심판청구가 부적법하지 않음에도 실체심리를 하지 않은 채 각하한 재결은 실체심리를 받을 권리를 박탈당하는 것이어서 원처분에 없는 재결에 고유한 하자이므로, 재결취소소송의 대상이 된다. 따라서, 청구인이 '원처분취소의 소'를 제기할 수 있다 하더라도 각하재결에 고유한 위법이 있는 경우에는 '재결취소의 소'도 제기할 수 있다.

현실적으로 각하재결이 위법하더라도 각하재결에 대한 항고소송보다 원처

245) 권한이 없는 기관이 재결하거나 재결청의 구성원에 결격사유가 있는 경우 등.

246) 서면에 의하지 않은 재결이나 재결서에 주요 기재사항이 누락된 경우 등.

247) 행정심판청구가 적법함에도 실체 심리를 하지 않은 채 각하하거나(대법원 2001. 7. 27. 선고 99두2970 판결) 부당하게 사정재결을 하여 기각한 경우 또는 제3자의 행정심판청구에서 위법·부당하게 인용재결을 한 경우(대법원 1997. 9. 12. 선고 96누14661 판결) 등.

분에 대한 항고소송이 직접적인 권리구제수단이므로, 굳이 재결에 대한 항고소송을 제기하여야 할 필요가 많지는 않다. 그렇다고 하더라도 양자는 양립이 가능하므로 각하재결에 대한 항고소송이 소의 이익이 없다는 뜻은 아니다.

3. 기각재결

원처분이 정당하다고 하면서 심판청구를 기각한 재결에 대해서는 내용상 위법을 주장하면서 제소할 수 없다. 원처분에 있는 하자와 동일한 하자를 주장하는 것이 되기 때문이다.

재결이 그 자체에 고유한 하자가 있어서 항고소송 대상이 되는 경우를 상정해 보면 다음과 같다. 행정심판법 제47조에 위반하여 심판청구의 대상이 되지 않은 사항에 대하여 한 재결이나 원처분보다 청구인에게 불리하게 한 재결은 심판범위를 위반한 재결고유의 하자가 있으므로 그 취소를 구할 수 있다. 심판청구가 이유 있다고 인정하면서도 이를 인용하는 것이 현저히 공공복리에 적합하지 않는다 하면서 기각한 사정재결에 대해서는 원처분을 취소하더라도 현저히 공공복리에 적합하지 않은 것이 아니라는 등의 이유를 들어 재결취소의 소를 제기할 수 있다. 또한, 대법원은 항고쟁송이 제기된 이후에는 처분 당시에 근거로 삼은 처분사유와 기본적 사실관계가 동일한 한도 내에서만 다른 사유를 추가하거나 변경할 수 있다는 입장에 있으므로,[248] 원처분사유와 기본적 사실관계를 달리하는 사유로 원처분을 유지한 재결에 대해서는 원처분의 위법 여부와 관계없이 위법한 재결이다.

4. 인용재결

행정심판청구를 인용하는 재결에 대해서는 불복할 이유도 그 취소 등을 구할 이익도 없는 것이 보통이다. 그렇지만 특정인에게는 이익이 되고 다른 사람에게는 불이익이 되는 제3자효를 수반하는 행정행위에 대하여 인용재결이 있는 경우에는 사정이 다르다. 제3자효 행정행위에 대한 인용재결이 있는 경우에는 원처분의 상대방이 손해를 보거나(제3자가 행정심판을 청구하여 인용재결을 하는 경우) 제3자가 손해를 볼 수 있다(상대방이 행정심판을 청구하여 인용재결을 하는 경

248) 처분사유의 추가 · 변경에 대해서는 제6장 제5절에서 설명한다.

우). 이러한 경우 원처분의 상대방이나 제3자는 자신에게 불리한 인용재결에 대한 항고소송을 제기할 수밖에 없다.[249] 이때 소송이 대상이 된 인용재결은 원처분과 내용을 달리 하는 것이므로, 그 인용재결에 대한 항고소송은 원처분에 없는 재결 자체의 고유한 위법을 주장하는 것이 되기 때문이다.

❑ **대법원 1998. 4. 24. 선고 97누17131 판결:** 원처분의 상대방이 아닌 제3자가 행정심판을 청구하여 재결청이 원처분을 취소하는 형성재결을 한 경우에 그 원처분의 상대방은 그 재결에 대하여 항고소송을 제기할 수밖에 없고, 이 경우 재결은 원처분과 내용을 달리하는 것이어서 재결의 취소를 구하는 것은 원처분에 없는 재결 고유의 위법을 주장하는 것이 된다.

❑ **대법원 2001. 5. 29. 선고 99두10292 판결:** 이른바 복효적 행정행위, 특히 제3자효를 수반하는 행정행위에 대한 행정심판청구에 있어서 그 청구를 인용하는 내용의 재결로 인하여 비로소 권리이익을 침해받게 되는 자는 그 인용재결에 대하여 다툴 필요가 있고, 그 인용재결은 원처분과 내용을 달리하는 것이므로 그 인용재결의 취소를 구하는 것은 원처분에는 없는 재결에 고유한 하자를 주장하는 셈이어서 당연히 항고소송의 대상이 된다.

행정심판위원회는 취소심판의 청구가 이유가 있다고 인정하면 처분을 취소 또는 다른 처분으로 변경하거나 처분을 다른 처분으로 변경할 것을 피청구인에게 명한다(행정심판법 제43조 제3항). 즉, 인용재결에는 행정심판위원회가 직접 처분을 취소 또는 변경하는 '형성재결'과 처분청에 대하여 변경을 명하는 '이행재결'이 있는 것이다.

형성재결의 경우 그 재결의 형성력에 의하여 해당 처분은 별도의 후속조치를 기다릴 것 없이 당연히 취소되어 소멸되고, 행정청이 그 재결에 따라 변경된 처분의 내용을 이해관계인에게 통지하더라도 그 통지는 사실 또는 관념의 통지에 불과하여 처분이 아니다.[250] 따라서, 형성재결에 대한 항고소송은 재결 그 자체를 대상으로 하여야 하지 통지와 같은 후속조치를 대상으로 삼을 수 없다.

---

249) 대법원 1995. 6. 13. 선고 94누15592 판결; 대법원 1997. 12. 23. 선고 96누10911 판결; 대법원 1998. 4. 24. 선고 97누17131 판결.
250) 대법원 1998. 4. 24. 선고 97누17131 판결.

다만 당사자의 신청을 받아들이지 않은 거부처분이 재결에서 취소된 경우 재결에 따른 후속처분이 아니라 그 재결의 취소를 구한다면 소의 이익이 없다는 것이 판례이다.[251] 거부처분의 취소재결이 있은 후 그에 따른 후속처분이 발령될 때까지 사이에는 제3자의 권리나 이익에 변동이 없고 후속처분을 할 때에 비로소 제3자의 권리나 이익에 변동이 생기며, 재결에 대한 항고소송을 제기하여 재결을 취소하는 판결이 확정되더라도 그와 별도로 후속처분이 취소되지 않으면 후속처분으로 인한 제3자의 권리나 이익에 대한 침해 상태는 여전히 유지되기 때문이라는 것이다.

이행재결의 경우에도 재결 외에 그에 따른 행정청의 후속처분이 있게 되므로 어느 것을 항고소송의 대상으로 삼아야 하는지에 관하여 견해의 대립이 있다. 재결에 따른 처분이 있어야 법률관계의 변동이 생기므로 행정청의 후속처분을 항고소송의 대상으로 삼아야 한다고 볼 수 있다. 반면에 행정청의 후속처분은 재결의 기속력에 의하여 발령되는 것으로 법률관계 변동의 근원적인 원인은 재결이고, 그와 같은 후속처분을 하게 된 것이 행정심판위원회의 의사이지 행정청의 의사가 아니어서 그에 대한 다툼의 방어도 행정심판위원회가 수행하는 것이 적절하다고 한다면 재결을 소송의 대상으로 삼아야 한다고 볼 수도 있다. 판례는 "그 재결에 따른 취소처분이 위법할 경우에 이를 항고소송으로 다툴 수 없는 것은 아니다."라고 판시하여,[252] 이행재결과 그 재결에 따른 후속처분 모두를 항고소송의 대상으로 인정하고 있는 듯하다.

5. 일부 인용재결과 수정재결

원처분주의를 채택하는 이상 일부 인용재결이나 수정재결(변경재결 포함)의 경우에도 재결 고유의 하자가 있는 경우에만 항고소송의 대상이 된다. 재결 자체에 하자가 없는 이상 재결에 의하여 일부취소되고 남은 원처분이나 수정된 원처분만 소송의 대상이 된다.

특히 원처분이 재결에 의하여 수정된 경우 수정재결 그 자체를 새로운 처분

---

251) 대법원 2017. 10. 31. 선고 2015두45045 판결.

252) 대법원 1993. 8. 24. 선고 92누17723 판결; 대법원 1993. 9. 28. 선고 92누15093 판결.

으로 볼 여지가 있어 수정된 원처분이 소송의 대상이 되는 것인지 아니면 수정재결 자체가 소송의 대상이 되는 것인지 여부가 문제된다. 수정재결을 새로운 처분으로 보는 경우에는 재결청이 피고이고, 수정재결로 인하여 원처분이 변경되어 존속하는 것으로 보는 경우에는 원처분청이 피고가 되는 것이다.

대법원은 공무원법상 징계처분으로서의 견책·강등·감봉·정직·해임·파면은 모두 공무원의 위법행위에 대하여 과해지는 징계처분이라는 점에서는 기본적으로 동질적이고, 징계권자가 관계공무원의 비위행위에 대하여 어느 조치를 취할 것인가는 재량에 속한다는 점을 고려하면, 재결청이 원처분청과 다른 종류의 징계처분을 하더라도 이를 새로운 처분으로 볼 수는 없고 원처분이 여전히 감축된 형태로 존속하고 있다고 보아야 한다는 입장에 있다.

따라서 판례에 의하면 수정재결의 경우 원처분을 소송의 대상으로 삼아야 하므로, 공무원에 대한 파면처분이 소청절차에서 해임으로 감경된 경우 원처분청을 상대로 해임처분으로 수정된 원처분을 다투어야 하고 재결에 대하여 다툴 수는 없다.[253] 다만 일부 인용재결이나 수정재결로 인하여 원처분보다 더욱 불리하게 된 경우라면 수정재결로 인하여 비로소 권익이 침해되는 것이므로, 이 경우에는 수정재결을 소송의 대상으로 하여야 할 것이다.

❑ **대법원 1993. 8. 24. 선고 93누5673 판결:** 항고소송은 원칙적으로 당해 처분을 대상으로 하나, 당해 처분에 대한 재결 자체에 고유한 주체, 절차, 형식 또는 내용상의 위법이 있는 경우에 한하여 그 재결을 대상으로 할 수 있다고 해석되므로, 징계혐의자에 대한 감봉 1월의 징계처분을 견책으로 변경한 소청결정 중 그를 견책에 처한 조치는 재량권의 남용 또는 일탈로서 위법하다는 사유는 소청결정 자체에 고유한 위법을 주장하는 것으로 볼 수 없어 소청결정의 취소사유가 될 수 없다.

253) 대법원 1984. 8. 21. 선고 84누399 판결; 대법원 1993. 8. 24. 선고 93누5673 판결 참조. 그러나 파면을 해임으로 변경하는 것과 같이 종류가 달라지는 징계처분은 정직 3개월을 정직 1개월로 감경하는 것처럼 동일 종류의 징계처분 내에서 변경하는 것과 달리 새로운 처분으로 보아야 하지 않는가라는 의문이 있다. 또한 대법원 2007. 4. 27. 선고 2004두9302 판결의 사안에서 변경처분(과징금부과처분)은 당초의 처분(영업정지처분)이 양적으로 감축된 것이 아니라 질적으로 다른 처분이므로, 별개의 독립한 새로운 처분이라고 볼 여지도 있다.

> ❑ **대법원 2007. 4. 27. 선고 2004두9302 판결:** 행정청이 식품위생법령에 따라 영업자에게 행정제재처분을 한 후 그 처분을 영업자에게 유리하게 변경하는 처분을 한 경우, 변경처분에 의하여 당초처분은 소멸하는 것이 아니고 당초부터 유리하게 변경된 내용의 처분으로 존재하는 것이므로, 변경처분에 의하여 유리하게 변경된 내용의 행정제재가 위법하다 하여 그 취소를 구하는 경우 그 취소소송의 대상은 변경된 내용의 당초처분이지 변경처분은 아니고, 제소기간의 준수 여부도 변경처분이 아닌 변경된 내용의 당초처분을 기준으로 판단하여야 한다(당초의 처분은 영업정지 3개월이었으나 과징금 560만원으로 변경된 사안).

Ⅳ. 행정소송법 제19조 단서에 위반한 소송의 처리

재결 자체에 고유한 위법이 있어야 한다는 것은 본안에서 판단할 사항이지 소송요건은 아니다. 따라서 재결 자체에 고유한 위법을 주장하지 않고 제기한 재결에 대한 항고소송은 각하하여야 할 것이 아니라 기각하여야 한다는 것이 판례이다.254)

Ⅴ. 원처분주의에 대한 예외

1. 개 설

행정소송법은 원처분주의를 취하고 있으나 개별법에서 예외적으로 재결주의를 채택하고 있는 경우가 있다. 재결주의가 채택되어 있는 경우에는 원처분은 취소소송의 대상이 아니고 행정심판의 재결만 소송의 대상이 된다.255) 이때 원고는 재결취소의 소에서 재결 고유의 하자뿐만 아니라 원처분의 하자도 주장할 수 있다.256)

다만 재결주의가 적용되는 경우라고 하더라도, 원처분이 무효인 경우에는 그 효력은 처음부터 당연히 발생하지 않는 것이므로, 원처분에 대한 무효확인소송을 제기할 수 있다.257)

254) 대법원 1994. 1. 25. 선고 93누16901 판결.
255) 재결주의가 채택되어 있음에도 불구하고 원처분의 취소를 구하면 부적법하다.
256) 대법원 1991. 2. 12. 선고 90누288 판결 참조.
257) 대법원 1993. 1. 19. 선고 91누8050 전원합의체 판결.

2. 재결주의가 채택되어 있는 예

가. 노동위원회의 처분

노동위원회법 제26조, 제27조, 노동조합 및 노동관계조정법 제85조, 근로기준법 제31조에 따르면, 지방노동위원회 등의 원처분은 항고소송의 대상이 아니다. 그에 대한 행정심판의 재결에 해당하는 중앙노동위원회의 재심판정만 소송의 대상이 된다.[258]

나. 감사원의 변상판정

감사원법은 회계관계직원에 대한 감사원의 변상판정에 대하여 감사원에 재심의를 청구할 수 있도록 하고(제36조), 그 재심의판결에 대하여 감사원을 당사자로 하여 행정소송을 제기하도록 하고 있다(제40조 제2항). 따라서 행정소송의 대상은 원처분인 변상판정이 아니라 재심의판결이다. 대법원은 이를 재결주의를 취하고 있는 것으로 보고 있다.[259]

다. 특허거절 사정 등

특허출원에 대한 심사관의 거절사정에 대한 불복은 특허심판원에 심판청구를 한 다음 심결을 거쳐 그 심결을 대상으로 삼아 특허법원에 심결취소를 구하는 소를 제기하는 방식으로 이루어진다(특허법 제186조, 제189조; 실용신안법 제33조; 디자인보호법 제166조, 제169조; 상표법 제162조, 제165조 등 참조).

라. 교원소청심사위원회의 결정의 해당 여부

교원의 지위 향상 및 교육활동 보호를 위한 특별법(교원지위법) 제7조, 제9조, 제10조에 따르면, 교원이 징계처분과 그밖에 그 의사에 반하는 불리한 처분(교육공무원법 제11조의4 제4항 및 사립학교법 제53조의2 제6항에 의한 교원에 대한 재임용거부처분 포함)을 당하면 그 처분이 있음을 안 날로부터 30일 이내에 교육부에 설치되어 있는 교원소청심사위원회에 소청심사를 청구할 수 있도록 되어 있고, 교원소청심사위원회의 결정에 대하여 항고소송을 제기할 수 있다.

---

258) 대법원 1995. 9. 15. 선고 95누6724 판결 등.
259) 대법원 1984. 4. 10. 선고 84누91 판결.

그런데, 국·공립학교 교원의 경우에는 교원지위법 제10조 제4항의 해석과 관련하여 논란이 있을 수 있다. 같은 법 제9조 제1항은 교원이 징계처분 등 그 의사에 반하는 불리한 처분에 대하여 불복이 있을 때에는 심사위원회에 소청을 청구할 수 있다고 규정하고, 같은 법 제10조 제4항은 심사위원회의 결정에 대하여 행정소송을 제기할 수 있다고 규정하고 있다. 판례는 국·공립학교 교원의 불이익처분에 대한 소의 대상은 사립학교 교원과는 달리 원래의 징계처분 등 불이익처분이고, 심사위원회의 결정은 고유한 위법이 있을 때만 소송의 대상이 될 수 있다고 함으로써 원처분주의를 관철하고 재결주의에 해당하지 않는다고 보았다.[260] 이러한 판례의 태도는 행정소송의 대상을 심사위원회의 결정으로 하고 있는 위 법 제10조 제4항에 반하는 것이 아닌지 의문이 들 수 있다. 그러나, 심사위원회의 결정은 일반 공무원에 대한 소청심사위원회의 결정에 대응하는 행정심판에 해당하는데, 일반 공무원에 대한 불이익처분의 경우 원처분주의를 채택하고 있으므로, 일반 공무원의 신분보장과의 균형상 국·공립학교 교원의 불이익처분에 대해서도 원처분주의가 적용되는 것이라고 해석하는 것이 타당하다.[261]

사립학교 교원의 경우 징계처분 등 불이익처분은 민사소송의 대상일 뿐 처분이 아니므로, 심사위원회의 결정이 원처분에 해당하게 되기 때문에 심사위원회의 결정이 항고소송의 대상인 것은 분명하다.

제4절 부작위위법확인소송의 대상

Ⅰ. 부 작 위

부작위위법확인소송은 행정청의 부작위를 대상으로 한다. 행정소송법 제2조 제1항 제2호는 부작위를 "행정청이 당사자의 신청에 대하여 상당한 기간 내에 일정한 처분을 하여야 할 법률상 의무가 있음에도 불구하고 이를 하지 아니하는 것"이라고 정의하고 있다.

260) 대법원 1994. 2. 8. 선고 93누17874 판결.
261) 김남진·김연태, 행정법Ⅰ, 964면.

Ⅱ. 부작위의 성립요건

부작위가 성립하기 위해서는 ① 당사자의 신청이 존재하여야 하고, ② 행정청이 상당한 기간 내에, ③ 일정한 처분을 하여야 할 법률상 의무가 있음에도 불구하고, ④ 그 처분을 하지 않을 것이 요구된다.

1. 법규상·조리상 신청권이 있는 자의 신청

행정소송법에서의 '부작위'는 당사자의 신청을 전제로 한다. 대법원은 부작위가 부작위위법확인소송의 대상이 되기 위해서는 국민이 행정청에 대하여 그 신청에 따른 행정행위를 해 줄 것을 요구할 수 있는 법규상 또는 조리상의 권리가 있어야 한다고 본다.[262] 그러한 신청권이 없는 자의 신청은 단지 행정청의 직권발동을 촉구하는 데 지나지 않는 것으로서 그 신청에 대한 무응답은 부작위위법확인소송의 대상이 될 수 없다.

2. 행정청에 대한 처분의 신청

부작위위법확인소송의 대상인 부작위는 처분을 전제로 한다. 대법원은 "부작위위법확인소송의 대상이 되는 행정청의 부작위라 함은 행정청이 당사자의 신청에 대하여 상당한 기간 내에 일정한 처분을 할 법률상 의무가 있음에도 불구하고 이를 하지 아니하는 것을 말하고, 이 소송은 처분의 신청을 한 자가 제기하는 것이므로 이를 통하여 원고가 구하는 행정청의 응답행위는 행정소송법 제2조 제1항 제1호 소정의 처분에 관한 것이라야 한다."라고 판시하고 있다.[263]

비권력적 사실행위나 사경제적 계약체결 등을 구하는 신청을 하였는데 행정청이 이에 대하여 아무런 응답을 하지 않았다고 하더라도 이는 부작위위법확인소송의 대상이 될 수 없다. 예컨대, 무죄가 확정된 경우 압수물에 대한 환부의무는 당연히 발생하는 것이지 검사의 환부결정 등에 의하여 발생하는 것이 아니므로, 이 경우 검사가 피압수자 등의 환부신청에 대하여 아무런 응답을 하지 않더라도 그것은 부작위위법확인소송의 대상이 되지 않는다.[264] 또한 국세환급금결

---

262) 대법원 1990. 5. 25. 선고 89누5768 판결; 대법원 1992. 10. 27. 선고 92누5867 판결.
263) 대법원 1991. 11. 8. 선고 90누9391 판결.
264) 대법원 1995. 3. 10. 선고 94누14018 판결.

정은 처분이 아니므로 이를 전제로 그 결정을 하지 않고 있는 부작위의 위법 확인을 구하는 소송은 부적법하다.[265]

행정소송법 제2조 제1항 제2호는 부작위의 개념을 정의하면서 '처분'을 하지 않은 것만 부작위라고 규정하고 있다. 그러나 재결도 처분의 일종이고 재결주의를 취하고 있는 처분에서 행정청이 재결신청에 대하여 아무런 응답을 하지 않는 경우에는 구제수단이 있어야 하므로, 재결신청에 대한 부작위도 부작위위법확인소송의 대상이 된다고 보아야 할 것이다.[266]

3. 상당한 기간의 경과

당사자의 신청에 대한 행정청의 무응답이 '상당한 기간' 경과하여야 한다. '상당한 기간'이란 사회통념상 그 신청에 따르는 처분을 하는 데 소요될 것으로 인정되는 기간을 말한다. 이에 대해서는 일률적으로 판단하기 어렵지만, 법령에 신청에 따르는 처분을 할 기간이 정해져 있는 경우에는 그에 따르고, 그 밖의 경우에는 민원사무처리에 관한 법률에 의거한 처리기간도 참고할 수 있을 것이다.[267]

그런데, 부작위위법확인소송의 적법 여부는 사실심 변론종결시를 기준으로 판단하는데, 통상 변론종결시까지는 상당한 기간이 경과할 것이므로, 현실적으로 이 요건이 문제되지는 않을 것이다.

4. 처분의 부존재

부작위위법확인소송은 당사자의 신청에 대한 행정청의 처분이 존재하지 않는 경우에 허용되는 것이고, 처분이 존재하는 이상 그 처분이 무효이더라도 부작위위법확인소송의 대상이 될 수 없다.[268]

법령이 일정기간의 부작위에 대하여 인용처분이나 거부처분으로 의제하는 특별규정을 두고 있는 경우[269] 그 의제되는 처분에 대해서는 그 결과에 대한 항

---

265) 대법원 1989. 7. 11. 선고 87누415 판결.

266) 같은 취지 법원실무제요(행정), 156면.

267) 법원실무제요(행정), 157면 참조.

268) 대법원 1990. 12. 11. 선고 90누4266 판결; 대법원 1992. 6. 9. 선고 91누11278 판결; 대법원 1992. 9. 14. 선고 91누8807 판결.

269) 신청이 있은 뒤 일정기간 내 행정청의 결정이 없으면 신청이 인용된 것으로 본다고 하거나 반대로 기각된 것으로 본다고 규정된 경우를 말한다. 예컨대, 구 국토계획법 제118조

고소송을 제기하여야 하는 것이고, 부작위위법확인소송을 제기할 수는 없다.

한편, 당사자가 신청절차를 위반하였거나 신청의 방식이 잘못되는 등의 이유로 그 신청이 부적법하더라도 행정청은 보정을 명하거나 각하하여야 하는 것이지 그 신청을 무시하여 응답하지 않을 수는 없다. 또한, 행정청이 당사자의 신청에 대하여 응답하지 않은 이상 응답하지 않은 이유는 부작위위법확인소송의 대상성 여부에 아무런 영향이 없다.

제5항은 토지거래 허가신청서를 받은 날부터 15일 이내에 처분이 없으면 허가로 의제하고, 구 공공기관의 정보공개에 관한 법률(정보공개법) 제11조 제5항은 20일이 지나면 비공개로 의제하고 있었다. 그런데, 위 법률들은 모두 개정되어 위 조항들이 삭제되었다.

제 6 장

행정심판과 항고소송의 관계

제1절 행정심판 개관

Ⅰ. 행정심판의 의의

1. 행정심판의 개념

가. 실질적 의미의 행정심판

행정작용으로 인하여 권리·이익을 침해받은 국민이 국가기관에게 원상회복, 손해전보, 해당 행정작용의 취소·변경, 기타 피해구제, 예방조치 등을 요구하여 이를 심리·판정하는 일련의 절차를 행정구제라고 한다면, 행정소송 전단계에서 행정기관에 의한 권리구제수단으로는 행정심판법상 행정심판뿐만 아니라 비전형적인 수단인 고충민원의 처리, 청원, 진정, ADR 등과 사전적 권리구제수단이라 할 수 있는 행정절차도 포함될 수 있다.

그 중에서 행정사건에 관한 사후적 권리구제수단이라는 점(불복절차), 행정기관에 의한 구제라는 점, 쟁송적 성격을 가진다는 점 등의 요소를 갖춘 것을 실질적 의미의 행정심판이라고 할 수 있다. 실질적 의미의 행정심판은 행정심판, 이의신청, 재결신청, 심사청구, 심판청구 등을 포괄하는 넓은 의미의 행정심판으로서 여러 가지 이름으로 불린다.

전통적으로 행정심판과 이의신청은 심판기관을 기준으로 구별하여 왔다.[1] 행정기본법 제36조에서도 이러한 기준에 입각하여 처분청에 대한 이의신청을 규

1) 가령 김남진·김연태, 행정법Ⅰ, 802면.

정하고 있다. 행정심판법이 1984. 12. 15. 제정되기 전인 소원법 시대에서는 심판기관이 해당 행정청의 직근 상급행정기관에 의하여 심리 · 판단이 이루어지는 쟁송절차를 소원이라고 부르고, 처분청에 대하여 재심사를 구하는 쟁송절차를 이의신청이라고 불렀다. 그 후 소원에 미국식 행정심판위원회를 가미하고 권리구제기능을 강화한 것이 오늘날의 행정심판이다. 그러므로, 이러한 구분기준은 넓은 의미의 행정심판의 범주 내에서 심판기관이 처분청이냐 상급청 또는 행정심판위원회와 같은 제3의 행정기관이냐를 기준으로 구분하는 정도의 의미만 있을 뿐이다.[2)]

한편, 헌법 제107조 제3항에서 행정심판절차를 사법절차에 준하도록 규정한 것을 근거로 심판기관과 관계없이 준사법절차가 보장되어 있는지 여부를 가지고 이의신청과 행정심판을 구분하자는 견해도 있다.[3)] 그러나, 이러한 구분기준도 넓은 의미의 행정심판의 범주 내에서 행정심판법상 행정심판을 대체할 수 있는 자격을 가진 행정심판(특별행정심판)인지 아닌지를 구별하는 기준일 뿐이다.

요컨대, 행정심판은 행정상의 불복절차, 행정기관에 의한 구제절차, 쟁송절차라는 요소를 포괄하는 개념이다. 다만 그 작용하는 국면에 따라 그 넓이가 달라질 수 있다. 가령 행정소송과의 관계에서의 행정심판의 개념과 '행정심판법상 행정심판'을 대체할 수 있는 행정심판의 개념은 그 폭이 다르고, 행정심판이 헌법 제107조 제3항에서 사용될 때, 행정소송법에서 사용될 때, 행정심판법에서 사용될 때에도 각각의 범주가 달라질 수 있다.

나. 형식적 의미의 행정심판

형식적 또는 제도적 의미의 행정심판은 행정심판법의 적용을 받는 행정심판을 말한다. 즉, "위법 또는 부당한 처분이나 부작위로 침해된 국민의 권리 또는 이익을 구제"하기 위한 행정기관에 의한 심판절차를 가리킨다(행정심판법 제1조).

---

2) 2013. 9. 26. 기준으로 이의신청을 규정하고 있는 47개 법률 64개의 이의신청을 분석한 결과에 의하면, 처분청과 결정기관이 동일한 기관인 경우는 44개(약 69%), 전혀 다른 경우는 15개(약 23%), 같을 수도 같지 않을 수도 있는 경우는 5개(약 8%)라고 한다[유광해, '개별 행정법상 이의신청제도의 현황 검토', 법조 통권 제689권, 법조협회(2014. 2), 165면 참조]. 따라서 위와 같은 구분기준은 실정법상의 용어례를 포섭하지도 못한다.

3) 박균성, 행정법론(상), 1215면. 이하의 자세한 내용은 하명호, '행정심판의 개념과 정의 — 역사적 전개를 중심으로 한 해석론 —', 인권과 정의 제445호, 대한변호사협회(2014. 11), 16-22면 참조.

2. 행정심판의 범위

가. 행정심판법에서의 개념범주: 행정심판 내에서 상호간의 관계

행정심판법은 "다른 법률에 특별한 규정이 있는 경우" 외에는 행정심판을 청구할 수 있고(제3조 제1항), "심판청구에 대한 재결이 있으면 그 재결 및 같은 처분 또는 부작위에 대하여 다시 행정심판을 청구할 수 없다."(제51조)라고 규정하고 있다. 요컨대, 행정심판에 해당하거나 행정심판을 대체하는 것으로 인정받게 되면 행정심판법상 행정심판을 중복해서 청구할 수 없고, 그렇지 않으면 그 절차를 거치고도 행정심판의 제기가 가능하다는 것이다. 이와 관련된 문제는 개별법에서 이의신청이라는 용어를 사용하고 있을 때 주로 발생한다.

이 문제를 해결하는 가장 중요한 준거점은 역시 법률의 규정일 것이다. 이의신청은 개별 법률에, ① 이의신청 여부와 관계없이 행정심판을 제기할 수 있다고 명시한 경우,[4] ② 이의신청 외에 행정심판을 제기할 수 없다고 규정한 경우,[5] ③ 이의신청에 대한 결정 후 행정소송을 제기하여야 한다고 명시한 경우,[6] ④ 아무런 규정도 두지 않은 경우[7] 등 그 입법형식이 다양하다.[8] 앞의 입법형식 중 ①의 경우는 행정심판을 제기할 수 있고, ②, ③의 경우는 행정심판을 제기할 수 없다는 것이 명백하다. 결국 ④의 경우처럼 아무런 규정이 없는 경우가 문제된다.

이에 관하여 대법원은 개별 법률에서 이의신청제도를 두고 있기는 하나 행정심판과의 관계에 관하여 아무런 규정을 두고 있지 않은 경우 개별법에 의한 이의신청과 행정심판법에 따른 행정심판청구 중 어느 하나만 거쳐 행정소송을

4) 운전면허 처분에 대한 이의신청(도로교통법 제94조 제3항), 자동차등록에 관한 이의신청(자동차관리법 제28조 제4항), 공공기관의 비공개 또는 부분공개결정에 대한 이의신청(정보공개법 제19조 제2항).

5) 난민인정거부 또는 난민인정취소처분에 대한 이의신청(난민법 제21조 제2항).

6) 사용료 등의 부과처분에 대한 이의신청(지방자치법 제157조 제4항), 국민건강보험공단 또는 건강보험심사평가원의 처분에 대한 이의신청(국민건강보험법 제90조).

7) 개발공시지가에 대한 이의신청(부동산 가격공시에 관한 법률 제11조).

8) 참고로 앞서 본 64개의 이의신청절차를 조사한 결과에 의하면, 행정심판과의 관련규정만 둔 경우가 9개(14%), 행정소송과의 관련규정만 둔 경우가 12개(19%), 행정심판 및 행정소송과의 관련 규정을 둔 경우가 11개(17%)이나 행정소송이나 행정심판에 관하여 관련 규정이 없는 경우가 32개(50%)에 달하는 것으로 나타났다(유광해, '개별행정법상 이의신청제도의 현황 검토', 171면).

제기할 수 있을 뿐 아니라 이의신청 후 다시 행정심판을 거쳐 행정소송을 제기할 수도 있다고 해석한다.[9] 행정기본법 제36조 제3항에서도 처분청에 대한 이의신청은 행정심판이나 항고소송의 필요적 전치절차가 아니라는 의미에서 이의신청의 제기와 관계없이 행정심판이나 항고소송을 제기할 수 있다고 규정하고 있다.

이 국면에서 논의되는 행정심판의 개념은 넓은 의미의 행정심판 내에서 행정심판법상 행정심판을 대체할 수 있는 것과 아닌 것을 가려내는 관점에서 해석되어야 한다. 그러므로, 행정심판법에서 규정된 것처럼 어느 정도 독립적이고 중립적인 심판기관이 갖추어져 있고 그 심판절차가 행정심판절차에 필적할 만큼 당사자에게 절차적 권리가 보장되어 있는지 등을 기준으로 하여야 할 것이다.

나. 헌법과 행정소송법에서의 개념범주: 행정소송과 행정심판과의 관계

(1) 헌법 제107조 제3항의 해석과 적용범위

헌법 제107조 제3항 전문에서는 재판의 전심절차로서 행정심판의 근거를 명시하였다. 한편, 같은 조 후문에서 "행정심판의 절차는 법률로 정하되 사법절차가 준용되어야 한다."라고 규정하고 있다.

"사법절차의 준용"의 의미에 관하여 헌법재판소는 판단기관의 독립성과 공정성, 대심적 심리구조, 당사자의 절차적 권리보장 등의 면에서 사법절차의 본질적 요소를 현저히 결여하고 있다면 "준용"의 요청에마저 위반된다고 하지 않을 수 없다고 판시하였다.[10] 이러한 준용의 요청을 위반하면 위헌이라는 것으로서, 헌법재판소는 도로교통법상 이의신청제도,[11] 산업재해보상보험법상의 보험급여결정에 대한 심사청구 · 재심사청구제도,[12] 교원에 대한 징계처분에 대하여 재심청구를 거치지 않고 행정소송을 제기할 수 없도록 한 국가공무원법 제16조 제1항 중 교원에 대한 부분[13]은 합헌이라고 하였고, 구 지방세법상 이의신청과 심사청구제도는 위헌이라고 하였다.[14]

9) 대법원 2010. 1. 28. 선고 2008두19987 판결.
10) 헌재 2000. 6. 1. 선고 98헌바8 결정.
11) 헌재 2002. 10. 31. 선고 2001헌바40 결정.
12) 헌재 2000. 6. 1. 선고 98헌바8 결정.
13) 헌재 2007. 1. 17. 선고 2005헌바86 결정.
14) 헌재 2001. 6. 28. 선고 2000헌바30 결정.

여기에서 주의할 점은 헌법 제107조 제3항 후단의 적용범위에 관하여 헌법재판소는 필요적 전치주의가 적용되는 행정심판에만 사법절차가 준용된다고 해석한다는 점이다.[15] 필요적 전치주의 하에서는 행정심판절차가 불필요하고 형식적인 전심절차가 되지 않도록 사법절차에 준하는 절차로 형성하여야 할 의무를 입법자에게 부과한 것이라고 해석하고, 임의적 전치제도 하에서는 행정심판을 거치지 않고 곧바로 행정소송을 제기할 수 있는 선택권이 보장되어 있기 때문에 그러한 의무가 부과되지 않는다는 것이다. 즉, 헌법재판소는 헌법 제107조 제3항 후단의 적용범위를 철저하게 재판청구권과의 관계 하에서 해석하고 있다.

(2) 행정소송과 관계에서 행정심판의 범위

행정소송법은 행정심판을 행정소송과 행정심판의 관계라는 관점에서 규율하고 있다. 즉, 행정소송법은 행정소송을 제기하기에 앞서 반드시 행정심판을 제기하여야 하는지, 행정심판을 제기한 경우 행정소송의 대상은 원래의 처분인지 행정심판의 결과인지, 행정심판을 거친 경우 행정소송의 제소기간의 기산점은 어떻게 되는지 등에 관하여 규정하고 있다.

이 때의 행정심판은 행정쟁송 중에서 행정소송과 대비되는 개념으로서 행정심판을 말하는 것이므로, 행정쟁송 중에서 행정소송을 제외한 나머지, 즉 넓은 의미의 행정심판을 의미하는 것이다. 만일 이를 행정심판법상 행정심판으로 좁게 해석한다면, 행정소송의 전치절차는 행정심판법상 행정심판만 있는 것이 아니어서 행정소송과의 관계에서 이의신청이나 특별행정심판에 관한 규율에 흠결이 있다는 것을 의미하므로 부당하다. 그러나 대법원은 행정심판의 개념을 그 작용 국면에 따라 달리 해석해야 함에도 불구하고 이를 오인한 나머지 제소기간의 기산점과 관련하여 국민의 재판청구권을 침해하는 방향으로 해석하는 오류를 범하고 있다.[16]

이러한 문제점을 해결하기 위하여 행정기본법 제36조 제4항에서는 이의신청에 대한 결과를 통지받은 후 행정심판 또는 행정소송을 제기하려는 자는 통지받

---

15) 헌재 2000. 6. 1. 선고 98헌바8 결정; 대법원 2012. 11. 15. 선고 2010두8676 판결도 같은 취지이다.

16) 대법원은 제소기간의 기산점이 되는 행정심판을 행정심판법상의 행정심판과 이를 대체할 수 있는 특별행정심판을 말하고 이에 미치지 못하는 이의신청은 여기에 해당하지 않는다고 해석하고 있다. 따라서, 이의신청의 결과를 기다리다가 뜻하지 않게 제소기간을 놓치는 경우가 발생할 수 있다.

은 날 또는 결과를 통지받지 못한 경우 통지기간 만료일 다음 날로부터 90일 이내에 행정심판 또는 행정소송을 제기할 수 있다고 규정하고, 같은 조 제6항에서 개별법에서 이의신청 제기 후 행정심판이나 행정소송을 제기하는 경우 제소기간에 대하여 아무런 규정을 두고 있지 않은 경우에는 행정기본법 제36조가 적용된다고 규정하고 있다. 이에 관해서는 제소기간과 관련되는 부분에서 후술한다.

3. 행정소송과 행정심판의 차이점

가. 쟁송기관

행정심판의 심판기관은 행정기관이나 행정소송은 법원이 이를 관장한다. 행정심판법 제6조에 의하면, 원칙적으로 해당 행정청의 직근 상급행정기관 소속으로 행정심판위원회를 두고, 거기에서 행정심판을 담당한다.

나. 쟁송사항

행정심판은 위법성뿐만 아니라 부당성도 그 심판대상이 된다(행정심판법 제1조,[17] 제5조 등 참조). 반면에 행정소송은 위법성만 심판대상이 된다(행정소송법 제1조, 제4조 등 참조).

다. 심리방식

행정심판법 제40조 제1항에서는 "행정심판의 심리는 구술심리나 서면심리로 한다. 다만, 당사자가 구술심리를 신청한 경우에는 서면심리만으로 결정할 수 있다고 인정되는 경우 외에는 구술심리를 하여야 한다."라고 규정하고 있다. 따라서, 행정심판은 원칙적으로 구술 또는 서면심리로 진행되나, 행정소송은 구술심리주의에 입각하고 있다.

라. 의무이행심판의 허용

행정청이 당사자의 신청에 대하여 응답하지 않거나 거부한 경우 행정소송의 경우에는 부작위위법확인소송과 거부처분취소소송으로 다투어야 한다. 그러나, 행정심판에서는 의무이행심판이 인정되고 있다. 행정심판에서는 행정의 책임성

---

17) 행정심판법 제1조에서는 "이 법은 행정심판절차를 통하여 행정청의 위법 또는 부당한 처분이나 부작위로 침해된 국민의 권리 또는 이익을 구제하고, 아울러 행정의 적정한 운영을 꾀함을 목적으로 한다."라고 규정하고 있다.

과 권력분립의 원칙과 관계에서 문제되지 않으므로, 이를 허용하는 것이다.

Ⅱ. 행정심판의 기능

행정심판은 행정의 적법성 확보를 행정권 스스로 자율적으로 보장하는 기능(자율적 행정통제기능)을 가진다. 한편, 행정심판은 행정소송에 비하여 전문적·기술적인 문제를 처리하는 데 적합한 구조를 가지고 있는 경우가 많고, 대량의 처분에 관한 다툼에 관하여 신속한 처리가 가능하다. 이 경우 행정심판은 법원의 능력을 보충하고, 법원 및 당사자의 시간·노력을 절약하여 그 부담을 덜어 주는 기능(사법기능의 보완기능)을 수행한다. 또한, 행정심판은 행정소송에 비하여 신속·간편한 처리가 가능하므로 행정능률의 향상에 기여할 수도 있다(행정능률의 보장기능).[18]

Ⅲ. 행정심판법상 행정심판의 종류

1. 취소심판

취소심판이란 "행정청의 위법 또는 부당한 처분을 취소하거나 변경하는 행정심판"을 말한다(제5조 제1호). 행정심판 중 가장 대표적인 유형으로서, 행정심판법은 취소심판을 중심으로 관련규정을 두고 있다.

취소심판은 청구기간의 제한이 있다. 또한, 집행부정지의 원칙이 채택되어 행정심판이 제기되더라도 집행정지결정을 받지 않으면 처분의 효력은 지속된다. 한편, 심판청구가 이유 있다고 하더라도 현저히 공공복리에 적합하지 않은 경우에는 행정심판위원회의 의결에 의하여 심판청구가 기각될 수 있다(사정재결).

2. 무효등 확인심판

무효등 확인심판이란 "행정청의 처분의 효력 유무 또는 존재 여부를 확인하는 행정심판"을 말한다(제5조 제2호). 여기에는 무효확인심판, 유효확인심판, 부존재확인심판, 존재확인심판, 실효확인심판이 있을 수 있다.

---

18) 이상의 자세한 내용은 김남진·김연태, 행정법Ⅰ, 805면 참조.

무효등 확인심판은 취소심판과 달리 청구기간의 제한이 없고, 사정재결에 관한 규정의 적용이 없다. 그러나, 처분이 무효라면 처음부터 효력이 발생하지 않는 것이기 때문에 집행정지결정을 받을 필요가 없다는 것이 논리적일 것이지만, 행정청 또는 관계인이 무효인 행정행위를 사실적으로 유효하다고 우길 수도 있고, 무효인 행정행위의 실행으로 인하여 손해를 입을 수도 있기 때문에 무효등 확인심판에도 집행정지신청은 허용된다.

3. 의무이행심판

의무이행심판이란 "당사자의 신청에 대한 행정청의 위법 또는 부당한 거부처분이나 부작위에 대하여 일정한 처분을 하도록 하는 행정심판"을 말한다(제5조 제3호). 취소심판에서는 잘못된 거부처분의 효력을 소멸시키는 효력 밖에는 없으나 의무이행심판을 제기하면 적극적 행위를 재결할 수 있다는 실익이 있다.

거부처분에 대한 의무이행심판에는 청구기간의 제한이 있지만 부작위에 대한 의무이행심판에는 그러한 제한이 없다. 그리고, 의무이행심판에는 성질상 집행정지가 아니라 임시처분에 관한 규정이 적용된다.[19]

Ⅳ. 행정심판위원회

개정 전 행정심판법은 재결의 객관적 공정을 도모함으로써 행정심판의 실효성을 확보하기 위하여 심판청구사건에 대한 심리 · 의결기능과 재결기능을 분리시켜 심리 · 의결기능은 행정심판위원회에 부여하고, 재결청에게는 행정심판위원회의 의결내용에 따라 재결하여야 할 의무를 부여하였었다.

그러나, 현행 행정심판법은 사건의 처리기간을 단축시키고 신속한 권리구제를 기하기 위하여 재결청의 개념을 없애고 행정심판위원회에서 심리를 마치면 직접 재결을 하도록 규정하고 있다. 행정심판위원회는 원칙적으로 해당 행정청의 직근 상급행정기관 소속으로 설치되는데, 구체적으로는 다음과 같다(제6조, 시행령 제2조, 제3조).

19) 행정심판위원회는 뒤에서 보는 것처럼 행정청의 거부처분이나 부작위 때문에 발생할 수 있는 당사자의 불이익이나 급박한 위험을 막기 위하여 당사자에게 임시 지위를 부여할 수 있다(행정심판법 제31조).

i) **처분청 소속의 행정심판위원회:** ① 감사원, 국가정보원장, 대통령비서실장, 국가안보실장, 대통령 경호처장 및 방송통신위원회, ② 국회사무총장 · 법원행정처장 · 헌법재판소사무처장 및 중앙선거관리위원회사무총장, ③ 국가인권위원회, 고위공직자범죄수사처장

ii) **국민권익위원회 소속 중앙행정심판위원회:** ① 처분청 소속의 행정심판위원회에서 관할하는 것 외의 국가행정기관의 장 또는 그 소속 행정청, ② 특별시장 · 광역시장 · 특별자치시장 · 도지사 · 특별자치도지사(특별시 · 광역시 · 특별자치시 · 도 또는 특별자치도의 교육감 포함) 또는 특별시 · 광역시 · 특별자치시 · 도 · 특별자치도의 의회(의장, 위원회의 위원장, 사무처장 등 의회 소속 모든 행정청 포함), ③ 지방자치법에 따른 지방자치단체조합 등 관계법률에 따라 국가 · 지방자치단체 · 공공법인 등이 공동으로 설립한 행정청(아래의 시 · 도지사 행정심판위원회가 관할하는 ③의 경우 제외)

iii) **시 · 도지사 소속 행정심판위원회:** ① 시 · 도 소속 행정청, ② 시 · 도의 관할구역에 있는 시 · 군 · 자치구의 장, 소속 행정청 또는 시 · 군 · 자치구의 의회(의장, 위원회의 위원장, 사무국장, 사무과장 등 의회 소속 모든 행정청 포함), ③ 시 · 도의 관할구역에 있는 둘 이상의 시 · 군 · 자치구 · 공공법인 등이 공동으로 설립한 행정청

iv) **직근 상급행정기관 소속 행정심판위원회:** 법무부 및 대검찰청 소속 특별지방행정기관(직근 상급행정기관이나 소관 감독행정기관이 중앙행정기관인 경우 제외)

Ⅴ. 행정심판의 제기

1. 청구기간

가. 원 칙

심판청구는 무효등 확인심판과 부작위에 대한 의무이행심판을 제외하고는 "처분이 있음을 안 날로부터 90일 이내, 처분이 있은 날로부터 180일 이내"에 제기하여야 한다(제27조). 초일은 산입하지 않고, 말일이 토요일 또는 공휴일이면 그 다음날 기간이 만료되며, 기간 중 토요일 또는 공휴일도 계산에 포함된다.

나. 예　　외

(1) 90일에 대한 예외(행정심판법 제27조 제2항)

청구인이 천재·지변·전쟁·사변 그 밖에 불가항력으로 인하여 처분을 알았음에도 불구하고 90일 이내에 심판청구를 할 수 없었을 때에는 그 사유가 소멸한 날로부터 14일 이내에 심판청구를 제기할 수 있다. 다만 국외에서의 심판청구에 있어서는 30일로 한다.

(2) 180일에 대한 예외(행정심판법 제27조 제3항 단서)

처분이 있은 날로부터 180일이 경과하더라도 그 기간 내에 심판청구를 제기하지 못한 정당한 사유가 있는 경우에는 심판청구를 할 수 있다. '정당한 사유'에 해당하는 것이 무엇인지가 문제되는데, 이는 처분이 있은 날로부터 180일 이내에 심판청구를 하지 못한 것을 정당화할 만한 객관적인 사유를 의미한다.

(3) 청구기간의 불고지 등의 경우

행정청이 처분을 서면으로 하는 경우에는 그 상대방에게 처분에 관하여 행정심판을 제기할 수 있는지의 여부, 제기하는 경우의 심판청구절차 및 청구기간을 알려야 한다. 그러나, 행정청이 고지 자체를 하지 않거나, 고지는 하였지만 심판청구기간을 제외하거나, 착오로 법정의 심판청구기간보다 긴 기간으로 잘못 고지한 경우가 생길 수 있다. 이때 심판청구기간을 고지하지 않은 경우(불고지)에는 상대방이 처분이 있음을 알았을지라도 해당 처분이 있은 날로부터 180일 이내에, 심판청구기간을 착오로 법정기간보다 장기로 잘못 고지한 경우(오고지)에는 그 잘못 고지된 기간 내에 심판청구를 할 수 있다.

(4) 처분의 상대방이 아닌 제3자의 경우

처분의 상대방이 아닌 제3자가 행정심판을 청구하는 경우 그 제3자가 처분이 발령될 당시에 곧바로 처분이 있음을 알 수는 없을 것이므로, 처분이 있음을 안 날로부터 진행되는 청구기간의 준수 여부는 생각하기 어렵고, 180일의 기간 내에 청구를 제기하지 않더라도 정당한 사유가 인정되는 경우가 많을 것이다.[20] 다만 그 제3자가 어떤 경로든 행정처분이 있음을 알았거나 쉽게 알 수 있었던 경우와 같이 청구기간 내에 행정심판의 제기가 가능하였다는 사정이 있는 경우

20) 대법원 2002. 5. 24. 선고 2000두3641 판결.

에는 그때로부터 90일 이내에 제기하여야 한다.

2. 심판청구의 방식과 절차

가. 심판청구서의 작성(서면주의)

행정심판의 청구는 다음과 같은 사항을 기재하여 서면으로 하여야 하고(제28조 제1항), 심판청구서는 피청구인 또는 행정심판위원회에 제출하여야 한다(제23조 제1항). 처분에 대한 심판청구의 경우에는 ① 청구인의 이름과 주소 또는 사무소, ② 피청구인과 행정심판위원회, ③ 심판청구의 대상이 되는 처분의 내용, ④ 처분이 있음을 알게 된 날, ⑤ 심판청구의 취지와 이유, ⑥ 피청구인의 행정심판 고지 유무와 그 내용을 기재하여야 한다. 부작위에 대한 심판청구의 경우에는 해당 부작위의 전제가 되는 신청의 내용과 날짜를 기재하여야 한다.

나. 심판청구서의 제출절차

피청구인이 심판청구서를 접수하거나 송부받은 경우에는 10일 이내에 심판청구서를 행정심판위원회에 보내야 한다(제24조 제1항). 주의할 점은 피청구인적격이 없거나 심판요건을 갖추지 못한 경우라도 접수를 거부하거나 반려할 수 없다는 것이다. 행정심판위원회가 재결을 거쳐 각하할 사항이기 때문이다. 반대로 심판청구서나 답변서를 받은 행정심판위원회는 각각의 부본을 피청구인과 청구인에게 보내야 한다(제26조).

피청구인은 심판청구서를 받고 검토해 본 결과 심판청구가 이유 있다고 인정되는 경우에는 더 이상의 절차와 시간을 허비할 것이 아니라 그 단계에서 심판청구의 취지에 따라 직권으로 처분을 취소·변경하거나 확인을 하거나 신청에 따른 처분을 할 수 있다(제25조 제1항).

행정심판의 청구는 서면행위이기는 하나 엄격한 요식행위라고 보기 어렵고, 청구인들이 쟁송절차를 잘 알지 못하는 경우가 대부분이므로, 진정서, 청원서, 이의신청서, 답변서 등 형식 여하를 불문하고 불비한 사항의 보정이 가능한 한 적법한 행정심판의 청구로 본다. 처분청이 아닌 다른 행정기관에 제기한 진정서나 민원서 등도 그것이 행정심판 청구기간 내에 처분청에 송부되어 왔다면 이를 적법한 행정심판청구로 볼 수 있을 것이다. 아울러 행정청이 처분을 할 때 행정심판청구서의 제출기관을 잘못 알린 경우에는 심판청구기간의 계산은 최초의 행정기관에 심판청구서가 제출된 때를 기준으로 한다(제23조 제4항).

행정청이 고지를 하지 않거나 잘못 알려서 청구인이 심판청구서를 다른 행정기관에 제출한 때에는 해당 행정기관은 그 심판청구서를 지체 없이 정당한 권한 있는 행정청에 송부하여야 한다(제23조 제2항). 심판청구서에 행정심판위원회가 표시되지 않았거나 잘못 표시된 경우에도 정당한 권한 있는 행정심판위원회에 송부하여야 한다(제24조 제3항).

피청구인은 심판청구서를 접수한 때에는 그 접수일로부터 10일 내에 답변서를 첨부하여 행정심판위원회에 송부하여야 한다. 그 답변서에는 해당 처분이나 부작위의 근거와 이유를 명시하고 심판청구의 취지와 이유에 대응하는 답변을 기재하여야 하며, 이 경우 청구인의 수에 따른 답변서부본을 첨부하여야 한다.

다. 대리인의 선정

청구인은 대리인을 선임하여 심판청구를 제기할 수 있다. 대리인이 될 수 있는 사람은 ① 법정대리인, ② 청구인의 배우자, 청구인 또는 배우자의 사촌 이내의 혈족, ③ 청구인이 법인이거나 청구인 능력이 있는 법인이 아닌 사단 또는 재단인 경우 그 소속 임직원, ④ 변호사, ⑤ 다른 법률에 따라 심판청구를 대리할 수 있는 자, ⑥ 그밖에 위원회의 허가를 받은 자 등이다(제18조).

최근 행정심판도 사실관계가 복잡하고 법리검토가 난해한 사건이 많아짐에 따라 변호사를 대리인을 선임하는 비율이 지속적으로 증가하고 있다. 그런데, 경제적 사정 등의 사유로 전문가의 도움을 받지 못하는 청구인에 대한 법적·제도적 지원은 마땅치 않았다. 그리하여, 행정심판법이 개정되어 국선대리인제도가 도입되었다.[21] 행정심판위원회는 경제적 능력으로 인하여 대리인을 선임할 수 없는 청구인에게 신청에 따라 결정으로 국선대리인을 선정해줄 수 있다. 다만

---

21) 국선대리인제도는 2017. 10. 31. 법률 제15025호로 개정된 행정심판법에 신설되어 2018. 5. 1.부터 시행되고 있다. 이미 특별행정심판기구인 노동위원회의 판정·결정·승인·인정 및 차별적 처우 시정 등에 관한 사건에서 변호사나 공인노무사로 하여금 사회취약계층을 위한 권리구제 대리제도를 시행하고 있고(노동위원회법 제6조의2), 국세에 관한 이의신청, 심사청구 또는 심판청구에 관해서도 변호사, 세무사 또는 세무사법에 따라 등록한 공인회계사를 대리인으로 선정하여 줄 수 있는 국선대리인제도를 시행하고 있다(국세기본법 제59조의2).

심판청구가 명백히 부적법하거나 이유 없는 경우 또는 권리의 남용이라고 인정되는 경우에는 국선대리인을 선정하지 않을 수 있다(제18조의2).

3. 행정심판에서의 임시구제

가. 집행정지

(1) 집행부정지의 원칙

심판청구는 처분의 효력이나 그 집행 또는 절차의 속행에 영향을 주지 않는다. 이를 '집행부정지의 원칙'이라 한다. 집행정지의 원칙을 채택할 것인지 아니면 집행부정지의 원칙을 취할 것인지는 행정의 신속성 · 실효성을 중시할 것인지 아니면 국민의 권리구제를 중시할 것인지라고 하는 입법정책의 문제일 뿐이다.[22]

(2) 집행정지결정의 요건

행정심판위원회는 처분, 처분의 집행 또는 절차의 속행 때문에 중대한 손해가 생기는 것을 예방할 필요성이 긴급하다고 인정할 때에는 직권으로 또는 당사자의 신청에 의하여 처분의 효력, 처분의 집행 또는 절차의 속행의 전부 또는 일부의 정지를 결정할 수 있다(제30조 제2항). 행정소송에서는 집행정지의 요건을 '회복하기 곤란한 손해'라고 규정하고 있는 것과는 달리 행정심판에서는 '중대한 손해'로 완화되어 있다. 그럼으로써 재산적인 손해나 사회적 신용의 훼손을 이유로 한 집행정지를 좀 더 쉽게 인정할 수 있는 여지를 두고 있다.

다만 처분의 효력정지는 처분의 집행 또는 절차의 속행을 정지함으로써 그 목적을 달성할 수 있을 때에는 허용되지 않는다. 또한, 집행정지는 공공복리에 중대한 영향을 미칠 우려가 있는 경우에는 허용되지 않는다.

(3) 집행정지결정의 절차

행정심판위원회는 직권으로 또는 당사자의 신청에 의하여 집행정지를 결정할 수 있다.[23] 그러나, 행정심판위원회의 심리 · 결정을 기다릴 경우 중대한 손해가 생길 우려가 있다고 인정될 때에는 행정심판위원회의 위원장은 직권으로 심

22) 김남진 · 김연태, 행정법 I , 834면.

23) 「학교폭력예방 및 대책에 관한 법률」 제17조의4 제1항에 의하면, 피해학생 또는 그 보호자가 의견진술의 기회를 포기한다는 뜻을 명백히 표시한 경우 등을 제외하고 법원이 가해학생이 행정청의 처분 등에 불복하여 제기한 행정소송에서 집행정지 결정을 하려는 경우 피해학생 또는 그 보호자의 의견을 청취하여야 한다.

리 · 결정에 갈음하는 결정을 할 수 있다. 이 경우에 위원장은 행정심판위원회에 그 사실을 보고하고 추인을 받아야 하며, 행정심판위원회의 추인을 받지 못한 때에는 행정심판위원회는 집행정지결정을 취소하여야 한다.

(4) 집행정지결정의 내용과 효력

집행정지결정은 처분의 효력이나 그 집행, 절차의 속행의 전부 또는 일부를 정지하는 것을 내용으로 한다. 다만 '처분의 효력정지'는 처분의 집행 또는 절차의 속행을 정지함으로써 목적을 달성할 수 있는 경우에는 허용되지 않는다.

(5) 집행정지결정의 취소

행정심판위원회는 집행정지의 결정을 한 후에 집행정지가 공공복리에 중대한 영향을 미치거나 그 정지사유가 없어진 때에는 당사자의 신청 또는 직권에 의하여 집행정지결정을 취소할 수 있다. 집행정지결정의 취소 역시 행정심판위원회의 심리 · 결정을 기다릴 경우 중대한 손해가 생길 우려가 있다고 인정될 때에는 행정심판위원회의 위원장은 직권으로 심리 · 결정에 갈음하는 결정을 할 수 있다.

나. 행정심판에서의 임시처분

행정심판에서는 집행정지 이외에도 행정청의 처분이나 부작위 때문에 발생할 수 있는 당사자의 불이익이나 급박한 위험을 막기 위하여 당사자에게 임시지위를 부여할 수 있는 임시처분제도가 마련되어 있다(제31조).[24)]

임시처분이 행해지기 위해서는 ① 처분 또는 부작위가 위법 · 부당하다고 상당히 의심되는 경우일 것, ② 처분 또는 부작위 때문에 당사자에게 중대한 불이익이나 급박한 위험이 생길 우려가 있을 것, ③ 당사자의 중대한 불이익이나 급박한 위험을 막기 위한 임시 지위를 정할 필요가 있을 것, ④ 임시처분이 공공복리에 중대한 영향을 미칠 우려가 없을 것 등의 요건이 갖추어져야 한다.

임시처분은 직권으로 또는 당사자의 신청에 의하여 행정심판위원회가 결정을 한다. 임시처분은 집행정지로 목적을 달성할 수 있는 경우에는 허용되지 않는다.

---

24) 참고로 행정소송법에서는 항고소송에 관한 가처분제도를 명시하지 않고 있고, 대법원은 민사집행법상의 가처분 규정을 항고소송에 준용하지 않는 해석을 하고 있다. 자세한 내용은 해당부분에서 설명하겠다.

Ⅵ. 행정심판의 심리

1. 개 설

행정심판의 심리란 "재결의 기초가 될 사실관계 및 법률관계를 명백히 하기 위하여 행정심판위원회가 당사자 및 관계인의 주장과 반박을 듣고 증거 그 밖의 자료를 수집 · 조사하는 일련의 절차"를 말한다. 행정심판법은 심리절차의 객관적 공정을 보장하기 위하여 당사자주의적 구조(대심주의)를 취하고 있다. 그리하여 청구인과 피청구인인 행정청을 당사자로 하여 이들이 공격방어방법으로 제출한 의견진술과 증거 등을 바탕으로 행정심판위원회가 제3자적 입장에서 심리를 진행하게 된다.

2. 심리의 내용과 범위

가. 내 용

(1) 요건심리

요건심리는 행정심판의 형식적인 요건에 관한 충족 여부에 대한 심리를 말한다. 그 형식적인 요건에 해당하는 것으로는 ① 행정심판의 대상(처분 또는 부작위)의 존재 여부, ② 권한 있는 행정심판위원회에의 제기 여부, ③ 청구인적격의 유무, ④ 행정심판의 청구기간의 준수 여부, ⑤ 심판청구서의 기재사항의 구비 여부 등이다. 위와 같은 형식적 요건을 충족하지 않는 심판청구는 부적법한 심판청구로서 각하되어야 하겠지만, 그 하자가 보정할 수 있다고 인정하는 때에는 행정심판위원회는 상당한 보정기간을 정하여 그 보정을 명하여야 하며, 보정할 사항이 경미한 것인 때에는 직권으로 보정할 수 있다.

행정심판에서의 청구요건에 관해서는 행정소송에서의 소송요건에 관한 설명이 그대로 통용되므로, 그에 관한 설명으로 갈음한다. 다만 행정심판법은 항고소송과 마찬가지로 "법률상 이익이 있는 자"에게만 청구인적격을 인정하고 있는데, 이것이 입법상의 과오인지에 관하여 의문이 제기되어 왔다.[25] 행정심판은 행정소송과 달리 위법성뿐만 아니라 부당성에 관해서도 심판을 할 수 있으므로, '법률상 이익이 있는 자'에게만 행정심판의 청구인적격을 인정한다면, 결과적으

---

25) 이에 관한 자세한 내용은, 김남진 · 김연태, 행정법Ⅰ, 801-802면 참조.

로 '부당한 처분'은 행정심판의 대상에서 제외되는 결과가 초래된다는 것이다. 과오설의 당부를 떠나서 행정심판은 행정소송과 달리 행정부 내부에서의 자율적인 통제제도로서 행정소송보다 적법성보장기능이 강조된다는 점을 고려하면, 입법정책적으로 과오설의 결론을 경청하여야 할 필요가 있다고 생각된다. 참고로 독일과 일본의 입법례에 의하면, 우리나라와 달리 행정소송의 원고적격에서는 일정한 요건을 요구하고 있지만 행정심판의 청구인적격에 관해서는 특별한 규정을 두지 않고 있다.

(2) 본안심리

본안심리는 "청구인의 청구의 당부에 대하여 심리하는 것"을 말한다. 본안심리는 요건심리의 결과 행정심판의 청구가 형식적 요건을 충족하고 있다는 것을 전제로 하지만, 요건심리가 언제나 본안심리에 시간적으로 선행하는 것은 아니다. 따라서 본안심리의 도중에도 형식적 요건의 흠결이 판명될 때에는 언제든지 각하할 수 있다.

나. 범 위

(1) 불고불리 및 불이익변경금지의 원칙

행정심판위원회는 심판청구의 대상이 되는 처분 또는 부작위 외의 사항에 대하여는 재결하지 못하고, 심판청구의 대상이 되는 처분보다 청구인에게 불이익한 재결을 하지 못한다.

(2) 심판대상

행정심판은 행정소송과 달리 위법한 처분이나 부작위뿐만 아니라 부당한 처분이나 부작위에 대해서도 제기할 수 있다. 따라서 행정심판위원회는 처분의 위법성 여부뿐만 아니라 부당성 여부에 대해서도 심리할 수 있다.

3. 심리의 절차

가. 당사자주의적 구조(대심주의)

행정심판법은 행정심판의 심리를 전체적으로 당사자주의적 구조(대심주의)에 입각하고 있다. 따라서 행정심판위원회는 공정 · 중립적인 제3자적 입장에서 청구인과 피청구인이 제출한 공격방어방법을 바탕으로 심리를 진행한다.

나. 구술심리주의와 서면심리

행정심판의 심리는 구술심리 또는 서면심리로 한다. 다만 당사자가 구술심리를 신청한 때에는 서면심리만으로 결정할 수 있다고 인정하는 경우 외에는 구술심리를 하여야 한다.

다. 직권탐지주의의 가미

행정심판위원회는 사건의 심리를 위하여 필요하면 직권으로 증거조사를 할 수 있고, 당사자가 주장하지 않은 사실에 대해서도 심리할 수 있다(행정심판법 제36조 제1항, 제39조). 행정심판은 개인이 권리구제뿐만 아니라 행정의 적법성과 타당성 보장이라는 기능도 수행하기 때문이다.[26] 그러나, 불고불리의 원칙이 적용되기 때문에, 행정심판위원회의 직권심리도 심판청구의 대상이 되는 처분 또는 부작위 외의 사항에는 미칠 수 없다.

Ⅶ. 재결과 조정

1. 재결의 의의

재결은 심판청구사건에 대한 심리의 결과에 따라 최종적인 법적 판단을 하는 행위로서, 심판청구사건에 대한 종국적 판단으로서의 의사표시이다. 재결은 공법상 법률관계에서 발생한 분쟁에 대하여 일정한 절차를 거쳐서 판단·확정하는 행위이므로 확인행위로서의 성질을 가지고, 심판청구에 대하여 반드시 어떠한 내용의 재결을 하여야 한다는 의미에서 재량이 허용되지 않는 기속행위이다. 그리고, 재결은 심판청구의 제기를 전제로 한 판단작용이라는 점에서 법원의 판결과 성질이 비슷하므로, 준사법적 행정행위에 해당한다.[27]

2. 재결의 종류

가. 각하재결

행정심판위원회는 심판청구가 청구요건을 갖추지 못하여 부적법한 때에는

26) 김남진·김연태, 행정법 I, 839면.
27) 김남진·김연태, 행정법 I, 842면.

그 심판청구를 각하하는 재결을 한다(제43조 제1항). 청구기간이 도과되었다는 이유로 한 각하재결이 전형적인 예이다. 다만 부적합한 심판청구에 대해서도 행정심판위원회에 의한 보정제도(제32조)가 인정되고 있다는 점에 주의를 요한다.

나. 기각재결(일반적인 경우)

행정심판위원회는 심판청구가 이유 없다고 인정할 때에는 그 심판청구를 기각한다(제43조 제2항). 기각재결이란 "심판청구가 이유 없다고 인정하여 청구를 배척하고 원처분을 지지하는 재결"을 말한다.

다. 사정재결

행정심판위원회는 심판청구가 이유 있다고 인정하는 경우에도 이를 인용하는 것이 현저히 공공복리에 적합하지 않은 때에는 그 심판청구를 기각하는 재결을 할 수 있는데(제44조 제1항), 이를 사정재결이라 한다. 이 경우 행정심판위원회는 그 재결의 주문에서 그 처분 또는 부작위가 위법 또는 부당하다는 점을 명시하여야 한다. 심판청구가 이유 있다고 인정되는 경우에는 청구인의 권익보호를 위하여 인용재결을 하는 것이 원칙이지만, 그로 인하여 공공복리가 현저히 침해되는 경우가 있을 수 있기 때문에, 공익과 사익의 합리적인 조정을 도모하기 위하여 예외적으로 인정되는 것이 사정재결이다.

라. 인용재결

인용재결은 본안심의의 결과 심판청구가 이유 있다고 인정하여 청구인의 청구의 취지를 받아들이는 내용의 재결이다. 인용재결은 심판청구의 내용에 따라 다음과 같이 구분된다.

(1) 취소 · 변경재결

취소 · 변경재결이란 취소심판의 청구가 이유 있다고 인정할 때에 행정심판위원회가 스스로 처분을 취소 또는 변경하거나 처분청에 대하여 해당 처분의 변경을 명하는 재결을 말한다(제43조 제3항). 이러한 취소 · 변경재결로는 처분취소재결, 처분변경재결, 처분변경명령재결을 생각할 수 있다. 처분취소재결과 처분변경재결은 형성재결의 성질을 가지는 데 반하여 처분변경명령재결은 이행재결의 성질을 가진다.[28] 형성재결과 이행재결 중 실무상 형성재결이 대다수라고 한다.

취소재결에는 처분을 전부취소하는 경우뿐만 아니라 일부를 취소하는 재결도 있을 수 있다. 한편, 변경재결에서 '변경'의 의미는 행정심판법이 '취소'와 함께 '변경'을 따로 인정한 점과 의무이행재결을 인정한 점에 비추어 볼 때, 일부취소가 아니라 원처분에 갈음하는 다른 처분으로의 '적극적 변경'을 뜻한다.[29]

(2) 확인재결

확인재결이란 "행정심판행정심판위원회가 무효등 확인심판의 청구가 이유 있다고 인정할 때에 처분의 효력 유무 또는 존재 여부를 확인하는 재결"을 말한다(제43조 제4항). 이러한 확인재결에는 처분무효확인재결, 처분유효확인재결, 처분부존재확인재결, 처분존재확인재결, 처분실효확인재결이 있을 수 있는데, 형성적 효과는 발생하지 않는다.

(3) 의무이행재결

의무이행재결이란 "행정심판위원회가 의무이행심판의 청구가 이유 있다고 인정할 때에 지체 없이 신청에 따른 처분을 하거나 처분청에게 그 신청에 따른 처분을 할 것을 명하는 재결"을 말한다(제43조 제5항).[30] 전자의 재결을 '처분재결'이라고 하고 후자의 재결을 '처분명령재결'이라 하는데, 전자는 형성재결의 성질을 가지고 후자는 이행재결의 성질을 가진다.

3. 재결의 효력

가. 불가쟁력

재결에 대해서는 다시 심판청구를 제기하지 못하고, 재결 자체에 고유한 위법이 있는 경우에만 행정소송을 제기할 수 있다. 이 경우에도 제소기간이 경과하면 그 효력을 다툴 수 없게 되는데, 이와 같은 구속력을 재결의 불가쟁력이라고 한다.

나. 불가변력

재결은 행정기관이 공법상 분쟁을 엄격한 절차에 의하여 해결하는 심판행위

28) 2010. 1. 25. 개정 전의 행정심판법 제32조 제3항에서는 처분취소명령재결도 할 수 있도록 규정되어 있었다.

29) 김남진 · 김연태, 행정법 I, 846면.

30) 의무이행재결이 행해지는 사건의 대부분은 정보공개사건이고 그 이외의 의무이행재결은 실무상 거의 나타나지 않는다.

이므로, 그 재결은 분쟁을 종결시키는 것이 되어야 한다. 그런데, 행정심판위원회가 재결을 한 후 스스로 그것을 취소·변경할 수 있다고 한다면, 법적 안정성을 깨트리고 오히려 분쟁을 재연시키는 결과를 초래하게 된다. 따라서, 일단 재결이 행해지면 비록 그것이 위법 또는 부당하다고 생각되는 경우에도 행정심판위원회가 스스로 그 재결을 취소 또는 변경할 수 없게 되는데, 이러한 구속력을 재결의 불가변력이라고 한다.

다. 형성력

재결의 형성력이란 재결의 내용대로 새로운 법률문제의 발생이나 종래의 법률관계의 변경·소멸을 가져오는 효과(구속력)를 말한다. 재결에 의하여 청구가 인용되어 원처분의 전부 또는 일부가 취소된 때에는 원처분의 해당 부분의 효력은 그 즉시 소멸되고, 처음부터 존재하지 않는 것으로 된다. 또한, 변경재결에 의하여 원처분이 취소되고 그에 갈음하는 별개의 처분이 행해진 경우 및 의무이행심판에서의 처분재결이 행해진 경우의 구속력도 형성력의 성질을 가진다.

그러나, 모든 재결에 형성력이 인정되는 것은 아니다. 행정심판위원회가 재결로서 직접 처분의 취소·변경 등을 하지 않고 처분변경명령재결, 처분명령재결을 한 경우, 해당 재결은 형성력을 발생시키지 않는다.

재결의 형성력은 제3자에게도 미치는데, 이 경우의 효력을 '대세적 효력'이라고 한다.

❏ **대법원** 1998. 4. 24. **선고** 97**누**17131 **판결:** 행정심판법 제32조 제3항에 의하면 재결청은 취소심판의 청구가 이유 있다고 인정할 때에는 처분을 취소·변경하거나 처분청에게 취소·변경할 것을 명한다고 규정하고 있으므로, 행정심판 재결의 내용이 처분청에게 처분의 취소를 명하는 것이 아니라 재결청이 스스로 처분을 취소하는 것일 때에는 그 재결의 형성력에 의하여 당해 처분은 별도의 행정처분을 기다릴 것 없이 당연히 취소되어 소멸되는 것이다.

라. 인용재결의 기속력

(1) 의 의

재결의 기속력은 피청구인인 행정청과 그 밖의 관계행정청이 그 재결의 취지에 따라 행동하여야 하는 의무를 발생시키는 효과(구속력)를 말한다(제49조 제1항).[31] 재결의 기속력은 인용재결에만 인정되고, 각하 · 기각재결에는 인정되지 않는다. 각하 · 기각재결은 청구인의 심판청구를 배척하는 데 그칠 뿐, 피청구인인 행정청과 그 밖의 관계행정청에 대하여 원처분을 유지하여야 할 의무를 지우지 않으므로, 처분청은 재결 후에라도 정당한 사유가 있으면 직권으로 원처분을 취소 · 변경 · 철회할 수 있다.

동일한 사건에서 행정심판에서는 인용재결이 있고 행정소송에서는 기각판결이 선고되어 행정심판의 결과와 행정소송의 결과가 상충되는 경우 처분청은 어느 것을 따라야 하는지 의문이 생길 수 있다. 실무상으로는 양제도가 서로 다른 경로의 구제절차라는 점에 착안하여 재결에 따른 처분을 하고 있다.[32]

(2) 내 용

① **부작위의무**: 처분의 취소 · 변경재결, 처분의 무효등 확인재결이 있는 경우 관계행정청은 재결에 저촉되는 행위를 할 수 없다. 즉, 동일한 사실관계 아래에서 동일한 내용의 처분을 반복할 수 없다.

② **적극적 처분의무**: 당사자의 신청을 거부하거나 부작위로 방치한 처분에 대하여 인용재결이 있더라도, 행정청이 재결의 취지에 따라 다시 처분을 하지 않는다면 신청인이 종국적 만족을 얻을 수 없다. 따라서, 행정청에게 재결의 취지에 따라 원래의 신청에 대하여 새로운 처분을 할 적극적인 의무를 부과하여 실질적인 권리구제를 기하도록 할 필요가 있다. 그런데, 개정 전의 행정심판법 제49조 제2항에서는 의무이행재결에 대해서만 재처분의무를 규정하고 있어서, 거부처분에 대한 취소재결, 무효 · 부존재 확인재결이 있는 경우에도 행정청의 재처분의무가 있는지에 관하여 약간의 의문이 있었다. 이제는 행정심판법에 제49조 제2항이 신설되어, 이 문제는 입법적으로 해결되었다.[33] 따라서, 거부처분 취소심판 등에서 거부처분취소재결 등이 있는 경우에는 행정심판법 제49조 제2항, 의무이

---

31) 그러나, 재결에 기판력까지 인정되는 것은 아니므로, 행정심판의 재결이 확정되더라도 국가배상소송 등에서 당사자들이나 법원이 처분의 기초가 된 사실관계나 법률적 판단에 모순되는 주장이나 판단을 할 수 있다(대법원 2015. 11. 27. 선고 2013다6759 판결).

32) 행정심판의 이론과 실제, 법제처(2003), 406면 참조.

33) 위 제49조 제2항은 2017. 4. 18. 법률 제14832호로 개정된 행정심판법에 신설되어 2017. 10. 19.부터 시행되고 있다.

행심판에서 처분명령재결이 있는 경우에는 같은 조 제3항에 의하여 재처분의무가 부과된다. 한편, 같은 조 제4항에서는 신청에 따른 처분이 절차의 위법 또는 부당을 이유로 재결로써 취소된 경우에도 제2항을 준용하고 있다.

③ 결과제거의무 등: 행정청은 처분의 취소 또는 무효확인 등의 재결이 있으면, 결과적으로 위법 또는 부당으로 판정된 처분에 의하여 초래된 상태를 제거해야 할 의무를 진다.

(3) 기속력의 주관적 · 객관적 범위

기속력이 미치는 주관적 범위는 피청구인인 행정청뿐만 아니라 그 밖의 모든 관계행정청이다. 한편, 기속력은 재결주문 및 그 전제가 된 요건사실의 인정과 효력의 판단에만 미치고, 재결의 결론과 직접 관계가 없는 간접사실에 대한 판단에는 미치지 않는다.

(4) 기속력의 이행확보

(가) 의 의

당사자의 신청을 거부하거나 부작위로 방치한 처분에 대하여 인용재결이 있게 되면, 재결의 기속력에 의하여 행정청은 해당 재결의 취지에 따른 처분을 행할 의무를 지게 된다는 것은 앞에서 보았다. 그럼에도 불구하고 행정청이 그 적극적 처분의무를 이행하지 않을 경우를 대비할 필요가 있다. 이 경우 재결의 실효성을 확보하기 위하여 행정심판법에서는 직접처분과 간접강제에 관하여 규정하고 있다. 원래 행정심판법에서는 기속력의 이행확보방법으로써 직접처분만 규정하고, 그것은 처분청의 직근 상급기관인 재결청이 행사하도록 되어 있었다. 그런데, 2008. 2. 29. 행정심판법이 개정되면서 재결청이 폐지되고 제3의 기관인 행정심판위원회가 재결을 하도록 함으로써, 상급기관이 아닌 행정심판위원회가 처분권한을 직접 행사하는데 현실적 어려움이 발생하였다. 그리하여, 행정심판법이 2017. 4. 18. 법률 제14832호로 개정되면서, 직접처분제도의 한계를 보완하고 재결의 실효성을 높일 수 있도록 간접강제제도가 도입된 것이다.

(나) 직접처분

직접처분이란 당사자의 신청을 거부하거나 부작위로 방치한 처분의 이행을 명하는 재결이 있었음에도 불구하고 처분청이 처분을 하지 않는 경우에 행정심판위원회가 직접 해당 처분을 발령하는 것을 말한다(제50조).

직접처분을 행하기 위해서는 ① 의무이행심판에서 처분명령재결이 있었음에도 불구하고 행정청이 처분을 하지 않은 경우(제49조 제3항에 의한 재처분의무 불이행의 경우), ② 청구인의 신청에 의하여, ③ 행정심판위원회가 기간을 정하여 서면으로 시정을 명했음에도 불구하고, ④ 행정청이 그 기간에 시정명령을 이행하지 않았어야 한다. 위원회는 직접처분을 하였을 때에는 그 사실을 해당 행정청에 통보하여야 하고, 그 통보를 받은 행정청은 위원회가 한 처분을 자기가 한 처분으로 보아 관계 법령에 따라 관리 · 감독 등 필요한 조치를 하여야 한다.

그러나, 직접처분은 그 처분의 성질이나 그 밖의 불가피한 사유로 인하여 위원회가 행할 수 없는 일정한 한계가 있다(같은 조 제1항 단서). 성질상 직접처분을 할 수 없는 처분으로는 위원회가 정보를 보유한 행정청이 아니어서 직접처분을 할 수 없는 정보공개처분을 생각할 수 있고, 그 밖의 불가피한 경우로서 직접처분을 할 수 없는 처분으로는 과도한 예산이 수반되는 이주대책의 수립에 관한 처분을 예로 들 수 있다.

(다) 간접강제

간접강제란 재결의 기속력에 따른 재처분의무를 이행하지 않은 경우 재결의 실효성을 확보하기 위하여 위원회가 행정청에게 일정한 배상을 명령하는 제도를 말한다(제50조의2).

간접강제는 직접처분과는 달리 거부처분 취소심판 등에서 거부처분 취소재결 등이 있는 경우, 의무이행심판에서 처분명령재결이 있는 경우, 절차의 하자를 이유로 처분을 취소하는 재결이 있는 경우 등 재결의 기속력에 따라 재처분의무가 있는 모든 경우에 적용된다.[34)]

간접강제는 청구인의 신청에 따라 행정심판위원회가 결정한다. 행정심판위원회는 간접강제 결정을 하기 전에 상대방의 의견을 들어야 한다.

위원회는 상당한 기간을 정하고 피청구인이 그 기간 내에 이행하지 않는 경우에는 그 지연기간에 따라 일정한 배상을 하도록 명하거나 즉시 배상을 할 것

---

34) 또한, 행정청이 재처분을 하였다고 하더라도 재결의 취지에 따르지 않고 기본적 사실관계가 동일한 사유로 다시 거부처분 등을 한 경우 그러한 거부처분은 재결의 기속력을 위반하여 무효이므로, 이 경우에도 간접강제를 할 수 있다. 자세한 내용은 행정소송에서의 간접강제에 관한 설명 참조.

을 명할 수 있다. 그리고, 위원회는 사정의 변경이 있는 경우에는 당사자의 신청에 의하여 간접강제 결정의 내용을 변경할 수 있다. 청구인은 간접강제의 신청 또는 변경신청에 따른 결정에 불복하는 경우 그 결정에 대하여 행정소송을 제기할 수 있다.

간접강제결정의 효력은 피청구인인 행정청이 소속된 국가·지방자치단체 또는 공공단체에 미치고, 결정서 정본은 간접강제결정에 불복하는 행정소송의 제기와 관계없이 민사집행법상 강제집행에 관한 집행권원과 같은 효력을 가진다. 이 경우 집행문은 위원장의 명에 따라 위원회가 소속된 행정청 소속 공무원이 부여한다. 간접강제 결정에 기초한 강제집행에 관하여 행정심판법에 특별한 규정이 없는 사항에 대해서는 민사집행법의 규정을 준용한다. 다만 민사집행법 제33조(집행문부여의 소), 제34조(집행문부여 등에 관한 이의신청), 제44조(청구에 관한 이의의 소) 및 제45조(집행문부여에 대한 이의의 소)에서 관할법원은 피청구인의 소재지를 관할하는 행정법원으로 한다.

4. 조　　정

조정이란 법원이나 심판기관이 판결이나 재결 대신에 독자적으로 분쟁해결을 위한 타협방안을 마련하여 당사자의 수락을 권고하는 분쟁해결방식을 말한다. 오늘날 행정의 역할이 증대되고 공공갈등이 격화되는 상황에서 공익성에 반하지 않는다면 당사자 사이에 양보를 토대로 한 조정제도가 판결이나 재결보다 유익할 수 있다. 그러나, 뒤에서 보는 것처럼 행정소송에서는 행정청과의 관계에서 권력분립의 문제가 발생할 수 있고 행정소송법이 민사조정법을 준용하지 않기 때문에 조정이 허용되지 않는다고 해석된다.[35)]

그런데, 행정심판에서는 행정소송과는 달리 권력분립의 문제가 발생할 여지가 없고, 처분의 위법뿐만 아니라 부당도 통제할 수 있으므로, 행정소송보다 조정에 친하다. 그리하여, 행정심판법에 제43조의2가 신설되어 조정제도가 도입되었다.[36)]

35) 항고소송에서도 신속하고 공정한 해결 및 분쟁의 일회적 해결을 통한 국민의 권익구제를 위하여 조정이 필요한 경우가 있고, 그에 따라 행정소송규칙이 2023. 8. 31. 제정되면서 제15조에서 뒤에서 보는 것처럼 조정권고제도가 도입되었다.

36) 조정제도는 2017. 10. 31. 법률 제15025호로 개정된 행정심판법에 도입되어, 2018. 5. 1.부

행정심판위원회는 공공복리에 적합하지 않거나 해당 처분의 성질에 반하지 않는다면, 당사자의 권리 및 권한의 범위에서 당사자의 동의를 받아 심판청구의 신속하고 공정한 해결을 위하여 조정을 할 수 있다. 행정심판위원회는 조정절차에서 심판청구된 사건의 법적·사실적 상태와 당사자 및 이해관계자의 이익 등 모든 사정을 참작하고, 조정의 이유와 취지를 설명하여야 한다. 조정은 당사자가 합의한 사항을 조정서에 기재한 후 당사자가 서명 또는 날인하고 위원회가 이를 확인함으로써 성립한다.

조정이 성립하면 재결에 관한 효력을 정한 행정심판법의 규정이 준용되는 결과 재결의 기속력과 같은 효력이 발생하고, 그에 대한 이행확보수단으로 직접 처분과 간접강제가 인정된다. 또한, 그 조정의 결과 및 같은 처분 또는 부작위에 대하여 다시 행정심판을 청구할 수 없다.

위와 같은 조정제도는 행정법규 위반에 대한 제재적 처분의 변경, 징계처분의 감경, 행정상 강제집행 시기의 연기, 거부처분이나 부작위에 대하여 원래 신청된 내용보다 축소된 처분으로의 변경 등과 관련된 사건에서 주로 활용될 것으로 기대된다.

Ⅷ. 재결에 대한 불복

1. 재심판청구의 금지

행정심판법은 심판청구에 대한 재결이 있는 경우에는 해당 재결 및 동일한 처분 또는 부작위에 대하여 다시 심판청구를 제기할 수 없다(행정심판법 제51조). 다만 다른 법률에 다단계의 행정심판을 인정하는 특별한 규정이 있는 경우에는 그에 따라야 한다.

2. 재결에 대한 행정소송

재결의 취소소송 및 무효등 확인소송은 재결 자체에 고유한 위법이 있는 경우에만 제기할 수 있다. 행정소송법이 '원처분주의'를 택하기 때문에 행정심판의 재결을 거쳐 행정소송을 제기하는 경우에도 행정소송의 대상은 원칙적으로 재결

터 시행되고 있다.

이 아니라 원처분이다.

재결에 불복하는 행정소송은 청구인만 할 수 있는 것이지 행정청은 제기할 수 없다. 대법원은 "국가가 행정감독적인 수단으로 통일적이고 능률적인 행정을 위하여 중앙 및 지방행정기관 내부의 의사를 자율적으로 통제하고 국민의 권리구제를 신속하게 할 목적의 일환으로 행정심판제도를 도입하였는데, 심판청구의 대상이 된 행정청에 대하여 재결에 관한 항쟁수단을 별도로 인정하는 것은 행정상의 통제를 스스로 파괴하고, 국민의 신속한 권리구제를 지연시키는 작용을 하게 될 것이다. 그리하여 행정심판법 제37조 제1항은 재결은 피청구인인 행정청과 그 밖의 관계행정청을 기속한다고 규정하였고, 이에 따라 처분행정청은 재결에 기속되어 재결의 취지에 따른 처분의무를 부담하게 되므로 이에 불복하여 행정소송을 제기할 수 없다."라고 판시하였다.[37]

그런데, 지방자치단체가 그 사무에 속하는 자치사무나 단체위임사무와 같은 지방자치단체의 사무를 처리한 결과 지방자치단체의 기관이 행정심판의 피신청인이 된 경우에도 국가나 광역지방자치단체에 설치되어 있는 행정심판위원회의 재결에 불복할 수 없다면, 평등의 원칙이나 지방자치단체에게 헌법상 보장된 자치권을 침해하는 것은 아닌지 생각해볼 점이 있다. 그러나, 헌법재판소는 위와 같은 해석의 근거가 되는 행정심판법 제49조 제1항이 헌법에 위반되지 않는다고 판시하였다.[38] 마찬가지 논리로 도시정비상 재개발조합이 공법인의 지위에서 처분의 주체가 되는 경우에는 기본권의 주체가 아니고 인용재결의 기속력을 인정하는 것에 합리성이 인정되므로, 평등의 원칙에 위반되지 않는다고 판시하였고,[39] 국립대학법인 서울대학교 총장도 정보공개의무를 부담하는 경우 기본권의 주체가 아니라 기본권의 수범자의 지위에 있고 기본권 수범자들 사이의 의견충돌에 대하여 사법부가 최종적으로 판단할 권한을 가져야 한다거나 국민에 대한 공권력 행사자에게까지 사법부의 판단을 받을 권리를 보장하여야 한다고 볼 수도 없으므로, 행정심판의 인용재결에 기속되도록 정한 것이 헌법 제107조 제3항에 위반된다고 볼 수 없다고 판시하였다.[40]

37) 대법원 1998. 5. 8. 선고 97누15432 판결.
38) 헌재 2014. 6. 26. 선고 2013헌바122 결정.
39) 헌재 2022. 7. 21. 선고 2019헌바543 결정.
40) 헌재 2023. 3. 23. 선고 2018헌바385 결정.

❑ **헌재 2014. 6. 26. 선고 2013헌바122 결정:** ① 이 사건 법률조항은 행정청의 자율적 통제와 국민 권리의 신속한 구제라는 행정심판의 취지에 맞게 행정청으로 하여금 행정심판을 통하여 스스로 내부적 판단을 종결시키고자 하는 것으로서 그 합리성이 인정되고, 반면 국민이 행정청의 행위를 법원에서 다툴 수 없도록 한다면 재판받을 권리를 제한하는 것이 되므로 국민은 행정심판의 재결에도 불구하고 행정소송을 제기할 수 있도록 한 것일 뿐이므로, 평등원칙에 위배되지 아니한다. ② 행정심판제도가 행정통제기능을 수행하기 위해서는 중앙정부와 지방정부를 포함하여 행정청 내부에 어느 정도 그 판단기준의 통일성이 갖추어져야 하고, 행정청이 가진 전문성을 활용하고 신속하게 문제를 해결하여 분쟁해결의 효과성과 효율성을 높이기 위해 사안에 따라 국가단위로 행정심판이 이루어지는 것이 더욱 바람직할 수 있다. 이 사건 법률조항은 다층적·다면적으로 설계된 현행 행정심판제도 속에서 각 행정심판기관의 인용재결의 기속력을 인정한 것으로서, 이로 인하여 중앙행정기관이 지방행정기관을 통제하는 상황이 발생한다고 하여 그 자체로 지방자치제도의 본질적 부분을 훼손하는 정도에 이른다고 보기 어렵다. 그러므로 이 사건 법률조항은 지방자치제도의 본질적 부분을 침해하지 아니한다.

제2절 행정심판의 전치

Ⅰ. 개 설

위법한 처분으로 인하여 권리·이익을 침해받은 자는 행정심판을 청구할 수도 있고 행정소송을 제기할 수도 있는데, 행정심판과 행정소송의 관계를 어떻게 조화시킬 것인가의 문제로서 필요적 전치주의와 임의적 전치주의가 있다.

필요적 전치주의하에서는 항고소송을 제기하기 위해서는 반드시 행정심판을 거쳐야 하고, 임의적 전치주의하에서는 행정심판을 거칠 것인지 여부가 당사자의 선택에 맡겨져 있어 행정심판을 거치지 않아도 항고소송을 제기할 수 있다.

개정 전의 행정소송법은 필요적 전치주의를 채택하였으나, 행정소송법이 1994. 7. 27. 법률 제4770호로 전문개정되어 1998. 3. 1.부터 시행되면서 종래 2심제에서 3심제로 변경됨과 아울러 임의적 전치주의를 채택하였다.

Ⅱ. 임의적 전치주의(원칙)

임의적 전치주의하에서 원고는 행정심판을 거칠지 여부를 선택할 수 있다. 따라서 처분에 의하여 권익을 침해받은 자는 행정심판을 거쳐 행정소송을 제기할 수 있고, 행정심판을 거치지 않고 바로 행정소송을 제기할 수도 있으며, 행정심판과 행정소송을 동시에 청구할 수도 있다. 행정소송법 제18조 제1항 본문과 이를 준용하는 제38조 제2항에서는 취소소송과 부작위위법확인소송에서 원칙적으로 임의적 전치주의를 채택하고 있다는 점을 분명히 하고 있다.[41]

행정심판을 제기하는 것이 절차를 지연시킨다는 단점만 있는 것은 아니다. 행정심판에서는 처분의 위법뿐만 아니라 부당도 주장할 수 있고 절차도 간편하다는 장점이 있고, 설령 권리구제의 목적을 달성하지 못하더라도 소송자료를 쉽게 취득할 수 있는 이점이 있다.

임의적 전치주의하에서는 행정심판의 청구 여부가 소송요건이 아니므로, 법원은 이를 심리할 필요가 없다. 그러나 행정심판의 재결에 의하여 처분이 취소되거나 변경되는 경우가 있을 수 있으므로, 그에 따라 소를 변경하거나 소의 이익의 흠결을 이유로 각하하여야 할 경우는 있을 수 있다.

한편 행정심판을 거친 경우 제소기간의 기산점은 행정심판을 청구하지 않고 바로 취소소송을 제기하는 경우와 달리 재결서 정본을 송달받은 날이 된다는 점에 유의하여야 한다(행정소송법 제20조 제1항 단서).

Ⅲ. 필요적 전치주의(예외)

1. 의　　의

행정소송법은 원칙적으로 임의적 전치주의를 채택하고 있으나, 이는 다른 법률에서 행정심판을 거치지 않으면 행정소송을 제기할 수 없다는 규정을 두는 것까지 막는 것은 아니다. 행정소송법도 예외적으로 필요적 전치주의가 적용되는

---

41) 행정소송법 제18조 제1항 본문에서는 “취소소송은 법령의 규정에 의하여 당해 처분에 대한 행정심판을 제기할 수 있는 경우에도 이를 거치지 아니하고 제기할 수 있다.”라고 규정하고 있다.

사건이 있음을 염두에 두고 있다(행정소송법 제18조 제1항 단서, 제38조 제2항).[42] 여기에서의 필요적 전치주의는 행정심판의 청구로 충족되는 것이 아니라 재결까지 거칠 것을 요구한다는 점에 유의할 필요가 있다.

개별법에서 필요적 전치주의를 규정하는 경우는 두 가지로 나누어 볼 수 있다. 첫 번째는 전문기술적 성질을 가지는 처분에 대한 것으로서, 이 경우의 행정심판은 행정청이 전문지식을 활용하여 자율적이고 능률적으로 행정작용을 하도록 사법기능을 보충하는 것이 주된 기능이다. 두 번째는 대량적으로 이루어지는 처분에 대한 것으로서, 이 경우의 행정심판은 법원의 부담을 경감시키는 것이 주된 기능이다.

2. 적용범위

가. 필요적 전치를 요하는 처분

(1) 법률의 근거

필요적 전치주의는 헌법상 보장된 재판청구권의 제한을 의미하므로, 헌법 제37조 제2항에 의하여 형식적 의미의 법률에 근거가 있어야 한다. 법률 이외의 법규명령이나 조례·규칙의 규정만으로는 필요적 전치의 근거가 된다고 할 수 없다. 조례를 근거로 한 처분일지라도 법률의 근거를 필요로 한다.[43]

(2) 명시적 규정

법률에 행정심판의 재결을 거치지 않으면 취소소송을 제기할 수 없다는 식의 명시적 규정이 있어야 한다. 행정심판의 필요적 전치는 예외적인 제도로서 그 근거규정은 엄격히 해석하여야 하므로, 행정심판의 제기에 관한 근거규정만 둔 경우에는 임의적 전치로 해석하여야 할 것이다.

❑ **대법원 1999. 12. 20.자 99무42 결정:** 행정소송법 제18조 제1항은 행정심판과 취소소송과의 관계에 관하여 규정하면서, 1994. 7. 27. 법률 제4770호로 개정되기 이

42) 행정소송법 제18조 제1항 단서에서는 "다른 법률에 당해 처분에 대한 행정심판의 재결을 거치지 아니하면 취소소송을 제기할 수 없다는 규정이 있는 때에는 그러하지 아니하다."라고 규정하고 있다.

43) 같은 취지 서울행정법원 실무연구회, 행정소송의 이론과 실무, 개정판, 사법발전재단(2013), 188면.

전에는 법령의 규정에 의하여 당해 처분에 대한 행정심판을 제기할 수 있는 경우에는 그에 대한 재결을 거치지 아니하면 취소소송을 제기할 수 없다고 규정하여 이른바 재결전치주의를 택하고 있었으나, 위 개정 후에는 그와 같은 행정심판의 제기에 관한 근거규정이 있는 경우에도 달리 그 행정심판의 재결을 거치지 아니하면 취소소송을 제기할 수 없다는 규정을 두고 있지 아니하는 한 그러한 행정심판의 재결을 거치지 아니하고도 취소소송을 제기할 수 있는 것으로 규정함으로써 이른바 자유선택주의로 전환하였으므로, 위 개정조항이 같은 법 부칙(1994. 7. 27) 제1조에 의하여 1998. 3. 1.자로 시행된 이후에는 법령의 규정에서 단지 행정심판의 제기에 관한 근거규정만을 두고 있는 처분에 있어서는 위 개정조항에 따라 그에 대한 행정심판 절차는 당연히 임의적 절차로 전환되었다.

(3) 현행법상 필요적 전치주의가 적용되는 처분

① 공무원에 대한 징계 및 기타 불이익처분(국가공무원법 제16조 제1항, 교육공무원법 제53조 제1항, 지방공무원법 제20조의2)

② 조세법상 처분(국세기본법 제56조 제2항, 관세법 제120조 제2항, 지방세기본법 제98조 제3항)[44]

③ 운전면허취소처분 등 도로교통법에 의한 각종 처분(도로교통법 제142조, 다만 과태료처분과 통고처분 제외)

④ 국토교통부장관 등의 선박검사 등 처분(선박안전법 제72조 제3항)

⑤ 재결주의를 채택한 결과 행정심판을 거치는 것이 불가피한 경우: 노동위원회의 결정과 특허청의 거절사정

---

44) 지방세법상 처분은 원래 필요적 전치였으나 헌재 2001. 6. 28. 선고 2000헌바30 결정 후 지방세법 제78조 제2항이 삭제되었다가 2019. 12. 13. 지방세기본법이 개정되면서 필요적 전치주의가 부활하였다. 참고로 헌법재판소는 "지방세 부과처분에 대한 이의신청 및 심사청구의 심의·의결기관인 지방세심의위원회는 그 구성과 운영에 있어서 심의·의결의 독립성과 공정성을 객관적으로 신뢰할 수 있는 토대를 충분히 갖추고 있다고 보기 어려운 점, 이의신청 및 심사청구의 심리절차에 사법절차적 요소가 매우 미흡하고 당사자의 절차적 권리보장의 본질적 요소가 결여되어 있다는 점에서 지방세법상의 이의신청·심사청구제도는 헌법 제107조 제3항에서 요구하는 '사법절차 준용'의 요청을 외면하고 있다고 할 것인데, 지방세법 제78조 제2항은 이러한 이의신청 및 심사청구라는 2중의 행정심판을 거치지 아니하고서는 행정소송을 제기하지 못하도록 하고 있으므로 위 헌법조항에 위반될 뿐만 아니라, 재판청구권을 보장하고 있는 헌법 제27조 제3항에도 위반된다 할 것이며, 나아가 필요적 행정심판전치주의의 예외사유를 규정한 행정소송법 제18조 제2항, 제3항에 해당하는 사유가 있어 행정심판제도의 본래의 취지를 살릴 수 없는 경우에까지 그러한 전심절차를 거치도록 강요한다는 점에서도 국민의 재판청구권을 침해한다."라고 판시하였었다.

나. 필요적 전치가 적용되는 소송

(1) 취소소송과 부작위위법확인소송(행정소송법의 규정)

개별법에서 필요적 전치주의를 채택하였다 하더라도 그 처분의 취소소송과 부작위위법확인소송을 제기할 경우에만 적용되는 것이다. 무효확인소송은 애초부터 법률적으로 아무런 효력이 없는 처분에 대하여 공적으로 그 무효를 확인받기 위한 소송에 불과하여 행정심판을 제기할 필요가 없기 때문에 필요적 전치주의가 적용될 여지가 없다.

다만 무효를 선언하는 의미의 취소소송은 취소소송의 형식을 취하고 있는 이상 취소소송이 갖추어야 할 소송요건을 모두 갖추어야 하므로, 필요적 전치주의가 적용된다.

(2) 제3자의 제소와 행정심판

필요적 전치주의가 적용되는 처분에서 제3자가 소송을 제기할 경우에도 반드시 행정심판을 거쳐야 하는지 문제가 된다.

처분의 상대방이 아닌 제3자는 행정심판 청구기간을 지키기 어렵다는 의미에서 소극설이 없는 것은 아니다. 그러나, 판례는 위와 같은 경우에도 행정소송법 소정의 행정심판을 제기하지 않고 제소할 수 있는 사건에 포함되어 있지 않아 전치주의와 제척기간의 적용을 배제할 수는 없지만, 제3자는 처분이 있음을 곧바로 알 수는 없는 처지이므로 행정심판법 제27조 제3항 소정의 심판청구의 제소기간 내에 처분이 있음을 알았다는 특별한 사정이 없다면 그 제소기간의 적용을 배제하는 같은 조항 단서 소정의 정당한 사유가 있는 때에 해당한다는 입장에 있다.[45] 따라서, 행정심판 청구기간의 준수 여부에서 이러한 사정을 감안하는 것은 별론으로 하고 전치주의의 적용 자체를 배제할 수는 없다.

(3) 재결이나 재결에 따른 처분

앞에서 본 것처럼 심판청구에 대한 재결이 있는 경우에는 해당 재결 및 동일한 처분 또는 부작위에 대하여 다시 심판청구를 제기할 수 없다(행정심판법 제51조).

이와 관련하여, 이행재결에 따른 처분의 경우에도 필요적 전치주의가 적용

---

45) 대법원 1989. 5. 9. 선고 88누5150 판결.

되는지 여부가 문제될 수 있다. 그러나, 이 경우에는 이미 스스로 시정할 기회가 주어졌던 것이므로 행정심판을 거칠 필요가 없다고 해석된다.

3. 내 용

가. 소송요건

필요적 전치주의가 적용되는 경우 행정심판의 청구와 재결의 존재는 소송요건이므로, 그것들이 흠결되면 소가 부적법하여 각하를 면치 못한다. 따라서, 법원은 당사자의 주장 여부와 관계없이 필요적 전치 여부에 대하여 직권으로 조사하여야 한다(직권조사사항).

필요적 전치주의가 적용되는 사건에서는 행정심판을 청구하여 재결을 받은 다음 소를 제기하여야 하고 재결이 있기 전에는 원칙적으로 소를 제기할 수 없다. 그러나 소송요건의 판단시점은 변론종결시이므로, 그 전에 재결이 있으면 하자가 치유된다. 결국 행정심판의 청구조차 하지 않고 제기된 소송도 변론종결시까지 전치의 요건을 충족하면 각하할 수 없게 되는 결과가 된다. 실무상으로도 위와 같은 경우 바로 소를 각하하지 않고 재결을 기다린 다음 본안판단을 하는 것이 일반적이다.

나. 적법한 행정심판의 청구

필요적 전치주의는 행정청이 스스로 처분에 존재하는 위법 · 부당을 시정할 기회를 주기 위하여 인정된 것이기 때문에 행정심판의 청구는 적법한 것이어야 한다.

행정심판의 청구가 적법한지 여부는 행정심판의 결과와는 상관없이 법원이 독자적으로 판단하여야 할 문제이다. 그리하여 행정심판위원회가 행정심판 청구가 부적법하다고 각하하였다 하더라도 법원이 판단한 결과 적법한 행정심판의 청구였다면 전치의 요건을 충족한 것이 된다. 반대로 행정심판위원회가 본안판단을 하였더라도 행정심판청구기간이 도과하는 등 부적법한 청구였다면 전치의 요건은 충족하지 못한 것이다.

따라서 행정심판위원회가 보정요구를 할 수 없는 심판청구의 실질적인 내용에 대하여 보정요구를 하고 이에 응하지 않았다는 이유로 그 청구를 각하하는 결정을 하였다면 그 결정이 위법한 것이므로, 그 경우 심판청구에 대한 기각결정이 있었던 것으로 보고 그 다음의 구제수단인 행정소송을 제기할 수 있다.[46]

다. 2단계 이상의 행정심판절차가 있는 경우

필요적 전치주의를 채택하였는데 2단계 이상의 행정심판절차가 있는 경우 이를 모두 이행하여야 하는지에 관하여 문제가 있을 수 있다. 개별법령에서 명문의 규정이 있는 경우에는 그 규정의 취지에 따르면 될 것이므로 큰 문제는 없는데, 2단계 모두 이행하도록 요구하는 것이 보통이다. 명문의 규정이 없는 경우에는 1단계의 행정심판을 거치면 족하다고 해석되고, 2단계 모두 거칠 필요는 없다고 본다. 다만 2단계 모두를 거친 경우 제소기간에서 불이익을 줄 수 없음은 당연하다.

라. 행정심판과 행정소송의 관련성

(1) 인적 관련성

행정심판의 청구인과 행정소송의 원고는 원칙적으로 동일인이어야 할 것이다. 다만 행정소송의 원고가 행정심판 청구인과 동일한 지위에 있거나 그 지위를 실질적으로 승계한 경우나 동일한 처분에 의하여 공동의 법률적 이해관계를 가지는 공동권리자의 1인이 이미 적법한 행정심판을 제기한 경우 등에는 행정심판을 경유하지 않고 행정소송을 제기할 수 있다.[47]

(2) 물적 관련성

행정심판의 대상이 되는 처분과 행정소송의 대상이 되는 처분은 동일하여야 한다. 다만 서로 내용상 관련되는 처분 또는 같은 목적을 위하여 단계적으로 진행되는 처분 중 어느 하나가 이미 행정심판의 재결을 거친 때에는 행정심판을 경유하지 않고 행정소송을 제기할 수 있다(행정소송법 제18조 제3항 제2호).

(3) 주장의 공통 여부

항고소송에서 원고는 전심절차에서 주장하지 않은 공격방어방법을 소송절차에서 주장할 수 있고 법원은 이를 심리하여 행정처분의 적법 여부를 판단할 수 있는 것이므로, 원고가 전심절차에서 주장하지 않은 처분의 위법사유를 소송

---

46) 대법원 1988. 9. 27. 선고 88누3758 판결 참조.
47) 대법원 1986. 10. 14. 선고 83누584 판결.

절차에서 새롭게 주장하였다고 하더라도 다시 그 처분에 대하여 별도의 전심절차를 거쳐야 하는 것은 아니다.48)

따라서 행정심판에서는 처분의 절차적 하자만 주장하였다 하더라도 소송단계에서 실체적 위법을 주장할 수 있다.49)

4. 필요적 전치의 완화

가. 개 관

필요적 전치주의가 적용되는 사건이라고 하더라도 일률적으로 전치를 요구하는 것이 오히려 국민의 권리구제에 불필요한 장애가 되는 경우에는 그 예외를 인정할 필요가 있다. 그리하여 행정소송법 제18조 제2항에서는 행정심판의 청구는 요하나 재결까지 기다릴 필요가 없는 경우를 규정하고, 같은 조 제3항에서는 행정심판의 청구 자체가 필요 없는 경우를 규정하고 있다.

이러한 예외는 어디까지나 취소소송의 원고의 이익을 위한 것이므로 위 각 조항에 해당하여 행정심판을 거칠 필요가 없음에도 불구하고 이를 거쳤다 하더라도 제소기간의 기산점은 재결서 정본의 송달일로 삼아야 한다.

나. 행정심판 재결을 기다릴 필요가 없는 경우: 행정소송법 제18조 제2항

(1) 행정심판청구가 있은 날로부터 60일이 지나도 재결이 없는 때(제1호)

행정심판법 제45조 제1항에서는 피청구인 또는 행정심판위원회가 심판청구서를 받은 날로부터 60일 이내에 재결을 하도록 규정하고 있다. 그 기간이 경과하여도 재결이 없는 경우에는 재결을 기다릴 필요 없이 직접 행정소송을 제기할 수 있다. 이는 행정심판의 재결이 부당하게 지연되는 것을 방지하고 신속한 국민의 권리구제를 도모하기 위한 것이다. 위 60일 경과의 요건은 행정소송을 제기한 때에 충족되어야 하는 것이 원칙이다. 하지만 소송요건은 변론종결시까지 갖추면 그 하자가 치유되는 것이므로, 변론종결시까지 60일 경과의 요건이 충족되어도 무방하다.

---

48) 대법원 1996. 6. 14. 선고 96누754 판결.
49) 같은 취지, 서울행정법원 실무연구회, 행정소송의 이론과 실무, 194면.

(2) 처분의 집행 또는 절차의 속행으로 생길 중대한 손해를 예방하여야 할 긴급한 필요가 있는 때(제2호)

'중대한 손해를 예방하여야 할 긴급한 필요'란 제1호와 관련하여 생각해 보면 60일도 기다릴 수 없는 긴급한 경우를 말할 것이다. 그러나 통상 집행정지의 결정이 있으면 이러한 사유는 해소되므로, 집행정지가 적절하지 않은 거부처분에서 의미가 있을 것이다.

(3) 법령의 규정에 의한 행정심판기관이 의결 또는 재결을 하지 못할 사유가 있는 때(제3호)

이러한 경우로 행정심판위원회가 구성되지 않거나 정족수에 달할 수 없는 때를 생각해 볼 수 있다.

(4) 그 밖의 정당한 사유가 있는 때(제4호)

위에서 열거되지 않은 경우로서 재결을 기다려서는 청구의 목적을 달성하는 것이 불가능하거나 현저히 곤란한 경우 등을 말한다.

다. 행정심판을 청구할 필요가 없는 경우: 행정소송법 제18조 제3항

(1) 동종사건에 관하여 이미 행정심판의 기각재결이 있은 때(제1호)

이는 행정심판을 거치는 것이 무의미한 경우로서, 주로 두 개 이상의 처분에 대하여 상대방이 각기 다른 동종사건에서 문제된다. 여기에서의 동종사건에는 해당 사건은 물론이고, 해당 사건과 기본적인 점에서 동질성이 인정되는 사건도 포함된다. 따라서, 해당 사건에 관하여 다른 사람이 행정심판을 제기하여 그에 대한 기각재결이 있었던 경우뿐만 아니라 해당 사건 자체는 아니더라도 그 사건과 기본적인 점에서 동질성을 인정할 수 있는 다른 사건에 대한 행정심판의 기각재결이 있을 때에도 여기에 해당한다.[50] 그런데, 판례는 아래에서 보는 것처럼 쟁점이 같다는 것만으로는 동종사건으로 인정하지 않고 있다.

❑ **대법원 1992. 11. 24. 선고 92누8972 판결:** 원고와 행정심판을 거친 소외인에게 진료를 요구한 환자가 동일인이라는 것뿐 진료를 요구받은 시간과 장소, 그에 대한 조처내용 및 그를 다른 병원으로 전원하게 된 상황 등이 전혀 다른 경우.

---

50) 대법원 1993. 9. 28. 선고 93누9132 판결.

❑ **대법원** 1994. 11. 8. **선고** 94누4653 **판결**: 재산세 또는 종합토지세는 보유하는 재산에 담세력을 인정하여 과세하는 수익세적 성격을 지닌 보유세로서 그 납세의무는 당해 재산을 보유하는 동안 매년 독립적으로 발생하는 것이므로, 그에 대한 종전 부과처분들과 후행 부과처분은 각각 별개의 처분일 뿐만 아니라, 납세의무자와 과세대상물건이 동일하다고 하더라도, 매년 과세대상물건의 가액의 변동에 따라 그 과세표준도 달라지고, 특히 종합토지세의 경우에는 그 지상 건물의 유무, 면적, 용도, 가액 등의 변동에 따라 그 과세방법(종합합산, 별도합산, 분리과세)이, 납세의무자가 소유하는 전체 토지의 면적이나 가액의 변동에 따라 그 세율이 각 달라지며, 게다가 외국인투자기업의 경우에는 외자도입법의 규정에 의한 조세감면비율이 외국인투자의 인가 또는 등록의 시기, 토지의 취득시기에 따라 매년 달라지는 등 매년 그 세액이 달라짐으로써 그 부과처분에 대한 다툼의 내용도 서로 달라질 가능성이 있으므로, 양 부과처분은 기본적으로 동질성이 있는 사건으로 볼 수 없어 행정소송법 제18조 제3항 제1호 소정의 동종사건에 해당한다고 할 수 없다.

❑ **대법원** 1996. 8. 23. **선고** 96누4671 **판결**: 동일 택지에 관한 전년도분 택지초과소유부담금 부과처분.

❑ **대법원** 2000. 6. 9. **선고** 98두2621 **판결**: 소외인의 건축허가신청과 원고의 이 사건 건축허가신청은 신청지, 신청지의 지목, 건축할 건물의 규모, 용도, 구조 등이 전혀 다르므로 두 사건은 기본적인 점에서 동질성이 인정되는 사건이라고는 할 수 없다.

(2) 서로 내용상 관련되는 처분 또는 같은 목적을 위하여 단계적으로 진행되는 처분 중 어느 하나가 이미 행정심판의 재결을 거친 때(제2호)

이는 주로 동일한 상대방에 대한 두 개 이상의 처분에서 문제될 것이다. 선·후 수개의 처분 중 선행처분과 후행처분이 일련의 발전과정에서 이루어지거나 후행처분이 선행처분의 필연적 결과로서 이루어진 경우에는 선행처분에 대한 행정심판의 재결을 거친 때에는 후행처분에 대하여 별도의 행정심판을 거치지 않아도 소를 제기할 수 있다는 것이다.

비록 형식적으로는 각 처분이 별개라고 하더라도 위법사유나 분쟁의 내용이 서로 공통되어 어느 한 처분에 대하여 행정심판을 경유하면 다른 처분과 관련해서도 처분청에게 재고 또는 시정의 기회를 부여한 것으로 볼 수 있는 경우에는 별도의 행정심판을 거치지 않아도 취소소송을 제기할 수 있도록 함으로써 무용한 절차의 반복을 피하고 행정구제제도의 실효를 거두게 하기 위한 것이다.[51)]

서로 내용상 관련되는 처분의 예로써 당초의 과세처분과 그에 대한 증액경정처분,[52)] 일방에 대한 허가가 타방에 대한 불허가로 귀결될 수밖에 없는 경원관계에 있는 처분을 들 수 있다. 단계적으로 진행되는 처분의 예로는 국세의 부과처분과 가산금의 징수처분이 있다.

이때에도 원칙적으로 선행처분과 후행처분의 처분청은 동일하여야 한다. 대법원은 서울특별시장의 석유류판매업 허가 취소와 소방서장의 주유취급소 설치허가 취소,[53)] 교육감의 초등학교 교사해임처분과 병무청장의 입영명령[54)]에서 위 조항의 적용을 부정하였다.

(3) 행정청이 사실심의 변론종결 후 소송의 대상인 처분을 변경하여 해당 변경된 처분에 관하여 소를 제기하는 때(제3호)

행정소송법 제22조 제1항에서는 행정청이 소송의 대상인 처분을 소가 제기된 후 사실심이 계속 중에 변경한 때에는 그 처분변경에 대응하여 원고의 신청에 의하여 결정으로써 소의 변경이 가능하도록 규정하고 있다(처분변경으로 인한 소의 변경). 이때 같은 조 제3항에 의하여 변경된 처분에 대하여 별도로 행정심판을 거칠 필요가 없다.

위와 같은 경우와 균형을 맞추기 위하여 행정청이 사실심의 변론종결 후 소송의 대상인 처분을 변경한 때에도 그 변경된 처분에 관하여 행정심판을 거칠 필요 없이 소를 제기할 수 있도록 규정한 것이다.

예컨대, 공무원 징계처분에 대하여 재량권 일탈·남용을 이유로 취소판결이 선고되어 판결의 취지에 따라 감경된 처분을 하였는데, 여기에도 불만이 있는 경우 새로운 행정심판을 거칠 필요 없이 바로 소를 제기할 수 있다.

(4) 처분을 행한 행정청이 행정심판을 거칠 필요가 없다고 잘못 알린 때(제4호)

행정청이 해당 처분이 행정심판을 거칠 필요가 없는 것으로 잘못 고지하거나 행정심판을 제기할 수 없다고 잘못 고지한 경우 행정소송의 원고가 될 자는

51) 대법원 2000. 12. 8. 선고 99두1953 판결.
52) 대법원 2013. 2. 14. 선고 2011두25005 판결.
53) 대법원 1989. 10. 10. 선고 89누2806 판결.
54) 대법원 1994. 11. 22. 선고 93누11050 판결.

곧바로 취소소송을 제기할 수 있다. 이 경우 그 고지가 잘못된 것이라는 점을 원고가 알았는지 여부와는 관계가 없다. 이는 처분의 상대방의 행정에 대한 신뢰를 보호하고 행정청의 성실한 고지를 도모하려는 데에 그 취지가 있다. 처분청이 아닌 재결청이 잘못 고지한 경우에도 유추적용할 수 있을 것이다.

잘못된 고지가 있었는지 여부를 판단할 때 반드시 행정조직상의 형식적인 권한분장에 구애될 것이 아니라 담당자의 조직상의 지위와 임무, 해당 언동을 하게 된 구체적인 경위 및 그에 대한 행정심판 청구인의 신뢰가능성에 비추어 실질에 의하여 판단하여야 하므로, 행정심판업무 담당공무원의 잘못된 언동도 여기에 포함된다.[55]

Ⅳ. 특별행정심판

특별행정심판은 행정기관이 심판기관이 되는 행정쟁송절차라는 점에서는 행정심판법에서 정하고 있는 행정심판과 성질을 같이하나, 특별법에 의한 심판이 행해진다는 점에서 일반적인 행정심판과 구별된다. 특별행정심판의 예로는 특허심판(특허법 제7장, 제8장), 조세심판(국세기본법 제7장 이하), 중앙노동위원회의 재심(노동위원회법 제26조), 감사원에 의한 심사청구(감사원법 제3장) 공무원재해보상연금위원회의 심사청구(공무원연금법 제87조)[56] 등을 들 수 있다.

행정심판법은 특별행정심판의 남설을 억제하기 위하여, 사안의 전문성과 특수성을 살리기 위하여 특히 필요한 경우 이외에는 행정심판법상의 행정심판에 갈음하는 특별행정심판을 정할 수 없고(제4조 제1항), 관계 행정기관의 장이 특별행정심판 또는 행정심판법상의 심판절차에 대한 특례를 신설하거나 변경하는 법령을 제정·개정할 때에는 미리 중앙행정심판위원회와 협의하도록 규정하고 있다(제4조 제3항).

특별행정심판의 경우에도 개별법에 필요적 전치로 규정되어 있을 수도 있고 임의적 전치로 규정되어 있을 수 있으므로 그 해석이 중요하다. 조세소송에서의 전치절차, 공무원징계처분에 대한 행정심판, 노동위원회 결정에 대한 행정심판,

---

55) 대법원 1996. 8. 23. 선고 96누4671 판결.

56) 대법원 2019. 8. 9. 선고 2019두38656 판결에서는 공무원재해보상연금위원회의 전신인 공무원연금급여재심위원회의 심사청구를 특별행정심판으로 인정하였다.

국토교통부장관 등의 검사·확인·검정처분에 관한 행정심판이 특히 문제된다.

개별법이 필요적 전치주의를 취하면서 특별행정심판절차를 규정한 경우 그 특별전치절차를 거쳐야 하는 것이지 행정심판법상의 전치절차만 거치게 되면 전치절차를 거쳤다고 할 수 없게 된다. 이때 불필요한 전치절차를 거치다가 제소기간이 도과될 수 있음에 특히 유의하여야 한다. 참고로 다음의 그림은 조세소송에서의 전치절차를 도식화한 것이다.

❑ **대법원 1994. 6. 24. 선고 94누2497 판결:** 지방자치단체의 공공시설에 관한 사용료부과처분을 받은 자는 그 부과 또는 징수에 대하여 이의가 있으면 지방자치법 제131조 제3항, 제4항, 제5항 및 제127조의 규정에 의하여 그 통지를 받은 날로부터 60일 이내에 그 지방자치단체의 장에게 이의신청을 하고 이에 대한 지방자치단체의 장의 결정에 대하여 불복이 있을 때에는 다시 행정심판법상의 행정심판을 청구할 필요 없이 그 결정통지를 받은 날로부터 60일 이내에 관할 고등법원에 행정소송을 제기하여야 한다. 이 사건 사용료부과처분에 관한 원고의 이의신청에 대하여 한 피고의 1992. 12. 21.자 이의신청처리통보를 위 이의신청을 기각하는 재결로 본 다음, 원고가 같은 달 23. 위와 같은 이의신청을 기각한다는 통지를 받고서도 서울특별시장에게 다시 행정심판을 제기하는 등 불필요한 절차를 거치느라 행정소송 제기기간인 60일을 경과한 후에야 이 사건 소를 제기한 이상, 그중 사용료부과처분이 위법하다는 이유로 취소를 구하는 주위적 청구는 이미 제소기간을 도과한 것으로서 부적법하다.

〈국세 부과처분에 대한 불복절차 개요도〉

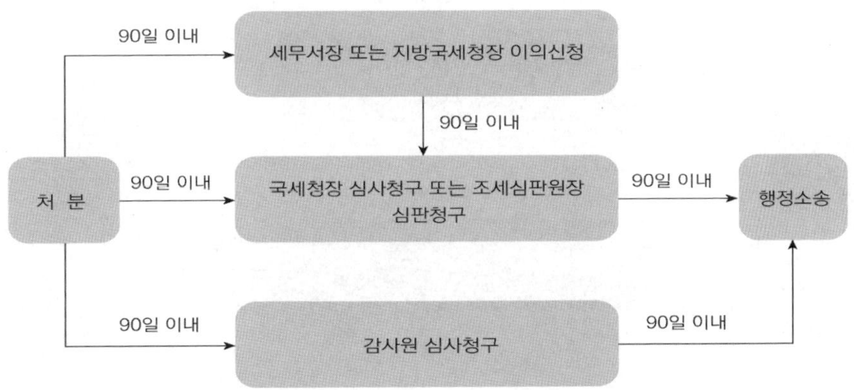

〈도세 부과처분에 대한 불복절차 개요도〉

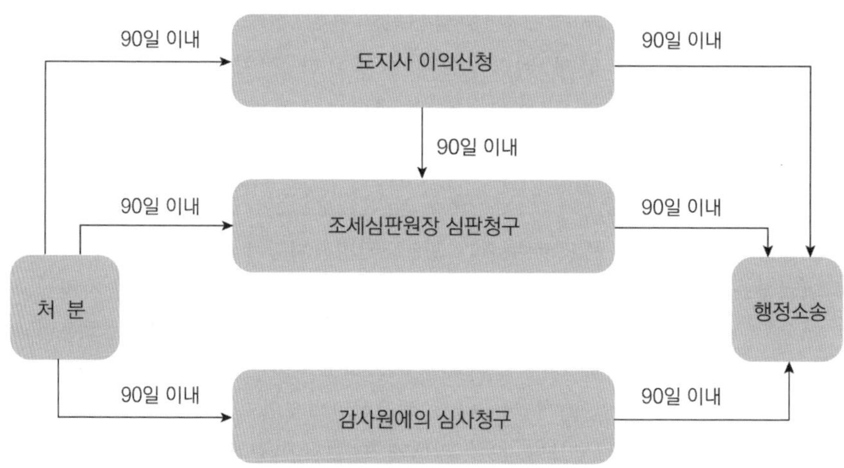

〈시 · 군세 부과처분에 대한 불복절차 개요도〉

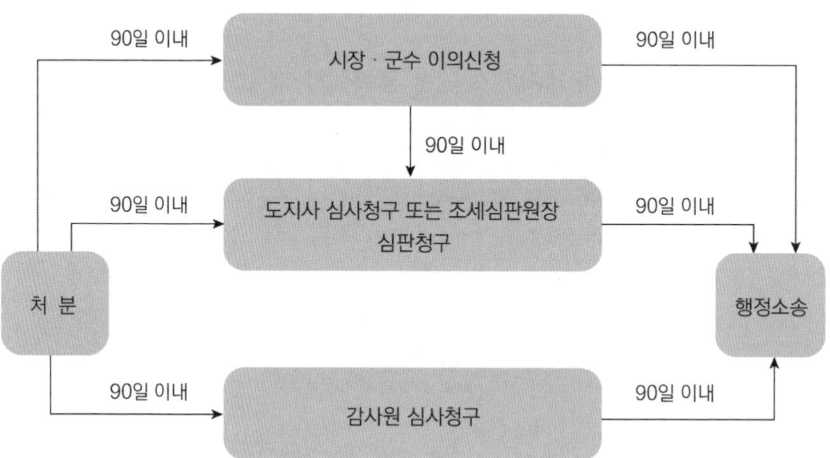

[참고] 행정기본법상 이의신청제도

행정기본법 제36조(처분에 대한 이의신청) ① 행정청의 처분(「행정심판법」 제3조에 따라 같은 법에 따른 행정심판의 대상이 되는 처분을 말한다. 이하 이 조에서 같다)에 이의가 있는 당사자는 처분을 받은 날부터 30일 이내에 해당 행정청에 이의신청을 할 수 있다.
② 행정청은 제1항에 따른 이의신청을 받으면 그 신청을 받은 날부터 14일 이내에 그 이의신청에 대한 결과를 신청인에게 통지하여야 한다. 다만, 부득이한 사유로 14일 이내에 통지할 수 없는 경우에는 그 기간을 만료일 다음 날부터 기산하여 10일의 범위에서 한 차례 연장할 수 있으며, 연장 사유를 신청인에게 통지하여야 한다.
③ 제1항에 따라 이의신청을 한 경우에도 그 이의신청과 관계없이 「행정심판법」에 따른 행정심판 또는 「행정소송법」에 따른 행정소송을 제기할 수 있다.
④ 이의신청에 대한 결과를 통지받은 후 행정심판 또는 행정소송을 제기하려는 자는 그 결과를 통지받은 날(제2항에 따른 통지기간 내에 결과를 통지받지 못한 경우에는 같은 항에 따른 통지기간이 만료되는 날의 다음 날을 말한다)부터 90일 이내에 제1항의 처분(이의신청 결과 처분이 변경된 경우에는 변경된 처분으로 한다)에 대하여 행정심판 또는 행정소송을 제기할 수 있다.
⑤ 행정청은 제2항 또는 다른 법률에 따라 이의신청에 대한 결과를 통지할 때에는 대통령령으로 정하는 바에 따라 제4항에 따른 행정심판 또는 행정소송을 제기할 수 있는 기간 등 행정심판 또는 행정소송의 제기에 관한 사항을 함께 안내하여야 한다. 다만, 이의신청에 대한 결과를 통지하기 전에 이미 신청인이 행정심판 또는 행정소송을 제기한 경우에는 안내하지 아니할 수 있다.
⑥ 다른 법률에서 이의신청과 이에 준하는 절차에 대하여 정하고 있는 경우에도 그 법률에서 규정하지 아니한 사항에 관하여는 이 조에서 정하는 바에 따른다.
⑦ 제1항부터 제6항까지에서 규정한 사항 외에 이의신청의 방법 및 절차 등에 관한 사항은 대통령령으로 정한다.
⑧ 다음 각 호의 어느 하나에 해당하는 사항에 관하여는 이 조를 적용하지 아니한다.

1. 공무원 인사 관계 법령에 따른 징계 등 처분에 관한 사항
2. 「국가인권위원회법」 제30조에 따른 진정에 대한 국가인권위원회의 결정
3. 「노동위원회법」 제2조의2에 따라 노동위원회의 의결을 거쳐 행하는 사항
4. 형사, 행형 및 보안처분 관계 법령에 따라 행하는 사항
5. 외국인의 출입국 · 난민인정 · 귀화 · 국적회복에 관한 사항
6. 과태료 부과 및 징수에 관한 사항

(1) 의의

당사자가 처분에 이의가 있는 경우 처분청에 이의를 신청하는 제도는 행정심판이나 행정소송 전에 간편하게 불복할 수 있는 기회를 제공하려는 것에 제도

적 취지가 있다.57) 그런데, 개별 법령에서는 이의신청제도가 이의신청, 불복, 재심 등 다양한 용어와 형태로 규정되어 있고, 이의신청기간 중에 행정심판이나 행정소송의 제소기간 진행이 정지되는지 여부도 명확하지 않아 공무원과 국민들의 혼란을 야기하고 있었다. 이러한 문제의식에 따라 행정기본법은 처분의 이의신청에 관한 공통적인 방법과 절차를 규정하여 이의신청제도가 실효성 있게 운영되도록 하고, 개별 법령에 이의신청에 관한 내용이 규정되어 있지 않은 경우에도 불복할 수 있는 기회를 제공하여 국민의 권리구제를 강화하기 위하여, 제36조에서 이의신청에 대한 규정을 마련하였다.

행정기본법 제36조 제1항에서는 행정청의 처분에 이의가 있는 당사자는 처분을 받은 날부터 30일 이내에 해당 행정청에 이의신청을 할 수 있다고 규정하고 있으므로, 처분청과 결정기관이 같지 않은 경우에는 여기에서 말하는 이의신청에 포함되지 않고, 개별법령에서 관련 절차를 규정하고 있지 않더라도 이 조항에 근거하여 이의신청을 할 수 있다.

이의신청과 행정심판의 구별에 관하여, 심판기관을 기준으로 처분청에 대하여 재심사를 구하는 것을 이의신청이라고 하고 상급행정기관에 대하여 불복하는 것을 행정심판이라고 구분하는 것이 전통적인 견해이다. 이에 대하여 심판기관과 상관없이 준사법절차가 보장되어 있는지 여부에 따라 구분하는 견해도 있다. 그러나 행정심판과 이의신청은 ① 이의신청을 행정심판법에 따라 행정심판에 해당하거나 행정심판을 대체하는 것인지의 관점(행정심판법 제3조 제1항, 제51조의 해석에 따른 개념범주), ② 헌법 제107조 제3항에 따라 준사법절차를 충족하여야 하는 것인지의 관점(헌법 제107조 제3항의 해석에 따른 개념범주), ③ 행정소송의 전치절차와 제소기간의 특례가 적용되는 것인지의 관점(행정소송법상 행정심판의 전치와 제소기간의 기산점의 해석에 따른 개념범주)에 따라 그 개념의 폭이 달리질 수 있다. 그런데, 여기에서 말하는 이의신청과 행정심판의 관계는 ①의 개념범주에서 문제가 된 것이고, 이의신청과 행정심판의 구별을 심판기관을 기준으로 구별하는 전통적인 견해에 입각하여 입법이 된 것이라고 평가된다.

(2) 이의신청의 대상과 당사자

이의신청의 대상이 되는 처분은 행정심판법 제3조에 따른 '일반행정심판의 대상이 되는 처분'이다. 따라서 특별행정심판으로 취급되거나 행정심판법의 적용이 배제되는 처분은 이의신청의 대상에서 제외하고 있다.[58)]

이의신청은 행정쟁송 전에 처분을 한 행정청에 대하여 불복하는 것으로서, 행정기본법은 처분을 한 행정청이 아닌 상급 행정기관 또는 제3의 기관(재결청)에 불복하는 행정심판 또는 특별행정심판과 구별하기 위하여 처분의 '당사자'만 이의신청을 할 수 있도록 하고 '이해관계인'을 제외하고 있다. 이해관계인인 제3자는 행정심판이나 행정소송을 통하여 권리구제를 받을 수 있는데, 이를 허용할 경우 행정기본법상의 이의신청제도가 남발될 우려가 있는 점, 「민원처리에 관한 법률」의 '거부처분에 대한 이의신청'이나 「공공기관의 정보공개에 관한 법률」의 '비공개 · 부분공개 결정에 대한 이의신청' 등에서도 제3자를 포함시키지 않고 있다는 점 등을 고려한 결과이다.

(3) 이의신청기간과 처리기간

이의가 있는 당사자는 처분을 받은 날부터 30일 이내에 처분청에 이의신청을 하여야 한다(제1항). 이때 ① 신청인의 성명 · 생년월일 · 주소(신청인이 법인이나 단체인 경우에는 그 명칭, 주사무소의 소재지와 그 대표자의 성명)와 연락처, ② 이의신청 대상이 되는 처분의 내용과 처분을 받은 날, ③ 이의신청 이유 등을 적은 문서를 해당 행정청에 제출하여야 한다(시행령 제11조 제1항).

이의신청을 받은 행정청은 제1항에 따른 이의신청을 받으면 그 신청을 받은 날부터 14일 이내에 그 이의신청에 대한 결과를 신청인에게 통지하여야 하되, 부득이한 사유로 14일 이내에 통지할 수 없는 경우에는 그 기간을 만료일 다음 날부터 기산하여 10일의 범위에서 한 차례 연장할 수 있으며, 연장 사유를 신청인에게 통지하여야 한다(제2항). 행정청이 위와 같은 결과를 통지할 때에는 이미 신청인이 행정심판 또는 행정소송을 제기한 경우가 아니라면 행정심판 또는 행정소송을 제기할 수 있는 기간 등 행정심판 또는 행정소송의 제기에 관한 사항을 함께 안내하여야 한다(제5항).

(4) 이의신청과 행정쟁송과의 관계

이의신청은 행정심판이나 항고소송의 필요적 전치절차가 아니므로, 이의신청과 관계없이 행정쟁송을 제기할 수 있다(제3항).

그런데, 이의신청절차가 진행 중에 행정심판의 청구기간이나 행정소송 제소기간이 도과하여 국민의 권리구제가 제한되는 문제가 생길 수 있으므로, 이의신청절차 중에 행정심판 · 행정소송의 제소기간을 정지시킬 필요가 있다. 이에 따라 행정기본법 제36조에서는 이를 명확하게 하기 위하여 이의신청에 대한 결과를 통지받은 후 행정심판 또는 행정소송을 제기하려는 자는 통지받은 날 또는 결과를 통지받지 못한 경우 통지기간 만료일 다음 날로부터 90일 이내에 원처분에 대하여 행정심판 또는 행정소송을 제기할 수 있다고 규정하고 있다(제4항).

이의신청은 개별 법률에 ① 이의신청 여부와 관계없이 행정심판을 제기할 수 있다고 명시한 경우, ② 이의신청 외에 행정심판을 제기할 수 없다고 규정한 경우, ③ 이의신청에 대한 결정 후 행정소송을 제기하여야 한다고 명시한 경우, ④ 아무런 규정도 두지 않은 경우 등 그 입법형식이 다양하다. 앞의 입법형식 중 ①의 경우는 행정심판을 제기할 수 있고, ②, ③의 경우는 행정심판을 제기할 수 없다는 것이 명백하다. 결국 ④의 경우처럼 아무런 규정이 없는 경우가 문제 된다. 이에 대하여 대법원은 개별 법률에 의한 이의신청과 행정심판법에 따른 행정심판청구 중 어느 하나만 거쳐 행정소송을 제기할 수 있을 뿐 아니라 이의신청 후 다시 행정심판을 거쳐 행정소송을 제기할 수도 있다는 입장에 있다.[59]

그런데, 행정심판을 거친 경우 재결서의 정본을 송달받은 날로부터 90일, 재결이 있은 날로부터 1년 이내에 소를 제기하여야 한다는 행정소송법 제20조의 해석과 관련하여, 대법원은 여기에서 말하는 행정심판을 행정심판법상 행정심판과 특별행정심판이라고 한정하고, 「민원처리에 관한 법률」 제35조 제1항에서 정한 거부처분에 대한 이의신청과 같이 이에 해당하지 않는 절차를 거친 경우에는 행정심판을 거친 경우의 제소기간의 특례가 적용된다고 할 수 없다고 판시하였다.[60] 대법원의 위와 같은 해석은 법령에 의해서든 행정청의 호의에 의해서든 제공된 이의신청의 기회를 활용했을 뿐임에도 불구하고 불필요한 이의신청을 거치느라 제소기간을 도과하였으니 행정소송의 기회를 주지 않겠다는 것을 의미하므로, 법적 지식이 부족한 일반 국민으로서는 불의타가 된다는 비판이 있다.[61] 이 조항은 이 문제에 관하여 입법적인 해결을 한 것으로서, 이의신청제도를 행정기본법에 도입하는 핵심적인 사항이고, 바람직한 입법이라고 평가된다.

(5) 개별법령과의 관계 및 적용배제

행정기본법의 이의신청에 관한 조항은 이의신청을 규정한 개별법과 일반법과 특별법의 관계에 있다. 따라서, 개별법에 이의신청이나 이와 유사한 제도가 있으면 그 규정이 우선 적용되고, 개별법에서 규정되지 않은 내용은 행정기본법의 규정이 보충적으로 적용된다(제6항). 따라서, 개별법에서 이의신청 제기 후 행정심판이나 행정소송을 제기하는 경우 제소기간에 대하여 아무런 규정을 두고 있지 않은 경우에는 행정기본법 제36조가 적용된다.

한편, 행정기본법의 이의신청에 관한 조항은 ① 공무원 인사 관계 법령에 따른 징계 등 처분에 관한 사항, ② 국가인권위원회법 제30조에 따른 진정에 대한 국가인권위원회의 결정, ③ 노동위원회법 제2조의2에 따라 노동위원회의 의결을 거쳐 행하는 사항, ④ 형사, 행형 및 보안처분 관계 법령에 따라 행하는 사항, ⑤ 외국인의 출입국 · 난민인정 · 귀화 · 국적회복에 관한 사항, ⑥ 과태료 부과 및 징수에 관한 사항 등에 대해서는 그 적용이 배제된다(제8항).

---

57) 2020. 3. 현재 개별법령에 근거를 두고 있는 이의신청제도는 307개에 이른다고 한다[백옥선, "행정기본법(안)의 이의신청 조항에 대한 검토 및 향후 법적 과제", 법제연구 제59호, 한국법제연구원(2020), 75면]. 이 수치는 특별행정심판을 규정한 법률에서 정한 특별행정심판절차 이전에 거칠 수 있도록 한 이의신청은 제외한 것이라고 하고, 307개 중에는 대통령령에 근거를 둔 것이 57개, 총리령과 부령에 근거를 둔 것이 25개가 포함되어 있다고 한다.

58) 행정심판법 적용이 배제되는 처분의 예로는 공익신고자 보호법 제21조의 보호조치결정, 난민법 제21조의 난민불인정결정, 도로교통법 제165조의 통고처분 등을 들 수 있다.

59) 대법원 2010. 1. 28. 선고 2008두19987 판결.

60) 대법원 2012. 11. 15. 선고 2010두8676 판결.

61) 이에 관한 자세한 사항은 제소기간의 설명부분 참조.

제 7 장

항고소송의 제기

제1절 제소기간

Ⅰ. 개 설

1. 의 의

공법상 법률관계는 공익과 관련되어 있어서 장기간 불안정한 상태에 두게 되면 불특정 다수의 국민에게 피해를 입힐 우려가 있으므로, 처분의 하자를 다툴 수 있는 기간을 제한할 필요가 있다. 제소기간은 이렇게 행정법관계의 안정성을 도모하기 위하여 설정된 것으로서, 제소기간이 도과하게 되면 처분 등의 효력을 더 이상 다툴 수 없게 된다. 제소기간을 어떻게 정하느냐는 입법정책의 문제이고 이에 관해서는 행정소송법 제20조와 개별법에 규정되어 있다.

제소기간의 준수 여부는 소송요건으로서 직권조사사항이므로,[1] 그 기간이 도과된 이후에 제기한 소송은 부적법하여 각하를 면하지 못한다. 또한 제소기간의 성질은 법원이 임의로 늘리거나 줄일 수 없는 불변기간으로서 통상기간과 다르지만, 당사자가 책임질 수 없는 사유로 말미암아 불변기간을 지킬 수 없었던 경우에는 추후보완이 허용되어 사유가 없어진 날부터 2주 이내에 게을리 한 소송행위를 보완할 수 있다(민사소송법 제173조, 예: 상소기간).

1) 소송요건인 제소기간의 준수 여부는 법원의 직권조사사항으로서 취소소송의 대상이 되는 개개의 처분마다 독립적으로 판단하는 것이 원칙이다(대법원 2023. 8. 31. 선고 2023두39939 판결).

제소기간이 도과되었다 하더라도 당사자가 더 이상 처분의 효력을 다툴 수 없는 효력(불가쟁력)만 발생할 뿐 위법한 처분 등이 적법하게 되는 것은 아니다.

2. 소송유형에 따른 제소기간 제한 여부

제소기간의 준수 여부는 취소소송에서 주로 문제가 된다. 무효등 확인소송에는 제소기간의 제한이 없다(행정소송법 제38조 제1항). 제소기간을 둔 입법취지가 행정법관계를 조속히 안정시킬 필요성에 있다고 하더라도 처음부터 효력이 없는 무효인 행정행위에까지 제소기간을 준수하라고 강요하는 것은 법치행정의 원칙상 허용되지 않기 때문이다. 그러나, 무효선언을 구하는 의미의 취소소송은 형식적으로는 취소소송에 해당하므로, 취소소송의 요건을 갖추어야 하기 때문에 제소기간의 규정이 적용된다.

부작위위법확인소송의 소의 경우에는 행정소송법 제38조 제2항에 의하여 제소기간에 관한 같은 법 제20조가 준용되므로 제소기간의 규정이 적용된다. 그러나, 부작위상태가 계속되는 한 언제든지 소의 제기가 가능하고 부작위상태가 해소되면 소의 이익이 없으므로, 제소기간의 준수 여부는 무의미한 것이 된다. 다만 필요적 전치주의가 적용되는 처분에서 재결을 거친 경우는 취소소송과 마찬가지로 재결서 정본을 송달받은 날부터 제소기간이 진행되므로 주의를 요한다. 임의적 전치가 적용되는 처분의 부작위위법확인소송에서 재결을 거친 경우에도 제소기간의 적용을 받는 것인지에 관해서는 견해가 나뉠 수 있지만, 임의적 전치인 이상 전치절차를 거친 경우가 거치지 않은 경우보다 불리하게 취급될 수 없으므로 적용이 없다고 생각된다.

3. 취소소송의 제소기간

취소소송의 제소기간은 행정소송법 제20조에 따라 처분 등이 있음을 안 날로부터 90일, 처분이 있은 날로부터 1년이다. 행정심판을 거친 경우 위 각 기간의 기산일은 재결서 정본을 송달받은 날로 한다. 한편, 개별법에서 제소기간에 관하여 특별규정을 두고 있는 경우 개별법의 해당 규정이 행정소송법 제20조보다 우선 적용된다. 그리고 이 기간은 불변기간이므로 법원이 직권으로 신축할 수 없다.

행정심판법에서는 행정소송법과 달리 행정청이 청구기간을 행정심판법에 규정된 기간보다 긴 기간으로 잘못 알린 경우(오고지)에는 잘못 알린 기간 내에 행정심판을 청구할 수 있고, 행정청이 심판청구기간을 알리지 않은 때(불고지)에는 처분이 있은 날로부터 180일 이내에 행정심판의 청구가 가능하도록 규정하고 있다. 그러나, 오고지 · 불고지에 관한 행정심판청구기간의 특례는 행정소송의 제기에는 적용되지 않는다는 것이 판례이다.[2)]

Ⅱ. 행정심판을 청구하지 않은 경우의 제소기간

1. 제소기간

행정소송법 제20조에 따라 처분이 있음을 안 날로부터 90일, 처분 등이 있은 날로부터 1년을 경과하면 소송을 제기하지 못한다. 위 두 기간 중에 먼저 도래한 날이 경과되면 제소기간이 도과된다는 점에 유의하여야 한다. 기간의 계산은 민법이 준용되므로, 초일은 산입되지 않고, 기간이 끝나는 날이 토요일 또는 공휴일에 해당하면 그 다음날에 만료하게 된다.

2. 처분 등이 있은 날부터 1년

가. 처분 등이 있은 날의 의미

'처분 등이 있은 날'이란 "처분 등의 효력이 발생한 날"을 말한다. 처분은 주체 · 절차 · 형식 · 내용에 관한 요건을 갖추면 적법하게 성립한다. 특히 행정절차법 제24조 제1항 본문에서는 "행정청이 처분을 하는 때에는 다른 법령 등에 특별한 규정이 있는 경우를 제외하고는 문서로 하여야 한다."라고 규정하고 있다.

---

2) 대법원 2001. 5. 8. 선고 2000두6916 판결에서는 그 이유를 다음과 같이 밝히고 있다. 행정심판과 행정소송은 그 성질, 불복사유, 제기기간, 판단기관 등에서 본질적인 차이점이 있고, 임의적 전치주의는 당사자가 행정심판과 행정소송의 유 · 불리를 스스로 판단하여 행정심판을 거칠지 여부를 선택할 수 있도록 한 취지에 불과하므로, 어느 쟁송 형태를 취한 이상 그 쟁송에는 그에 관련된 법률 규정만 적용되는 것이지 두 쟁송 형태에 관련된 규정을 통틀어 당사자에게 유리한 규정이 적용된다고 할 수 없고, 처분시나 그 이후 행정청으로부터 행정심판 제기기간에 관하여 법정 심판청구기간보다 긴 기간으로 잘못 통지받은 경우에 보호할 신뢰 이익은 그 통지받은 기간 내에 행정심판을 제기한 경우에 한하는 것이지 행정소송을 제기한 경우에까지 확대된다고 할 수 없다는 것이다. 참고로 행정소송법 개정시안에서는 오고지의 경우에 행정심판법과 같은 취지의 규정을 두려고 하였었다.

이는 처분 내용의 명확성을 확보하고 처분의 존부에 관한 다툼을 방지하기 위한 것이다.[3] 다만 당사자 등의 동의가 있거나 당사자가 전자문서로 처분을 신청한 경우에는 전자문서로 할 수 있다.[4] 그리고, 공공의 안전 또는 복리를 위하여 긴급히 처분을 할 필요가 있거나 사안이 경미한 경우에는 말, 전화, 휴대전화를 이용한 문자 전송, 팩스 또는 전자우편 등 문서가 아닌 방법으로 처분을 할 수 있다(제1항 후문). 이 경우에도 당사자의 요청이 있는 때에는 지체없이 처분에 관한 문서를 주어야 한다(제2항).

위와 같은 성립요건이 갖추어진 다음 외부에 표시되면 효력이 발생하게 된다. 여기에서 '표시'라 함은 처분을 대외적으로 알리는 것을 말하고, 그 효력발생 여부는 행정청이 행정의사를 공식적인 방법으로 외부에 표시하였는지를 기준으로 판단하여야 한다.

상대방이 특정되어 있는 처분은 외부에 표시되어 상대방이 알 수 있는 상태에 도달함으로써 효력이 발생한다.[5] 행정절차법 제15조 제1항에서는 "송달은 다른 법령 등에 특별한 규정이 있는 경우를 제외하고는 송달받을 자에게 도달됨으로써 그 효력이 발생한다."라고 규정하여 이를 명시하고 있다. 따라서, 처분의 내용이 행정기관 내부에서 결정되었다는 것만으로는 부족하고, 상대방에게 고지되지 않았다면 상대방이 다른 경로를 통하여 처분의 내용을 알게 되었다고 하더라도 효력이 발생하지 않는다.[6]

한편, 일반처분과 같이 불특정 다수인에 대한 처분의 경우에는 통상 관보 · 신문에의 고시 또는 게시판의 공고의 방법 등으로 외부에 그 의사를 표시함으로써

3) 대법원 2005. 7. 28. 선고 2003두469 판결.

4) 전자우편은 물론 휴대전화 문자메시지도 전자문서에 해당한다(대법원 2024. 5. 9. 선고 2023도3914 판결).

5) 대법원 1996. 12. 20. 선고 96누9799 판결. 입국금지결정이 공식적인 방법으로 외부에 표시된 것이 아니라 내부전산망인 '출입국관리정보시스템'에 입력하여 관리한 것에 지나지 않다면 처분으로서의 효력이 발생하지 않는다(대법원 2019. 7. 11. 선고 2017두38874 판결). 다만 경고, 교통신호 등과 같이 표시와 동시에 효력을 발생하는 행정행위도 있다.

6) 피고가 인터넷 홈페이지에 처분의 내용을 게시한 것만으로는 적법한 송달이 이루어졌다고 볼 수 없고, 원고가 그 홈페이지에 접속하여 처분의 내용을 확인하였다고 하더라도 처분의 효력이 발생하는 것은 아니다(대법원 2019. 8. 9. 선고 2019두38656 판결). 또한, 과세관청이 법원에 제출한 답변서 또는 준비서면에서 내부적 결정 사실을 밝혔다거나 납세의무자의 가산세 감면신청에 대하여 가산세 부과가 적법하다는 내용의 통지를 하였더라도 그것을 기한 후 신고에 대한 결정의 통지로 볼 수 없다(대법원 2020. 2. 27. 선고 2016두60898 판결).

효력이 발생한다. 이 경우 효력발생일은 근거법규에 의하여 정해지게 되고 근거법규에서 효력발생일을 정하지 않았다면 대통령령인 행정업무의 운영 및 혁신에 관한 규정 제6조 제3항에 따라 공고 후 5일이 경과한 날 효력이 발생하게 된다.

나. 송　　달

(1) 적용법률

송달은 상대방 및 이해관계인에게 행정절차에 관한 어떠한 사실을 알리고 이에 대한 방어의 기회를 주는 매우 중요한 의미를 가지므로, 민법상의 도달주의로만으로는 송달방법, 적법 여부 등이 불분명하게 되는 경우가 있어서 법적 안정성을 해치게 되므로, 행정절차법 제14조, 제15조에서 송달방법 및 송달의 효력발생 등에 대한 규정을 두게 된 것이다. 그렇지만, 행정절차법이 적용되지 않는 부분은 민법의 일반원칙에 따르게 된다.[7]

한편, 처분의 근거법규에 송달방법 및 장소, 수령인 등에 대하여 특별한 규정을 두고 있는 경우에는 그에 따라야 한다. 참고로 그러한 규정을 두고 있는 법률로서 행정심판법 제57조는 서류의 송달에 관하여 민사소송법을 준용하도록 하고, 국세기본법 제8조 내지 제12조는 송달에 관한 특별한 규정을 두고 있다.

(2) 송달장소

송달장소는 송달받을 자의 주소 · 거소 · 영업소 · 사무소 또는 전자우편주소로 한다. 송달장소가 아니면 다른 곳에서 가족이나 친족이 송달받았다고 하더라도 그 가족이나 친족이 수령권한을 위임받지 않은 이상 적법한 송달이라고 할 수 없다. 반대로 가족이나 친족이 아니더라도 본인으로부터 수령권한을 위임받은 자가 송달장소가 아닌 다른 장소에서 송달받은 경우에는 적법한 송달이 된다.

(3) 재소자 등에 대한 송달

민사소송법 제181조에서는 군사용의 청사 또는 선박에 속하여 있는 사람에게 할 송달은 그 청사 또는 선박의 장에게 하도록 규정하고, 같은 법 제182조에서는 교도소 · 구치소 또는 국가경찰관서의 유치장에 체포 · 구속 또는 유치된 사람에게 할 송달은 교도소 · 구치소 또는 국가경찰관서의 장에게 하도록 규정하고 있다. 그러나, 위 민사소송법상의 특별규정은 처분의 송달에 적용되는 것이 아니

---

7) 법원실무제요(행정), 211-212면.

므로, 상대방의 주소지로 송달해도 무방하다.8)

❑ **대법원 1999. 3. 18. 선고 96다23184 전원합의체 판결:** 국세기본법에는 민사소송법 제169조(피구속자에 대한 송달)와 같은 특별규정이나 민사소송법 중 송달에 관한 규정을 준용하는 규정이 없으므로 구치소 등에 구속된 사람에 대한 납세고지서의 송달은 특별한 사정이 없으면 국세기본법 제8조 제1항에 따라 주소·거소·영업소 또는 사무소로 하면 되고, 이 경우 그 곳에서 송달받을 사람을 만나지 못한 때에는 그 사용인 기타 종업원 또는 동거인으로서 사리를 판별할 수 있는 사람에게 송달할 수 있다.

(4) 수송달자

송달을 받을 자는 본인, 대리인, 수령권한을 명시적·묵시적으로 위임받은 자다. 동거가족이나 고용인은 수령권한을 위임받았다고 보아야 할 경우가 많으므로, 그가 송달받았다면 적법한 송달로 볼 수 있다. 따라서, 가족이라도 별거하는 경우에는 적법한 수령인이라 할 수 없으나, 가족이 아니더라도 생계를 같이하면서 동거하는 경우에는 적법한 수령인이 될 수 있다. 수령인은 성년일 필요는 없으나 사리를 변별할 지능은 있어야 한다.9)

(5) 공시송달

처분의 송달방법은 행정절차법 제14조 제1항에 따라 우편·교부 또는 정보통신망 이용 등의 방법에 의하되 송달받을 자의 주소·거소·영업소·사무소 또는 전자우편주소로 하는 것이 원칙이지만, 송달받을 자의 주소 등을 통상적인 방법으로 확인할 수 없는 경우이거나 송달이 불가능한 경우에는 같은 조 제4항에 따라 송달받을 자가 알기 쉽도록 관보·공보·게시판·일간신문 중 하나 이

8) 법원실무제요(행정), 213면.

9) 근로복지공단을 상대로 유족급여 및 장의비부지급처분취소 청구소송을 제기한 甲에 대하여 우편집배원이 상고기록접수통지서를 송달하기 위해 甲의 주소지에 갔으나 甲을 만나지 못하자 甲과 동거하는 만 8세 1개월 남짓의 딸 乙에게 이를 교부하고 乙의 서명을 받은 사안에서, 소송서류를 송달하는 우편집배원이 乙에게 송달하는 서류의 중요성을 주지시키고 甲에게 이를 교부할 것을 당부하는 등 필요한 조치를 취하였다는 등의 특별한 사정이 없는 한, 그 정도 연령의 어린이 대부분이 이를 송달받을 사람에게 교부할 것으로 기대할 수는 없다고 보이므로 乙에게 소송서류의 영수와 관련한 사리를 분별할 지능이 있다고 보기 어렵기 때문에, 상고기록접수통지서의 보충송달이 적법하지 않다(대법원 2011. 11. 10. 선고 2011재두148 판결).

상에 공고하고 인터넷에도 공고하는 방법도 허용된다. 이때에는 같은 법 제15조 제3항에 의하여 14일이 경과하여야 송달의 효력이 발생하게 된다.

위와 같은 방법으로 공고를 할 때에는 민감정보 및 고유식별정보 등 송달받을 자의 개인정보를 「개인정보 보호법」에 따라 보호하여야 하고(제14조 제5항), 행정청은 송달하는 문서의 명칭, 송달받는 자의 성명 또는 명칭, 발송방법 및 발송 연월일을 확인할 수 있는 기록을 보존하여야 한다(같은 조 제6항).

다. 도 달

(1) 도달의 의미

도달은 상대방 있는 처분의 효력발생요건인 동시에 제소기간의 기산점이라는 의미를 가진다. 도달이라 함은 "상대방이 알 수 있는 상태 또는 양지할 수 있는 상태"를 말한다. 사회관념상 피통지자가 통지의 내용을 알 수 있는 객관적 상태를 의미하므로, 그가 이를 현실적으로 수령하였다거나 그 통지의 내용을 알았을 것까지는 필요로 하지 않는다. 도달은 본인에게 전달되는 것이 원칙적인 모습일 것이나 우편함 투입, 동거의 친족, 가족, 고용인 등에 대한 교부, 본인의 세력범위나 생활지배권 범위 내에 들어간 경우도 도달로 볼 수 있다. 그러나 사망한 사람 명의로 송달받은 것을 가지고 상속인에 대한 송달로서의 효력을 부여할 수는 없다.

❑ **대법원 1983. 8. 23. 선고 82다카439 판결:** 채무자의 가정부가 수령한 직후 한 집에 거주하고 있는 통지인인 채권자가 그 우편물을 바로 회수해 버렸다면 그 우편물의 내용이 무엇인지를 그 가정부가 알고 있었다는 등의 특별한 사정이 없었던 이상 그 채권양도의 통지는 사회관념상 채무자가 그 통지내용을 알 수 있는 객관적 상태에 놓여 있는 것이라고 볼 수 없으므로 그 통지는 피고에게 도달되었다고 볼 수 없다.

(2) 우편법상 배달과의 관계

우편법 제31조는 우편물은 그 표면에 기재된 곳에 배달한다고 규정하고 있다. 그러나 이는 우편물이 배달되면 우편물이 정당하게 교부된 것으로 인정하여 국가의 배달업무를 다하였다는 것을 의미할 뿐 우편물의 송달로써 달성하려고 하는 법률효과까지 발생하게 하는 것은 아니므로, 위 규정에 따라 우편물이 배

달되었다고 하여 언제나 상대방 있는 의사표시의 통지가 상대방에게 도달하였다고 볼 수는 없다.[10)]

우편물이 내용증명우편이나 등기우편과 같이 등기취급의 방법으로 발송된 경우 그것이 도중에 유실되었거나 반송되었다는 등의 특별한 사정에 대한 반증이 없다면, 그 무렵 수취인에게 배달되었다고 추정할 수 있다.[11)] 이와는 달리 보통우편의 방법으로 발송되었다는 사실만으로는 그 우편물이 상당한 기간 내에 도달하였다고 추정할 수 없고, 송달의 효력을 주장하는 측에서 증거에 의하여 이를 증명하여야 한다.[12)]

라. 예외-정당한 사유가 있는 때

행정소송법 제20조 제2항은 "취소소송은 처분 등이 있은 날부터 1년을 경과하면 이를 제기하지 못하나, 정당한 사유가 있는 때에는 그러하지 아니하다."라고 규정하고 있다. 여기에서 '정당한 사유'는 불확정 개념으로서 그 존부는 사안에 따라 개별적·구체적으로 판단하여야 하나, 민사소송법 제173조에 규정된 "당사자가 그 책임을 질 수 없는 사유"나 행정심판법 제27조 제2항에 규정된 "천재, 지변, 전쟁, 사변 그 밖에 불가항력적인 사유"보다는 넓은 개념이라고 풀이되므로, 제소기간도과의 원인 등 여러 사정을 종합하여 지연된 제소를 허용하는 것이 사회통념상 상당하다고 할 수 있는지 여부에 따라 판단하여야 한다.[13)]

이러한 예로서 특정인에 대한 처분이 공고 등의 방법으로 송달된 경우 등이다. 제3자는 처분이 있음을 안 경우에는 90일의 제소기간을 준수하여야 하나, 1년의 제소기간이 적용되는 경우 제3자가 처분이 있는 것을 바로 알 수 있는 처지에 놓여 있지 않으므로 특별한 사유가 없다면 정당한 사유가 있는 것이 된다.

3. 처분 등이 있음을 안 날로부터 90일

가. 처분 등이 있음을 안 날

'처분 등이 있음을 안 날'이란 "해당 처분 등이 있음을 현실적·구체적으로

10) 대법원 1993. 11. 26. 선고 93누17478 판결.
11) 대법원 1992. 3. 27. 선고 91누3819 판결, 대법원 2017. 3. 9. 선고 2016두60577 판결.
12) 대법원 2009. 12. 10. 선고 2007두20140 판결.
13) 대법원 1991. 6. 28. 선고 90누6521 판결.

안 날"을 의미한다. 현실적인 인식이 필요하다는 점에서 처분 등이 있은 날(처분 등을 알 수 있는 상태에 놓인 날)과 구별된다. 그러나, 어떠한 처분이 있었다는 것을 알면 되는 것이지 그 처분의 구체적인 내용이나 그 처분에 위법성이 존재한다는 것까지 알아야 하는 것은 아니다.

처분이 있음을 안다는 것은 당연히 처분의 존재가 전제되는 것이다. 따라서, 처분이 아직 외부적으로 표시되지 않았거나 상대방이 특정되어 있는 처분에서 그 처분이 상대방에게 송달되지 않은 경우에는 원고가 스스로 그 처분의 존재를 알게 되었다고 하더라도 제소기간이 진행되는 것이 아니다. 따라서, 납세자가 과세처분의 내용을 이미 알고 있는 경우에도 납세고지서의 송달이 불필요하다고 할 수 없으므로, 납세고지서의 송달을 받아야 할 자가 부과처분 제척기간이 임박하자 그 수령을 회피하기 위하여 일부러 송달을 받을 장소를 비워 세무공무원이 송달을 받을 자와 보충송달을 받을 자를 만나지 못하자 부득이 사업장에 납세고지서를 두고 왔다고 하더라도 이로써 신의성실의 원칙을 들어 그 납세고지서가 송달되었다고 볼 수는 없다.[14] 또한, 처분청이 인터넷 홈페이지에 처분의 내용을 게시한 것만으로는 적법한 송달이 이루어졌다고 볼 수 없고, 원고가 그 홈페이지에 접속하여 처분의 내용을 확인하였다고 하더라도 처분의 효력이 발생하는 것도 아니다.[15]

나. 앎의 추정

'처분 등이 있음을 안 날'은 당사자가 해당 처분이 있었다는 사실을 '현실적'으로 안 날을 의미하고, 추상적으로 알 수 있었던 날을 의미하는 것이 아니다. 따라서, 처분에 관한 서류가 당사자의 주소지에 적법하게 송달되었다 하더라도 바로 처분이 있음을 알았다고 볼 수는 없는 것이다. 그러나, 사회통념상 처분이 있음을 당사자가 알 수 있는 상태에 놓여진 때에는 그 처분이 있음을 알았다고 사실상 추정된다. 그러므로, 적법한 송달이 있었음에도 알지 못하였다는 것을 원고가 반증하여야 한다.

---

14) 대법원 2004. 4. 9. 선고 2003두13908 판결. 정보공개청구를 하여 사전에 처분의 내용을 미리 알고 있더라도 마찬가지이다(대법원 2014. 9. 25. 선고 2014두8254 판결).

15) 대법원 2019. 8. 9. 선고 2019두38656 판결.

❑ **대법원** 1999. 12. 28. **선고** 99두9742 **판결**: 원고의 주소지에서 원고의 아르바이트 직원이 납부고지서를 수령한 이상, 원고로서는 그때 처분이 있음을 알 수 있는 상태에 있었다고 볼 수 있고, 따라서 원고는 그때 처분이 있음을 알았다고 추정함이 상당하다.

❑ **대법원** 2002. 8. 27. **선고** 2002두3850 **판결**: 원고의 아파트 경비원이 2000. 9. 18. 원고에 대한 과징금부과처분의 납부고지서를 송달받고 같은 해 12. 20. 제기하여 90일의 기간 도과(처분이 있음을 안 날로 볼 수 없으나 앎의 추정) → 원고는 경비원이 위 납부고지서를 수령하였을 때인 2000. 9. 18. 지방에서 단독주택 공사를 하느라 위 납부고지서를 수령하지 못하다가 같은 해 9. 22.에서야 위 아파트로 돌아와 이를 수령하였음(반증의 성공).

다만 송달받을 자의 주소 등을 통상적인 방법으로 확인할 수 없거나 송달이 불가능하여 행정절차법 제14조 제4항에 따라 관보 · 공보 · 게시판 · 일간신문 중 하나 이상에 공고하고 인터넷에도 공고하는 방법으로 송달한 경우에는 같은 법 제15조 제3항에 의하여 14일이 경과하면 처분의 효력을 발생하지만, 처분의 상대방이 그날에 처분을 알았다고 의제하거나 그에 대한 추정도 하지 않는다.

❑ **대법원** 2006. 4. 28. **선고** 2005두14851 **판결**: 행정소송법 제20조 제1항 소정의 제소기간 기산점인 '처분이 있음을 안 날'이라 함은 당사자가 통지, 공고 기타의 방법에 의하여 당해 처분이 있었다는 사실을 현실적으로 안 날을 의미하는바, 특정인에 대한 행정처분을 주소불명 등의 이유로 송달할 수 없어 관보 · 공보 · 게시판 · 일간신문 등에 공고한 경우에는, 공고가 효력을 발생하는 날에 상대방이 그 행정처분이 있음을 알았다고 볼 수는 없고, 상대방이 당해 처분이 있었다는 사실을 현실적으로 안 날에 그 처분이 있음을 알았다고 보아야 한다.

다. 수령거절 또는 반환

처분의 상대방이나 정당한 수령권자가 합리적인 이유 없이 처분서의 수령을 거절하거나 반환한 경우에는 적법하게 송달된 것과 같은 효력이 발생하고, 그때부터 '처분 등이 있음을 안 날'의 제소기간이 기산된다고 보아야 할 것이다. 이때 수령의 거절 또는 반환에 정당한 사유가 있는지에 관해서는 이를 행한 상대방 등에게 증명할 책임이 있다.

가령 상대방이 부당하게 등기취급의 방법으로 발송된 처분서의 수취를 거부함으로써 그 내용을 알 수 있는 객관적 상태의 형성을 방해한 경우, 그 제소기간의 기산점은 부당한 수취의 거부가 없었더라면 상대방이 그 내용을 알 수 있는 객관적 상태에 놓일 수 있었던 때(수취거부시)라고 볼 것이다.[16)]

라. 처분에 대한 처리권한이나 수령권한이 있는 제3자가 안 경우

처분에 대한 처리권한이나 수령권한이 명시적이든 묵시적이든 제3자에게 위임되어 있는 경우에는 그 수임인이 처분을 수령한 때 제소기간이 개시된다. 예를 들면, 처분의 상대방이 장기간의 여행 중에 그 처분에 대한 처리권한을 묵시적으로 위임받은 것으로 볼 수 있는 가족이 처분을 수령한 경우이다. 또한, 상호저축은행의 관리인은 상호저축은행의 업무를 집행하고 재산을 관리 · 처분하는 권한을 가진 사람으로서 각종 송달이나 처분 등을 통지받을 권한이 있으므로, 상호저축은행의 관리인에게 영업인가 취소처분을 통지한 경우 그 관리인이 통지를 받은 날 그 취소소송의 제소기간이 개시된다.[17)]

마. 처분의 상대방이 아닌 제3자의 경우

처분의 상대방이 아닌 제3자가 취소소송을 제기하는 경우, 제3자는 처분에 관한 서류를 송달받지 못했을 것이므로, 처분 당시에 그러한 처분이 있었음을 바로 알 수는 없었을 것이다. 따라서, 이 경우 처분이 있음을 안 날로부터 진행되는 제소기간의 준수를 기대하기 어려운 경우가 많을 것이다. 그렇지만, 그 제3자가 처분이 있음을 알았거나 쉽게 알 수 있었던 경우와 같이 제소기간 내에 취소소송의 제기가 가능하였다는 사정이 있는 경우에는 그때로부터 90일 이내에 소를 제기하여야 하고, 이때 제3자가 그 제소기간을 지키지 못하였음에 정당한 사유가 있는지 여부는 문제가 되지 않는다.[18)] 이 경우 제3자가 어떠한 경로로 처분이 있었음을 알았거나 알 수 있었는지에 대해서는 묻지 않는다.

---

16) 대법원 2020. 8. 20. 선고 2019두34630 판결 참조.
17) 대법원 2012. 3. 15. 선고 2008두4619 판결.
18) 행정심판의 청구기간에 관한 대법원 2002. 5. 24. 선고 2000두3641 판결 참조.

바. 고시 · 공고 등에 의하여 효력이 발생하는 처분

불특정 다수인에 대한 처분으로서 관보 · 신문에의 고시 또는 게시판의 공고의 방법 등으로 외부에 그 의사를 표시함으로써 효력이 발생하는 처분에 대해서는 처분의 상대방 개개인이 공고 등이 있었다는 점을 현실로 알았는지를 불문하고 근거법규가 정한 효력발생일에 처분이 있음을 알았다고 보고 그때부터 제소기간이 개시된다. 근거법규에 효력발생일을 정하지 않았다면 대통령령인 행정업무의 운영 및 혁신에 관한 규정 제6조 제3항에 의하여 공고 후 5일이 경과한 날 효력이 발생하게 되고, 그때 처분이 있음을 알았다고 보게 된다. 여기에서 앎이 추정되는 것이 아니라 간주되어 반증을 통한 번복이 불가능하다는 점에 유의하여야 한다.

❑ **대법원** 2007. 6. 14. **선고** 2004**두**619 **판결, 대법원** 2001. 7. 27. **선고** 99**두**9490 **판결 등 다수:** 통상 고시 또는 공고에 의하여 행정처분을 하는 경우에는 그 처분의 상대방이 불특정 다수인이고 그 처분의 효력이 불특정 다수인에게 일률적으로 적용되는 것이므로, 행정처분에 이해관계를 갖는 자가 고시 또는 공고가 있었다는 사실을 현실적으로 알았는지 여부에 관계없이 고시가 효력을 발생하는 날에 행정처분이 있음을 알았다고 보아야 한다.

Ⅲ. 행정심판청구를 한 경우의 제소기간

1. 제소기간

행정심판을 거친 경우에는 재결서의 정본을 송달받은 날로부터 90일, 재결이 있은 날로부터 1년 이내에 소를 제기하여야 한다. 여기에서의 행정심판에는 필요적 전치주의하에서의 행정심판은 물론 임의적 전치주의하에서의 행정심판도 포함된다. 비록 법령상으로는 행정심판의 청구가 금지되어 있으나 행정청이 행정심판을 청구할 수 있다고 잘못 알린 경우에 거친 행정심판도 포함된다.[19] 그

19) 그러나, 이미 제소기간이 지남으로써 불가쟁력이 발생하여 불복청구를 할 수 없었던 경우에는 그 후에 행정청이 행정심판청구를 할 수 있다고 잘못 알렸다고 하더라도 그 때문에 처분 상대방이 적법한 제소기간 내에 취소소송을 제기할 수 있는 기회를 상실하게 된 것은 아니므로 이러한 경우에 잘못된 안내에 따라 청구된 행정심판 재결서 정본을 송달받은 날

러나, 이의절차만 거치면 되는데 법령에 근거 없는 행정심판을 거친 경우와 같이 행정심판의 제기라는 불필요한 절차를 거치느라 제소기간을 도과한 경우 제소기간이 도과된 것으로 보는 것이 판례임을 유의하여야 한다.

2. 재결서 정본을 송달받은 날 등의 의미

행정심판에서의 서류의 송달은 민사소송법 중 송달에 관한 규정이 준용된다(행정심판법 제57조). 따라서, 재결서 정본을 교부송달(본인에게 직접 재결서 정본을 건네줌으로써 송달하는 경우)은 물론 보충송달(근무장소 외의 송달할 장소에서 송달받을 사람을 만나지 못한 때에는 그 사무원, 피용자 또는 동거인으로서 사리를 분별할 지능이 있는 사람에게 재결서 정본을 송달하는 경우), 유치송달(서류를 송달받을 사람 또는 서류를 넘겨받을 사람이 정당한 사유 없이 송달받기를 거부하는 때에는 송달할 장소에 서류를 놓아둠으로써 송달하는 경우), 공시송달 등의 방법으로 송달하는 경우에도 민사소송법이 정한대로 적법하게 송달한 것이 된다.

재결이 있은 날은 재결의 효력이 발생한 날을 의미한다. 그런데, 재결의 효력은 통상의 경우 재결서 정본이 송달되어야 발생하는 것이므로, 실제로는 재결서 정본을 송달받은 날로부터 90일만 의미가 있고, 재결이 있은 날로부터 1년은 의미가 크지 않다.

3. 적법한 행정심판

재결을 기준으로 한 제소기간은 행정심판청구 자체가 부적법한 경우에는 기산할 수 없다. 따라서, 처분이 있음을 안 날부터 90일을 넘겨 행정심판을 청구하였다가 부적법하다는 이유로 각하재결을 받은 후 재결서를 송달받은 날부터 90일 내에 원래의 처분에 대하여 취소소송을 제기한 경우 취소소송의 제소기간을 준수한 것으로 볼 수 없다.[20]

부터 취소소송의 제소기간이 기산되는 것은 아니다(대법원 2012. 9. 27. 선고 2011두27247 판결).

20) 대법원 2011. 11. 24. 선고 2011두18786 판결. 위 판결은 국민건강보험공단이 2009. 9. 2. 甲에게 과징금 부과처분을 하였고 2009. 9. 7. 甲의 동료가 그 처분서면을 수령하였는데, 甲이 그때부터 90일을 넘겨 행정심판을 청구하여 청구기간 경과를 이유로 각하재결을 받았고, 그 후 재결서를 송달받은 때부터 90일 이내에 원처분에 대하여 취소소송을 제기한 사안에 관한 것이다. 위 사안에서 행정심판은 甲이 처분이 있음을 안 날부터 90일을 넘겨

행정심판청구의 적법 여부에 대한 판단은 행정심판위원회가 내린 결론(각하 재결이나 본안판단으로 나아간 것)에 구애받지 않고 법원이 독자적으로 판단한다. 개별법에서 특별행정심판절차를 규정하고 있는 경우에는 그에 따라야만 적법한 행정심판의 청구라 할 수 있다.

행정심판의 청구는 서면행위이기는 하나 엄격한 요식행위라고 보기 어렵고 청구인이 쟁송절차를 잘 알고 있을 것이라고 기대할 수 없으므로, 진정서, 청원서, 이의신청서, 답변서 등 형식 여하를 불문하고 불비한 사항의 보정이 가능하다면 적법한 행정심판의 청구로 본다. 처분청이나 재결청이 아닌 다른 행정기관에 제기한 진정서나 민원서 등도 그것이 행정심판 청구기간 내에 처분청이나 재결청에 송부되어 왔다면 이를 적법한 행정심판청구로 볼 수 있을 것이다. 아울러 행정청이 처분시 행정심판청구서의 제출기관을 잘못 알린 경우에는 심판청구기간의 계산은 최초의 행정기관에 심판청구서가 제출된 때를 기준으로 한다(행정심판법 제23조 제4항).

❑ **대법원** 2000. 6. 9. **선고 98두2621 판결:** 행정심판법 제19조, 제23조의 규정 취지와 행정심판제도의 목적에 비추어 보면 행정소송의 전치요건인 행정심판청구는 엄격한 형식을 요하지 아니하는 서면행위로 해석되므로, 위법 부당한 행정처분으로 인하여 권리나 이익을 침해당한 자로부터 그 처분의 취소나 변경을 구하는 서면이 제출되었을 때에는 그 표제와 제출기관의 여하를 불문하고 이를 행정소송법 제18조 소정의 행정심판청구로 보고, 불비된 사항이 보정가능한 때에는 보정을 명하고 보정이 불가능하거나 보정명령에 따르지 아니한 때에 비로소 부적법 각하를 하여야 할 것이며, 더욱이 심판청구인은 일반적으로 전문적 법률지식을 갖고 있지 못하여 제출된 서면의 취지가 불명확한 경우도 적지 않으나, 이러한 경우에도 행정청으로서는 그 서면을 가능한 한 제출자의 이익이 되도록 해석하고 처리하여야 한다.

개별법에서 행정심판이 임의적 전치이지만 2단계 특별행정심판을 거치도록 규정하고 있는 경우 원고는 임의로 행정심판 자체를 거치지 않고 바로 소송을 제기할 수도 있고, 2단계 모두를 거쳐도 되며 1단계만 거쳐도 무방하다.

청구한 것으로서 부적법하고, 행정심판의 재결이 있은 후에 비로소 제기된 과징금 부과처분에 대한 취소소송 또한 제소기간이 경과한 후에 제기된 것으로서 부적법하다.

❑ **대법원 2002. 11. 26. 선고 2002두6811 판결:** 산업재해보상보험법 제88조 제1항, 제90조 제1항 · 제3항, 제94조 제2항의 규정에 의하면, 보험급여에 관한 결정에 대하여는 심사청구 및 재심사청구를 할 수 있고 다만 재심사청구를 하고자 할 때에는 심사청구를 거쳐 그에 대한 결정의 통지를 받은 날부터 소정의 기간 내에 하여야 한다고 되어 있을 뿐이며 보험급여에 관한 결정에 대하여 불복이 있는 사람이 임의적으로 심사청구를 하여 결정을 받은 경우에 반드시 더 나아가 재심사청구까지 거쳐야 한다고 해석할 법률상의 근거규정이 없으므로, 보험급여에 관한 결정에 대하여 불복이 있는 사람으로서는 산업재해보상보험법상의 심사청구 및 재심사청구를 거치지 아니하고 바로 취소소송을 제기할 수 있고 임의적으로 심사청구 및 재심사청구를 모두 거친 후에 비로소 취소소송을 제기할 수도 있을 뿐만 아니라, 임의적으로 심사청구만을 하여 그 결정을 받은 후 바로 취소소송을 제기할 수도 있는 것으로 해석하여야 할 것인바, 이와 같이 임의적으로 심사청구만을 거친 채 취소소송을 제기할 경우에는 행정소송법 제20조 제1항의 규정에 따라 그 제소기간은 심사청구에 대한 결정의 정본을 송달받은 날로부터 기산하여야 한다.

넓은 의미의 행정심판에는 포함되지만 행정심판법상 행정심판이나 특별행정심판에는 포함될 수 없는 이의신청과 같은 약식의 행정쟁송절차를 거친 경우 제소기간의 기산점을 언제로 잡아야 하는지 문제가 된다. 이 경우 행정심판을 넓은 의미로 해석한다면 처분청에 제기하는 약식의 행정쟁송인 이의신청의 결과가 나온 시점부터 제소기간이 기산되나, 행정심판을 좁은 의미로 파악한다면 이의신청은 불필요한 절차가 되므로, 그 결과를 기다리다가 원래의 처분이 있음을 안 날로부터 90일이 지나게 되면 제소기간이 도과된다는 결과가 된다.

대법원은 취소소송의 제소기간의 기산점이 되는 행정심판은 행정심판법상 행정심판과 특별행정심판을 뜻한다고 전제하고, "공공감사법상의 재심의신청 및 이 사건 감사규정상의 이의신청은 자체감사를 실시한 중앙행정기관 등의 장으로 하여금 감사결과나 그에 따른 요구사항의 적법 · 타당 여부를 스스로 다시 심사하도록 한 절차로서 행정심판을 거친 경우의 제소기간의 특례가 적용된다고 할 수 없다."라고 하면서, 이의신청에 대한 결과통지일이 아니라 원고가 이 사건 처분이 있음을 알았다고 인정되는 날부터 제소기간을 기산하여야 한다고 판시하였다.[21] 아울러 구 민원사무처리에 관한 법률 제18조 제1항(현행 민원처리

에 관한 법률 제35조 제1항)에서 정한 거부처분에 대한 이의신청에도 같은 논리를 적용하였다.[22]

대법원의 이러한 해석은 행정심판이라는 용어를 적용되는 국면에 맞게 해석하였어야 하는데 그러하지 못한 데에서 비롯된 오류라고 생각한다.[23] 행정심판법을 적용할 때에는 그 절차가 행정심판법상 행정심판을 대체하는 것에 해당하는지의 관점에서 파악되어야 하고, 헌법과 행정소송법에서 행정심판을 해석할 때에는 해당 절차가 행정소송의 전심으로 볼 수 있는지의 관점에서 파악되어야 한다.[24]

그런데, 대법원은 행정심판이라는 문구에만 치우쳐 법률해석을 단순하게 하였다는 비판을 면하기 어렵다. 만일 대법원과 같은 해석을 한다면, 법적 지식이 부족한 일반 국민의 입장에서는 입법자가 이의신청절차를 법령 등에 규정하여 그 기회를 활용했음에도 불구하고, 법원이 불필요한 이의신청을 거쳤다고 하면서 행정소송의 기회를 주지 않겠다는 것이 되므로 불의타가 된다. 이는 재판청구권을 최대한 보장하고자 하는 대법원의 그간의 태도와도 모순되는 것이다.

위 대법원 판결은 제소기간을 두게 된 입법취지인 법적 안정성을 확보하기 위하여 위와 같이 해석한 것이라고 선해할 수는 있다. 행정심판은 행정절차이자 행정소송의 전심절차라는 이중적 성격을 가지고 있고, 특히 이의신청은 행정절차적 성격이 더 강한 것이라고 볼 수 있다. 따라서 법률에서 이의신청을 제기할 수 있다고 규정하고 있다면, 이해당사자 그리고 행정청 스스로도 이의신청이 제기되면 자신의 선행적 결정이 종결된 것이 아니라 그에 대한 후속절차가 진행되고 있다고 인식하고 있을 것이므로, 대법원과 달리 판단하여도 법적 안정성을 크게 해하는 것은 아닐 것이다.

---

21) 대법원 2014. 4. 24. 선고 2013두10809 판결.

22) 대법원 2012. 11. 15. 선고 2010두8676 판결. 나아가 위와 같은 이의신청을 받아들이지 않는 취지의 기각결정 또는 그 취지의 통지는 종전의 거부처분을 유지함을 전제로 한 것에 불과하다고 하면서 처분성을 부인하였다. 위 판결에 따르면, 위와 같은 이의신청을 받아들이지 않는 취지의 기각결정 또는 그 취지의 통지는 당초의 거부처분에 대한 행정심판이나 행정소송의 제기에 아무런 영향을 주지 못하고, 위 기각결정 또는 그 취지의 통지 그 자체에 대한 항고소송도 처분성이 부인되어 제기할 수 없다.

23) 자세한 내용은 하명호, '행정심판의 개념과 정의 — 역사적 전개를 중심으로 한 해석론 —', 22-25면 참조.

24) 제정 행정소송법 제2조 제1항에서는 행정심판의 필요적 전치를 규정하면서 다른 법률의 규정에 의하여 소원, 심사의 청구, 이의의 신립 기타 행정청에 대한 불복의 신립을 소원이라고 부르고 그 소원을 거치도록 규정하여, 이를 명확히 하고 있었다.

대법원도 위와 같은 문제점을 인식하였는지, 사안에 따라서는 이의신청에 대한 기각결정을 독립한 처분으로 볼 수 있는 경우도 있다고 판시하기도 하였다. 한국토지주택공사가 택지개발사업의 시행자로서 일정 기준을 충족하는 손실보상 대상자들에 대하여 생활대책을 수립·시행하였는데, 직권으로 생활대책대상자에 해당하지 않는다는 부적격통보를 한 다음 그 이의신청에 대한 재심사 결과로서 생활대책대상자로 선정되지 않았다는 통보를 한 사안에서, 부적격통보는 한국토지주택공사가 신청을 받지 않은 상태에서 자체적으로 가지고 있던 자료를 기초로 일정 기준을 적용한 결과를 일괄하여 통보한 것에 불과하고 그 안에 각 당사자의 개별·구체적 사정을 이의신청을 통하여 추가로 심사하여 고려하겠다는 취지가 포함되어 있다면, 상대방은 이의신청을 통하여 비로소 생활대책대상자 선정에 관한 의견서 제출 등의 기회를 부여받게 되었고 한국토지주택공사도 그에 따른 재심사과정에서 당사자들이 제출한 자료 등을 함께 고려하여 생활대책대상자 선정기준의 충족 여부를 심사하여 재심사통보를 한 것이라고 볼 수 있으므로, 재심사 결과 통보가 독립한 처분으로서 항고소송의 대상이 된다고 하였다.[25)]

한편, 대법원은 행정심판법상 행정심판이나 특별행정심판에 포함될 수 없는 이의신청의 결과가 나온 시점이 제소기간의 기산점이 될 수 없다는 판례의 적용범위를 스스로 한정하는 판결을 선고하기도 하였다. 앞에서 의문이 제기되었던

---

25) 대법원 2016. 7. 14. 선고 2015두58645 판결. 또한, 피고(지방자치단체장)가 원고 소유 토지의 경계확정에 대한 지적재조사위원회의 의결에 따라 지적공부상 면적이 감소되었다는 이유로 조정금 수령 통지(1차 통지)를 하였고, 원고가 소명자료를 첨부하여 이의신청을 하자 피고가 지적재조사위원회의 심의·의결을 거쳐 종전 가격과 동일한 조정금 수령 통지(2차 통지)를 한 사안에서, 원고가 이의신청을 하기 전에는 조정금 산정결과 및 수령을 통지한 1차 통지만 있었고 원고가 신청 자체를 한 적이 없는데, 2차 통지는 단순히 이의신청을 받아들이지 않는다는 내용에 그치는 것이 아니라 조정금에 대하여 1차 통지와 별도로 다시 심의·의결하여 재산정한 결과 그 조정금이 종전 금액과 동일하게 산정되었다는 내용을 알리는 것이어서 새로운 조정금의 통지에 해당하므로, 2차 통지는 1차 통지와 별도로 성립한 처분에 해당한다는 것이다(대법원 2022. 3. 17. 선고 2021두53894 판결). 그리고, 엄밀히 말하면 여기에서 논의하고 있는 쟁점에 관한 판시라고 할 수는 없지만 궤를 같이 하는 판결로서, 같은 내용의 신청을 수차례 할 수 있고 각각의 거부처분이 별개로 성립하므로, 감염병예방법상 예방접종 피해에 대한 손실보상 청구가 거부된 후 위 법령에 이의신청에 관한 규정이 없고 민원 처리에 관한 법률상 이의신청 기간이 도과되었음에도 불구하고, 이의신청이라는 제목으로 다시 제기한 손실보상 청구가 거부되었다면, 위 이의신청은 기존의 거부처분에 대한 불복이 아니라 새롭게 제기한 손실보상의 신청이고 그에 대한 거부행위은 별개의 거부처분이라고 하였는데(대법원 2019. 4. 3. 선고 2017두52764 판결), 이에 따르면 새로운 거부처분이 있는 때로부터 제소기간이 진행하게 된다.

판결들은 이의신청에 대한 기각결정에 대하여 행정쟁송을 제기할 수 있다는 불복방법 안내를 하지는 않았던 사안에 관한 것이라고 전제하고, 만일 이의신청의 기각결정에 대하여 행정절차법 제26조에 따라 행정심판이나 항고소송을 제기할 수 있다고 불복방법을 안내하였다면, 상대방은 그 결정이 처분이라고 인식할 수밖에 없었을 것이고, 그에 따라 제기된 항고소송에서 행정청이 태도를 바꾸어 처분성이 없다고 본안전항변을 한다면 이는 행정절차법 제4조에서 정한 신의성실의 원칙에 어긋난다는 것이라고 하였다. 그렇게 되면 이 경우 그 기각결정을 처분으로 취급하게 될 수밖에 없으므로, 이의신청의 결과가 나온 시점으로부터 제소기간이 진행되는 결과된다.[26)]

그런데, 이러한 문제는 행정기본법이 제정되면서 입법적으로 해결되었다. 행정기본법 제36조 제4항에서는 이의신청에 대한 결과를 통지받은 후 행정심판 또는 행정소송을 제기하려는 자는 통지받은 날 또는 결과를 통지받지 못한 경우 통지기간 만료일 다음 날로부터 90일 이내에 행정심판 또는 행정소송을 제기할 수 있다고 규정하고, 같은 조 제6항에서 개별법에서 이의신청 제기 후 행정심판이나 행정소송을 제기하는 경우 제소기간에 대하여 아무런 규정을 두고 있지 않은 경우에는 행정기본법 제36조가 적용된다고 규정하고 있다. 이는 대법원 판례의 위와 같은 문제점을 인식하고 입법적인 해결을 시도한 것으로서, 이의신청제도를 행정기본법에 도입하는 핵심적인 사항이고, 바람직한 입법이라고 평가된다. 다만 행정기본법 제36조로 말미암아 행정소송법 제20조에서 말하는 재결에는 처분청에 대한 이의신청의 결과가 제외된다고 해석될 수밖에 없다.

Ⅳ. 제소기간과 관련된 특수문제

1. 소제기 전 처분의 변경과 제소기간

처분에 대하여 소를 제기하기 전 행정청이 처분을 변경한 경우 제소기간의

---

26) 대법원 2021. 1. 14. 선고 2020두50324 판결. 같은 맥락에서 행정기본법이 제정된 이후에 선고되었지만 그 시행 전에 제기된 정보공개 거부처분 취소소송에서 청구인이 공공기관의 비공개 결정 등에 대한 이의신청을 하여 공공기관으로부터 이의신청에 대한 결과를 통지받은 후 취소소송을 제기하는 경우 그 제소기간은 이의신청에 대한 결과를 통지받은 날부터 기산한다고 판시하였다(대법원 2023. 7. 27. 선고 2022두52980 판결).

기산점은 행정소송의 대상이 되는 처분을 어느 것으로 볼 것이냐에 따라 달라지게 된다. 처분을 정정한 경우[27]에는 당초의 처분을 기준으로 하고, 변경처분을 한 경우에는 당초의 처분과 변경된 처분의 동일성 유지 여부에 따라 동일성이 유지되는 경우에는 당초의 처분을, 동일성이 유지되지 않은 경우에는 변경처분을 기준으로 제소기간의 준수 여부를 판단하여야 할 것이다.

다만 선행처분의 내용을 변경하는 후행처분이 있다고 하더라도 그것이 선행처분의 주요 부분을 실질적으로 변경하는 것이 아니라 일부만 소폭으로 변경하는 정도에 불과한 경우 선행처분은 후행처분에 의하여 변경되지 않은 범위 내에서 존속하고 후행처분은 선행처분의 내용 중 일부를 변경하는 범위 내에서 효력을 가진다는 것이 판례이다.[28] 이 경우 원고가 선행처분의 취소를 구하는 소를 제기한 후 후행처분의 취소를 구하는 청구를 추가하여 청구를 변경하였다면 후행처분에 관한 제소기간 준수 여부는 후행처분의 발령사정과 청구변경 시점을 기준으로 판단하여야 한다. 이때 당초에 주장하지 않았던 선행처분에만 존재하는 취소사유를 이유로 후행처분의 취소를 청구할 수는 없다.

2. 소의 정정

착오로 기재하였거나 불명확한 청구취지 또는 청구원인을 고치거나 누락된 적용법조를 추가하는 등 당초의 소를 정확하게 하거나 명확하게 하는 것에 불과한 '소의 정정'의 경우에는 소제기시를 기준으로 한다. 이는 소의 변경이라 할 수 없어서 새로운 제소로 보기 어렵기 때문이다.

3. 소의 변경과 제소기간

가. 원칙: 변경시

소송계속 중에 민사소송법에 의한 소변경은 원칙적으로 제소기간 내에 하여야 한다. 그리고, 취소소송 계속 중에 청구취지를 변경하여 기존의 소가 취하되고 새로운 소가 제기된 것으로 변경된 경우 새로운 소에 대한 제소기간의 준수

27) 행정절차법 제25조에서는 "행정청은 처분에 오기·오산 기타 이에 준하는 명백한 잘못이 있는 때에는 직권 또는 신청에 의하여 지체 없이 정정하고 이를 당사자에게 통지하여야 한다."라고 규정하고 있다.

28) 대법원 2012. 12. 13. 선고 2010두20782, 20799 판결.

여부는 소의 변경이 있은 때를 기준으로 하여야 한다.[29] 그렇지만, 소제기 후 소송계속 중에 처분을 변경한 때에는 원고가 처분변경이 있음을 안 날로부터 60일 이내에 법원은 원고의 신청에 의한 결정으로 소를 변경할 수 있다(행정소송법 제22조 제2항). 만약 그 기간을 놓쳤다면 90일 이내에 별소를 제기하는 수밖에 없다. 소송계속 중 관련청구의 병합으로 취소소송을 제기한 경우에도 병합 제기된 때를 기준으로 제소기간을 계산한다.

나. 예 외

행정소송에서 제소기간이 도과되었다는 이유로 소가 부적법하다고 각하하면 당사자에게 너무나 가혹한 결과를 초래하게 된다. 따라서 행정소송법은 제소기간의 소급을 인정하는 명문의 규정을 두고 있고, 그밖에 해석상 제소기간의 소급을 인정할 수 있는 경우도 있다. 이때에는 소의 변경기간에 제약이 없으므로 사실심 변론종결시까지 소의 변경이 가능하게 된다.

첫째, 피고의 경정과 추가의 경우이다. 행정소송법 제14조 제4항은 피고를 잘못 지정한 소에 관하여 피고를 경정하면 새로운 피고에 대한 소송은 처음 소를 제기한 때에 제기된 것으로 보아 제소기간의 소급을 인정하고 있다. 한편 민사소송법 제68조 제3항에도 필수적 공동소송인의 추가의 경우 처음의 소제기시를 기준으로 제소기간 준수 여부를 판단한다.

둘째, 소송종류의 변경의 경우이다. 무효등 확인소송이나 부작위위법확인소송을 취소소송으로 변경하거나 당사자소송을 취소소송으로 변경하는 경우 처음 소를 제기한 때로 소급하여 제소기간의 준수 여부를 판별한다. 이때의 소의 변경에 교환적 변경이 포함된다는 것에는 이론이 없다. 추가적 변경도 포함되는지 여부에 대해서는 논란이 있을 수 있지만 판례는 이를 긍정한다.[30]

나아가 대법원은 행정소송법상 항고소송으로 제기하여야 할 사건을 민사소송으로 잘못 제기한 나머지 그 소송이 수소법원이 그 항고소송에 대한 관할을 가지고 있지 않아 관할법원으로 이송된 후 원고가 취소소송으로 소를 변경한 경우, 그 제소기간의 준수 여부는 원칙적으로 처음에 소를 제기한 때를 기준으로 판단하여야 한다고 판시하였는데,[31] 이는 행정소송법상 소송종류의 변경의 경우

---

29) 대법원 2004. 11. 25. 선고 2004두7023 판결.

30) 대법원 2009. 7. 23. 선고 2008두10560 판결.

를 감안한 것으로 보인다. 그렇다면, 처음부터 수소법원이 관할을 가지고 있는 경우에도 같은 법리가 적용되어야 한다고 생각된다.

셋째, 해석상 제소기간의 소급을 인정하는 경우로서 변경 전후의 청구가 밀접한 관련이 있는 경우이다. 변경 전의 청구에 이미 변경 후의 청구까지 포함되어 있다고 볼 수 있는 경우에는 당초의 소제기시를 기준으로 제소기간의 준수 여부를 판단하여야 한다. 감액처분이나 증액처분이 소송계속 중에 있는 경우 당초의 소제기가 제소기간 내에 이루어졌다면 변경된 처분으로의 소변경이 늦었어도 무방할 것이고,[32] 환지예정지지정처분과 그 처분대로 환지처분이 이루어진 경우 비록 환지처분으로의 소변경이 늦었어도 적법한 소변경으로 보아야 할 것이다. 또한 변경 전의 처분에 대한 취소소송이 적법하게 계속되던 중에 행정청이 처분서면상의 일부 오기를 정정할 수 있음에도 불구하고 직권으로 취소하고 실질적으로 동일한 내용의 처분을 다시 한 경우, 변경 전후의 처분 사이에 밀접한 관련이 있고 변경 전의 처분에 존재한다고 주장되는 위법사유가 변경 후의 처분에도 그대로 존재할 수 있는 관계라면, 변경 후 처분의 취소를 구하는 소변경의 제소기간 준수 여부는 따로 따질 필요가 없다.[33]

제2절 소장의 작성과 답변서의 제출

Ⅰ. 소장의 작성

1. 개 설

행정소송법은 제소의 방식에 관하여 특별히 정한 것이 없다. 그런데 행정소

31) 대법원 2022. 11. 17. 선고 2021두44425 판결. 이 사건의 사안은 토지보상법에 따라 공장이주대책용지의 공급대상자로 선정된 원고는 피고로부터 2019. 1. 16.자로 공장이주대책용지 매매계약을 해제한다는 취지의 이 사건 처분을 통보받고 2019. 2. 26. 이를 다투는 취지의 소를 민사소송으로 잘못 제기한 후, 이 사건 소가 행정소송에 해당하여 관할위반이라는 이유로 관할법원으로 이송하는 결정이 확정된 다음, 원고가 주위적으로 이 사건 처분의 무효확인을, 예비적으로 이 사건 처분의 취소를 구하는 항고소송으로 소를 변경한 것이었다.

32) 대법원 2018. 11. 15. 선고 2016두48737 판결 참조.

33) 대법원 2019. 7. 4. 선고 2018두58431 판결.

송에서도 민사소송과 같이 '소 없으면 재판 없다'는 원칙이 적용되므로, 소의 제기는 소장을 작성하여 법원에 제출하는 방법에 의한다(행정소송법 제8조 제2항, 민사소송법 제248조). 다만, 소액사건심판법에 의한 구술제소는 비록 소가가 소액사건심판법의 적용대상이 되는 소액에 해당하는 당사자소송이라 하더라도 허용되지 않는다고 보아야 할 것이다.

소장의 필요적 기재사항 및 임의적 기재사항, 그 기재양식, 첨부서류 등도 대체로 민사소송의 경우와 같다. 따라서, 소장에는 당사자와 법정대리인, 청구의 취지와 원인을 적어야 하고(민사소송법 제249조 제1항), 소장의 청구원인에는 ① 청구를 뒷받침하는 구체적 사실, ② 피고가 주장할 것이 명백한 방어방법에 대한 구체적인 진술, ③ 입증이 필요한 사실에 대한 증거방법 등을 기재하여야 한다(민사소송규칙 제62조).

2. 당사자의 표시

행정소송에서도 당사자를 민사소송에서와 마찬가지로 '원고', '피고'라고 부른다. 그리고 원고의 표시는 민사소송과 같으나, 항고소송에서의 피고는 '처분을 행한 행정청'이 된다.

항고소송에서 피고는 처분을 행한 행정청만 표시하고, 그 일을 맡고 있는 자연인의 성명이나 주소는 표시하지 않는다. 예를 들면, 「피고 서울특별시장」, 「피고 경기도지방경찰청장」, 「피고 서초세무서장」식으로 기재한다.

보통지방행정청 중 구청장의 경우에는 광역지방자치단체의 이름을 같이 기재하는 예가 더 많고(예: 서울특별시 동작구청장), 군수나 시장의 경우는 광역지방자치단체의 이름을 기재하지 않는 예가 더 많다(예: 평택시장, 해남군수). 그러나 어느 도에 속하는지가 명확하지 않아 그 소속을 밝혀야 하는 경우에는 광역지방자치단체를 기재하는 것이 바람직하다. 면의 경우에도 소속 지방자치단체를 기재하지 않는 예가 있으나, 일반인에게 잘 알려져 있지 않은 면이나 군의 경우에는 소속 지방자치단체를 기재한다(예: 진안군 성수면장, 파주시 적성면장).

특수지방행정청의 경우, 예를 들면 세무서는 세무서장만 표시하고 상급기관은 표시하지 않는다(예: 안양세무서장). 그 밖의 지방행정기관은 그 고유 명칭이 있으므로 그것을 기재하면 될 것이다(예: 동해경찰서장, 서울남부보훈지청장, 경기도

용인시 교육청 교육장, 강릉영림서 양양관리소장 등).

공·사법인의 경우에는 민사소송에서와 같이 대표기관 및 그 성명을 기재하여야 한다.

「한국토지주택공사
대표자 사장 ○○○」

합의제 행정기관의 경우에는 중앙토지수용위원회, 공정거래위원회, 교원소청심사위원회, 방송통신위원회 등을 표기한 다음 줄에 대표기관 및 그 성명을 표기하는 것이 일반적이다.

「공정거래위원회
대표자 위원장 ○○○」

지방의회를 비롯한 각종 의결기구가 예외적으로 처분청이 되는 경우에도 의장을 대표자로 표기한다.

「서울특별시 성북구의회
대표자 의장 ○○○」

3. 청구취지

청구취지의 기재는 민사소송의 경우와 다르지 않다. 다만 형성의 소인 취소소송의 경우에는 '취소한다'라고 표기하여야 하지 '취소하라'로 표시해서는 안 된다(올바른 예: 피고가 2013. 3. 2. 원고에 대하여 한 해임처분을 취소한다).

가집행선고는 항고소송에서는 성질상 가능하지 않다. 당사자소송에서는 가집행을 구하는 것이 보통이다. 과거 행정소송법 제43조에서는 국가를 상대로 한 당사자소송의 경우 가집행선고를 할 수 없다고 규정하고 있었지만, 헌법재판소의 위헌결정으로 이제는 국가를 상대로 한 당사자소송에서도 가집행선고가 가능하다.[34)]

4. 청구원인

청구원인은 간결·명료하게 기재하여야 한다. 침익적 처분의 취소소송에서와 같이 처분의 적법성에 대한 주장·증명책임이 피고 행정청에게 있는 경우라 하더라도, 원고는 청구원인에서 단순히 그 처분이 위법하다는 점만 기재해서는

34) 헌재 2022. 2. 24. 선고 2020헌가12 결정.

안 되고, 구체적인 위법사유를 기재하여야 한다. 대법원 판례에 따르면, 행정소송에서 직권주의적인 요소가 있다고 하더라도 여전히 당사자주의, 변론주의를 그 기본구조로 하고 있으므로 처분의 위법을 들어 그 취소를 청구할 때 직권조사사항을 제외하고는 그 위법된 구체적인 사실을 먼저 주장하여야 하기 때문이다.[35] 따라서 원고가 청구원인에서 주장한 위법사유가 심리의 주된 쟁점이 되고, 원고가 주장하지 않는 사유는 심리대상이 되지 않는다.

Ⅱ. 답변서의 제출

항고소송은 행정의 원활한 수행과 행정법관계의 조속한 안정을 위하여 신속한 재판의 진행과 심리의 적정을 도모할 필요가 있다. 그리하여, 행정소송규칙 제8조 제1항은 취소소송에서 피고가 원고의 청구를 다투는 경우에 민사소송법 제256조 제1항과 같이 소장의 부본을 송달받은 날부터 30일 이내에 답변서를 제출할 의무를 부과하고 있다. 이러한 내용의 답변서 제출의무는 무효등 확인소송, 부작위위법확인소송 및 당사자소송에도 준용된다(행정소송규칙 제18조, 제20조).

답변서에는 ① 사건의 표시, ② 피고의 명칭과 주소 또는 소재지, ③ 대리인의 이름과 주소 또는 소송수행자의 이름과 직위, ④ 청구의 취지에 대한 답변, ⑤ 처분 등에 이른 경위와 그 사유, ⑥ 관계 법령, ⑦ 소장에 기재된 개개의 사실에 대한 인정 여부, ⑧ 항변과 이를 뒷받침하는 구체적 사실, ⑨ 피고의 증거방법과 원고의 증거방법에 대한 의견, ⑩ 덧붙인 서류의 표시, ⑪ 작성한 날짜, ⑫ 법원의 표시 등이 기재되어야 하고(제1항), ⑨에 따른 증거방법 중 증명이 필요한 사실에 관한 중요한 서증의 사본이 첨부되어야 한다(제2항). 위에 어긋나는 답변서가 제출된 때에는 재판장은 법원사무관 등으로 하여금 방식에 맞는 답변서의 제출을 촉구하게 할 수 있고(제3항), 재판장은 필요한 경우 ⑤와 ⑥의 사항을 각각 별지로 작성하여 따로 제출하도록 촉구할 수 있다(제4항).

35) 대법원 1981. 6. 23. 선고 80누510 판결; 대법원 1995. 11. 21. 선고 94누15684 판결; 대법원 1996. 6. 25. 선고 96누570 판결; 대법원 2000. 5. 30. 선고 98두20162 판결 등.

제3절 청구의 병합

Ⅰ. 개 설

행정소송에서도 판결의 모순·저촉을 방지하고 소송경제를 확보하기 위하여 하나의 소로써 수 개의 청구를 하거나(청구의 객관적 병합), 수인이 공동으로 원고가 되거나 수인을 공동으로 피고로 삼아 소를 제기할 필요가 있다(청구의 주관적 병합).

특히 관련청구까지 포함하여 한꺼번에 법원의 판단을 받음으로써 분쟁을 조속히 해결할 필요도 있다. 그리하여 행정소송법은 행정사건에 그와 관련된 민사상의 청구까지 병합할 수 있도록 규정하고 있다(관련청구소송의 병합).

Ⅱ. 행정소송법 제10조 제2항, 제15조의 취지와 민사소송법에 의한 병합의 허용

행정소송법 제10조 제2항에서는 관련청구소송의 병합에 관하여 규정하고,[36] 같은 법 제15조에서는 공동소송에 관하여 규정하고 있다.[37] 이렇게 행정소송법은 청구의 객관적·주관적 병합에 관한 특별규정을 두어 민사소송법과는 다른 요건과 절차를 정하고 있다.

행정소송에서 위 규정에 의한 청구의 병합만 허용되는지 아니면 이에 더하여 민사소송법에 의한 병합도 허용되는지가 문제된다. 실무에서는 행정소송의 성질상 허용될 수 없는 특별한 경우를 제외하고는 민사소송법의 준용에 의한 청구의 병합을 허용하지 않을 이유가 없다고 보아, 위와 같은 행정소송법의 규정에 의한 병합의 요건을 갖추지 못한 경우라도 민사소송법에 의한 청구의 병합요건을 충족하는 이상 이를 허용하고 있다.

---

36) 행정소송법 제10조 제2항에서는 "취소소송에는 사실심의 변론종결시까지 관련청구소송을 병합하거나 피고 외의 자를 상대로 한 관련청구소송을 취소소송이 계속된 법원에 병합하여 제기할 수 있다."라고 규정하고 있다.

37) 행정소송법 제15조에서는 "수인의 청구 또는 수인에 대한 청구가 처분 등의 취소청구와 관련되는 청구인 경우에 한하여 그 수인은 공동소송인이 될 수 있다."라고 규정하고 있다.

Ⅲ. 병합의 여러 형태와 그 허용성

행정소송에서도 민사소송법이 준용되므로 청구의 객관적 병합의 여러 형태인 단순 병합·선택적 병합·예비적 병합이 허용된다. 또한 소송 중의 소인 중간확인의 소도 허용된다.

반소에 관해서는 소송유형에 따라 그 허용 여부가 달라진다. 행정청은 항고소송의 피고가 되는 경우에만 행정소송법 제13조에 의하여 특별히 당사자능력을 부여받은 것에 불과하고 원고가 되는 경우에는 당사자능력이 없다. 따라서 장관이나 지방자치단체장과 같이 법인격이 없는 행정기관이 피고가 된 경우의 항고소송에서는 반소가 허용될 수 없다.[38] 그러나 당사자소송에서는 행정주체가 피고가 되고, 행정주체는 그 자체로서 소송의 당사자능력 및 당사자적격이 있으므로 반소가 허용된다. 항고소송에서 관련청구로 민사상의 청구나 당사자소송이 병합된 경우에도 반소가 허용될 수 있다.

공동소송에 관해서도 통상의 공동소송과 필수적 공동소송이 허용된다. 주관적·예비적 병합의 허용 여부에 관해서는 종래 이를 부정하는 견해가 있었고, 판례도 이를 부정적으로 보았다.[39] 그러나 개정 민사소송법(2002. 1. 26. 법률 제6626호로 개정된 것)이 이를 허용하고 있으므로(민사소송법 제70조) 행정소송에서도 이를 허용하여야 할 것이다. 국가·공공단체와 같은 행정주체(주위적 피고)를 상대로 소를 제기하고자 하는데 그 청구가 각하되거나 기각될 경우를 대비하여 그 소속 행정기관(예비적 피고)에 대하여 소를 제기할 필요성이 있는 경우에 주관적·예비적 병합을 허용할 실익이 있다.

한편 행정소송법 제28조 제3항은 사정판결과 관련하여 주관적·예비적 병합의 허용을 예정하고 있으므로, 행정청을 피고로 한 처분의 취소청구가 사정판결에 의하여 기각될 것에 대비하여 예비적으로 국가·지방자치단체 등을 피고로 한 손해배상청구를 병합할 수 있다.[40]

---

38) 서울행정법원 실무연구회, 행정소송의 이론과 실무, 212면.

39) 대법원 1982. 3. 23. 선고 80다2840 판결(민사소송); 대법원 1996. 3. 22. 선고 95누5509 판결(행정소송).

40) 대법원 1997. 11. 11. 선고 95누4902, 4919 판결.

Ⅳ. 관련청구소송의 병합(행정소송법 제10조 제2항)

1. 요 건

가. 주된 청구인 행정사건에 관련청구의 병합

행정사건에 관련 민사사건이나 행정사건을 병합하는 방식이어야 한다. 반대로 민사사건에 관련 행정사건을 병합할 수는 없다. 행정소송 상호간에는 어느 쪽에 병합해도 상관없다. 따라서 관련청구소송의 이송에서처럼 주된 청구가 어느 것인지를 가려야 할 필요가 없다.

나. 주된 청구의 사실심 계속(후발적 병합의 경우)

관련청구소송의 병합은 원시적 또는 후발적으로 병합이 가능하다. 그런데 후발적으로 병합할 때는 주된 청구가 사실심 변론종결 전이어야 한다(행정소송법 제10조 제2항). 항소심에서의 병합에 대해서는 심급의 이익과 관련하여 상대방의 동의를 요하는지 문제가 되나, 명문의 규정이 없는 이상 동의는 불필요하다고 할 것이다.[41]

다. 적법한 각각의 청구

주된 청구가 소송요건을 갖춘 적법한 소이어야 관련청구소송을 병합할 수 있다. 여기에서 주된 청구소송이 부적법하여 각하되는 경우 관련청구소송을 어떻게 처리하여야 하는지에 관하여 견해의 대립이 있을 수 있다.[42] 관련청구소송의 병합을 인정하는 것은 심리의 중복이나 모순을 제거하기 위한 것이므로 부적법한 주된 청구소송에 관련청구소송을 병합하는 것은 허용될 수 없고 관련청구소송은 부적법하다고 생각할 수 있다. 그러나 관련청구소송의 병합의 입법취지는 그뿐 아니라 당사자의 부담을 경감시키고 편의를 제공하기 위한 것에도 있고 후자가 오히려 주된 목적이라고 생각된다. 따라서 주된 청구소송이 부적법하다고 하더라도 관련청구소송을 각하해 버리는 것보다는 관련청구소송이 독립하여 적법한 요건을 구비하고 있다면 별개의 독립한 소송으로 취급하여 재판하거나

41) 주석 행정소송법, 311면.
42) 이에 관하여 일본에서 엇갈리는 재판례에 관한 자세한 설명은 주석 행정소송법, 308-309면 참조.

관할법원으로 이송하는 것이 바람직하다.[43)]

그러나 대법원은 행정소송법 제44조, 제10조에 의한 관련청구소송의 병합은 본래의 주된 청구소송이 적법할 것을 요건으로 하는 것이어서, 주된 청구소송이 부적법하여 각하되면 그에 병합된 관련청구소송도 소송요건을 흠결하여 부적합하여 각하되어야 한다는 입장에 있다. 이러한 대법원 판결들은 가령 도로관리청이 원인자부담금 부과처분에 의한 부과금 징수를 위하여 압류처분을 하고 이어서 압류등기를 한 경우에 제기된 압류등기의 말소청구소송과 같이,[44)] 관련청구소송이 민사소송인 경우에 판시된 것들이었다.[45)] 위 판결들은 행정법원이 민사소송에 대한 관할이 없다는 입장에 서 있다면 수긍할 점이 없는 것은 아니다.[46)] 그런데 대법원은 더 나아가서 원고들이 사업시행자를 상대로 주된 청구인 영업손실보상금 청구의 소에 관련청구소송으로서 생활대책 대상자 선정신청 거부처분 취소소송, 생활대책 대상자 지위확인소송 등 행정소송으로서 생활대책대상자 선정 관련청구소송을 병합하여 제기한 사안에서도, "영업손실보상금 청구의 소가 재결절차를 거치지 않아 부적법하여 각하되는 이상 이에 병합된 생활대책 대상자 선정 관련청구소송 역시 소송요건을 흠결하여 부적법하므로 각하되어야 한다."라고 판시하였다.[47)]

다만 취소소송 등을 제기한 당사자가 해당 처분 등에 관계되는 사무가 귀속

43) 관련청구소송이 민사소송인 경우 행정법원에서 민사소송을 처리할 수 있다는 견해를 취하면 스스로 독립된 소송으로 취급하여 처리하여야 한다는 결론에 도달하고, 그 반대의 견해를 취한다면 관할이 있는 지방법원으로 이송하여야 할 것이다.

44) 대법원 2001. 11. 27. 선고 2000두697 판결. 그밖에도 주한 미군에 근무하면서 특수업무를 수행하는 한국인 군무원이 국방부장관을 상대로 주된 청구소송으로 직권면직처분 부존재·무효확인의 소에 관련청구소송으로 같은 피고를 상대로 면직일 이후의 보수지급을 구하는 금원지급청구의 소를 병합하여 제기한 사안에서, 대법원은 주된 청구소송은 처분이 아닌 것을 대상으로 한 소송으로서 부적법한 이상 관련청구로서 당사자소송인 금원지급청구소송도 부적법하다고 판시하였다(대법원 1997. 11. 11. 선고 97누1990 판결). 그러나 주된 청구소송이 부적법하더라도 금원지급청구소송에 관하여 행정소송법 제14조에 의한 피고경정신청을 받아들인 다음 독립된 당사자소송으로 취급하는 것이 바람직한 처리였을 것이라고 생각된다.

45) 대법원 1980. 4. 12. 선고 78누90 판결(손해배상 및 부당이득반환청구소송); 대법원 1997. 3. 14. 선고 95누13708 판결(부당이득반환청구소송).

46) 그러나 이미 관할부분에서 살펴본 것처럼 행정법원이 민사사건을 처리할 수 있다고 생각하고 판례도 같은 입장에 있다. 설령 반대의 견해를 취하더라도 관련청구소송을 각하할 것이 아니라 지방법원으로 이송하는 것이 바람직한 처리일 것이다.

47) 대법원 2011. 9. 29. 선고 2009두10963 판결.

되는 국가 또는 공공단체에 대한 당사자소송을 관련청구소송으로써 병합한 경우 위 취소소송 등이 부적법하다더라도 당사자는 위 당사자소송의 병합청구로써 행정소송법 제21조 제1항에 의한 소의 종류의 변경을 할 의사를 아울러 가지고 있었다고 보아야 하므로, 이 경우 법원은 청구의 기초에 변경이 없는 한 당초의 청구가 부적법하다는 이유로 병합된 청구까지 각하할 것이 아니라 병합청구 당시 유효한 소변경의 신청이 있었던 것으로 받아들여 이를 허가하여야 한다.48)

한편, 주된 청구소송과 병합하는 관련청구소송도 전치절차, 제소기간의 준수, 당사자적격 등의 소송유형에 따라 소송요건을 갖추어야 한다. 취소소송에 병합하여 제기된 소가 관련청구소송으로서의 요건을 갖추지 못한 경우에는, 병합제기를 받은 법원이 주된 행정사건과 분리하여 독립된 소로 심리 · 재판할 수 있거나 다른 관할법원으로 이송하여 구제할 수 있는 경우가 아니라면, 부적법하므로 각하하여야 할 것이다.

라. 피고의 동일성 여부

병합된 관련청구소송의 피고는 원래의 소송의 피고와 동일할 필요는 없다. 행정청을 피고로 하는 취소소송에 국가를 피고로 하는 손해배상청구를 병합하는 경우를 예로 들 수 있다. 원고는 민사소송의 경우와는 달리 원시적으로 수인의 피고를 상대로 한 관련청구소송을 병합하여 제소할 수 있을 뿐만 아니라, 후발적으로 사실심 변론종결시까지 피고 이외의 자를 상대로 한 관련청구소송을 병합하여 제소할 수 있다.

그러나, 행정소송법 제10조 제2항에 의하더라도 원고가 피고를 추가할 수

---

48) 대법원 1992. 12. 24. 선고 92누3335 판결. 판례에 의하면, 광주민주화운동관련자 보상심의위원회의 보상금지급신청에 대한 결정은 당사자소송을 제기하기 위한 전치요건에 불과하고 처분이 아니므로, 보상심의위원회를 상대로 위 결정에 대한 항고소송을 제기할 것이 아니라 국가를 상대로 보상금 등의 지급을 구하는 당사자소송을 제기하여야 한다. 위 판결의 사안에서 원고는 당초에 피고 보상심의위원회를 상대로 보상결정의 취소를 구하였다가 위 취소소송을 유지하면서 대한민국을 피고로 보상금 등의 지급을 구하는 소송을 추가적으로 병합하여 제기하였다. 대법원은 위와 같이 법리를 설시하면서, 원고의 피고 보상심의위원회를 상대로 한 취소소송이 부적법하다 하더라도 그에 병합한 피고 대한민국에 대한 청구는 소변경에 해당하므로, 광주보상법 제15조 제2항에 의하여 보상금 지급에 관한 소송의 제소기간은 결정서 정본을 송달받은 날로부터 60일 이내이지만, 위 기간 내에 항고소송을 제기하였다가 나중에 당사자소송으로 변경하는 경우에는 행정소송법 제21조 제4항, 제14조 제4항에 따라 처음부터 당사자소송을 제기한 것으로 보아야 하므로 당초의 항고소송이 적법한 기간 내에 제기된 이 사건의 경우 원고는 당사자소송의 제소기간을 준수한 것이라고 보았다.

있을 뿐, 제3자가 후발적으로 원고로 추가되는 병합청구는 허용되지 않는다.49)

2. 청구절차 및 심리

애초부터 관련청구소송을 병합하여 제기할 경우는 소장에 관련청구까지 포함하여 작성하면 되므로 특별히 어려운 것은 없다. 관련청구소송을 추가적으로 제기하는 경우에는 일종의 소송 중의 소에 해당하므로 소변경서와 같은 서면을 제출하는 방식에 의한다. 새로운 피고가 추가되는 경우에도 같다.

행정사건에 관련청구로서 민사사건인 손해배상이나 부당이득반환청구가 병합될 경우 그 민사사건의 심리에 적용될 법률은 행정소송법이라는 견해도 있으나, 처분의 위법성 부분과 같이 주된 청구와 심리가 공통되는 부분에는 행정소송법이 적용되어야 하지만, 손해배상액이나 부당이득액의 산정과 같이 민사소송 고유의 심리방법에 의하여야 하는 부분은 민사소송법이 적용된다.50)

취소소송에 관련청구로 병합된 해당 처분의 취소를 선결문제로 하는 부당이득반환청구가 인용되기 위해서는 그 소송절차에서 판결에 의하여 해당 처분이 취소되면 충분하고 그 처분의 취소가 확정되어야 하는 것은 아니다.51)

제4절 소의 변경

Ⅰ. 서 론

'소의 변경'은 소송이 계속된 뒤에 원고가 같은 피고에 대한 본래의 청구를 변경하는 것을 말한다. 소의 변경에는 종래의 청구를 그대로 두고 별개의 청구를 추가하는 형태의 '추가적 변경'과 종래의 청구에 갈음하여 새로운 청구에 대한 심판을 구하는 형태의 '교환적 변경'이 있다. 민사소송에서 소의 변경은 소송절차를 현저히 저해하지 않는 경우 청구의 기초의 변경이 없는 범위 내에서 소

49) 민사소송법 제70조의 준용에 의하여 원고를 예비적 또는 선택적으로 추가 병합하는 것은 가능할 것이다.

50) 법원실무제요(행정), 274면.

51) 대법원 2009. 4. 9. 선고 2008두23153 판결.

송물의 변경만 허용된다.

그러나, 행정소송에서는 민사소송법이 준용됨에 따라 민사소송법에서 인정되고 있는 소의 변경뿐만 아니라 피고의 변경을 포함하는 '소의 종류의 변경'(행정소송법 제21조)과 소송목적물의 변경이 따르는 '처분변경으로 인한 소의 변경'(행정소송법 제22조)도 특별히 허용된다.

Ⅱ. 소의 종류의 변경

1. 의 의

가. 입법취지

행정소송은 그 종류가 다양하고 각 소송유형별로 특유한 소송요건이 있으므로 원고가 소의 종류를 잘못 선택할 가능성이 높다. 이 경우 소의 종류의 변경을 허용하지 않는다면 행정소송의 권리구제기능은 제대로 발휘되기 힘들 것이다. 이와 같이 행정소송에서도 소의 변경을 허용할 필요가 있고 피고의 변경이 수반되는 경우도 있으므로, 행정소송법은 민사소송의 소변경에 대한 특례를 인정하고 있다. 그럼으로써 같은 목적을 달성하기 위하여 신소를 추가적으로 병합함과 동시에 구소를 취하하는 데 따르는 번거로움을 덜 수 있다.[52]

나. 종 류

소의 종류의 변경에는, ① 항고소송과 당사자소송 사이의 변경과 ② 동일한 항고소송 내에서의 취소소송, 무효등 확인소송, 부작위위법확인소송 사이의 변경이 있다(행정소송법 제21조 제1항, 제37조, 제42조).

2. 요 건

가. 사실심에 계속되고 변론종결 전일 것

이 경우의 소의 변경은 소송이 부적법하더라도 각하되기 전이면 가능하다. 제1심과 항소심을 포함하나 법률심인 상고심에서는 허용되지 않는다.

---

52) 구소가 취하되어도 병합된 신소에 대하여 해당 법원이 심리·재판할 수 있다.

나. 청구의 기초의 동일성

변경 전후의 소 사이에 청구의 기초에 변경이 없어야 한다. 청구의 기초에 변경이 있는지 여부에 관한 구체적 기준은 판례가 형성되면서 밝혀질 일이나, 변경 전의 소로써 달성하려던 권리구제와 동일한 기반에서 다른 청구로 변경하는 경우에 청구의 기초가 같다 할 것이다.[53] 청구의 대상인 처분 등이나 부작위 자체가 다른 경우에는 청구의 기초가 같다고 할 수 없을 것이다.[54]

이 요건은 전혀 다른 소로 변경이 됨으로써 변경 전의 소를 기준으로 공격방어방법을 준비하였던 피고가 불의의 타격을 받는 것을 방지하기 위한 것이므로, 피고가 소변경에 동의하거나 변경 후 소에 응소하게 되면 문제가 되지 않는다.

다. 소변경의 상당성

민사소송에서의 소의 변경은 '소송절차를 현저하게 지연시키지 않을 것'을 요구하나, 행정소송에서의 소의 종류의 변경은 법원이 상당하다고 인정하면 허용된다. 상당한지 여부는 일률적인 기준을 제시하기 곤란하나 소송자료의 이용가능성, 당사자의 이익, 소송경제(소송의 지연 여부), 새로운 피고에게 입히는 불이익의 정도 등을 종합적으로 고려하여 각 사건마다 구체적으로 판단하여야 한다.[55]

라. 변경되는 신소의 적법성

변경되는 신소 그 자체도 적법한 소송요건을 갖추어야 한다. 예컨대, 당사자소송을 취소소송으로 변경하고자 하는 경우에는 행정심판전치주의, 대상적격 등의 소송요건을 구비하여야 한다. 다만 제소기간에 관해서는 당사자의 불이익을 회피하기 위하여 처음의 당사자소송을 제기한 때에 항고소송을 제기한 것으로 본다(행정소송법 제42조, 제21조, 제14조 제4항).

---

53) 법원실무제요(행정), 277면에서는, 공무원지위확인청구의 파면취소청구로의 변경을 예로 든다.

54) 대법원 1963. 2. 21. 선고 62누231 판결.

55) 법원실무제요(행정), 278면.

3. 절 차

가. 신청과 의견청취

소의 종류의 변경은 일종의 소송 중의 소제기이므로, 소변경서의 제출로써 한다(민사소송법 제248조). 피고의 변경을 포함하는 소변경의 신청이 있는 경우에는 허가결정에 앞서 새로 피고로 될 자의 의견을 들어야 한다(행정소송법 제21조 제2항). 그러나, 법원은 의견을 진술할 기회를 부여하면 족하는 것이고, 그 의견에 구속되는 것은 아니다.[56]

한편, 원고가 소송유형을 오해하여 소를 제기하였다면, 법원으로서는 권리구제나 소송경제의 측면에 비추어 원고에게 소를 변경할 수 있는 기회를 갖도록 석명권을 적절하게 행사하여야 한다.[57]

나. 요건의 심사 및 허부결정

소의 종류의 변경은 결정으로 허가할 수 있다(행정소송법 제21조 제1항). 위 허가결정은 피고에게 고지하여야 하고, 피고가 변경되는 소변경의 경우에는 허가결정의 정본을 새로운 피고에게 송달하여야 한다(행정소송법 제21조 제4항, 제14조 제2항). 소변경의 신청요건을 직권으로 조사하여 요건이 인정되지 않으면 불허가결정을 하여야 한다. 민사소송에서는 허가를 하는 경우에 별도의 결정을 하지 않고 불허가를 하는 경우에만 불허가결정을 하는 것(민사소송법 제262조, 제263조)과 다르다.

소변경의 허가결정에 대하여 신·구 청구의 피고 모두 즉시항고가 가능하나(행정소송법 제21조 제3항), 불허가결정에 대해서는 독립하여 항고할 수 없고 종국판결에 대한 상소로써만 다툴 수 있다.[58] 적법한 소변경의 신청이 있음에도 불구하고 이에 대하여 아무런 결정을 하지 아니한 채 구 청구에 대해서만 판단한 경우에는 판단유탈의 위법이 있는 것이 된다.[59]

---

56) 법원실무제요(행정), 280면 참조.
57) 대법원 2016. 5. 24. 선고 2013두14863 판결; 대법원 2021. 12. 16. 선고 2019두45944 판결 참조.
58) 대법원 1992. 9. 25. 선고 92누5096 판결.
59) 대법원 1961. 12. 7. 선고 4293민상715, 716 판결; 대법원 1962. 7. 5. 선고 62다222 판결 참조.

4. 허가결정의 효력

피고의 변경을 포함하는 소변경의 허가결정이 있으면, 구 피고는 소송에서 탈퇴된다. 따라서 구 피고의 소송대리인이 신 피고의 소송대리를 계속하기 위해서는 신 피고로부터의 새로운 위임장이 필요하다.[60)]

무효등 확인소송이나 부작위위법확인소송을 취소소송으로 변경하거나 당사자소송을 취소소송으로 변경하는 경우에는 처음에 소를 제기한 때에 소를 제기한 것으로 본다(행정소송법 제21조 제4항, 제14조 제4항). 이때의 소변경에는 교환적 변경뿐만 아니라 추가적 변경도 포함된다. 대법원은 행정심판 재결 후 제소기간 내에 부작위위법확인소송을 제기하였다가 이후 소송과정에서 거부처분 취소소송으로 소를 교환적으로 변경한 후 다시 거부처분 취소소송을 주위적 청구로 하고 부작위위법확인소송을 예비적 청구로 하여 청구취지를 추가적으로 변경한 경우에 뒤에 추가된 부작위위법확인소송도 제소기간 내 제소된 것으로서 적법한 소송에 해당한다고 판시하였다.[61)]

Ⅲ. 처분변경으로 인한 소의 변경

1. 의 의

행정소송이 제기된 후라고 하더라도 처분청[62)]이나 감독청[63)] 또는 행정심판위원회[64)]는 소송의 대상이 된 처분을 변경할 수 있다. 이 경우 새로운 처분에

60) 법원실무제요(행정), 282면.
61) 대법원 2009. 7. 23. 선고 2008두10560 판결.
62) 처분청은 법률에 별도의 근거가 없어도 하자 있는 처분을 직권으로 취소할 수 있고(대법원 1986. 2. 25. 선고 85누664 판결), 하자 없는 처분이라도 이를 존속시킬 필요가 없게 된 사정변경이 생겼거나 중대한 공익상의 필요가 발생한 경우에는 직권으로 이를 철회·변경할 수 있다(대법원 1992. 1. 17. 선고 91누3130 판결).
63) 법령에 근거가 있는 경우에는 상급행정청이 취소·정지권을 행사할 수 있다[정부조직법 제11조 제2항(대통령)·제18조 제2항(국무총리) 및 지방자치법 제188조(지방자치단체장에 대한 주무부장관의 취소·정지권)]. 그러한 근거규정이 없는 경우에 감독청이 일반적인 감독권에 기하여 하자 있는 처분을 직권취소할 수 있는지에 관해서는 부정설과 긍정설이 대립하고 있고, 감독청이 하자 없는 처분을 직권으로 철회·변경할 수 있는지에 관해서는 부정설이 통설이다.
64) 행정심판위원회가 형성재결을 통하여 쟁송의 대상인 처분을 변경한 경우이다.

맞추어 청구를 변경할 경우 소송의 목적물 및 청구의 기초에 변경이 있게 될 수 있으므로, 민사소송법에 의한 청구의 변경이 허용되지 않을 수 있다.

그러나, 이러한 경우에 소의 변경을 인정하지 않는다면 원고는 그에게 책임을 돌릴 수 없는 사유로 무용한 절차를 반복하게 되어 번거로울 뿐만 아니라 소송경제에도 어긋나 행정소송의 권리구제기능이 저하되는 문제가 발생한다. 이러한 점을 고려하여 행정소송법은 처분의 변경으로 인한 소의 변경을 특별히 인정하고 있다(행정소송법 제22조). 처분변경으로 인한 소의 변경은 취소소송 외에 무효등 확인소송 및 당사자소송에서도 인정된다(행정소송법 제38조 제1항, 제44조 제1항).

2. 요　　건

가. 사실심 계속 중 처분의 변경

해당 소송의 대상인 처분이 처분청 등의 직권에 의하여 변경되거나 소송계속 중에 재결에 의하여 당초의 처분이 일부취소되거나 적극적으로 변경된 경우이다.

나. 소변경기간 내일 것

원고가 해당 처분의 변경이 있는 것을 안 날로부터 60일[65] 이내에 소변경을 신청하여야 한다(행정소송법 제22조 제2항).

다. 그 밖의 요건

소변경의 일반적 요건으로서 구 청구가 사실심 변론종결 전이어야 한다. 또한, 변경되는 신 청구가 적법하여야 한다. 이와 관련하여 변경 전의 처분에 대한 행정심판절차를 거쳤으면 변경된 처분에 대해서도 행정심판 전치요건을 갖춘 것으로 본다는 전치요건의 특례가 있다(행정소송법 제22조 제3항).

3. 절　　차

법원은 결정으로 소의 변경을 허가할 수 있다(행정소송법 제22조 제1항). 피고변경에 따른 의견청취 및 정본송달 등에 관한 것 외에는 소의 종류의 변경에서

65) 행정소송법 개정시안에서는 국민의 권리구제의 기회를 확대하기 위하여 60일에서 90일로 늘리려고 하였다.

와 같다. 그러나 위 허가결정에 대해서는 소의 종류의 변경에서와는 달리 즉시 항고에 관한 조항이 없으므로, 독립하여 불복할 수 없다.

소의 변경신청이 부적법한 경우에는 소의 변경을 불허한다는 결정을 할 수도 있고, 결정을 별도로 하지 않고 종국판결 이유 중에서 그 취지를 밝혀도 좋다.[66]

Ⅳ. 민사소송법의 준용에 의한 소의 변경

소의 변경에도 민사소송법이 준용되므로, 민사소송법상 소의 변경도 허용된다.[67] 따라서, 행정소송에서도 청구의 기초에 변경이 없을 것, 소송절차를 현저하게 지연시키지 않을 것, 사실심의 변론종결 전일 것 등의 민사소송법이 정한 요건을 갖춘다면 청구의 취지 또는 원인을 변경할 수 있다(행정소송법 제8조 제2항, 민사소송법 제262조, 제263조).[68] 이 경우 행정소송법상 제소기간의 특례가 적용되지 않으므로, 청구취지를 변경하여 구소가 취하되고 새로운 소가 제기된 것으로 변경되었을 경우 새로운 소에 대한 제소기간의 준수 여부는 소의 변경이 있은 때를 기준으로 하여야 한다.[69]

이와 관련하여 행정소송법상 소의 종류의 변경과 같이 행정소송법상 항고소송으로 제기하여야 할 사건을 민사소송으로 잘못 제기하였는데, 항고소송을 민사소송으로, 민사소송을 항고소송으로 변경하는 것이 가능한 것인지 문제가 된다. 당사자의 권리구제의 충실을 위하여 허용된다고 해석할 필요가 있고, 대법원도 같은 입장에 있는 것으로 이해된다.[70] 나아가 대법원은 이 경우 행정소송법상 소의 종류의 변경과 마찬가지로 그 제소기간의 준수 여부는 원칙적으로 처음에 소를 제기한 때를 기준으로 판단하여야 한다고 판시하였다.[71]

---

66) 법원실무제요(행정), 286면.

67) 대법원 1999. 11. 26. 선고 99두9407 판결.

68) 대법원 2004. 11. 25. 선고 2004두7023 판결 참조.

69) 이 경우에도 앞에서 본 것처럼 변경 전후의 청구가 밀접한 관련이 있어서 해석상 제소기간의 소급을 인정하여야 하는 경우가 있을 수 있다.

70) 대법원 2023. 6. 29. 선고 2022두44262 판결에서는 민사소송에서 항고소송으로의 소 변경이 허용된다는 전제하에서, 공법상 당사자소송과 민사소송 사이의 소 변경을 허용하고 있다.

71) 대법원 2022. 11. 17. 선고 2021두44425 판결. 참고로 행정소송법 개정시안에서는 민사소송과 행정소송 상호간의 소변경을 허용하고, 제소기간도 소급적으로 적용하고자 하였었다.

제5절 행정소송에서의 임시구제

Ⅰ. 개 설

행정소송도 소송법에서 정한 엄격한 절차를 거쳐서 권리구제를 실현하게 되므로, 필연적으로 많은 시일이 소요될 수밖에 없다. 그런데 당사자가 행정소송에서 승소하더라도 그 사이에 분쟁의 대상이 되고 있는 법률관계의 내용이 실현된다거나 처분의 공정력과 집행력으로 인하여 판결을 받기도 전에 집행이 종료된다면, 당사자는 많은 시일과 비용을 들였을 뿐 실질적인 권리구제가 이루어지지 않게 된다. 따라서 판결에 이르기 전이라도 잠정적인 조치로서 임시적인 구제제도가 필요하게 된다. 행정소송법에서는 임시구제제도로서 항고소송이 제기된 경우 처분의 효력을 정지시킬 수 있는 집행정지제도를 특별히 규정하고 있고, 이와 관련하여 항고소송에서도 가처분을 인정할 수 있는지가 문제된다.

항고소송이 제기된 경우 처분의 효력을 정지시킬 것인지의 여부는 입법정책의 문제이다. 독일과 같이 항고소송이 제기되면 원칙적으로 그 처분의 효력이 정지되고 예외적으로 특별한 성질의 처분에 대해서만 처분청 등의 명령으로 집행이 정지되지 않도록 하는 입법례(집행정지의 원칙)가 있는 반면 프랑스나 일본과 같이 집행부정지의 원칙을 채택하는 나라도 있다. 집행부정지의 원칙을 취할 것인지 집행정지의 원칙을 취할 것인지 여부는 입법정책상 행정의 신속성·실효성을 우선시할 것인지 국민의 권리보호를 우선시할 것인지에 의하여 결정된다.

우리나라 행정소송법 제23조 제1항은 취소소송의 제기로 처분 등의 효력이나 그 집행 또는 절차의 속행에 영향을 주지 않도록 규정하고 있어 집행부정지의 원칙을 채택하고 있다.

Ⅱ. 행정소송법상 집행정지제도

1. 의 의

취소소송이 제기된 경우 처분 등이나 그 집행 또는 절차의 속행으로 인하여 생길 회복하기 어려운 손해를 예방하기 위하여 긴급한 필요가 있다고 인정할 때 법원은 당사자의 신청이나 직권에 의하여 집행정지결정을 할 수 있다(행정소송법 제23조 제2항).

처분 등의 집행정지의 성질이 행정작용인지 사법작용인지에 관하여 논의되기도 한다. 행정작용설은 처분 등의 집행정지결정의 성질이 본래 일반 행정작용과 다름없지만 편의상 본안소송이 계속된 법원이 그 권한을 갖는 데 불과하다고 본다. 그러나, 집행정지결정은 원고의 권리보전을 도모하기 위하여 법원이 계쟁처분의 집행을 잠정적으로 정지하는 것이다. 따라서, 이는 형식적으로나 내용적으로나 보전소송절차적인 것이므로 사법작용설이 타당하다.[72]

한편, 집행정지는 본안소송이 종결될 때까지 잠정적으로 처분 등의 효력이나 그 집행 또는 절차의 속행을 정지시키는 것이므로, 민사집행법상의 가처분과 같은 성질을 가진 것이라 할 수 있다. 그러나, 적극적으로 임시의 지위를 정하는 것이 아니라 소극적으로 계쟁처분 등의 효력 내지 집행을 정지시키는 데 불과하므로 소극적인 가처분의 성질과 내용을 갖는다.

❑ **대법원 1985. 7. 30.자 85프4 결정:** 구 행정소송법 제10조에 규정된 가처분은 이미 존재하고 있는 처분의 집행정지를 구하는 것이지 새로운 처분을 요구할 수 있는 것은 아니므로 행정청의 하천공작물설치허가조건에 위반하여 피허가자가 공사를 함으로써 회복할 수 없는 손해를 입을 우려가 있는 자가 그 공사중지명령을 구하는 것과 같은 가처분신청은 허용될 수 없다.

72) 김남진 · 김연태, 행정법Ⅰ, 979면.

2. 적용범위

가. 취소소송과 무효등 확인소송

집행정지에 관한 행정소송법의 규정은 본안소송이 취소소송인 경우에 적용되고, 이 규정은 본안소송이 무효등 확인소송인 경우에도 준용된다(행정소송법 제23조, 제38조 제1항). 행정청 또는 관계인이 무효인 행정행위를 효력이 있다고 우길 수도 있고, 무효인 행정행위의 실행으로 손해를 입힐 수도 있기 때문이다.

그러나 부작위위법확인소송에서는 집행정지결정을 할 수 없다. 위 소송은 행정청의 적극적인 처분을 대상으로 하는 것이 아니라 소극적인 일정한 부작위 상태의 위법성을 확인받으려는 것이므로, 집행정지의 대상으로 삼을 처분이 없어서 성질상 집행정지와는 친하지 않기 때문이다.

나. 거부처분의 경우

각종 신청에 대한 거부처분에 대하여 효력을 정지하더라도 단지 거부처분이 없는 상태(신청 당시의 상태)로 돌아가는 것에 불과하여, 집행정지결정이 있더라도 당사자의 법적 지위에 아무런 변동이 없다. 즉, 당사자가 허가를 받은 것과 같은 상태가 되는 것이 아니다. 따라서 거부처분에 대한 집행정지결정은 신청의 이익이 없어 부적법하다는 것이 대법원 판례의 입장이다. 대법원은 국립학교 불합격처분,[73] 투전기업소허가 갱신불허처분,[74] 교도소장의 접견허가 거부처분,[75] 사단법인 한국컴퓨터게임산업중앙회의 점검필증교부거부처분[76] 등에 대한 집행정지신청을 모두 부적법하다고 판시하였다.

> ❑ **대법원 1995. 6. 21.자 95두26 결정:** 신청에 대한 거부처분의 효력을 정지하더라도 거부처분이 없었던 것과 같은 상태, 즉 거부처분이 있기 전의 신청시의 상태로 되돌아가는 데에 불과하고 행정청에게 신청에 따른 처분을 하여야 할 의무가 생기는 것이 아니므로, 거부처분의 효력정지는 그 거부처분으로 인하여 신청인에게 생길 손해를 방지하는데 아무런 보탬이 되지 아니하여 그 효력정지를 구할 이익이 없다.

---

73) 대법원 1963. 6. 29.자 62두9 결정.

그러나 거부처분이 없는 상태를 유지하는 것만으로도 법적인 이익이 있다면 거부처분의 집행정지를 부적법하다고 보는 것은 옳지 않다. 그리하여 하급심에서는 응시원서접수거부처분의 경우 집행정지가 있으면 일단 시험을 볼 수 있다는 사고하에서 집행정지를 허용한 경우도 있다. 또한 외국인의 체류기간갱신허가의 거부처분 같은 것은 집행정지의 대상이 될 수 있다고 볼 수도 있다.[77]

3. 형식적 요건

가. 집행정지의 이익의 존재

이미 집행이 완료되어 회복이 불가능한 경우 집행정지신청은 신청의 이익이 없어 부적법하게 된다. 예컨대, 철거집행이 완료된 뒤 계고처분에 대한 집행정지를 신청한 것과 같은 경우이다. 그러나 집행이 완료된 경우라도 위법상태가 계속 중이거나 처분의 효력정지로 사실상태를 원상복구할 수 있는 때에는 집행정지가 가능하다. 교도소장의 이송명령,[78] 국립요양원의 퇴원명령 등이 여기에 해당한다.

나. 적법한 본안소송의 계속

집행정지 결정을 하기 위해서는 법원에 본안소송이 적법히 계속 중이어야 한다(행정소송법 제23조 제2항). 이 요건을 구체적으로 살펴보면 다음과 같다.

첫째, 본안소송이 계속 중이어야 한다. 집행정지제도는 행정청의 침익적 행정행위의 취소를 구함과 동시에 그 효력이나 집행 또는 절차의 속행을 일시정지함으로써 신청인의 손해발생가능성을 방지하기 위한 것이므로, 이미 취소소송이 제기되어 본안에 계속 중인 경우에 가능하다. 이 점에서 민사소송법상의 가처분

---

74) 대법원 1992. 2. 13.자 91두47 결정; 대법원 1993. 2. 10.자 92두72 결정.

75) 대법원 1991. 5. 2.자 91두15 결정.

76) 대법원 1995. 6. 21.자 95두26 결정.

77) 일본의 하급심 판결 중에는, 체류기간갱신불허가처분의 효력정지로 인하여 허가 없이 체류하는 권리를 취득하는 것은 아니지만, 신청인이 체류기간이 경과한 후에도 불법체류자로서 당장 추방되지는 않게 되므로 집행정지의 요건을 충족한다고 판시한 것도 있다.

78) 미결수용 중 다른 교도소로 이송된 피고인이 그 이송처분의 취소를 구하는 행정소송을 제기하고 아울러 그 효력정지를 구하는 신청을 제기하여 법원이 위 이송처분의 효력정지신청을 인용하는 결정을 하였고, 이에 따라 신청인이 다시 이송되어 현재 위 이송처분이 있기 전과 같은 교도소에 수용 중이라 하더라도, 이는 법원의 효력정지 결정에 의한 것이어서 그로 인하여 효력정지신청이 그 신청의 이익이 없는 부적법한 것으로 되는 것은 아니다(대법원 1992. 8. 7.자 92두30 결정).

과 차이가 있다. 이는 집행정지만 하여 놓고 본안소송을 제기하지 않을 경우 처분의 효력이 장기간 불안정하게 되어 행정법관계의 안정성을 해할 우려가 있기 때문이다. 그런데, 본안소송의 계속이라는 요건이 집행정지신청의 요건이지만 본안소송보다 집행정지신청이 먼저 있다고 하더라도 기각결정 전에 본안소송을 제기하면 하자가 보완된다고 보는 것이 실무이다.

둘째, 본안소송은 소송요건을 모두 갖춘 적법한 것이어야 한다. 실무에서는 통상 본안소송 및 집행정지신청, 필요적 전치주의가 적용되는 경우의 행정심판청구까지 한꺼번에 동시에 제기하는 경우도 많다.

셋째, 본안소송의 대상과 집행정지신청의 대상은 원칙적으로 동일하여야 한다. 다만 하자의 승계가 인정되는 경우와 같이 연속된 일련의 절차를 구성하는 선행처분과 후행처분이 동일한 법률효과의 발생을 목적으로 하는 경우(예: 집행절차 내에서의 개개의 처분) 또는 목적을 달리하는 별개의 처분이더라도 속행처분이 선행처분의 집행으로서의 성질을 갖는 경우(예: 의무부과처분과 그 집행에 관계된 처분) 등과 같이 선행처분과 후행처분이 밀접한 관련을 맺고 있는 때에는 선행처분의 취소소송을 본안으로 하여 후행처분의 효력, 집행 또는 절차의 속행을 정지할 수 있다.[79] 그러한 예로 체납처분절차 내에서 압류처분의 취소를 본안으로 한 공매절차의 속행정지, 과세처분의 취소를 본안으로 한 체납처분절차의 속행정지 등을 들 수 있다.

4. 실체적 요건

가. 본안청구의 이유 없음이 명백하지 않을 것(소극적 요건: 피신청인 소명)

일본 행정사건소송법에서는 집행정지의 소극적 요건으로서 본안에 대하여 이유가 없다고 보일 때에는 집행정지를 할 수 없다고 규정하고 있다. 반면에 우리나라 행정소송법에서는 이에 관한 명시적인 규정이 없으므로, 본안에 대한 이유 유무(승소가능성)가 집행정지의 요건인지에 관하여 견해가 나뉠 수 있다.[80]

판례는 본안에 대한 이유 유무는 원칙적으로 집행정지 결정단계에서 판단될

79) 법원실무제요(행정), 294면.

80) 이는 본안심리의 선취를 초래하므로 허용될 수 없다는 견해가 유력하다(김남진 · 김연태, 행정법 I, 982면). 참고로 행정소송법 개정시안에서는 판례의 입장을 수용하여 위 요건을 명시하려고 하였었다.

것은 아니라고 하면서도 집행정지사건 자체에 의해서도 신청인의 본안청구가 이유 없음이 명백한 때에는 집행정지를 명할 수 없다는 입장에 있다. 집행정지는 처분에 대한 집행부정지의 원칙의 예외로 인정되는 것이고, 본안에서 원고가 승소할 수 있는 가능성을 전제로 하는 권리보호수단이라는 점을 근거로 한다.[81]

> ❑ **대법원 1994. 10. 11.자 94두23 결정:** 행정처분의 효력정지를 구하는 신청사건에 있어서는 행정처분 자체의 적법 여부는 궁극적으로 본안판결에서 심리를 거쳐 판단할 성질의 것이므로 원칙적으로는 판단할 것이 아니고, 그 행정처분의 효력을 정지할 것인가에 대한 행정소송법 제23조 제2항 소정의 요건의 존부만이 판단의 대상이 되나, 본안소송에서의 처분의 취소가능성이 없음에도 불구하고 처분의 효력정지를 인정한다는 것은 제도의 취지에 반하므로, 효력정지사건 자체에 의하여도 신청인의 본안청구가 이유 없음이 명백할 때에는 행정처분의 효력정지를 명할 수 없다(같은 취지 대법원 1997. 4. 28.자 96두75 결정: 의장불신임동의안이 출석의원 전원의 찬성에 의해 안건으로 채택되어 이의 없이 만장일치로 가결되자 불신임 대상인 의장이 당해 의장불신임결의의 효력정지를 신청한 사안).

그러나, 판례와 같은 태도를 취할 경우 자칫 집행정지절차의 본안소송화를 초래함으로써 집행정지제도의 취지가 몰각될 우려가 있다. 본안청구의 승소가능성이 명백히 없다는 요건은 신청인의 주장 자체에 의하더라도 처분이 위법하다고 볼 수 없거나 행정청의 적극적인 소명에 의하여 피보전권리가 없음이 밝혀진 경우에만 충족된다고 하여야 할 것이다. 따라서 본안소송의 승소가능성은 신청인이 소명책임을 지는 적극적 요건이 아니라 피신청인이 소명책임을 지는 소극적 요건이다.

나. 회복하기 어려운 손해를 예방하기 위하여 긴급한 필요가 있을 것(적극적 요건)

(1) 회복하기 어려운 손해

여기에서 '회복하기 어려운 손해'라고 함은 집행부정지의 원칙을 계속 관철할 경우 권리구제의 의미가 심각하게 훼손되어 본안판결에 의한 권리구제가 무색하게 되는 정도에 이르는 유형·무형의 손해를 말한다.[82] 따라서 사회통념상

81) 대법원 1999. 11. 26.자 99부3 결정.

82) 행정소송법 개정시안에서는 집행정지제도의 활성화를 위하여 '회복하기 어려운 손해'를

금전보상이나 원상회복이 불가능하거나 금전보상으로는 처분을 받은 당사자가 참고 견딜 수 없거나 참고 견디기가 현저히 곤란한 정도에 이르러야 한다.83)

> ❑ **대법원 1992. 4. 29.자 92두7 결정:** 행정소송법 제23조 제2항 소정의 행정처분 등의 효력이나 집행을 정지하기 위한 요건으로서의 '회복하기 어려운 손해'라 함은 특별한 사정이 없는 한 금전으로 보상할 수 없는 손해로서 이는 금전보상이 불능인 경우뿐만 아니라 금전보상으로는 사회관념상 행정처분을 받은 당사자가 참고 견딜 수 없거나 또는 참고 견디기가 현저히 곤란한 경우의 유형, 무형의 손해를 일컫는다.

입영명령, 교도소장의 이송명령, 외국인에 대한 강제퇴거처분, 학생의 퇴학, 정학, 전학 등과 같은 비재산적 처분이 여기에 해당될 가능성이 높으나 비재산적 처분으로 인한 손해라 하더라도 금전보상이나 원상회복이 가능한 손해는 여기에 해당하지 않을 것이다.84)

한편, 과세처분, 토지수용 등 재산적 손해는 금전배상이 가능하므로 원칙적으로 위와 같은 요건을 충족하지 못할 것이다.85) 그러나 재산적 처분이라 하더라도 경제적 손실이나 기업 이미지 및 신용의 훼손으로 인하여 사업자의 자금사정이나 경영 전반에 미치는 파급효과가 매우 중대하여 사업 자체를 계속할 수 없게 되거나 중대한 경영상의 위기를 맞게 될 것으로 보이는 등의 사정이 존재하는 경우에는 집행정지가 인정될 수 있다.86)

(2) 손　해

손해는 개인(법인, 단체 포함)적인 것이어야 하고, 공익상의 것이나 제3자의

'중대한 손해'로 변경하려고 하였었다. 한편, 행정심판에서는 '회복하기 어려운 손해'가 아니라 '중대한 손해'가 요건이다.

83) 대법원 1992. 4. 29.자 92두7 결정.

84) 대법원 1999. 12. 20.자 99무42 결정.

85) 대법원 1982. 7. 24.자 80두5 결정에서는 자동차압류처분의 집행정지신청을 기각하였다. 또한 대법원 2011. 4. 21.자 2010무111 전원합의체 결정에서는 환경영향평가대상지역 및 근접 지역에 거주하거나 소유권 기타 권리를 가지고 있는 사람들이 '4대강 살리기 마스터 플랜' 사업으로 인하여 토지 소유권 기타 권리를 수용당하고 이로 인하여 정착지를 떠나 타지로 이주를 해야 하며 더 이상 농사를 지을 수 없게 되고 팔당지역의 유기농업이 사실상 해체될 위기에 처하게 된다고 하더라도 그러한 손해는 금전으로 보상할 수 있는 손해일 뿐 아니라, 사회관념상 금전보상으로는 참고 견디기가 어렵거나 현저히 곤란한 경우의 유·무형의 손해에 해당한다고 보기 어렵다고 하였다.

86) 대법원 2001. 10. 10.자 2001무29 결정; 대법원 2003. 4. 25.자 2003무2 결정 등.

것은 포함되지 않는다. 영업정지처분 또는 영업과 관련된 위법행위에 대한 과징금부과처분으로 인하여 그 영업소를 이용하는 고객이나 인근주민에게 회복할 수 없는 손해를 입힐 우려가 있다는 이유로 한 집행정지신청은 허용되지 않는다. 또한 공무원 해임처분에 대한 집행정지에서 자신의 해임으로 인하여 공무수행의 지장이 초래된다는 사유는 허용되지 않는다.

(3) 긴급한 필요

'긴급한 필요'라 함은 집행정지의 필요성이 절박하다는 것, 즉 회복하기 어려운 손해의 발생이 절박하여 본안판결을 기다릴 여유가 없다는 것을 의미한다. "처분 등이나 그 집행 또는 절차의 속행으로 인하여 생길 회복하기 어려운 손해를 예방하기 위하여 긴급한 필요"가 있는지 여부는 처분의 성질과 태양 및 내용, 처분상대방이 입는 손해의 성질·내용 및 정도, 원상회복·금전배상의 방법 및 난이 등은 물론 본안청구의 승소가능성의 정도 등을 종합적으로 고려하여 구체적·개별적으로 판단하여야 한다.87)

다. 공공복리에 중대한 영향을 미칠 우려가 없을 것(소극적 요건)

'공공복리에 중대한 영향을 미칠 우려'는 단순히 공익목적의 실현이 방해되거나 지연될 가능성에 그치지 않고 개인에게 회복할 수 없는 손해가 발생하더라도 그것을 참게 할 수밖에 없다는 사정으로서 매우 예외적인 것이라고 해석하여야 한다. 이는 집행정지가 공공에 미치는 영향과 처분의 집행이 신청인에게 가하는 손해를 비교형량하여 결정할 일이다.

처분이 위법하다는 것이 명백한 경우에 이 요건을 들어서 집행정지신청을 배척하는 것은 매우 어려울 것이다. 위법한 처분을 집행하는 것 자체가 공공복리에 부합하지 않기 때문이다.

❑ **대법원 1971. 3. 5.자 71두2 결정:** 공설화장장이전설치처분의 집행정지신청에 대하여 화장장은 시체처리 등으로 교육행정 기타 공공복리에 중대한 영향을 미친다는 사례.

87) 대법원 2011. 4. 21.자 2010무111 전원합의체 결정.

> ❑ **대법원 2024. 6. 19.자 2024무689 결정:** 교육부장관의 의대증원배정 처분이 집행됨으로 인해 의대 재학 중인 신청인들이 입을 수 있는 손해에 비하여 증원배정의 집행이 정지됨으로써 공공복리에 중대한 영향이 발생할 우려가 크다는 이유로 증원배정에 대한 집행정지는 허용되지 않는다고 한 사례.

5. 신청 및 심리

가. 신청 또는 직권

집행정지는 당사자의 신청에 의하거나 법원의 직권으로 행해진다. 집행정지 신청의 형식에 관하여 행정소송법에 특별한 규정이 없으므로, 서면 또는 구술로 할 수 있으나 서면에 의하는 것이 보통이다.

나. 관 할

집행정지의 관할법원은 본안이 계속된 법원이다(행정소송법 제23조 제2항). 상소된 경우 원칙적으로 상소심이 관할법원이 되지만, 소송기록이 원심법원에 있을 때에는 원심법원이 관할한다.

다. 심 리

처분의 효력정지나 집행정지를 구하는 신청사건에서 심리의 대상은 처분 자체의 적법 여부가 아니고 처분의 효력이나 집행 등을 정지시킬 필요가 있는지 여부, 즉 행정소송법 제23조 제2항에서 정한 요건의 존부이다.[88]

신청인은 신청의 이유에 대하여 소명하여야 한다(행정소송법 제23조 제4항). 민사상의 보전처분과 같이 소명에 갈음하는 보증금공탁을 인정하자는 견해도 있으나 실무상 채용되지는 않고 있다.[89] 집행정지의 적극적 요건의 존재는 신청인이 소명하여야 하고, 집행정지로 인한 '공공복리에 중대한 영향을 미칠 우려의 존재'와 같은 소극적 요건은 피신청인인 행정청이 소명하여야 한다.

---

88) 대법원 2011. 4. 21.자 2010무111 전원합의체 결정.

89) 참고로 행정소송법 개정시안에서는 법원이 집행정지를 하면서 소송의 대상이 된 처분 등의 상대방에게 재산상 손해가 생길 우려가 있는 때에는 권리자를 지정하여 그 손해에 대한 담보를 제공하게 할 수 있다고 규정하면서, 담보제공의 방법으로 민사소송법 제122조를 준용하여 금전 또는 법원이 인정하는 유가증권의 공탁, 대법원규칙이 정하는 바에 따라 지급을 보증하겠다는 위탁계약을 맺은 문서를 제출하는 방법을 제시하였었다.

집행정지에 관한 결정을 하기 위하여 변론을 거치느냐는 법원의 재량인데, 통상 집행정지절차의 긴급성에 비추어 서면심리에 그치거나 심문을 하는 정도가 실무례이다.[90]

「학교폭력예방 및 대책에 관한 법률」 제17조의4 제1항에서는 피해학생 또는 그 보호자가 의견진술의 기회를 포기한다는 뜻을 명백히 표시한 경우 등을 제외하고 법원이 가해학생이 행정청의 처분 등에 불복하여 제기한 행정소송에서 집행정지 결정을 하려는 경우 피해학생 또는 그 보호자의 의견을 청취하여야 한다. 그에 따라 행정소송규칙 제10조의2에서는 법원이 집행정지 결정을 하기 위하여 피해학생 등의 의견을 청취하여야 하는 경우에는 심문기일을 지정하여 피해학생 등의 의견을 청취하는 방법으로 하되, 특별한 사정이 있는 경우에는 기한을 정하여 피해학생 등에게 의견의 진술을 갈음하는 의견서를 제출하게 하게 하는 방법으로 할 수 있다(제1항).[91] 법원은 필요하다고 인정하는 경우에는 비디오 등 중계장치에 의한 중계시설을 통하거나 인터넷 화상장치를 이용하여 심문기일을 열 수 있고(제4항), 가해학생 또는 그 보호자를 퇴정하게 하거나 가림시설 등을 이용하여 피해학생등의 의견을 청취할 수 있다(제5항). 한편, 피해학생 등이 의견진술의 기회를 포기한다는 뜻을 명백히 표시한 경우, 피해학생 등이 정당한 사유 없이 심문기일에 출석하지 않거나 정해진 기한 내에 의견의 진술을 갈음하는 의견서를 제출하지 않은 경우, 피해학생 등의 의견을 청취하기 위하여 임시로 집행정지를 하는 경우, 그 밖에 피해학생 등의 의견을 청취하기 어려운 부득이한 사유가 있는 경우 등에는 법원이 피해학생 등의 의견을 청취하지 않을 수 있다(제8항).

---

90) 법원실무제요(행정), 301면.

91) 법원이 학교폭력예방법 제17조의4, 행정소송규칙 제10조의2에 따라 피해학생 또는 그 보호자의 의견청취절차를 거쳐 학교폭력 관련 조치에 대한 집행정지결정을 하였다면 그 후에는 특별한 사정이 없는 한 별도의 의견청취절차를 거치지 않더라도 동일한 학교폭력 관련 조치에 대하여 다시 집행정지결정을 할 수 있다고 보아야 하고, 이는 하급심 법원이 의견청취절차를 거쳐 집행정지결정을 한 후 상급심 법원에서 다시 집행정지결정을 하는 경우에도 마찬가지이다(대법원 2025. 9. 9. 자 2025무565 결정).

6. 결　　정

가. 각하·기각결정

집행정지신청이 본안의 계속, 당사자적격 등의 요건이 갖추어지지 않은 경우, 주장 자체로 이유 없는 경우, 적극요건의 소명이 없는 경우, 소극요건의 소명이 있는 경우 등에는 결정으로 이를 각하하거나 기각한다. 이론상 형식적인 요건이 흠결된 경우에는 각하하여야 할 것이나 법문에는 기각만 규정되어 있어, 이를 구별하지 않고 모두 기각하는 실무례도 있고,[92] 각 사유를 구별하여 해당 사유에 따라 각하하거나 기각하는 실무례도 있다.

나. 인용결정

(1) 개　　설

집행정지의 요건을 구비한 경우 신청에 의하거나 직권으로 결정으로써 처분등의 효력이나 그 집행 또는 절차의 속행의 전부 또는 일부를 정지할 수 있다(행정소송법 제23조 제2항). 집행정지의 대상은 '처분 등의 효력', '처분 등의 집행' 또는 '절차의 속행'이다.

(2) 집행정지의 세 가지 유형

① **효력정지**: 처분의 효력을 정지시킴으로써 처분의 효력이 존속하지 않은 상태에 놓는 것을 말한다. 주로 별도의 집행행위가 필요 없이 의사표시만으로 완성되는 처분(예: 영업취소 또는 공무원면직처분) 등에 대하여 행해진다.

② **집행정지**: 처분의 효력에 영향을 미치지 않은 채 그 집행절차만 정지시켜 그 내용을 실현하는 행위를 금지하는 것을 말한다. 주로 대집행이나 출국강제집행 등에 대하여 행해진다.

③ **절차의 속행정지**: 유효한 처분을 전제로 후속의 법률관계가 진전되어 다른 처분이 행해지는 경우에 그 기초가 되는 처분의 효력을 정지시켜 절차의 속행이나 법률관계의 진전을 금지하는 것을 말한다. 예를 들어 체납처분의 속행정지 등이 있다.

---

92) 대법원 1995. 6. 21.자 95두26 결정에서는 집행정지신청을 각하할 것을 기각하더라도 위법한 것이 아니라고 하였다.

(3) 집행정지와 처분권주의

집행정지는 신청에 의할 뿐만 아니라 직권으로도 결정할 수 있으므로, 처분권주의의 적용이 없다는 것이 통설과 판례의 태도이다. 또한 효력정지와 집행정지 모두 소급효가 없고 종국적인 효력을 가지는 것으로 구별의 실익이 없다. 따라서 법원은 재량으로 정지의 시기, 기간, 방법, 범위 등을 적절하게 한정할 수 있고 신청인이 집행정지 또는 절차의 속행정지를 신청하였음에도 법원이 효력정지를 결정할 수도 있다. 다만, 처분의 집행 또는 절차의 속행을 정지함으로써 목적을 달성할 수 있는 경우에는 효력정지는 허용되지 않는다(행정소송법 제23조 제2항 단서).

처분의 내용이 가분적인 경우 그 일부에 대하여 정지하는 것도 가능하다. 따라서 본안에서는 권력분립의 원칙상 허용되지 않는 압류처분 중 압류재산의 일부에 대한 집행정지나 영업정지처분 중 일정기간에 대한 집행정지도 가능하다. 그러나 공무원 면직처분을 급료에 대한 부분과 그 밖의 공무원으로서의 지위에 관한 부분으로 나누어 급료에 대한 부분만의 집행정지가 가능한지에 관하여, 공무원의 지위는 불가분적인 것이므로 위와 같은 일부정지는 허용되지 않는다는 것이 실무의 태도이다.

(4) 집행정지기간

집행정지에는 처분권주의가 적용되지 않으므로, 법원은 집행정지의 시기(始期)와 종기(終期)를 자유롭게 정할 수 있으며, 신청인이 구하는 정지기간에 구속되지 않는다.

실무상 집행정지의 시기는 별도로 정하지 않는데, 이 경우 집행정지 결정이 고지된 때부터 효력이 발생한다. 한편, 집행정지기간이 만료되면 집행정지결정은 당연히 실효된다. 집행정지의 종기에 대해서는 법원이 당사자의 의사, 회복하기 어려운 손해의 내용 및 그 성질, 본안 청구의 승소가능성 등을 고려하여 임의로 정할 수 있다(행정소송규칙 제10조 단서). 따라서, 법원은 '본안판결선고시'나 '판결확정시' 또는 '결정시로부터 7일간' 등 구체적인 사건에 따라 적절한 기간을 선택할 수 있다. 그 효력은 결정주문에 정하는 시기까지 존속하는 것이나 종기의 정함이 없으면 본안판결확정시까지 정지의 효력이 존속한다.

실무에서는 집행정지결정을 한 후 본안에서 기각판결이 선고될 경우 신청인이 상소를 남발할 것을 우려하여, 본안판결 선고일부터 30일까지로 정하는 경우가 많으므로, 행정소송규칙 제10조 본문에서는 이를 반영하여 법원이 집행정지를 결정하는 경우 그 종기는 원칙적으로 본안판결 선고일부터 30일 이내의 범위에서 정하도록 규정하고 있다. 그런데, 원고가 승소한 경우에도 집행정지의 종기가 도래하면 처분의 집행력이 회복되어 본안판결확정시까지 사이에 처분이 집행될 수 있으므로, 이를 막기 위해서는 추가로 상소심판결선고시까지 또는 판결확정시까지 집행을 정지시키는 새로운 신청 또는 직권에 의한 집행정지결정을 받아야 한다.

다. 집행정지결정의 효력

(1) 형성력

집행정지결정에는 형성력이 부여되어 있기 때문에, 그 결정이 고지되면 효력정지의 통지 등 별도의 후속조치가 없더라도 결정의 내용대로 처분의 효력 등이 정지된다. 따라서, 행정청은 해당 처분이 유효함을 전제로 한 후속처분 등을 할 수 없다.

집행정지결정은 잠정적 · 일시적인 성질을 가지지만 그 효력 자체는 종국적인 것이므로, 본안에서 원고가 승소할 것을 조건으로 하는 것이 아니다.[93] 따라서 영업정지처분에 대한 집행정지결정이 있은 뒤 본안에서 원고가 패소하여 그 판결이 확정되었다 하더라도 위 정지기간 중의 영업이 위법하게 되는 것은 아니다.

(2) 기속력

집행정지결정은 해당 사건에 관하여 당사자인 행정청과 그 밖의 관계행정청을 기속한다(행정소송법 제23조 제6항, 제30조 제1항). 따라서, 행정청은 동일한 내용으로 새로운 처분을 하거나 그와 관련된 처분을 반복할 수 없다. 이에 위반한 처분은 중대 · 명백한 하자가 있다고 보아 무효로 취급한다.

그리고, 집행정지의 효력은 제3자에게도 미치나 기판력은 없다. 왜냐하면, 집행정지결정은 판결이 아니기 때문이다.

(3) 장래효

집행정지결정의 효력은 장래에 향하여 작용할 뿐이지 소급효를 갖지는 않는

---

93) 법원실무제요(행정), 308면.

다. 그리하여 국립대학생의 퇴학처분이 정지되어도 정지결정 이전의 기간은 수업일수에 산입되지 않고 정지결정 이후의 기간만 수업일수에 산입될 뿐이다.

(4) 집행정지결정과 본안청구의 소의 이익

시기와 종기가 특정일자로 표시되어 기간을 정한 제재적 처분에서 처분의 집행을 본안판결확정시까지 정지한다는 내용의 집행정지결정이 있는 경우, 본안사건의 심리 도중 위 제재기간의 종기가 경과하게 되면 이로써 본안사건의 소의 이익이 소멸하는 것이 아닌지에 관하여 의문이 있을 수 있다. 그러나, 통상의 제재적 처분에서 비록 시기와 종기가 표시되어 있다고 하더라도 어디까지나 제재기간에 중점이 있는 것이기 때문에, 집행정지결정에 의하여 처분에서 정한 제재기간의 진행이 정지되면, 정지된 기간만큼 제재기간이 연장되는 것에 불과하다. 따라서 처분서면에 기재된 종기가 경과하더라도 그 처분의 취소를 구할 소의 이익이 소멸한다고 할 수 없다.94)

❑ **대법원 1999. 2. 23. 선고 98두14471 판결:** 행정소송법 제23조에 의한 집행정지결정의 효력은 결정주문에서 정한 시기까지 존속하며 그 시기의 도래와 동시에 효력이 당연히 소멸하는 것이므로, 일정기간 동안 영업을 정지할 것을 명한 행정청의 영업정지처분에 대하여 법원이 집행정지결정을 하면서 주문에서 당해 법원에 계속 중인 본안소송의 판결선고시까지 처분의 효력을 정지한다고 선언하였을 경우에는 처분에서 정한 영업정지기간의 진행은 그때까지 저지되는 것이고 본안소송의 판결선고에 의하여 당해 정지결정의 효력은 소멸하고 이와 동시에 당초의 영업정지처분의 효력이 당연히 부활되어 처분에서 정하였던 정지기간(정지결정 당시 이미 일부 진행되었다면 나머지 기간)은 이때부터 다시 진행한다.95)

94) 이러한 법리는 행정심판위원회가 행정심판법 제30조에 따라 집행정지를 결정한 경우에도 그대로 적용되므로, 행정심판위원회가 행정심판 청구사건의 재결이 있을 때까지 처분의 집행을 정지한다고 결정하였다면, 재결의 효력발생일인 재결서 정본이 청구인에게 송달된 때 집행정지결정의 효력이 소멸함과 동시에 처분의 효력이 부활한다(대법원 2022. 2. 11. 선고 2021두40720 판결).

95) 마찬가지로 납부기한을 정한 과징금부과처분에 대한 집행정지결정이 내려진 경우 그 집행정지기간 동안 납부기간은 판결확정시까지 진행되지 않고 그 집행정지결정의 주문에 표시된 시기의 도래로 실효되면 그때부터 당초 과징금부과처분에서 정한 기간이 다시 진행한다(대법원 2003. 7. 11. 선고 2002다48023 판결).

반대로 공물점용 허가기간 중의 취소처분에 대하여 집행정지결정이 있은 뒤 점용허가기간이 만료된 경우에는 집행정지결정과 관계없이 점용허가기간의 경과로써 위 취소처분의 취소를 구할 소의 이익은 소멸한다.[96]

(5) 본안청구와 집행정지결정과의 관계

처분의 집행정지결정은 본안소송이 법원에 계속 중이라는 점을 전제로 하므로 집행정지결정을 한 후에라도 본안소송이 취하되어 소송이 계속되지 않게 되면 별도의 취소조치 없이도 집행정지결정의 효력은 당연히 소멸한다.

> ❑ **대법원 1975. 11. 11. 선고 75누97 판결:** 행정처분의 집행정지는 행정처분집행부정지의 원칙에 대한 예외로서 인정되는 일시적인 응급처분이라 할 것이므로 집행정지결정을 하려면 이에 대한 본안소송이 법원에 제기되어 계속 중임을 요건으로 하는 것이므로 집행정지결정을 한 후에라도 본안소송이 취하되어 소송이 계속하지 아니한 것으로 되면 집행정지결정은 당연히 그 효력이 소멸되는 것이고 별도의 취소조치를 필요로 하는 것이 아니다.

한편, 집행정지결정을 받아 유리하게 형성된 지위나 이익은 본안에서 패소판결이 확정되면 유지될 수 없을 뿐만 아니라 그러한 지위나 이익을 박탈하는 것이 허용된다. 집행정지는 행정쟁송절차에서 실효적 권리구제를 확보하기 위한 잠정적 조치일 뿐이므로, 집행정지결정이 없었던 경우와 비교하여 부당한 특혜를 주는 결과가 되어서는 안 되기 때문이다.

그리하여, 보조금 교부결정과 같은 금전급부결정을 취소한 처분에 대하여 법원이 집행정지결정을 하면서 주문에서 그 법원에 계속 중인 본안소송의 판결선고시까지 효력을 정지한다고 선언한 경우, 본안소송의 판결선고에 의하여 그 집행정지결정의 효력이 소멸함과 동시에 당초 취소처분의 효력이 당연히 되살아나므로, 행정청으로서는 집행정지기간 동안 교부된 보조금의 반환을 명할 수 있다.[97]

또한, 본안에서 패소판결이 확정됨으로써 해당 제재적 처분이 적법하다고 확정된 경우에 그 제재적 처분을 다시 집행할 수 있게 되었다면, 처분청으로서

---

96) 대법원 1991. 7. 23. 선고 90누6651 판결 참조.
97) 대법원 2017. 7. 11. 선고 2013두25498 판결.

는 집행정지결정이 없었던 경우와 같은 수준으로 해당 처분이 집행되도록 필요한 조치를 취하여야 한다.[98] 반대로, 상대방이 집행정지결정을 받지 못했으나 본안소송에서 해당 제재적 처분이 위법하다는 것이 확인되어 취소하는 판결이 확정되면, 처분청은 그 제재적 처분으로 처분상대방에게 초래된 불이익한 결과를 제거하기 위하여 필요한 조치를 취하여야 한다(취소판결의 기속력으로 인한 결과제거의무).[99]

7. 결정의 불복-즉시항고

집행정지결정 또는 기각결정에 대한 불복으로서 즉시항고를 할 수 있다(행정소송법 제23조 제5항 전문). 따라서 결정고지가 있은 날부터 1주일 내에 원결정법원에 항고장을 제출하여야 하고, 이 경우 집행정지의 결정에 대한 즉시항고에는 집행정지의 결정의 집행을 정지하는 효력이 없다(행정소송법 제23조 제5항 후문).

민사소송법 제446조가 준용될 것이므로, 즉시항고가 있는 경우 원결정법원은 항고법원으로 기록을 송부하기에 앞서 스스로 그 결정을 번복할 수 있다.[100]

한편 집행정지 신청사건의 심리대상은 처분 자체의 적법 여부가 아니라 처분의 효력이나 집행 등을 정지시킬 필요가 있는지 여부 등 행정소송법 제23조

98) 가령 직접생산확인을 받은 중소기업자가 공공기관의 장과 납품 계약을 체결하였는데 직접생산하지 않은 제품을 납품하여, 관할 행정청이 중소기업제품 구매촉진 및 판로지원에 관한 법률에 따라 당시 유효기간이 남아 있는 중소기업자의 모든 제품에 대한 직접생산확인을 취소하는 처분을 하였다. 이에 대하여 중소기업자가 위 취소처분의 취소소송을 제기하고 집행정지결정을 받았으나, 중소기업자의 패소판결이 확정되어 집행정지가 실효됨으로써, 위 취소처분을 집행할 수 있게 되었다. 그런데 위 취소처분 당시 유효기간이 남아 있었던 직접생산확인의 전부 또는 일부는 집행정지기간 중 유효기간이 모두 만료되어, 취소처분 당시 유효기간이 남아 있었던 직접생산확인 제품목록과 취소처분을 집행할 수 있게 된 시점에 유효기간이 남아 있는 직접생산확인 제품목록은 다르게 되었다. 이러한 경우 관할 행정청은 위 취소처분을 집행할 수 있게 된 시점으로부터 상당한 기간 내에 직접생산확인 취소 대상을 '취소처분 당시' 유효기간이 남아 있었던 모든 제품에서 '취소처분을 집행할 수 있게 된 시점 또는 그와 가까운 시점'을 기준으로 유효기간이 남아 있는 모든 제품으로 변경하는 처분을 할 수 있다는 것이다(대법원 2020. 9. 3. 선고 2020두34070 판결).

99) 대법원 2025. 9. 9. 자 2025무565 결정에 의하면, 학교폭력 관련 처분에 대한 집행정지결정에 따라 그 효력이 정지되어 처분이 없는 상태가 되면, 행정청은 그 즉시 학교생활기록부에 기재된 학교폭력 관련 조치사항을 삭제하여야 하는데, 학교생활기록부 기재를 유지한 채 '집행정지 중' 등의 문구를 부기하는 것만으로는 가해자로 기재된 학생에게 실질적인 불이익이 발생할 가능성이 크고 신청인의 재판청구권을 유명무실하게 할 소지가 있어 삭제에 준하는 조치로 볼 수 없다.

100) 법원실무제요(행정), 310면 참조.

제2항에서 정한 요건의 존부이므로, 기각결정에 대하여 처분 자체의 적법 여부를 가지고 불복사유로 삼을 수 없다.[101)]

8. 집행정지결정의 취소

집행정지결정이 확정된 후 취소사유가 발생한 때에는 해당 집행정지결정을 한 법원은 당사자의 신청에 의하거나 직권으로 집행정지결정을 취소할 수 있다(행정소송법 제24조 제1항). 여기에서 취소사유는 집행정지결정이 고지 이전부터 집행정지의 요건을 갖추지 못했었던 경우와 집행정지결정이 확정된 후 집행정지가 공공복리에 중대한 영향을 미치거나 그 정지사유가 없어진 때와 같이 사정변경이 생겨 더 이상 처분 등의 효력이나 그 집행 또는 절차의 속행을 잠정적으로 정지시킬 필요가 없어진 경우 등이다.

집행정지는 본안이 계속된 법원이 당사자의 신청 또는 직권에 의하여 취소할 수 있다(행정소송법 제24조 제1항). 취소의 재판도 정지의 재판과 마찬가지로 결정의 형식으로 하는데, 법원은 재량에 따라 정지된 처분 등의 전부 또는 일부를 취소할 수 있고, 이유가 없으면 기각한다. 이 결정은 형성력을 가지므로 고지됨으로써 당연히 효력을 발생하고, 집행정지결정에 의하여 정지되었던 처분 등의 효력을 다시 장래에 향하여 회복시키며, 제3자에 대해서도 효력을 갖는다(행정소송법 제29조 제2항). 이 결정도 불복이 있는 경우 즉시항고를 제기할 수 있다.

Ⅲ. 행정소송에서의 가처분

1. 민사소송에서 가처분의 의의

민사집행에서 보전처분은 “민사소송의 대상이 되고 있는 권리 또는 법률관계에 대한 쟁송이 있을 것을 전제로 그 확정판결의 집행을 용이하게 하거나 그 확정판결이 있을 때까지의 손해발생을 방지하고자 하는 목적에서, 그 보전된 권리 또는 법률관계에 대한 본안소송과는 별도의 독립된 절차에 의하여 잠정적인 처분을 하고 그 집행을 통하여 현상을 동결하거나 임시의 법률관계를 형성하는 제도”를 말하고, 통상 가압류와 가처분을 합친 것이다.

---

101) 대법원 2011. 4. 21.자 2010무111 전원합의체 결정.

그 중 가처분은 금전채권 이외의 권리 또는 법률관계에 관한 확정판결의 강제집행을 보전하기 위한 집행보전제도로서, 다툼의 대상(계쟁물)에 관한 가처분과 임시의 지위를 정하기 위한 가처분의 두 가지로 나뉜다.

계쟁물에 관한 가처분은 "채권자가 금전 이외의 물건이나 권리를 대상으로 하는 청구권을 가지고 있을 때 그 강제집행시까지 다툼의 대상(계쟁물)이 처분·멸실되는 등 법률적·사실적 변경이 생기는 것을 방지하고자 계쟁물의 현상을 동결시키는 보전처분"으로서, 그 피보전권리는 특정물에 대한 이행청구권이다. 한편, 임시의 지위를 정하기 위한 가처분은 "당사자 사이에 현재 다툼이 있는 권리 또는 법률관계가 존재하고 그에 대한 확정판결이 있기까지 현상의 진행을 그대로 방치한다면 권리자가 현저한 손해를 입거나 급박한 위험에 처하는 등 소송의 목적을 달성하기 어려운 경우에 그로 인한 위험을 방지하기 위하여 잠정적으로 권리 또는 법률관계에 관하여 임시의 지위를 정하는 보전처분"으로서 통상 다툼이 있는 현존하는 권리관계가 확정되기 전에 임시의 권리자인 지위를 신청인에게 주는 것을 말한다. 이때의 가처분의 내용은 매우 다양하므로 일률적으로 말할 수 없으나 금지를 명하는 것뿐만 아니라 이행을 명하는 것도 가능하고, 이 경우 본안판결 전임에도 불구하고 신청인에게 만족을 줄 수도 있다(단행적 가처분 또는 만족적 가처분).

2. 현행 행정소송법에서 가구제의 체계

현행 행정소송법은 가구제로서 집행정지제도만 규정하고 있다. 그 연혁을 살펴보면, 1951. 8. 24.부터 시행된 제정 행정소송법은 제10조에서 집행정지에 대하여 규정하고, 그 밖의 가구제에 대해서는 아무런 규정을 두지 않으면서 제14조에서 "본법에 특별한 규정이 없는 사항은 법원조직법과 민사소송법의 정하는 바에 의한다."라고만 규정하였을 뿐이다. 1984. 12. 15. 전부개정된 행정소송법에서도 제23조에서 집행정지를 규정하고 제8조 제2항에서 "행정소송에 관하여 이 법에 특별한 규정이 없는 사항에 대하여는 법원조직법과 민사소송법의 규정을 준용한다."라고 규정하였고, 현행 행정소송법 제8조 제2항은 그 내용 중 민사집행법이 민사소송법에서 분리된 것만 반영하고 있을 뿐 나머지 내용은 같다.

한편, 행정소송법 제44조 제1항에서는 당사자소송에서 준용되어야 할 항고소송에 관한 규정 중 집행정지에 관한 제23조를 배제하고 있다. 그런데, 판례는 항고소송에 대해서는 "(구) 행정소송법 제14조의 규정에 불구하고 민사소송법의 규정 중 가처분에 관한 규정은 준용되지 않는다."라는 입장에 있고,[102] 당사자소송에 대해서는 "행정소송법 제23조 제2항의 집행정지에 관한 규정이 준용되지 아니하므로, 이를 본안으로 하는 가처분에 대하여는 행정소송법 제8조 제2항에 따라 민사집행법상의 가처분에 관한 규정이 준용되어야 한다."라고 판시하고 있다.[103] 즉, 집행정지 규정이 있고 없음에 따라 행정소송법 제8조 제2항을 달리 해석하여 항고소송에는 민사집행법상의 가처분 규정이 준용되지 않고 당사자소송에는 준용된다는 것이다.

3. 항고소송과 가처분

가. 현행 행정소송법에서의 허용 여부

항고소송에서 가처분의 허용 여부를 논할 때 주로 문제가 되는 것은 이행을 명하는 것과 같은 적극적 가처분을 허용할 수 있는지의 문제이다. 집행정지제도는 처분의 효력 등을 정지시키는 것을 내용으로 하는 침익적 처분에 대한 현상유지적 효력금지가처분에 해당한다. 현행법상 수익적 처분의 신청에 대한 부작위나 거부에 대한 잠정적인 허가 또는 급부 등을 명하여 적극적으로 잠정적인 법률상태를 정하는 조치는 행해질 수 없다. 그리하여 민사집행법 제300조의 가처분에 관한 규정을 행정소송에도 준용하여 집행정지제도가 가지는 한계를 보충할 수 있는지 여부가 논의되어 왔다.

그런데 앞에서 본 것처럼 판례는 별다른 설명 없이 소극설을 취하고 있다. 아마도 행정소송법상 집행정지제도에 관한 규정이 민사집행법상 가처분제도에 대한 특별규정이라는 점을 논거로 한 듯하다. 그렇다고 하더라도 민사집행법상 많은 규정 중 유독 가처분 규정만 준용을 배제하여야 하는 논거로는 부족하다. 우리 행정소송법은 일본에서 1948. 7. 15. 시행된 행정사건소송특례법을 참조하여 1951. 8. 24. 제정되었고, 1984. 12. 15. 전부개정된 행정소송법은 일본의 1962. 5. 16. 제정된 행정사건소송법을 참조한 것으로 알려져 있다. 물론 일본의

102) 대법원 1980. 12. 22.자 80두5 결정.
103) 대법원 2015. 8. 21.자 2015무26 결정.

현행 행정사건소송법은 의무이행소송과 예방적 금지소송을 도입하면서 그에 대한 가구제로서 가이행·가금지 규정을 신설하였다. 그런데, 위 개정 전 행정사건소송법 제7조에서는 "행정사건소송에 관하여 이 법률에 규정이 없는 사항에 대하여는 민사소송의 예에 의한다."라고 규정하면서, 제44조에서는 "행정청의 처분 그 밖의 공권력의 행사에 당하는 행위에 대하여는 민사소송법에서 규정하고 있는 가처분을 할 수 없다."라고 규정하고 있었다. 이처럼 일본과 같이 명문으로 가처분의 배제규정을 두고 있지 않은 이상 우리의 행정소송법에서 민사소송법의 준용규정을 배제할 수 있는지는 의문이라 하지 않을 수 없다.

다음으로 추측할 수 있는 판례의 논거로는 행정소송법 제8조 제2항에서 민사집행법을 준용하겠다는 것은 성질상 허용되는 경우에 한하는 것이고 권력분립의 원칙 등의 이유로 항고소송에서 가처분 규정을 준용하는 것은 성질상 허용되지 않는 경우에 해당한다는 것이다. 그런데, 판례는 각종 신청에 대한 거부처분에 대하여 효력을 정지하더라도 단지 거부처분이 없는 상태(신청 당시의 상태)로 돌아가는 것에 불과하여, 집행정지가 되더라도 당사자가 허가를 받은 것과 같은 상태가 되는 것은 아니기 때문에 거부처분에 대한 집행정지결정은 신청의 이익이 없어 부적법하다는 입장에 있다.[104] 그러나 서울행정법원의 결정례 중에는 응시원서접수거부처분의 경우 집행정지가 있으면 일단 시험을 볼 수 있다는 사고 하에서 집행정지를 허용한 것이 있다. 이는 집행정지결정의 형식을 빌리기는 하였지만 잠정적으로 한약사시험을 응시할 수 있는 자격을 부여한 적극적 가처분을 행한 것과 다르지 않다. 이러한 점을 감안하면 현행법체제 하에서도 성질상 위와 같은 가처분이 허용되고 나아가 그것이 바람직한 경우가 있을 수 있다는 점을 지적하고 싶다.

나. 입법론

만일 의무이행소송이 도입된다면 민사집행법상 가처분제도가 준용되거나 행정소송법상 가처분제도가 입법화되어야 할 것이다. 종래 소극설에서는 민사집행법상 가처분제도의 준용을 현행 행정소송법상의 집행정지 규정의 존재를 이유로 부정하기도 하였지만, 본안소송으로서 의무이행소송 또는 예방적 금지소송이 인정되지 않고 있다는 점과 권력분립의 원칙을 그 근거로 들기도 하였다. 그런

104) 가령 대법원 1995. 6. 21.자 95두26 결정.

데 의무이행소송이 도입된다면 법원이 본안소송에서 행정청에게 적극적으로 특정한 처분을 발급의무를 부담시킬 수 있게 되므로 그에 상응하는 가구제 제도가 마련되어 당사자에게 임시적인 법적 보호를 제공할 수 있어야 한다.[105] 또한 권력분립의 원칙과 관련한 문제는 본안소송으로서의 의무이행소송의 도입과 관련하여 문제점이 없다고 판단되는 이상 그에 대응되는 보전소송인 가처분제도에 대하여 별개로 논의될 필요성은 없다.

참고로 행정소송법 개정안 제26조 제1항을 소개하면, 처분 등이나 부작위가 위법하다는 현저한 의심이 있는 경우로서 다음에 해당하는 경우에 당사자의 신청에 따라 법원이 가처분을 결정할 수 있도록 규정하였다. 첫째, 다툼의 대상에 관하여 현상이 바뀌면 당사자가 권리를 실행하지 못하거나 그 권리를 실행하는 것이 매우 곤란할 우려가 있어 다툼의 대상에 관한 현상을 유지할 긴급한 필요가 있는 경우이다. 둘째, 다툼이 있는 법률관계에 관하여 당사자의 중대한 손해를 피하거나 급박한 위험을 피하기 위하여 임시의 지위를 정하여야 할 긴급한 필요가 있는 경우이다. 그밖에 가처분의 심리와 결정절차, 불복에 관해서는 집행정지에 관한 규정을 준용한다. 또한 가처분은 집행정지로 목적을 달성할 수 있는 경우에는 허용되지 않는다.

다. 가처분제도의 도입으로 예상되는 문제점과 전망

가처분제도가 도입될 경우 빈번한 임시적인 규율로 인하여 법원이 행정에 지나치게 개입하게 됨으로써, 행정권한이 침해되는 결과가 생길 수 있다거나 법원의 부담이 가중될 수 있다는 우려가 있다. 그러나 가구제의 대원칙인 '본안사건 선취금지의 원칙'과 가처분결정은 어디까지나 잠정적 · 예외적 조치이므로 엄격한 요건 해석 및 이익형량을 거치게 될 것이라는 점을 감안한다면, 가처분 신청이 실제로 인용되는 경우는 그리 많지 않을 것으로 예상된다.[106]

한편 가처분제도의 도입으로 인한 법원의 부담증가 혹은 행정권한의 침해 우려라는 부작용보다 원고의 지위를 임시적으로 보호해 줌으로써 의무이행소송

105) 참고로 의무이행심판이 도입되어 있는 행정심판에서는 여기에서 논의되고 있는 가처분에 해당하는 임시처분제도가 도입되어 있다.

106) 가처분이 행해질 것이라고 흔히 예상하는 것으로 '어업면허나 체류허가 등 기한부 처분에 대한 갱신처분을 거부한 경우 판결확정시까지 임시로 어업활동이나 체류가 가능하도록 할 급박한 사정이 있는 사안'이 거론된다.

의 제도적 취지를 극대화함으로 인한 순기능이 클 것으로 예상된다.

예컨대, 본안사건 선취금지의 원칙상 본안소송으로 건축허가가 구해지는 경우 가처분으로서 임시적인 건축허가가 행해질 수 없고, 본안 판단에 앞서 정보공개처분을 할 것을 가처분으로 명하는 것은 허용되지 않을 것이다. 반면에 근로자가 업무상 재해를 당하여 요양승인을 신청하였으나 위법하게 거부당한 경우에는 근로자 본인의 자력 부족으로 인하여 즉각적인 보호가 주어지지 않으면 근로자 본인에게 돌이킬 수 없는 피해가 발생할 수 있게 되는데, 이러한 경우에는 가처분을 통한 임시적인 규율로써 해당 근로자가 신속하게 사실상의 요양을 받을 수 있도록 할 수는 있을 것이다.

4. 당사자소송 및 객관소송과 가처분

당사자소송은 항고소송의 집행정지규정이 적용되지 않으므로(행정소송법 제44조 제1항), 민사집행법상의 가처분이 준용되지 않을 이유가 없다.[107] 따라서, 행정처분과 관계없는 공법상 금전채권에 대한 가처분 등은 가능하다.

객관소송에서는 개별 법률의 규정내용에 따른다(국회의원입후보등록공고의 가처분을 부인한 예: 대법원 1963. 11. 23.자 63주1 결정).

5. 행정청을 제3채무자로 한 민사상의 가처분

각종 허가영업을 양수한 자들이 허가명의자를 상대로 허가명의변경절차이행청구권을 피보전권리로 하여 허가명의변경금지를 구하는 민사상 가처분신청을 하면서, 그 실효성의 확보를 위하여 그 허가를 담당하는 행정청이나 국가를 제3채무자로 하여 허가명의를 변경하여 주지 말 것을 함께 구할 수 있을지 의문이다.

제3채무자에 대하여 허가명의를 변경하지 말 것을 명하지 않는다면 가처분의 실효를 거둘 수 없다는 이유로 제3채무자에 대한 신청도 인용하여야 한다는 적극설과 명의변경행위가 처분에 해당함을 전제로 이 부분은 민사집행법상의 보전처분의 대상이 되지 않는다는 소극설이 대립하고 있으나, 소극설이 대체적인 실무이다.

---

107) 대법원 2015. 8. 21.자 2015무26 결정.

❑ **대법원 1973. 6. 29. 선고 73다23 판결, 대법원 2000. 4. 25. 선고 98두7923 판결:** 민사상의 가처분으로 행정청에게 일정한 처분을 명하거나 금하는 것은 허용되지 아니하므로, 행정청을 제3채무자로 한 위와 같은 가처분은 허용되지 않고, 설사 그러한 가처분이 있다고 하더라도 행정청에 대하여는 그 효력이 없다.

일부 법원에서는 소관 행정청에 대하여 위와 같은 가처분결정이 있음을 고지할 사실상의 필요가 있다는 이유로 결정문의 당사자표시란에 소관청을 표시하고 결정문을 소관청에도 송달하는 경우가 있다. 반면에 소관청에 대하여 아무런 의무부과가 없는 결정문을 송달할 근거가 없고 그러한 송달로 인하여 소관청으로 하여금 혼란을 초래할 위험이 있다는 이유로 결정문에 소관청을 표시하지 않고 송달도 하지 않는 실무례도 있는데, 이 경우가 더 일반적이다.[108]

108) 서울행정법원 실무연구회, 행정소송의 이론과 실무, 175-176면 참조.

제 8 장

행정소송의 심리

제1절 서 론

소송의 심리라 함은 "법원이 소에 대한 응답(판결)을 하기 위하여 그 기초가 되는 소송자료(주로 사실과 증거)를 수집하는 것"을 말하고,[1] 소송절차에서 핵심적 위치를 차지한다.

공정한 재판을 확립하는 것은 근대국가가 가지는 가장 중요한 임무 중의 하나이다. 이를 위하여 우리 헌법도 공개심리주의, 쌍방심리주의 등의 원칙을 천명하고 있다. 아울러 민사소송법은 민사소송에서의 심리방식에 관하여 절차상의 합목적성의 관점에서 구술심리주의, 직접주의, 적시제출주의, 집중심리주의 등에 입각하고 있다.

행정소송에서의 심리에도 민사소송법의 여러 규정이 준용되므로, 변론 및 그 준비, 증거조사 등에서 민사소송과 크게 다르지 않다. 다만 행정소송은 공법상의 법률관계를 대상으로 하기 때문에 민사소송의 경우보다 법원이 직권으로 관여하는 영역이 상대적으로 넓다.

1) 정동윤 · 유병현 · 김경욱, 민사소송법, 350면.

제2절 심리의 진행

Ⅰ. 처분권주의

'처분권주의'란 소송절차의 개시, 심판의 대상과 범위 및 소송절차의 종료 등에 대하여 당사자가 처분권을 가지고 자유롭게 결정할 수 있는 원칙을 말한다(민사소송법 제203조).[2] 행정소송에서도 민사소송법상 처분권주의가 준용되므로(행정소송법 제8조 제2항), 소의 제기 및 종료, 심판의 대상은 당사자에 의하여 결정된다.

그리하여, 행정사건을 담당하는 법원은 원고가 소를 제기하지 않는 이상 그 사건에 대하여 심리하거나 재판할 수 없음은 물론 소제기가 있는 사건에 대해서도 원고가 청구한 범위를 넘어서 심리하거나 재판할 수 없다. 그러나, 뒤에서 보는 것처럼 행정소송의 대상인 공법상의 권리관계는 당사자가 자유롭게 처분할 수 없으므로, 그에 관한 화해나 인낙은 허용되지 않는다는 것이 원칙이다.

❏ **대법원 1995. 4. 28. 선고 95누627 판결:** "피고가 1994. 5. 3. 원고에 대한 사설묘지 설치를 위한 국토이용계획변경허가신청을 불허한 처분(반려처분)"의 취소만을 구하고 있고 이에 앞서 한 "피고의 1993. 7. 27. 사설묘지설치허가신청 반려처분"에 대하여는 그 재판대상으로 신청하지 아니하였음이 분명하므로 원심이 피고의 1993. 7. 27. 사설묘지설치허가신청 반려처분에 대하여 판단하지 아니하였다 하여, 거기에 상고이유 주장과 같은 심리미진이나 판단유탈 또는 석명권을 행사하지 아니한 위법이 있다고는 볼 수 없다.

Ⅱ. 변론주의

민사소송법상 심리의 원칙과 관련하여 '변론주의'와 '직권탐지주의'의 대립이 있다. 전자는 재판의 기초가 되는 자료인 사실과 증거(소송자료)의 수집 · 제출을

2) 정동윤 · 유병현 · 김경욱, 민사소송법, 372면.

당사자의 권능과 책임으로 하는 것을 말하고, 후자는 소송자료의 수집 · 제출이 법원의 직책으로 되어 있는 것을 가리킨다.[3] 민사소송법은 변론주의를 채택하고 있으므로, ① 당사자가 주장하지 않은 사실을 판결의 기초로 삼아서는 안 되고, ② 당사자 사이에 다툼이 없는 사실은 그대로 판결의 기초로 삼아야 하며, ③ 당사자 사이에 다툼이 있는 사실을 인정할 때 반드시 당사자가 제출한 증거에 의하여야 한다. 그런데, 행정소송법은 소송자료의 수집 · 제출의 책임에 관한 명문의 규정을 두지 않고 단지 같은 법 제26조에서 "법원은 필요하다고 인정할 때에는 직권으로 증거조사를 할 수 있고, 당사자가 주장하지 아니한 사실에 대하여도 판단할 수 있다."라고 규정하고 있을 뿐이다. 이 규정의 해석과 관련하여 다음과 같은 견해의 대립이 있다.

① **직권탐지주의설**: 행정소송은 사적자치의 원칙이 지배하지 않는 공법상 법률관계를 그 대상으로 할 뿐만 아니라 행정소송법 제26조의 규정취지상 직권탐지주의가 적용된다는 견해이다.

② **변론주의보충설**: 변론주의의 본질은 사적자치의 원리와 함께 진실발견을 위한 합목적적 수단이라는 점에도 있는 것이고, 가사소송법 제17조처럼 명문으로 직권주의를 채택하는 규정이 없는 이상[4] 행정소송의 경우에도 원칙적으로 변론주의가 적용된다는 견해이다.

판례는 변론주의보충설의 입장에 있다. 행정소송도 변론주의가 적용되기 때문에 법원은 당사자 쌍방의 청구나 주장의 범위를 넘어서 심리 · 재판할 수 없다는 것이 원칙이나(변론주의의 원칙), 행정소송의 기능이 개인의 권리구제에 한정되는 것이 아니라 공익의 실현과도 밀접한 관련을 가지고 있어서 전적으로 변론주의에만 의존할 수 없기 때문에, 민사소송법상 변론주의에 대한 예외로서 직권심리가 가미되고 있다는 것이다(직권심리의 가미).

결국 행정소송법 제26조는 변론주의의 원칙을 부분적으로 보완하기 위한 예

3) 정동윤 · 유병현 · 김경욱, 민사소송법, 381면.

4) 가사소송법 제17조는 "가정법원이 가류 또는 나류 가사소송사건을 심리할 때에는 직권으로 사실조사 및 필요한 증거조사를 하여야 하며, 언제든지 당사자 또는 법정대리인을 신문할 수 있다."라고 규정하여, 가사소송에서 직권탐지주의를 명문으로 채택하고 있다.

외조문에 불과하므로,[5] 판결의 기초가 되는 사실과 그에 대한 자료는 당사자가 변론에 현출시켜야 하고, 법원은 변론에 나타나지 않는 사실에 대해서는 판단할 수 없으며 판단할 필요도 없다.

Ⅲ. 예외적 직권주의

1. 소송요건

'소송요건'이라 함은 소가 적법한 취급을 받기 위하여 구비하여야 할 소의 적법요건으로서 본안심리 및 본안판결의 요건이다. 만일 소송요건을 결하고 그 보정이 불가능한 경우에 그 소는 부적법한 것으로 각하된다.

'직권조사'란 당사자의 신청 또는 이의에 의하여 지적되지 않더라도 법원이 반드시 직권으로 조사하여 적당한 조치를 취하는 것을 말하고,[6] 그 대상을 직권조사사항이라 한다. 소송요건의 대부분은 분쟁의 합리적·효과적 해결을 꾀하기 위하여 공익상 인정되는 것이므로 직권조사사항이다. 행정소송에서도 당사자능력·적격, 제소기간, 전심절차, 처분의 존재 등 소송요건은 공익적 성질을 가지는 것으로서 직권조사사항에 속한다는 것은 민사소송과 다르지 않다.[7]

한편, 소송요건 중에서 공익성이 매우 높은 제소기간이나 전치절차의 준수 여부, 처분의 존재 등에 대해서는 직권탐지주의가 적용된다. 이러한 사항은 당사자의 자백에 구속되지 않고 법원이 직권으로 그 적법 여부를 살펴보아야 한다.

2. 본　　안

소송요건을 구비한 적법한 소가 제기되면 법원은 그 청구의 당부에 관하여 심판하여야 하는데, 청구를 인용할 것인지 또는 기각할 것인지를 판단하기 위하

5) 다만 선거소송 등 객관소송에서는 그 성질상 변론주의의 적용이 없다고 보아야 한다(공직선거법 제227조 참조).

6) 정동윤·유병현·김경욱, 민사소송법, 415면. 그러므로, 직권탐지주의와 변론주의가 소송자료의 수집에 관한 책임이 누구에게 있는지에 관하여 대립하는 관념이고, 직권조사는 심리의 개시와 심판대상의 결정에 관하여 처분권주의와 대립하는 관념이다(정동윤·유병현·김경욱, 민사소송법, 417면 참조).

7) 예컨대, 해당 처분을 다툴 법률상 이익이 있는지 여부는 직권조사사항이어서, 이에 관한 당사자의 주장은 직권발동을 촉구하는 의미밖에 없으므로, 이에 관하여 판단하지 않더라도 판단유탈의 상고이유가 되는 것은 아니다(대법원 2017. 3. 9. 선고 2013두16852 판결).

여 사건의 본안을 실체적으로 심리하는 과정을 '본안심리'라고 한다.

행정소송은 공법상의 법률관계를 대상으로 하므로 법원이 소송에 직권으로 관여하여야 할 필요가 있다. 사적자치를 원칙으로 하는 민사소송에서도 구체적 타당성이 있는 사건의 해결을 위하여 법원에 보충적 증거조사권과 석명권을 부여하고, 당사자에게 석명의무를 지움으로써 직권주의를 강화하는 경향에 있는 점에 비추어 보면 더욱 그렇다.

이러한 점을 고려하여 행정소송법 제26조는 법원이 직권으로 증거조사를 할 수 있고, 당사자가 주장하지 않은 사실에 대해서도 판단할 수 있다고 규정하고 있다. 그러나 이 규정은 법원이 반드시 직권으로 증거를 조사하여야 한다거나 아무런 제한 없이 당사자가 주장하지 않은 사실을 판단할 수 있다는 의미는 아니라는 것이 판례이다. 단지 처분권주의 · 변론주의에 대하여 행정소송의 특수성에 연유한 예외를 부분적으로 인정하여 법원이 필요하다고 인정할 때에 한하여 청구의 범위 내에서, 일건기록에 현출되어 있는 사항에 관하여 당사자가 주장하지 않았더라도 직권으로 증거조사를 하고, 이를 기초로 판단할 수 있음을 허용하는 것에 불과하다.[8)]

다만 판례는 행정소송의 심리에서도 변론주의가 적용되는 것이 원칙이지만, 당사자의 주장이나 주장하는 사실에 대한 증명활동이 충분하지 않은 경우에 예외적으로 법관이 직권으로 증거조사를 할 수 있다는 입장에 있다. 따라서, 소송수행능력 등이 부족한 당사자가 기록상 나타나 있거나 합리적 의심이 있는 사항임에도 불구하고, 이를 변론에서 주장하지 않음으로써 현저히 정의에 반하는 결론이 될 우려가 있을 경우에는 법원이 이러한 사실을 직권으로 조사하여 사실관계를 보다 명백히 하고, 석명권을 적절히 행사하는 등의 방법으로 주장을 명확히 하도록 하여 구체적 타당성 있는 판결을 내릴 수 있게 된다.[9)]

❑ **대법원 1991. 11. 8. 선고 91누2854 판결:** 행정소송법 제26조가 규정하는 바는 행정소송의 특수성에서 연유하는 당사자주의, 변론주의에 대한 일부 예외규정일 뿐,

8) 대법원 1987. 11. 10. 선고 86누491 판결; 대법원 1992. 3. 10. 선고 91누6030 판결; 대법원 1994. 10. 11. 선고 94누4820 판결; 대법원 1997. 10. 28. 선고 96누14425 판결 등 다수.
9) 대법원 2010. 2. 11. 선고 2009두18035 판결 등 참조.

> 법원이 아무런 제한 없이 당사자가 주장하지 아니한 사실을 판단할 수 있는 것은 아니고, 일건기록상 현출되어 있는 사항에 관하여서만 직권으로 증거조사를 하고 이를 기초로 하여 판단할 수 있을 따름이다.

제3절 증거조사

Ⅰ. 자백의 구속력

위에서 살펴본 것처럼 행정소송에서도 변론주의의 원칙이 적용되는 이상 민사소송과 같이 자백의 구속력이 인정되므로,[10] 주요사실 중 당사자 사이에 다툼이 없는 것은 그대로 판결의 기초로 삼아야 한다. 또한, 상대방의 동의가 있거나, 자백이 제3자의 형사상 처벌할 행위에 의하여 이루어진 때, 종전의 주장이 진실에 어긋나고 착오로 말미암은 것임을 입증한 때가 아니면 자백한 사실을 취소할 수 없다.

자백의 대상이 되는 사실은 주요사실에 한하고,[11] 간접사실, 보조사실에 대해서는 자백의 구속력이 인정되지 않는다. 만일 간접사실이나 보조사실에 대해서도 자백의 구속력이 인정된다면 간접사실로부터 주요사실을 추인하거나 증거력을 평가할 때 법관의 자유심증을 제약하기 때문이다.[12] 다만 서증의 진정성립에 관해서는 민사소송과 같이 구속력이 인정된다. 직권탐지주의가 적용되는 소송요건 등 공익적 사항은 민사소송에서와 마찬가지로 자백의 대상이 되지 않는다.

Ⅱ. 증명책임

1. 증명책임의 의미

법원의 판단작용이 법규를 대전제로, 구체적 사실을 소전제로 하여 삼단논

10) 대법원 1992. 8. 14. 선고 91누13229 판결.
11) 대법원 1995. 2. 24. 선고 94누9146 판결(청문절차의 준수 여부); 대법원 1991. 1. 29. 선고 90누5054 판결(과세요건사실).
12) 정동윤 · 유병현 · 김경욱, 민사소송법, 571면.

법에 따라 법률효과를 판단하는 과정을 거친다고 할 때, 소송상 어느 사실이 진위불명이 되면 법규를 적용할 수 없게 되어 그 사실을 요건으로 하는 법률효과가 생기지 않는다. 그 결과 법원에 대하여 어떠한 법률효과의 발생을 주장하는 당사자는 그 사실의 진위불명으로 인하여 불이익을 입게 된다.

이때 진위불명으로 인한 법규부적용에 의하여 당사자가 입을 불이익 또는 불이익의 위험을 증명책임이라고 한다. 따라서 증명책임은 법관이 자유심증주의에 의하여 증거를 자유롭게 평가하더라도 주요사실의 존부에 관하여 확신을 가질 수 없을 때 비로소 작동하게 된다.

2. 소송요건

소송요건은 행정소송에서도 직권조사사항이지만 그 존부가 불명일 때에는 부적법한 소로 취급되어 원고에게 불이익하게 판단되므로 그 증명책임은 원고가 부담하는 셈이 된다.

3. 본안사항

가. 원 칙

행정소송에서의 증명책임에 관하여 원고부담설(적법성 추정설), 피고부담설(적법성 담보설), 법률요건분류설, 헌법질서귀납설, 개별구체설 등이 있으나, 민사소송과 마찬가지로 법률요건분류설[13]이 통설 · 판례이다.[14]

이에 의하면, 권한행사규정의 요건사실의 존재는 그 권한행사의 필요 또는 적법성을 주장하는 사람이 증명책임을 부담하므로, 적극적 처분에 대해서는 그 처분을 한 처분청이,[15] 거부처분에 대해서는 원고가 증명책임을 부담하고,[16] 권

---

13) 법률요건분류설에 따르면, 다른 사람에게 일정한 권리를 주장하는 사람은 법이 그 권리의 성립요건으로 규정한 사실에 관하여 증명책임을 진다(권리근거사실: 매매사실). 또한 일단 발생한 권리의 소멸을 주장하는 사람은 권리소멸사실에 관한 증명책임을 진다(권리소멸사실: 변제사실). 한편 적극적 · 소극적 법률효과를 방해하는 권리장애사실을 주장하는 사람은 그 사실에 관한 증명책임을 부담한다(본문 · 단서의 형식규정에서의 단서규정: 통정허위표시에 의한 매매계약의 무효).

14) 대법원 1984. 7. 24. 선고 84누124 판결; 대법원 2016. 10. 27. 선고 2015두42817 판결.

15) 대법원 1995. 11. 21. 선고 94누15684 판결; 대법원 1999. 5. 11. 선고 97누3194 판결; 대법원 2000. 5. 30. 선고 98두20162 판결.

16) 다만 특허신청에 대한 거부처분에서는 타당하지만, 허가신청에 대한 거부처분에서는 그

한불행사규정이나 상실규정의 요건사실의 존재는 처분권한의 불행사나 상실을 주장하는 사람이 증명책임을 부담하게 된다.[17]

그러나, 행정법규 중에는 해당 규정이 권한행사규정인지 권한불행사규정인지 구별하기 어려워 법률요건분류설을 그대로 적용할 수 없는 경우가 있고, 법규의 형식만을 기준으로 증명책임을 분배하는 경우 공평에 어긋나는 부당한 결과를 야기할 수도 있기 때문에 모든 사건에 대하여 법률요건분류설만 적용할 수는 없다. 따라서, 법률요건분류설을 원칙으로 하되 구체적인 사건에서의 입증의 난이(입증자료가 누구의 지배영역 내에 있는지, 소극적 사실인지 적극적 사실인지 여부 등), 사실 존재의 개연성 등을 종합하여 양 당사자에게 공평하게 증명책임 내지 증명의 필요를 분배할 필요가 있다.

나. 취소소송에서 구체적인 경우

① 침익적 행정행위의 적법성에 대해서는 원칙적으로 처분청에게 주장·증명책임이 있다. 예를 들어 징계처분, 영업정지·취소처분 등에 대한 취소소송에서는 처분청에게 위 각 행정행위가 적법하다는 사실에 대한 증명책임이 있다.

② 수익적 행정행위의 발급신청에 대한 거부처분 취소소송에서 수익적 행정행위의 발급요건이 충족되었다는 사실은 원칙적으로 신청인에게 주장·증명책임이 있다. 따라서, 각종 사회보장 급부청구에 대한 거부처분에 대해서는 그 거부사유가 원래 급부요건을 갖추지 못하였음을 이유로 하는 경우에는 급부를 청구한 자에게,[18] 급부청구권 발생에 장애사유가 있거나 일단 발생한 급부청구권이 소멸하였음을 이유로 하는 경우(사업시행자로부터 손해배상을 받았다는 등의 사유)에는 처분청에게 증명책임이 있다.[19]

허가기준에 미달하였다는 점은 여전히 피고가 증명하여야 한다고 하는 판결(대법원 1986. 4. 8. 선고 86누107 판결)도 있다.

17) 적극적 처분의 적법성에 대한 증명책임이 원칙적으로 피고(행정청)에게 있음에도 불구하고, 법령보충적 행정규칙(표시·광고에 관한 공정거래지침)이 모법의 위임한계를 넘어서 입증책임을 원고에게 전환하는 규정을 두었다면 그 증명규칙은 무효이다(대법원 2000. 9. 29. 선고 98두12772 판결).

18) 대법원 1997. 2. 28. 선고 96누14883 판결; 대법원 2004. 4. 9. 선고 2003두12530 판결; 대법원 2021. 9. 9. 선고 2017두45933 전원합의체 판결(업무상 재해임을 원고가 증명) 등.

19) 위와 같은 법리가 모든 거부처분에 일률적으로 적용될 수 있는지는 의문이다. 대법원은 결혼이민[F-6 (다)목] 체류자격을 신청한 외국인에 대하여 행정청이 그 요건을 충족하지 못

③ 처분의 절차적 적법성에 대해서는 적극적 처분, 소극적 처분을 불문하고 행정청이 그 절차가 적법하다는 사실을 증명하여야 한다. 따라서 처분이 피고지자에게 적법히 고지되었다는 사실이나 공시송달이 적법하게 이루어졌다는 사실은 행정청이 증명하여야 한다.[20] 그러나 등기우편이 반송되지 않았다면 그 무렵 수취인에게 송달되었다고 추정되고,[21] 처분서의 필요적 기재사항이 누락되었다는 것이 다투어진 경우 관계 법규상 그 부본을 행정청이 따로 보관하게 되어 있지 않다면, 그 처분서 원본을 소지한 원고가 이를 제출함으로써 필요적 기재사항의 누락을 증명할 필요가 있다.[22]

④ 행정법률 중에는 특히 세법영역에서 간주 또는 추정규정을 두는 경우가 종종 있다. 과세처분에 대한 취소소송에서도 법률요건분류설이 적용되므로, 과세처분의 적법성은 과세관청에게 증명책임이 있어 과세표준 산정의 기준이 되는 소득뿐만 아니라 비용에 대해서도 처분청이 증명하여야 한다는 것이 판례이다.[23] 반대로 비과세 또는 면세요건에 대해서는 납세의무자가 증명하여야 한다.[24] 그러나 과세처분은 과세자료의 대부분을

하였다는 이유로 거부처분을 하는 경우 처분사유인 '혼인파탄의 주된 귀책사유가 국민인 배우자에게 있지 않다는 판단'에 대한 증명책임은 행정청에게 있다고 판시하였다(대법원 2019. 7. 4. 선고 2018두66869 판결). 다만 위 사례에서는 국민인 배우자에게 귀책사유가 있다는 가정법원의 확정판결이 있는 경우이고, 부가적으로 출입국관리행정청이나 행정소송의 수소법원은 결혼이민[F-6 (다)목] 체류자격 부여에 관하여 가정법원이 이혼확정판결에서 내린 판단을 존중하여야 한다는 판시도 포함되어 있다.

20) 대법원 1994. 10. 14. 선고 94누4134 판결.

21) 대법원 1992. 3. 27. 선고 91누3819 판결; 대법원 1992. 12. 11. 선고 92누13217 판결 참조. 다만 수취인이나 그 가족 등이 송달장소에 실제 거주하지 않으면서 전입신고만 해 둔 경우에는 등기우편이 반송되지 않았더라도 수취인에게 도달되었다고 추정할 수 없다(대법원 1998. 2. 13. 선고 97누8977 판결). 한편, 보통우편의 발송으로는 도달을 추정할 수 없다(대법원 2009. 12. 10. 선고 2007두20140 판결).

22) 대법원 1986. 10. 28. 선고 85누555 판결; 대법원 1992. 6. 9. 선고 91누11933 판결.

23) 대법원 2013. 3. 28. 선고 2010두20805 판결 참조. 따라서 구 상속세 및 증여세법 제35조 제2항에 의한 증여세 부과처분이 적법하기 위해서는 양도자가 특수관계에 있는 자 외의 자에게 시가보다 현저히 높은 가액으로 재산을 양도하였다는 점뿐만 아니라 거래의 관행상 정당한 사유가 없다는 점도 과세관청이 증명하여야 한다(대법원 2011. 12. 22. 선고 2011두22075 판결). 또한 이혼을 할 때 위자료 부분, 재산분할 부분, 자녀양육비 부분이 특정되지 않은 채 자산이 이전된 경우, 양도소득세의 과세대상이 되는 위자료 및 자녀양육비 부분의 증명책임은 과세관청에 있다(대법원 2002. 6. 14. 선고 2001두4573 판결).

24) 대법원 1994. 10. 21. 선고 94누996 판결; 대법원 1994. 11. 18. 선고 93누20160 판결; 대

납세의무자가 보유하고 있음에도 과세관청이 그 자료들을 일일이 수집할 수 없는 특성상 세법 자체에 어떤 특정사실이 있으면 과세요건을 갖춘 것으로 간주하거나 추정하는 특별규정을 둔 경우가 있다.25) 추정하는 특별규정이 있는 경우에는 납세의무자가 과세요건사실이 존재하지 않는다는 사실을 증명하여야 한다. 이와 같은 규정에 의하여 과세요건을 간주 또는 추정하는 경우 외에도 구체적인 소송과정에서 경험칙에 비추어 과세요건사실이 사실상 추정되는 사실이 밝혀지면 납세의무자가 문제된 해당 사실이 경험칙 적용의 대상이 되지 않는다는 사정을 증명하지 않는 한 과세요건을 충족한 것으로 인정하여야 할 경우가 있다.26)

⑤ 앞에서 본 것처럼 처분의 적법성에 대한 증명책임은 원칙적으로 처분청에게 있지만, 처분청이 주장하는 해당 처분의 적법성에 관하여 합리적으로 수긍할 수 있는 정도로 증명이 있는 경우, 이와 상반되는 예외적인 사정에 대한 주장·증명책임은 상대방에게 돌아간다. 따라서, 국민건강보험법 제57조 제1항에 따라 국민건강보험공단이 환수처분 또는 징수처분을 하는 경우, 요양기관이 속임수나 그 밖의 부당한 방법으로 요양급여비용을 지급받았다는 점을 증명할 책임은 국민건강보험공단에 있지만,27) 이른바 '임의 비급여 진료행위'는 원칙적으로 '속임수나 그 밖의 부당한 방법으로 가입자 등으로부터 요양급여비용을 받거나 가입자 등에게 이를 부담하게 한 때'에 해당하므로, 국민건강보험공단이 이를 이유로 부당이득 환수결정을 한 경우, 해당 행위가 '임의 비급여 진료행위'라고 하더라도 그것을 두고 부당한 방법이라고 볼 수 없다는 사정은 이를 주장하는 측인 요양기관이 증명하여야 한다.28)

법원 1996. 4. 26. 선고 94누12708 판결.

25) 상속세 및 증여세법 제15조, 제33조 내지 제45조의2(상속추정, 증여추정 또는 의제); 법인세법 시행령 제106조 제1항 제1호 단서(익금귀속) 등.

26) 대법원 2002. 11. 13. 선고 2002두6392 판결.

27) 대법원 2011. 11. 24. 선고 2011두16025 판결.

28) 대법원 2012. 6. 18. 선고 2010두27639, 27646 전원합의체 판결. 또한, 국민건강보험공단이 요양기관에게 국민건강보험법상 서류제출명령을 위반하였다는 이유로 한 업무정지처분의 취소를 구하는 사건에서, 급여 관계 서류의 보존행위가 요양기관 등의 지배영역 안에 있고 요양기관 등이 서류보존의무기간 내에 이를 임의로 폐기하는 것 자체가 이례적이므로, 요양기관 등이 서류제출명령의 대상인 급여 관계 서류를 생성·작성하였다고 볼 만한

⑥ 재량처분이 재량권을 일탈 · 남용함으로써 위법하다고 다투어지는 경우[29] 그 증명책임은 이를 주장하는 사람에게 있다는 것이 판례이다.[30] 그러나 그 사유는 여러 가지가 있을 수 있어 일률적으로 판단할 수 없다. 행정청이 원고에 대해서만 특별히 무거운 처분을 하였다면 그 사유의 정당성에 대한 증명책임은 행정청에게 있고, 반대로 원고에 대한 처분이 일반적인 기준에 따라 행해졌지만 원고에 대해서는 특별히 취급하여야 하는 사정이 있다고 주장하는 때에는 원고에게 그 증명책임이 있다.[31]

⑦ 수익적 행정행위에 관한 직권취소사유 및 취소하여야 할 필요성에 대한 증명책임은 행정청에게 있다.[32] 반면에 직권취소의 예외사유에 대한 증명책임은 그 사유를 주장하는 쪽에 있다.[33]

⑧ 토지보상법 제85조 제2항 소정의 손실보상금 증액청구소송에서 수용재결이나 이의재결에서 정한 손실보상금액보다 정당한 손실보상금액이 더 많다는 점에 대한 증명책임은 원고에게 있다.[34] 또한 수용대상 토지의 이

사정에 대하여 처분청이 합리적으로 수긍할 수 있는 정도로 이를 증명하였다면, 처분청의 서류제출명령과 무관하게 급여 관계 서류가 폐기되었다는 사정은 이를 주장하는 측인 요양기관 등이 증명하여야 한다(대법원 2023. 12. 21. 선고 2023두42904 판결).

29) 대법원 2001. 7. 27. 선고 99두2970 판결(계획재량행위에서의 재량권 일탈 · 남용의 기준); 대법원 2002. 9. 24. 선고 2000두1713 판결(내부 행정규칙상의 기준보다 2배의 과징금을 부과한 것은 비례의 원칙에 위배되어 재량권의 일탈 · 남용이라고 한 예); 대법원 2017. 10. 12. 선고 2017두48956 판결(국토계획법상 용도지구 안에서 형질변경행위 · 농지전용행위를 수반하는 건축허가에서의 재량권 일탈 · 남용에 관한 판단) 참조.

30) 대법원 1987. 12. 8. 선고 87누861 판결. 따라서, 행정청은 국민건강보험법상 업무정지처분의 요건을 충족한다는 객관적 사정을 증명하는 것으로 족하고, 해당 요양기관이 '속임수'를 사용하지 않았다는 사정은 행정청의 처분양정 단계에서 그리고 이에 대한 법원의 재량권 일탈 · 남용 여부 심사 단계에서 고려할 사정이므로, 이를 자신에게 유리한 사정으로 주장하는 원고가 증명하여야 한다(대법원 2020. 6. 25. 선고 2019두52980 판결). 한편, 대법원은 학설상 '판단의 여지'라고 여겨지는 행정청의 전문적인 정성적 평가를 재량행위로 보고 거기에서의 재량권을 일탈 · 남용한 사정은 위와 같은 증명책임 분배의 원칙에 따라 이를 주장하는 자가 증명하여야 한다는 입장에 있다(대법원 2016. 1. 28. 선고 2013두21120 판결; 대법원 2018. 6. 15. 선고 2016두57564 판결; 대법원 2020. 7. 9. 선고 2017두39785 판결).

31) 서울고등법원 재판실무개선위원회, 행정소송실무편람, 제2판, 한국사법행정학회(2003), 238면.

32) 대법원 2012. 3. 29. 선고 2011두23375 판결.

33) 대법원 2003. 7. 22. 선고 2002두11066 판결(처분의 성립과정에서 뇌물이 수수되었다고 하더라도 그 처분이 기속행위이고 그 처분의 요건이 충족되었음이 객관적으로 명백하여 다른 선택의 여지가 없었던 경우에는 직권취소의 예외가 될 수 있을 것이지만, 그 경우 이에 대한 증명책임은 이를 주장하는 쪽에게 있다).

용상황이 일시적이라거나 불법형질변경토지이기 때문에 본래의 이용상황 또는 형질변경 당시의 이용상황에 의하여 보상액을 산정하여야 한다고 주장하기 위해서는 그와 같은 예외적인 보상액 산정방법의 적용을 주장하는 쪽에서 그 사정을 증명하여야 한다.[35]

다. 무효확인소송

판례는 처분의 무효사유가 예외적인 사정이라는 이유로 취소소송에서의 취소사유에 대한 경우와는 달리 주장하는 자에게 증명책임이 있고,[36] 이는 무효를 선언하는 의미의 취소소송에서도 마찬가지라고 한다.[37] 증명책임은 처분의 위법을 다투는 항고소송의 형식이 취소소송인지 아니면 무효확인소송인지에 따라 달리 분배되는 것이 아니라 위법사유로서 취소사유와 무효사유 중 무엇을 주장하는지 또는 무효사유의 주장에 취소사유를 주장하는 취지가 포함되어 있는지 여부에 따라 분배된다는 것이다.[38]

그러나 취소소송과 무효확인소송은 모두 처분의 적법 여부가 쟁점이고 처분의 적법성에 대한 증명책임은 처분청에게 있다고 보아야 한다. 피고가 적법성의 증명에 실패하였다면 그 처분은 위법한 것으로 취급되어야 하고 하자가 취소사유인지 무효사유인지 여부는 상대적인 것이며 하자의 중대 · 명백성 여부는 사실인정의 문제가 아니라 법률판단의 문제이기 때문이다. 따라서 취소소송이든 무효확인소송이든 처분의 적법성에 대한 증명책임은 피고가 부담하고 그 하자가 중대 · 명백한지 여부는 증명책임과 무관한 법원의 판단사항에 불과하다고 보아야 한다.[39]

---

34) 대법원 1997. 11. 28. 선고 96누2255 판결; 대법원 2004. 10. 15. 선고 2003두12226 판결.
35) 대법원 2012. 4. 26. 선고 2011두2521 판결.
36) 대법원 1984. 2. 28. 선고 82누154 판결; 대법원 1992. 3. 10. 선고 91누6030 판결; 대법원 2000. 3. 23. 선고 99두11851 판결.
37) 대법원 2023. 6. 29. 선고 2020두46073 판결.
38) 이에 따라, 원고가 피고(과세관청)의 종합소득세 부과처분에 대한 무효확인소송에서 당초의 처분사유에 대하여 무효사유를 주장 · 증명하자, 피고가 그 소송 계속 중에 주민세를 부과하는 것으로 처분사유를 변경한 경우 변경된 처분사유를 전제로 한 처분의 적법성은 피고가 증명하여야 하고, 변경된 처분사유에 대해서도 무효사유를 증명할 책임이 원고에게 있다고 볼 수 없다.
39) 서울고등법원 재판실무개선위원회, 행정소송실무편람, 238면.

Ⅲ. 행정소송에서 증거조사절차

1. 증거조사절차 개관

행정소송도 성질에 반하지 않는다면 민사소송법이 준용되므로, 민사소송절차에서의 증거조사절차를 따른다. 따라서, 변론주의의 원칙상 당사자의 증거신청에 의하여 개시되고, 법원은 그 신청을 채택할 것인지 여부를 결정한다. 증거신청을 채택한 경우에는 증거조사를 실시하는데, 민사소송법에서는 증인신문·감정·서증·검증 및 당사자신문 등 다섯 가지의 증거조사 실시방법에 관하여 구체적으로 정하고 있고, 민사소송규칙에서는 이에 덧붙여 자기디스크 등에 기억된 문자정보, 음성·영상자료 등에 대한 증거조사 실시방법에 관해서도 규정하고 있다. 증거조사가 끝나면 법관은 증거조사의 결과에 관하여 자유심증주의에 따라 사실주장의 진실 여부를 확정하는 증거평가를 행한다.

다만 행정소송법에서는 행정소송에서 증거조사의 특수성을 고려하여 특수한 증거조사방법으로 행정심판기록 제출명령제도를 두고 있고, 행정소송규칙에서는 비공개정보와 민감한 개인정보를 다루어야 할 경우를 대비하여야 하고 성폭력 등의 피해자에게 절차 참여기회를 실질적으로 보장해 줄 필요가 있을 수 있기 때문에 몇 가지 특칙을 두고 있다.

2. 행정심판기록 제출명령

행정소송법은 특수한 증거조사방법으로서 행정심판기록 제출명령이라는 제도를 두고 있다. 법원은 당사자의 신청이 있는 때에는 결정으로써 재결을 행한 행정청에 대하여 행정심판에 관한 기록의 제출을 명할 수 있고, 이러한 제출명령을 받은 행정청은 지체 없이 해당 행정심판에 관한 기록을 법원에 제출하여야 한다(행정소송법 제25조).

행정소송에서도 민사소송법에 의한 문서제출명령이 허용되지 않는 것은 아니다. 그러나, 민사소송법상 문서제출명령으로는 제출대상으로 할 수 없는 행정심판위원회의 내부문서에 관해서도 행정심판기록 제출명령으로써 제출시킬 수 있다. 이러한 점에서 원고 측의 증거수집의 곤란을 덜어 주고 전심심리를 적극적으로 활용하기 위한 것에 행정심판기록 제출명령제도의 입법취지가 있다.[40]

행정소송법 제25조에 의하면 행정심판기록 제출명령을 신청할 수 있는 사람은 당사자이므로 원고와 피고 모두 신청할 수 있다. 통상은 원고가 신청하겠지만, 피고 행정청도 행정심판에서의 원고의 주장·입증과정을 소송에 나타낼 필요가 있는 경우 등에는 신청할 수 있을 것이다.[41] 법원도 직권증거조사를 하게 되는 범위에서 직권으로 행정심판기록 제출명령을 할 수 있다.

행정심판기록 제출명령의 신청에 대하여 법원은 증거결정으로써 채부결정을 하여야 하고, 행정심판기록 제출명령을 받은 행정청은 지체 없이 해당 행정심판에 관한 기록을 법원에 제출하여야 한다(행정소송법 제25조 제2항). 원본을 송부하는 것이 원칙이지만 정본 또는 인증등본을 송부할 수도 있다(민사소송법 제355조 제1항).

3. 행정소송에서 증거조사의 특칙

가. 비공개정보의 열람·심사

정보공개법 제20조 제2항에서는 "재판장은 필요하다고 인정하면 당사자를 참여시키지 아니하고 제출된 공개 청구 정보를 비공개로 열람·심사할 수 있다."라고 규정하고, 같은 조 제3항에서는 "재판장은 행정소송의 대상이 제9조 제1항 제2호에 따른 정보 중 국가안전보장·국방 또는 외교관계에 관한 정보의 비공개 또는 부분 공개 결정처분인 경우에 공공기관이 그 정보에 대한 비밀 지정의 절차, 비밀의 등급·종류 및 성질과 이를 비밀로 취급하게 된 실질적인 이유 및 공개를 하지 아니하는 사유 등을 입증하면 해당 정보를 제출하지 아니하게 할 수 있다."라고 규정하고 있다. 즉, 정보공개법 관련 취소소송에서는 정보의 공개가능성과 비공개대상정보와 그렇지 않은 정보의 분리가능성 등을 심리하기 위하여 위와 같은 비공개 심리제도(in camera inspection)를 사용할 수도 있다.

---

40) 행정소송법 개정에 관한 논의과정에서 원고와 행정청 사이의 정보 불균형의 해소와 행정청이 보유하고 있는 자료에 대한 접근권의 강화를 도모하기 위하여 '행정청에 대한 자료제출요구' 제도의 도입 여부에 대하여 논의한 적이 있었다. 참고로 행정소송법 개정시안에서는, 법원은 사건의 심리를 위하여 필요하다고 인정하는 경우 결정으로 당사자인 행정청이나 관계 행정청에게 해당 처분과 관련된 자료를 제출하도록 요구할 수 있고, 이 요구를 받은 당사자인 행정청이나 관계 행정청은 공공의 안전과 이익을 해할 우려가 있는 경우나 법률상 또는 그 자료의 성질상 비밀로 유지할 필요가 있는 경우가 아닌 한 요구받은 자료를 지체 없이 제출하도록 규정하였었다.

41) 법원실무제요(행정), 352면.

행정소송규칙 제11조에서는 정보공개법의 시행에 필요한 사항을 대법원규칙에 위임한 정보공개법 제27조에 따라 대체적인 실무례를 참조하여, 정보공개법 관련 취소소송에서 당사자의 참여권이 배제되는 비공개 열람 · 심사절차를 규정하고 있고, 이는 무효등 확인소송과 부작위위법확인소송에도 준용하고 있다(제18조).

그리하여, 재판장은 청구인이 제기한 정보비공개처분과 제3자가 제기한 정보공개결정에 대한 항고소송이나 이를 본안으로 하는 집행정지신청 사건의 심리를 위하여 비공개 열람 · 심사를 하는 경우 피고에게 공개청구된 정보의 원본 또는 사본 · 복제물의 제출을 명할 수 있다(제11조 제1항). 위와 같은 제출명령을 받은 피고는 변론기일 또는 심문기일에 해당 자료를 제출하여야 한다. 다만 특별한 사정이 있으면 재판장은 그 자료를 다른 적당한 방법으로 제출할 것을 명할 수 있고, 이 경우 자료를 제출받은 재판장은 지체없이 원고에게 위와 같은 제출명령에 따른 자료를 제출받은 사실을 통지하여야 하며(제2항), 그 자료는 소송기록과 분리하여 해당 사건을 심리하는 법관만 접근할 수 있는 방법으로 보관하여야 한다(제3항). 법원은 위 정보공개법 관련 항고소송이나 집행정지신청 사건에 대한 재판이 확정된 경우 위와 같이 제출받은 자료를 반환하되, 당사자가 그 자료를 반환받지 않는다는 의견을 표시한 경우 또는 위 확정일부터 30일이 지났음에도 해당 자료를 반환받지 않는 경우에는 그 자료를 적당한 방법으로 폐기할 수 있다(제4항). 만일 당사자가 위 정보공개법 관련 항고소송이나 집행정지신청 사건의 재판에 관하여 불복하는 경우 법원은 위와 같이 제출받은 자료를 위와 같은 반환방법으로 상소법원에 송부한다(제5항).

나. 행정청의 비공개처리

행정소송은 민사소송보다 비공개가 요구되는 개인정보 등을 많이 취급하므로, 행정청 등이 법원에 개인정보 등이 포함된 문서를 제출할 때 해당 부분에 직접 비공개 처리를 할 수 있는 근거를 마련하여 행정청 등의 부담을 덜어 주고, 이를 통하여 개인정보 등을 다층적으로 보호하고 충실한 심리를 도모할 필요가 있다. 그리하여, 행정소송규칙 제12조에서는 취소소송에서 위와 같은 정보에 대한 행정청의 비공개처리절차에 관하여 다음과 같이 규정하고 있고, 이를 무효등 확인소송과 부작위위법확인소송 및 당사자소송에도 준용하고 있다(제18조, 제20

조). 여기에 해당하는 정보로는 민사소송법 제163조 제1항에 규정되어 있는 ① 당사자의 사생활에 관한 중대한 비밀로서 제3자에게 비밀 기재부분의 열람 등을 허용하면 당사자의 사회생활에 지장이 클 우려가 있는 정보, ② 당사자가 가지는 「부정경쟁방지 및 영업비밀보호에 관한 법률」 제2조 제2호에 규정된 영업비밀과 ③ 법령에 따라 비공개 대상인 정보 등이다.

피고 또는 관계행정청이 위와 같이 비공개가 요구되는 정보 등이 적혀 있는 서면 또는 증거를 제출·제시하는 경우에는 해당 정보가 공개되지 않도록 비실명 또는 공란으로 표시하거나 그 밖의 적절한 방법으로 제3자가 인식하지 못하도록 처리할 수 있다(제1항). 법원은 피고 또는 관계행정청이 위와 같이 비공개 처리를 한 경우에도 사건의 심리를 위해 필요하다고 인정하는 경우에는 ① 비공개 처리된 정보의 내용, ② 비공개 처리를 하지 않은 서면 또는 증거의 어느 하나를 제출·제시할 것을 명할 수 있다(제2항). 법원은 그 자료를 다른 사람이 보도록 해서는 안 된다(제3항 본문). 이 경우 당사자는 법원에 해당 자료의 열람·복사를 신청할 수 있고(제3항 단서), 법원은 비공개정보가 아니라고 판단하는 경우에 이를 허가할 수 있는데,[42] 그 열람·복사 신청에 관한 결정에 대해서는 즉시항고를 할 수 있다(제4항). 위 신청을 인용하는 결정은 확정되어야 효력을 가진다(제5항).

다. 피해자의 의견청취

징계처분 등 사건의 성희롱 피해자·성폭력 피해자, 학교폭력 사건의 피해학생 또는 그 보호자는 행정소송의 당사자가 아니지만 해당 처분사유와 밀접한 연관성이 있으므로, 피해자들이 증인신문에 의하지 않고서도 소송절차에서 피해의 정도, 처분에 대한 의견, 그 밖에 해당 사건에 관한 의견을 구술·서면으로 자유롭게 진술할 수 있어야 한다. 그리하여, 행정소송규칙 제13조에서는 취소소송에서 피해자의 절차 참여 기회를 확대하고 법원의 적정한 심리를 도모하기 위하여 피해자의 의견청취절차를 다음과 같이 규정하고, 이를 무효등 확인소송과 당사자소송에도 준용하고 있다(제18조 제1항, 제20조). 여기에 해당하는 피해자는 ① 「성폭력방지 및 피해자보호 등에 관한 법률」 제2조 제3호의 성폭력 피해자, ② 「양

42) 행정소송규칙 해설, 79면. 법원은 비공개로 제출되거나 제시된 원래정보나 원래본을 비공개로 심리하여 신청에 대한 허가여부를 결정한다.

성평등기본법」 제3조 제2호의 성희롱으로 인하여 피해를 입은 사람, ③「학교폭력 예방 및 대책에 관한 법률」 제2조 제4호의 피해학생 또는 그 보호자 등을 말한다.

법원은 필요하다고 인정하는 경우에는 징계처분 등 해당 처분의 처분사유와 관련하여 위에서 열거한 피해자로부터 그 처분에 관한 의견을 기재한 서면을 제출받는 등의 방법으로 피해자의 의견을 청취할 수 있다(제1항). 당사자와 소송관계인은 위와 같은 방법으로 청취한 피해자의 의견을 이용하여 피해자의 명예 또는 생활의 평온을 해치는 행위를 해서는 안 된다(제2항). 위와 같은 방법으로 청취한 피해자의 의견은 증거조사를 거친 증거능력 있는 증거라고 볼 수 없으므로, 그 의견은 처분사유의 인정을 위한 증거로 할 수 없다(제3항).[43]

제4절 심리판단의 기준시

1. 소송요건

소송요건은 변론종결시까지 갖추면 된다는 점은 민사소송과 마찬가지이므로 적법한 소인지 여부는 변론종결시를 기준으로 판단하면 된다. 필요적 전치사건의 경우에도 변론종결시까지 전심절차를 거치거나 재결을 거치지 않고 제소할 수 있는 요건을 갖추게 되면 그 소는 적법하게 된다.

2. 본안사항

가. 취소소송과 무효확인소송

(1) 처분의 위법판단의 기준시점

처분이 행해진 뒤에 해당 처분의 근거가 되는 사실상태나 법률이 변경된 경우 어느 때를 기준으로 위법 여부를 판단할 것인지에 관한 문제로서 처분시설과 판결시설이 대립하고 있다.

① **처분시설**: 처분의 위법 여부의 판단은 처분시의 법령 및 사실상태를 기준

---

43) 행정소송규칙 해설, 88면. 따라서, 피해자의 진술을 증거로 사용하기 위해서는 피해자를 상대로 증인신문을 하는 등의 증거조사절차를 거쳐야 한다.

으로 하여야 한다는 견해이다. 판결시설에 따라 법원이 처분 후의 변화한 사정을 참작하여 처분의 위법성을 판단하게 되면 법원이 행정감독적 기능을 수행하는 것처럼 되고, 그것은 행정청의 제1차적 판단권을 침범하는 것을 뜻하므로, 권력분립의 원칙에 반한다는 점 등을 논거로 하고 있다.

② 판결시설: 취소소송의 목적은 해당 처분이 현행법규에 비추어 유지될 수 있는지 여부를 판단·선언하는 데 있으므로, 처분의 위법 여부는 판결시(변론종결시)를 기준으로 판단하여야 한다는 입장이다.

판결시설에 따를 경우 처분시에 위법한 행위가 후일의 법령개폐에 의하여 적법하게 되거나 반대로 적법한 행위가 사후에 위법하게 될 수 있어 법치주의 원칙에 반하고, 판결의 지연에 따라 불균형한 결과를 초래할 수 있어 처분시설이 타당하다. 판례도 같고,[44] 행정기본법 제14조 제1항도 법 적용의 시적 기준에 관하여 처분시설에 입각하고 있다.

처분시설에 의한다고 하더라도 이는 처분 당시의 사실관계와 법령을 기준으로 처분이 적법한지 여부를 판단하라는 의미이지 처분 당시에 존재하였던 자료나 행정청에 제출되었던 자료만으로 위법 여부를 판단하라는 뜻은 아니다. 따라서, 처분 당시 행정청이 알고 있었던 자료뿐만 아니라 사실심 변론종결시까지 제출된 모든 자료를 종합하여 처분 당시 존재하였던 객관적 사실을 확정하고 나서 그 사실에 기초하여 처분의 적법 여부를 판단할 수 있고,[45] 당사자는 사실심 변론종결시까지 처분 당시 존재하였던 사실에 대한 증명을 자유롭게 할 수 있다.

다만 행정청이 재량의 범위 내에서 처분시 참작할 자료제출의 시한을 정한 경우 그 시한을 도과함으로써 불이익한 처분을 받은 후 행정소송에서 새로운 자료를 제출하여 위 처분의 취소를 구할 수는 없다.[46]

---

44) 같은 취지 김남진·김연태, 행정법 I, 1005면. 그러나, 판결시설은 어차피 변경된 사정에 따라 재처분을 하게 될 것이므로 소송 또는 행정경제의 입장에서 판결시를 기준으로 하여야 한다고 주장한다.

45) 대법원 2010. 1. 14. 선고 2009두11843 판결; 대법원 2015. 7. 25. 선고 2017두55077 판결.

46) 그리하여, 대법원 1995. 11. 10. 선고 95누8461 판결에서는 "'1993년도 개인택시운송사업면허지침'에서 운전경력을 산정함에 있어서 경력증명의 추가보완을 금하고 제출된 서류만으로 심사하도록 하였음에도 불구하고 개인택시운송사업면허를 신청함에 있어서 택시 운

❑ **대법원 2005. 4. 15. 선고 2004두10883 판결**: 행정처분의 취소를 구하는 항고소송에 있어서 그 처분의 위법 여부는 처분 당시를 기준으로 판단하여야 하는 것이다.

❑ **대법원 2022. 4. 28. 선고 2021두61932 판결**: 행정소송에서 행정처분의 위법 여부는 행정처분이 있을 때의 법령과 사실상태를 기준으로 하여 판단하여야 하고, 처분 후 법령의 개폐나 사실상태의 변동에 의하여 영향을 받지 않는다. 원고는 이 사건 처분 이후 간이회생절차 종결 결정을 받아 비로소 위 시행령 조항의 건설업 등록말소 내지 영업정지 예외사유가 발생하였으므로, 달리 이 사건 처분 당시 영업정지 예외사유가 발생하여 있었다고 볼 만한 자료가 없는 이상, 이 사건 처분은 그 처분 당시의 법령과 사실상태를 기준으로 판단할 때 적법하다고 할 것이고, 이 사건 처분 이후 원고가 간이회생절차 종결 결정을 받은 사실로 인하여 처분 당시 적법하였던 이 사건 처분이 다시 위법하게 된다고 볼 수는 없다.

(2) 신청에 의한 처분의 위법판단의 기준시점

신청에 의한 처분에서도 행정청은 신청시가 아닌 처분 당시의 법령과 사실관계를 기초로 위법 여부를 판단하여 처분을 할지 여부를 결정한다(행정기본법 제14조 제2항).[47] 따라서 신청시 허가요건을 갖추었으나 법령이 개정되어 허가해 줄 수 없게 되었으면 행정청은 거부처분을 하여야 한다.

이 경우 행정청이 새로운 사유를 인위적으로 작출한 다음 이를 이유로 거부

전경력을 주장하였거나 그 운전경력증명서를 제출하지 아니한 운전자가 행정소송에서 면허신청시 제출되지 아니한 운전경력에 관한 새로운 자료를 제출하여 개인택시운송사업면허 제외처분이 위법하다고 주장할 수는 없다."라고 판시하였다. 그러나 법령에서 자료의 제출기한을 규정하고 그 제출을 게을리한 자에게 과태료를 부과하는 규정을 두고 있다고 하더라도 그 취지는 행정의 원활한 수행을 보장하고자 하는 데 불과하므로, 그러한 규정의 존재만으로 증명자료의 제출 범위를 제한하려는 것이라고 할 수는 없다(대법원 2023. 12. 28. 선고 2020두49553 판결).

47) 의무이행소송이 도입될 경우 그 판단의 기준시점은 사실심 변론종결시가 되어야 할 것이라고 생각한다(하명호, '의무이행소송의 도입 필요성과 바람직한 도입방안', 12-14면; 오에스더 · 하명호, '의무이행소송의 도입과 그 방향', 116-118면). 그래야만 신속한 권리구제와 분쟁의 일회적 해결이라는 의무이행소송의 입법취지를 살릴 수 있다는 점, 판결시를 기준시점으로 삼을 때 우려되는 행정청의 선결권 침해문제는 당사자의 권리구제를 위하여 용인되어야 한다는 점, 거부처분 취소소송에서와는 달리 의무이행소송의 소송물은 원고가 현재 행정청에 대하여 처분을 신청할 청구권을 가지고 있는지 여부와 법원이 의무이행상태를 실현시켜 줄 필요가 있느냐의 여부라는 점, 부작위에 대한 의무이행소송에서의 기준시점이 변론종결시인 것과 균형을 맞추어야 한다는 점 등이 그 근거이다.

처분을 하는 등 부당한 이유로 거부처분을 하는 것은 제한되어야 한다. 행정기본법 제14조 제2항에서도 원칙적으로 처분시법주의를 채택하고 있으나, 법령 등에 특별한 규정이 있거나 처분 당시의 법령 등을 적용하기 곤란한 특별한 사정이 있는 경우에는 예외를 인정하고 있다. 한편, 대법원은 ① 적법한 신청이 있었음에도 불구하고 합리적인 이유 없이 정당한 기간 내에 처리를 하지 않고 처리를 지연하다가 새로운 법령 및 허가기준이 설정되어 그에 따라 거부처분을 한 경우에는 개정전의 법령이나 허가기준을 적용할 수 있는 여지를 두고 있다.[48] 그밖에도 ② 행정청이 스스로 작출한 새로운 거부사유에 기인하여 거부처분을 한 경우, ③ 실질적으로 보아 종전의 거부처분을 답습한 것으로 권리남용으로 볼 수 있는 경우 등에서도 같은 법리가 적용될 수 있다.

구 법령에 따라 신청을 하였는데 그 이후 법령이 개정된 경우 특히 신뢰보호의 원칙과 관련하여 문제가 발생한다. 개정 전 허가기준의 존속에 대한 국민의 신뢰가 개정된 허가기준의 적용에 관한 공익보다 더 클 경우 개정 전 법령이 적용될 수 있다. 이 경우 신법을 적용하게 하는 법규정에 대한 규범통제가 있게 된다.

(3) 제재적 처분의 대상행위에 대한 위법판단의 기준시점

제재적 처분의 대상행위에 대한 위법판단의 기준시점은 법령에 특별한 규정이 있는 경우를 제외하고는 행위시가 된다(행정기본법 제14조 제3항 본문). 소급입법금지의 원칙에 따라 제재 여부와 제재기준은 행위시를 기준으로 판단하여야 하고 도중에 법령이 개정되었다고 하더라도 개정된 법령에 의할 수 없다.[49]

그런데, 위반행위자에게 유리하게 개정된 경우에도 개정법령이 아니라 행위시의 법령을 적용하여야 하는지에 대하여 논란이 될 수 있다.[50] 판례는 이 경우에도 법률의 적용에 관한 특별한 규정이 없다면 행위시를 기준으로 하여야 한다는 입장에 있었다.[51] 이에 대하여 행정기본법 제14조 제3항 단서에서는 법령 등

48) 대법원 2005. 7. 29. 선고 2003두3550 판결. 대법원은 '정당한 이유 없이 처리를 지연하였는지'를 판단할 때 법정 처리기간이나 통상적인 처리기간을 기초로 해당 처분이 지연되게 된 구체적인 경위나 사정을 중심으로 살펴보되, 개정 전 법령의 적용을 회피하려는 행정청의 동기나 의도가 있었는지, 처분지연을 쉽게 피할 가능성이 있었는지 등도 아울러 고려할 수 있다고 한다(대법원 2023. 2. 2. 선고 2020두43722 판결).

49) 서울고등법원 재판실무개선위원회, 행정소송실무편람, 242면.

50) 형벌은 이 경우에 형법 제1조 제2항과 제3항에 의하여 행위자에게 유리하게 적용한다.

이 변경되어 그 행위가 법령 등을 위반한 행위에 해당하지 않게 되거나 제재처분 기준이 가벼워진 경우에는 법령 등에 특별한 규정이 없다면 변경된 법령 등을 적용한다고 규정하고 있다. 따라서 행정기본법의 제정으로 이에 관한 대법원 판결은 더 이상 유지되기 어려울 것이라고 생각된다.

한편, 제재적 처분 그 자체의 위법판단의 기준시점은 앞에서 본 것처럼 처분시가 된다. 따라서, 과징금 납부명령이 재량권을 일탈·남용하여 위법한지 여부는 처분 당시의 사실상태를 기준으로 판단하여야 한다.[52)]

❑ **대법원 1987. 1. 20. 선고 86누63 판결:** 구 건설업법(1981. 12. 31. 법률 제3501호)이 시행되던 당시에 한 건설업면허의 대여행위에 대하여 행정상의 제재처분을 하려면, 그 후 전면개정된 건설업법(1984. 12. 31. 법률 제3765호)의 부칙 제1항에 이 법은 1985. 7. 1.부터 시행한다고 규정되어 있고, 제2항에 이 법 시행 전에 종전의 규정에 의하여 행하여진 처분은 이 법의 규정에 의하여 행한 처분으로 본다고 규정하고 있을 뿐 달리 특별한 규정을 두고 있지 아니한 이상 그 위반행위 당시에 시행되던 구 건설업법에 의하여야 할 것이다.

(4) 확정된 법률관계를 확인하는 처분에서 위법판단의 기준시점

확정된 법률관계를 확인하는 처분을 하는 경우에는 해당 법률관계가 확정될 때의 법령과 사실관계를 기준으로 처분의 발령 여부를 판단하게 되므로, 그 위법 판단 기준시점도 그와 같다. 예를 들면, 장애연금 지급을 위한 장애등급 결정은 치료종결 후 신체 등에 장애가 있게 되어 장애연금 지급청구권을 취득할 당시의 법령에 따른다.

---

51) 대법원 1983. 12. 13. 선고 83누383 판결에 의하면, 행위시에는 필요적 영업취소사유이었는데 위반행위 이후 영업정지사유로 위반행위자에게 유리하게 법령이 변경되었더라도 법령의 적용에 관한 특별한 규정이 없다면 행위시의 법령을 적용하여 처분을 하여야 한다고 판시하였다.

52) 대법원 2015. 5. 28. 선고 2015두36256 판결 참조. 참고로 여러 처분사유에 관하여 하나의 제재처분을 하였을 때 그중 일부가 인정되지 않는다고 하더라도 나머지 처분사유들만으로도 그 처분의 정당성이 인정되는 경우에는 그 처분을 위법하다고 보아 취소해서는 안 된다는 것이 판례이다(대법원 2020. 5. 14. 선고 2019두63515 판결).

❑ **대법원 2014. 10. 15. 선고 2012두15135 판결:** 국민연금법상 장애연금은 국민연금 가입 중에 생긴 질병이나 부상으로 완치된 후에도 신체상 또는 정신상의 장애가 있는 자에 대하여 그 장애가 계속되는 동안 장애 정도에 따라 지급되는 것으로서, 치료종결 후에도 신체 등에 장애가 있을 때 지급사유가 발생하고 그때 가입자는 장애연금 지급청구권을 취득한다. 따라서, 장애연금 지급을 위한 장애등급 결정은 장애연금 지급청구권을 취득할 당시, 즉, 치료종결 후 신체 등에 장애가 있게 된 당시의 법령에 따르는 것이 원칙이다. 나아가 이러한 법리는 기존의 장애등급이 변경되어 장애연금액을 변경하여 지급하는 경우에도 마찬가지이므로, 장애등급 변경결정 역시 변경사유 발생 당시, 즉 장애등급을 다시 평가하는 기준일인 '질병이나 부상이 완치되는 날'의 법령에 따르는 것이 원칙이다.

나. 부작위위법확인소송

부작위위법확인소송의 경우에는 아무런 처분이 존재하지 않으므로 처분시설과 판결시설의 대립이 생길 여지가 없다. 부작위위법확인소송의 경우 부작위가 위법하다는 판결이 확정되면 행정청은 그 판결에 따라 처분을 하여야 하는 것이므로, 그 판단의 대상은 변론종결 당시의 처분의무의 존재라 할 것이다. 따라서 변론종결 당시를 기준으로 부작위상태의 위법 여부를 판단하여야 한다.

제5절 처분사유의 추가 · 변경

Ⅰ. 의 의

행정청은 구체적인 사실을 확정하고 법령을 적용하여 처분을 발령하여야 하므로, 모든 처분은 사실상의 기초와 법령상의 근거를 구비하고 있어야 한다. 이와 같은 사실상의 기초와 법령상의 근거를 합쳐서 처분사유라고 한다. 그런데 처분청이 처분을 할 당시에 내세우는 처분사유는 처분청이 주관적으로 인식한 것에 불과한 것이어서, 객관적으로는 처분청이 내세운 사실상의 기초가 흠결되어 있기도 하고 법령의 적용을 그르친 경우도 있을 수 있다. 나아가 처분 후에 보다 적절한 처분사유가 발견되는 경우도 있다. 이와 같이 처분 당시에 내세운 주관적인 처분사유와 객관적인 사실상태 등이 다른 경우 처분청이 사후에 소송과정에서 보다 적절한 처분사유를 추가하거나 또는 기존의 처분사유를 변경할 수 있는지의 문제가 발생한다.[53]

한편 처분이유는 행정절차법 제23조 소정의 이유제시의무의 대상이 되는 것으로서 형식적 · 절차법적 개념이나, 처분사유는 처분의 적법성을 뒷받침하는 근거라는 의미로 실질적 · 소송법적 개념으로 서로 구분된다.[54] 행정청이 처분을 할 때 행정절차법 제23조 소정의 이유제시의무를 다하기 위하여 처분에 부수하여 제시하는 것이 '처분이유'이고, 소송에서 처분의 적법성에 관한 증명책임을 부담하는 행정청이 처분을 정당화하기 위하여 제출하는 법적 · 사실적 주장이 '처분사유'가 된다.

위와 같이 처분이유와 처분사유를 구별하면, '이유제시의 추완'과 '처분사유의 추가 · 변경'도 구별된다. 전자는 처분에 전혀 이유가 제시되지 않았거나 이유가 제시되었지만 불명확 또는 불충분함으로 말미암아 절차적 하자가 생긴 경우 이를 사후에 시정함으로써 그 하자를 치유하는 것을 가리킨다. 그런데, '처분사유의 추가 · 변경'은 실체적 위법성에 관한 문제로서 처분에 제시된 이유가 실체법적으로 타당하지 않거나 처분의 적법성을 뒷받침하기 부족한 경우에 소송과정에서 처분의 근거를 추가 · 변경함으로써 처분의 실체적 적법성을 입론하는 것이다.[55]

Ⅱ. 처분사유의 추가 · 변경을 둘러싼 기본적인 사고체계

1. 심리범위의 한계로서 처분의 동일성

취소소송의 소송물을 '처분의 위법성 일반'이라고 한다면, 취소소송의 심리

---

53) 피고가 당초 처분의 근거로 제시한 사유에 실질적인 내용이 없다면 소송단계에서 처분사유를 추가할 수 없다는 것은 당연하다(대법원 2017. 8. 29. 선고 2016두44186 판결).

54) 종래의 문헌에서는 처분사유와 처분이유를 명확히 구분하지 않고 논의를 전개하는 것이 많다. 가령 김문수, '행정소송에서의 처분이유의 추가와 변경', 특별법연구 제3권, 특별소송실무연구회(1989), 317면; 허상수, '항고소송의 심리', 재판자료 제67집, 법원도서관(1995), 362면에서는 행정행위의 사실상의 기초와 법률상의 근거를 합쳐서 처분이유 또는 처분사유라고 한다고 하여 양자를 같은 개념으로 보는 것 같다. 그러나 박정훈, '처분사유의 추가 · 변경과 행정행위의 전환 — 제재철회와 공익상 철회 —', 행정판례연구Ⅶ, 박영사(2002), 206면에서는 양자를 엄격히 구분하고 있다.

55) 박정훈, '처분사유의 추가 · 변경과 행정행위의 전환 — 제재철회와 공익상 철회 —', 207면.

범위는 처분의 동일성이 인정되는 곳까지 미치게 되므로, 처분이 적법하다고 피고가 주장하는 사실관계와 법적 관점(처분사유)의 추가 · 변경은 공격방어방법에 불과하여, 소송물의 범위를 벗어나지 않는다면 허용된다. 만일 그 범위를 벗어나는 소송상의 주장이 허용된다면 법원이 새로운 처분을 행하는 것과 같이 되어 사법권의 한계를 넘게 된다. 따라서, 처분의 동일성은 실체법상의 개념이기는 하지만 취소소송에서 소송물의 외연을 결정하는 요소로도 작용하게 된다.[56]

그러나, 현실의 소송에서 심리대상으로 되는 것은 해당 처분의 추상적인 위법성 일반이 아니라 구체적인 개개의 위법사유라 할 것이므로, 상대방의 방어권을 보장함으로써 실질적 법치주의를 구현하고 국민에 대한 신뢰를 보호하여야 한다는 점을 취소소송에서의 심리범위를 확정할 때 고려하여야 한다. 위와 같이 취소소송에서 처분청이 모든 주장을 다할 수 있는 것은 아니고 일정한 제한을 받게 된다면, 그에 상응하여 처분청은 취소소송에서 주장할 수 없었던 사유를 내세워 새로운 처분을 하는 것을 허용해 줄 수밖에 없다. 따라서, 심리범위가 넓어지는 만큼 처분청과 관계행정청으로 하여금 그 판결의 내용에 따라 행동하여야 할 실체법적 의무를 부과하는 기속력의 객관적 범위가 넓어지게 된다.[57]

2. 심리범위 확정의 고려요소로서 절차적 정당성

앞에서 본 것처럼 처분이유와 처분사유를 엄격하게 구분한다면, 이유제시의무와 처분사유의 추가 · 변경은 서로 관련이 없다. 처분을 행할 때 처분이유가 형식적으로 제시되기만 하면 행정절차법 제23조 소정의 이유제시의무는 충족된 것이지 내용적으로 타당한 이유를 제시할 의무까지 부과하는 것은 아니고, 이유제시제도의 취지는 이유제시의 하자를 독립적인 취소사유로 취급하고 하자의 치유를 엄격히 제한한다면 충족된다고 볼 수 있기 때문이다. 이를 근거로 처분사유의 추가 · 변경을 이유제시의무와 연관지워 해석할 필요가 없다는 견해가 있다.[58]

---

56) 김태우, '취소소송에서의 처분사유의 추가 · 변경', 특별법연구 제5권, 특별소송실무연구회(1997), 64면.

57) 기속력에 관한 설명은 판결의 효력에 관한 부분에서 자세히 설명한다.

58) 정하중, '이유제시 하자의 치유와 처분사유의 추가 · 변경-독일법과 비교연구-', 인권과 정의 제364호, 대한변호사협회(2006. 12), 151면에서는 "이유제시의 자기통제기능, 명확화기능, 권리보호기능은 형식적으로 하자 없는 이유제시를 통하여 충분히 달성될 수 있다. 이유제시의 설득기능은 행정절차의 종결을 넘어서서 행정소송절차에 있어서도 여전히 존재하고

그러나, 처분사유의 추가·변경과 이유제시의무의 관계가 위와 같은 형식적인 논리로 쉽게 단절될 수는 없다고 생각한다. 만일 제한 없이 처분사유의 추가·변경을 허용한다면 행정청으로서는 신중한 조사나 판단을 다하지 않고 처분을 발령할 것이고, 원고로서는 방어의 어려움을 겪게 될 것이며, 법원으로서는 심리대상이 명확하지 않게 된다는 문제가 발생하는데,[59] 이는 처분사유의 추가·변경의 문제와 이유제시의무가 실질적으로 연관성이 있기 때문이다. 또한, 이유제시의 하자는 처분을 위법하게 하는 독자적 취소사유로서 그 치유는 쟁송제기 이전에만 가능하다. 그런데, 소송에서 처분사유의 추가·변경을 자유롭게 허용한다면 실질적인 관점에서 모순이라고 볼 수도 있다.

따라서, 이유제시의 하자를 독자적인 처분의 취소사유로 취급하고 하자의 치유를 엄격히 해석하면서 처분사유의 추가·변경을 제한하여야 그 위반에 대한 제재가 실효성을 갖게 되어서 행정청이 이유제시의무를 실질적으로 이행하게 할 수 있게 될 것이고, 그래야만 이유제시제도의 취지와 기능이 실질적으로 담보될 수 있다.

이상의 관점에서 보면 절차적 정당성은 특히 이유제시의무와 관련하여 취소소송에서 심리범위 확정의 고려요소로서 피고의 주장인 처분사유의 추가·변경의 허용 여부에 관한 기본적인 사고와 연동되고,[60] 결국 이 문제는 소송경제 내지 분쟁의 일회적 해결이라는 가치와 원고의 방어권 보장 내지 절차적 권리의 보장이라는 가치의 선택 문제로 귀결된다.

Ⅲ. 허용 여부에 관한 학설

1. 긍 정 설

취소소송에서 처분사유의 추가·변경은 원칙적으로 제한 없이 허용된다는 견해로서 취소소송의 소송물을 '위법성 일반'으로 보는 데에서 출발한다. 이 견

있고, 처분사유의 추가·변경을 통하여 실현이 가능한 것이다."라고 주장하고 있다.

59) 변동걸, '취소소송에 있어서 처분사유의 추가 및 변경', 대법원 판례해설 제8호, 법원도서관(1987), 297면.

60) 홍준형, '행정절차와 행정소송의 연계와 분리-처분이유 제시와 처분사유의 추가·변경-', 공법연구 제44집 제2호, 한국공법학회(2015. 12), 237면 참조.

해에 의하면, 행정청은 소송에서 처분의 위법 여부에 관한 모든 주장이나 항변을 제출할 수 있기 때문에, 행정청은 처분시에 간과하고 있던 새로운 사유를 취소소송 진행 중에 주장하는 데 제한이 없다. 이 견해는 처분의 공정성, 공익성 내지 합목적성에 중점을 두고 있다.

이 견해에 대해서는 실질적 법치주의 및 상대방의 신뢰보호라는 관점에서 비판이 제기된다. 또한 행정절차법 제23조는 행정청이 처분을 할 때 신중을 기하고 국민으로 하여금 자신의 권리를 스스로 방어할 수 있도록 하기 위하여 행정청에게 이유제시의무를 부과하고 있는데 처분사유의 추가·변경을 제한 없이 허용할 경우 이유제시제도가 형해화된다는 비판도 있다.

2. 부 정 설

행정청은 처분시 그 처분의 이유를 한번 명시한 이상 그 이유에 구속되어 새로운 사유를 추가 또는 변경하여 주장할 수 없다는 견해로서, 취소소송의 소송물을 개개의 구체적인 처분사유의 존부라고 보는 입장과 밀접한 관련이 있다. 실질적 법치주의의 요청과 국민에 대한 신뢰보호의 원칙에 중점을 두고 있다.

이 견해에 대해서는 동일한 내용의 처분을 둘러싸고 수회에 걸쳐 재판이 반복될 수 있어 소송경제에 반한다는 비판이 있다.

3. 개별적 결정설

기속행위, 재량행위, 제재적 처분, 거부행위 등 행위의 유형 및 취소소송, 의무이행소송 등 소송의 유형에 따라 허용범위가 달라질 수 있다는 견해이다. 이 견해에 따르면, 의무이행소송에서는 판결시를 기준으로 처분의 적법 여부를 판단하므로 처분사유의 추가·변경이 자유롭게 인정되어야 하고, 거부처분 취소소송에서는 분쟁의 일회적 해결을 위하여 제재적 처분의 취소소송에서보다 처분사유의 추가·변경이 넓게 인정되어야 한다. 또한, 법원의 심사권이 넓게 인정되는 기속행위에서도 분쟁의 일회적 해결을 위하여 재량행위에서보다 처분사유의 추가·변경이 넓게 인정되어야 한다.[61]

61) 박균성, 행정법론(상), 1494면.

4. 제한적 긍정설

절충적인 견해로서 원래의 처분사유와 기본적 사실관계가 동일한 범위 내에서만 처분사유의 추가 또는 변경이 허용된다고 한다. 분쟁의 일회적 해결 및 소송경제의 요청과 원고의 실질적인 방어권의 보장 및 이유제시제도의 취지를 모두 고려하는 것으로서, 다수설이자 대법원 판례의 기본적인 입장이다.

Ⅳ. 처분사유의 추가 · 변경의 한계

1. 판례에 의한 판단기준: 기본적 사실관계의 동일성

대법원은 처분의 상대방의 방어권을 보장함으로써 실질적 법치주의를 구현하고 처분에 대한 국민의 신뢰를 보호하기 위하여 원칙적으로 처분사유의 추가 · 변경을 허용하지 않고 있다. 다만 처분청은 당초 처분의 근거로 삼은 이유와 기본적 사실관계가 동일하다고 인정되는 한도 내에서만 다른 사유를 추가하거나 변경할 수 있을 뿐이라고 한다.[62] 나아가 행정소송규칙 제9조에서는 "행정청은 사실심 변론을 종결할 때까지 당초의 처분사유와 기본적 사실관계가 동일한 범위 내에서 처분사유를 추가 또는 변경할 수 있다."라고 규정하여, 위와 같이 확립된 대법원 판례의 법리를 명문화하였다. 여기에서 추가 또는 변경된 사유가 처분 당시에 그 사유를 명기하지 않았을 뿐 이미 존재하고 있었고 당사자도 그 사실을 알고 있었다는 사정은 기본적 사실관계의 동일성 여부를 판별하는 데 아무런 영향이 없다.[63]

그리고, 기본적 사실관계의 동일성 여부는 처분사유를 법률적으로 평가하기 이전의 구체적인 사실에 착안하여 그 기초가 되는 사회적 사실관계가 기본적인

---

62) 한편 행정소송이나 행정심판과 같은 쟁송과정이 아닌 처분청이 스스로 해당 처분의 적법성과 합목적성을 확보하고자 행하는 자신 내부의 시정절차에서는 당초 처분의 근거로 삼은 사유와 기본적 사실관계의 동일성이 인정되지 않는 사유라고 하더라도 이를 처분의 적법성과 합목적성을 뒷받침하는 처분사유로 추가 · 변경할 수 있다는 것이 판례이다. 대법원 2012. 9. 13. 선고 2012두3859 판결에서는 근로복지공단이 '우측 감각신경성 난청'으로 장해보상청구를 한 근로자에 대하여 소멸시효 완성을 이유로 장해보상급여부지급결정을 하였다가 심사청구의 단계에서 위 근로자의 상병이 업무상 재해인 소음성 난청으로 보기 어렵다는 상당인과관계 부존재를 처분사유로 추가할 수 있다고 판시하였다.

63) 대법원 2014. 5. 16. 선고 2013두26118 판결; 대법원 2011. 10. 27. 선고 2011두14401 판결.

점에서 동일한지 여부에 따라 결정된다고 한다.64)

다만 처분사유를 추가·변경하는 것으로 보이는 경우에도 구체적 사실을 변경하지 않는 범위 내에서 단지 그 처분의 근거법령만 추가·변경하는 경우와65) 당초의 처분사유를 구체화하는 것에 불과한 경우에는66) 새로운 처분사유를 추가·변경하는 것에 해당하지 않는다고 보고 있다. 종래 대법원은 처분의 근거법령만 추가·변경하는 경우 중 처분의 근거법령이 변경됨으로써 처분의 성질이 기속행위에서 재량행위로 변경된 경우에도 기본적 사실관계가 동일하다는 이유로 처분사유의 추가·변경을 허용하고 있었다.67) 그러나, 판례가 기본적 사실관계의 동일성이 인정되지 않는 별개의 사실을 들어 처분사유로 주장하는 것이 허용되지 않는다고 해석하는 이유는 상대방의 방어권을 보장함으로써 실질적 법치주의를 구현하고 상대방의 신뢰를 보호하고자 함에 그 취지가 있는데, 위와 같은 결론은 뒤에서 살펴보는 것처럼 원고의 방어권을 실질적으로 보장하지 못하는 결과를 초래하게 된다. 그리하여, 대법원은 기존의 태도와 달리 기속행위로 규정되어 있는 조례의 조항을 근거로 보조금 지원 대상 제외처분을 하였다가 그에 대한 취소소송에서 재량행위로 규정되어 있는 지방재정법 관련 조항을 처분사유로 추가하는 것은 허용되지 않는다고 판시하기도 하였다.68)

2. 기본적 사실관계의 동일성 여부에 관한 몇 가지 사례

가. 기본적 사실관계가 동일하다고 본 사례

❑ **대법원 1987. 12. 8. 선고 87누632 판결:** 개인택시운송사업면허의 취소사유로 그 기본요건인 원고의 자동차운전면허가 취소되었음을 들면서 그 근거법령을 처음에는 자동차운수사업법 제31조 제1항 제3호 소정의 면허취소사유(공공복리에 반하는 행위를 한 때)에 해당한다고 하였다가 처분 후에 같은 법 시행규칙 제15조(개인택시

64) 대법원 1999. 3. 9. 선고 98두18565 판결; 대법원 2004. 11. 26. 선고 2004두4482 판결 등.
65) 대법원 1987. 12. 8. 선고 87누632 판결; 대법원 1988. 1. 19. 선고 87누603 판결; 대법원 1998. 4. 24. 선고 96누13286 판결 등.
66) 대법원 1989. 7. 25. 선고 88누11926 판결.
67) 대법원 2005. 3. 10. 선고 2002두9285 판결.
68) 대법원 2023. 11. 30. 선고 2019두38465 판결(뒤의 기본적 사실관계가 동일하지 않다고 본 사례의 판결요지 참조).

운송사업면허의 요건규정)을 추가하여 원고에게 통보한 사안에서, 처분청이 처분 당시에 적시한 구체적 사실(원고의 자동차운전면허가 취소되었다는 사실)을 변경하지 아니하는 범위 안에서 단지 그 처분의 근거법령을 추가변경하는 것은 새로운 처분사유의 추가로 볼 수 없다고 한 사례.

❑ **대법원 1989. 7. 25. 선고 88누11926 판결**: 처분청이 당초에는 액화석유가스판매업의 허가기준에 맞지 않는다는 추상적인 사유만 기재하여 거부처분을 하였다가 그 취소소송에서 허가기준에 맞지 않는다는 것은 판매업소 간의 이격거리에 미달된다는 의미라고 주장한 사안에서, 그 처분의 사유를 구체적으로 표시한 것이어서 새로운 처분사유의 추가로 볼 수 없다고 한 사례.

❑ **대법원 1992. 10. 9. 선고 92누213 판결**: 원고가 이 사건 버스 6대를 지입제로 운영하는 행위가 당초의 처분사유인 자동차운수사업법 제26조의 명의이용금지에 위반하는 행위라고는 할 수 없으나, 피고는 원고에게 이 사건 버스운송사업면허 및 증차인가처분을 함에 있어서 그 버스를 직영으로 운영하도록 하고 이를 위반하는 경우 그 면허 및 인가를 취소할 수 있다는 조건을 붙였는데 원고의 이 사건 버스 6대의 지입제 운영행위는 면허 및 인가조건에 위반한 것으로서 자동차운수사업법 제31조 제1항 제1호의 면허취소대상에 해당하고, 위 면허 및 인가조건 위반의 취소사유는 당초의 취소사유와 기본적 사실관계에 있어서 동일하므로 결국 이 사건 행정처분은 적법하다고 한 사례.

❑ **대법원 1998. 4. 24. 선고 96누13286 판결**: 피고가 원심 소송과정에서 이 사건 정기간행물의 제호에 노동조합법상 합법적인 노동조합이 아니면 사용할 수 없고 그 사용시에 형사처벌이 가해지는 "노동조합"이라는 명칭의 약칭이 사용되어 있고 또한 이 사건 정기간행물의 발행주체가 단체인데도 구 정기간행물의 등록에 관한 법률(정간법) 시행령 제6조 제2호 소정의 첨부서류(단체의 정관규약과 설립을 증명하는 서류)가 제출되지 아니하였으므로 이 사건 등록거부처분이 적법하다고 주장하였는데도 원심은 이들이 모두 당초 처분시에 처분사유로 삼지 아니한 별도의 새로운 처분사유라는 이유로 그 적법 여부를 판단하지 아니한 사안에서, 다른 법령에 의하여 금지·처벌되는 명칭이 제호에 사용되어 있다는 주장은 당초 처분시에 불법단체인 전국교직원노동조합의 약칭(전교조)이 제호에 사용되었다고 적시한 것과 비교하여 볼 때

당초에 적시한 구체적 사실을 변경하지 아니한 채 단순히 근거법조만을 추가·변경한 주장으로서 이를 새로운 처분사유의 추가·변경이라고 할 수 없고, 또한 정간법령 소정의 첨부서류가 제출되지 아니하였다는 주장은 발행주체가 불법단체라는 당초의 처분사유와 비교하여 볼 때 발행주체가 단체라는 점을 공통으로 하고 있어 기본적 사실관계에 동일성이 있는 주장으로서 소송에서 처분사유로 추가·변경할 수 있다고 본 사례.

❑ **대법원** 2000. 5. 12. **선고** 98**두**15382 **판결**: 농지전용불허가처분 취소사건에서, 이 사건 농지는 과수원으로 이용되고 있고 원주시 지역의 유일한 마을관리관광지로서 원주시민의 휴식처로 제공되고 있으며 국립공원 인접지여서 자연경관의 훼손이 우려된다는 처분사유는, 이 사건 농지전용허가신청을 불허가할 국토 및 자연의 유지와 환경의 보전 등 중대한 공익상 필요가 있는 경우에 해당하는 사유가 있다는 취지로 이해할 수 있고, 피고가 이 사건 소송에서 추가하여 주장하는 이 사건 농지의 인접 임야들이 산림훼손 제한지역으로 지정되어 있다는 사유는 이 사건 농지에 인접하여 있는 주위 토지의 상황에 관한 구체적인 사정으로서 피고가 당초 이 사건 처분의 근거로 삼은 위와 같은 공익상 필요라는 사유와 기본적 사실관계에 있어서 동일성이 인정된다고 보아야 한다고 한 사례.

❑ **대법원** 2018. 12. 13. **선고** 2016**두**31616 **판결**: 외국인 갑이 법무부장관에게 귀화신청을 하였으나 법무부장관이 심사를 거쳐 '품행 미단정'을 불허사유로 국적법상의 요건을 갖추지 못하였다며 신청을 받아들이지 않는 처분을 하였는데, 법무부장관이 갑을 '품행 미단정'이라고 판단한 이유에 대하여 제1심 변론절차에서 자동차관리법위반죄로 기소유예를 받은 전력 등을 고려하였다고 주장하였다가 원심 변론절차에서 불법 체류한 전력이 있다는 추가적인 사정까지 고려하였다고 주장한 사안에서, 법무부장관이 처분 당시 갑의 전력 등을 고려하여 갑이 국적법 제5조 제3호의 '품행단정' 요건을 갖추지 못하였다고 판단하여 처분을 하였고, 그 처분서에 처분사유로 '품행 미단정'이라고 기재하였으므로, '품행 미단정'이라는 판단 결과를 위 처분의 처분사유로 보아야 하는데, 법무부장관이 원심에서 추가로 제시한 불법 체류 전력 등의 제반 사정은 불허가처분의 처분사유 자체가 아니라 그 근거가 되는 기초 사실 내지 평가요소에 지나지 않으므로, 법무부장관이 이러한 사정을 추가로 주장할 수 있다고 한 사례.

□ **대법원** 2019. 10. 31. **선고** 2017두74320 **판결**: 피고는 '해당 토지가 건축법상 도로에 해당하여 건축을 허용할 수 없다'는 이유로 건축신고수리 거부처분을 하였는데, 제1심이 해당 토지가 건축법상 도로에 해당하지 않는다는 이유로 거부처분을 취소하는 판결을 선고하자, 피고가 항소심에서 '이 사건 토지가 인근 주민들의 통행에 제공된 사실상의 도로인데, 원고가 이 사건 토지에 주택을 건축하여 인근 주민들의 통행을 막는 것은 사회공동체와 인근 주민들의 이익에 반하므로 원고의 주택 건축은 허용되어서는 안 되며, 따라서 이 사건 처분은 공익에 부합하는 적법한 처분이라고 보아야 하고, 원고의 건축신고나 이 사건 행정소송 제기는 권리남용이라고 보아야 한다'는 주장을 추가한 사안에서, 당초의 처분사유와 추가된 처분사유는 이 사건 토지상의 사실상 도로의 법적 성질에 관한 평가를 다소 달리하는 것일 뿐, 모두 이 사건 토지의 이용현황이 '도로'이어서 거기에 주택을 신축하는 것은 허용될 수 없으므로, 기본적 사실관계의 동일성이 인정된다고 보아야 한다고 한 사례.

□ **대법원** 2020. 6. 11. **선고** 2019두49359 **판결**: 환경부 중앙환경사범수사단은 2017년 전국의 폐기물소각업체들에 대한 일제 단속을 벌여 과다소각 업체들을 적발하였으나, ① 소각시설의 물리적 증설 후 과다소각한 경우와 ② 소각시설의 물리적 증설 없이 1일 가동시간을 늘리는 등의 방법으로 과다소각한 경우를 구분하지 않고 모두 '변경허가절차를 거칠 의무위반'으로 입건하였는데, 피고가 처분사유로 '과다소각'이라고만 기재하고 어떤 방법으로 과다소각을 한 경우인지를 구체적으로 기재하지 않은 사안에서, 원고가 '무단 증설하여 과다소각하였다'는 '당초 처분사유'를 알면서도 그 자체는 시인하고 처분양정이 과중하다는 주장만 하자, 이에 대응하여 피고가 '원고가 변경허가를 받지 않은 채 소각시설을 무단 증설하여 과다소각하였다'라고 한 소송상 주장은 처분서에 다소 불명확하게 기재하였던 '당초 처분사유'를 구체적으로 설명한 것에 불과하다고 한 사례.

나. 기본적 사실관계가 동일하지 않다고 본 사례

□ **대법원** 1987. 7. 21. **선고** 85누694 **판결**: 원고가 이 사건 출원 당시 불석을 채굴하고 있지 아니하였으며, 이 사건 광구에는 이미 소외인들에 의하여 광업권설정등록이 필하여져 있어서 광업법의 규정상 원고에 대하여 새로운 광업권의 설정을 허가할 수 없다는 원심인정의 불허가사유는, 문제의 광구가 도시계획지구 등에 해당하여 광물을 채굴함이 공익을 해하므로 광업법 제29조에 의하여 광업권설정출원을 불허가하

였다는 당초의 처분사유와 그 기본적 사실관계가 동일하다고 볼 수 없다고 한 사례.

❑ **대법원** 1989. 12. 8. **선고** 88누9299 **판결**: 공유수면점용허가 및 공작물설치허가에 부가한 부관(관리청이 이 사건 공유수면을 점용할 필요가 생긴 경우의 취소권유보 및 관리청이 허가를 철회할 필요가 있을 때의 취소권유보)에 의하여 피고에게 유보된 취소권을 행사하여 각 허가를 취소한 당초의 처분사유와 위 각 허가가 원고 측의 탈법행위에 기한 것이어서 취소되어야 한다거나 이 사건 공유수면이 수도권정비기본계획 대상구역이어서 실질적으로 위 공유수면의 매립을 수반하게 되는 위 각 허가는 위법·부당하다는 주장은 기본적 사실관계를 달리한다고 본 사례.

❑ **대법원** 1991. 11. 8. **선고** 91누70 **판결**: 피고는 석유판매업허가신청에 대하여 당초 사업장소인 토지가 군사보호시설구역 내에 위치하고 있는 관할 부대장의 동의를 얻지 못하였다는 사유로 이를 불허가하였다가, 소송에서 위 토지는 탄약창에 근접한 지점에 위치하고 있어 공공의 안전과 군사시설의 보호라는 공익적 측면에서 보아 허가신청을 불허한 것은 적법하다는 것을 불허가사유로 추가한 경우, 양자는 기본적 사실관계에 있어서 동일성이 인정되지 아니한다고 한 사례.

❑ **대법원** 1992. 8. 18. **선고** 91누3659 **판결**: 원고의 이 사건 토석채취허가신청에 대하여 피고는 인근 주민들의 동의서를 제출하지 않았음을 들어 이를 반려하였는바, 피고가 새로이 추가하는 사유, 즉 토석채취를 하게 되면 자연경관이 심히 훼손되고 각종 소음, 먼지의 발생, 토석채취장에서 흘러내리는 토사로 인하여 부근의 농경지가 매몰될 우려가 있는 등 공익에 미치는 영향이 지대하고 이는 산림내토석채취사무취급요령 제11조 소정의 제한사유에도 해당한다는 사유와는 기본적 사실관계에 있어서 동일성이 없다고 한 사례.

❑ **대법원** 1992. 11. 24. **선고** 92누3052 **판결**: 온천발견신고수리거부처분 취소청구사건에서, 규정온도가 미달되어 온천에 해당하지 않는다는 당초의 처분사유와 온천으로서의 이용가치, 기존의 도시계획 및 공공사업에의 지장 여부 등을 고려하여 온천발견신고를 거부한 것은 적법하다고 주장하는 사유는 기본적 사실관계가 동일하지 않다고 본 사례.

❑ **대법원 1995. 11. 21. 선고 95누10952 판결:** 이 사건 처분사유인 기존 공동사업장과의 거리제한규정에 저촉된다는 사실과 피고 주장의 최소 주차용지에 미달한다는 사실은 기본적 사실관계를 달리하는 것임이 명백하여 피고가 이를 새롭게 처분사유로서 주장할 수는 없는 것이므로 원심이 피고의 위 주장에 대하여 명시적인 판단을 하지 아니하였다고 하여 원심판결에 아무런 영향이 없는 것이라고 한 사례.

❑ **대법원 1996. 9. 6. 선고 96누7427 판결:** 피고는 이 사건 주류면허에 붙은 지정조건 제6호에 따라 원고의 무자료 주류 판매 및 위장거래 금액이 부가가치세 과세기간별 총 주류판매액의 100분의 20 이상에 해당한다는 이유로 피고에게 유보된 취소권을 행사하여 위 면허를 취소하였음이 분명한바, 피고가 이 사건 소송에서 위 면허의 취소사유로 새로 내세우고 있는 위 지정조건 제2호 소정의 무면허판매업자에게 주류를 판매한 때 해당한다는 것은 피고가 당초 위 면허취소처분의 근거로 삼은 사유와 기본적 사실관계가 다르다고 한 사례.

❑ **대법원 1999. 3. 9. 선고 98두18565 판결:** 피고가 지방재정법 제63조에 의하여 준용되는 국가를 당사자로 하는 계약에 관한 법률 제27조 제1항에 의하여 원고의 입찰참가자격을 제한시킨 이 사건 처분을 함에 있어서 그 처분사유로 단지 정당한 이유 없이 계약을 이행하지 아니한 사실과 그에 대한 법령상의 근거로 법시행령 제76조 제1항 제6호를 명시하고 있음이 분명하고, 피고가 이 사건 소송에서 비로소 이 사건 처분사유로 내세우고 있는 같은 조항 제10호 소정의 "계약의 이행과 관련하여 관계 공무원에게 뇌물을 준 것"은 피고가 당초 이 사건 처분의 근거로 삼은 위 구체적 사실과는 그 기초가 되는 사회적 사실관계의 기본적인 점에서 다르다고 한 사례.

❑ **대법원 2011. 11. 24. 선고 2009두19021 판결:** 경제개혁연대와 소속연구원 甲이 금융위원회위원장 등에게 금융위원회의 ○○○에 대한 △△은행 발행주식의 동일인 주식보유한도 초과보유 승인과 ○○○의 △△은행 발행주식 초과보유에 대한 반기별 적격성 심사와 관련된 정보 등의 공개를 청구하였으나, 금융위원회위원장 등이 현재 대법원에 재판 진행 중인 사안이 포함되어 있다는 이유로 공공기관의 정보공개에 관한 법률 제9조 제1항 제4호에 따라 공개를 거부한 사안에서, 금융위원회위원장 등이 당초 거부처분사유로 위 정보가 대법원 2007두11412호로 진행 중인 재판에 관련된 정보였다는 취지를 명기하였다면 이와 전혀 별개 사건인 서울중앙지방법원 2006고합1352, 1295, 1351호로 진행 중인 재판에 관련된 정보에도 해당한다며 처분사유를 추

가로 주장하는 것은 당초의 처분사유와 기본적 사실관계가 동일하다고 할 수 없는 사유를 추가하는 것이어서 허용될 수 없다고 한 사례.

❑ **대법원** 2013. 8. 22. **선고** 2011**두**26589 **판결**: 공무수행으로 상이를 입었는지 여부와 그 상이가 불가피한 사유 없이 본인의 과실이나 본인의 과실이 경합된 사유로 입은 것인지 여부는 처분의 상대방의 입장에서 볼 때 방어권 행사의 대상과 방법이 서로 다른 별개의 사실이고, 그에 대한 방어권을 어떻게 행사하는지 등에 따라 국가유공자에 해당하는지 지원대상자에 해당하는지에 관한 판단이 달라져 법령상 서로 다른 처우를 받을 수 있는 점 등을 종합해 보면, 같은 국가유공자 비해당결정이라도 그 사유가 공무수행과 상이 사이에 인과관계가 없다는 것과 본인 과실이 경합되어 있어 지원대상자에 해당할 뿐이라는 것은 기본적 사실관계의 동일성이 없다고 한 사례.

❑ **대법원** 2017. 5. 17. **선고** 2016**두**53050 **판결**: 명의신탁등기 과징금과 장기미등기 과징금은 위반행위의 태양, 부과 요건, 근거 조항을 달리하여, 각 과징금 부과처분의 사유는 상호 간에 기본적 사실관계의 동일성이 있다고 할 수 없으므로, 그중 어느 하나의 처분사유에 의한 과징금 부과처분에 대하여 당해 처분사유가 아닌 다른 처분사유가 존재한다는 이유로 적법하다고 판단하는 것은 행정소송법상 직권심사주의의 한계를 넘는 것으로서 허용될 수 없다고 한 사례.

❑ **대법원** 2020. 12. 24. **선고** 2019**두**55675 **판결**: 이 사건 시정명령의 당초 처분사유는 "용도변경허가를 받지 않고 문화집회시설군에 속하는 위락시설[건축법 시행령 제14조 제5항 제4호 (다)목]의 일종인 무도학원으로 용도변경을 하였다."라는 것이고, 추가된 처분사유는 "용도변경허가[일반업무시설(사무실) 부분]를 받거나 신고[교육연구시설(직업훈련소) 부분]하는 절차를 거치지 않고 근린생활시설군에 속하는 제2종 근린생활시설[같은 항 제7호 (나)목]의 일종인 학원으로 용도변경을 하였다."라는 것으로서, 위반행위의 내용(건축물의 실제 사용 용도)이 다르고 그에 따라 용도변경을 위하여 거쳐야 하는 절차, 변경하려는 용도의 건축기준, 용도변경 허용가능성이 달라지므로 기본적 사실관계의 동일성이 인정되지 않는다는 사례.

❑ **대법원 2023. 11. 30. 선고 2019두38465 판결:** 시외버스(공항버스) 운송사업을 하는 甲 주식회사가 청소년요금 할인에 따른 결손 보조금의 지원 대상이 아님에도 청소년 할인 보조금을 지급받음으로써 '부정한 방법으로 보조금을 지급받은 경우'에 해당한다는 이유로, 관할 시장이 보조금을 환수하고 경기도 여객자동차 운수사업 관리 조례 제18조 제4항을 근거로 보조금 지원 대상 제외처분을 하였다가 처분에 대한 취소소송에서 구 지방재정법 제32조의8 제7항을 처분사유로 추가한 사안에서, 도 보조금 지원 대상에 관한 제외처분을 재량성의 유무 및 범위와 관련하여 위 조례 제18조 제4항은 기속행위로, 구 지방재정법 제32조의8 제7항은 재량행위로 각각 달리 규정하고 있는 점, 근거 법령의 추가를 통하여 위 제외처분의 성질이 기속행위에서 재량행위로 변경되고, 그로 인하여 위법사유와 당사자들의 공격방어방법 내용, 법원의 사법심사방식 등이 달라지며, 특히 종래의 법 위반 사실뿐만 아니라 처분의 적정성을 확보하기 위한 양정사실까지 새로 고려되어야 하므로, 당초 처분사유와 소송 과정에서 시장이 추가한 처분사유는 기초가 되는 사회적 사실관계의 동일성이 인정되지 않는 점, 시장이 소송 도중에 위와 같이 제외처분의 근거 법령으로 위 조례 제18조 제4항 외에 구 지방재정법 제32조의8 제7항을 추가하는 것은 甲 회사의 방어권을 침해하는 것으로 볼 수 있는 점을 종합하면, 관할 시장이 처분의 근거 법령을 추가한 것은 기본적 사실관계의 동일성이 인정되지 않는 별개의 사실을 들어 주장하는 것으로서 처분사유 추가·변경이 허용되지 않는다고 한 사례.

❑ **대법원 2024. 11. 28. 선고 2023두61349 판결:** 건설폐기물 수집·운반업 허가를 받은 법인인 원고는 피고에게 기존 건축물의 용도를 자원순환관련시설(사무실)로 변경하고, 기존 건축물이 있는 대지에 자원순환관련시설인 임시보관소와 휴게소를 각 신축하겠다는 내용의 건축물용도변경허가 및 건축허가를 신청한 사안에서, 당초의 처분사유는 ① 원고는 건설폐기물 수집·운반업체인데, 원고의 사업계획서에 의하면 이 사건 건축물에서 건설폐기물을 분리·선별·파쇄하는 중간처리업을 하겠다는 것이어서 원고의 업무영역이 아니고, ② 인근에 이미 다수의 건설폐기물 중간처리업체가 존재하여 더 이상의 건설폐기물 중간처리업체가 필요하지 않다는 것이며, 추가된 처분사유는 이 사건 건축물 인근에는 초·중·고등학교와 대단지 아파트가 존재하여 임시보관장소 설치로 인하여 야기될 수 있는 생활상·환경상 피해가 크다는 것이므로, 이는 원고의 방어권을 침해하는 것으로 허용된다고 보기 어렵다고 한 사례.

3. 허용 여부의 판단기준에 대한 판례의 평가

처분사유의 추가·변경을 허용할 것인가의 문제는 결국 절차적 정의를 중시할 것인지 소송경제를 도모할 것인지의 가치판단 내지 소송정책의 문제로 귀결되고, 허용한다면 어느 범위에서 허용할 것인가의 문제는 절차적 정의와 소송경제라는 양 가치의 조화점의 획정문제이다.

판례와 같이 처분사유의 추가·변경을 극히 제한적으로 허용하게 되면, 기속력이 처분사유에 미치는 결과 행정청은 취소소송에서 패소(청구인용판결)한 후에도 처분시 이전에 존재한 다른 사유들을 들어 반복하여 동일한 처분을 되풀이할 수 있게 되고 처분 당시에 행정청이 파악하고 있던 사유 중 어느 하나만 들어 처분을 하였다가 나중에 패소하면 또다시 다른 사유를 들어 동일한 처분을 되풀이하여도 무방하다는 해석을 할 수도 있게 된다. 이러한 결론은 실질적 법치주의와 국민의 신뢰보호를 보장하기 위하여 처분사유와 동일성이 있는 범위 내에서만 처분사유의 추가·변경을 인정한 데서 나온 이론적 귀결로서,[69] 판례는 소송경제를 희생해서라도 절차적 정의를 실현하고자 하는 것이라고 평가할 수 있다. 판례가 절차적 하자의 치유가능성 그리고 독자적 취소사유성 및 위법판단 기준시와 관련해서도 행정절차의 비중을 매우 중시하고 있는 것에 비추어 보면, 처분사유의 추가·변경에 관한 판례의 태도는 전체적으로 논리가 일관된 것이라고 평가할 수 있다.[70]

절차적 정의를 더 중시할 것인지 아니면 행정의 효율성 및 소송경제를 더 중시할 것인지의 판단문제는 이론적인 완결성만의 문제는 아니다.[71] 우리나라의 절차규정에 대한 연혁 및 입법현황, 행정실무 현실이나 국민들의 법감정과 전통 등을 두루 살펴보아야 할 것이다. 판례는 현재의 관점에서 우선은 절차적인 담보수단을 확보하는 것이 중요하다고 판단한 것으로, 1996년에 제정된 행정절차법을 실효성 있게 한다는 측면에서 긍정적으로 평가할 수도 있다.[72]

---

69) 석호철, '기속력의 범위로서 처분사유의 동일', 행정판례연구Ⅴ, 서울대학교출판부(2000), 283면.

70) 박정훈, '처분사유의 추가·변경과 행정행위의 전환 — 제재철회와 공익상 철회 —', 238면.

71) 하명호, '처분에 있어서 절차적 하자의 효과와 치유', 행정소송(Ⅱ), 한국사법행정학회(2008), 131면.

72) 자세한 사항은, 하명호, '처분사유의 추가·변경에 관한 판례의 평가와 보완점', 고려법학

그러나 이제는 급변하는 사회적 · 경제적 현실에서 신속하게 분쟁을 매듭짓고 종국적인 권리구제를 바라는 요구가 높아가고 있으므로, 행정절차와 소송절차에서 절차적 정의를 실현할 수 있도록 제도적 장치를 보완할 것을 조건으로 위와 같은 판례의 태도를 다시 짚어볼 필요가 있다고 생각한다. 대법원도 이를 의식하였는지 처분사유의 확정을 통하여 분쟁의 일회적 해결이라는 가치를 도모하는 판시를 하기도 하였다. 즉, 처분요건이 불확정개념으로 규정되어 있는 경우에 불확정개념의 포섭 여부에 대한 판단 그 자체가 처분사유이고 그 포섭에 이르게 되는 사정들은 처분사유의 근거가 되는 기초 사실 내지 평가요소에 지나지 않으므로, 이에 대한 추가 · 변경은 처분사유를 구체화하는 경우에 해당하여, 처분사유의 추가 · 변경의 법리가 적용되지 않는다는 것이다.[73]

4. 판례에 의한 절차적 개선

최근 대법원은 상대방의 절차적 권리를 보장하면서 신속한 권리구제와 분쟁의 일회적 해결을 도모하기 위하여, 상대방이 기존의 처분사유와 기본적 사실관계가 동일하지 않은 추가 · 변경된 처분사유의 실체적 당부를 해당 소송과정에서 심리 · 판단하는 것에 명시적으로 동의한다면, 법원으로서는 그 처분사유를 예외적으로 추가 · 변경할 수 있다고 판시하였다.[74] 상대방으로서는 처분청이 별개의 사실을 바탕으로 새롭게 주장하는 처분사유까지 동일 소송절차 내에서 판단을

제58호, 고려대학교 법학연구원(2010. 9), 12-18면 참조.

73) 예컨대, 법무부장관이 자동차관리법위반죄로 기소유예처분을 받은 것을 '품행 미단정'이라고 하면서 국적법상의 귀화요건을 갖추지 못하였다는 이유로 귀화불허가처분을 한 경우, 처분사유를 국적법상의 귀화요건을 갖추지 못하였다는 것으로 볼 것인지, 아니면 자동차관리법위반죄로 기소유예처분을 받은 전력이 있다는 것으로 볼 것인지에 따라 결론이 달라질 수 있다. 대법원은 위 사안에서 '귀화요건 중 일부를 갖추지 못하였다는 판단' 그 자체가 처분사유라고 하면서, 법무부장관이 소송계속 중에 불법 체류 전력 등을 추가로 제시하였다고 하더라도 이는 처분사유의 근거가 되는 기초 사실 내지 평가요소에 지나지 않다는 이유로 이를 허용하였다(대법원 2018. 12. 13. 선고 2016두31616 판결). 또한, 행정청이 소송절차에 이르러 제시한 '토사유출의 우려'는 사정은 개발행위허가신청에 대한 불허가처분에서의 '환경오염 · 생태계 파괴 · 위해 발생 등이 발생할 우려가 없을 것'이라는 처분사유를 구체화한 것에 불과하다는 것을 전제로 한 판시를 하기도 하였다(대법원 2018. 12. 27. 선고 2018두49796 판결).

74) 대법원 2024. 11. 28. 선고 2023두61349 판결. 그 결과 추가 · 변경된 처분사유도 실체적으로 위법하여 처분을 취소하는 판결이 선고 · 확정되는 경우 추가 · 변경된 처분사유에 관한 판단에까지 취소판결의 기속력이 미친다.

받음으로써 분쟁을 한꺼번에 해결하는 것을 유효·적절한 수단으로서 선택할 수도 있으므로, 처분상대방의 그러한 절차적 선택을 존중하는 것이 처분사유의 추가·변경을 제한하는 기본취지에 오히려 부합하기 때문이다.

다만 법원이 기본적 사실관계가 동일하지 않은 사유의 실체적 당부에 관한 상대방의 명시적인 동의 없이 추가·변경된 처분사유를 심리·판단하여 이를 근거로 거부처분이 적법하다고 판단하는 것은 행정소송법상 직권심리주의의 한계를 벗어난 것으로 허용될 수 없으므로, 법원으로서는 처분청이 기존의 처분사유와 기본적 사실관계의 동일성이 인정되지 않는 다른 처분사유를 주장하는 것에 대하여 상대방에게 적절히 석명권을 행사하여, 처분사유의 추가·변경 제한에 관한 법리를 그대로 적용될 것을 주장할 것인지, 아니면 추가·변경된 처분사유의 실체적 당부에 관한 법원의 판단을 구할 것인지에 관하여 의견을 진술할 수 있도록 기회를 주어야 한다. 만일 상대방의 명시적인 동의가 없다면, 법원으로서는 처분사유 추가·변경에 관한 판례이론으로 돌아가 처분사유 추가·변경을 허용하여서는 안 된다.

Ⅴ. 처분의 유형에 따른 기준의 설정(새로운 기준의 제시)

아래에서는 처분사유의 추가·변경의 판단기준에 대한 판례의 태도를 관철할 경우에 나타나는 문제점을 제시하고 판례이론을 일관성 있게 적용하자는 관점에서 그에 대한 보완방안을 서술하도록 하겠다.

1. 처분의 유형이 심리범위에 미치는 영향

통설에 따라 취소소송의 소송물은 '처분의 위법성 일반'이라고 할 수 있지만, 그 의미는 구체적인 생활사실관계를 전제로 내려진 행정작용으로서의 처분에 대한 실체적·절차적 위법성 일반이라고 생각된다. 그렇게 보면, 규율의 대상이 되는 생활사실관계에 따라 처분의 동일성이 미치는 범위가 달라질 수 있다. 따라서, 처분의 동일성을 파악하고 심리범위를 확정하는 데 있어서 처분의 유형에 따른 속성을 반영하지 않을 수 없다. 처분은 상대방과의 관계에 국한하면 대략 불이익 처분의 경우에는 직권형 처분으로 규율되고, 수익적 처분의 경우에는 신청형 처분의 형식을 가진다. 물론 불이익 처분이면서 신청형 처분이 되거나 수익적 처분이면서 직권형 처분이 되는 경우가 없다고 단정할 수는 없겠지만, 현실 세계에서 그러한 예를 찾아보기는 쉽지 않다.

다음으로 불이익 처분(직권형 처분)과 수익적 처분(신청형 처분)에 따라 행정절차법이 요구하는 절차적 통제의 강도가 다르다는 점도 고려하여야 한다. 따라서 절차적 정당성이 심리범위를 결정하는데 고려요소가 되므로, 논리필연적으로 처분의 유형은 심리범위를 결정하는데 고려되어야 한다. 이러한 점을 감안하여 불이익 처분(직권형 처분)과 수익적 처분(신청형 처분)을 나누어서 심리범위를 논의할 필요가 있다.[75)]

2. 직권형 처분의 경우

불이익처분으로서 직권형 처분의 대표적인 예인 징계처분이나 제재처분을 살펴보면, 처분청은 징계나 제재에 이르게 된 구체적인 사실에 포착하여 그에 대한 징계나 제재를 행하게 된다. 위와 같은 처분의 발급요건에 대한 처분청의 관점이 이유제시의무에 따라 상대방에게 전달되고, 상대방은 그 처분이유를 보고 권리구제의 방도를 찾아가게 된다. 이러한 불이익처분에 대한 취소소송에서 처분이 이르게 된 사실관계의 변동을 초래하는 것은 원고의 방어권에 대한 중대한 침해가 된다. 따라서, 징계처분이나 제재처분에 이르게 된 사실관계와 다른 비위사실이나 위법사실을 주장하면서 기존의 처분의 정당성의 근거로 삼는 것은 처분의 동일성을 해하여 허용될 수 없다.

이렇게 처분은 구체적 사실관계를 떠나서 그 실체를 파악할 수 없다는 점을 고려하면, 구체적 사실관계에 착안하여 심리범위를 정하여야 하므로, 잠재적 심리범위의 경계선(처분사유의 추가·변경의 한계선)을 기본적 사실관계의 동일성에 찾는 판례는 기본적으로 타당하다. 그러나 처분은 국가적 기관의 행위이므로 절차적인 정당성을 항상 고려하여야 하고, 판례가 내세우는 상대방의 방어권은 사실관계에서만 나오는 것이 아니다. 가령 현실적인 심리범위를 기본적 사실관계의

---

75) 박정훈 교수는 「처분의 동일성 = 규율의 동일성」이라는 공식 하에서 처분의 유형을 제재처분, 거부처분, 과세처분, 경찰처분, 계획처분, 수익처분 등으로 나누어 처분의 동일성을 논증하고 있는데(박정훈, 행정소송의 구조와 기능, 411-425면 참조), 결과적으로 직권형 처분과 신청형 처분으로 나누어 보는 것과 같은 결론에 이르게 된다.

동일성이라는 기준에 따라 잠재적 심리범위로 확장한 결과 처분의 성격이 기속행위에서 재량행위로 변경되거나 의견청취제도를 형해화하는 결과를 초래한다면 이를 허용해서는 안 될 것이다. 따라서 기본적 사실관계에 동일성이 미치는 범위까지 심리범위가 확장될 수는 있지만, 거기에는 규범적인 제한이 따라야 한다.

그런데, 종래 대법원은 처분의 법령상의 근거가 변경됨으로써 처분의 성질이 기속행위에서 재량행위로 변경된 경우에도 기본적 사실관계가 동일하다는 이유로 처분사유의 추가·변경을 허용함으로써,76) 원고의 방어권을 실질적으로 보장하지 못하는 결과를 초래하였다. 이 경우에 처분사유의 추가·변경을 허용하는 것은 ① 근거법령의 변경으로 인하여 위반행위가 있더라도 그 처분의 유무나 처분의 정도는 행정청의 재량이므로 재량고려사항도 청문절차에서 다루어졌어야 할 것이나 그럴 기회가 없었다는 점, ② 원고는 소송에 이르기까지 기속행위의 요건부분에 관한 방어에만 주력하였을 것인데, 처분사유의 변경으로 말미암아 지금까지 아무런 준비가 되어 있지 않던 재량판단의 문제에 대하여 방어를 하여야 하므로 방어권의 실질적 침해가 발생하였다는 점, ③ 피고가 하지 않았던 재량판단을 법원이 대신 하는 것이 되어 권력분립의 원칙에 위반된다는 점 등의 문제가 있다.

이와 관련하여, 대법원은 형사소송에서 공소장 변경의 요건으로 공소사실과 기본적 사실관계의 동일성을 기준으로 삼았던 판례를 일부 수정하여 규범적 고려를 하고 있다. 취소소송에서 심리범위의 획정에서도, 이러한 형사사건에서의 변경된 판례의 취지를 반영하여 기본적 사실관계의 동일성이라는 기준에만 집착하지 말고 그 기준이 형성되게 된 근원을 살펴 허용기준을 재정립하는 것이 요망된다. 이때 그 기준은 "상대방의 방어권 등 절차적 권리의 보장을 실질적으로 해하는지 여부"가 될 것이고 기존의 판례에서 제시된 기본적 사실관계의 동일성뿐만 아니라 처분의 법적 측면의 변경이라고 하더라도 상대방의 방어권 등 절차적 권리를 보장하는데 들일 노력·시간·비용 등의 여러 요소를 종합하여 판단할 필요가 있다 하겠다.77)

그런데, 최근 대법원은 위와 같은 지적을 의식하였는지 기존의 태도와 달리

76) 대법원 2005. 3. 10. 선고 2002두9285 판결.

77) 이러한 제안에 대한 자세한 내용은 하명호, '처분사유의 추가·변경에 관한 판례의 평가와 보완점', 31-34면 참조.

기속행위로 규정되어 있는 조례의 조항을 근거로 보조금 지원 대상 제외처분을 하였다가 그에 대한 취소소송에서 재량행위로 규정되어 있는 지방재정법 관련 조항을 처분사유로 추가하는 것은 허용되지 않는다고 판시하였다.[78]

3. 신청형 처분의 경우

신청형 처분은 직권형 처분과 달리 상대방이 처분요건을 갖추었으니 행정행위를 발급하여 달라는 신청을 하고 처분청은 그에 대한 당부를 판단하는 유형의 처분이다. 이러한 유형의 처분은 원고가 제시한 신청요건을 종합적으로 판단하여 그에 따른 응답을 하는 구조로 되어 있다.

만일 수익적 처분을 직권주의적 처분구조에 따라 발급한다면, 행정청은 당사자의 신청과 관계없이 스스로 알아서 처분의 발급요건을 조사하여 수익적 처분을 발급하여야 하는 의무를 부담하여야 하지만, 신청주의를 채택한다면 당사자의 신청이 있는 경우에 응답하기만 하면 된다. 주로 수익적 행정영역에서 신청주의를 채택하는 이유 중의 하나는 수익적 처분에 대한 수요를 파악하기 어렵다는 현실적인 이유이겠지만 그러한 부담을 수익자에게 넘기는 효과도 있다. 그런데, 행정에 있어서 참여와 협력이 중시되는 오늘날 처분청이 발견한 거부사유 중 하나만으로 다른 사유에 대한 조사·설명 없이 거부처분을 행한다면, 이는 행정기본법 제11조 제1항의 성실의무의 원칙에 위반된다고 하지 않을 수 없다.

한편, 행정절차법에서 보장하는 이유제시와 의견청취제도를 통한 절차적 보장이 소송절차로 이행되면 단절되는 것이라고 극단적으로 생각하지 않는다면, 이는 취소소송에서 심리범위의 제한을 정당화하는 근거가 된다. 그런데, 신청형 처분과정에서 일어나는 방어권의 훼손은 직권형 처분에서 일어나는 것보다 훨씬

78) 대법원 2023. 11. 30. 선고 2019두38465 판결에서는 근거 법령이 추가됨으로써 원고로서는 당초 위반행위의 존재 또는 근거 법령의 위헌·위법 여부만 다투면 되었던 것이 처분 당시 예상하지 못하였고 사전에 반론을 제기할 기회조차 갖지 못하였던 피고의 재량권 행사 여부 및 재량판단에 대하여 소송상 공방을 하여야 하는 문제가 발생하는 점, 피고가 이 사건 소송에 이르러 이 사건 제외처분의 근거 법령을 재량행위에 관한 규정으로 변경하거나 재량행위에 관한 규정을 추가하였다는 사정은 피고 스스로 이 사건 제외처분으로 달성하려는 공익과 그로써 원고가 입게 되는 불이익의 내용과 정도 등을 전혀 비교형량하지 않았다는 것을 의미하고, 이러한 재량권 불행사는 그 자체로 재량권 일탈·남용에 해당하여 해당 처분을 취소하여야 할 위법사유가 된다는 점 등을 처분사유의 추가를 허용하지 않는 근거로 제시하고 있다.

적은 것으로 평가할 수 있다.[79]

이유제시제도와 관련하여, 신청형 처분에서는 신청인인 원고가 권리행사의 주체이므로 신청요건을 주장하여야 하고 행정청은 그에 대하여 응답하는 구조로 되어 있기 때문에, 이유제시의 정도가 불이익처분에 비하여 상당히 완화되어 있다. 대법원도 이러한 기조 하에서 당사자가 근거규정 등을 명시한 인허가 신청 등을 거부하는 처분을 할 때 당사자가 그 근거를 알 수 있을 정도로 상당한 이유를 제시한 경우에는 해당 처분의 근거 및 이유를 구체적 조항 및 내용까지 명시하지 않았더라도 그로 말미암아 그 처분이 위법한 것이 된다고 단정할 수는 없다고 판시하였다.[80]

의견청취제도에 관해서도 살펴보면, 거부처분의 경우에도 거부사유와 그 법적인 근거 등을 상대방에게 알려 의견제출의 기회를 주는 것이 타당하다고 볼 수도 있지만, 실체적 내용에까지 당사자에게 의견제출의 기회를 주게 되면 처분의 내용이 미리 알려져 오히려 공익을 해할 우려가 있다. 또한, 신청단계에서 미리 청문의 기회를 준다면 신청에 의한 처분이 이루어진 후 행정청이 직권으로 이를 박탈하거나 정지하는 처분을 할 때 다시 청문을 하여야 하므로, 행정청에게 이중의 부담을 지우는 결과가 된다. 이러한 이유로 판례는 거부처분이 사전통지의 대상이나 청문의 대상이 아니라는 소극설에 있다.[81]

다음으로 현행 행정소송법이 소송유형으로 의무이행소송을 법정하지 않고 거부처분에 대한 취소소송 및 무효등 확인소송과 부작위위법확인소송으로 이를 대신하고, 거부처분에 대한 취소소송 또는 무효등 확인소송과 부작위위법확인소송에서 승소한 경우 판결의 기속력과 간접강제라는 구제방법을 채택하고 있다는 점도 고려하여야 한다. 그런데, 의무이행소송이 도입된다면 그때의 소송상 쟁점은 거부처분의 위법성이 아니라 행정행위의 발급청구권의 존부를 중심으로 될 것이고 그 판단시점도 처분시가 아니라 판결선고시가 될 공산이 크다.[82] 이러한

---

79) 다만 원고의 방어권은 민사소송법이 마련한 실기한 공격방법의 각하, 변론준비기일을 거친 경우의 새로운 공격방어방법의 제한 등을 통하여 보호될 수는 있다.

80) 대법원 2002. 5. 17. 선고 2000두8912 판결 참조.

81) 대법원 2003. 11. 28. 선고 2003두674 판결.

82) 박정훈, '거부처분과 행정소송-도그마틱의 분별력 · 체계성과 다원적 비교법의 돌파력-', 행정법연구 제63호, 행정법이론실무학회(2020. 11), 29면; 하명호, '의무이행소송의 도입 필요성과 바람직한 도입방안', 12면.

법리는 의무이행소송을 불완전하게 대신하고 있는 거부처분 취소소송의 심리범위를 정하는데에도 참고가 되어야 한다.

따라서 거부처분은 상대방이 특정한 행정행위의 발급을 신청하였고 처분청이 이를 조사·검토한 결과 거절하였다는 것이 구체적 사실관계로서 전제가 되어 발령된 것이므로, 법원의 심리범위는 해당 신청에 대한 거부사유가 무엇이든지 간에 처분의 동일성을 해하지 않고 그렇게 제시된 거부사유는 처분의 동일성 내에서의 공격방어방법에 불과하다고 볼 수 있다. 이에 따라 행정청이 처분이유로 내세우지 않았던 거부사유를 주장하는 것이 허용되고 결과적으로 분쟁의 일회적 해결의 요청에 부응하게 된다.

그러나, 대법원은 정보공개거부처분과 관련하여, 당초의 비공개사유인 구 정보공개법 제7조 제1항 제4호(재판·범죄수사 등 관련정보) 및 제6호(개인정보)의 사유는 새롭게 추가된 같은 항 제5호(일반 행정업무 수행정보)의 사유와 기본적 사실관계의 동일성이 인정되지 않는다고 판시하였다.[83] 위 사안에서 당초의 처분사유인 제4호 소정의 "그 직무수행을 현저히 곤란하게 한다고 인정할 만한 상당한 이유가 있는 정보"와 추가된 처분사유인 제5호 소정의 "업무의 공정한 수행에 지장을 초래한다고 인정할 만한 상당한 이유가 있는 정보"는 그 적용범위에 차이가 있을 수 있기는 하지만 기본적 사실관계의 동일성이 없다고 할 정도로 내용상의 큰 차이는 없다고 생각된다. 따라서, 이는 처분사유의 추가·변경에 관한 확립된 판례와도 저촉되므로, 새로운 비공개사유의 추가는 허용된다고 보았어야 한다.

한편, 최근 대법원이 수익적 처분의 요건이 불확정개념으로 되어 있는 경우 그 요건을 충족하지 못했다는 행정청의 판단이 처분사유이고 그러한 판단의 근거가 되는 기초사실 내지 평가요소는 처분사유가 아니라고 봄으로써,[84] 그동안 구축해온 '처분사유의 추가·변경의 제한 법리'라는 제약을 우회적으로 완화하고 있는 것은 타당하다고 생각된다.[85] 아울러 법원이 기존의 사실관계와 동일성이

83) 대법원 2003. 12. 11. 선고 2001두8827 판결. 같은 이유로 추가한 구 정보공개법 제7조 제1항 제1호 사유와 당초의 제2호, 제4호, 제6호 사유 사이에서는 기본적 사실관계의 동일성이 없다고 하였다(대법원 2006. 1. 13. 선고 2004두12629 판결). 다만 당초의 처분사유가 검찰보존사무규칙 제20조였으나 구 정보공개법 제7조 제1항 제6호의 사유를 추가한 경우에는 허용된다는 사례도 있다(대법원 2003. 12. 11. 선고 2003두8395 판결).

84) 앞에서 본 대법원 2018. 12. 13. 선고 2016두31616 판결을 살펴보면, 처분사유를 무엇으로 삼을 것인지에 따라 처분사유의 추가·변경의 범위가 달라진다는 것을 알 수 있다.

인정되지 않는 추가·변경된 처분사유의 실체적 당부에 대하여 상대방에게 석명하여 해당 소송과정에서 심리·판단하는 것에 명시적으로 동의한다면 이를 심리·판단할 수 있다고 판시한 것은 절차적 정의와 분쟁의 일회적 해결이라는 가치를 조화시키기 위한 절차적 개선을 도모한 것으로서 바람직하다고 평가된다.

85) 이상덕, '항고소송에서 분쟁의 1회적 해결 요청과 상소의 이익', 593면.

제 9 장

행정소송의 종료

제1절 소송의 종료사유

소송은 목적이 달성되거나 목적 달성이 불가능하게 된 때 종료된다. 소송은 법원의 종국판결에 의하여 종료되는 것이 보통이다. 그러나 행정소송에서도 처분권주의에 지배되므로 소의 취하 등 당사자의 행위에 의해서도 종료될 수 있다. 또한 행정소송도 양쪽 당사자의 대립구조를 취하고 있으므로, 한쪽 당사자가 없어지게 되는 것과 같이 대립구조가 소멸되면 소송도 따라서 종료된다.

Ⅰ. 종국판결의 확정

종국판결의 확정은 가장 보편적인 소송의 종료사유이다. 판결의 확정은 상소기간의 도과, 상소권의 포기 등에 의한다.

Ⅱ. 당사자의 행위로 인한 종료

1. 소의 취하

'소의 취하'란 원고가 제기한 소의 전부 또는 일부를 철회하는 법원에 대한 일방적 의사표시를 말한다. 취소소송은 행정의 적법성 보장을 그 목적의 하나로 하기 때문에 개인의 일방적 의사에 의하여 소를 종료시키는 행위인 소의 취하를 허용할 수 있는지 여부가 문제되기도 한다. 그러나 행정소송에서도 처분권주의가 지배하므로, 이를 부인할 수는 없을 것이다. 행정소송에서 소를 취하하려면 피고가 본안에 관하여 준비서면을 제출하거나 변론준비기일에서 진술하거나 변론을 한 후에는 피고의 동의를 얻어야 하는 것은 민사소송의 경우와 같다. 그러나 행정소송에 관한 부제소의 합의는 당사자가 임의로 처분할 수 없는 공법상의 권리관계를 대상으로 한 소권을 당사자의 합의로 포기하는 것이므로 허용될 수 없다는 것이 판례이다.[1] 그밖에 쌍방 불출석으로 인한 소취하나 상소취하의 간주에 관한 민사소송법 제268조의 규정은 행정소송에도 준용된다.

그런데 취소소송에서 소를 취하하면 사실상 분쟁이 종국적으로 종결되는 효과가 발생한다. 취소소송은 제소기간의 제한이 있기 때문에 취하 후 신소의 제기가 사실상 불가능하기 때문이다. 그러므로 피고인 행정청으로서는 소취하에 부동의할 이유가 거의 없다.

그리고, 행정소송법 제8조 제2항에 의하여 준용되는 민사소송법 제267조 제2항에 따르면, 본안에 대한 종국판결이 있은 뒤에 소를 취하한 사람은 같은 소를 제기하지 못한다. 이는 임의의 소취하로 그때까지 국가의 노력을 헛수고로 돌아가게 한 사람에 대한 제재의 취지에서 그가 다시 동일한 분쟁을 문제 삼아 소송제도를 남용하는 부당한 사태의 발생을 방지하고자 하는 규정이다. 따라서 후소가 전소의 소송물을 전제로 하거나 선결적 법률관계에 해당하는 것일 때에는 비록 소송물은 다르지만 위 제도의 취지와 목적에 비추어 전소와 '같은 소'로 보아 판결을 구할 수 없다. 그러나 여기에서 '같은 소'는 반드시 기판력의 범위나 중복제소금지의 경우와 같이 해석하여야 하는 것은 아니므로, 재소의 이익이 다른 경우에는 '같은 소'라 할 수 없다. 또한, 본안에 대한 종국판결이 있은 후 소를 취하한 사람이더라도 민사소송법 제267조 제2항의 취지에 반하지 않고 소를 제기할 필요가 있는 정당한 사정이 있다면 다시 소를 제기할 수 있다.[2]

---

1) 대법원 1998. 8. 21. 선고 98두8919 판결.

2) 대법원 2023. 3. 16. 선고 2022두58599 판결에서는 보건복지부장관이 원고에게 그가 운영하는 병원에서 부당한 방법으로 보험자 등에게 요양급여비용을 부담하게 하였다는 이유로 40일간의 요양기관 업무정지처분을 하였으나, 원고가 제기한 위 업무정지처분의 취소를 구하는 소송에서 패소한 뒤 항소심 계속 중에 위 업무정지 처분을 과징금 부과처분으로 직권으로 변경하자, 원고가 과징금 부과처분의 취소를 구하는 소송을 제기한 후 업무정지 처분의 취소를 구하는 소를 취하한 사안에서, 위 과징금 부과처분의 취소를 구하는 소의 제기는 재소금지의 원칙에 위반된다고 할 수 없다고 판시하였다.

한편, 공동소송적 보조참가인의 지위에 서게 되는 행정소송법 제16조에 의한 참가인 또는 민사소송법에 의한 보조참가인이 있는 경우 상소의 취하는 참가인이나 보조참가인에 대한 관계에서 효력이 없으나, 소의 취하는 참가인 또는 보조참가인의 동의가 없어도 가능하다는 점은 이미 살펴보았다.

2. 청구의 포기와 인낙

'청구의 포기'란 원고가 자기의 소송상 청구가 이유 없다는 것을 자인하는 법원에 대한 일방적 의사표시를 말한다. 한편 '청구의 인낙'이란 피고가 원고의 소송상 청구가 이유 있음을 자인하는 법원에 대한 일방적 의사표시를 말한다. 민사소송법 제220조에서는 "화해, 청구의 포기 · 인낙을 변론조서 · 변론준비기일조서에 적은 때에는 그 조서는 확정판결과 같은 효력을 가진다."라고 규정하고 있다. 민사소송에서는 당사자에게 소송물인 권리관계를 자유롭게 처분할 수 있는 권리가 인정되기 때문이다.

그러면 행정소송에서도 청구의 포기 · 인낙을 인정할 수 있을까? 행정소송의 심리에서도 변론주의와 처분권주의를 기본으로 하고 행정소송법에 이를 배제하는 명시적 규정이 없으며 분쟁의 자율적 · 종국적 해결이라는 현실적 필요가 있으므로, 민사소송법상의 청구의 포기 · 인낙에 관한 규정이 준용될 수 있다고 볼 수도 있다. 그러나 행정청이나 개인이 소송물인 처분을 임의로 취소 · 변경할 수 있는 것은 아니고, 취소소송에서는 청구의 포기 · 인낙에 대하여 확정판결과 동일한 효력을 인정하기 어려우며, 이를 인정할 경우 공무원의 부정과 편법을 조장할 우려가 있으므로, 청구의 포기 · 인낙은 허용되지 않는다고 보아야 할 것이다.

그러나 행정소송에서도 원고가 소를 취하함으로써 청구의 포기와 유사한 결과를 가져올 수 있고, 행정청이 직권으로 처분을 취소하거나 변경하고 이에 응하여 원고가 소를 취하하면 청구의 인낙과 같은 결과를 가져올 수 있으므로, 위와 같은 논의가 사실상 큰 의미가 있는 것은 아니다.

3. 화해와 조정

소송상의 화해란 소송계속 중 당사자 쌍방이 소송물인 권리관계의 주장을 서로 양보하여 소송을 종료시키기로 하는 변론기일에서의 합의를 말한다. 민사소송에서의 화해조서는 확정판결과 같은 효력이 있다(민사소송법 제220조).

그런데, 행정소송법에서는 소송상 화해에 대하여 명문규정을 두고 있지 않으므로, 민사소송법상의 소송상 화해가 준용되는 것인지 문제가 된다. 일반적으로 청구의 포기·인낙에서와 같은 이유로 화해에 의한 행정소송의 종료는 부정되어야 한다는 것이 다수설이다.[3]

한편, 행정소송에서 조정은 행정소송법이 민사조정법을 준용하지 않고 있기 때문에 허용되지 않는다고 해석된다. 그런데, 실무상 행정청이 직권으로 처분을 취소 또는 변경하고 원고가 소를 취하하는 방법으로 사실상의 조정·화해가 이루어지고 있는 것이 현실이다. 그러나, 항고소송에서도 신속하고 공정한 해결 및 분쟁의 일회적 해결을 통한 국민의 권익구제를 위하여 조정이 필요한 경우가 있고, 그에 따라 실무에서는 행정청이 직권으로 처분을 취소 또는 변경하고 원고가 소를 취하하는 방법으로 사실상의 조정·화해가 이루어지고 있는 것이 현실이다. 그리하여, 행정소송규칙 제15조에서는 그러한 필요와 현실을 반영하여 조정권고제도를 도입하였다.[4] 재판장은 소송계속 중인 사건에 대하여 직권으로 소의 취하, 처분등의 취소 또는 변경, 그 밖에 다툼을 적정하게 해결하기 위해 필요한 사항을 서면으로 권고할 수 있고(제1항), 그 경우 권고의 이유나 필요성 등을 기재할 수 있으며(제2항), 필요한 경우에는 당사자, 이해관계인, 그 밖의 참고인을 심문할 수 있다(제3항). 참고로 행정심판에서는 조정제도가 시행되고 있다는 점은 앞에서 살펴보았다.

Ⅲ. 그 밖의 종료사유

원고가 사망하고 소송물인 권리관계의 성질상 이를 승계할 수 없는 경우에는 소송은 종료된다.

---

3) 박정훈, 행정소송의 구조와 기능, 613-642면에서는 소송상의 화해를 긍정하고 그 제도가 도입될 경우 요건과 절차 및 효과를 구체적으로 제시하고 있다.

4) 행정소송법 개정시안에서도, 법원은 공공복리에 적합하지 않거나 해당 처분 등의 성질에 반하지 않는 한 당사자의 권리 및 권한의 범위 내에서 직권으로 화해권고결정을 할 수 있고, 당사자가 이의를 제기하지 않는 등의 사유로 화해권고결정이 확정되면 확정판결과 동일한 효력을 부여하는 '화해권고결정제도'를 도입하였었다.

❑ **대법원** 2007. 7. 26. **선고** 2005**두**15748 **판결**: 공무원로서의 지위는 일신전속권으로서 상속의 대상이 되지 않으므로, 의원면직처분에 대한 무효확인을 구하는 소송은 당해 공무원이 사망함으로써 중단됨이 없이 종료된다.

행정청의 폐지와 같이 피고가 없게 된 경우에는 행정소송법 제13조 제2항에 의하여 그 처분의 사무가 귀속되는 국가 또는 공공단체가 승계하므로 소송의 종료는 생각할 수 없다.

제2절 판　　결

Ⅰ. 판결의 종류

1. 개　　설

행정소송에서의 판결을 민사소송의 예에 따라 구분하면, 종국판결과 중간판결, 소송판결과 본안판결, 전부판결과 일부판결, 기각판결과 인용판결로 나눌 수 있다. 그런데 취소소송에서는 기각판결의 일종으로서 사정판결이 인정된다는 점에서 민사소송에서와 다른 특색이 있다.

소송판결은 소가 소송요건(전심절차 · 당사자적격 · 관할권 등)을 결하고 있는 경우 부적법하다고 각하하는 것을 말한다. 소가 처음부터 소송요건을 결하는 경우뿐만 아니라 소송계속 중에 처분의 효력이 소멸하여 소의 이익이 없어지는 것과 같이 소 제기 후에 소송요건을 결하게 된 경우에도 행해진다.

본안판결은 청구의 당부를 판단한 결과로서, 청구인용 · 청구기각의 판결이 있고 앞에서 본 것처럼 취소소송에서는 특별히 사정판결이 인정된다.

2. 취소판결

처분의 취소 · 변경을 구하는 청구가 이유 있어 그 청구의 전부 또는 일부를 인용하는 형성판결을 말한다. 취소판결은 처분의 위법성을 확인하는 효과 외에 처분의 효력을 소멸시키는 형성력을 수반하나, 무효선언을 구하는 의미의 취소소송과 같이 취소판결의 형식을 취하면서도 실질은 처분의 위법(무효) 등을 확인하는 효과만 가지는 것도 있다.

행정소송법 제4조 제1호는 취소소송에 관하여 "행정청의 위법한 처분 등을 취소 또는 변경하는 소송"이라고 규정하고 있는데, 여기에서 변경이 적극적 변경을 의미하는 것인지 소극적 변경인 일부취소를 의미하는 것인지에 대하여 학설이 대립하고 있으나, 행정심판의 경우와는 달리 후자로 해석된다는 점은 이미 앞에서 살펴보았다.

일부취소는 해당 처분이 가분성이 있거나 그 처분대상의 일부가 특정될 수 있는 경우 청구의 일부가 이유 있을 때 행할 수 있지만, 불가분처분에 대해서는 할 수 없고 재량처분에 대해서도 할 수 없다.

① 조세부과처분, 국유재산 사용료 · 변상금 부과처분, 개발부담금 부과처분, 환지청산금 부과처분, 산업재해보상보험료 부과처분의 경우와 같이 납부하여야 할 액수가 법령에 의하여 추상적으로 정해지고 행정청에게 처분의 부과 여부에 대한 재량의 여지가 없는 처분에 대해서는, 기록상 정당한 액수를 산정할 수 있다면 그 정당한 액수를 초과하는 부분만 취소하여야 하고 그 처분의 전부를 취소할 수 없다. 다만 이러한 처분도 절차상 하자를 이유로 하는 경우 또는 실체상 위법하기는 하지만 기록상 정당한 납부액의 산정이 불가능한 경우에는 처분의 전부를 취소할 수 있다.[5]

② 처분의 유무 및 정도에 관하여 재량이 인정되는 징계처분이나 영업정지처분 또는 과징금 부과처분과 같은 경우, 법원으로서는 처분이 재량권을 일탈 · 남용하였는지 여부만 판단할 수 있을 뿐이고 재량권의 범위 내에서 어느 정도가 적정한 처분인지에 관해서는 판단할 권한이 없으므로 일부취소가 허용되지 않는다(판례). 예컨대, 과징금의 산정은 피고의 재량권에 속하는 사항이므로 법원이 과징금을 정하는 것은 사법심사의 범위를 벗어나는 것이다.[6]

---

5) 처분청이 정당한 부과금액이 얼마인지 주장 · 증명하지 않고 있는 경우 법원이 적극적으로 직권증거조사를 하거나 처분청에게 증명을 촉구하는 등의 방법으로 정당한 부과금액을 산출할 의무까지 부담하는 것은 아니다(대법원 2016. 7. 14. 선고 2015두4167 판결).

6) 대법원 2009. 6. 23. 선고 2007두18062 판결; 대법원 1998. 4. 10. 선고 98두2270 판결; 대법원 2007. 10. 26. 선고 2005두3172 판결 등 참조.

③ 재량행위라고 하더라도 해당 처분이 가분성이 있거나 그 처분대상의 일부가 특정될 수 있는 경우에는 일부취소를 할 수 있다. 공정거래위원회가 여러 개의 위반행위에 대하여 외형상 하나의 과징금 납부명령을 발령하였으나 그중 일부 위반행위에 대한 과징금 부과만 위법하고 소송상 그 일부 위반행위를 기초로 한 과징금액을 산정할 수 있는 자료가 있는 경우에는 하나의 과징금 납부명령일지라도 그 일부 위반행위에 대한 과징금액에 해당하는 부분만 취소하여야 하고,[7] 공정거래위원회가 광고행위와 표시행위에 관한 법위반사실을 이유로 공표명령을 발령하였고 그 법위반사실이 각각 별개로 특정될 수 있는데, 그중 하나의 법위반사실이 인정되지 않는다면 그 부분에 대한 공표명령의 효력만 취소할 수 있을 뿐 법위반사실 공표명령 전부를 취소할 수 없다.[8] 마찬가지로 여러 개의 상이에 대한 국가유공자요건 비해당처분에 대한 취소소송에서 일부의 상이는 국가유공자요건에 해당하고 나머지는 해당하지 않는 경우, 국가유공자요건 비해당처분 중 위 요건이 인정되는 상이에 대한 부분만 취소하여야 하고 위 처분 전부를 취소할 수 없다.[9] 또한, 세 가지 처분사유에 관하여 각각 1개월의 영업정지를 결정한 다음 이를 합산하여 3개월의 영업정지를 명하는 처분을 하였는데, 제2처분사유, 제3처분사유는 인정되나 제1처분사유가 인정되지 않는다면, 제1처분사유에 관한 1개월의 영업정지 부분만 취소하여야 한다.[10] 한편, 한 사람이 취득한 여러 종류의 자동차운전면허를 취소 또는 정지하는 경우 각각을 별개의 것으로 취급하여야 하는 것이 원칙이다. 다만 취소사유가 특정 면허에 관한 것이 아니라 다른 면허와 공통된 것이거나 운전면허를 받은 사람에 관한 것일 경우에는 여러 면허를 전부 취소할 수 있다.[11]

---

7) 대법원 2019. 1. 31. 선고 2013두14726 판결. 같은 취지로 하천관리청이 하천점용허가를 받지 않고 무단으로 하천을 점용·사용한 자에게 변상금을 부과하면서 여러 필지 토지에 대하여 외형상 하나의 변상금부과처분을 하였으나, 그중 일부에 대한 변상금 부과만이 위법한 경우에는 변상금부과처분 중 위법한 토지에 대한 부분만 취소하여야 하고, 그 부과처분 전부를 취소할 수는 없다(대법원 2024. 7. 25. 선고 2024두38025 판결).

8) 대법원 2000. 12. 12. 선고 99두12243 판결.

9) 대법원 2012. 3. 29. 선고 2011두9263 판결.

10) 대법원 2020. 5. 14. 선고 2019두63515 판결.

11) 주취상태로 이륜자동차를 운전하였다는 이유로 제1종 대형, 제1종 보통, 제1종 특수, 제2

그리고, 취소판결의 주문은 민사판결에서와 마찬가지로 새로운 분쟁의 여지가 없도록 그 내용이 간단명료하여야 할 뿐만 아니라 주문 자체로 그 내용이 특정될 수 있어야 한다. 예를 들면, 부과된 세금 중 얼마를 취소한다고 하지 않고 일정액의 과세표준액을 초과하는 부분에 대응하는 세액에 관한 부분을 취소한다거나, 손금부인에 상응하는 과세액에 대한 과세처분의 취소청구 부분은 각하한다는 주문은 허용되지 않는다.[12] 취소판결의 주문 중 몇 가지를 예시하면 아래와 같다.[13]

[기재례]

○ 처분청과 피고가 동일한 경우

- 피고가 2026. 3. 9. 원고에게 한 공무상 요양 불승인처분을 취소한다.
- 피고가 2026. 3. 19. 원고에게 한 유족보상일시금 및 장의비지급 거부처분을 취소한다.
- 피고가 2026. 1. 8. 원고에게 한 건축불허가처분을 취소한다.
- 피고가 2026. 1. 30. 원고에게 한 (경기 연천군 신서면 대관리 1035에 관한) 토지형질변경 불허처분을 취소한다.
- 피고가 2026. 1. 7. 원고에게 한 영업정지 2개월 처분을 취소한다.
- 피고가 2026. 2. 20. 원고에게 한 자동차운전면허 취소처분을 취소한다.
- 피고가 2026. 1. 8. 원고에게 한 철거명령과 2024. 1. 15. 한 대집행계고처분을 각 취소한다.
- 피고가 2026. 9. 1. 원고에게 한 종합토지세 10,000,000원의 부과처분 중 5,000,000원을 초과하는 부분을 취소한다.

종 소형 자동차운전면허 모두를 취소한 대법원 2018. 2. 28. 선고 2017두67476 판결 참조. 반면에 제1종 대형, 제1종 보통 자동차운전면허를 가지고 있는 사람이 오토바이를 절취한 사안에서 도로교통법령상 취소사유가 훔치거나 빼앗은 해당 자동차 등을 운전할 수 있는 특정 면허에 관한 것이고 제2종 소형면허 이외의 다른 운전면허를 가지고는 오토바이를 운전할 수 없어 위 취소사유가 다른 면허와 공통된 것도 아니라는 이유로 위 자동차면허들을 취소할 수 없다고 한 사례가 있다(대법원 2012. 5. 24. 선고 2012두1891 판결).

12) 대법원 1983. 3. 8. 선고 82누294 판결; 대법원 1987. 3. 24. 선고 85누817 판결; 대법원 2006. 9. 28. 선고 2006두8334 판결 등 참조.

13) 아래의 기재례는 주로 법원실무제요(행정), 384-385면에서 따온 것이다.

- 피고가 2026. 3. 5. 원고에게 한 별지 목록(1) 기재의 각 법인세부과처분 중 같은 목록(2) 기재 부분을 취소한다.
- 피고가 2026. 8. 11. 원고에게 한 개발부담금 부과처분을 취소한다.

○ 처분청과 피고가 다른 경우

- 대통령이 2026. 1. 9. 원고에게 한 파면처분을 취소한다.
- 중앙노동위원회가 2026. 4. 13. 원고와 피고보조참가인 사이의 2025부노66 부당노동행위구제 재심신청사건에 관하여 한 재심판정을 취소한다.

3. 확인판결

확인판결은 주로 당사자소송에서 찾아볼 수 있다. 항고소송 중에는 무효등확인소송과 부작위위법확인소송의 인용판결이 확인판결이다. 확인판결의 주문 중 몇 가지를 예시하면 아래와 같다.[14]

[기재례]

- 피고가 2026. 3. 7. 원고에게 한 직위해제처분은 무효임을 확인한다.
- 피고가 2026. 2. 5. 원고에게 한 등록세 1,000,000원의 부과처분은 무효임을 확인한다.
- 원고가 2026. 5. 2. 피고에게 한 ○○신청에 관한 피고의 부작위가 위법임을 확인한다.
- 피고가 원고의 2026. 4. 2. ○○신청에 관하여 허부의 결정을 하지 아니함은 위법임을 확인한다.

4. 이행판결

이행판결은 국가나 공공단체에 대하여 일정한 급부를 명하는 판결로서 당사자소송(금전급부판결)에서 나타난다. 항고소송에서 의무이행판결은 허용되지 않으므로 거부처분의 취소판결이나 부작위위법확인판결에 따르는 판결의 기속력과 간접강제에 의하여 유사한 효과를 얻을 수 있을 뿐이다.[15] 아래의 기재례는 소

---

14) 아래의 기재례는 법원실무제요(행정), 382면에서 주로 따온 것이다.
15) 행정소송법 개정안에서 의무이행소송을 도입하고 있다는 점은 이미 앞에서 살펴보았다.

유자가 사업시행자를 상대로 제기한 손실보상금 증액청구소송에서 원고청구가 일부 인용된 경우이다.[16]

[기재례]

피고는 원고에게 ○○○원[17] 및 이에 대한 2025. 11. 12.[18]부터 2026. 5. 10.[19]까지는 연 5%의, 그 다음날부터 다 갚는 날까지는 연 12%의 각 비율에 의한 금원을 지급하라.

5. 사정판결

가. 의 의

취소소송에서 심리한 결과 계쟁처분이 위법하다고 판명되면 당연히 그 처분을 취소하여야 한다. 그러나, 이미 그 처분을 기초로 다수의 이해관계가 걸린 법률관계가 형성되거나 공공사업이 상당히 진행된 경우와 같이 위법한 처분을 취소하여 기존의 법률관계를 뒤집는 것이 오히려 공공복리에 어긋나는 경우가 있을 수 있다. 이러한 경우를 예상하여 행정소송법은 원고의 청구에 이유가 있더라도 해당 처분 등을 취소 · 변경하는 것이 현저하게 공공복리에 적합하지 않다고 인정되는 때에는 법원이 기각판결을 선고할 수 있도록 하고, 이를 특히 사정판결이라 부른다(행정소송법 제28조 제1항).

사정판결제도는 원고의 청구가 이유 있다고 인정됨에도 불구하고 원고의 청구를 기각한다는 점이 특징이다. 여기에서 '원고의 청구가 이유 있다'라고 함은 쟁송의 대상인 처분 등이 위법하다는 것을 말하는데, 이 점만 보게 되면 사정판결제도는 법치주의의 원리에 반하는 부당한 제도라고 비난받을 수 있다. 그러나, 사정판결제도는 공공복리를 이유로 원고에게 일방적인 희생을 강요하는 제도가 아니라, '처분 등의 취소'라고 하는 원고의 본래의 청구에 갈음하여 손해배상 등 그 밖의 방법으로 원고의 청구를 수용하면서(행정소송법 제28조 제3항) 그것을 통해 공공복리에도 이바지하려는 제도라 할 수 있다. 따라서, 사정판결제도를 법치

16) 아래의 기재례는 법원실무제요(행정), 386면에서 따온 것이다.

17) 법원이 인정한 정당한 보상액에서 수용재결에서 정한 보상액(이의신청을 하지 않은 경우) 또는 이의재결에서 정한 보상액(이의신청을 한 경우)을 공제한 나머지 금액.

18) 수용재결에서 정한 수용일(수용시기)의 다음날.

19) 판결선고일.

주의에 반한다고만 볼 일은 아니다.

나. 사정판결의 요건

(1) 취소소송일 것

사정판결은 취소소송에서 인정되는 것이다. 무효와 취소의 구별은 상대적인 것에 불과하고, 처분이 무효로 확인되는 경우에도 공공복리에 현저하게 반하는 결과를 초래할 수도 있으므로, 무효등 확인소송에서도 사정판결이 허용되어야 한다는 주장이 있을 수 있다. 그러나, 처분 등이 무효이거나 부존재인 경우에는 존치시킬 효력이 있는 행정행위가 없고, 행정소송법이 취소소송에서만 사정판결을 허용하고 있을 뿐, 사정판결에 관한 규정을 무효등 확인소송에는 준용하고 있지 않으므로, 무효등 확인소송에는 사정판결이 허용되지 않는다.

(2) 청구인용판결의 선고가 현저히 공공복리에 적합하지 않을 것

사정판결은 원고의 청구가 이유 있음에도 불구하고 해당 처분 등을 유지시킨다는 점에서 법치주의에 대한 예외로 볼 수 있다. 따라서, 개인의 권익구제라는 사익과 공공복리를 비교형량하여 극히 불가피한 경우에 한하여 사정판결을 하여야 한다. 이러한 취지에서 행정소송법 제28조 제1항은 “처분 등을 취소하는 것이 현저히 공공복리에 적합하지 아니하다고 인정하는 경우”에만 사정판결을 허용하고 있다.

청구인용의 판결을 하는 것이 현저히 공공복리에 적합하지 않는지에 관한 구체적인 기준을 제시하기는 어렵다. 다만 위법한 처분의 효력을 유지하는 것 그 자체로 당연히 공공복리가 저해되는 것이라고 볼 수 있으므로, 그러한 위법한 처분을 취소하지 않고 방치함으로써 침해되는 공익의 정도보다 위법한 처분을 취소함으로써 새롭게 침해되는 공익의 정도가 월등하게 큰 경우이어야 한다. 이와 같은 사정들은 결국 법원이 구체적인 사건에 관하여 구체적으로 결정하여야 한다.

예를 들면, 위법한 처분에 기초하여 다수의 관계인들 사이에 이미 새로운 사실관계·법률관계가 형성되었는데, 그 처분의 효력을 소멸시켜 위 법률관계를 없었던 상태로 되돌린다면 그로 인한 손해가 매우 크지만, 위법한 처분으로 불이익을 받은 사람의 손해의 정도는 경미한 경우이다. 다만 위법한 처분으로 불이익을 받을 사람이 다른 방법으로 그 손해를 전보받을 수 있는 경우이어야 할 것이다.

다. 사정판결에 관한 판례

(1) 판단기준

대법원은 현저히 공공의 복리에 적합하지 않은 사정이 있는지 여부를 판단하는 기준으로서 위법한 처분을 취소하지 않아 생기는 공익침해보다 이를 취소함으로써 생기는 공익침해가 월등하게 큰 사정이 있는지 여부에 관하여, 처분의 집행으로 인하여 형성된 기존의 사실상태의 존중, 위법한 처분으로 불이익을 받은 사람의 손해의 정도, 그 전보방법의 난이도 등을 고려하고 있다.

구체적으로, ① 해당 처분에 이르기까지의 경과 및 처분 상대방의 관여 정도, ② 위법사유의 내용과 발생원인 및 전체 처분에서 위법사유가 관련된 부분이 차지하는 비중, ③ 해당 처분을 취소할 경우 예상되는 결과, 특히 해당 처분을 기초로 새로운 법률관계나 사실상태가 형성되어 다수 이해관계인의 신뢰 보호 등 처분의 효력을 존속시킬 공익적 필요성이 있는지 여부 및 그 정도, ④ 해당 처분의 위법으로 인하여 처분 상대방이 입게 된 손해 등 권익 침해의 내용, ⑤ 행정청의 보완조치 등으로 위법상태의 해소 및 처분 상대방의 피해 전보가 가능한지 여부, ⑥ 해당 처분 이후 처분청이 위법상태의 해소를 위하여 취한 조치 및 적극성의 정도와 처분 상대방의 태도 등 제반 사정을 종합적으로 고려하여야 한다.[20]

(2) 인정한 사례

❑ **대법원 1995. 7. 28. 선고 95누4629 판결:** 조합설립 및 사업시행인가처분 당시 일부 토지 및 건축물의 소유자가 동의를 철회하여 법정요건인 토지 및 건축물 소유자 총수의 각 3분의 2 이상의 동의를 얻지 못하여 위법하나, 그 후 90% 이상의 소유자가 재개발사업의 속행을 바라고 있고, 건축물의 철거 등이 행하여져 원심 변론종결 당시에는 재개발사업이 상당한 정도 진척되었으며, 이 사건 처분 당시에는 토지 및 건축물 소유자 총수의 각 3분의 2 이상의 동의를 얻지 못하였으나 그 후 3분의 2 이상에 해당하는 토지 및 건축물의 소유자가 위와 같이 사업의 시행에 이의하지 않고 사업의 속행을 바라고 있어 그 사업의 시행을 위한 재개발조합의 설립 및 사업시행인가가 새로이 행하여질 경우 동의요건을 충족할 것이 충분히 예상되어 이 사건

20) 대법원 2016. 7. 14. 선고 2015두4167 판결.

처분을 취소하고 새로운 절차를 밟게 할 경우에는 불필요한 절차를 반복하게 함으로써 사업의 신속한 진행을 지연시키게 되어 재개발사업의 속행을 바라고 있는 약 90%의 토지 또는 건축물소유자들에게 상대적으로 커다란 경제적 손실을 초래케 할 가능성이 높은 반면, 원고들이 이 사건 처분으로 별다른 손해를 입지 않았다는 이유로 사정판결을 한 원심을 수긍하였다.

❑ **대법원** 1992. 2. 14. **선고** 90**누**9032 **판결**: 환지예정지지정처분이 토지평가협의회의 심의를 거치지 아니하고 결정된 가격평가에 터 잡은 것으로 그 절차에 하자가 있어 위법하기는 하지만 환지예정지지정처분의 기초가 된 가격평가의 내용이 일응 적정하고, 이해관계인들 중 원고를 제외하고는 처분에 불복하는 자가 없으며, 위와 같은 위법을 이유로 이를 취소할 경우 기왕의 처분에 기하여 이미 사실관계를 형성하여 온 다수의 다른 이해관계인들에 대한 환지예정지지정처분까지 변경되어 혼란이 생길 수 있는 반면 원고는 이렇다 할 손해를 입었다고 볼 만한 사정이 보이지 않고, 손해가 있더라도 청산금보상으로 전보될 수 있다.

❑ **대법원** 1997. 11. 11. **선고** 95**누**4902, 4919 **판결**: 이 사건 공업용지조성사업은 토지구획정리사업법상의 환지규정을 준용할 수 없는 사업이므로 그 사업시행자인 피고가 위 환지규정을 준용하여서 한 환지예정지지정처분 및 환지예정지변경처분은 모두 위법하지만, 원고가 위 공업용지조성사업의 인가단계에서 아무런 이의를 제기하지 아니하고 그 진행과정에서 도로부지로 편입되는 원고의 종전 토지면적을 줄여주면 위 사업에 협력하겠다고 의사표시를 하였으며, 위 환지예정지변경처분에 의하여 환지예정지가 확장됨으로써 원고의 종전 토지상의 애자공장의 중요시설에 아무런 피해가 없게 되었을 뿐만 아니라, 위 사업이 거의 완공단계에 있어 사업지역 내 환지예정지상에는 원고의 공장 이외에 다수의 공장이 들어섬으로써 사업지역이 이미 성숙한 공장지대로 변하여 있어 위 환지예정지지정(변경)처분이 위법하다고 하여 이를 취소할 경우 이미 환지예정지지정(변경)처분에 불복하지 않고 그 처분에 기하여 사실관계를 형성하여 온 사입지역 내의 원고를 제외한 다른 이해관계인들에 대한 환지예정지지정(변경)처분까지도 이를 변경하게 됨으로써 기존의 사실관계가 뒤집어지고 새로운 사실관계가 형성되는 혼란이 발생할 수 있게 되는 반면에 위 환지예정지지정(변경)처분을 취소하지 않고 유지함으로써 원고에게 다소의 손해가 발생한다고 하더라도 이는 금전 등으로 전보할 수 있다.

❑ **대법원** 2009. 12. 10. **선고** 2009**두**8359 **판결:** 법학전문대학원이 장기간의 논의 끝에 사법개혁의 일환으로 출범하여 2009년 3월 초 일제히 개원한 점, ○○대 법학전문대학원도 120명의 입학생을 받아들여 교육을 하고 있는데 인가처분이 취소되면 그 입학생들이 피해를 입을 수 있는 점, 법학전문대학원의 인가취소가 이어지면 우수한 법조인의 양성을 목적으로 하는 법학전문대학원 제도 자체의 운영에 큰 차질을 빚을 수 있는 점, 법학전문대학원의 설치인가 심사기준의 설정과 각 평가에 있어 법 제13조에 저촉되지 않는 점, 교수위원이 제15차 회의에 관여하지 않았다고 하더라도 그 소속대학의 평가점수에 비추어 동일한 결론에 이르렀을 것으로 보여, ○○대에 대한 이 사건 인가처분을 취소하고 다시 심의하는 것은 무익한 절차의 반복에 그칠 것으로 보이는 점 등을 종합하여, ○○대에 대한 이 사건 인가처분이 법 제13조에 위배되었음을 이유로 취소하는 것은 현저히 공공복리에 적합하지 아니하다.

(3) 부정한 사례

❑ **대법원** 1995. 6. 13. **선고** 94**누**4660 **판결:** 행정처분이 위법한 때에는 이를 취소함이 원칙이고 그 위법한 처분을 취소·변경함이 도리어 현저히 공공의 복리에 적합하지 않은 경우에 극히 예외적으로 위법한 행정처분의 취소를 허용하지 않는다는 사정판결을 할 수 있는 것이므로 사정판결의 적용은 극히 엄격한 요건 아래 제한적으로 하여야 할 것이고, 그 요건인 현저히 공공복리에 적합하지 아니한가의 여부를 판단함에 있어서는 위법 부당한 행정처분을 취소·변경하여야 할 필요와 그 취소·변경으로 인하여 발생할 수 있는 공공복리에 반하는 사태 등을 비교 교량하여 그 적용 여부를 판단하여야 한다(피고가 이 사건 토지구획정리사업을 완료한 후 이 사건 환지청산금을 결정함에 있어서 토지평가협의회의 심의절차를 거치지 아니한 위법이 있는 경우 이 사건 청산금 부과처분이 적법한 감정기관의 평가액을 기준으로 하여 결정한 청산금을 기초로 하였고, 징수대상자들의 이의제기로 절반 이상을 감액하여 결정하였으며, 그 액수가 관계법령, 감정가액, 시가 등에 비추어 볼 때 일응 정당하고, 원고가 이 사건 사업으로 인하여 도시기반 시설확충 및 지가상승 등의 이익을 얻은 반면 어떠한 손해를 입지 아니한 사정 등이 있다고 하더라도 이러한 사정들만으로는 이 사건 청산금부과처분의 취소가 현저히 공공복리에 반한다고 보기 어렵다).

라. 심 판

사정판결에 대한 주장·증명의 책임은 사정판결의 예외성에 비추어 피고인 행정청이 부담하여야 할 것이다. 그러나, 당사자의 명백한 주장이 없는 경우에도 기록에 나타난 여러 사정을 기초로 직권으로 석명권을 행사하거나 증거조사를 하여 사정판결을 할 수 있다.[21]

취소소송에서 위법 여부에 대한 판단은 처분 당시를 기준으로 판단하여야 하는 것이지만, 위법처분에 대하여 사정판결을 할 때 공공복리에 대한 판단은 변론종결 당시를 기준으로 하여야 한다(행정소송규칙 제14조).[22]

사정판결을 할 때 미리 원고가 그로 인하여 입게 될 손해의 정도와 배상방법 그 밖의 사정을 조사하여야 한다(행정소송법 제28조 제2항). 이는 사정판결의 요건으로서 공익의 비교형량을 위한 심리가 되는 동시에 사정판결의 효과로서의 부수조치를 하기 위한 심리로도 의미가 있다. 명문의 규정이 없는 이상 법원이 직권으로 부수조치 청구를 명할 수는 없으나 당사자가 구제방법청구를 간과하였음이 분명하다면 적절하게 석명권을 행사하여 그에 관한 의견을 진술할 수 있는 기회를 주어야 한다.[23]

사정판결은 기각판결의 일종이므로, 비록 해당 소송의 대상인 처분 등이 위법하여 원고의 청구가 이유 있다고 하더라도 원고의 청구는 배척되는 결과를 가져온다. 그러나, 해당 처분 등은 그 위법성이 치유되어 적법하게 되는 것이 아니라 공공복리를 위하여 위법성을 가진 채 그 효력을 지속하는 것에 불과하다. 사정판결을 하는 경우 법원은 판결의 주문에서 그 처분 등이 위법하다는 점을 명시하여야 하며(제28조 제1항 후단), 그 처분 등의 위법성에 대하여 기판력이 발생하게 된다. 사정판결은 기각판결임에도 불구하고 소송비용은 피고가 부담하는데(제32조), 원고의 청구가 이유 있음에도 불구하고 공공복리를 위하여 원고의 청구를 기각하는 것이기 때문이다. 사정판결의 주문을 예시하면 아래와 같다.[24]

---

21) 대법원 1992. 2. 14. 선고 90누9032 판결; 대법원 2006. 9. 22. 선고 2005두2506 판결 등 참조.

22) 행정소송규칙 제14조는 대법원 1970. 3. 24. 선고 69누29 판결 등 판례의 법리를 명문화한 것이다.

23) 대법원 2016. 7. 14. 선고 2015두4167 판결.

24) 아래의 기재례는 법원실무제요(행정), 381면에서 따온 것이다.

[기재례]

○ 관련청구가 병합되지 않은 경우

- 원고의 청구를 기각한다.
- 피고가 2026. 4. 3. 원고에 대하여 한 ○○처분은 위법하다.
- 소송비용은 피고가 부담한다.

○ 관련청구가 병합된 경우

- 원고의 피고 ○○시장에 대한 청구를 기각한다.
- 피고 ○○시장이 2026. 4. 3. 원고에 대하여 한 건축불허가처분은 위법하다.
- 피고 ○○시는 원고에게 ○○○원을 지급하라.
- 원고의 피고 ○○시에 대한 나머지 청구를 기각한다.
- 소송비용은 피고들이 부담한다.[25)]
- 제3항은 가집행할 수 있다.

마. 구제방법청구의 병합

원고는 피고 행정청이 속하는 국가 또는 공공단체를 상대로 손해배상, 재해시설의 설치 그밖에 적당한 구제방법의 청구를 해당 취소소송 등이 계속된 법원에 병합하여 제기할 수 있다(제28조 제3항). 실무상 피고가 사정판결을 주장하면 원고로서는 만일의 경우를 대비하여 예비적으로 손해배상 등의 청구를 추가하는 것을 고려할 필요가 있다(주관적 · 예비적 병합).[26)]

사정판결로 인하여 피해를 입을 처분의 상대방 등에게 하여야 할 손해배상의 성질에 관하여, 종래에는 특별한 손실보상이라는 견해, 무과실배상책임이라는 견해, 일반적 국가배상청구권이라는 견해, 국가배상과 손실보상의 청구가 모두 가능하다는 견해로 나누어졌으나, 명문으로 규정된 이상 논의의 실익은 없다.

바. 불 복

사정판결 역시 일반적인 기각판결과 본질적으로 동일하므로, 그에 불복하는

---

25) 민사소송법 제99조, 제100조에 의하여 경우에 따라 원고에게 소송비용의 일부를 부담시킬 수도 있다.

26) 물론 별소를 제기하는 것도 가능하다.

당사자는 상소할 수 있다. 이때 원 · 피고 모두 불복이 가능하다. 원고는 사정판결을 할 사정이 없음에도 사정판결을 하여 청구가 기각되었다는 이유로 불복할 수 있다. 피고도 청구가 기각된 것에는 불만이 없지만 처분이 적법함에도 위법하다고 선언하였다는 점에서 불복할 수 있다.

Ⅱ. 판결의 효력

판결은 한번 선고되면 함부로 취소되거나 변경되거나 그 존재를 무시할 수 없다. 그렇기 때문에 판결에는 기판력, 집행력, 형성력 등의 효력이 부여된다. 특히 행정소송법은 항고소송에서의 제3자에 대한 효력(제29조 제1항) 및 기속력(제30조)에 대하여 규정하고 있다. 한편, 판결은 효력이 작용하는 소송주체를 기준으로 '선고법원에 대한 효력', '당사자에 대한 효력', '법원과 양 당사자에 대한 효력' 등으로 나누어 살펴볼 수도 있다.[27]

1. 자박력(선고법원에 대한 구속력 · 불가변력)

행정소송에서도 판결이 일단 선고되면 선고법원도 자신의 판결에 구속되어 그 판결을 스스로 취소하거나 변경할 수 없다. 이를 판결의 자박력, 구속력 또는 불가변력이라고 부른다. 다만 법원은 판결의 내용에 관한 실질적인 변경 없이 판결에 잘못된 계산이나 기재, 그밖에 이와 비슷한 잘못이 있음이 분명한 때에는 직권으로 또는 당사자의 신청에 의하여 경정결정을 할 수 있다(민사소송법 제211조 제1항).

2. 형식적 확정력(당사자에 대한 구속력)

판결이 당사자의 상소로써 취소 · 변경될 가능성이 없게 된 때 소송은 확정적으로 종료된다. 이렇게 상소기간의 도과 기타 사유로 상소할 수 없는 때 판결은 형식적 확정력을 가진다. 이 형식적 확정력은 판결내용과 관계는 없으나 판결의 효력발생요건이 된다.

---

27) 김남진 · 김연태, 행정법Ⅰ, 1014면.

3. 기판력(소송법적 효력, 법원과 양당사자에 대한 구속력)

가. 의 의

‘기판력’이라 함은 확정된 판결의 내용이 가지는 규준력으로서, 전소에서 판단한 소송물을 다시 소송의 대상으로 삼을 수 없고 적어도 후소절차에서 전소판결을 기초로 삼아야 하는 구속력을 말한다.

우리 행정소송법에는 독일 행정법원법에서와 같은 기판력에 대한 명문규정[28]은 없으나, 행정소송법 제8조 제2항에 의하여 민사소송법이 준용되므로, 행정소송에서도 기판력이 인정될 것이다. 민사소송법 제216조 제1항에서는 “확정판결은 주문에 포함된 것에 한하여 기판력을 가진다.”, 제218조 제1항에서는 “확정판결은 당사자, 변론을 종결한 뒤의 승계인(변론 없이 한 판결의 경우에는 판결을 선고한 뒤의 승계인) 또는 그를 위하여 청구의 목적물을 소지한 사람에 대하여 효력이 미친다.”라고 규정하고 있다.

대법원도 같은 입장에서 “확정판결의 주문에 포함된 법률적 판단과 동일한 사항이 소송상 문제가 되었을 때 당사자는 이에 저촉되는 주장을 할 수 없고 법원도 이에 저촉되는 판단을 할 수 없고, 후소의 소송물이 전소의 소송물과 동일하지 않더라도 전소의 소송물에 관한 판단이 후소의 선결문제가 되거나 모순관계에 있을 때에는 후소에서 전소 확정판결의 판단과 다른 주장을 하는 것도 허용되지 않는다.”라고 판시하여, 행정소송에서의 기판력을 인정하고 있다.[29]

나. 범 위

(1) 주관적 범위

기판력은 대립하는 당사자 사이에서만 미치는 것이 원칙이지만, 분쟁해결의 실효성을 높이기 위하여 당사자와 동일하게 볼 수 있을 정도로 밀접한 관계가 있는 승계인에게도 미친다. 행정소송법 제16조에 의하여 소송참가를 한 제3자에게도 미친다. 그러나, 해당 소송과 관계가 없는 제3자에게는 미치지 않는다. 따라서, 토지수용에 관한 재결이나 환지처분에 대한 취소소송에서 패소한 사람이

---

28) 독일 행정법원법 제121조에서는 “확정판결은 소송물에 관하여 판단된 한도 내에서, 당사자 및 그 승계인을 기속한다.”라고 규정하고 있다.

29) 대법원 2021. 9. 30. 선고 2021두38635 판결.

그 처분의 무효를 주장하면서 사인인 제3자를 상대로 토지의 소유권에 기하여 제기한 토지인도소송은 적법한 것이다.

항고소송에서는 편의상 권리주체인 국가·공공단체가 아닌 처분을 행한 행정청을 피고로 하기 때문에, 그 기판력은 피고 행정청이 속하는 국가나 공공단체에도 미친다고 보아야 한다.[30] 따라서 세무서장을 피고로 하는 과세처분 취소소송에서 패소한 원고가 국가를 상대로 과세처분의 무효를 주장하면서 과오납금 반환청구소송을 제기하면 기판력에 저촉된다.[31]

(2) 객관적 범위

기판력은 판결주문에 포함된 판단에 미치는 것이 원칙이다. 그런데 판결의 주문은 소송물에 관한 판단이므로, 기판력의 객관적 범위는 소송물이 된다. 취소소송의 소송물은 처분의 위법성 일반이므로 처분이 적법하다는 것 또는 처분이 위법하다는 것에 대하여 기판력이 미치게 된다.

항고소송에서 처분의 취소 또는 무효확인판결이 확정되면, 처분이 위법하다는 점에 대하여 기판력이 미치므로 원고나 피고 모두 처분이 유효하다는 주장을 할 수 없다. 그러나 행정청이 종전의 처분과는 별개의 새로운 처분을 하게 되면 종전처분에 대한 기판력이 새로운 처분에는 미치지 않는다. 다만 뒤에서 보는 판결의 기속력에 의하여 행정청은 판결의 내용에 저촉되는 처분을 할 수 없고, 그러한 처분을 하였다면 무효이다.

취소소송이나 무효확인소송에서 기각판결이 확정된 경우에는 앞의 경우와는 달리 그 처분이 적법하다거나 무효가 아니라는 점에 대하여 기판력이 발생하고 개개의 위법사유는 공격방어방법에 지나지 않는다. 따라서, 원고는 전소에서 주장한 것과 다른 사유를 들어 그 처분이 위법하다고 주장하더라도 그것이 받아들여질 수 없다. 한편, 무효확인소송에서의 패소판결은 취소소송에 기판력이 미치지 않으므로 원고는 새로운 취소소송의 제기가 가능하나, 취소소송에서 패소판결(처분이 적법하다는 판결)의 기판력은 무효확인소송이나 무효를 전제로 한 부당이득금 반환청구소송 등의 민사소송에도 미친다.

기판력은 판결주문 중에 표시된 소송물에 관한 판단에 대해서만 발생하는

30) 김남진·김연태, 행정법 I, 1016면.
31) 대법원 1998. 7. 24. 선고 98다10854 판결 참조.

것이 원칙이다. 그러므로, 판결이유 중에서 설시된 사실인정, 선결적 법률관계, 항변 등에는 기판력이 미치지 않는다.

❑ **대법원** 1987. 6. 9. **선고** 86**다타**2756 **판결**: 기판력의 객관적 범위는 그 판결의 주문에 포함된 것, 즉 소송물로 주장된 법률관계의 존부에 관한 판단의 결론 그 자체에만 미치는 것이고, 판결이유에 설시된 그 전제가 되는 법률관계의 존부에까지 미치는 것은 아니다.

❑ **대법원** 1998. 6. 12. **선고** 97**누**16084 **판결**: 직위해제 및 면직처분의 무효확인판결의 기판력은 판결주문에 포함된 위 각 처분의 무효 여부에 관한 법률적 판단의 내용에 미치는 것으로, 지방의료공사가 위 판결의 확정 후에 직위해제 등 처분의 사유와 동일한 사유를 들어 다시 당해 정직처분을 하였다고 하여 위 확정판결의 기판력에 저촉된다고 할 수 없다.

항고소송의 본안판결이 있은 후 동일한 사유로 국가배상을 제기한 경우 전소의 기판력이 후소에 미치는지 여부가 문제된다. 이는 취소소송에서 처분의 위법성과 국가배상책임의 성립요건으로서 위법성의 관계를 어떻게 설정할 것인지와 관련이 있다.[32]

① 양자를 같은 개념으로 보는 협의의 행위위법설[33]에서는 취소판결의 기판력이 인용판결이든 기각판결이든 불문하고 국가배상청구소송에 미치게 된다.

② 국가배상책임요건으로서의 위법성을 취소소송에서의 그것보다 넓은 개념으로 보는 광의의 행위위법설[34]에 의하면 취소소송의 인용판결의 기판력만 국가배상청구소송에 미치고, 기각판결의 기판력은 국가배상청구소송에 미치지 않는다.

③ 양자를 다른 개념으로 보는 결과불법설,[35] 상대적 위법성설,[36] 직무의무

32) 이에 관한 자세한 사항은 김남진 · 김연태, 행정법 I, 685-688면 참조.

33) 이 견해는 국가배상법상의 위법을 엄격한 의미의 법령위반으로 이해하고, 국가배상책임 성립요건으로서의 위법성을 취소소송에서와 같이 행위 자체의 법령에 대한 위반으로 파악한다.

34) 이 견해는 위법을 법령위반으로 이해하면서도 이를 엄격한 의미로 한정하지 않고 넓게 파악함으로써 법익을 침해하는 행위인지의 여부는 단순히 어떤 행위가 명문의 규정에 위반하였는지만 가지고 판단하지 않고 법의 운용에서 적용되는 인권의 존중, 권력남용, 신의성실, 공서양속 등 제 원칙에 위반하였는지 여부도 판단기준으로 삼는다.

35) 이 견해는 국가배상에서의 위법성을 가해행위의 결과인 '손해의 불법'으로 이해하고, 국민

위반설[37]을 취하면 취소소송의 본안판결의 기판력이 국가배상청구소송에 미치지 않게 된다.

판례는 어느 견해를 취하는지 명확하지 않다. 그렇지만, 적어도 행위의 위법성을 판단할 때에는 엄격한 의미의 법령위반뿐 아니라 인권존중, 권력남용금지, 신의성실과 같이 공무원으로서 마땅히 지켜야 할 준칙이나 규범을 지키지 않고 위반한 경우를 포함하여 널리 그 행위가 객관적인 정당성을 결여하고 있음을 뜻한다고 판시하여, 그 의미를 넓게 보고 있다.[38] 한편, 판례 중에는 객관적 정당성을 상실한 것이 다수 있으므로, 대법원의 기본적인 입장은 상대적 위법성설에 있는 듯하다. 위 논의와 관련하여 기판력이 미치는지 여부는 위법성에 대한 판단에 한정되고 고의와 과실의 인정 여부와는 관련이 없다는 점에 유의하여야 한다.

❑ **대법원 2000. 5. 12. 선고 99다70600 판결:** 어떠한 행정처분이 후에 항고소송에서 취소되었다고 할지라도 그 기판력에 의하여 당해 행정처분이 곧바로 공무원의 고의 또는 과실로 인한 것으로서 불법행위를 구성한다고 단정할 수는 없는 것이고, 그 행정처분의 담당공무원이 보통 일반의 공무원을 표준으로 하여 볼 때 객관적 주의의무를 결하여 그 행정처분이 객관적 정당성을 상실하였다고 인정될 정도에 이른 경우에 국가배상법 제2조 소정의 국가배상책임의 요건을 충족하였다고 봄이 상당할 것이며, 이때에 객관적 정당성을 상실하였는지 여부는 피침해이익의 종류 및 성질, 침해행위가 되는 행정처분의 태양 및 그 원인, 행정처분의 발동에 대한 피해자 측의 관여의 유무, 정도 및 손해의 정도 등 제반 사정을 종합하여 손해의 전보책임을 국가 또는 지방자치단체에게 부담시켜야 할 실질적인 이유가 있는지 여부에 의하여 판단하여야 한다.

이 받은 손해가 결과적으로 수인되어야 할 것인지 여부로 위법성을 판단한다.

36) 이 견해는 국가배상법상의 위법 개념을 행위 자체의 위법뿐만 아니라 피침해이익의 성격과 침해의 정도 및 가해행위의 태양 등을 종합적으로 고려하여 행위가 객관적으로 정당성을 결한 경우라고 이해한다.

37) 이 견해는 국가배상법상의 위법을 공무원의 직무의무 위반으로 이해하고, 취소소송에서의 위법성은 행정작용의 측면에서만 위법 여부를 판단하지만 국가배상책임에서는 행정작용과 행정작용을 한 사람과의 유기적 관련성 속에서 위법 여부를 판단한다.

38) 대법원 2009. 12. 24. 선고 2009다70718 판결. 따라서, 헌법상 과잉금지의 원칙 내지 비례의 원칙을 위반하여 국민의 기본권을 침해한 것도 법령위반이 될 수 있다(대법원 2022. 9. 29. 선고 2018다224408 판결).

(3) 시간적 범위

종국판결은 변론을 종결할 때까지 소송에 현출된 자료를 기초로 행해지고 당사자도 변론을 종결할 때까지 소송자료를 제출할 수 있으므로, 그 시점을 기준으로 법률관계가 확정된다고 보는 것이 합리적이다. 따라서 기판력은 변론종결시를 표준시로 하여 발생한다.

4. 형성력(승소판결)

가. 의 의

판결의 형성력이란 "판결의 취지에 따라 법률관계의 발생 · 변경 · 소멸을 가져오는 효력"을 말한다. 따라서, 처분이나 재결을 취소하는 판결이 확정되면 그 처분이나 재결의 효력이 당연히 소멸하게 되므로, 그 처분이나 재결에 기하여 형성된 기존의 법률관계는 변동하게 된다. 따라서, 처분이나 재결의 효력을 소멸시키기 위하여 처분청의 취소행위나 취소통지 등 별도의 후속조치는 필요도 없고, 법적 의미도 없다.

❑ **대법원 1989. 5. 9. 선고 88다카16096 판결:** 과세처분을 취소하는 판결이 확정되면 그 과세처분은 처분시에 소급하여 소멸하므로 그 뒤에 과세관청에서 그 과세처분을 경정하는 경정처분을 하였다면 이는 존재하지 않는 과세처분을 경정한 것으로서 그 하자가 중대하고 명백한 당연무효의 처분이다.

나. 소급효

형성력은 소급효를 가지므로 취소판결이 확정되면 해당 처분은 처분 당시부터 효력이 없었던 것으로 된다(집행정지결정과 비교).[39] 예를 들면, 파면처분을 받은 공무원은 그 파면처분 취소소송에서 승소하면 파면처분이 효력을 상실함으로써 소급하여 공무원의 신분을 회복하게 된다.

❑ **대법원 1993. 6. 25. 선고 93도277 판결:** 영업의 금지를 명한 영업허가취소처분 자체가 나중에 행정쟁송절차에 의하여 취소되었다면 그 영업허가취소처분은 그 처분

39) 대법원 2019. 7. 25. 선고 2017두55077 판결.

시에 소급하여 효력을 잃게 되며, 그 영업허가취소처분에 복종할 의무가 원래부터 없었음이 확정되었다고 봄이 타당하고, 영업허가취소처분이 장래에 향하여서만 효력을 잃게 된다고 볼 것은 아니므로 그 영업허가취소처분 이후의 영업행위를 무허가영업이라고 볼 수는 없다.

❑ **대법원** 1999. 2. 5. **선고** 98**도**4239 **판결**: 피고인이 행정청으로부터 자동차 운전면허취소처분을 받았으나 나중에 그 행정처분 자체가 행정쟁송절차에 의하여 취소되었다면, 위 운전면허취소처분은 그 처분시에 소급하여 효력을 잃게 되고, 피고인은 위 운전면허취소처분에 복종할 의무가 원래부터 없었음이 후에 확정되었다고 봄이 타당할 것이고, 행정행위에 공정력의 효력이 인정된다고 하여 행정소송에 의하여 적법하게 취소된 운전면허취소처분이 단지 장래에 향하여서만 효력을 잃게 된다고 볼 수는 없다.

❑ **대법원** 2012. 11. 29. **선고** 2011**두**518 **판결**: 도시 및 주거환경정비법상 주택재건축사업조합 설립인가처분이 판결에 의하여 취소되거나 무효로 확인된 경우에는 조합설립인가처분은 처분 당시로 소급하여 효력을 상실하고, 이에 따라 당해 주택재건축사업조합 역시 조합설립인가처분 당시로 소급하여 도시정비법상 주택재건축사업을 시행할 수 있는 행정주체인 공법인으로서의 지위를 상실한다. 다만 그 효력 상실로 인한 잔존사무의 처리와 같은 업무는 여전히 수행되어야 하므로 주택재건축사업조합은 청산사무가 종료될 때까지 청산의 목적범위 내에서 권리 · 의무의 주체가 되고, 조합원 역시 청산의 목적범위 내에서 종전 지위를 유지하며, 정관 등도 그 범위 내에서 효력을 가진다.

다. 제3자효

행정소송법 제29조에 의하여 처분 등을 취소하는 확정판결은 제3자에 대해서도 효력이 있다. 예컨대, 체납처분절차의 하나로서 공매처분에 대한 취소판결의 그 효력이 제3자인 경락인에게 미치지 않는다면, 체납자에게 청구인용의 판결은 의미가 거의 없다. 특허기업(여객자동차운수사업 등)의 기존업자가 신규업자를 상대로 한 신규면허처분의 취소소송(경업자소송)에서도 사정은 마찬가지이다.

민사소송에서는 실질적인 상대방이 피고가 되는 경우가 많아서 판결의 효력

(구속력)이 제3자에게 미치는지 여부가 별달리 문제가 되지 않는다. 그런데, 취소소송 중 특히 제3자효 행정행위의 취소소송에서는 피고가 처분청으로 되어 있더라도, 분쟁의 실질적 상대방은 경락인, 신규업자 등 제3자인 경우가 많으므로, 취소판결의 효과를 실질적 상대방인 제3자에게 미치게 할 필요가 있다. 행정소송법은 바로 이러한 점을 고려하여 취소판결에 형성력을 인정하고 있는 것이다. 따라서 취소판결이 확정되면 제3자는 취소판결에 의하여 변동되는 법률관계를 수인하여야 한다.

❑ **대법원 1986. 8. 19. 선고 83다카2022 판결:** 행정처분을 취소하는 확정판결이 제3자에 대하여도 효력이 있다고 하더라도 일반적으로 판결의 효력은 주문에 포함한 것에 한하여 미치는 것이니 그 취소판결 자체의 효력으로써 그 행정처분을 기초로 하여 새로 형성된 제3자의 권리까지 당연히 그 행정처분 전의 상태로 환원되는 것이라고는 할 수 없고, 단지 취소판결의 존재와 취소판결에 의하여 형성되는 법률관계를 소송당사자가 아니었던 제3자라 할지라도 이를 용인하지 않으면 아니 된다는 것을 의미하는 것에 불과하다 할 것이며, 따라서 취소판결의 확정으로 인하여 당해 행정처분을 기초로 새로 형성된 제3자의 권리관계에 변동을 초래하는 경우가 있다 하더라도 이는 취소판결 자체의 형성력에 기한 것이 아니라 취소판결의 위와 같은 의미에서의 제3자에 대한 효력의 반사적 효과로서 그 취소판결이 제3자의 권리관계에 대하여 그 변동을 초래할 수 있는 새로운 법률요건이 되는 까닭이라 할 것이다. 그러므로 이 사건에 있어서 위 환지계획변경처분을 취소하는 판결이 확정됨으로써 이 사건 토지들에 대한 원고들 명의의 소유권이전등기가 그 원인 없는 것으로 환원되는 결과가 초래되었다 하더라도 동 소유권이전등기는 위 취소판결 자체의 효력에 의하여 당연히 말소되는 것이 아니라 소외 甲이 위 취소판결의 존재를 법률요건으로 주장하여 원고들에게 그 말소를 구하는 소송을 제기하여 승소의 확정판결을 얻어야 비로소 말소될 수 있는 것이다.

한편 소송에 참가하여 자기의 이익을 방어하거나 주장할 기회를 가지지 못한 제3자에 대하여 판결의 효력을 미치게 한다는 것은 소송법의 원칙에 어긋나고, 자칫 국민의 재판청구권을 침해할 수도 있다. 취소판결의 제3자효가 가지는 이와 같은 양면성을 조화시키기 위하여 마련된 제도가 제3자의 소송참가(제16조) 및 제3자의 재심청구(제31조)이다.

5. 기속력(승소판결, 행정기관에 대한 구속력)

가. 의의 및 취지

취소소송을 심리한 법원이 처분이나 재결을 취소 또는 변경하는 판결을 선고하여 확정된 경우 당사자와 관계행정청은 그 판결내용에 따라 행동하여야 할 실체법적 의무를 지게 된다. 이러한 당사자에 대한 실체법적 구속력을 기속력이라 한다(행정소송법 제30조). 기속력은 무효등 확인소송과 부작위위법확인소송 및 당사자소송에도 인정된다(제38조 제1항, 제2항; 제44조 제1항).

해당 처분의 취소를 구한 개인에게 실효성 있고 실질적인 권익구제를 도모하기 위해서는 그 판결의 직접적인 효과를 넘어 행정청이 취할지도 모를 실질적으로 같은 내용의 반복적 조치를 저지할 필요가 있다. 이것이 기속력 제도의 취지이다.

나. 성 질

(1) 학설의 경향

취소판결의 기판력, 형성력, 기속력의 성격과 관계에 관하여 다양한 견해가 전개되고 있는데, 주로 기판력과 기속력의 성격에 관하여 논의되고 있다. 우리나라에서의 통설과 판례는 기속력을 행정청에 대하여 실체법상의 행위의무를 발생시키는 힘으로서 기판력과는 다른 특수한 효력으로 보고 있지만, 기판력설도 유력하게 주장되고 있다.

특수효력설은 기속력의 취지를 해당 처분의 취소를 구한 개인에게 실효성 있고 실질적인 권익구제를 도모하기 위해서는 그 판결의 직접적인 효과를 넘어 행정청이 취할지도 모를 실질적으로 같은 내용의 반복적 조치를 저지할 필요가 있으므로, 이는 소송법적 효력이 아니라 "취소판결의 실효성을 담보하기 위하여 실정법이 부여한 특수한 효력"으로서 행정소송법 제30조가 창설한 실체법적 효력이라고 설명한다.

기판력설에 의하면, 기속력 중 특히 반복금지효에 대하여 취소판결 이후 행해진 동일한 내용의 재처분은 다시 제기된 취소소송에서 그 판결의 기판력이 미침으로써 실체에 관한 심사 없이 바로 취소된다고 주장하면서, 기속력은 소송법

적 효력인 기판력의 존중의무나 집행의무 정도로 인식한다.[40]

통설·판례는 취소판결 이후 반복된 재처분은 종전의 처분과 처분일시가 달라 형식적으로는 다른 처분이므로 기판력이 미칠 수 없다는 점을 들어[41] 기속력을 기판력의 내용으로 볼 수 없다는 점을 주된 논거로 특수효력설에 있다. 이에 대하여 우리나라에서 주장되고 있는 기판력설은 소송물을 파악할 때 처분의 규율적 속성을 강조하고 처분일시를 고려하지 않음으로써, 재처분에도 기판력이 미친다고 주장하면서 이러한 비판에서 벗어나려고 한다.

(2) **검토**

기속력을 기판력의 속성으로 보고 실체법적 효력을 부인하는 견해에는 찬성하기 어렵다.

먼저 생각할 것은 기속력이 정말 소송법적 효력에 불과하고 실체법적 효력이 아닌가에 대한 근본적인 의문이다. 기판력설에 의하면 반복금지효의 구체적인 실현은 어차피 재처분에 대한 소송에서 이루어진다는 논거로 이러한 근본적인 의문에 대하여 간단히 답한다.[42] 그런데, 원고가 아직 후소를 제기하기 전이라든가 여러 가지 사유로 후소를 제기하지 않았다고 하면, 이때 행정청이 동일 오류의 재처분을 발령하지 말아야 할 의무는 무엇으로 설명하여야 하는지 알 수 없다.

다음으로 규율로서의 처분개념을 채택하고 처분일시가 처분의 동일성을 획정하는 요소가 아니라면, 재처분에 대한 무효확인소송이나 취소소송은 이미 승소하여 취소된 처분에 대한 중복소송이므로, 반복금지효에 따라 각하되어야 하거나(반복금지설) 이미 승소한 사건에 대한 재소에 해당하므로 소의 이익이 없어 각하되어야 하지만(모순금지설), 이러한 결론을 받아들일 수는 없을 것이다. 따라서, 이러한 견해를 취하기 위해서는 반복금지설에 의한 반복금지효나 모순금지설에 의한 소의 이익 흠결에 대한 특별한 예외를 인정하여야 하는 논리적 조작이 필요하고, 이는 특수효력설에 비하여 자연스러운 설명이 아니다.

---

40) 박정훈, 행정소송의 구조와 기능, 450-457면. 실질적으로 기판력과 기속력의 차이가 없다고 주장하면서 양자의 구별을 부인하는 견해도 기판력설의 일종이라고 볼 수 있을 것이다[김민섭, '취소소송의 소송물과 취소판결의 기판력 및 기속력', 한양법학 제30권 제1집, 한양법학회(2019. 2), 89면].

41) 기판력과 기속력의 차이에 관한 통설적 인식에 대해서는 전원철, '취소소송에 있어서 판결의 기판력', 저스티스 제118호, 한국법학원(2010. 8), 194면 참조.

42) 박정훈, 행정소송의 구조와 기능, 451면.

또한, 기판력설에 의하면 기속력은 기판력의 속성에 불과하므로, 기판력과 기속력의 주관적 범위가 같아야 한다. 그러나, 기속력의 경우 처분청과 그밖의 관계행정청에 미치는데, 여기에서 관계행정청이 아니면 동일한 행정주체 내에서도 미치지 않고 관계행정청이면 다른 행정주체에 속하더라도 미친다고 해석된다. 그렇게 보지 않으면 취소판결의 효력이 부당하게 축소되고 그 불이익을 상대방이 부담하게 되기 때문인데, 이때 기판력설은 이 문제를 논리적으로 설명하지 못한다.

다. 내 용

(1) 소극적 효력(반복금지효)

취소소송에서 청구인용판결이 확정되면, 행정청은 동일한 사실관계 아래에서 동일 당사자에 대하여 동일한 내용의 처분을 하여서는 안 되는 의무를 진다. 다만 취소판결의 사유가 절차 또는 형식의 흠인 경우에는 그 확정판결이 행정청을 기속하는 효력은 취소사유로 된 절차나 형식의 위법에만 미치므로, 행정청은 적법한 절차 또는 형식을 갖추어 다시 동일 내용의 처분을 할 수 있다.

❑ **대법원 1987. 2. 10. 선고 86누91 판결:** 과세의 절차 내지 형식에 위법이 있어 과세처분을 취소하는 판결이 확정되었을 때에는 그 확정판결의 기판력은 거기서 적시된 절차 내지 형식의 위법사유에 한하여 미치는 것이므로 과세관청은 그 위법사유를 보완하여 다시 새로운 과세처분을 할 수 있고 그 새로운 과세처분은 확정판결에 의하여 취소된 종전의 과세처분과는 별개의 처분이라 할 것이어서 확정판결의 기판력에 저촉되는 것이 아니다.

청구기각판결에 대해서도 부작위의무가 인정되는지 문제가 된다. 그러나, 행정소송법 제30조 제1항이 “처분 등을 취소하는 확정판결”이라 규정하여 기속력이 발생하는 판결의 범위를 ‘인용판결(취소판결)’로 명시하고 있으므로 부정적으로 해석하여야 한다. 따라서, 청구기각판결이 있더라도 행정청은 직권으로 해당 처분을 취소할 수 있다. 이 경우의 ‘처분의 취소’는 ‘판결의 기속력’과는 무관한 것이다. 다만 수익적 행정행위의 취소에서 이익형량을 하여야 한다는 등 ‘직권취소 제한’의 법리가 여기에 적용된다는 점에 유의하여야 한다.[43]

---

43) 하명호, 행정법, 223면 이하 참조.

(2) 적극적 효력(거부처분에 대한 재처분의무)

거부처분이 취소되면 해당 처분은 없어지게 되어 거부처분이 있기 전의 상태로 돌아가게 된다. 이 경우 원래의 신청이 계속되어 있는 상태가 되나, 이것만으로는 신청인이 종국적 만족을 얻을 수 없다. 따라서, 행정청에게 판결의 취지에 따라 원래의 신청에 대하여 새로운 처분을 할 적극적인 의무를 부과하여 실질적인 권리구제를 기하도록 할 필요가 있다.

다만 "판결의 취지에 따라야 한다."라고 하더라도 언제나 원고가 신청한 내용대로 하여야 한다는 의미는 아니다. 처분의 적법 여부는 처분 당시를 기준으로 하고, 재판 도중 처분사유의 추가 · 변경을 사실관계의 동일성이 인정되는 범위 내로 제한하고 있는 판례이론에 비추어 보면, 처분 당시 존재하지 않았거나 처분사유와 동일성이 인정되지 않는 사유는 소송에서 처분사유를 추가 · 변경할 수 없다. 그럼에도 불구하고 당초의 소송에서 행정청이 주장할 수 없었던 사유를 재처분사유로도 삼을 수 없게 하는 것은 타당하지 않을 뿐만 아니라 행정청에게 당초 처분에서 존재하는 모든 사유를 찾아내어 처분사유로 삼도록 강요하는 결과가 된다.

따라서, ① 처분 이후에 발생한 사유이거나, ② 처분 당시에 이미 발생하였다 하더라도 당초의 처분사유와 기본적 사실관계의 동일성이 인정되지 않는 사유 등 동일성 없는 새로운 거부사유를 내세워 다시 거부처분을 하였다면 이는 종전 거부처분과 결론이 동일하다 하더라도 기속력에 반하여 허용되지 않는다고 볼 수 없다. 기속력은 구체적으로 나타난 '해당 처분사유에 따른 처분'의 반복을 방지하고자 하는 것이지, 처분결과가 같은 것은 어떠한 처분사유를 내세우더라도 안 된다는 의미는 아니기 때문이다.

그렇다고 하더라도 '새로운 사유'에 의한 재처분을 무제한으로 인정하게 되면, 행정청이 새로운 사유를 인위적으로 작출할 수 있을 때까지 무한정 재처분을 연기하다가 스스로 그와 같은 사유를 작출한 다음 이를 이유로 거부처분을 하는 것을 허용하게 됨으로써, 행정청의 자의에 의하여 판결의 기속력이 잠탈되는 불합리한 결과가 초래될 수 있다. 따라서, 재처분이 ① 합리적인 기간 내가 아니라 기속력 회피를 위하여 처리를 지연하다가 새로운 법령 및 허가기준에 따라 이루어진 경우, ② 행정청이 스스로 작출한 새로운 거부사유에 기한 경우, ③ 실질적으로 보아 종전의 거부처분을 답습한 것으로 권리남용으로 볼 수 있는 경우 등은 재처분의무를 충족하였다고 볼 수 없는 것이 아닌가 하는 논의가 있다.[44]

(3) 결과제거의무(원상회복의무)

행정청은 처분의 취소판결이 있게 되면 위법한 처분에 의하여 초래된 상태를 제거하여야 한다.[45] 취소판결의 기속력으로 인하여 행정청은 그 판결에서 확인된 위법사유를 배제한 상태에서 다시 처분을 하거나 그밖에 위법한 결과를 제거하는 조치를 취할 의무를 부담하게 된다.[46] 예컨대, 자동차의 압류처분이 취소되면 행정청은 그 자동차를 원고에게 반환하여야 한다. 그럼에도 불구하고 행정청이 그에 따른 의무를 이행하지 않을 경우 공법상의 결과제거청구권에 입각하여 자동차의 반환을 청구할 수밖에 없을 것이다.

대법원 판결을 살펴보면, 결과제거의 내용은 ① 위법한 처분으로 인하여 발생한 효과 또는 그 집행의 제거와 ② 부정합처분의 취소 등이다. ①에 해당하는 사례로서, 병무청장의 병역기피자 인적사항 공개결정에 대하여 취소판결이 선고되면 그 기속력에 따라 위법한 결과를 제거하는 조치를 할 의무가 있다는 판결,[47] 주민소송에서 도로점용허가를 취소하는 판결이 확정되면 그 기속력에 따라 도로점용자에 대하여 도로의 점용을 중지하고 원상회복할 것을 명하고 이를 이행하지 않을 경우 행정대집행이나 이행강제금 부과 조치를 할 수 있다는 판결,[48] 학교폭력 관련 처분에 대한 집행정지결정에 따라 그 효력이 정지되어 처분이 없는 상태가 되면, 행정청은 그 즉시 학교생활기록부에 기재된 학교폭력 관련 조치사항을 삭제하여야 한다는 결정[49] 등을 들 수 있다. ②에 해당하는 사

---

44) 위와 같은 경우에 재처분의무를 충족한 것으로 볼 수 없다는 입장에 관한 자세한 내용은 김의환, '거부처분취소확정판결의 기속력과 간접강제의 요건', 경기법조 제11호, 수원지방변호사회(2004. 11), 445-448면 참조.

45) 김남진 · 김연태, 행정법 I , 1022면. 행정소송법 개정시안에서는 "판결에 의하여 취소되는 처분 등이 이미 집행된 경우에는 당사자인 행정청과 그 밖의 관계행정청은 그 집행으로 인하여 직접 원고에게 발생한 위법한 결과를 제거하기 위하여 필요한 조치를 하여야 한다." 라고 규정함으로써, 기속력의 효력으로서 결과제거의무를 명시하려고 하였었다.

46) 대법원 2019. 10. 17. 선고 2018두104 판결.

47) 대법원 2019. 6. 27. 선고 2018두49130 판결.

48) 대법원 2019. 10. 17. 선고 2018두104 판결.

49) 대법원 2025. 9. 9. 자 2025무565 결정에 의하면, 학교생활기록부 기재를 유지한 채 '집행정지 중' 등의 문구를 부기하는 것만으로는 가해자로 기재된 학생에게 실질적인 불이익이 발생할 가능성이 크고 신청인의 재판청구권을 유명무실하게 할 소지가 있어 삭제에 준하는 조치로 볼 수 없다.

례로서, 근로복지공단의 사업종류 변경결정을 취소하는 판결이 확정되면 그 사업종류 변경결정을 기초로 이루어진 국민건강보험공단의 산재보험료 부과처분을 취소하거나 변경하여야 할 의무가 있다는 판결,[50] 시정명령의 위법을 이유로 이행강제금 부과처분을 취소하는 판결이 확정된 경우 시정명령을 직권으로 취소하는 처분을 할 의무가 있다는 판결[51] 등이 있다.

더 나아가 ③ 위법한 처분으로 상실한 행정청으로부터 수익적 조치를 받을 수 있었던 기회의 제공까지 기속력의 효과인 결과제거의무의 내용으로 인정할 수 있는지에 대해서는 향후의 논의가 더 필요하다고 생각된다. 이와 관련한 대법원 판결 중에는 직업능력개발훈련과정 인정제한처분에 대한 취소판결이 선고된 경우 사업주가 위 제한처분 때문에 관계 법령이 정한 기한 내에 하지 못했던 훈련과정 인정신청과 훈련비용 지원신청을 사후적으로 할 수 있는 기회를 주어야 한다고 판시한 사례가 있다.[52] 또한, 계급정년의 적용을 받는 공무원이 직권면직처분이나 파면처분과 같은 신분상 불이익처분을 받았다가 그 처분이 무효임이 확인되거나 취소되어 복귀한 경우, 그 불이익처분이 오로지 임명권자의 일방적이고 중대한 귀책사유에 기한 것이고 그러한 불이익 처분으로 줄어든 직무수행기간 때문에 해당 공무원이 상위 계급으로 승진할 수 없었다는 등의 특별한 사정이 인정되는 경우에는 예외적으로 그 불이익처분 기간이 계급정년기간에서 제외된다고 판시한 사례가 있다.[53]

라. 범　위

(1) 주관적 범위

기속력은 당사자인 행정청뿐만 아니라 그 밖의 모든 관계행정청에게도 미친다(행정소송법 제30조 제1항 참조).[54] 여기에서 '관계행정청'이란 피고 행정청과 동

---

50) 대법원 2020. 4. 9. 선고 2019두61137 판결.
51) 대법원 2020. 12. 24. 선고 2019두55675 판결.
52) 대법원 2019. 1. 31. 선고 2016두52019 판결.
53) 대법원 2007. 2. 8. 선고 2005두7273 판결; 대법원 2023. 3. 13. 선고 2020두53545 판결.
54) 기속력은 처분 등을 취소하는 경우에 그 피고인 행정청에 대해서만 미치는 것이므로, 교원소청심사위원회가 사립학교 교원에 대한 징계처분에 대하여 징계사유 자체가 인정되지 않는다는 이유로 취소하는 결정을 한 경우, 법원으로서는 징계사유 중 일부 사유가 인정된다면 위 결정을 취소하여야 하고, 설령 인정된 징계사유를 기준으로 볼 때 당초의 징계양정이 과중한 것이어서 그 징계처분을 취소한 위원회 결정이 결론에 있어서는 타당하다고 하더라도 마찬가지이다. 위와 같은 경우 법원이 위원회 결정이 결론에 있어서 타당하다고

일한 행정주체에 속하는 행정청인지 또는 동일한 행정사무계통을 이루는 상·하의 행정청인지 여부와 관계없이, 취소된 처분 등과 관련하여 여하한 처분권한을 가진 모든 행정청을 망라하는 개념이다.[55]

(2) 객관적 범위

기속력은 판결주문 및 그 전제가 된 처분 등의 구체적 위법사유에 관한 이유 중의 판단에 대하여 인정되고,[56] 판결의 결론과 직접 관계없는 방론이나 간접사실에는 미치지 않는다.

기속력은 기판력과 달리 위법성 일반에 대하여 생기는 것이 아니라 판결에서 위법한 것으로 판단된 개개의 처분사유에 대해서만 생긴다.[57] 따라서 면허취소처분의 취소판결이 있은 뒤에 당초의 위반사유 이외의 사유를 들어 다시 면허취소처분을 할 수 있고, 거부처분의 취소판결 후 기존의 거부사유 외에 새로운 사유를 들어 다시 거부처분을 할 수 있다.[58] 위와 같은 법리는 계획재량영역의 취소판결에도 마찬가지로 적용되는데, 주민 등의 도시관리계획 입안 제안을 거부한 처분을 이익형량에 하자가 있어 위법하다고 판단하여 취소하는 판결이 확정되었더라도 행정청이 원고의 입안 제안을 그대로 수용하지 않고 다시 새로운 이익형량을 하여 적극적으로 도시관리계획을 수립하였다면 취소판결의 기속력에

하여 학교법인 등의 청구를 기각하게 되면 결국 행정소송의 대상이 된 위원회 결정이 유효한 것으로 확정되어 학교법인 등도 이에 기속되므로, 위원회 결정의 잘못은 바로잡을 길이 없어지게 되고 학교법인 등도 해당 교원에 대한 적절한 재징계를 할 수 없게 되기 때문이다(대법원 2013. 7. 25. 선고 2012두12297 판결). 다만 학교법인 등이 해당 교원에 대한 재징계가 불가능한 경우와 같이 위와 같은 염려 없는 때에는 법원이 교원소청심사위원회의 결정을 취소할 필요 없이 학교법인 등의 청구를 기각할 수 있다(대법원 2018. 7. 12. 선고 2017두65821 판결).

55) 김남진·김연태, 행정법Ⅰ, 1022면.

56) 대법원 2001. 3. 23. 선고 99두5238 판결.

57) 대법원 1991. 8. 9. 선고 90누7326 판결.

58) 대법원 2011. 10. 27. 선고 2011두14401 판결에서는, 고양시장이 甲 주식회사의 공동주택 건립을 위한 주택건설사업계획승인신청에 대하여 미디어밸리 조성을 위한 시가화 예정지역이라는 이유로 거부하자, 甲 회사가 거부처분의 취소를 구하는 소송을 제기하여 승소판결을 받았고 위 판결이 그대로 확정되었는데, 이후 고양시장이 해당 토지 일대가 개발행위허가 제한지역으로 지정되었다는 이유로 다시 거부하는 처분을 한 사안에서, 재거부처분은 종전 거부처분 후 해당 토지 일대가 개발행위허가 제한지역으로 지정되었다는 새로운 사실을 사유로 하는 것으로, 이는 종전 거부처분 사유와 내용상 기초가 되는 구체적인 사실관계가 달라 기본적 사실관계가 동일하다고 볼 수 없다는 이유로, 행정소송법 제30조 제2항에서 정한 재처분에 해당하고 종전 거부처분을 취소한 확정판결의 기속력에 반하는 것은 아니라고 판시하였다.

따른 재처분의무를 이행한 것이 아니라고 볼 수 없다.[59]

한편, 처분사유의 추가·변경에 관한 논의에서 살펴본 것처럼 취소소송의 심리범위는 현실적인 처분사유를 넘어서서 그와 기본적 사실관계의 동일성이 인정되는 범위까지 미칠 수 있다.[60] 이렇게 취소소송에서 현실의 심리범위와 잠재적 심리범위는 일치하지 않는데, 처분청의 입장에서는 현실의 심리대상이 되지 않았던 범위까지 기속력이 미칠 수 있으므로, 처분청의 1차적 판단권이 제한되어 권력분립의 원칙에 어긋나는 것은 아니냐는 의문이 들 수 있다.

앞에서 살펴본 것처럼 취소소송은 민사소송이나 당사자소송, 형사소송과 달리 행정청이 어떠한 생활사실관계에 대하여 먼저 선행적 판단을 행하고 그에 관하여 리뷰하는 복심적 구조로 되어 있다. 그렇게 된 이유는 복잡다단하고 변화무쌍한 생활사실관계와 사회변화에 잘 대응할 수 있는 구조를 가진 행정청이 선제적 대응을 하고 법원이 이를 통제하는 구조를 가지는 것이 기능적 권력분립에 적합하기 때문이라고 생각된다.[61] 그런데, 전통적인 관념에 따라 행정청의 1차적 판단권을 공권력 행사주체의 권리나 행정청의 권한으로 격상하게 되면, 전전

59) 대법원 2020. 6. 25. 선고 2019두56135 판결. 위 판결의 사안은 다음과 같다. 원고가 학교시설로 도시계획시설이 결정되어 있는 부지를 취득한 후 그 지상에 가설건축물 건축허가를 받고 옥외골프연습장을 축조하여 이를 운영하여 오고 있던 중, 피고에게 위 부지에 관하여 도시계획시설(학교)결정을 폐지하고 가설건축물의 건축용도를 유지하는 내용의 지구단위계획안을 입안 제안하였는데, 피고가 이를 거부하는 처분을 하자, 원고는 피고를 상대로 한 항고소송을 제기하여 위 거부처분의 취소판결을 확정받았다. 이후 피고가 새로운 재량고려사유를 들어 도시계획시설(학교)결정을 폐지하고, 위 부지를 특별계획구역으로 지정하는 내용의 도시관리계획결정을 하였는데, 대법원은 위 판결에서 이러한 새로운 내용의 도시관리계획결정이 피고가 원고의 입안 제안을 그대로 수용하지 않은 것이더라도 기존 취소판결의 기속력에 반하지 않는다고 판시하였다.

60) 판례이론에 따르면, 처분사유의 추가·변경에서 논한 것처럼 처분사유와 그와 기본적 사실관계의 동일성이 미치는 범위가 잠재적인 심리범위가 된다. 그러나 직권형 처분에서는 처분에 이르게 되는 개개의 생활사실관계를 고려하여 처분의 동일성을 획정하고, 신청형 처분에 있어서는 신청요건을 갖추었으니 행정행위를 발급하여 달라는 신청인의 신청과 그에 대한 대응으로서 처분청의 거부가 생활사실관계가 된다고 생각되고, 그에 따르면 직권형 처분의 취소소송에서는 심리범위의 경계선이 판례가 인정하는 처분사유와 기본적 사실관계와 동일성이 미치는 범위와 거의 유사하게 되지만, 규범적 요소를 고려하면 그보다 좁혀지고, 신청형 처분에 대한 취소소송에서는 판례가 인정하는 것보다 훨씬 넓어지게 된다(사견).

61) 이미 메이지시대의 일본에서는 행정법영역에서 공권력에 의한 구체화는 신속하게 발해지는 것이 요청되기 때문에 처분에 대한 복심쟁송의 형식을 가지는 것이 적합하다는 점을 인식하고 행정재판제도를 구축하였다[하명호, 한국과 일본에서 행정소송법제의 형성과 발전, 경인문화사(2018), 34면].

의 일제에서와 같이 과도한 행정국가적 사고방식의 근거가 되고 행정소송은 행정의 적법성을 보장하는 장식물로 전락하여 국민의 권리구제에 소홀하게 되는 이론적 근거가 되고 말 것이다. 따라서 권력분립의 원칙도 기본권의 보장을 위한 원리가 그 기본취지이고 오늘날 기능적 권력분립제도의 취지를 생각하면, 처분청이 1차적 판단권을 과도하게 강조할 필요는 없다고 생각된다.

그렇다면, 행정청이 처분의 근거법령의 개정을 기다리면서 처분을 미뤄서 처분사유를 인위적으로 작출한 다음 이를 이유로 처분을 행하는 경우나 이미 알고 있었던 처분사유를 제시하지 않고 재처분에 활용하는 경우는 행정기본법 제11조 제2항의 권한남용금지의 원칙에 위반된다고 생각한다. 나아가 행정청이 소송절차에서 처분사유의 추가·변경을 할 수 있는 기회가 보장되어 있음에도 불구하고 소송과정에서 공격방어의 노력을 다하지 않고 재처분을 함으로써 원고에게 소송을 다시 제기하게 하는 것은 행정청에게 부당한 혜택을 주는 결과가 되어 허용할 수 없으므로, 현실의 심리범위를 넘어서서 잠재적 심리범위까지 확장시킬 책임을 부과하고 그에 대한 제재로서 기속력을 미치게 하는 것이 행정기본법 제11조 제1항의 성실의무의 원칙에 부합한다고 생각한다.

아울러 최근 대법원은 절차적 정의와 분쟁의 일회적 해결이라는 가치를 조화시키기 위한 절차적 개선을 도모한다는 관점에서, 법원이 기존의 사실관계와 동일성이 인정되지 않는 추가·변경된 처분사유의 실체적 당부에 대하여 상대방에게 석명하여 해당 소송과정에서 심리·판단하는 것에 명시적으로 동의한다면 이를 심리·판단할 수 있다고 판시하였다는 점은 앞에서 설명하였다. 그 결과 추가·변경된 처분사유도 실체적으로 위법하여 처분을 취소하는 판결이 선고·확정되는 경우에는 추가·변경된 처분사유에 관한 판단에까지 취소판결의 기속력이 미친다.[62]

(3) 시간적 범위

기속력의 시간적 범위를 언제로 볼 것인지의 문제는 치분의 위법판단의 기준시를 '처분시'로 할 것인지 아니면 '사실심 변론종결시'로 할 것인지의 문제와 밀접한 관련이 있다. 처분의 위법판단의 기준시를 처분시로 보는 통설·판례에 의하면, 기속력은 처분시까지의 법률관계·사실관계를 판단의 대상으로 하여야

62) 대법원 2024. 11. 28. 선고 2023두61349 판결.

논리적인 일관성이 있다. 따라서 처분시 이후에 발생한 사유를 가지고 동일한 처분 또는 동일한 거부처분을 하더라도 기속력에 반하는 것은 아니라고 해석하여야 한다.[63]

그런데, 상당수의 대법원 판결이 사실심 변론종결시를 기준으로 그 이후 사실상태나 사유의 변동이 있어야 기속력을 받지 않는 것처럼 설시하고 있다.[64] 그러나 위 판결들의 사안은 모두 처분시와 변론종결시 사이에 생긴 새로운 사유가 아니라 처분시 이전에 존재하였던 동일한 사유 또는 변론종결시 이후에 생긴 새로운 사유에 관한 것들이어서 '변론종결시'라는 표현을 사용하였던 것뿐이다.[65]

이상에서 살펴본 것처럼 전통적으로 행정법학계에서는 취소소송에 대한 소송물을 처분의 위법성 일반이라고 파악하고 처분을 특정하는데 처분일시를 고려하여야 한다는 점에 관하여 별다른 이론이 없었다. 그런데, 기속력을 기판력의 속성으로 파악하는 견해(기판력설)를 취하면서 처분의 동일성을 획정짓는 요소로 처분일시를 사상시켜 확정판결 후의 재처분에도 기판력이 미친다는 주장이 유력하게 대두되고 있다.[66]

그러나, 위 견해는 기속력의 성질을 규명하기 위하여 기속력의 객관적 범위에 집중한 나머지 기속력의 시적 범위에 대하여 고려하지 못하여 혼란이 발생한

---

63) 대법원 1998. 1. 7.자 97두22 결정. 거부처분의 위법판단의 기준시를 처분시로 함으로써 발생하는 최대의 난점은 소송계속 중에 계쟁처분의 발급을 불가능하게 하는 법령개정이 이루어지더라도 법원은 이를 고려할 수 없다는 것이다. 따라서 이를 고려하지 않고 거부처분을 취소하는 판결이 선고되어 확정되더라도 행정청은 그러한 법령개정을 근거로 다시 거부처분을 할 수 있다. 이러한 결과는 법원의 심리권한을 형해화하고 사법권에 대한 국민의 신뢰를 실추시키는 결과를 낳게 되므로 거부처분 취소소송의 위법판단 기준시를 판결시(사실심 변론종결시)로 보는 것이 타당하다는 견해가 있다.

64) 대법원 1982. 5. 11. 선고 80누104 판결; 대법원 1989. 9. 12. 선고 89누985 판결; 대법원 1997. 2. 4.자 96두70 결정; 대법원 1990. 12. 11. 선고 90누3560 판결; 대법원 1999. 12. 28. 선고 98두1895 판결; 대법원 2001. 3. 23. 선고 99두5238 판결. 가령 대법원 1990. 12. 11. 선고 90누3560 판결에서는 "확정판결의 당사자인 처분행정청이 그 행정소송의 사실심 변론종결 이전의 사유를 내세워 다시 확정판결과 저촉되는 행정처분을 하는 것은 허용되지 않는 것으로서 이러한 행정처분은 그 하자가 중대하고도 명백한 것이어서 당연무효라 할 것이다."라고 설시하고 있다.

65) 처분시 이후 변론종결시 사이에 새로운 사유가 생기면 행정청은 소송 중이라도 종전 처분을 취소하고 새로운 처분을 하게 될 것이고 당사자로서는 재처분에 대하여 신소를 제기하거나 청구취지를 변경하여 새로운 처분을 다투게 될 것이기 때문에, 실무상 기속력 위반 여부가 문제되는 것은 주로 처분시 이후가 아닌 변론종결시 이후에 생긴 사유의 변동일 것이다.

66) 박정훈, 행정소송의 구조와 기능, 437면.

것이라고 생각된다. 어떠한 처분의 위법성을 판단하기 위해서는 불가피하게 그 판단시점을 설정하는 것이 필요하고, 현재의 통설 · 판례는 처분시설을 취하고 있으므로, 결국 처분일시는 처분의 위법여부를 판단하는 중요한 요소가 된다.[67]

만일 위 견해를 완고하게 관철하면 연도를 달리하는 과세처분이나 사용료부과처분도 처분의 동일성이 인정되므로, 기속력이 미친다고 하여야 할 것이다. 그렇다면 한번 내려진 판결에 대하여 영속성을 부여하겠다는 것이 되는데, 이는 받아들일 수 없는 결론이다.

마. 기속력 위반의 효과

기속력의 법적 성질과 관련하여 기판력설에 의하면 기속력에 위반한 경우를 무효로 보겠으나, 특수효력설에 의하면 기속력 위반도 실체법 위반의 일종이 되는 것에 불과하므로 중대 · 명백설에 따라 해결될 것이다.

그런데, 판례는 "확정판결의 당사자인 처분행정청이 그 행정소송의 사실심 변론종결 이전의 사유를 내세워 다시 확정판결과 저촉되는 행정처분을 하는 것은 허용되지 않는 것으로서 이러한 행정처분은 그 하자가 중대하고도 명백한 것이어서 당연무효라 할 것이다."라고 판시하여,[68] 당연무효설의 입장에 있는 것처럼 보인다.

6. 집행력 또는 간접강제(행정기관에 대한 구속력)

집행력이란 판결 등으로 명한 의무이행을 강제집행절차에 의하여 실현할 수 있는 효력을 말한다. 이 경우의 집행력을 좁은 의미의 집행력이라고 하고, 이행판결에 한하여 인정된다. 한편, 넓은 의미의 집행력은 강제집행 이외의 방법에 의하여 판결의 내용에 적합한 상태를 실현할 수 있는 수단(간접강제)까지도 포함하는데, 이러한 의미의 집행력은 확인판결과 형성판결에도 인정될 수 있다.

비록 현행법이 의무이행소송을 명시적으로 채택하고 있지는 않으나, 거부처분에 대한 취소판결 및 부작위위법확인판결이 확정되면 판결의 기속력에 의하여 행정청은 해당 판결의 취지에 따르는 처분을 행할 의무를 지게 된다는 것은 이

---

67) 박병규, 항고소송의 소송물에 대한 연구-취소소송을 중심으로-, 고려대학교 대학원 석사학위논문(2010), 63면.

68) 대법원 1982. 5. 11. 선고 80누104 판결; 대법원 1990. 12. 11. 선고 90누3560 판결.

미 앞에서 보았다(행정소송법 제30조 제2항, 제38조 제2항). 그럼에도 불구하고 행정청이 그 적극적 처분의무를 이행하지 않는 경우에는 그 판결의 집행력이 문제가 된다. 이 경우에 대비하여 행정소송법 제34조는 판결의 실효성을 확보하기 위하여 간접강제에 관하여 규정하고 있다.

[참고] 취소소송에서 소송물, 처분사유의 추가 · 변경, 기판력 · 기속력과의 관계

1. 논의의 기초

취소소송에서 절차적 정의와 분쟁의 일회적 해결이라는 요청의 충돌과 조화 문제는 소송물과 심리범위(처분사유의 추가 · 변경의 한계)의 설정, 기판력과 기속력의 관계라는 행정소송법적 문제로 발현된다. 이 문제를 이해하는데, 논의의 편의상 실무에서 종종 나타나는 다음과 같은 사례를 제시하고자 한다.

[사례①] 피고는 원고에게 발급한 주류면허에 붙은 지정조건 제6호에 따른 무자료 주류 판매 및 위장거래행위를 이유로 위 면허를 취소하였는데, 소송계속 중에 위 지정조건 제2호에 따른 무면허 판매업자에 대한 주류행위라는 새로운 취소사유를 내세웠다. 그러나, 재판부는 새롭게 주장된 취소사유를 이 사건 소송계속 중에 주장할 수 없다고 배척하고 위 처분을 취소하였다.[69] 피고는 이 사건 판결이 확정된 후 이 사건 소송계속 중에 배척되었던 무면허 판매업자에게 주류를 판매하였다는 사유로 면허를 취소하는 처분을 하였다. 그리하여, 원고는 상당한 비용과 시간을 들여 위 재처분에 대하여 다시 소송을 제기하였으나 결국은 패소하였다.

[사례②] 원고는 자신의 아들이 육군에 입대하여 복무중 자살하자 순직군경에 해당한다고 주장하면서 국가유공자 등록신청을 하였으나 처분청은 위 자살이 직무수행 등과 상당인과관계가 없다는 사유로 거부처분을 하였고, 이에 불복한 원고는 거부처분 취소소송을 제기하여 약 1년 10개월만에 취소판결의 확정판결을 받았다. 처분청은 위 확정판결의 취지에 따라 상당인과관계를 인정하기는 하였지만 망인의 과실이 경합된 자해행위라는 사유로 순직군경 국가유공자 등록은 거부하고 국가유공자에 준하는 보상결정(지원대상결정)을 하였다. 위 재처분에 대한 새로운 취소소송에서, 위 재처분이 종전의 확정판결의 기속력에 반하지 않

고 그 처분사유도 적법하다는 이유로 원고의 청구가 기각되었는데, 위 판결이 확정되기까지 약 1년 7개월이 걸렸다.[70]

2. 판례이론

이상의 논의를 판례이론에 따라 정리하면 다음과 같다. 취소소송의 소송물은 처분의 위법성 일반이므로, 소송물의 동일성 여부는 처분의 동일성이 전제된다. 처분의 동일성 요소는 처분의 주체, 상대방, 처분일시, 주문 등이나 처분사유는 아니다.

그런데, 현실의 소송에서 심리대상으로 되는 것은 해당 처분의 추상적인 위법성 일반이 아니라 구체적인 개개의 위법사유이다. 논리적으로만 본다면 취소소송의 피고는 처분의 동일성을 해하지 않는 범위 내에서 처분이 적법하다는 것을 뒷받침하는 모든 처분사유를 주장할 수 있게 된다. 그러나, 처분사유의 추가·변경에 관한 피고의 주장을 제한하지 않는다면 원고의 방어권에 심각한 장애가 될 수 있다. 여기에서, 실제의 심리에서 심리대상의 확정과 피고주장의 제한이라는 문제가 발생한다.

이에 대하여, 대법원은 기본적 사실관계의 동일성이 인정되는 범위에서 처분사유의 추가·변경을 허용하고, 예외적으로 ① 구체적 사실을 변경하지 않은 범위 내에서 단지 그 처분의 근거법령만 추가·변경하는 것과 ② 당초의 처분사유를 구체화하는 것에 불과한 경우에는 새로운 처분사유의 추가·변경에 해당하지 않는다고 보고 있다.

위와 같이 취소소송에서 당사자는 모든 주장을 다할 수 있는 것은 아니고 일정한 제한을 받게 되므로, 판결이 확정되면 당사자는 취소소송에서 주장할 수 없었던 사유를 내세워 새로운 항고소송을 제기하거나 새로운 처분을 하는 것은 허용되지 않는지라는 의문이 생긴다. 이는 판결의 효력 중 특히 기판력과 기속력과 관련된 것이다.

먼저 기판력과의 관계를 살펴본다. 기판력의 객관적 범위는 소송물의 범위

69) 대법원 1996. 9. 6. 선고 96누7427 판결의 사안 참조.

70) 김정중, '사회보장 분야 권리구제 실효성 제고-의무이행소송, 반쪽 구제에서 온전한 구제를 향한 출발-', 서울행정법원 개원 20주년 기념 학술행사 결과보고서(2018), 119-120면에 소개된 ②의 사례를 간략히 발췌한 것이다.

와 일치하는 것이 원칙이므로, 통설인 취소소송의 소송물을 위법성 일반으로 보는 견해에 의할 경우 기판력은 해당 처분의 위법성 일반에 미치게 된다. 따라서, 청구기각판결이 확정되면(처분이 적법하다고 확정되면) 당사자는 사실심 변론종결 이전에 생긴 사유를 내세워 해당 처분이 위법하다는 주장을 할 수 없게 되고, 청구인용판결이 확정되면(처분이 위법하다고 확정되면) 행정청이 사실심 변론종결 이전에 발생한 사유를 내세워 새로운 처분을 하더라도 새로운 처분이 종전 처분과 처분일시를 달리하는 관계로 종전 처분과 동일한 것으로 볼 수 없어서 기판력에 저촉되는 것이라고 볼 수 없게 된다.

이 문제는 기속력과의 관계에서 해결되어야 한다. 기판력의 효력범위가 위와 같다면 법원에서 처분이 위법하다고 아무리 선언하더라도 행정청의 새로운 처분에 의하여 법원의 청구인용판결이 언제든지 무력화될 수 있기 때문에, 행정소송법 제30조 제1항에서는 행정청에 대하여 처분이 위법하다는 확정판결의 내용을 존중하여 판결의 취지에 따라 행동할 의무를 부과하는 효력을 부여하였다. 다만 처분사유가 위법하다는 것을 이유로 한 취소판결의 기속력은 해당 판결에서 위법한 것으로 판단한 사유에만 미치므로, 종전의 처분사유와 기본적 사실관계의 동일성이 없는 새로운 처분사유를 내세울 경우 행정청은 동일한 사실관계하에서 동일한 당사자에 대하여 재처분을 할 수 있다.

기속력과 기판력의 효력범위에 관한 위와 같은 해석상의 차이로 인하여, 행정청은 취소소송에서 패소(청구인용판결)한 후에도 처분시 이전에 존재한 다른 사유들을 들어 몇 번이고 동일한 처분을 되풀이할 수 있게 되고 처분 당시에 행정청이 파악하고 있던 사유 중 어느 하나만 들어 처분을 하였다가 나중에 패소하면 또다시 다른 사유를 들어 동일한 처분을 되풀이하여도 무방하다는 해석을 할 수도 있게 된다. 이에 반해 처분의 상대방은 해당 처분이 위법하다고 하는 사유가 여러 개 있더라도 해당 소송에서 주장을 하지 않고 소송이 종료되어 버리면 기판력에 의해 해당 처분이 위법하다는 사유는 기본적 사실관계의 동일성 여부를 불문하고 더 이상 주장할 수 없게 된다.

이러한 결과는 국민이 취소소송에서 승소하였음에도 그 종국적인 목적을 달성하지 못하는 결과가 되어 신뢰보호에 어긋나고, 행정청에 일방적으로 유리한 것으로서 합리성이 없는 것이 아닌가라는 의문이 들 수 있다. 그러나, 그러한 해석이 처분의 상대방인 국민에게 반드시 불이익하게만 작용하는 것은 아니다. 만약 처분사유에 관하여 처분시 이전에 존재하는 것에는 무한정 기속력이 미친다고 하게 되면 처분사유의 추가·변경도 무한정 인정하여야 할 것이므로, 행정청은 처분사유 이외의 다른 여러 사유를 내세워 처분의 적법성을 주장할 수 있게 되어 소송절차에서 당사자인 국민의 공격방어는 매우 어려워질 것이고 소송의 진행방향이 예측 불가능하게 되어 지나친 부담을 지우게 될 것이다. 이러한 결론은 실질적 법치주의와 국민의 신뢰보호를 보장하기 위하여 처분사유와 동일성이 있는 범위 내에서만 처분사유의 추가·변경을 인정한 데서 나온 이론적 귀결인 것이다.

그러나, 위와 같은 판례이론은 원고의 방어권을 보장하여 절차적 정의를 실현하겠다는 애초의 취지와 달리 권리의 조기구제를 방해하여 원고의 재판청구권을 침해하는 결과를 초래한다. 또한, 오늘날은 과거보다 국민의 법률서비스에 대한 접근 편의성이 대폭 향상되었다는 점도 고려되어야 한다. 따라서, 판례이론이 취하고 있는 취소소송에서 절차적 정의와 분쟁의 일회적 해결의 조화를 위한 기준이 조정될 필요가 있다고 생각된다.[71]

3. 새로운 인식과 기준(사견)

취소소송의 소송물은 '처분의 위법성 일반'이고, 그 심리의 범위는 처분의 동일성이 인정되는 범위이지만, 심판의 대상이 되는 '처분'은 규율의 대상이 되는 사실관계를 무시하고 인식할 수 없다. 따라서, 문제가 되는 처분마다 처분의 동일성의 범위가 달라진다.

판례이론과 같이 구체적 사실관계를 전제로 하지 않고 외형적인 모습만으로 처분의 동일성을 확정한다면, 불이익 처분의 경우에는 원고의 방어권을 침해하여 심리범위를 제한하여야 하고, 거부처분의 경우에는 너무 좁아져서 분쟁의 일회적 해결을 저해한다. 그러므로, 처분의 실체를 고려하여 직권형 처분과 신청형 처분으로 유형을 나누어서 살펴보아야 한다.

직권형 처분의 경우에는 행정청이 징계나 제재에 이르게 된 구체적인 사실에 포착하여 그에 대한 징계나 제재를 행하는 것이므로, 처분의 동일성은 징계처분이나 제재처분에 이르게 된 사실관계에 주목하여 판단하여야 한다. 따라서, 다른 비위사실이나 위법행위를 주장하면서 처분의 정당성의 근거로 삼는 것은 처분의 동일성을 해하는 것이 되므로, 원칙적으로 판례와 같이 기본적 사실관계와 동일성이 미치는 범위 내에서 심리범위가 확장될 수 있다고 보지만, 규범적 요소를 고려하면 그보다 좁혀질 수 있다. 이렇게 함으로써 [사례①]에서, 원고는 방어권을 보장받게 되고 설령 동일한 재처분이 예정되어 있더라도 제재지연의 이익을 향유할 수 있게 된다.

신청형 처분(거부처분)의 경우에는 상대방이 특정한 행정행위의 발급을 신청하였는데 행정청이 이를 조사 · 검토한 결과 거절하였다는 것이 구체적 사실관계가 되어, 해당 거부사유가 무엇이든지 간에 처분의 동일성을 해하지 않으므로, 심리범위는 처분의 동일성이 미치는 범위로 확장되어 판례가 인정하는 것보다 훨씬 넓어지게 된다. 따라서, 행정청이 처분이유로 내세우지 않았던 다른 거부사유를 주장하는 것이 허용되고, 그것이 분쟁의 일회적 해결의 요청에 부응하는 것이 된다. [사례②]에서, 원고는 방어권의 보장보다는 적시의 권리구제라는 이익이 더 크고, 설령 패소하더라도 원고는 비용과 노력을 절약하게 된다.

이렇게 함으로써 불이익처분의 경우에는 상대방에 대한 이중제재의 위험으로부터 해방시켜주고, 신청형 처분의 경우에는 행정행위의 발급을 둘러싼 분쟁을 한꺼번에 해결하고자 하는 요청을 수용하는 것이 된다.

Ⅲ. 종국판결의 부수적 재판

1. 가집행선고

취소소송의 인용판결이 확정되면 형성력이 생기므로 가집행을 생각할 필요가 없고, 무효확인소송, 부작위위법확인소송은 성질상 가집행선고가 불가능하다.

그러나, 당사자소송 및 행정사건에 관련청구로 병합된 민사소송에서는 재산상의 청구에 관한 한 가집행선고가 가능하다(민사소송법 제213조 제1항). 행정소송법 제43조에서는 국가를 상대로 한 당사자소송에서 가집행선고를 할 수 없도록 규정하고 있었으나, 헌법재판소의 위헌결정으로 이제는 국가를 상대로 한 당사

71) 아래의 자세한 사항은 「하명호, '취소소송에서의 소송물, 심리범위 그리고 판결의 효력', 사법 제58호, 사법발전재단(2021)」 참조.

자소송에서도 가집행선고가 가능하다.[72)]

2. 소송비용의 재판

가. 소송비용의 부담

민사소송법의 원칙상 소송비용에 관해서는 패소자 부담의 원칙이 적용되고, 일부승소시 원고와 피고가 분담하게 된다. 사정판결, 행정청이 처분 등을 취소 또는 변경함으로 인하여 청구가 각하 또는 기각된 경우에는 소송비용은 피고가 부담한다(행정소송법 제32조). 부작위위법확인소송 계속 중 행정청이 당사자의 신청에 대하여 상당한 기간이 지난 후 처분 등을 함에 따라 소를 각하하는 경우에도 소송비용의 전부 또는 일부를 피고가 부담할 수 있다(행정소송규칙 제17조).

나. 소송비용에 관한 재판의 효력

소송비용에 관한 재판이 확정된 때에는 피고 또는 참가인이었던 행정청이 소속하는 국가 또는 공공단체에 그 효력을 미친다(행정소송법 제33조). 피고 행정청은 법인격이 없으므로, 소속 행정주체에게 효력이 미쳐야 소송비용에 대한 청구가 가능하기 때문이다.

제3절 상소와 재심

Ⅰ. 상소(항소와 상고)

제1심 법원의 판결에 대해서는 상급법원에 항소할 수 있고, 항소심의 종국판결에 대해서는 대법원에 상고할 수 있다.

다만 행정소송에도 상고심절차에 관한 특례법 제4조(심리의 불속행)이 적용되어 대법원은 상고이유에 관한 주장이 ① 원심판결이 헌법에 위반하거나 헌법을 부당하게 해석한 때, ② 원심판결이 명령 · 규칙 또는 처분의 법률위반 여부에 대하여 부당하게 판단한 때, ③ 원심판결이 법률 · 명령 · 규칙 또는 처분에

72) 헌재 2022. 2. 24. 선고 2020헌가12 결정.

대하여 대법원 판례와 상반되게 해석한 때, ④ 법률·명령·규칙 또는 처분에 대한 해석에 관하여 대법원 판례가 없거나 대법원 판례를 변경할 필요가 있는 때, ⑤ 그 밖의 중대한 법령위반에 관한 사항이 있는 때, ⑥ 민사소송법이 정한 절대적 상고이유(제424조 제1항 제1호 내지 제5호)가 있는 때를 포함하지 않는다고 인정되는 때에는 심리를 하지 않고 판결로 상고를 기각할 수 있다.

Ⅱ. 항고와 재항고

항고는 판결 이외의 재판인 결정·명령에 대해서 하는 독립된 상소이다. 행정소송에서도 소송절차에 관한 신청을 기각한 결정이나 명령에 대하여 불복이 있으면 항고할 수 있고, 항고법원 또는 항소법원의 결정 및 명령에 대하여 재판에 영향을 미친 헌법·법률·명령 또는 규칙의 위반이 있음을 이유로 재항고할 수 있다. 또한 법률에 규정이 있는 경우에는 즉시항고할 수 있는데, 재판의 고지가 있은 날부터 1주일 내에 하여야 하고, 즉시항고에는 원재판의 집행을 정지하는 효력이 있다.

Ⅲ. 재 심

1. 개 관

재심은 "확정된 종국판결에 재심사유에 해당하는 하자가 있는 경우에 판결을 한 법원에 대하여 그 판결의 취소와 사건의 재심사를 구하는 비상의 불복신청방법"을 말한다. 취소소송의 판결에 대해서도 민사소송법이 정한대로 재심 또는 준재심(결정·명령에 대한 재심)이 인정된다. 법률상 그 재판에 관여할 수 없는 법관이 관여한 때 등의 재심사유는 민사소송법 제451조 등에 규정되어 있다.

2. 제3자에 의한 재심

취소소송의 판결에 대한 재심과 관련하여 중요한 것은 행정소송법 제31조 제1항이 취소판결에 대한 '제3자의 재심청구'에 관하여, "처분 등을 취소하는 판결에 의하여 권리 또는 이익의 침해를 받은 제3자는 자기에게 책임 없는 사유로 소송에 참가하지 못함으로써 판결의 결과에 영향을 미칠 공격 또는 방어방법을 제출하지 못한 때에는 이를 이유로 확정된 종국판결에 대하여 재심의 청구를 할 수 있다."라고 규정하고 있다는 점이다. 이를 '제3자에 의한 재심'이라 부르는데, '취소판결의 제3자효'로 인하여 피해를 입을지도 모르는 제3자를 보호하기 위한 것이다. 제3자에 의한 재심의 청구는 확정판결이 있음을 안 날로부터 30일 이내, 판결이 확정된 날로부터 1년 이내에 제기하여야 한다(제31조 제2항). 이 기간은 불변기간이다(제3항). 그 밖의 사항에 관해서는 재심에 관한 민사소송법의 규정이 준용된다.

제4절 행정소송의 강제집행

Ⅰ. 개 관

행정소송법은 강제집행에 관하여 특별한 규정을 두고 있지 않다. 따라서 당사자소송의 이행판결의 경우에는 민사집행법에 따라 그 판결을 집행권원으로 국가나 공공단체의 재산 등에 강제집행을 하면 된다. 취소판결의 경우에는 행정청이나 법원의 특별한 행위를 기다리지 않고 판결이 확정되면 바로 처분의 효력이 소멸되므로, 강제집행의 문제가 생기지 않는다. 또한 무효등 확인판결의 경우에도 기속력과 기판력에 의하여 후속의 처분 등이 금지될 뿐 집행의 문제가 발생하지는 않는다.

그런데 거부처분의 취소판결과 부작위위법확인판결에서는 처분청은 기속력에 따라 판결의 취지에 따른 처분을 할 의무를 부담하므로, 이를 이행하지 않을 경우 강제로 집행할 수 있는 제도가 필요하게 된다.

Ⅱ. 간접강제

1. 의의 및 적용범위

행정소송법 제34조 제1항에서는 "행정청이 제30조 제2항의 규정에 의한 처분을 하지 아니하는 때에는, 제1심 수소법원은 당사자의 신청에 의하여 결정으로써 상당한 기간을 정하고, 행정청이 그 기간 내에 이행하지 아니하는 때에는 그 지연기간에 따라 일정한 배상을 할 것을 명하거나 즉시 손해배상을 할 것을 명할 수 있다."라고 규정하여 거부처분의 취소판결 등에 대하여 간접강제의 방법으로 집행력을 확보하고 있다.[73]

거부처분의 취소판결이나 부작위위법확인판결이 확정되었음에도 판결의 취지에 따른 처분을 하지 않을 경우에 간접강제가 적용된다는 것은 행정소송법의 규정상 당연하다. 그런데 판례는 행정소송법 제34조가 무효확인판결에 준용된다는 규정이 없으므로 거부처분에 대하여 무효확인판결이 내려진 경우에 처분청은 이전의 신청에 대하여 판결의 취지에 따라 재처분할 의무를 지나, 이에 대한 간접강제는 허용되지 않는 것이라고 해석한다.[74] 그러나 거부처분 무효확인판결에도 기속력이 인정되기 때문에 행정청은 판결의 취지에 따라 다시 이전의 신청에 대한 처분을 하여야 할 의무가 있는데(행정소송법 제38조 제1항, 제30조 제2항), 행정청이 그 의무를 이행하지 않을 경우 이를 강제할 필요가 있다는 점에서 취소판결과 다르지 않다. 따라서 거부처분 무효확인판결에서도 간접강제가 가능하다고 해석할 필요가 있다.[75]

❑ **대법원 1998. 12. 24.자 98무37 결정:** 행정소송법 제38조 제1항이 무효확인 판결에 관하여 취소판결에 관한 규정을 준용함에 있어서 같은 법 제30조 제2항을 준용한다고 규정하면서도 같은 법 제34조는 이를 준용한다는 규정을 두지 않고 있으므로, 행정처분에 대하여 무효판결이 내려진 경우에는 그 행정처분이 거부처분인 경우에도 행정청의 판결의 취지에 따른 재처분의무가 인정될 뿐 그에 대하여 간접강제까지 허용되는 것은 아니라고 할 것이다.

73) 행정심판의 재결에 대한 기속력 확보방법에는 간접강제 외에도 직접처분제도가 있다는 점은 이미 앞에서 살펴보았다.

74) 대법원 1998. 12. 24.자 98무37 결정.

75) 주석 행정소송법, 1005면 참조.

2. 요 건

가. 거부처분 취소판결 등의 확정

거부처분 취소판결, 부작위위법확인판결이 확정되어야만 간접강제를 할 수 있다. 거부처분 무효확인판결에는 적용되지 않는다는 것이 판례이나, 이 경우에도 간접강제의 대상이라고 보아야 할 것이다. 이 판결들은 모두 성질상 가집행선고를 할 수 없는 경우이다.

나. 상당한 기간 내 판결의 취지에 따른 처분의 부존재

거부처분 취소판결, 거부처분 무효확인판결, 부작위위법확인판결이 확정되었음에도 행정청이 상당한 기간 내에 판결의 취지에 따른 처분을 하지 않은 경우이어야 한다. 행정소송법은 새로운 처분을 하여야 할 기간에 관해서는 규정하고 있지 않으나, 판결이 확정된 때부터 새로운 처분을 하는 데 필요한 상당한 기간 내라고 볼 수밖에 없다. 따라서 그 기간 내에 새로운 처분이 없을 경우 간접강제를 할 수 있다.[76]

재처분은 판결의 취지를 존중하는 내용이어야 한다.[77] 재처분이 종전 거부처분 취소판결의 기속력에 반하여 무효인 경우에는 재처분을 하지 않은 것과 마찬가지이다.[78] 그렇지만 행정청이 재처분으로써 반드시 원고의 신청을 받아들여야 하는 것은 아니고 종래의 거부사유와 다른 사유를 들어 다시 거부처분을 하는 것은 허용된다.

한편 원심판결의 이유는 위법하지만 결론이 정당하다는 이유로 상고가 기각되어 원심판결이 확정된 경우 행정소송법 제30조 제2항에서 규정하고 있는 '판결의 취지'는 상고심 판결의 이유와 원심판결의 결론을 의미한다.[79]

대법원 판결 중에는 변론종결 이후에 발생한 사유에 기한 거부처분만 기속

---

76) 법원실무제요(행정), 415면.

77) 피신청인이 신청인의 광주광역시 지방부이사관 승진임용신청에 대하여 아무런 조치를 취하지 않은 것 자체가 위법하다는 것을 확인하는 확정판결이 있는 경우(부작위위법확인판결), 피신청인이 신청인을 승진임용하는 처분을 하였을 때에는 물론이고, 승진임용을 거부하는 처분을 하였더라도 위 확정판결의 취지에 따른 처분을 한 것이라고 볼 것이다(대법원 2010. 2. 5.자 2009무153 결정).

78) 대법원 2002. 12. 11.자 2002무22 결정.

79) 대법원 2004. 1. 15. 선고 2002두2444 판결.

력에 반하지 않는 새로운 처분에 해당하는 것처럼 판시한 것도 있다.[80] 그러나 거부처분의 위법 여부 판단은 변론종결시가 아닌 처분시를 기준으로 하여야 하므로 취소된 거부처분이 있은 이후 사실관계나 법령에 변동이 있을 경우 동일한 사유로 다시 거부처분을 하더라도 이러한 거부처분은 새로운 처분이므로 간접강제가 허용되지 않는다.[81]

3. 결　　정

간접강제결정은 변론을 거치지 않더라도 할 수 있다. 다만 변론을 열지 않고 결정을 하는 경우에도 처분을 할 의무가 있는 행정청을 심문하여야 한다(행정소송법 제34조 제2항, 민사집행법 제262조).

법원의 심리 결과 당사자의 신청이 이유 있다고 인정되면 법원은 간접강제결정을 하게 된다. 법원은 상당한 기간을 정하고,[82] 행정청이 그 기간 내에 이행하지 않는 때에는 그 지연기간에 따라 일정한 배상을 할 것을 명하거나 즉시 손해배상을 할 것을 명할 수 있다(행정소송법 제34조 제1항). 간접강제결정의 주문을 예시하면 아래와 같다.[83]

[기재례]

▸ 피신청인은 이 결정의 정본을 받은 날로부터 ○일 이내에 신청인에게 이 법원 2026구합○○○ 거부처분 취소사건의 확정판결의 취지에 따른 처분을 하지 않을 때에는 신청인에게 위 기간이 마치는 다음날부터 처분시까지 1일 ○○○원의 비율에 의한 금원을 지급하라.

행정청은 반드시 본안판결의 원고 등이 본래 신청하였던 취지의 처분을 하여야 하는 것은 아니다. 확정된 거부처분 취소판결이나 부작위위법확인판결의 취지에 따른 처분을 하면 족하다. 따라서, 간접강제 결정문에도 판결의 취지에

---

80) 대법원 1997. 2. 4.자 96두70 결정; 대법원 2004. 1. 15.자 2002무30 결정.
81) 대법원 1998. 1. 7.자 97두22 결정.
82) 판결확정시로부터 상당한 기간 내에 새로운 처분을 하지 않은 경우 다시 상당한 기간을 부여할 수 있다는 의미이다.
83) 아래의 기재례는 법원실무제요(행정), 417-418면에서 따온 것이다.

따른 새로운 처분 등을 할 의무를 명시하면 되고 구체적인 처분의 내용을 특정할 필요는 없다.[84]

간접강제 결정에 명시할 '상당한 기간'은 법원의 재량에 속하는 문제이다. 법원이 임의로 기간을 정하는 것이 아니라 처분의 내용, 판결이 확정된 때로부터의 기간 등 여러 객관적인 사정을 종합하여, 행정청이 간접강제명령이 발해진 후 새로운 처분 등을 함에 필요한 기간을 합리적으로 정하여야 할 것이다.[85]

배상금의 지급방법으로, 즉시 일정금액의 배상금(○○○원)을 일시불로 지급할 것을 명할 수도 있으나, 처분시까지의 지연기간에 따라 일정비율에 의한 배상금(매일 ○○○원 또는 매월 ○○○원의 배상금)을 지급할 것을 명하는 것이 일반적인 실무이다. 이 배상금의 성격은 어디까지나 처분의무를 간접적으로 강제하기 위한 금액이고 손해배상이 아니므로 신청인이 입는 손해와는 무관하게 법원이 제반 사정을 고려하여 재량으로 정하는 것이다.

4. 간접강제결정의 변경

간접강제결정이 있은 후 사정의 변경이 있을 때에는 법원은 당사자의 신청에 의하여 그 결정내용을 변경할 수 있다(민사집행규칙 제191조 제1항).

원고나 피고 모두 신청이 가능하고, 후발적 사정이 아니라 간접강제결정 당시 존재하였던 사정이라도 그것이 사후에 밝혀진 경우에는 변경결정을 할 수 있다. 변경결정을 할 때에는 사전에 상대방을 심문하여야 한다(민사집행규칙 제191조 제2항).

변경결정에 의하여 변경할 수 있는 주된 내용으로는 처분을 할 기간을 연장 또는 단축하거나 배상금액을 증액 또는 감액하거나 즉시 일정금액의 배상을 명하던 것을 지연기간에 따른 일정비율에 의한 배상으로 변경하는 것 등이다. 이와 같은 법원의 변경결정이 있으면, 그 효력은 장래에 향하여 생기며 소급효는 없다.[86]

---

84) 법원실무제요(행정), 417면.
85) 법원실무제요(행정), 417면.
86) 법원실무제요(민사집행[Ⅲ]-동산 · 채권 등 집행-), 법원행정처(2020), 603면 참조.

5. 배상금의 추심

배상금 지급명령을 받은 행정청이 간접강제결정에서 정한 상당한 기간 내에 확정된 판결의 취지에 따른 처분을 하지 않는 경우에는 신청인은 그 결정 자체를 집행권원으로 집행문을 부여받아 집행할 수 있다. 그런데, 간접강제결정에서 정한 상당한 기간이 경과한 후에 확정판결의 취지에 따른 재처분이 행해진 경우 배상금을 추심할 수 있는지에 관하여 논란이 있을 수 있다. 행정소송법 제34조 소정의 간접강제결정에 기한 배상금은 확정판결의 취지에 따른 재처분의 지연에 대한 제재나 손해배상이 아니고 재처분의 이행에 관한 심리적 강제수단에 불과한 것이다. 따라서 배상금을 추심함으로써 심리적 강제를 꾀한다는 당초의 목적은 소멸한 것이므로, 이 경우 배상금을 추심하는 것은 허용되지 않는다고 볼 것이다.87)

간접강제결정은 소송비용의 부담에 관한 재판과 마찬가지로 금전지급의무의 주체가 될 수 없는 행정청에게 금전배상을 명하므로, 그 배상의무는 해당 행정청이 속한 국가나 지방자치단체가 부담하게 된다. 따라서, 피신청인이었던 행정청이 소속하는 국가 또는 공공단체에 간접강제결정의 효력이 미치므로 이들 소유의 재산에 대하여 집행한다(행정소송법 제34조 제2항, 제33조).

간접강제결정에 기하여 배상금을 추심하였음에도 불구하고 행정청이 처분 등을 하지 않는다면, 당초 간접강제에서 결정한 내용이 지연기간에 따라 일정비율에 의한 배상금의 지급을 명한 경우에는 다시 배상금을 추심할 수 있고, 일시금의 배상을 명한 경우에는 다시 간접강제신청을 할 수 있다.88)

---

87) 대법원 2010. 12. 23. 선고 2009다37725 판결. 다만 대법원은 민사집행법 제261조 제1항의 간접강제결정에 기한 배상금은 채무자에게 이행기간 이내에 이행을 하도록 하는 심리적 강제수단이라는 성격뿐만 아니라 채무자의 채무불이행에 대한 법정 제재금이라는 성격도 아울러 가진다고 하면서, 민사집행에서의 간접강제에 관해서는 이행기간이 지난 후에 채무를 이행하더라도 채권자가 채무 이행이 지연된 기간에 상응하는 배상금의 추심을 위한 강제집행을 할 수 있고(대법원 2013. 2. 14. 선고 2012다26398 판결), 채권자가 채무자로부터 추심한 간접강제 배상금은 채무자의 의무 불이행에 따른 손해의 전보에 충당된다고 판시하였다(대법원 2022. 11. 10. 선고 2022다255607 판결). 따라서, 판례는 행정소송법상의 간접강제와 민사소송법상의 간접강제를 다소 달리 보고 있다.

88) 법원실무제요(행정), 419면.

6. 불복절차

간접강제신청에 관한 기각결정이나 인용결정에 대해서는 즉시항고를 할 수 있다(민사집행법 제261조 제2항).

제10장

당사자소송 · 민중소송 · 기관소송

제1절 당사자소송

Ⅰ. 개 설

1. 의 의

행정소송법 제3조 제2호는 당사자소송을 "행정청의 처분 등을 원인으로 하는 법률관계에 관한 소송 그밖에 공법상의 법률관계에 관한 소송으로서 그 법률관계의 한쪽 당사자를 피고로 하는 소송"이라고 정의한다. 공법상의 당사자소송도 민사소송의 경우와 같이 이행소송, 형성소송, 확인소송 등 다양한 형태의 소송유형이 허용된다.[1] 한편 통설은 당사자소송을 실질적 당사자소송과 형식적 당사자소송으로 나누어 설명한다.[2]

2. 입 법 례

제정 행정소송법에는 당사자소송에 관한 직접적 규정이 없었다. 그럼에도 불구하고 제1조상의 "공법상의 권리관계에 관한 소송"은 당사자소송으로 이해되고 있었다. 1984. 12. 15. 법률 제3754호로 전문개정되어 현재에 이르고 있는 현

1) 법원실무제요(행정), 13면.
2) 이러한 통설적인 분류법을 비판하면서, 당사자소송의 분류는 행정청의 처분 등을 원인으로 한 법률관계에 관한 소송과 그 밖의 공법상의 법률관계에 관한 소송으로 나누는 것이 행정소송법의 명문에도 합치되는 것이라는 주장이 있다[한견우, '우리나라 현행 행정소송법상 당사자소송의 문제점과 개선방향(상)', 법조 제41권 제1호, 법조협회(1992. 1), 11면].

행 행정소송법은 명문으로 항고소송과 당사자소송을 구분하고 있다. 이는 일본의 행정사건소송법과 유사한 체계이다.

프랑스 행정소송제도에서의 월권소송(recours pour excès de pouvoir)과 완전심리소송(contentieux de pleine juridiction)의 구분도 항고소송과 당사자소송의 구분과 유사하다. 독일에서도 과거에는 항고(취소)소송(Anfechtungsklage)과 당사자소송(Parteistreitigkeiten)을 행정소송의 주된 형식으로 하고 있었다. 그러나, 1960년 4월 1일부터 시행되고 있는 행정법원법은 행정소송을 민사소송에서와 같이 형성소송(처분에 대한 취소소송과 일반 형성소송), 확인소송(처분에 대한 무효등 확인소송과 그 밖의 확인소송) 및 이행소송(처분에 대한 의무이행소송과 일반 이행소송), 규범통제절차로 구분하면서 권리주체가 직접 원고 또는 피고로서 다투게 하고 있다.[3)]

3. 당사자소송을 대하는 관점

당사자소송을 대하는 관점은, ① 되도록 민사소송 방식으로 다루려는 경향(민사소송지향형)과, ② 항고소송이나 민사소송으로 분류하기 어려운 행정에 관한 소송을 널리 당사자소송에 수용하여 적극적으로 활용하기를 바라는 경향(행정소송지향형)으로 나뉜다.

공법 · 사법의 구별을 부인하는 공법 · 사법일원론에서는, 당사자소송과 민사소송에 적용될 규정이 거의 같아서, 당사자소송의 대상인 '공법상의 법률관계'와 민사소송의 대상인 '사법상의 법률관계'의 구별의 실질적인 의미가 상실되고 있다고 주장한다.[4)] 그동안 우리의 실무는 비록 공법과 사법의 구별을 부인하지는 않으나 뒤에서 살펴보는 「당사자소송이 실무에서 활용되지 않는 이유」에서 보는 것처럼 민사소송지향형에 치우친 경향이 있었다.

그러나, 공법과 사법의 이원적 체계를 인정한다면 공익과 깊은 관련이 있는 공법상의 법률관계를 사법상의 법률관계와 다르게 규율하는 것은 당연하다. 또한, 오늘날 급부행정을 비롯하여 비권력적 공행정작용이 널리 행해지고 있음을 감안할 때, 항고소송 이외에 행정의 공익적 활동을 대상으로 하는 당사자소송을 적극적으로 활용하는 것이 바람직하다.[5)]

---

3) 이상의 개략적인 내용은 김남진 · 김연태, 행정법 I , 1054면 참조.
4) 천병태, '공권개념의 재검토(하)', 고시연구 제14권 제10호, 고시연구사(1987. 9), 113-114면 참조.
5) 김남진 · 김연태, 행정법 I , 1055면.

Ⅱ. 형식적 당사자소송

1. 의 의

형식적 당사자소송은 처분 등의 효력 그 자체에 관한 다툼으로서 항고소송의 실질을 가지지만, 처분청을 피고로 하는 것이 아니라 법률관계의 한쪽 당사자를 피고로 하는 특수한 소송유형이다. 실질적으로 항고소송의 성질을 가지나 소송경제 등의 필요에 의하여 당사자소송의 형식을 취한다는 점이 특색이다.6)

예컨대, 토지수용에 대한 토지수용위원회의 재결과 관련하여 토지소유자가 보상금액에 대해서만 불복이 있는 경우에 형식적 당사자소송을 인정하지 않는다면, 행정청인 토지수용위원회를 상대로 재결취소소송을 제기한 후 또는 그와 동시에 사업시행자를 상대로 보상금 증감에 관한 당사자소송을 제기하여야 하는 등의 부담이 있다. 또한 이해당사자 사이의 재산상 분쟁에 행정청이 피고가 되는 불합리한 점도 있다. 형식적 당사자소송은 바로 이러한 불편과 불합리를 제거하기 위한 소송기술적 고려에 의하여 인정되는 것이다.

2. 형식적 당사자소송의 법적 근거에 관한 논의

개별법에 명문의 근거가 없더라도 행정소송법의 규정(제3조 제2호, 제39조 이하)에만 근거하여 바로 형식적 당사자소송을 제기할 수 있는가? 이에 관해서는 견해가

6) 뒤에서 보는 보상금증감에 관한 소송은 형식적 당사자소송의 일종으로서 항고소송의 실질을 가지고 있다. 대법원은 이러한 특색에 착안하여, 토지소유자의 손실보상금 채권에 관한 압류 및 추심명령을 받은 제3자라고 하더라도 토지수용위원회의 재결을 다툴 법률상의 이익이 있다고 할 수 없으므로, 토지소유자의 손실보상금 채권에 관한 압류 및 추심명령에 의하여 추심채권자가 재결을 다툴 지위까지 취득할 수 없고, 보상금증감에 관한 소송의 당사자가 될 수도 없다는 입장에 있다(대법원 2022. 11. 24. 선고 2018두67 전원합의체 판결). 즉, 토지소유자에 대하여 추심채권자가 있다고 하더라도 사업시행자를 상대로 하는 보상금 증감소송의 당사자적격자는 소유자이지 추심채권자가 아니라는 것이다. 이는 “채권에 대한 압류 및 추심명령이 있으면 제3채무자에 대한 이행의 소는 추심채권자만 제기할 수 있고 채무자는 피압류채권에 대한 이행소송을 제기할 당사자적격을 상실한다.”라는 민사소송에서의 기존의 판례(대법원 2000. 4. 11. 선고 99다23888 판결)와 다른 결론이었다. 참고로 대법원은 전원합의체 판결로 민사소송에서 채무자의 제3채무자에 대한 채권에 관하여 추심명령이 있더라도 채무자가 제3채무자를 상대로 피압류채권에 관한 이행의 소를 제기할 당사자적격을 상실하지 않고 국가가 국세징수법에 의한 체납처분으로 채무자의 제3채무자에 대한 채권을 압류한 경우에도 마찬가지라고 판시하고 위와 같은 판례를 변경하였다(대법원 2025. 10. 23. 선고 2021다252977 전원합의체 판결).

나누어져 있다.

가. 긍 정 설

긍정설은 행정소송법이 민중소송, 기관소송 등에서와 같이, '법률이 정한 경우에, 법률에 정한 자에 한하여 제기할 수 있다'는 식의 제한규정을 두고 있지 않으므로, 개별법의 근거가 없더라도 형식적 당사자소송을 제기할 수 있다고 본다.

나. 부 정 설

다수설인 부정설은 개별법의 규정이 없으면 형식적 당사자소송의 원고·피고의 적격성, 제소기간 등 소송요건이 불분명하여 현실적으로 소송을 진행하기 어렵다는 점 등을 근거로 제시한다.

다. 검 토

부정설이 타당하다.[7] 원인이 되는 처분 등은 그대로 둔 채 해당 처분의 결과로서 형성된 법률관계에 관하여 소송을 제기하고, 그에 대하여 법원이 심리·판단한다는 것은 행정행위의 공정력 및 구성요건적 효력에 반한다고 볼 수 있다. 따라서, 현행법하에서 형식적 당사자소송을 제기하기 위해서는 개별법에 별도의 규정이 있어야 할 것이다.[8]

3. 개별법상의 근거규정

가. 공익사업을 위한 토지 등의 취득 및 보상에 관한 법률(토지보상법)

토지수용위원회의 재결은 처분이므로 중앙토지수용위원회에 대한 이의신청과 항고소송으로 불복하는 것이 원칙이다. 그런데, 재결 중에 손실보상액에 대해서만 불복이 있는 경우 항고소송으로 재결 자체의 취소를 구하는 대신 보상액의 증액 또는 감액만을 청구하는 것이 효율적일 수 있다.

그 일환으로 구 토지수용법 제75조의2에서는 토지수용위원회의 재결에 대하여 불복이 있을 때 행정소송을 제기할 수 있다고 규정하면서, 해당 행정소송이 보상금의 증감에 관한 소송이면, 해당 소송을 제기하는 자가 토지소유자 또는

7) 김남진·김연태, 행정법 I, 1060면.

8) 일본 행정사건소송법 제4조에서는 개별법에 근거가 있는 경우에 한하여 형식적 당사자소송을 제기할 수 있는 것으로 규정하고 있다.

관계인인 경우에는 재결청 외에 기업자(현행 사업시행자)를, 기업자인 경우에는 재결청 외에 토지소유자 또는 관계인을 각각 피고로 한다고 규정하고 있었다.

그 당시 대법원은 보상금의 증감에 관한 소송은 재결청 외에 기업자를 공동피고로 삼아야 하는 필요적 공동소송이므로 토지소유자와 재결청 및 기업자 사이에 승패가 합일적으로 확정되어야 하고 이는 법원에서 정당한 손실보상액을 심리하는 것을 전제로 한다고 판시함으로써, 위 소송의 법적 성질에 관하여 이른바 필요적 공동소송설(항고소송과 당사자소송의 필요적 병합)을 취하고 있었다.[9] 따라서 불복이 있는 자는 재결청에 대해서는 이의재결의 취소청구를, 기업자에 대해서는 추가 손실보상금의 지급청구를 하여야 하였다. 한편, 학설은 특수한 형태의 항고소송설, 형성소송과 급부·확인소송의 병합설, 당사자소송의 요소와 항고소송의 요소가 결합된 특수한 형태의 소송설, 변형된 형식적 당사자소송설 등으로 견해가 나누어져 있었다.

그런데 현행 토지보상법 제85조 제2항에서는 보상금의 증감에 관한 소송을 제기하는 경우 “그 소송을 제기하는 자가 토지소유자 또는 관계인일 때에는 사업시행자를, 사업시행자일 때에는 토지소유자 또는 관계인을 각각 피고로 한다.”라고 규정하고 재결청(토지수용위원회)을 피고로부터 제외시킴으로써 순수한 ‘형식적 당사자소송’을 명문화하기에 이르렀다.[10]

어떠한 보상항목이 손실보상의 대상임에도 불구하고 토지수용위원회가 사실을 오인하거나 법리를 오해함으로써 손실보상의 대상이 아니라는 내용의 재결을 한 경우에도 토지수용위원회를 상대로 재결에 대한 항고소송을 제기할 것이 아니라 사업시행자를 상대로 보상금증감에 관한 소송을 제기하여야 한다.[11]

---

9) 대법원 1991. 5. 28. 선고 90누8787 판결.

10) 다만 대법원은 세입자들의 주거이전비 보상청구소송의 소송형태는 원칙적으로 실질적 당사자소송이라고 판시하였다(대법원 2008. 5. 29. 선고 2007다8129 판결). 토지보상법 시행규칙에 정해진 요건만 충족하면 소정의 주거이전비를 바로 청구할 수 있기 때문이라고 생각된다. 이 경우에도 바로 위와 같은 소송을 제기하지 않고 먼저 토지수용위원회의 재결을 거친 다음, 보상금의 증감 이외의 부분을 다투는 경우에는 토지보상법 제85조 제1항에 규정된 항고소송으로, 보상금의 증감 부분을 다투는 경우에는 같은 법 제85조 제2항에 규정된 형식적 당사자소송으로 권리구제를 받을 수도 있다.

11) 대법원 2018. 7. 20. 선고 2015두4044 판결. 하나의 재결에서 피보상자별로 여러 가지의 보상항목에 관하여 판단이 이루어졌을 경우 반드시 재결 전부를 불복하여야 하는 것은 아

나. 특 허 법

특허심판원의 심판에 불복하려는 자는 심결등본을 송달받은 날부터 30일 이내에 특허법원에 '심결취소소송'을 제기할 수 있다(특허법 제186조). 이러한 심결취소소송은 특허권의 발생과정과 관련된 분쟁을 다투는 '결정계 소송'과 일단 발생한 특허에 대하여 그 효력을 다투는 '당사자계 소송'으로 나누어진다.[12] 결정계이든 당사자계이든 심결취소소송의 소송물은 행정소송법상의 취소소송과 마찬가지로 심결의 실체적·절차적 위법 여부이나, 당사자계 심결취소소송의 피고는 특허청장이 아니라 심판의 청구인 또는 피청구인이 된다(특허법 제187조 단서).

결정계 심결취소소송이 행정소송법상의 항고소송의 성질을 가지고 있다는 점에 대해서는 다툼이 없으나, 특허권자 또는 이해관계인을 상대로 심결의 취소를 구하는 구조를 가지고 있는 당사자계 심결취소소송에 대해서는 항고소송설[13]과 형식적 당사자소송설이 대립한다.[14] 대법원은 "심판은 특허심판원에서의 행정절차이며 심결은 행정처분에 해당하고, 그에 대한 불복의 소송인 심결취소소송은 항고소송에 해당하여 그 소송물은 심결의 실체적, 절차적 위법성 여부라 할 것"이라고 판시하여 항고소송설을 취하고 있다.[15]

생각건대, 당사자계 심결취소소송도 항고소송에 해당한다고 보는 판례의 입장이 타당하다. 현행 행정소송법상 항고소송의 피고는 처분을 행한 행정청이 되

니고, 일부에 대해서만 불복할 수도 있다. 그런데, 재결에서 정한 보상금액이 일부 보상항목에서는 과소하고 다른 보상항목에서는 과다하다면, 법원은 보상항목 상호 간의 유용을 허용하여 항목별로 과다 부분과 과소 부분을 합산하여 보상금의 합계액을 정당한 보상금으로 결정할 수 있다는 것이 판례이다. 대법원은 이러한 보상항목 유용의 법리를 채택한 것에서 더 나아가서 피보상자가 해당 보상항목에 대한 불복신청을 철회함으로써 해당 보상항목을 법원의 심판범위에서 제외하여 달라는 소송상 의사표시를 하였다고 하더라도, 사업시행자는 이에 대응하여 보상항목의 유용을 주장할 수 있다고 판시하였다(대법원 2018. 5. 15. 선고 2017두41221 판결).

12) 결정계 소송에는 심사관의 특허거절결정 또는 특허권의 존속기간의 연장등록거절결정에 대한 심판(특허법 제132조의3), 정정심판(특허법 제136조)의 심결 등에 대한 취소소송 등이 있고, 당사자계 소송에는 특허무효심판(특허법 제133조), 특허권 존속기간의 연장등록의 무효심판(특허법 제134조), 권리범위 확인심판(특허법 제135조), 특허발명의 도면 등에 대한 정정의 무효심판(특허법 제137조), 통상실시권 허락의 심판(특허법 제138조)의 심결에 대한 취소소송 등이 있다.

13) 정상조·박성수 공편, 특허법주해Ⅱ, 박영사(2010), 767면.

14) 특허법원 지적재산소송실무연구회, 지적재산소송실무, 박영사(2006), 4면.

15) 대법원 2002. 6. 25. 선고 2000후1290 판결 등.

는 것이 원칙이기는 하다. 그러나 행정소송법 제13조 제1항은 "다른 법률에 특별한 규정이 없는 한" 그 처분 등을 행한 행정청이 피고가 된다고 규정하고 있으므로, 당사자계 심판의 청구인 또는 피청구인을 심결취소소송의 피고로 한다는 특허법 제187조 단서는 위에서 말하는 "다른 법률에 특별한 규정이 있는 경우"로 볼 수 있다. 또한, 당사자계 심결취소소송의 그 소송물은 법원이 특허의 효력을 둘러싸고 발생한 당사자들 사이의 법률관계가 아니라 심결의 위법성 일반이고, 인용판결 주문도 심결의 취소를 선언하는 형태를 취하여야 한다(특허법 제189조 제1항). 따라서 소송물, 판결의 형식, 판결의 효력 등에 비추어 볼 때, 당사자계 심결취소소송도 항고소송의 일종이나, 단지 소송수행상의 편의를 위하여 피고적격에 관한 특칙을 둔 것뿐이라고 보아야 할 것이다.

한편, 특허청장이나 방위산업청장 또는 심판관이 행한 보상금 및 대가에 관한 결정 · 재정 또는 심결을 받은 자가 그 보상금 또는 대가에 대하여 불복이 있을 때에는 '보상금 또는 대가에 대한 불복의 소'를 제기할 수 있다(특허법 제190조). 이때 특허법 제191조에 의하여 보상금을 지급할 관서 또는 출원인 · 특허권자 등을 상대로 보상금 또는 대가의 증감을 청구하게 된다. 따라서 이 경우의 소송은 형식적 당사자소송이 된다.[16]

Ⅲ. 실질적 당사자소송

1. 의 의

실질적 당사자소송은 행정청의 처분 등의 효력 그 자체에 관한 다툼이 아니라 '행정청의 처분 등을 원인으로 하는 법률관계에 관한 소송 그 밖의 공법상의 법률관계에 관한 소송(형식적 당사자소송 제외)'을 말한다. 통상 수식어 없이 당사자소송이라 하면 실질적 당사자소송을 가리키는 것이다.

16) 정상조 · 박성수 공편, 특허법주해Ⅱ, 896면.

2. 민사소송과의 관계

가. 구별의 실익

(1) 구별의 필요성

민사소송과 항고소송은 대상적격 및 피고적격을 비롯한 여러 가지 면에서 그 차이가 확연히 드러나지만, 당사자소송은 대등한 당사자 사이의 소송이라는 점에서 외관상 민사소송과 다르지 않다. 그렇다고 하더라도, 우리의 현행 법질서는 공법관계인지 사법관계인지에 따라 적용될 법규나 법원칙을 달리하기 때문에, 사인 사이의 사적 분쟁의 해결을 목적으로 하는 민사소송을 당사자소송과 같은 평면에서 논할 수는 없다.

또한 행정사건의 처리에 전문성이 요구된다는 의미에서 별도의 행정법원이 설치되어 있는 관계로 당사자소송사항인지 민사소송사항인지에 따라 관할문제가 발생할 뿐만 아니라 심리절차에서도 행정소송법상의 특칙이 적용될 수 있는 등 구별의 실익이 있다.

(2) 공법상 당사자소송절차와 민사소송절차의 비교

행정소송법 제8조 제1항에서는 "행정소송에 대하여는 다른 법률에 특별한 규정이 있는 경우를 제외하고는 이 법이 정하는 바에 의한다."라고 규정하고 있으므로, 행정소송은 민사소송과 동등한 하나의 독자적인 소송형태이고 거기에 적용될 일반법은 행정소송법이다.[17]

또한 행정소송법은 당사자소송에 적용되는 특칙으로, ① 피고의 경정(제44조 제1항, 제14조), ② 관련사건의 병합(제44조 제2항, 제10조 제2항, 제44조 제1항, 제15조), ③ 제3자와 행정청의 소송참가(제44조 제1항, 제16조, 제17조), ④ 소의 종류의 변경(제42조, 제21조)과 처분변경으로 인한 소의 변경(제44조 제1항, 제22조), ⑤ 행정심판기록의 제출명령(제44조 제1항, 제25조), ⑥ 직권심리(제44조 제1항, 제26조), ⑦ 판결의 기속력(제44조 제1항, 제30조 제1항), ⑧ 소송비용(제44조 제1항, 제32조, 제33조), ⑨ 피고적격(제39조), 제소기간(제41조) 등을 규정하고 있다.

다만 행정소송법은 그 자체로서 행정소송에 관한 모든 사항을 규율하고 있는 자기완결적인 법률이 아니기 때문에 제8조 제2항에서는 행정소송에서 행정소

17) 주석 행정소송법, 147면.

송법에 정한 것이 없을 때에는 민사소송법의 규정을 준용하도록 하고 있다. 따라서 행정소송법에서 특별히 정한 특칙 이외에는 민사소송법이 일반적으로 준용되어 소송절차가 진행된다. 그러나 당사자소송의 심리절차는 행정소송법이 정한 특칙이 적용될 수 있다는 점을 제외하면 민사소송 절차와 큰 차이가 없으므로, 대법원은 민사사건을 행정소송절차로 진행한 것 그 자체가 위법하다고 볼 수 없다는 입장에 있고,[18] 그 반대의 경우에도 굳이 절차위반을 이유로 파기하고 있지는 않고 있다.

(3) 관할문제

1998. 3. 1.부터 시행된 개정 행정소송법(1994. 7. 27. 법률 제4770호로 개정된 것)과 법원조직법(1994. 7. 27. 법률 제4765호로 개정된 것)은 종래 2심제로 운영되고 있던 행정사건을 3심제로 하면서, 일반법원의 하나로 행정법원을 설치하여 제1심을 담당하도록 하였다. 다만 위 법원조직법 부칙 제2조에서는 행정법원이 설치되지 않은 지역에서의 행정법원의 권한에 속하는 사건은 행정법원이 설치될 때까지 해당 지방법원 본원과 춘천지방법원 강릉지원이 관할하도록 규정하고 있다(현재 서울행정법원 외에는 행정법원이 설치되어 있지 않다). 그런데 행정사건은 행정법원의 전속관할에 속한다고 보는 것이 일반적이므로, 공법상 당사자소송으로 처리하여야 할 사건을 민사소송으로 취급한 경우 전속관할의 위반이라는 현실적으로 중요한 문제와 맞닿아 있다. 따라서 관할문제는 민사소송과 공법상 당사자소송을 엄밀히 구별하여야 하는 이유가 된다.

나. 구별방법

먼저 당사자소송은 공법상 법률관계의 한쪽 당사자를 피고로 하는 소송이고, 행정소송법 제39조는 당사자소송의 피고적격에 관하여, "국가 · 공공단체 그 밖의 권리주체를 피고로 한다."라고 규정하고 있다. 따라서 당사자소송은 사인 사이의 법적 분쟁에 관한 소송이 아니라 '사인과 행정주체 사이 또는 행정주체들 사이'의 공법상 법률관계에 관한 소송이므로, 적이도 한쪽 당사자는 행정주체이어야 한다.

18) 폐기물처리업자와 지방자치단체 사이의 폐기물의 수집 · 운반 등의 대행업무에 관한 도급계약의 성격은 사법상 계약이지만, 그 계약을 둘러싼 소송을 민사소송절차가 아니라 당사자소송절차로 진행하였다고 하더라도 그 자체로 위법한 것은 아니라는 취지이다(대법원 2018. 2. 13. 선고 2014두11328 판결).

다음으로, 당사자소송과 민사소송을 구별하기 위해서는 '행정청의 처분 등을 원인으로 하는 법률관계에 관한 소송 그 밖의 공법상의 법률관계에 관한 소송'이라는 의미를 파악하여야 한다. 그 의미를 어떻게 이해하는지에 따라 개개의 사건에서 민사소송과의 구별문제를 해결하는 기준이 달라지게 된다. 이에 대해서는 학설과 판례의 대립이 있다.

단순하게 도식적으로 살펴보면, 판례는 소송물을 기준으로 그것이 공법상의 권리이면 당사자소송이고, 사법상의 권리이면 민사소송이라고 한다(아래의 그림에서 오른쪽의 네모를 기준으로 한다). 반면에 통설은 소송물의 전제가 되는 법률관계를 기준으로 그것이 공법상 법률관계면 당사자소송이고, 사법상 법률관계면 민사소송이라고 한다(아래의 그림에서 왼쪽의 네모를 기준으로 한다).[19] 결론부터 말하자면, 행정소송법 제3조 제2호의 입법연혁과 규정형식, 사법정책적 판단 등을 두루 살펴보면, 통설이 취하는 태도가 올바르다고 볼 수밖에 없다.

○ 과세처분의 무효를 원인으로 한 과오납금환급청구권

과세처분의 무효로 인한 부당이득의 발생	⇨	과오납금환급청구권
처분 등이 원인이 된 법률관계		사권(부당이득반환청구권)

○ 행정처분의 적법 여부와 관련된 국가배상청구권

위법한 처분으로 인한 손해의 발생	⇨	국가배상청구권
처분 등이 원인이 된 법률관계		사권(손해배상청구권)

○ 하천구역 편입토지 보상에 관한 특별조치법 제2조에 의한 손실보상청구권

하천구역 편입에 의한 소유권 상실	⇨	손실보상청구권
하천법에 의한 국유화(공용수용)		공권(공법이 인정한 권리)

19) 안철상, '공법상 당사자소송의 본질과 유형에 관한 일고찰', 사법논집, 제29집, 법원행정처(1998. 12), 257-258면에 의하면, 위와 같은 견해의 대립은 일본의 행정사건소송특례법 시대에 나온 것으로서, 그 후 현행 행정사건소송법이 제정되면서 처분에 대한 무효확인소송이 명문으로 규정되고 쟁점소송에 관한 규정이 신설되어 행정청의 소송참가 및 출소의 통지, 직권증거조사, 소송비용에 관한 재판 등에 관한 규정을 쟁점소송에 준용하게 됨에 따라, 행정사건소송법이 소송물을 기준으로 양자를 구별하는 견해를 취하게 된 것이다.

다. 개개의 사건에서 판례이론의 적용

(1) 판례이론의 적용

판례이론은 소송물을 기준으로 공법상 당사자소송과 민사소송을 구별한다. 소송물은 소송의 객체를 말하는 것이고 법원은 원고가 소로써 청구한 것이 이유 있는지를 심판하게 되므로, 결국 소송물은 원고의 소송상 청구가 된다. 우리나라의 판례는 소송물의 인식기준으로 구소송물이론에 따른다. 이에 의하면, 소송물이란 소의 모습과 관계없이 실체법상의 권리 또는 법률관계의 주장이므로, 실체법상의 권리마다 각각 소송물이 성립한다.

(2) 확인소송의 경우

확인소송에서의 소송물은 청구취지에 표시된 권리 또는 법률관계 존부의 주장과 이에 관한 확인재판의 요구이다. 따라서 확인하여야 할 권리 또는 법률관계가 청구취지에 적절하게 드러나면 그 자체로 소송물은 특정될 것이므로, 청구원인에 의한 보충은 필요하지 않게 된다. 결국 청구취지에서 특정된 확인하여야 할 권리 또는 법률관계가 공법상의 것인지 사법상의 것인지에 따라 당사자소송 사항인지 민사소송 사항인지가 구별될 것이다. 아래에서 판례가 공법상 당사자소송으로 본 것을 일별해 본다.

① 공법상 채무의 존재 여부의 확인을 구하는 경우에는 공법상 당사자소송 절차에 의하여야 한다. 그 예로서, 과세처분의 무효를 전제로 한 조세채무부존재확인소송,[20] 협약이나 이행각서에 기한 도로개설 분담금 지급의무 부존재확인소송,[21] 정부지원금 반환채무 부존재확인소송,[22] 고용보험 및 산재보험의 보험료 납부의무 부존재확인소송,[23] 도시정비법상 정비기반시설의 유상매수의무부존재확인소송[24] 등이다.[25]

---

20) 대법원 2000. 9. 8. 선고 99두2765 판결.

21) 대법원 2014. 6. 26. 선고 2011두14258 판결.

22) 대법원 2019. 3. 14. 선고 2018두56435 판결.

23) 대법원 2016. 10. 13. 선고 2016다221658 판결.

24) 대법원 2018. 7. 26. 선고 2015다221569 판결.

25) 다만 대법원은 공법상 재단법인에 해당하는 총포·화약안전기술협회가 부과하는 회비의 납부의무 부존재확인소송에서 위 협회가 부과하는 회비는 공법상 부담금으로서 '회비납부통지'는 '부담금 부과처분'에 해당하고, 그러한 회비납부의무 부존재 확인청구는 실질적으로 협회로 하여금 특정한 내용으로 회비를 산정·고지할 의무가 있음의 확인을 구하는 것과 같으므로, 현행 행정소송법상 허용되지 않는 의무확인소송 또는 예방적 금지소송과 마

② 공법상 신분이나 지위, 자격 등의 확인을 구하는 경우도 공법상 당사자 소송절차에 의한다. 그 예로서, 임용처분이 무효가 아님을 다투면서 제기되는 공무원의 지위확인 소송,[26] 국가나 지방자치단체의 계약직공무원의 채용계약 해지 등의 효력에 관한 소송,[27] 도시재개발법에 의한 조합원자격유무에 관한 확인소송,[28] 신탁업자가 사업시행자인 재개발·재건축사업에서 신탁업자와 토지등소유자 사이의 위탁자 지위확인소송[29] 등이 있다.

③ 권리의 존재 확인청구가 당사자소송에 해당한다는 것으로, 훈장종류의 확인소송,[30] 연금수혜대상자의 확인소송[31] 등이 있다. 그밖에 권리범위의 확인에 관한 소송으로, 항만시설 무상사용기간의 확인소송[32]이 있다.

④ 처분에 이르는 절차적 요건의 존부나 효력 유무에 관한 소송으로서 그 소송결과에 따라 처분의 위법 여부에 직접 영향을 미치는 법률관계에 관한 소송으로 도시정비법상 관리처분계획안에 대한 조합 총회결의 무효

찬가지로 허용되지 않는다고 판시하였다(대법원 2021. 12. 30. 선고 2018다241458 판결).

26) 대법원 1998. 10. 23. 선고 98두12932 판결.

27) 서울대공전술연구소 연구원에 대한 대법원 1993. 9. 14. 선고 92누4611 판결; 서울시립무용단원에 대한 대법원 1995. 12. 22. 선고 95누4636 판결; 공중보건의사에 대한 대법원 1996. 5. 31. 선고 95누10617 판결; 광주시립합창단원에 대한 대법원 2001. 12. 11. 선고 2001두7794 판결; 국방홍보원장에 대한 대법원 2002. 11. 26. 선고 2002두5948 판결. 다만 대법원 1995. 10. 13. 선고 95다184 판결에서는 창덕궁관리소장의 1년 단위 비원안내원 채용계약을 사법상 계약으로 보았다.

28) 대법원 1996. 2. 15. 선고 94다31235 전원합의체 판결; 대법원 1997. 11. 28. 선고 95다43594 판결.

29) 대법원 2025. 2. 20. 선고 2024두52427 판결. 도시정비법상 재개발·재건축사업의 사업시행자가 신탁업자인 경우에는 사업시행을 위한 조합이 설립되지 않아 조합원의 지위가 예정되어 있지 않으나, 도시정비법의 관련 조항의 해석상 토지등소유자는 사업시행자인 신탁업자를 상대로 당사자소송에 의하여 '위탁자' 지위의 확인을 구하는 소를 제기할 수 있다는 취지이다.

30) 대법원 1990. 10. 23. 선고 90누4440 판결의 사안은 훈기부상 화랑무공훈장을 수여받은 것으로 기재되어 있는 원고가 태극무공훈장을 수여받은 자임을 확인하라는 것이었다. 다만 위 소송은 당사자소송이기 때문에 권리주체인 국가를 피고로 삼았어야 하는데 원고가 총무처장관을 상대로 위 소송을 제기하였다가 각하되었다. 마찬가지로 대법원 1991. 1. 25. 선고 90누3041 판결에서는 영관 생계보조기금 권리자 확인소송을 당사자소송으로 보았으나 원고가 권리주체가 아닌 재향군인회장과 국방부장관을 상대로 제기하였다는 이유로 위 소를 각하하였다.

31) 대법원 1991. 9. 24. 선고 90누9292 판결.

32) 대법원 2001. 8. 24. 선고 2001두2485 판결; 대법원 2001. 9. 4. 선고 99두10148 판결.

확인소송이 있다.[33] 종래 대법원은 관리처분계획안에 대한 조합 총회결의를 기본행위로 보고, 행정청의 인가·고시를 보충행위인 인가처분으로 보았다. 따라서 인가처분에만 하자가 있는 경우에는 그 인가처분의 취소나 무효확인을 구할 수 있지만 조합 총회결의에 하자가 있는 경우 조합 총회결의를 다퉈야지 보충행위인 인가처분을 다툴 것이 아니라고 하였다. 또한 기본행위인 조합 총회결의를 다투는 소송은 민사소송이고 행정청의 인가·고시 등이 완료된 후라도 소의 이익이 없어지지 않는다고 하였다. 그러나 최근 입장을 바꿔서 관리처분계획안에 대한 조합 총회결의는 관리처분계획이 인가·고시되기 전에는 조합 총회결의를 당사자소송으로 다툴 수 있지만, 관리처분계획이 인가·고시된 후에는 관리처분계획에 대한 항고소송으로 다투어야 하고 그와 별도로 처분에 이르는 절차적 요건 중 하나에 불과한 총회결의 부분만 따로 떼어 내어 효력 유무를 다투는 확인의 소를 제기하는 것은 특별한 사정이 없는 한 허용되지 않는다고 하였다. 즉, 원고가 인가·고시 전에 당사자소송을 제기하여 조합 총회결의를 다투는 것은 허용되나, 일단 인가·고시가 된 후라면 이를 다투는 것이 허용되지 않는다고 하면서, 인가·고시 전후를 불문하고 민사소송으로 총회결의의 하자를 다툴 수 있다고 한 기존 입장을 변경한 것이다.

(3) 이행소송의 경우

이행소송의 경우에는 확인소송과는 달리 청구취지에서는 일정의 금원의 지급, 특정물의 인도청구 등만 표시되고 그에 이르게 된 법적인 관점은 표시되지 않기 때문에, 법률요건이 기재된 청구원인의 보충이 있어야 소송물을 특정할 수 있게 된다. 따라서 판례는 소송물을 청구원인에 기재된 실체적 권리 내지 법률관계로 파악하고, 그 성질에 따라 당사자소송인지 민사소송인지 구분하고 있다. 아래에서는 대법원에서 당사자소송인지 여부가 문제가 되었던 것을 유형별로 살펴본다.

---

33) 대법원 2009. 9. 17. 선고 2007다2428 전원합의체 판결. 재건축조합을 상대로 한 사업시행계획안에 대한 조합 총회결의의 무효확인소송에 관해서는 대법원 2009. 10. 15. 선고 2008다93001 판결 참조.

(가) 법령이 정한 지급요건을 갖추면 당연히 발생하는 공법상의 금전급부청구

판례에 의하면, ① 석탄사업법령에 의한 석탄가격안정지원금,[34] 재해위로금,[35] 폐광대책비[36] 지급청구소송, ② 법령의 개정에 따른 감액된 연금의 지급청구소송,[37] ③ 광주민주화운동관련자 보상 등에 관한 법률상의 보상금 지급청구소송,[38] ④ 공무원의 연가보상비청구소송,[39] 초과근무수당 지급청구소송,[40] 법관의 명예퇴직수당청구소송,[41] ⑤ 토지보상법상 세입자들의 주거이전비 보상청구소송,[42] ⑥ 근로복지공단의 평균임금결정에 관하여 차액의 지급을 구하는 소송[43] 등은 당사자소송절차에 의하여야 한다.

그러나, 토지보상법상 환매대금 증감소송은 민사소송절차에 의하여야 하고, 대법원도 같은 입장에 있다.[44] 환매가격은 원칙적으로 해당 토지에 대하여 지급받은 보상금에 상당하는 금액이나 그 토지의 가격이 협의취득일 또는 수용개시일 당시에 비하여 현저히 변동되었을 때에는 사업시행자 및 환매권자는 환매금액에 대하여 서로 협의하되, 협의가 성립되지 않은 때에는 그 금액의 증감을 법원에 청구할 수 있다. 그런데, 이러한 환매권의 법적 성질에 관하여 다툼이 없는 것은 아니지만, 피수용자가 자기의 이익을 위하여 일방적으로 행사함으로써 환

34) 대법원 1997. 5. 30. 선고 95다28960 판결; 대법원 2001. 2. 23. 선고 99두8411 판결; 대법원 2001. 7. 10. 선고 99두6378 판결.

35) 대법원 1999. 1. 26. 선고 98두12598 판결; 대법원 1998. 12. 23. 선고 97누5046 판결; 대법원 2002. 3. 29. 선고 2001두9592 판결.

36) 대법원 1993. 10. 12. 선고 93누13209 판결.

37) 연금지급에 관한 소송이 항고소송인지 당사자소송인지의 문제에 관한 자세한 사항은 후술한다. 여기에서 중요한 점은 연급수급권은 사법상의 권리가 아니라 공법상의 권리라는 것이다.

38) 대법원 1992. 12. 24. 선고 92누3335 판결에서는 위 보상금청구소송을 당사자소송으로 보았으나, 항고소송으로 보았어야 하지 않나 하는 의문을 제기하는 견해도 있다. 한편, 2000. 1. 12. 법률 제6223호로 제정된 민주화운동 관련자 명예회복 및 보상 등에 관한 법률 소정의 보상금 등을 청구하는 소송도 항고소송인지 당사자소송인지의 다툼이 있는데, 대법원 2008. 4. 17. 선고 2005두16185 전원합의체 판결에서는 이를 항고소송으로 보았다.

39) 대법원 1999. 7. 23. 선고 97누10857 판결.

40) 대법원 2013. 3. 28. 선고 2012다102629 판결.

41) 대법원 2016. 5. 24. 선고 2013두14863 판결.

42) 대법원 2008. 5. 29. 선고 2007다8129 판결. 주거이전비 보상청구소송의 경우 토지보상법 시행규칙에 정해진 요건만 충족하면 소정의 주거이전비를 바로 청구할 수 있기 때문에 재결을 거칠 필요가 없다고 판시한 것이라고 생각된다.

43) 대법원 2003. 3. 28. 선고 2002두11028 판결.

44) 대법원 2013. 2. 28. 선고 2010두22368 판결.

매의 효과가 생기는 형성권이어서, 사업시행자의 동의를 요하지 않고 직접 매매의 효과를 발생시키는 사법상의 권리이고, 토지보상법 제91조 제4항에서는 구 공공용지의 취득 및 손실보상에 관한 특례법 제9조 제3항과는 달리 토지수용위원회에 재결을 거칠 필요 없이 "그 금액의 증감을 법원에 청구"하도록 규정하고 있기 때문이다.[45)]

(나) 손실보상청구소송

현행법상 손실보상금의 결정 및 불복절차는 크게 ① 토지보상법 제34조, 제83조 내지 제85조에 규정된 절차 및 방법에 의하도록 한 경우(국토계획법 제131조 제4항, 도시개발법 제65조 제4항, 공유수면 관리 및 매립에 관한 법률 제32조, 하천법 제76조 제4항, 도로법 제99조 등), ② 사업주체인 행정청 또는 토지수용위원회 등 제3의 행정청이 일방적으로 보상금액을 결정하도록 하면서(당사자 간에 협의를 거친 후 협의 불성립시 재결신청에 의하여 토지수용위원회 등이 재결하도록 한 경우 포함), 그 결정이나 재결에 대한 불복방법을 특별히 규정하고 있지 않은 경우, ③ 전심절차를 거쳐 보상금 지급청구의 소를 제기하도록 되어 있는 경우(징발법 제24조의2), ④ 법률에서 재산권 침해와 그에 대한 보상의무에 관해서만 규정하고, 보상금 결정방법 및 불복절차에 관하여 아무런 규정을 두지 않은 경우(문화재보호법 제46조, 수산업법 제88조, 광업법 제34조 제3항)의 네 가지로 나누어 볼 수 있다.[46)]

위 ①의 경우는 토지보상법 제85조 제2항에 따라 지방 또는 중앙토지수용위원회의 재결에 대하여 보상금을 지급할 자를 피고로 삼아 형식적 당사자소송인 보상금증감의 소를 제기하여야 하고, ②의 경우는 행정청 또는 토지수용위원회의 보상금 결정 또는 재결의 취소를 구하는 항고소송을 제기하여야 한다. ③의 경우에는 전심절차를 거친 후에 보상금 지급청구소송을 제기할 수 있고, ④의 경우는 곧바로 보상금 지급청구소송을 제기할 수 있다. 그런데 ③, ④의 경우 소

45) 공익사업 용지의 취득과 손실보상에 관한 제도는 과거에 토지수용법과 공공용지의 취득 및 손실보상에 관한 특례법으로 이원적으로 운용되고 있었는데, 위 두 법은 2003. 1. 1.부터 토지보상법으로 통합되었다. 구 공특법 제9조 제3항에서 환매대금의 증감을 청구하기 위해서는 토지수용위원회의 재결을 거치도록 규정하고 있었기 때문에, 판례는 그 소송유형을 공법상 당사자소송이라고 해석하였던 것이다(대법원 2002. 6. 14. 선고 2001다24112 판결). 반면에 구 토지수용법 제71조 제5항에서는 환매대금의 증감을 바로 법원에 청구할 수 있도록 규정하고 있어서 명백히 선언하지는 않았지만 민사소송으로 취급하였었다(대법원 1992. 6. 23. 선고 92다7832 판결 참조).

46) 이상의 분류는 서울고등법원 재판실무개선위원회, 행정소송실무편람, 103-104면 참조.

송의 유형이 문제가 된다.

종래의 판례에 따르면, 징발법상 손실보상청구권,[47] 수산업법상 손실보상청구권,[48] 특정다목적댐법 제41조상의 손실보상청구권[49] 등을 사법상의 권리로 보고, 그에 관한 소송을 민사소송으로 처리하고 있었다.

대법원은 법률 제3782호 하천법 중 개정법률 부칙 제2조와 하천구역 편입토지 보상에 관한 특별조치법 제2조에 따라 개정 하천법의 시행일인 1984. 12. 31. 전에 하천구역으로 편입된 토지에 관한 손실보상청구권의 법적 성질도 사법상의 권리로 보고 그에 대한 쟁송을 민사소송절차에 의하여야 한다는 입장을 취해 왔다.[50] 그런데, 전원합의체 판결로 입장을 변경하고, 위 손실보상청구권은 하천법 본칙이 원래부터 규정하고 있던 하천구역에의 편입에 의한 손실보상청구권과 다르지 않아 공법상의 권리임이 분명하므로, 그 손실보상금의 지급을 구하거나 손실보상청구권의 확인을 구하는 소송은 당사자소송에 의하여야 한다고 판시하였다.[51]

손실보상은 재산권에 대한 적법한 공권적 침해로 인하여 발생한 특별한 희생을 전보하기 위하여 행하는 공법에 특유한 제도이므로, 손실보상청구권은 개인의 공권력주체에 대한 권리로서 공권으로 보아야 한다.[52] 위 전원합의체 판결은 이러한 견해를 받아들인 것으로 평가되므로, 위 전원합의체 판결을 계기로 다른 손실보상청구소송에 관해서도 대법원의 입장이 조만간 변경될 것이라고 기대한다.

---

47) 대법원 1969. 6. 10. 선고 68다2389 판결; 대법원 1970. 3. 10. 선고 69다1886 판결; 대법원 1981. 5. 26. 선고 80다2542 판결.

48) 대법원 1996. 7. 26. 선고 94누13848 판결; 대법원 1998. 2. 27. 선고 97다46450 판결; 대법원 2000. 5. 26. 선고 99다37382 판결; 대법원 2001. 6. 29. 선고 99다56468 판결.

49) 대법원 1997. 9. 5. 선고 96누1597 판결. 특정다목적댐법은 댐건설 및 주변지역지원 등에 관한 법률(댐건설법)이 2000. 3. 8. 시행되면서 폐지되었고, 현행 댐건설법 제11조 제3항에서는 토지 등의 수용이나 사용에 관하여 토지보상법을 준용하도록 규정하고 있다.

50) 대법원 1990. 12. 21. 선고 90누5689 판결; 대법원 1991. 4. 26. 선고 90다8978 판결; 대법원 1996. 1. 26. 선고 94누12050 판결; 대법원 2002. 11. 8. 선고 2002다46065 판결; 대법원 2003. 5. 13. 선고 2003다2697 판결.

51) 대법원 2006. 5. 18. 선고 2004다6207 전원합의체 판결.

52) 그러나 사전적 완전보상을 전제로 하는 손실보상청구권에 대해서는 재산권보장을 위한 강제매수에 따른 대금지급의 성격을 가지는 것에 불과하므로 사법적 성격을 지닌다는 견해도 없는 것은 아니다[이광윤, '행정소송법 개정안에 대한 검토', 행정소송법 개정자료집 Ⅱ, 법원행정처(2007), 1075면 참조].

(다) 공법상 부당이득반환청구

공법상 부당이득반환청구권의 성질에 관하여 사권설과 공권설의 대립이 있다. 사권설은 비록 공법상의 원인에 의하여 급부되어진 것이라고 할지라도 그 원인이 무효이거나 취소됨으로써 부당이득이 되는 것인데, 부당이득은 사법상의 제도이므로 그 반환청구권은 사권이라는 견해이다. 이에 대하여 공권설은 공법상의 원인에 기하여 생긴 결과의 조정을 위한 제도는 공법적인 것으로 보아야 하므로 공법상의 부당이득반환청구권도 공권의 성질을 가진다는 견해이다.

대법원은 "무효인 조세부과처분에 의하여 그 세금을 피고에게 납입하였으니 이것을 도로 내놓으라는 것이 이 사건 청구원인이다. 이러한 청구는 민사소송으로 가능한 것이지 굳이 행정소송으로 소구할 성질의 것은 아니다."[53]라고 판시한 이래로 일관되게 사권설을 취하고 있었다.[54]

그런데, 부가가치세 환급세액의 지급을 구하는 소송에 관해서는 민사소송이 아닌 공법상 당사자소송으로 제기하여야 한다는 전원합의체 판결을 선고하여, 그동안의 입장과는 다른 태도를 보였다. 즉, "납세의무자에 대한 국가의 부가가치세 환급세액 지급의무는 그 납세의무자로부터 어느 과세기간에 과다하게 거래징수된 세액 상당을 국가가 실제로 납부 받았는지 여부와 관계없이 부가가치세 법령의 규정에 의하여 직접 발생하는 것으로서, 그 법적 성질은 정의와 공평의 관념에서 수익자와 손실자 사이의 재산상태 조정을 위해 인정되는 부당이득 반환의무가 아니라 부가가치세법령에 의하여 그 존부나 범위가 구체적으로 확정되고 조세 정책적 관점에서 특별히 인정되는 공법상 의무라고 봄이 타당하다."라고 판시하여,[55] 잘못 납부된 국세환급금의 반환청구권의 성질을 부당이득반환적 성질에서 기인한 사권이 아닌 공법상 의무에서 도출되는 공권으로 보았다. 또한 개별 세법에서 정한 환급세액의 반환을 일률적으로 부당이득반환이라고 본 기존의 판결을 변경하였다.[56]

본래 국세환급금은 납부 또는 징수의 기초가 된 신고 또는 부과처분이 부존

53) 대법원 1969. 12. 9. 선고 69다1700 판결.
54) 대법원 1984. 12. 26. 선고 82누344 판결; 대법원 1989. 6. 15. 선고 88누6436 판결; 대법원 1990. 2. 13. 선고 88누6610 판결; 대법원 1991. 2. 6.자 90프2 결정; 대법원 1995. 4. 28. 선고 94다55019 판결; 대법원 2004. 3. 25. 선고 2003다64435 판결 등 다수.
55) 대법원 2013. 3. 21. 선고 2011다95564 전원합의체 판결.
56) 대법원 1987. 9. 8. 선고 85누565 판결; 대법원 1988. 11. 8. 선고 87누479 판결 등.

재하거나 무효임에도 불구하고 납부 또는 징수된 오납액의 경우에는 처음부터 법률상 원인이 없으므로 납부 또는 징수시에 바로 확정된다. 또한 신고 또는 부과처분이 무효는 아니나 사후에 취소 또는 경정됨으로써 그 전부 또는 일부가 감소된 초과납부액의 경우에는 신고 또는 부과처분의 취소 또는 경정에 의하여 조세채무의 전부 또는 일부가 소멸한 때에 확정된다. 한편, 적법하게 납부 또는 징수되었으나 그 후 국가가 보유할 정당한 이유가 없게 되어 각 개별세법에서 환부하기로 정한 환급세액은 각 개별 세법에서 규정한 환급요건에 따라 확정된다.

위 전원합의체 판결은 위와 같은 환급규정에 의한 환급금 반환청구의 경우에는 기존의 판례를 변경하여 공법상 당사자소송을 제기하여야 한다고 하였으나, 그것이 아닌 조세의 과오납에 의한 과오납금 반환청구의 경우에는 민사소송으로 본 기존의 판결들을 변경하지는 않았다.[57] 오히려 그 이후 선고된 판결에서는 과오납금의 반환을 민사소송으로 구할 수 있다고 판시하였다.[58] 그러나 개인적으로는 뒤에서 설명하는 것처럼 과오납금 반환청구권의 경우에도 공권으로 보아야 한다고 생각한다.

(라) 국가배상청구

대법원은 공무원의 불법행위나 공공시설의 하자로 인한 국가배상청구사건에 관해서도, “국가 또는 공공단체에 대하여 그의 불법행위를 이유로 손해배상을 구함은 국가배상법이 정한 바에 따른다 하여도 이 역시 민사상의 손해배상책임을 특별법인 국가배상법에 정한 데 불과하다.”라고 판시하였다.[59] 국가배상사건은 실무상으로도 민사소송으로 취급되고 있다.

(마) 행정주체 상호간의 비용상환청구 등

법규에 의하여 관리주체와 비용부담주체가 다르게 정해져 있는 때 관리주체가 비용을 구하는 소나 비용부담주체가 과불금의 반환을 구하는 소, 국가와 지방자치단체 중 공무원을 선임·감독한 자와 비용부담자가 다른 때 어느 하나가 국가배상을 시행하고 내부관계에서 그 손해를 배상할 책임이 있는 자에게 행사

57) 대법원 1988. 2. 23. 선고 87누438 판결(방위세); 대법원 1989. 6. 15. 선고 88누6436 전원합의체 판결(소득세); 대법원 1990. 2. 13. 선고 88누6610 판결(양도소득세); 대법원 2009. 3. 26. 선고 2008다31768 판결(부가가치세); 대법원 1991. 2. 6.자 90프2 결정(증여세).

58) 대법원 2015. 8. 27. 선고 2013다212639 판결.

59) 대법원 1972. 10. 10. 선고 69다701 판결; 대법원 1971. 4. 6. 선고 70다2955 판결.

하는 구상금청구소송(국가배상법 제6조 제2항) 등에 관하여, 판례는 민사소송사항으로 보고 있다.[60]

(바) 공법상의 계약에 관한 소송

공법상의 계약은 행정주체 상호간, 또는 행정주체와 사인 간에 공법적 효과의 발생을 내용으로 하는 계약이다. 이러한 공법상 계약의 효력, 의무이행에 관련된 분쟁은 공법상 당사자소송으로 해결되어야 한다. 그러나, 대법원은 이미 민사소송으로 다루고 있었던 판례를 일일이 판례변경절차를 거쳐 폐기 · 변경하는 것에 대한 현실적 어려움, 파기이송 후 처음부터 다시 소송절차를 밟아야 하는 당사자의 부담 등을 고려하여, 당사자 사이에서 관할위반 여부가 소송상 쟁점이 되거나 행정소송법상의 특칙이 반드시 적용되어야 하는 경우 등이 아닌 이상 기왕에 민사소송으로 다루어진 사건을 일일이 파기이송하여 공법상 당사자소송으로 다루게 하고 있지는 않고 있다.[61]

그런데, 행정주체와 사인 간의 계약은 대등한 관계를 전제로 하기 때문에 공법상의 계약인지 사법상의 계약인지 구별하기 매우 어려운 경우가 많다. 이러한 경우에는 그 계약을 통해 취해지는 업무의 목적 및 계약의 전체적 성격에 비추어 공법상의 계약인지 여부를 결정할 수밖에 없을 것이다. 이에 대하여 대법원은 "어떠한 계약이 공법상 계약에 해당하는지는 계약이 공행정 활동의 수행 과정에서 체결된 것인지, 계약이 관계 법령에서 규정하고 있는 공법상 의무 등

---

60) 대법원 1998. 7. 10. 선고 96다42819 판결.

61) 이러한 실무에 대한 설명은 이상덕, '민간투자사업에서 법인세율 인하효과를 반영하는 방법에 관한 분쟁에서 법원의 역할', 대법원 판례해설 제12호, 법원도서관(2019), 17면 참조. 가령 민간투자법에 따른 실시협약의 경우에는 공법상 계약으로 파악하는 견해가 다수설이고, 대법원도 명시적으로 밝히고 있지는 않지만 공법상 계약설을 전제로 위 협약의 공법적 특수성 등을 설시하고 있다(대법원 2021. 5. 6. 선고 2017다273441 전원합의체 판결, 대법원 2021. 6. 24. 선고 2020다270121 판결). 그런데, 실시협약의 해지에 따른 해지시지급금청구소송(대법원 2018. 7. 24. 선고 2016다205687 판결), 실시협약상 의무 위반을 원인으로 한 손해배상청구 또는 지체상금부존재확인청구소송(대법원 2008. 5. 15. 선고 2007다42716 판결, 대법원 2014. 11. 13. 선고 2012다119948 판결), 실시협약 기간만료 또는 해지에 따른 부동산 인도청구소송(대법원 2014. 7. 10. 선고 2014다209432 판결, 대법원 2015. 6. 11.자 2015다208672 판결), 실시협약의 무효를 원인으로 한 손해배상청구소송(대법원 2012. 6. 28. 선고 2011다88313 판결), 실시협약 해제를 원인으로 한 손해배상청구소송(대법원 2008. 2. 14. 선고 2006다37892 판결, 대법원 2012. 10. 11. 선고 2010다3162 판결)을 민사소송으로 다루었다. 반면에 민간투자법상 실시협약에 따른 재정지원금의 지급을 구하는 소송은 당사자소송으로 다루었다(대법원 2019. 1. 31. 선고 2017두46455 판결).

의 이행을 위해 체결된 것인지, 계약 체결에 계약 당사자의 이익만이 아니라 공공의 이익 또한 고려된 것인지 또는 계약 체결의 효과가 공공의 이익에도 미치는지, 관계 법령에서의 규정 내지 그 해석 등을 통해 공공의 이익을 이유로 한 계약의 변경이 가능한지, 계약이 당사자들에게 부여한 권리와 의무 및 그 밖의 계약 내용 등을 종합적으로 고려하여 판단하여야 한다."라고 판시하고, 공법상 계약의 한쪽 당사자가 다른 당사자를 상대로 그 이행을 청구하는 소송 또는 이행의무의 존부에 관한 확인을 구하는 소송은 공법상 법률관계에 관한 분쟁이므로 분쟁의 실질이 공법상 권리·의무의 존부·범위에 관한 다툼이 아니라 손해배상액의 구체적인 산정방법·금액에 국한되는 등의 특별한 사정이 없는 한 공법상 당사자소송으로 제기하여야 한다는 입장에 있다.[62]

이에 대하여 사경제주체로서 국가나 지방자치단체와 상대방과의 계약은 사법상 계약으로 취급된다. 국가나 지방자치단체가 사인과 물품매매계약·건물임대차계약·공사도급계약 등을 체결하거나 국·공유 일반재산을 대부·매각·교환·양여하는 행위에 대하여, 대법원은 국가나 지방자치단체가 사경제주체로서 행하는 사법상의 계약이라고 보고 있다. 국가나 지방자치단체가 사인과 물품매매계약·건물임대차계약·공사도급계약 등을 체결하기 위해서는 국가를 당사자로 하는 계약에 관한 법률(국가계약법)이나 지방자치단체를 당사자로 하는 계약에 관한 법률(지방계약법)이 적용되므로, 위 법령에 따라 계약서를 따로 작성하여야 하고 경쟁입찰에 의하여야 한다는 등 요건과 절차를 이행하여야 하며, 이러한 법령상 요건과 절차를 거치지 않은 국가와 사인 사이에 계약은 효력이 없다.[63] 그런데, 대법원은 위와 같이 국가나 지방자치단체가 당사자가 되는 공공계약이 국가계약법의 적용을 받는 경우에도 사법상의 계약으로 취급하여, 사적자치와 계약자유의 원칙 등 사법의 원리가 그대로 적용된다는 것이다.[64] 따라서 국가를 당사자

62) 대법원 2023. 6. 29. 선고 2021다250025 판결. 위 판결에서 산업기술혁신 촉진법 제11조 제2항에 의한 산업기술개발사업에 관한 협약은 공법상 계약에 해당하고 그에 따른 계약상 정산의무의 존부·범위에 관한 분쟁은 공법상 당사자소송의 대상이라고 판시하였다.

63) 대법원 2015. 1. 15. 선고 2013다215133 판결.

64) 대법원 2016. 6. 10. 선고 2014다200763, 200770 판결. 따라서 계약담당공무원이 국가계약법령과 세부심사기준에 어긋나게 적격심사를 한 경우에도 그것만으로 무효가 되는 것이 아니고 이를 위배한 하자가 입찰절차의 공공성과 공정성이 현저히 침해될 정도로 중대할 뿐 아니라 상대방도 이러한 사정을 알았거나 알 수 있었을 경우 또는 선량한 풍속 기타 사회질서에 반하는 행위에 의하여 이루어진 것이 분명한 경우에 한하여 민법상의 법리에 따

로 하는 계약에 관한 법률에 따라 국가나 지방자치단체가 당사자가 되는 공공계약을 둘러싼 분쟁은 민사소송사항이 된다.[65]

판례에 의하면, 공공사업의 시행자가 그 사업에 필요한 토지를 협의취득하는 행위도 토지수용의 경우와는 달리 사경제주체로서 하는 사법상의 법률행위에 지나지 않는다.[66]

라. 판례이론의 문제점

(1) 행정소송법 제3조 제2호의 해석문제

제정 행정소송법 제1조는 당사자소송에 관한 별도의 적극적인 정의규정을 두지 않은 채, "행정청 또는 그 소속기관의 위법에 대한 그 처분의 취소 또는 변경에 관한 소송 기타 공법상의 권리관계에 관한 소송절차는 본법에 의한다."라고만 규정하고 있었다. 당시의 학설과 판례는 위 규정 후단의 "공법상 권리관계에 관한 소송"이 당사자소송을 의미하는 것으로 해석하면서 일본의 지배적인 학설과 판례를 참조하여 소송물이 사법상의 것이면 민사소송이고 공법상의 것이면 당사자소송이라고 설명하였다.[67]

그런데, 1984. 12. 15. 법률 제3754호로 전문개정된 행정소송법 제3조 제2호에서는 당사자소송을 "행정청의 처분 등을 원인으로 하는 법률관계에 관한 소송 그밖에 공법상의 법률관계에 관한 소송으로서 그 법률관계의 한쪽 당사자를 피고로 하는 소송"이라고 적극적으로 정의하고 있다. 따라서 이제는 종전과 달리

라 무효가 된다.

65) 대법원 2001. 12. 11. 선고 2001다33604 판결; 대법원 2006. 4. 28. 선고 2004다50129 판결; 대법원 2006. 6. 19.자 2006마117 결정.

66) 대법원 1991. 1. 29. 선고 90다카25017 판결; 대법원 1992. 10. 13. 선고 91다34394 판결; 대법원 1994. 12. 13. 선고 94다25209 판결; 대법원 1995. 10. 13. 선고 95다25497 판결; 대법원 1996. 6. 25. 선고 95다6601 판결. 따라서 당사자 사이의 합의로 손실보상금을 정할 수 있고 그에 따라 구속력이 발생하므로, 손실보상금에 관한 합의 내용이 토지보상법에서 정한 손실보상의 기준에 맞지 않더라도 그 합의가 착오 등을 이유로 적법하게 취소되지 않는다면 추가로 토지보상법상의 기준에 따른 손실보상금을 청구할 수 없다(대법원 2013. 8. 22. 선고 2012다3517 판결). 아울러 협의과정에서 건물소유자가 매매대상 건물에 대한 철거의무를 부담하겠다는 취지의 약정을 하였다고 하더라도 이러한 철거의무는 공법상의 의무가 될 수 없으므로, 행정대집행법에 의한 대집행의 대상이 되지도 않는다(대법원 2006. 10. 13. 선고 2006두7096 판결).

67) 최형기, '과오납금환급청구소송의 성격 — 실질적 당사자소송과 쟁점소송의 구별 —', 재판자료 제60집: 조세사건에 관한 제문제(상), 법원도서관(1993), 398면.

당사자소송과 민사소송의 구별은 소송물의 전제가 되는 법률관계를 기준으로 그것이 공법상 법률관계면 당사자소송이고, 사법상 법률관계면 민사소송이라는 견해를 취할 수밖에 없다.

먼저 입법의도를 살펴보면, 행정소송법 개정 당시의 법무부 공법연구특별위원회가 마련한 개정시안 제5조에서는 당사자소송을 “법령이나 처분 등의 무효, 부존재 또는 위법을 전제로 하는 공법상의 법률관계에 관한 소송, 공법상 지위 또는 신분의 확인을 구하는 소송, 공법상 사무관리 또는 공법상 계약에 관한 소송 및 공법상의 금전지급을 구하는 소송으로서 그 법률관계의 한쪽 당사자를 피고로 하는 소송”이라고 정의하였다. 그런데, 이와 같이 항목을 개별적, 구체적으로 나열하는 규정형식은 적절하지 못하므로 포괄적으로 개념을 정의하는 편이 좋다는 법원 측의 의견을 받아들여 시안에 열거된 내용을 “행정청의 처분 등을 원인으로 하는 법률관계에 관한 소송”이라고 규정하고, 그 부분을 “그밖에 공법상의 법률관계에 관한 소송”의 적극적 내용의 하나로 예시하는 형식으로 다듬어 현행 행정소송법과 같이 되었던 것이다.[68]

다음으로 입법형식의 면에서 보아도 같은 결론이 된다. 입법의 형식은 크게 그 규율대상에 포섭되는 모든 사례를 구성요건으로 빠짐없이 열거하는 방식과 규율대상의 공통적인 징표를 모두 포섭하는 용어를 구성요건으로 규정하는 방식 등으로 나뉜다. 전자는 규율대상이 명확하다는 장점이 있는 반면 경우에 따라서는 법규범의 흠결이 발생하는 것을 막을 수 없다는 단점이 있고, 후자는 규율대상을 모두 포섭할 수 있다는 장점이 있는 반면 법률을 해석·적용할 때 자의가 개입함으로써 규율대상을 무한히 확대해 나갈 우려가 있다는 단점이 있다. 위와 같은 두 가지 규율방식의 단점을 보완하기 위하여 ‘예시적 입법’이라는 규율방식을 채택하는 경우가 있다. 예시적 입법에서는 규율대상인 대전제를 규정함과 동시에 구성요건의 외연에 해당되는 개별사례를 예시적으로 규정하게 된다. 행정소송법 제3조 제2호는 규정형식으로 볼 때 바로 그 예시적 입법에 해당한다. 따라서 “행정청의 처분 등을 원인으로 하는 법률관계에 관한 소송”은 “공법상의 법률관계에 관한 소송”의 대표적인 예시에 해당하게 되므로, 후자는 공법상 원인에

68) 최형기, ‘과오납금환급청구소송의 성격 — 실질적 당사자소송과 쟁점소송의 구별 —’, 404-405면 참조.

의해 발생하는 법률관계에 관한 소송이라고 해석하는 것이 타당하다.69)

(2) 판례에 의한 공사법 구별에 대한 지적

대법원은 공법상 금전급부청구권을 대체로 사법상의 청구권으로 보는 경향이 있다. 그러나 판례이론대로 소송물을 기준으로 당사자소송과 민사소송을 구별하더라도 판례가 사권으로 보았던 금전급부청구권은 공권으로 볼 여지가 많다는 점을 지적하고 싶다.

먼저 대법원은 조세과오납금환급소송에서 보는 것처럼 공법상의 부당이득반환청구권이 민법상의 부당이득반환청구권과 다르지 않다는 입장에 있다.70) 그러나, 독일에서는 이를 공법상의 권리로 파악하는 것이 통설과 판례의 입장이고,71) 그 지도원리는 행정의 법률적합성의 원칙에서 찾는 견해가 유력하다.72) 뿐만 아니라 민법과 비교할 때 세법에서의 부당이득반환청구는 ① 비채변제의 법리가 적용되지 않고,73) 국세기본법이 적용되는 결과 ② 소멸시효도 5년이며, ③ 민법과 달리 과세주체의 선의·악의를 불문하고 납세자가 과다납부한 금액 전액과 이에 대한 일정한 법정이자를 지급하도록 하고 있는 점 등의 특수성이 있다. 따라서 판례이론에 의하더라도 공법상 부당이득반환청구권은 공권으로 볼 소지가 충분하므로, 이를 사법상 권리로 보고 민사소송으로 다루는 대법원 판례는 변경될 필요가 있다.74)

---

69) 같은 취지 최형기, '과오납금환급청구소송의 성격 — 실질적 당사자소송과 쟁점소송의 구별 —', 406면.

70) 앞에서 살펴본 것과 같이 대법원은 그동안의 입장과 달리 부가가치세 환급세액의 지급을 구하는 소송을 민사소송이 아니라 공법상 당사자소송으로 취급하여야 한다는 판결을 선고하였으나(대법원 2013. 3. 21. 선고 2011다95564 전원합의체 판결), 그것이 아닌 조세의 과오납에 대한 반환청구의 경우에 민사소송으로 본 기존의 판례를 변경하지는 않았다.

71) W. Kuhla/J. Hüttenbrink, *Der Verwaltungsprozess*, 3.Auflage, Vertrag C.H. Beck(2002), S.35. 독일의 조세소송에 대해서는 소순무, '조세환급청구소송의 성질론 — 민사소송인가 당사자소송인가 —', 조세법연구 Ⅳ, 세경사(1998), 60면 참조.

72) H. Maurer, *Allgemeines Verwaltungsrecht*, 17.Auflage, Vertrag C.H. Beck(2009), S.783. 한편 민법상 부당이득반환청구권의 지도원리는 공평의 이념이라는 것이 통설이다[지원림, 민법강의 제22판, 홍문사(2025), 1390면].

73) 대법원 1995. 2. 28. 선고 94다31419 판결.

74) 같은 취지 소순무, '조세환급청구소송의 성질론 — 민사소송인가 당사자소송인가 —', 62면; 이동식, '세금을 과다 납부한 납세자의 구제방법', 경북대 법학논고 제17집, 경북대학교 법학연구소(2001), 131면 이하; 이전오, '과오납조세에 대한 구제방법', 법과 행복의 추구: 청암 정경식박사 화갑기념논문집, 박영사(1997), 222면; 최형기, '과오납금환급청구소송의 성격 — 실질적 당사자소송과 쟁점소송의 구별 —', 412면 이하.

국가배상청구권의 경우에도, 공법적 원인으로 인한 손해배상을 규율하는 국가배상법은 사경제작용을 규율하는 민법과는 근본적으로 성격을 달리하므로, 민법과 국가배상법 사이에는 일반법과 특별법의 관계가 성립될 수 없다고 보는 공권설이 행정법 학계에서는 유력하고, 행정주체 상호간의 비용상환청구도 마찬가지이다.75)

한편, 손실보상청구권에 관하여, 대법원은 학설과 달리 사권으로 보았으나 앞에서 본 것처럼 종래의 입장을 변경하여 개정 하천법 부칙 제2조와 하천구역 편입토지 보상에 관한 특별조치법 제2조에 의한 손실보상청구권을 공법상의 권리로 보는 전향적인 태도를 취하였다.

(3) 당사자소송이 실무에서 활용되지 않는 이유와 행정소송법 개정안의 내용

당사자소송이 법원실무에서 잘 활용되지 않고 있는 주된 이유로 당사자소송을 제기할 수 있는 사항이 입법적으로 구체화되어 있지 않고, 당사자소송을 이용함으로써 얻을 수 있는 편익도 많지 않다는 점이 거론된다.76) 그리고 국민들은 이미 판례에 의하여 형성된 이론대로 위 사건들을 민사소송으로 제기하는 데 익숙해져 있는데 굳이 이를 바꿔 혼란을 줄 이유가 없다는 시각도 한몫을 하고 있다. 그러나 위와 같은 소송들을 당사자소송으로 처리하게 되면 전문법관으로 구성된 행정법원에서 사건을 심리하게 되고, 소의 종류의 변경과 피고경정 및 그에 수반하는 제소기간의 소급적용 등 행정소송법상의 특칙이 적용되어 국민의 권리구제에 더 효과적이다.

다음으로, 1994년 개정 전의 행정소송법에 의하면, 고등법원이 당사자소송의 제1심 관할법원이었으므로 당사자소송을 제기하는 경우에는 심급의 이익을 박탈당하는 불이익을 받게 되어 있었다. 그리고 법관은 임용된 후에도 고등법원 판사가 될 때까지 약 10년간 행정사건을 담당할 기회가 없었고, 고등법원 판사가 되고 나서도 겨우 1년 정도밖에 행정사건을 다루어 볼 수 없는 실정이었기 때문에 민사소송이 훨씬 친숙한 것이었다.77) 그런데 사법제도 개혁의 일환으로

75) 서울고등법원 재판실무개선위원회, 행정소송실무편람, 105면.

76) 이에 관한 좀 더 자세한 논의는 안철상, '공법상 당사자소송의 본질과 유형에 관한 일고찰', 221-223면 참조.

77) "조세부과처분이 무효임을 전제로 하여 이미 납부한 세금의 반환을 청구하는 것은 민사상의 부당이득반환청구로서 민사소송절차에 따라야 한다는 것이 당원의 견해인바, 1985. 1. 1.부터 시행하는 현행 행정소송법에 소론과 같은 당사자소송에 관한 규정이 되어 있다고 하

1994년에 개정된 행정소송법과 법원조직법이 시행됨에 따라 1998. 3. 1.부터는 행정소송도 민사소송과 같이 3심제가 되었고, 지방법원과 동격의 행정법원이 설치되었다. 또한 전문화된 행정법원 또는 지방법원 행정부 소속 법관들이 행정소송을 장기간 전담하면서 업무와 관련한 문제들에 대한 연구를 병행함으로써 주목할 만한 성과를 이루었다. 그러나 이러한 성과에도 불구하고 한번 정착된 판례와 실무의 관행에 대한 인식의 전환[78]은 점진적일 수밖에 없었다.

따라서 당사자소송을 활성화하여 행정소송의 전문성을 강화하고 현대형 행정에 대한 권리구제의 실질화를 기하기 위해서는 입법적인 노력이 필요하다. 그리하여 행정소송법 개정안 제3조 제2호에서는 당사자소송을 "행정상 손실보상 · 손해배상 · 부당이득반환이나 그 밖의 공법상 원인으로 발생하는 법률관계에 관한 소송으로서 그 법률관계의 한쪽 당사자를 피고로 하는 소송"이라고 정의하였다.[79] 그러나 유감스럽게도 위와 같은 행정소송법 개정시도는 무산되었다.

3. 항고소송과 관계

가. 항고소송과 당사자소송의 구별문제

(1) 문제의 소재

공법상 급부청구권은 행정청의 심사 · 결정의 개입 없이 법령의 규정에 의하여 직접 구체적인 권리가 발생하는 경우와 관할 행정청의 심사 · 인용결정에 따라 비로소 구체적인 권리가 발생하는 경우로 나눌 수 있다. 이러한 두 가지 유형 중 어느 것에 해당하는지는 관계 법령에 구체적인 권리의 존부나 범위가 명확하게 정해져 있는지, 행정청의 거부결정에 대하여 불복절차가 마련되어 있는지 등을 종합하여 정해질 것이다.

특히 산업재해보상보험법, 공무원연금법 등 각종 사회보장 관련법률에 의한

여 위와 같은 견해를 변경하여야 할 필요가 있다고 보지 아니한다."라고 한 대법원 1991. 2. 6.자 90프2 결정은 그 사고의 단면을 보여 주는 것이라고 생각한다.

78) 앞에서 본 대법원 2006. 5. 18. 선고 2004다6207 전원합의체 판결은 그 인식의 전환을 보여 주는 예일 것이다.

79) 참고로 행정소송법 개정시안에서는 ① 공법상 신분 · 지위 등 그 법률관계의 존부에 관한 확인소송, ② 행정상 손해배상청구소송(자동차손해배상보장법의 적용을 받는 것 제외), ③ 행정상 손실보상 · 부당이득반환 · 원상회복등청구소송, ④ 기타 행정상 급부이행청구소송 등을 당사자소송의 유형으로 예시하였다.

급부청구권을 둘러싼 분쟁을 해결하는 소송의 유형이 항고소송인지 당사자소송인지가 문제이다. 예를 들면, 원고가 퇴직연금과 퇴직수당 모두 그 지급액이 부족하다고 주장하면서 각각의 부족분의 지급을 청구할 때, 급여결정의 취소를 구하는 취소소송 형태를 취하지 않고 당사자소송의 형태로 바로 그 부족분의 이행을 청구할 수 있는지의 문제이다.

(2) 대법원 판례

대법원 판례가 항고소송과 당사자소송을 구분 짓는 가장 결정적인 징표는 청구권 발생에 행정청의 인용결정이 필요한지 여부이다. 어떤 급부청구권이 법령의 요건에 해당하는 것만으로 바로 구체적인 청구권이 발생하는 것이 아니라 행정청의 인용결정에 의하여 비로소 구체적 청구권이 발생하는 경우에는 신청에 대한 행정청의 거부결정이나 일부 거부결정을 대상으로 항고소송을 제기하여야 하고, 행정청의 제1차적 판단이 필요 없이 법령에 의하여 곧바로 구체적 청구권이 발생하는 경우에는 행정청을 상대로 항고소송을 제기함이 없이 곧바로 그 법률관계의 한쪽 당사자를 상대로 급부의 이행을 청구하는 당사자소송을 제기하여야 한다는 것이다.[80] 다시 말하면 행정청의 선결적인 판단이 있어야 되는지, 법령의 규정에 따라 당연히 급여액이 확정되는지 여부에 따라 당사자가 제기하여야 할 소송의 유형을 구분하고 있다.

❑ **대법원 1995. 9. 15. 선고 93누18532 판결(군인연금법상 상이연금[81])**: 군인연금법 제10조, 제5조, 같은 법 시행령 제45조, 제46조의 각 규정을 종합하면, 같은 법에 의한 상이연금 등의 급여를 받을 권리는 법령의 규정에 의하여 직접 발생하는 것이 아니라 위와 같은 급여를 받으려고 하는 자가 소속하였던 군의 참모총장의 확인을 얻어 청구하는 바에 의하여 국방부장관이 인정함으로써 비로소 구체적인 권리가 발생하고, 위와 같은 급여를 받으려고 하는 자는 우선 관계법령에 따라 국방부장관에게 그 권리의 인정을 청구하여 국방부장관이 그 인정청구를 거부하거나 청구 중의 일부만을 인정하는 처분을 하는 경우 그 처분을 대상으로 항고소송을 제기하는 등으로 구체적 권리를 인정받은 다음 비로소 당사자소송으로 그 급여의 지급을 구하여야 할 것이고, 구체적인 권리가 발생하지 않은 상태에서 곧바로 국가를 상대로 한 당사

80) 급부청구권의 요건사실의 확인과 급부액의 인정에 행정청의 조사·확인이나 재량의 여지가 있는 경우라면 항고소송으로, 그렇지 않다면 당사자소송으로 해석할 여지가 높다.

81) 사망보상금에 관해서는 대법원 2021. 12. 16. 선고 2019두45944 판결.

자소송으로 그 권리의 확인이나 급여의 지급을 소구하는 것은 허용되지 아니한다.

❑ **대법원 1996. 12. 6. 선고 96누6417 판결(퇴직일시금[82])**

[사안의 개요] 원고들은 원래 철도청 산하 공무원들이었는데 공무원신분을 상실하고(그 이유는 판결문상으로 알 수 없으나, 공사화와 관련된 것으로 보임) 일반직원으로 근무하다가 퇴직하였는바, 공무원연금관리공단에 퇴직일시금 등을 청구하자 소속기관장은 공무원의 기간만 재직기간으로 기재한 급여청구서를 공무원연금관리공단에 제출하였고, 공무원관리공단은 급여청구서에 기재된 대로 퇴직일시금을 산정하였다. 그 이후 원고들은 일반직원으로 근무한 기간도 재직기간에 산입하여야 하는데 피고가 이를 산입하지 않았다는 이유로 피고의 급여결정에 불복하였다. 원심은 퇴직일시금을 구하는 이 사건은 공법상의 법률관계에서 발생한 퇴직금의 지급을 구하는 것으로서 항고소송의 대상이 아니고, 당사자소송의 일종으로 보았다.

[판시사항] 공무원연금법(1995. 12. 29. 법률 제5117호로 개정되기 전의 것) 제26조 제1항, 제80조 제1항, 공무원연금법 시행령 제19조의2의 각 규정을 종합하면, 같은 법 소정의 급여는 급여를 받을 권리를 가진 자가 당해 공무원이 소속하였던 기관장의 확인을 얻어 신청하는 바에 따라 공무원연금관리공단이 그 지급결정을 함으로써 그 구체적인 권리가 발생하는 것이므로, 공무원연금관리공단의 급여에 관한 결정은 국민의 권리에 직접 영향을 미치는 것이어서 행정처분에 해당하고, 공무원연금관리공단의 급여결정에 불복하는 자는 공무원연금급여재심위원회의 심사결정을 거쳐 공무원연금관리공단의 급여결정을 대상으로 행정소송을 제기하여야 한다.

❑ **대법원 1999. 11. 26. 선고 97다42250 판결(의료보호법상 진료기관의 보호비용):** 구 의료보호법(1995. 8. 4. 법률 제4974호로 개정되기 전의 것) 제1조, 제4조, 제6조, 제11조, 제21조, 같은 법 시행령(1997. 2. 19. 대통령령 제15279호로 개정되기 전의 것) 제17조 제1항, 제2항, 제21조, 같은 법 시행규칙(1997. 9. 1. 보건복지부령 제55호로 개정되기 전의 것) 제28조, 제29조에 따른 의료보호의 목적, 의료보호대상자의 선정절차, 기금의 성격과 조성방법 및 운용절차, 보호기관의 심사결정의 내용과 성격, 진료기관의 보호비용의 청구절차 등에 비추어 볼 때, 진료기관의 보호기관에 대한 진료비지급청구권은 계약 등의 법률관계에 의하여 발생하는 사법상의 권리가 아니라 법

82) 퇴직일시금은 퇴직급여의 일종으로 공무원이 20년 미만 재직하고 퇴직한 때 지급한다는 점에서 그 이상 재직하고 퇴직하는 공무원에 대한 퇴직연금과 차이점이 있다.

에 의하여 정책적으로 특별히 인정되는 공법상의 권리라고 할 것이고, 법령의 요건에 해당하는 것만으로 바로 구체적인 진료비지급청구권이 발생하는 것이 아니라 보호기관의 심사결정에 의하여 비로소 구체적인 청구권이 발생한다고 할 것이므로, 진료기관은 법령이 규정한 요건에 해당하여 진료비를 지급받을 추상적인 권리가 있다 하더라도 진료기관의 보호비용 청구에 대하여 보호기관이 심사결과 지급을 거부한 경우에는 곧바로 민사소송은 물론 공법상 당사자소송으로도 지급청구를 할 수는 없고, 지급거부결정의 취소를 구하는 항고소송을 제기하는 방법으로 구제받을 수밖에 없다.

❑ **대법원 2021. 3. 18. 선고 2018두47264 전원합의체 판결(고용보험법상 육아휴직급여)**: 공법상 각종 급부청구권은 행정청의 심사·결정의 개입 없이 법령의 규정에 의하여 직접 구체적인 권리가 발생하는 경우와 관할 행정청의 심사·인용결정에 따라 비로소 구체적인 권리가 발생하는 경우로 나눌 수 있다. 이러한 두 가지 유형 중 어느 것인지는 관계 법령에 구체적인 권리의 존부나 범위가 명확하게 정해져 있는지, 행정청의 거부결정에 대하여 불복절차가 마련되어 있는지 등을 종합하여 정해진다. (중략) 육아휴직급여 청구권도 관할 행정청인 직업안정기관의 장이 심사하여 지급결정을 함으로써 비로소 구체적인 수급청구권이 발생하는 경우로 앞서 본 후자의 유형에 해당한다. (중략) 따라서 사회보장수급권의 경우 구체적인 권리가 발생하지 않은 상태에서 곧바로 행정청이 속한 국가나 지방자치단체 등을 상대로 한 당사자소송이나 민사소송으로 급부의 지급을 소구하는 것은 허용되지 않는다.

❑ **대법원 2003. 9. 5. 선고 2002두3522 판결(군인연금법상 퇴역연금이 법률의 개정에 의하여 감액된 경우)**: 구 군인연금법(2000. 12. 30. 법률 제6327호로 개정되기 전의 것)과 같은 법 시행령(2000. 12. 30. 대통령령 제17099호로 개정되기 전의 것)의 관계규정을 종합하면, 같은 법에 의한 퇴역연금 등의 급여를 받을 권리는 법령의 규정에 의하여 직접 발생하는 것이 아니라 각 군 참모총장의 확인을 거쳐 국방부장관이 인정함으로써 비로소 구체적인 권리가 발생하고, 위와 같은 급여를 받으려고 하는 자는 우선 관계법령에 따라 국방부장관에게 그 권리의 인정을 청구하여 국방부장관이 그 인정청구를 거부하거나 청구 중의 일부만을 인정하는 처분을 하는 경우 그 처분을 대상으로 항고소송을 제기하는 등으로 구체적 권리를 인정받은 다음 비로소 당사자소송으로 그 급여의 지급을 구하여야 할 것이고, 구체적인 권리가 발생하지 않은 상태에서 곧바로 국가를 상대로 한 당사자소송으로 그 권리의 확인이나 급여의 지급을 소구하는 것은 허용되지 아니한다. 그러나 국방부장관의 인정에 의하여 퇴역

연금을 지급받아 오던 중 군인보수법 및 공무원보수규정에 의한 호봉이나 봉급액의 개정 등으로 퇴역연금액이 변경된 경우에는 법령의 개정에 따라 당연히 개정규정에 따른 퇴역연금액이 확정되는 것이지 구 군인연금법(2000. 12. 30. 법률 제6327호로 개정되기 전의 것) 제18조 제1항 및 제2항에 정해진 국방부장관의 퇴역연금액 결정과 통지에 의하여 비로소 그 금액이 확정되는 것이 아니므로, 법령의 개정에 따른 국방부장관의 퇴역연금액 감액조치에 대하여 이의가 있는 퇴역연금수급권자는 항고소송을 제기하는 방법으로 감액조치의 효력을 다툴 것이 아니라 직접 국가를 상대로 정당한 퇴역연금액과 결정, 통지된 퇴역연금액과의 차액의 지급을 구하는 공법상 당사자소송을 제기하는 방법으로 다툴 수 있다 할 것이고, 같은 법 제5조 제1항에 그 법에 의한 급여에 관하여 이의가 있는 자는 군인연금급여재심위원회에 그 심사를 청구할 수 있다는 규정이 있다 하여 달리 볼 것은 아니다.

❑ **대법원 2004. 12. 24. 선고 2003두15195 판결(공무원연금법상 퇴직연금이 법률의 개정에 의하여 감액된 경우)**: 공무원연금관리공단의 인정에 의하여 퇴직연금을 지급받아 오던 중 공무원연금법령의 개정 등으로 퇴직연금 중 일부 금액의 지급이 정지된 경우에는 당연히 개정된 법령에 따라 퇴직연금이 확정되는 것이지 구 공무원연금법(2000. 12. 30. 법률 제6328호로 개정되기 전의 것) 제26조 제1항에 정해진 공무원연금관리공단의 퇴직연금 결정과 통지에 의하여 비로소 그 금액이 확정되는 것이 아니므로, 공무원연금관리공단이 퇴직연금 중 일부 금액에 대하여 지급거부의 의사표시를 하였다고 하더라도 그 의사표시는 퇴직연금청구권을 형성 · 확정하는 행정처분이 아니라 공법상의 법률관계의 한쪽 당사자로서 그 지급의무의 존부 및 범위에 관하여 나름대로의 사실상 · 법률상 의견을 밝힌 것에 불과하다고 할 것이어서, 이를 행정처분이라고 볼 수는 없고, 그리고 이러한 미지급 퇴직연금에 대한 지급청구권은 공법상 권리로서 그 지급을 구하는 소송은 공법상의 법률관계에 관한 소송인 공법상 당사자소송에 해당한다.

(3) 대법원 판례에 대한 검토

사회보장수급권의 경우에는 법령에서 실체적 요건을 규정하면서 수급권자 여부, 급여액 범위 등에 관하여 행정청이 1차적으로 심사하여 결정하도록 정하고 있는 경우가 많다. 통상 사회보장수급권은 관계 법령에서 정한 실체법적 요건을 충족시키는 객관적 사정이 발생하면 추상적인 급부청구권이 발생하고, 관계 법령에서 정한 절차 · 방법 · 기준에 따라 관할 행정청에 지급신청을 하여 관

할 행정청이 지급결정을 하면 그때 비로소 구체적인 수급권으로 전환되기 때문이다.[83]

대법원 판례에 따르면 공무원연금법이나 군인연금법상 각종 급여는 법령의 요건에 해당하는 것만으로 바로 구체적인 청구권이 발생하는 것이 아니라 행정청의 인용결정에 의하여 비로소 구체적 청구권이 발생하는 경우에 해당하므로 인용신청에 대한 행정청의 거부결정이나 일부 거부결정을 대상으로 항고소송을 제기하여야 한다.[84] 급여사유의 발생, 기여금의 납부, 재직기간의 계산에 필요한 이력사항 기타 공무원 또는 공무원이었던 자의 신분에 관한 사항 등에 대하여 소속 기관장의 확인이 필요하고 그에 따라 공무원연금관리공단이 급여대상자인지 여부와 급여액을 결정하는 것이므로, 법령의 규정에 따라 당연히 급여액이 확정되는 것이 아니기 때문이다. 따라서 항고소송을 제기하지 않고 곧바로 당사자소송으로 권리의 확인이나 급여의 지급을 구할 수는 없다.[85]

다만 퇴직연금에 대하여 최초의 급여결정이 있고 그 이후 법령의 개정에 의하여 연금액의 증감이 있는 경우에는 공무원연금공단의 선결적인 판단 없이 기계적으로 그 수액이 확정되는 것이므로, 이 경우에는 당사자소송을 제기하여야 한다. 퇴직연금은 최초의 급여결정 당시에 이미 요건사실이 모두 확인되었기 때문에 법률이 개정되어 퇴직연금이 감액되더라도 공무원연금관리공단은 당초에 확인된 급여청구의 요건을 다시 확인하는 것이 아니라 단지 법률의 개정내용에 따라 비율이나 보수월액 등을 기초로 향후 지급될 퇴직연금을 산정하는 것에 불과하기 때문이다.

그러나, 아래의 사례에서는 당사자의 신청에 따른 행정청의 거부결정이나 일부 거부결정이 있더라도 이를 항고소송의 대상으로 보지 않았다. 즉, '광주민주화운동관련자 보상 등에 관한 법률'에 의한 보상금 등의 지급에 관한 소송,[86] 피재

83) 대법원 2021. 3. 18. 선고 2018두47264 전원합의체 판결.

84) 대법원은 산업재해보상보험법에 의한 각종 급여청구(대법원 2008. 2. 1. 선고 2005두12091 판결 등), 국가유공자 예우 및 지원에 관한 법률에 의한 각종 급여청구(대법원 1991. 2. 12. 선고 90다10827 판결), 조세범처벌절차법 제16조에 의한 포상금청구(대법원 1996. 4. 23. 선고 95다53775 판결) 등의 경우에도 항고소송절차에 의하여야 한다고 하였다.

85) 이러한 법리는 구체적인 급여를 받을 권리의 확인을 구하기 위하여 소를 제기하는 경우뿐만 아니라, 구체적인 급여수급권의 전제가 되는 지위의 확인을 구하는 경우에도 마찬가지로 적용된다(대법원 2017. 2. 9. 선고 2014두43264 판결).

86) 대법원 1992. 12. 24. 선고 92누3335 판결: 보상심의위원회의 결정을 받은 후에 제기함을

근로자가 석탄합리화사업단에 대하여 가지는 재해위로금의 지급에 관한 소송,[87] 공무원의 연가보상비 청구소송,[88] 법관의 명예퇴직수당청구소송,[89] 평균임금결정에 관한 근로복지공단의 사무착오로 장해연금 선급금을 과소지급받은 당사자가 근로복지공단을 상대로 막바로 그 차액의 지급을 구하는 소송[90] 등은 당사자소송으로 본 것이다. 위 사안들에서 행정청이 법률요건이 충족되어 해당 급부를 이행할 것인지 여부를 결정하는 것처럼 보이지만, 이때의 결정은 상대방의 법률상 지위에 직접적인 법률적 변동을 일으키지 않는 것으로서 처분이 아니라고 본 듯하다.[91]

한편, '민주화운동관련자 명예회복 및 보상 등에 관한 법률'에 따른 보상금의 지급을 구하는 소송과 '특수임무수행자 보상에 관한 법률'에 따른 보상금의 지급을 구하는 소송의 형태에 관해서는 광주민주화운동 보상금 소송과는 달리 항고소송이라고 하였다. 또한, 기반시설부담금에 관한 법률상의 기반시설부담금 납부 후 환급사유가 발생하였다고 주장하면서 환급신청을 하였으나 이를 거부한 경우 그 거부결정에 대해서도 항고소송을 제기하여야 한다.[92]

원칙으로 하고 있기는 하나 신청 후 일정기간 내에 지급에 관한 결정을 하지 않는 경우에는 바로 소송을 제기할 수 있도록 하고 있는 점에 비추어 위 소송을 제기함에 있어 지급신청을 반드시 하여야 함은 별론으로 하고 보상심의위원회의 보상에 관한 결정을 필수적 요건으로 하고 있다고 보여지지 아니하며, 동 법률의 다른 조항을 살펴보아도 보상심의위원회의 보상에 관한 결정에 불복하여 행정심판을 제기할 수 있다거나 동 결정에 불복하여 그 취소 등을 구하는 소송의 제기를 예상하고 있는 조항을 찾아볼 수 없으니, 위 법률 제15조 본문의 규정에서 말하는 보상심의위원회의 결정을 거치는 것은 보상금 지급에 관한 소송을 제기하기 위한 전치요건에 불과하다고 할 것이므로 위 보상심의위원회의 결정은 항고소송의 대상이 되는 행정처분이라고 할 수 없다.

87) 대법원 1999. 1. 26. 선고 98두12598 판결: 재해위로금의 지급청구권은 위 규정이 정하는 지급요건이 충족되면 당연히 발생함과 아울러 그 금액도 확정되는 것이지 위 사업단의 지급결정 여부에 의하여 그 청구권의 발생이나 금액이 좌우되는 것이 아니다.

88) 대법원 1999. 7. 23. 선고 97누10857 판결.

89) 대법원 2016. 5. 24. 선고 2013두14863 판결.

90) 대법원 2003. 3. 28. 선고 2002두11028 판결. 이 판결에서 문제가 된 장해보상연금 선급금이라 함은 장해보상연금을 받게 된 근로자가 청구하는 경우에 해당 장해보상연금의 최초의 일정금액을 미리 지급받을 수 있도록 하는 것을 말한다. 당시의 산업재해보상보험법에 의하면, 장해보상연금은 수급권자의 신청이 있는 경우에는 그 연금의 최초의 1년분 또는 2년분을 선급할 수 있으나, 노동능력을 완전히 상실한 장해등급(제1급 내지 제3급)의 근로자에게는 그 연금의 최초의 1년분 내지 4년분을 선급할 수 있다.

91) 하명호, '사회보장행정에서 권리의 체계와 그 구제', 고려법학 제64호, 고려대학교 법학연구원(2012. 3), 183면 참조.

92) 나아가 행정청의 환급 거부대상이 납부지체로 발생한 지체가산금인 경우에도 마찬가지이

❑ **대법원 2008. 4. 17. 선고 2005두16185 전원합의체 판결**

[보상금 등의 지급대상자에 대한 결정의 성질] '민주화운동관련자 명예회복 및 보상 등에 관한 법률' 제2조 제1호, 제2호 본문, 제4조, 제10조, 제11조, 제13조 규정들의 취지와 내용에 비추어 보면, 같은 법 제2조 제2호 각 목은 민주화운동과 관련한 피해 유형을 추상적으로 규정한 것에 불과하여 제2조 제1호에서 정의하고 있는 민주화운동의 내용을 함께 고려하더라도 그 규정들만으로는 바로 법상의 보상금 등의 지급대상자가 확정된다고 볼 수 없고, '민주화운동관련자 명예회복 및 보상심의위원회'에서 심의·결정을 받아야만 비로소 보상금 등의 지급대상자로 확정될 수 있다. 따라서 그와 같은 심의위원회의 결정은 국민의 권리의무에 직접 영향을 미치는 행정처분에 해당하므로, 관련자 등으로서 보상금 등을 지급받고자 하는 신청에 대하여 심의위원회가 관련자 해당 요건의 전부 또는 일부를 인정하지 아니하여 보상금 등의 지급을 기각하는 결정을 한 경우에는 신청인은 심의위원회를 상대로 그 결정의 취소를 구하는 소송을 제기하여 보상금 등의 지급대상자가 될 수 있다.

[보상금 등의 지급을 구하는 소송의 형태] '민주화운동관련자 명예회복 및 보상 등에 관한 법률' 제17조는 보상금 등의 지급에 관한 소송의 형태를 규정하고 있지 않지만, 위 규정 전단에서 말하는 보상금 등의 지급에 관한 소송은 '민주화운동관련자 명예회복 및 보상심의위원회'의 보상금 등의 지급신청에 관하여 전부 또는 일부를 기각하는 결정에 대한 불복을 구하는 소송이므로 취소소송을 의미한다고 보아야 하며, 후단에서 보상금 등의 지급신청을 한 날부터 90일을 경과한 때에는 그 결정을 거치지 않고 위 소송을 제기할 수 있도록 한 것은 관련자 등에 대한 신속한 권리구제를 위하여 위 기간 내에 보상금 등의 지급 여부 등에 대한 결정을 받지 못한 때에는 지급 거부 결정이 있는 것으로 보아 곧바로 법원에 심의위원회를 상대로 그에 대한 취소소송을 제기할 수 있다고 규정한 취지라고 해석될 뿐, 위 규정이 보상금 등의 지급에 관한 처분의 취소소송을 제한하거나 또는 심의위원회에 의하여 관련자 등으로 결정되지 아니한 신청인에게 국가를 상대로 보상금 등의 지급을 구하는 이행소송을 직접 제기할 수 있도록 허용하는 취지라고 풀이할 수는 없다.

❑ **대법원 2008. 12. 11. 선고 2008두6554 판결:** 특수임무와 관련하여 국가를 위하여 특별한 희생을 한 특수임무수행자와 그 유족에 대하여 필요한 보상을 함으로써 특수임무수행자와 그 유족의 생활안정을 도모하고 국민화합에 이바지함을 목적으로 제정된 구 특수임무수행자 보상에 관한 법률(2006. 9. 22. 법률 제7978호로 개정되기

다(대법원 2018. 6. 28. 선고 2016두50990 판결).

전) 및 구 시행령(2007. 5. 2. 대통령령 제20041호로 개정되기 전의 것)의 각 규정 취지와 내용에 비추어 보면, 같은 법 제2조, 같은 법 시행령 제2조, 제3조, 제4조 등의 규정들만으로는 바로 법상의 보상금 등의 지급대상자가 확정된다고 볼 수 없고, 특수임무수행자보상심의위원회의 심의 · 의결을 거쳐 특수임무수행자로 인정되어야만 비로소 보상금 등의 지급대상자로 확정될 수 있다. 따라서 그와 같은 위원회의 결정은 행정소송법 제2조 제1항 제1호에 규정된 처분에 해당하므로, 특수임무수행자 및 그 유족으로서 보상금 등을 지급받고자 하는 자의 신청에 대하여 위원회가 특수임무수행자에 해당하지 않는다는 이유로 이를 기각하는 결정을 한 경우, 신청인은 위원회를 상대로 그 결정의 취소를 구하는 소송을 제기하여 보상금 등의 지급대상자가 될 수 있다.

나. 당사자소송과 항고소송의 대체가능성 여부

(1) 취소소송의 경우

처분은 비록 하자가 있더라도 그 하자가 중대 · 명백하여 무효가 아닌 한 권한 있는 기관에 의하여 취소될 때까지는 일단 유효한 것으로 취급되는 것이므로(공정력), 처분에 취소사유의 흠이 있는 경우 취소소송 이외의 방법으로 그 효력을 부인할 수 없다.

그러므로 파면처분을 당한 공무원은 그 처분에 비록 하자가 있더라도 그 하자가 무효사유가 아닌 취소사유에 불과한 것이라면 파면처분 취소소송 대신 공무원지위확인소송을 제기하는 것은 불가능하다. 위법한 과세처분에 의하여 세금을 납부한 자도 그 과세처분이 당연무효가 아닌 이상 과세처분 취소소송을 제기하여야 하고, 취소소송을 제기하지 않고 납부한 세금의 반환을 구하는 소송을 제기할 수 없다.[93] 이상의 경우 위 각 청구는 기각될 수밖에 없다.

(2) 무효확인소송의 경우

처분이 무효인 경우에는 공정력이 없으므로, 항고소송으로서 공무원 파면처분 무효확인의 소와 당사자소송으로 공무원지위확인소송 모두 가능하고, 항고소송으로서 과세처분무효확인의 소와 당사자소송으로 조세채무부존재확인의 소 역

---

93) 수용재결에 불가쟁력이 생긴 후에는 그것이 당연무효이거나 취소되지 않는 한, 기업자는 이미 보상금을 지급받은 자에 대하여 민사소송으로 부당이득반환을 청구할 수 없다(대법원 2001. 1. 16. 선고 98다58511 판결; 대법원 2001. 4. 27. 선고 2000다50237 판결).

시 모두 가능하다.

앞에서 살펴본 것처럼 종래의 판례는 과세처분에 따라 세금을 이미 납부한 경우 민사소송인 과세처분 무효를 원인으로 한 부당이득반환청구소송을 제기할 수 있음에도 불구하고 과세처분 무효확인소송을 제기하는 것은 확인의 이익이 흠결되어 부적법하다고 하였다. 그런데 대법원은 입장을 변경하여, 처분의 근거 법률에 의하여 보호되는 직접적이고 구체적인 이익이 있는 경우에는 행정소송법 제35조에 규정된 '무효확인을 구할 법률상 이익'이 있는 것이고 이와 별도로 무효확인소송의 보충성이 요구되는 것은 아니라고 판시하였다.[94] 따라서 당사자는 부당이득반환청구소송을 제기할 수 있는지 여부와 관계없이 처분에 관한 무효확인소송을 바로 제기할 수 있게 되었다.

4. 행정소송규칙에 예시된 당사자소송의 대상

이상에서 살펴본 것처럼 당사자소송의 개념이 일의적이지 않고 행정의 발전에 따라 당사자소송이 확대되는 경향 등으로 소송유형을 잘못 선택함으로써, 이송이나 심리의 중복 등의 절차적 낭비나 지연이 발생할 현실적인 염려가 있다. 그리하여, 행정소송규칙 제19조에서는 이러한 낭비나 지연을 줄이기 위하여 그간의 논의와 실무를 고려하여 당사자소송의 유형을 예시하고 있다.

1. 손실보상금에 관한 소송
   가. 「공익사업을 위한 토지 등의 취득 및 보상에 관한 법률」 제78조 제1항 및 제6항에 따른 이주정착금, 주거이전비 등에 관한 소송
   나. 「공익사업을 위한 토지 등의 취득 및 보상에 관한 법률」 제85조 제2항에 따른 보상금의 증감에 관한 소송
   다. 「하천편입토지 보상 등에 관한 특별조치법」 제2조에 따른 보상금에 관한 소송

2. 그 존부 또는 범위가 구체적으로 확정된 공법상 법률관계 그 자체에 관한 소송

94) 대법원 2008. 3. 20. 선고 2007두6342 판결.

가. 납세의무 존부의 확인
나. 부가가치세법 제59조에 따른 환급청구
다. 석탄산업법 제39조의3 제1항 및 같은 법 시행령 제41조 제4항 제5호에 따른 재해위로금 지급청구
라. 「5 · 18민주화운동 관련자 보상 등에 관한 법률」 제5조, 제6조 및 제7조에 따른 관련자 또는 유족의 보상금 등 지급청구
마. 공무원의 보수 · 퇴직금 · 연금 등 지급청구
바. 공법상 신분 · 지위의 확인

3. 처분에 이르는 절차적 요건의 존부나 효력 유무에 관한 소송
가. 「도시 및 주거환경정비법」 제35조 제5항에 따른 인가 이전 조합설립변경에 대한 총회결의의 효력 등을 다투는 소송
나. 「도시 및 주거환경정비법」 제50조 제1항에 따른 인가 이전 사업시행계획에 대한 총회결의의 효력 등을 다투는 소송
다. 「도시 및 주거환경정비법」 제74조 제1항에 따른 인가 이전 관리처분계획에 대한 총회결의의 효력 등을 다투는 소송

4. 공법상 계약에 따른 권리 · 의무의 확인 또는 이행청구 소송

Ⅳ. 당사자소송의 절차

1. 소송요건

가. 원고적격

행정소송법에 특별한 규정이 없으므로, 민사소송법의 원고적격에 관한 규정이 준용된다(행정소송법 제8조 제2항 참조).

나. 피고적격

항고소송에서 행정청이 피고가 되는 것과는 달리 당사자소송에서는 국가 · 공공단체 그 밖의 권리주체가 피고가 된다(제39조). 여기에서 '그 밖의 권리주체'로는 공무수탁사인을 예로 들 수 있다.

❑ **대법원 1992. 12. 24. 선고 92누3335 판결:** 광주민주화운동관련자 보상 등에 관한 법률에 의한 보상금 등의 지급에 관한 법률관계의 주체는 대한민국이라고 해석되고 지방자치단체인 광주직할시 또는 국가기관으로서 보상금 등의 심의, 결정 및 지급 등의 기능을 담당하는 데 불과한 피고위원회 및 그 위원장 등을 그 주체로 볼 수 없다.

다. 재판관할

항고소송에서와 마찬가지로 행정법원이 제1심 관할법원이 된다. 다만 국가 또는 공공단체가 피고인 경우에는 관계행정청의 소재지를 피고의 소재지로 한다(제40조).[95]

라. 제소기간

당사자소송에 관한 제소기간이 법령에 정해져 있는 경우에는 그에 의하고, 그 기간은 불변기간으로 한다(제41조). 따라서 취소소송의 제소기간의 규정(제20조)은 당사자소송에는 적용되지 않는다.

마. 소의 변경

소의 변경에 관한 행정소송법 제21조는 당사자소송을 항고소송으로 변경하는 경우에 준용한다(제42조).[96] 따라서 법원은 사실심 변론종결시까지 원고의 신청에 의하여 결정으로 소의 변경을 허가할 수 있다. 한편, 당사자소송과 민사소송 사이의 소의 변경이 가능한 것인지에 관하여 논란이 될 수 있는데, 대법원은 청구의 기초가 바뀌지 않는 한도 안에서 공법상 당사자소송과 민사소송이 사이의 소 변경을 허용하고 있다.[97]

---

95) 참고로 행정소송법 개정안에서는 민사소송법 제2조부터 제25조까지를 준용하되 행정사건을 관할하는 법원으로 변경하려고 하였었다.

96) 참고로 행정소송법 개정안 제51조에서는 당사자소송을 민사소송으로 변경하는 경우와 민사소송을 당사자소송으로 변경하는 경우에도 준용하려고 하였었다.

97) 대법원 2023. 6. 29. 선고 2022두44262 판결에서는 그 이유에 대하여, 일반 국민으로서는 공법상 당사자소송의 대상과 민사소송의 대상을 구분하는 것이 쉽지 않고 소송 진행 도중의 사정변경 등으로 인해 공법상 당사자소송으로 제기된 소를 민사소송으로 변경할 필요가 발생하는 경우도 있는데, 단지 소의 변경에 따라 소송절차가 달라진다는 이유만으로 이미 제기한 소를 취하하고 새로 민사상의 소를 제기하도록 하는 것은 당사자의 권리구제나 소송경제의 측면에서도 바람직하지 않기 때문이라고 한다.

바. 관련청구소송의 이송 · 병합

당사자소송과 이에 관련된 소송이 각각 다른 법원에 계속되어 있는 경우에는, 법원은 당사자의 신청 또는 직권에 의하여 이를 당사자소송이 계속된 법원으로 이송하여 병합할 수 있다(제44조 제2항).

사. 기 타

취소소송에 관한 행정소송법 제14조(피고경정), 제15조(공동소송), 제16조(제3자의 소송참가), 제17조(행정청의 소송참가) 등이 당사자소송에도 준용된다(제44조 제1항).

2. 심리절차

가. 행정심판기록 제출명령

법원은 당사자의 신청이 있는 때에는 결정으로써 재결을 행한 행정청에 대하여 행정심판에 관한 기록의 제출을 명할 수 있다. 그 제출명령을 받은 행정청은 지체 없이 해당 행정심판에 관한 기록을 법원에 제출하여야 한다(제25조, 제44조 제1항). 여기에서의 '행정심판'은 행정심판법상의 행정심판만 뜻하는 것이 아니고, 다른 법률에서 규정하고 있는 행정심판까지 포함하는 것으로 해석하여야 할 것이다.

나. 직권심리

법원은 필요하다고 인정할 때에는 직권으로 증거조사를 할 수 있고, 당사자가 주장하지 않은 사실에 대해서도 판단할 수 있다(제26조, 제44조 제1항). 판례에 따르면, 변론주의를 보충하는 한도에서 직권탐지주의가 당사자소송에도 적용된다.

다. 그 밖의 사항

그 밖에 처분권주의, 변론주의, 구술심리주의, 직접심리주의, 쌍방심문주의, 법관의 석명의무, 증명책임의 분배에 관한 원칙(법률요건분류설) 등이 당사자소송에도 적용된다.

3. 소송의 종료

가. 판결의 기판력과 기속력

당사자소송에서도 판결이 확정되면 기판력이 발생하므로, 당사자는 그에 모순된 주장을 할 수 없으며, 법원 역시 확정된 판결에 모순·저촉되는 판단을 할 수 없다. 판결의 기판력은 원칙적으로 판결의 주문에 포함된 사항(객관적 범위)과 변론종결시 확정된 법률관계에 한하여(시간적 범위), 그 소송의 당사자 및 그의 승계인에 대해서만(주관적 범위) 발생된다(민사소송법 제216조 제1항, 제218조 제1항 등 참조). 취소소송에서와 같은 판결의 제3자효(행정소송법 제29조 제1항)는 당사자소송에는 인정되지 않는다.

그러나 취소판결에서의 판결의 기속력 조항(제30조 제1항)은 당사자소송에 준용된다(제44조 참조). 당사자소송에서는 국가, 공공단체 등 행정주체만 당사자가 되는데, 그 행정주체를 위하여 직접 행정권을 행사하는 것은 관계행정청이므로 판결의 구속력을 직접 이들에게 미치게 함으로써 판결의 실효성을 확보하기 위한 것이다.

나. 가집행선고

당사자소송 중에서 재산권의 청구에 관한 이행소송에서는 가집행선고를 할 수 있다. 그런데, 과거 행정소송법 제43조에서는 국가를 상대로 하는 당사자소송의 경우에는 가집행을 선고할 수 없다고 규정하고 있었다. 이 조항에 대하여 국가를 지방자치단체 등과 같은 다른 공공단체와 합리적 이유 없이 우대하는 것이므로 위헌이라는 주장이 끊임없이 제기되어 왔는데, 헌법재판소는 이를 수용하여 위헌결정을 함으로써 이제는 국가를 상대로 한 당사자소송에서도 가집행선고가 가능하다.[98)]

---

98) 헌재 2022. 2. 24. 선고 2020헌가12 결정. 헌법재판소는 위 결정에서, 당사자소송은 국가·공공단체 그 밖의 권리주체를 피고로 하는데 행정소송법 제43조에 의하여 피고가 국가인 경우에만 가집행선고를 할 수 없으므로, 당사자소송에서 피고가 공공단체 그 밖의 권리주체인 경우와 국가인 경우를 다르게 취급하여, 평등의 원칙에 위배된다고 판시하였다. 참고로 국가를 상대로 하는 재산권의 청구에 관하여 가집행의 선고를 할 수 없다고 규정하고 있었던 소송촉진 등에 관한 법률 제6조 제1항 단서는 헌재 1989. 1. 25. 선고 88헌가7 결정으로 위헌으로 선고되었었다.

다. 소송비용

소송비용에 관한 행정소송법 제32조 및 제33조의 규정은 당사자소송에 준용된다(제44조).

제2절 민중소송

Ⅰ. 의 의

민중소송은 "국가 또는 공공단체의 기관이 법률에 위반되는 행위를 한 때에 직접 자기의 법률상 이익과 관계없이 그 시정을 구하기 위하여 제기하는 소송"이다(행정소송법 제3조 제3호). 민중소송은 기관소송과 함께 1984. 12. 15. 행정소송법이 전부개정될 때 신설된 소송유형으로서, 현행법상 ① 선거에 관한 소송, ② 투표에 관한 소송, ③ 주민소송 등이 있다.

민중소송은 "자기의 법률상 이익과 관계없이" 국가 또는 공공단체의 기관이 행한 위법행위를 시정하는 객관소송의 성질을 갖는다. 이렇게 공익의 적정한 실현을 담보하기 위한 소송유형이라는 점에 착안하여 그 명칭을 공익소송으로 변경하려는 입법적 노력이 있었다.[99]

Ⅱ. 법정주의

행정소송법은 객관소송인 민중소송에 관하여 주관소송인 항고소송이나 당사자소송과는 달리 법정주의를 채택하고 있다. 즉, 행정소송법 제45조에서는 "법률이 정한 경우에 법률에 정한 자에 한하여 제기할 수 있다."라고 규정하고 있다.

그리하여, 대법원은 행정청이 행한 여론조사에 대하여 무효확인을 구하는 소송,[100] 시행규칙인 부령의 일부조항에 대하여 무효확인을 구하는 소송,[101] 행

99) 행정소송법 개정안에서는 공익소송으로 그 명칭을 변경하고자 하였었다.
100) 대법원 1996. 1. 23. 선고 95누12736 판결.
101) 대법원 1987. 3. 24. 선고 86누656 판결.

정청의 고시 중 일부조항에 대하여 무효확인을 구하는 소송[102] 등이 법정된 소송유형이 아니라는 이유로 부적법하다고 판시하였다.

Ⅲ. 현행법상 인정되는 민중소송의 예

1. 선거에 관한 소송

공직선거법에서는 대통령·국회의원·지방의회의원·지방자치단체장의 선거에서, 선거의 효력에 관하여 이의가 있는 경우에 제기하는 선거소송(제222조)과 당선의 효력에 관하여 이의가 있는 경우에 제기하는 당선소송(제223조)을 규정하고 있다.

대통령·국회의원 선거의 경우, 선거소송은 선거인[103]·후보자를 추천한 정당 또는 후보자가 선거일부터 30일 이내에 해당 선거구선거관리위원회위원장을 피고로 대법원에 소를 제기하고, 당선소송은 후보자를 추천한 정당 또는 후보자가 당선인 결정일부터 30일 이내에 사유에 따라 당선인, 당선을 결정한 중앙선거관리위원회위원장 또는 국회의장, 해당 선거구선거관리위원회위원장을 각각 피고로 대법원에 소를 제기할 수 있다.

지방의회의원·지방자치단체장의 선거에 관한 선거소송과 당선소송을 제기하기 위해서는 공직선거법 제219조에 규정된 선거소청을 먼저 거쳐야 한다. 선거소송은 선거소청의 결정에 불복이 있는 소청인(당선인 포함)이 해당 소청에 대하여 기각 또는 각하 결정이 있는 경우에는 해당 선거구선거관리위원회 위원장을, 인용결정이 있는 경우에는 그 인용결정을 한 선거관리위원회 위원장을 피고로, 그 결정서를 받은 날부터 10일 이내에, 비례대표 시·도의원선거 및 시·도지사선거에 있어서는 대법원에, 지역구 시·도의원선거, 자치구·시·군의원선거 및 자치구·시·군의 장 선거에 있어서는 그 선거구를 관할하는 고등법원에 소를 제기할 수 있다. 당선소송은 선거소청의 결정에 불복이 있는 소청인 또는 당선인인 피소청인 등이 해당 소청에 대하여 기각 또는 각하 결정이 있는 경우에

102) 대법원 1991. 8. 27. 선고 91누1738 판결.
103) 공직선거법 제3조에 따르면, 선거인이란 "선거권이 있는 사람으로서 선거인명부 또는 재외선거인명부에 올라 있는 사람"을 말한다.

는 당선인을, 인용결정이 있는 경우에는 그 인용결정을 한 선거관리위원회 위원장을 피고로, 그 결정서를 받은 날부터 10일 이내에, 비례대표 시 · 도의원선거 및 시 · 도지사선거에 있어서는 대법원에, 지역구 시 · 도의원선거, 자치구 · 시 · 군의원선거 및 자치구 · 시 · 군의 장 선거에 있어서는 그 선거구를 관할하는 고등법원에 소를 제기할 수 있다.

2. 투표에 관한 소송

현행법상 투표에 관한 소송은 국민투표무효소송과 주민투표소송이 있다.

국민투표무효소송은 국민투표법에 규정되어 있는 소송유형이다. 국민투표의 효력에 관하여 이의가 있는 투표인[104]은 투표인 10만인 이상의 찬성을 얻어 중앙선거관리위원회위원장을 피고로 투표일로부터 20일 이내에 대법원에 소를 제기할 수 있다(제92조). 대법원은 국민투표법령에 위반하는 사실이 있는 경우라도 국민투표의 결과에 영향이 미쳤다고 인정하는 때에 한하여 국민투표의 전부 또는 일부의 무효를 판결한다(제93조).

한편, 주민투표소송은 지방자치법 제18조 제1항에 의하여 지방자치단체장이 주민에게 과도한 부담을 주거나 중대한 영향을 미치는 지방자치단체의 주요 결정사항 등에 대하여 부친 주민투표에 이의가 있는 경우에 제기하는 소송으로서, 주민투표법 제25조에 규정되어 있는 소송유형이다. 주민투표의 효력에 관하여 이의가 있는 주민투표권자는 소송에 앞서 주민투표권자 총수의 100분의 1 이상의 서명으로 주민투표결과가 공표된 날부터 14일 이내에 관할선거관리위원회 위원장을 피소청인으로, 시 · 군 · 구의 경우에는 시 · 도 선거관리위원회에, 시 · 도의 경우에는 중앙선거관리위원회에 소청을 제기하여야 한다(제1항). 위 소청에 대한 결정에 불복이 있는 소청인은 관할선거관리위원회위원장을 피고로 그 결정서를 받은 날부터 10일 이내에 시 · 도의 경우에는 대법원에, 시 · 군 · 구의 경우에는 관할 고등법원에 소를 제기할 수 있다(제2항).

---

104) 국민투표법 제2조에 의하면, 투표인이라 함은 “투표권이 있는 자로서 투표인명부에 등재된 자”를 말한다.

3. 주민소송

지방자치법 제22조에 규정된 주민소송은 '주민이 지방자치단체장의 위법한 재무회계행위에 대하여 그 중지 · 시정 · 손해배상 등을 구하는 소송'으로서,[105] 지방자치단체의 재무행정의 적법성과 지방재정의 건전하고 적정한 운영을 확보하려는 데 목적이 있다.[106] 원칙적으로 주민은 주민이라는 그 자체의 지위로 지방자치단체의 위법한 처분의 취소를 구할 법률상 이익이 인정되지 않아 항고소송을 제기할 수 없으므로, 주민소송은 그러한 문제점을 보완하기 위하여 일정 수 이상의 주민들이 지방자치법 제21조에 따라 감사를 청구하는 절차를 거칠 것을 전제로 처분의 취소 등을 요구하는 소송을 제기할 수 있는 법률상 지위를 특별히 인정하기 위한 목적에서 도입된 제도이다.[107]

주민은 지방자치법 제21조에 따라 그 지방자치단체와 그 장의 권한에 속하는 사무의 처리가 법령에 위반되거나 공익을 현저히 해친다고 인정되면 감사를 청구할 수 있다. 그 중 공금의 지출에 관한 사항, 재산의 취득 · 관리 · 처분에 관한 사항, 해당 지방자치단체를 당사자로 하는 매매 · 임차 · 도급 계약이나 그 밖의 계약의 체결 · 이행에 관한 사항 또는 지방세 · 사용료 · 수수료 · 과태료 등 공금의 부과 · 징수를 게을리 한 사항을 감사청구한 주민은 그 감사청구한 사항과 관련이 있는 위법한 행위나 업무를 게을리 한 사실에 대하여 해당 지방자치단체장을 상대방으로 하여 소송을 제기할 수 있다.

지방자치법 제22조 제1항에서는 주민감사를 청구한 주민에 한하여 주민소송을 제기할 수 있도록 규정하여, '주민감사청구의 전치'를 주민소송의 소송요건으로 삼고 있다. 이러한 주민감사청구의 전치요건을 충족하였는지 여부는 주민소송의 수소법원이 직권으로 조사하여 판단하여야 한다.

주민감사청구의 전치요건을 충족하여 주민소송을 제기할 수 있으려면, 주민감사청구가 지방자치법 제21조에서 정한 주민감사청구의 적법요건을 모두 갖추어야 하고, 나아가 지방자치법 제22조 제1항에서 정한 사유인 ① 주무부장관이

105) 강수경, '우리 현행법상 민중소송제도', 원광법학 제30권 제2호, 원광대학교 법학연구소 (2014. 6), 90면.

106) 대법원 2016. 5. 27. 선고 2014두8490 판결.

107) 대법원 2019. 10. 17. 선고 2018두104 판결.

나 시 · 도지사가 감사청구를 수리한 날부터 60일이 지나도 감사를 끝내지 않은 경우, ② 감사결과 또는 조치요구에 불복하는 경우, ③ 주무부장관이나 시 · 도지사의 조치요구를 지방자치단체장이 이행하지 않은 경우, ④ 지방자치단체장의 이행 조치에 불복하는 경우 등에 해당하여야 한다.

여기에서, 지방자치법 제22조 제1항 제2호에 정한 '감사결과'에는 감사기관이 주민감사청구를 수리하여 일정한 조사를 거친 후 주민감사청구사항의 실체에 관하여 본안판단을 하는 내용의 결정을 하는 경우뿐만 아니라, 감사기관이 주민감사청구가 부적법하다고 오인하여 위법한 각하결정을 하는 경우까지 포함한다. 따라서, 주민감사청구가 지방자치법에서 정한 적법요건을 모두 갖추었음에도 불구하고, 감사기관이 해당 주민감사청구가 부적법하다고 오인하여 더 나아가 구체적인 조사 · 판단을 하지 않은 채 각하하는 결정을 한 경우에는, 감사청구한 주민은 위법한 각하결정 자체를 별도의 항고소송으로 다툴 필요 없이, 지방자치법이 규정한 다음 단계의 권리구제절차인 주민소송을 제기하면 되는 것이다.[108]

지방자치법 제21조 제1항에 규정된 "해당 사무의 처리가 법령에 위반되거나 공익을 현저히 해친다고 인정되면"이라는 주민감사청구의 요건은 감사기관이 감사를 실시한 결과 피감기관에 대하여 시정요구 등의 조치를 하기 위한 요건 및 주민소송에서 법원이 본안에서 청구를 인용하기 위한 요건일 뿐이고, 주민들이 주민감사를 청구하거나 주민소송을 제기하는 단계에서는 주민들이 '해당 사무의 처리가 법령에 반하거나 공익을 현저히 해친다고 인정될 가능성'을 주장하는 것으로 족하므로, '해당 사무의 처리가 법령에 반하거나 공익을 현저히 해친다고 인정될 것'이 주민감사청구 또는 주민소송의 적법요건이라고 볼 수는 없다.[109] 또한, 주민소송의 대상은 주민감사를 청구한 사항과 관련이 있는 것으로 충분하고, 주민감사를 청구한 사항과 반드시 같을 필요는 없다. 주민감사를 청구한 사

108) 대법원 2020. 6. 25. 선고 2018두67251 판결.

109) 왜냐하면, '해당 사무의 처리가 법령에 위반되거나 공익을 현저히 해친다고 인정되는지 여부'는 감사기관이나 주민소송의 법원이 구체적인 사실관계를 조사 · 심리해 보아야 비로소 판단할 수 있는 사항이므로, 이를 주민감사청구의 적법요건이라고 본다면 본안의 문제가 본안 전단계에서 먼저 다루어지게 되는 모순이 발생할 뿐만 아니라, 주민감사를 청구하는 주민들로 하여금 주민감사청구의 적법요건으로서 '해당 사무의 처리가 법령에 위반되거나 공익을 현저히 해친다고 인정될 것'까지 증명할 것을 요구하는 불합리한 결과가 야기될 수 있기 때문이다(대법원 2020. 6. 25. 선고 2018두67251 판결).

항과 관련성이 있는지 여부는 주민감사청구사항의 기초인 사회적 사실관계와 기본적인 점에서 동일한지 여부에 따라 결정되고 그로부터 파생되거나 후속하여 발생하는 행위나 사실은 주민감사청구사항과 관련이 있다고 보아야 한다.[110]

한편, 제기할 수 있는 주민소송의 유형은 해당 지방자치단체장(해당 사항의 사무처리에 관한 권한을 소속 기관의 장에게 위임한 경우에는 그 소속 기관의 장)을 상대로, ① 해당 행위를 계속하면 회복하기 곤란한 손해를 발생시킬 우려가 있는 경우에는 그 행위의 전부나 일부를 중지할 것을 요구하는 소송, ② 처분인 해당 행위의 취소 또는 변경을 요구하거나 그 행위의 효력 유무 또는 존재 여부의 확인을 요구하는 소송,[111] ③ 게을리 한 사실의 위법 확인을 요구하는 소송, ④ 해당 지방자치단체장 및 직원, 지방의회의원, 해당 행위와 관련이 있는 상대방에게 손해배상청구 또는 부당이득반환청구를 할 것을 요구하는 소송이다.[112]

Ⅳ. 심리절차

민중소송으로써 처분 등의 취소를 구하는 소송에는 취소소송에 관한 규정을, 처분 등의 효력 유무 또는 존재 여부나 부작위의 위법의 확인을 구하는 소송

110) 대법원 2020. 7. 29. 선고 2017두63467 판결.

111) 여기에서 처분의 위법성은 항고소송에서와 마찬가지로 헌법, 법률, 그 하위의 법규명령, 법의 일반원칙 등 객관적 법질서를 구성하는 모든 법규범에 위반되는지 여부를 기준으로 판단하여야 하는 것이지, 해당 처분으로 인하여 지방자치단체의 재정에 손실이 발생하였는지만을 기준으로 판단할 것은 아니다(대법원 2019. 10. 17. 선고 2018두104 판결).

112) 이때 상대방인 지방자치단체의 장이나 공무원은 국가배상법 제2조 제2항, 회계직원책임법 제4조 제1항의 각 규정 내용 및 취지 등에 비추어 볼 때, 그 위법행위에 대하여 고의 또는 중대한 과실이 있는 경우에 제4호 주민소송의 손해배상책임을 부담하는 것으로 보아야 한다(대법원 2020. 7. 29. 선고 2017두63467 판결). 한편, 용인경전철 사업의 수요예측 실패로 인하여 용인시가 거액의 사업운영비를 부담하게 되자, 원고들(용인시 주민들)이 피고(용인시장)에게 주민소송으로서 '전임 용인시장들, 관련 공무원들, 한국교통연구원(수요 예측기관) 및 연구원들 개인 등을 상대로 손해배상청구를 할 것'을 요구하는 소송을 제기한 사안에서, 채무자의 이행보조자가 채무자와 계약을 체결한 거래상대방에 대하여 직접 민법 제750조에 따른 불법행위책임을 진다고 보기 위해서는 이행보조자의 행위가 거래상대방에 대한 채무불이행의 결과를 초래한다는 사정만으로 부족하고, 이행보조자와 채무자 사이의 내부관계에서 벗어나 거래상대방과의 관계에서 사회상규에 어긋나는 위법한 행위라고 인정될 수 있는 정도에 이르러야 하므로, 연구원들의 행위에 대해서는 이에 관한 요건이 충족되었는지 개별적·구체적으로 판단했어야 한다고 판시한 사례가 있다(대법원 2025. 7. 16. 선고 2024두39158 판결).

에는 각각 무효등 확인소송 또는 부작위위법확인소송에 관한 규정을, 위에서 규정된 소송외의 소송에는 당사자소송에 관한 규정을 그 성질에 반하지 않는 한 준용한다(행정소송법 제46조).

따라서 민중소송의 심리절차는 그 객관소송이라는 성질에 반하지 않고 개별법에서 정한 특칙이 없으면 각각에 해당하는 항고소송과 당사자소송에 관한 규정에 따른다.

제3절 기관소송

Ⅰ. 의 의

1. 개 념

기관소송은 "국가 또는 공공단체의 기관 상호간에 권한의 존부 또는 그 행사에 관한 다툼이 있을 때에 이에 대하여 제기하는 소송"이다(행정소송법 제3조 제4호). 그런데 헌법 제111조 제1항 제4호, 헌법재판소법 제61조, 제62조에 의하여, 국가기관 상호간의 권한쟁의심판·국가기관과 지방자치단체간의 권한쟁의심판, 그리고 지방자치단체 상호간의 권한쟁의심판은 헌법재판소의 관장사항에 해당하고, 행정소송법 제3조 제4호 단서에서는 헌법재판소의 관장사항으로 되는 소송은 제외한다고 규정하고 있으므로, 이들은 행정소송으로서의 기관소송에서 제외된다.

기관소송은 1984. 12. 15. 행정소송법이 전부개정될 때 신설된 소송의 유형이다. 그런데 헌법재판소가 출범하고 권한쟁의를 관장함에 따라 기관소송과 권한쟁의 사이의 쟁송법적 한계를 명확하게 하기 위하여 1988. 8. 5. 행정소송법이 개정되어 제3조 제4호 단서가 신설된 것이다.

원래 기관소송에서 말하는 국가 또는 공공단체의 기관은 동일한 행정주체 내의 기관뿐만 아니라 다른 행정주체 사이의 기관도 포함하는 것으로 해석하였었다. 우리와 유사한 규정을 두고 있지만 헌법재판소가 없는 일본의 경우에도 마찬가지로 해석하고 있다.[113] 그러나 행정소송법 제3조 제4호 단서가 위와 같

113) 김상태, '일본 기관소송의 새로운 유형', 법학논총 제24집 제1호, 한양대학교 법학연구소

이 신설되어 기관소송에서 헌법재판소의 관장사항이 배제된 이후에는 여기에서의 기관을 동일한 행정주체 내의 기관으로 해석하는 것이 통설이다.

2. 존재이유

국가 또는 공공단체의 기관 상호간의 관계는 권리의무의 관계가 아니라 직무권한 · 기관권한의 행사 관계로서의 성질을 가지고, 권리주체 사이의 대립을 해소하는 것이 아니라 행정의사의 통일성을 확보하는 것을 목적으로 한다. 이러한 내부법관계는 행정의 일원성의 원칙 하에서 행정조직의 계층구조의 원칙에 지배되므로 기관들 사이의 분쟁은 공통되는 상급감독청의 개입과 지시에 의하여 해결되게 된다. 따라서 법원은 원칙적으로 취소소송은 물론 주관소송으로서의 행정소송절차로 개입할 수 없는 것이다(행정내부 불개입의 원칙).

다만 국가 또는 공공단체의 기관 상호간의 관계가 계층구조에 따른 행정의 통일성을 확보하지 못하거나 상급기관의 지시의 기속성이 지배되지 않는 행정영역이 있을 수 있다. 이렇게 분쟁을 해결할 수 있는 적절한 기관이 없거나 특별히 공정한 제3자의 판단을 구하는 것이 적절한 경우에, 법원의 공정한 판단과 소송절차에 의한 해결방법으로서 기관소송을 인정할 여지가 있게 된다.114) 현행법상으로는 지방자치단체장과 지방의회 사이에 분쟁이 생긴 경우가 그 대표적인 예이다.

3. 객관소송으로서의 성질

행정기관 상호간의 분쟁은 대립하는 당사자 사이의 권리의무에 관한 다툼이 아니어서 법률상의 쟁송이 아니고, 행정기관은 권리주체로서의 법인격도 가지고 있지 않기 때문에 당사자능력도 없으며, 행정주체와 국민 사이의 관계에 이루어지는 외부법관계도 아니어서 처분성도 없고, 행정기관의 권리 침해를 상정할 수도 없다.

이렇게 기관소송은 개인의 구체적인 권리구제와 관계없이 국가 또는 공공단체의 기관이 행한 행위가 법률에 위반되는지 여부를 심사함으로써 적법성보장기

(2007), 5면.

114) 신봉기, '기관소송', 행정소송(1), 한국사법행정학회(2008), 428-429면; 김병기 · 김동균, '현행 기관소송제도에 관한 소고', 법학논문집 제37집 제1호, 중앙대학교 법학연구원(2013), 239면 참조.

능을 수행하는 객관소송으로서의 성질을 갖는다.[115] 따라서 주관소송인 항고소송과 당사자소송과 여러 가지 면에서 성질상의 차이가 있다.

Ⅱ. 권한쟁의와의 관계

앞에서 본 것처럼 행정소송법 제3조 제4호 단서에 따라, 기관소송에서 헌법재판소의 관장사항은 제외된다. 한편, 헌법 제111조 제1항 제4호, 헌법재판소법 제2조 제4호에서는 헌법재판소는 국가기관 상호간, 국가기관과 지방자치단체간 및 지방자치단체 상호간의 권한쟁의에 관한 심판을 관장한다고 규정하고, 헌법재판소법 제62조 제1항에서는 권한쟁의심판의 종류로서 ① 국가기관 상호간의 권한쟁의심판은 "국회, 정부, 법원 및 중앙선거관리위원회 상호간의 권한쟁의심판", ② 국가기관과 지방자치단체 간의 권한쟁의심판은 "정부와 특별시 · 광역시 · 특별자치시 · 도 또는 특별자치도 간의 권한쟁의심판, 정부와 시 · 군 또는 자치구 간의 권한쟁의심판", ③ 지방자치단체 상호간의 권한쟁의심판은 "특별시 · 광역시 · 특별자치시 · 도 또는 특별자치도 상호간의 권한쟁의심판, 시 · 군 또는 자치구 상호간의 권한쟁의심판, 특별시 · 광역시 · 특별자치시 · 도 또는 특별자치도와 시 · 군 또는 자치구 간의 권한쟁의심판"이라고 규정하고 있다. 따라서 양자 사이에는 다음과 같은 차이가 있다.

첫째, 심판기관과 관련하여, 기관소송은 법원이고 권한쟁의는 헌법재판소이다. 둘째, 심판의 당사자와 관련하여, 기관소송은 권한쟁의의 대상이 되지 않은 범위 내에서 국가 또는 공공단체의 기관으로서 동일한 행정주체 내의 기관이고 법률이 정한 자에 한정된다(행정소송법 제45조). 권한쟁의는 국가기관 상호간, 국가기관과 지방자치단체간 및 지방자치단체 상호간이다.[116] 셋째, 제소요건과 관련하여, 기관소송은 법정주의를 채택한 결과 법률이 정한 때에 한하여 제기할 수 있지만, 권한쟁의는 "피청구인의 처분 또는 부작위가 헌법 또는 법률에 의하

115) 김병기 · 김동균, '현행 기관소송제도에 관한 소고', 240면. 한편, 신봉기, '기관소송', 433면에서는 기관소송이 기본적으로 객관소송에 해당한다고 하면서도 어느 정도 주관소송의 측면도 가지고 있다는 설명을 하고 있다.

116) 따라서, 지방자치단체의 의결기관과 지방자치단체의 집행기관 사이의 내부적 분쟁과 관련된 심판청구는 헌법재판소가 관장하는 권한쟁의심판에 속하지 않아 부적법하다(헌재 2018. 7. 26. 선고 2018헌라1 결정).

여 부여받은 청구인의 권한을 침해하였거나 침해할 현저한 위험이 있는 경우"에 제기할 수 있다(헌법재판소법 제61조 제2항). 넷째, 심판대상과 관련하여, 기관소송은 "권한의 존부 또는 그 행사에 관한 다툼"이고, 권한쟁의는 "권한의 존부 또는 범위에 관한 다툼"이다.

이상에서 본 것과 같이 기관소송과 권한쟁의는 심판기관, 당사자, 제소요건, 심판대상과 관련하여 커다란 차이가 있지만, 현실적으로 양자는 권한의 획정과 관련된 분쟁을 해결한다는 점에서 쟁송대상이 서로 유사하여 법원과 헌법재판소의 관할을 둘러싸고 갈등의 요인이 되고 있다.

그런데, 기관소송은 행정소송법이 법정주의를 채택한 나머지 법률의 규정이 있는 경우에만 허용된다. 반면에 권한쟁의는 심판대상과 범위에 관한 헌법재판소법 관련규정을 유연하게 해석할 수 있는 여지가 있다. 실제로 헌법재판소는 국가기관 상호간의 권한쟁의심판에서의 당사자를 헌법재판소법 제62조 제1항 제1호에서 규정하고 있는 "국회, 정부, 법원 및 중앙선거관리위원회"로 한정적으로 해석하였다가,117) 예시적인 것이라고 해석을 바꾸어 국회의장과 국회의원 등으로 확대하고 있다.118) 게다가 권한쟁의의 대상인 "권한의 존부 또는 범위에 관한 다툼"에 관해서도, 처분 또는 부작위를 공권력의 행사로 넓게 보아,119) 추상적인 권한의 소재 또는 범위에 관한 분쟁을 넘어서 개별사안에서 피청구인의 처분 또는 부작위 그 자체가 위법한 경우를 포함하는 것으로 해석하고 있는 듯하다.120)

117) 헌재 1995. 2. 23. 선고 90헌라1 결정.

118) 헌재 1997. 7. 16. 선고 96헌라2 결정; 헌재 2000. 2. 24. 선고 99헌라1 결정; 헌재 2008. 3. 27. 선고 2006헌라1 결정. 다만 헌법재판소는 권한쟁의의 당사자가 되는 국가기관을 "헌법에 의하여 설치되고 헌법과 법률에 의하여 독자적인 권한을 부여받은 국가기관"이라고 해석함으로써, 국가인권위원회는 헌법상 국가에게 부여된 임무 또는 의무를 수행하고 그 독립성이 보장되어 있더라도 국가인권위원회법에 의하여 비로소 설립된 국가기관으로서 국회의 법률개정행위에 의하여 존폐 및 권한범위 등이 좌우되므로, 권한쟁의심판의 당사자가 될 수 없다고 판시하였다(헌재 2010. 10. 28. 선고 2009헌라6 결정). 또한, 지방자치단체장은 국가위임사무에 대하여 처분을 행한 경우 외에는(헌재 2006. 8. 31. 선고 2003헌라1 결정) 지방자치단체에 포함되지 않는다고 해석하였다(헌재 1999. 7. 22. 선고 98헌라4 결정; 헌재 2004. 9. 23. 선고 2000헌라2 결정).

119) 법률 제정과 개정행위까지 포함되는 것으로 본다(헌재 2006. 5. 25. 선고 2005헌라4 결정).

120) 헌법재판실무제요 제1개정증보판, 헌법재판소(2008), 345면 참조. 권한의 유무와 범위에 관한 다툼은 권한 행사를 전제 또는 매개로 발생하기 때문에 그 다툼은 서로 혼재되고 중첩될 수 밖에 없다는 것이 논거이다[김하열, 헌법소송법, 662면; 전학선, '공법상 권한분쟁에 대한 통합적 관할의 필요성', 유럽헌법연구 제19호, 유럽헌법학회(2015), 385면 참조]. 반대 견해와 그 논거는 박정훈, 행정소송의 구조와 기능, 346면 참조.

그리하여 기관소송은 그 대상이 고정될 수밖에 없는 반면 권한쟁의는 헌법재판소의 해석에 따라 점차 확대되는 경향에 있다.[121]

이러한 현상은 지방자치제도가 정착되었지만 행정소송이 지방자치단체의 자치권을 제대로 보장하는 수단이 되지 못하고 있던 참에 마침 출범한 헌법재판소가 권한쟁의심판으로 그 기능을 대신 수행하면서 나타난 것으로,[122] 권한쟁의와 기관소송 사이만의 문제는 아니다. 권한쟁의는 지방자치단체가 국가기관이나 광역지방자치단체장의 처분에 대하여 자치권의 침해를 이유로 다툴 경우 항고소송과 경합될 수도 있고, 행정주체 사이의 비용상환청구소송의 선결문제로 당사자소송과의 관계에서도 논란이 생길 수 있다.

기관소송과 권한쟁의를 둘러싼 갈등은 기관소송이 1984. 12. 15. 행정소송법의 개정으로 신설된 후 1988년 헌법재판소가 출범할 때 이미 예견된 일이었다. 그리하여 1988. 8. 5. 행정소송법 개정으로 제3조 제4호 단서를 신설하여 기관소송에서 권한쟁의를 제외시켰으나 이는 미봉책에 불과한 것이었다. 향후의 입법적인 개선이 필요한 대목이다.

Ⅲ. 법정주의

행정소송법은 주관소송인 항고소송에서는 개괄주의를 채택하고 있으나 객관소송인 기관소송에서는 법정주의를 채택하고 있다. 즉, 항고소송은 행정소송법 제12조에 의하여 그 대상이 처분이기만 하면 '법률상 이익'이 있는 사람은 누구나 제기할 수 있으나, 기관소송은 행정소송법 제45조에 의하여 국가 또는 공공단체의 기관 상호간에 권한의 존부 또는 그 행사에 관한 다툼이 있을 때에도 법률이 정한 경우에 한하여 법률이 정한 자만 제기할 수 있다.[123] 그리하여 이론상 기관소송에 해당함에도 개별법령에서 그러한 소송을 규정하고 있지 않는 경우(법정외 기관소송)에는 법원에 소송을 제기할 방법이 없다.

이러한 기관소송 법정주의는 분쟁해결의 공백상태를 초래할 우려가 크다.

---

121) 헌법재판소의 이러한 적극적인 해석은 권한쟁의심판 청구건수가 늘어나는 계기가 되었다고 한다(전학선, '공법상 권한분쟁에 대한 통합적 관할의 필요성', 362면).

122) 박정훈, 행정소송의 구조와 기능, 345면 참조.

123) 대법원 1999. 10. 22. 선고 99추54 판결 참조.

현행법상 인정되고 있는 기관소송은 지방의회의 재의결에 대한 지방자치단체장의 소송(지방자치법 제120조)과 교육 · 학예에 관한 시 · 도의회의 재의결에 대한 교육감의 소송(지방교육자치에 관한 법률 제28조 제3항)밖에 없다. 그러나 지방자치단체의 기관 사이에 생기는 그 밖의 분쟁이나 공공조합 및 영조물법인의 기관 사이에 생기는 분쟁도 법원이 해결하여야 할 필요가 있다.

현행 행정소송법이 채택하고 있는 기관소송 법정주의를 폐지할 것을 주장하는 견해가 유력하다.[124] 실제로 법무부가 2012. 5. 24.「행정소송법 개정 공청회」를 거쳐 마련하였던 행정소송법 개정시안에서는 기관소송 법정주의를 부분적으로 폐지할 것을 제안하였었다. 참고로 개정시안 제61조 제1항에서는 ① 동일한 공공단체의 기관 상호간에 권한의 존부 또는 그 행사에 관한 다툼이 있는 경우와 ② 법률이 정한 경우에 기관소송을 제기할 수 있도록 하되, ①의 경우에는 다른 법률에 특별한 규정이 있는 경우를 제외하고 어느 기관의 처분 등 또는 부작위가 다른 기관의 법령상의 독자적 권한을 침해하였거나 침해할 현저한 위험이 있는 때에 한하도록 하고 있었다.

Ⅳ. 지방자치법상의 조례안 의결 또는 재의결 무효확인소송

1. 조례의 제정절차

조례란 지방자치단체가 지방의회의 의결을 거쳐 제정하는 법규를 말한다. 지방자치법 제47조 제1항 제1호는 '조례의 제정 · 개정 및 폐지'를 지방의회의 의결사항으로 정하고 같은 법 제32조에서 조례의 제정과 효력 발생의 절차를 규정하고 있다.

[참고] 조례 제정 절차의 흐름

① **통상적인 경우:** 지방의회의 의결 → 5일 이내 지방자치단체장에 이송 → 지방자치단체장의 20일 이내 공포 → 특별한 규정 없는 한 공포일로부터 20일 경과로써 효력 발생

124) 송영천, '지방자치제 시행과 관련한 각종 쟁송의 제문제', 34면에서는, 입법론으로 기관소송 법정주의를 철폐하고 기관소송 개괄주의를 채택하여야 한다고 주장하고 있다.

② **예외 1:** 지방의회의 의결 및 지방자치단체장에게 이송 후, 지방자치단체장 또는 주무부장관의 20일 이내 재의요구 → 지방의회의 재의결(특별정족수: 과반수 출석, 2/3 찬성)과 그에 따른 조례안의 확정 → 확정된 조례안에 대한 지방자치단체장의 지체 없는 공포 또는 그 해태 시 지방의회 의장의 이송 후 5일 이내의 공포 → 공포일로부터 20일 경과로써 효력 발생

③ **예외 2:** 지방의회의 의결 및 지방자치단체장에게 이송 후, 지방자치단체장의 20일 이내의 공포 및 재의요구의 해태와 그로 인한 조례안의 확정 → 확정된 조례에 대한 지방자치단체장의 지체 없는 공포 혹은 그 해태 시 지방의회 의장의 이송 후 5일 이내의 공포 → 공포일로부터 20일 경과로써 효력발생

2. 소송체계

가. 두 가지 쟁송절차

지방자치법에서는 지방의회의 조례안 재의결 또는 의결에 관하여 다음의 두 가지 쟁송절차를 규정하고 있다. 첫째, 지방자치법 제120조 소정의 쟁송절차로서, 지방자치단체장과 지방의회 사이의 관계 규율의 일환으로 정해진 쟁송절차이다. 둘째, 지방자치법 제192조 소정의 쟁송절차로서 국가 또는 시 · 도지사의 지도 · 감독의 일환으로 정해진 쟁송절차다.

나. 지방자치단체장이 원고가 되어 제소하는 경우

(1) 독자적인 소제기(지방자치법 제120조)

① 재의요구(제1항): 지방자치단체장은 지방의회의 의결이 월권 또는 법령에 위반되거나 공익을 현저히 해한다고 인정되는 때에는 그 의결사항을 이송받은 후 20일 이내에 이유를 붙여 재의를 요구할 수 있다. 조례의 제정 · 개폐는 지방의회의 의결사항이므로, 지방자치단체장은 지방의회의 조례 제정 의결에 대하여 지방자치법 제32조에 따른 재의요구를 할 수 있는 것과는 별도로 제120조에 따른 재의요구도 할 수 있게 되어 있다.

② 지방의회의 재의결(제2항): 재의한 결과 재적의원 과반수의 출석과 출석의원 3분의 2 이상의 찬성으로 전과 같은 의결을 하면 그 의결사항은 확정된다.

③ 대법원에 제소(제3항): 지방의회가 재의결을 한 경우에 '재의결된 사항'에

법령위반의 사유가 있으면 지방자치단체장은 재의결이 된 날로부터 20일 이내에 대법원에 소를 제기할 수 있다.

④ 소송의 성격: 위 소송은 지방자치단체의 기관 상호간에 권한 행사에 관한 다툼이 있을 때에 제기하는 소송으로서 행정소송법 제3조 제4호에서 규정하는 기관소송에 해당한다.

(2) 감독관청의 지시에 의한 소제기(지방자치법 제192조 제4항)

① 감독관청의 지시에 의한 재의요구(제1항, 제2항): 지방의회의 의결이 법령에 위반되거나 공익을 현저히 해친다고 판단되면 시·도에 대해서는 주무부장관이,[125] 시·군 및 자치구에 대해서는 시·도지사가 재의를 요구하게 할 수 있고, 재의요구를 받은 지방자치단체장은 의결사항을 이송받은 날부터 20일 이내에 지방의회에 이유를 붙여 재의를 요구하여야 한다.[126] 만일 시·군 및 자치구 지방의회의 의결이 법령에 위반된다고 판단됨에도 불구하고 시·도지사가 재의를 요구하게 하지 않는 경우 주무부장관이 직접 시장·군수 및 자치구의 구청장에게 재의를 요구하게 할 수 있고, 재의 요구 지시를 받은 시장·군수 및 자치구의 구청장은 의결사항을 이송받은 날부터 20일 이내에 지방의회에 이유를 붙여 재의를 요구하여야 한다.

② 지방의회의 재의결(제3항): 재의한 결과 재적의원 과반수의 출석과 출석의원 3분의 2 이상의 찬성으로 전과 같은 의결을 하면 그 의결사항은 확정된다.

③ 대법원에 제소(제4항): 지방의회가 재의결을 한 경우에 '재의결된 사항'에 법령위반의 사유가 있으면 지방자치단체장은 재의결이 된 날로부터 20일 이내에 대법원에 소를 제기할 수 있다.

④ 소송의 성격: 당초의 재의요구가 상급지방자치단체장 등의 지시에 의한 것만 제120조의 경우와 다를 뿐 나머지 사항은 동일하므로, 기관소송에 해당하는 것이라고 해석된다.[127]

---

125) 제1항 또는 제2항에 따른 지방의회의 의결이나 제3항에 따라 재의결된 사항이 둘 이상의 부처와 관련되거나 주무부장관이 불분명하면 행정안전부장관이 재의요구 또는 제소를 지시하거나 직접 제소 및 집행정지결정을 신청할 수 있다(지방자치법 제192조 제9항).

126) 다만 사유는 법령 위반과 공익침해로서, 제120조 제1항과 비교하면 월권이 포함되어 있지 않다.

127) 대법원 1993. 11. 26. 선고 93누7341 판결.

다. 감독관청이 원고가 되어 제소하는 경우

(1) 지방자치단체장이 제소지시를 따르지 않은 경우(지방자치법 제192조 제5항, 제7항)

① 제소요건: 주무부장관이나 시·도지사는 재의결된 사항이 법령에 위반된다고 판단됨에도 불구하고 해당 지방자치단체장이 소를 제기하지 않으면 그 지방자치단체장에게 제소를 지시하거나 직접 제소 및 집행정지결정을 신청할 수 있고(제5항), 지방자치단체장이 제소지시를 따르지 않을 경우 직접 제소할 수 있다(제7항). 여기에서 지방의회 재의결에 대하여 제소를 지시하거나 직접 제소할 수 있는 주체로 규정된 '주무부장관이나 시·도지사'는 시·도에 대해서는 주무부장관을, 시·군 및 자치구에 대해서는 시·도지사를 의미한다. 그리하여, 주무부장관이라고 하더라도 시·군 및 자치구 지방의회의 재의결에 대한 제소권이 있는 것은 아니라고 해석되었다.[128] 그런데, 지방자치법이 2021. 1. 12. 전부개정되어 시·도지사가 시·군 및 자치구의 위법행위에 관여하지 않는 경우 주무부장관은 시·도지사가 관여하도록 명령할 수 있고, 시·도지사가 이러한 명령에 따르지 않는 경우 주무부장관이 직접 제소할 수 있게 하였다.

② 소송의 성격: 특수한 형태의 항고소송이라는 견해와 기관소송이라고 보는 견해가 있다. 기관소송을 동일한 행정주체 내의 기관 사이의 소송으로 한정하는 통설에 따르면 기관소송이라고 보기는 어려울 것이다. 지방의회의 재의결을 행정소송법상 처분과 동일한 것으로 보기는 어렵겠지만, 해당 지방자치단체장이 제소하지 않는 경우에 한하여 감독청이 감독권 행사의 일환으로 제기하는 일종의 감독소송으로서의 성격을 가진다고 볼 수 있다. 따라서, 엄밀한 의미에서 행정소송법상의 항고소송은 아니지만 취소소송 또는 무효확인소송의 형태를 취하는 소송유형으로서 지방자치법상 인정되는 특수한 형태의 항고소송이라고 볼 수 있다.

(2) 지방자치단체장이 재의요구를 따르지 않은 경우(지방자치법 제192조 제8항)

① 제소요건: 지방의회의 의결이 법령에 위반된다고 판단되어 주무부장관이나 시·도지사로부터 재의요구지시를 받은 지방자치단체장이 재의를 요구하지

---

128) 대법원 2016. 9. 22. 선고 2014추521 전원합의체 판결.

않는 경우(법령에 위반되는 지방의회의 의결사항이 조례안인 경우로서 재의요구지시를 받기 전에 그 조례안을 공포한 경우 포함)에는 주무부장관이나 시 · 도지사는 대법원에 제소할 수 있다. 그러나, 주무부장관이 지방자치단체의 장에 대한 재의 요구지시를 거치지 않고 직접 지방의회를 상대로 조례 그 자체의 효력을 다투는 소를 제기할 수 있는 지방자치법상의 근거는 없으므로, 그러한 소송은 허용되지 않는다.[129]

② **입법취지:** 구법에서는 위 조항이 없었기 때문에 기관소송 법정주의의 원칙상 위와 같은 경우에 그 의결을 다툴 수 있는 방법이 없었다.[130] 그리하여 2005. 1. 27. 법률 제7362호로 개정된 지방자치법에서 위 조항을 신설한 것이다.

③ **소송의 성격:** 위 소송은 동일한 행정주체 내의 기관 사이의 소송이 아니므로, 특수한 형태의 항고소송이라고 볼 수밖에 없다.

[참고] 시 · 군 · 자치구 지방의회의 의결에 대한 재의요구와 제소 절차의 흐름

① 시 · 도지사의 해당 시 · 군 · 자치구 지방자치단체장에 대한 재의요구지시
② (시 · 도지사가 재의요구지시를 하지 않는 경우) 주무부장관의 시 · 도지사에 대한 재의요구지시명령
③ (시 · 도지사가 주무부장관의 재의요구지시명령을 이행하지 않는 경우) 주무부장관의 해당 시 · 군 · 자치구 지방자치단체장에 대한 재의요구 직접 지시
④ (재의요구에 따른 재의결이 위법한 경우) 시 · 도지사 또는 주무부장관(직접 재의요구를 한 경우)의 해당 시 · 군 · 자치구 지방자치단체장에 대한 제소지시
⑤ (해당 시 · 군 · 자치구 지방자치단체장이 제소지시를 따르지 않는 경우) 시 · 도지사 또는 주무부장관의 직접 제소

129) 대법원 2025. 11. 6. 선고 2023추5160 판결.
130) 대법원은 기관소송 법정주의를 엄격하게 해석하여, "지방자치법 제159조는 시·도지사가 자치구의 장에게 그 자치구의 지방의회 의결에 대한 재의요구를 지시하였음에도 자치구의 장이 그에 따르지 아니하였다 하여, 바로 지방의회의 의결이나 그에 의한 조례의 효력을 다투는 소를 자치구의 장을 상대로 제기할 수 있는 것으로 규정하고 있지는 아니하고, 달리 지방자치법상 이러한 소의 제기를 허용하고 있는 근거 규정을 찾아볼 수 없으므로, 시·도지사가 바로 자치구의 장을 상대로 조례안 의결의 효력 혹은 그에 의한 조례의 존재나 효력을 다투는 소를 제기하는 것은 지방자치법상 허용되지 아니하는 것이라고 볼 수밖에 없다."라고 판시하였다(대법원 1999. 10. 22. 선고 99추54 판결).

3. 심리대상과 범위

조례안의 일부조항이 법령에 위반되는 경우에 법원은 그 일부조항만 무효라는 판결을 선고할 수 있는지에 관하여 견해가 대립한다.

① **전부무효설**: 일부조항만의 효력배제는 지방의회의 고유권한을 침해하며 원래 의도한 것과는 다른 내용의 조례가 될 가능성이 있다는 점, 지방자치법 제32조도 이러한 취지에서 조례안의 일부조항에 대해서만 재의를 요구할 수 없게 하고 있다는 점을 근거로 한다.

② **일부무효설**: 지방자치법 제120조와 제192조가 이를 제한하고 있지 않다는 점, 재의결된 조례안에서 위법인 일부조항을 제거하더라도 조례안의 존속가치가 있을 수 있고 이 경우 일부조항만의 무효확인을 인정하는 것이 재입법의 부담을 경감시켜 주고 그것이 오히려 지방의회의 고유권한을 존중하는 것이라는 점을 근거로 한다.

③ **판례**: 대법원은 재의결 내용의 전부가 아니라 그 일부만 위법한 경우에도 의결 전부의 효력을 부인하고 있다.

> ❑ **대법원 1992. 7. 28. 선고 92추31 판결, 대법원 1994. 5. 10. 선고 93추144 판결 등**: 의결의 일부에 대한 효력배제는 결과적으로 전체적인 의결의 내용을 변경하는 것에 다름 아니어서 의결기관인 지방의회의 고유권한을 침해하는 것이 될 뿐 아니라, 그 일부만의 효력배제는 자칫 전체적인 의결내용을 지방의회의 당초의 의도와는 다른 내용으로 변질시킬 우려가 있으며, 또 재의요구가 있는 때에는 재의요구에서 지적한 이의사항이 의결의 일부에 관한 것이라고 하여도 의결 전체가 실효되고 재의결만이 의결로서 효력을 발생하는 것이어서 의결의 일부에 대한 재의요구나 수정재의 요구가 허용되지 않는 점에 비추어 보아도 재의결의 내용 전부가 아니라 그 일부만이 위법한 경우에도 대법원은 의결 전부의 효력을 부인할 수밖에 없다.

한편, 조례안 재의결 무효확인소송에서의 심리대상은 지방자치단체장이 지방의회에 재의를 요구할 당시 이의사항으로 지적하여 재의결에서 심의의 대상이 된 것에 국한된다. 이는 주무부장관이 지방자치법 제192조 제8항에 따라 지방의회의 의결에 대하여 직접 제소함에 따른 조례안 의결 무효확인소송에도 마찬가지로 적용되므로, 조례안 의결 무효확인소송의 심리대상은 주무부장관이 재의요구 요청에서 이의사항으로 지적한 것에 한정된다.[131]

4. 조례의 개정과 협의의 소의 이익

판단대상이 되었던 조례안이 개정되었다 하더라도 개정된 조례안의 내용이 사실상 변경된 바 없이 동일하게 유지되고 있을 경우에는 개정 전 조례안에 대한 소의 이익은 소멸되지 않는다.[132] 나아가 조례안의 개정 등으로 법률우위의 원칙 등에 따라 조례안의 위법성을 직접적으로 논할 여지가 소멸하게 되었다고 하더라도, 개정 전 조례안에 의하여 형성된 법률관계가 남아 있거나 다른 지방자치단체에서 해당 조례안과 유사한 내용으로의 조례로 제·정될 가능성이 있거나 실제 그러한 조례가 여러 지방의회에서 의결된 바 있어 해당 조례안의 위법성 확인에 대한 해명이 필요한 경우에는 예외적으로 소의 이익을 인정할 수 있다.

5. 위법성 판단시점

지방자치법상 조례안 의결 또는 재의결 무효확인소송에서 판단 기준이 되는 법령은 변론종결 당시 규범적 효력을 갖는 법령이라는 것이 판례이다.[133] 위와 같은 소송은 조례가 헌법 및 법률 등 상위 법규와의 관계에서 효력을 갖는 지 여부를 다툴 수 있도록 마련된 것으로 일종의 추상적 규범통제의 성격을 가지고, 그 취지는 '조례에 대한 관계에서 법령의 우위' 내지 '조례의 적법성'을 관철함으로써 헌법이 상정하고 있는 전체 법질서의 통일성을 확보하기 위한 것이다. 따라서, 가령 조례안이 그 의결 당시의 법령에 위배된다고 보더라도 이후 법 개정으로 법령 위반의 여지가 사라지면 그런 이유를 들어 조례안의 유효를 선언하고, 반대로 의결 당시의 법령에 부합하는 조례안이더라도 이후 법 개정으로 법령에 위반된다고 평가되면 조례안의 무효를 선언하는 것이 지방자치법이 위와 같은 소송유형을 마련한 입법취지에 부합한다는 것이다.

---

131) 대법원 2015. 5. 14. 선고 2013추98 판결.
132) 대법원 2024. 7. 25. 선고 2023추5177 판결.
133) 대법원 2024. 7. 25. 선고 2023추5177 판결.

Ⅴ. 심리절차

기관소송의 심리절차도 민중소송과 함께 행정소송법 제46조가 적용되는 결과, 객관소송으로서의 성질에 반하지 않고 개별법에서 정한 특칙이 없다면 각각의 해당하는 항고소송과 당사자소송에 관한 규정에 따른다.

참 고 문 헌

〈단 행 본〉

계희열, 헌법학(중), 박영사, 2007.

김남진 · 김연태, 행정법 I , 제28판, 법문사, 2024.

____________, 행정법 II , 제28판, 법문사, 2024.

김동희 · 최계영, 행정법 I , 제27판, 박영사, 2023.

김철용 · 최광률 대표집필, 주석 행정소송법, 박영사, 2004.

김하열, 헌법소송법, 제6판, 박영사, 2025.

류지태 · 박종수, 행정법신론, 제18판, 박영사, 2021.

민일영 대표편집, 주석 민사소송법(IV), 제8판, 한국사법행정학회, 2018.

박균성, 행정법론(상), 제24판, 박영사, 2025.

박병규, 항고소송의 소송물에 대한 연구-취소소송을 중심으로-, 고려대학교 대학원 석사학위논문, 2010.

박정훈, 행정소송의 구조와 기능, 박영사, 2006.

법원실무제요(가사[1]), 법원행정처, 2010.

____________(민사소송[1]), 법원행정처, 2017.

____________(민사집행[III]-동산 · 채권 등 집행-), 법원행정처, 2020.

____________(행정), 법원행정처, 2016.

서울고등법원 재판실무개선위원회, 행정소송실무편람, 제2판, 한국사법행정학회, 2003.

서울행정법원 실무연구회, 행정소송의 이론과 실무, 개정판, 사법발전재단, 2013.

소순무 · 윤지현, 조세소송, 개정10판, 영화조세통람, 2020.

송상현 · 박익환, 민사소송법, 신정7판, 박영사, 2014.

정구환, 국가소송의 이론과 실무, 육법사, 2002.

정동윤 · 유병현 · 김경욱, 민사소송법, 제11판, 법문사, 2025.

정상조 · 박성수 공편, 특허법주해Ⅱ, 박영사, 2010.
정영환, 신민사소송법, 제3판, 법문사, 2023.
지원림, 민법강의 제22판, 홍문사, 2025.
특허법원 지적재산소송실무연구회, 지적재산소송실무, 박영사, 2006.
하명호, 한국과 일본에서 행정소송법제의 형성과 발전, 경인문화사, 2018.
______, 행정법 제7판, 박영사, 2025.
행정소송규칙 해설, 법원행정처, 2023.
행정심판의 이론과 실제, 법제처, 2003.
홍준형, 행정법, 제2판, 법문사, 2017.
______, 행정구제법, 한울아카데미, 2001.
高世三郎 · 西川知一郎, フランスにおける行政裁判制度の研究, 法曹會, 1998.
南 博方 · 高橋 滋, 条解 行政事件訴訟法, 第3版補正版, 弘文堂, 2009.
塩野 宏(서원우 · 오세탁 공역), 일본행정법론, 법문사, 1996.
塩野 宏, 行政法Ⅱ, 第5版, 有斐閣, 2010.
Ferdinand O. Kopp/Wolf-Rüdiger Schenke, *Verwaltungsgerichtsordung*, 12. neubearbeitete Auflage, Vertrag C.H. Beck, 2000.
Wolfgang Kuhla/Jost Hüttenbrink, *Der Verwaltungsprozess*, 3.Auflage, Vertrag C.H. Beck, 2002.
Hartmut Maurer, *Allgemeines Verwaltungsrecht*, 17.Auflage, Vertrag C.H. Beck, 2009.

〈논　　문〉

강수경, '우리 현행법상 민중소송제도', 원광법학 제30권 제2호, 원광대학교 법학연구소, 2014. 6.
김남진, '행정소송과 민사소송', 고시계 제38권 제5호, 국가고시학회, 1993. 5.
김동현, '이지설에 따른 소송물의 재구성-독일에서의 논의를 참고하여-', 안암법학 제48권, 안암법학회, 2015.
김문수, '행정소송에서의 처분이유의 추가와 변경', 특별법연구 제3권, 특별소송실무연구회, 1989.
김민섭, '취소소송의 소송물과 취소판결의 기판력 및 기속력', 한양법학 제30권 제1집, 한양법학회, 2019. 2.
김병기 · 김동균, '현행 기관소송제도에 관한 소고', 법학논문집 제37집 제1호, 중앙대학교 법학연구원, 2013.
김상태, '일본 기관소송의 새로운 유형', 법학논총 제24집 제1호, 한양대학교 법학연구소, 2007.
김선흠, '가사소송에 있어서의 관할', 법조 제40권 제8호, 법조협회, 1991. 8.
김용섭, '행정법상 신고와 수리', 판례월보 제352호, 판례월보사, 2000. 1.
김의환, '거부처분취소확정판결의 기속력과 간접강제의 요건', 경기법조 제11호, 수원지방변호사회, 2004. 11.
김정중, '사회보장 분야 권리구제 실효성 제고-의무이행소송, 반쪽 구제에서 온전한 구제를 향한 출발-', 서울행정법원 개원 20주년 기념 학술행사 결과보고서, 2018.
김창석, '의무이행소송 도입의 행정소송에 대한 영향', 저스티스 제75호, 한국법학원, 2003. 10.
김춘환, '의무이행소송의 허용성', 법학논고 제2집, 조선대학교 법학연구소, 1996. 6.
김태우, '취소소송에서의 처분사유의 추가 · 변경', 특별법연구 제5권, 특별소송실무연구회, 1997.
김현준, '실체적 공권의 4유형과 행정소송법상 항고소송', 공법학연구 제13권 제2호, 한국비교공법학회, 2012.
______, '행정처분절차에 있어서 직권과 신청', 토지공법연구 제66집, 한국토지공법학회, 2014. 8.
문일호, '과세처분 취소소송에서의 소송물', 법학연구 제48권 제1호, 부산대학교 법학연구소, 2007. 8.
민유숙, '이혼과 관련된 재산상 청구의 관할과 이혼소송의 계속 중 당사자 사망의 효과', 무등춘추 제4호, 광주지방변호사회, 1996.
박정훈, '취소소송의 성질과 처분 개념', 고시계 제46권 제9호, 국가고시학회, 2001. 9.
______, '처분사유의 추가 · 변경과 행정행위의 전환 — 제재철회와 공익상 철회 —', 행정판례연구 Ⅶ, 박영사, 2002.

______, '원고적격 · 의무이행소송 · 화해권고결정', 행정소송법 개정 공청회 자료집, 법무부, 2012. 5.

______, '거부처분과 행정소송-도그마틱의 분별력 · 체계성과 다원적 비교법의 돌파력-', 행정법연구 제63호, 행정법이론실무학회, 2020. 11.

백옥선, '행정기본법(안)의 이의신청 조항에 대한 검토 및 향후 법적 과제', 법제연구 제59호, 한국법제연구원, 2020.

법원행정처 헌법재판연구반, '명령 · 규칙의 위헌심사권에 관한 연구보고서', 저스티스 제23권 제2호, 한국법학원, 1990. 12.

변동걸, '취소소송에 있어서 처분사유의 추가 및 변경', 대법원 판례해설 제8호, 법원도서관, 1987.

서원우, '지방자치단체의 행정소송', 고시연구 제21권 제10호, 고시연구사, 1994. 10.

석호철, '기속력의 범위로서 처분사유의 동일', 행정판례연구 Ⅴ, 서울대학교출판부, 2000.

소순무, '조세환급청구소송의 성질론 — 민사소송인가 당사자소송인가 —', 조세법연구 Ⅳ, 세경사, 1998.

송영천, '지방자치제 시행과 관련한 각종 쟁송의 제문제', 저스티스 통권 제69호, 한국법학원, 2002. 10.

신봉기, '기관소송', 행정소송(1), 한국사법행정학회, 2008.

신상민, '처분의 변경신청권과 행정행위의 재심사', 행정판례연구 XXIII-1, 박영사, 2018.

안철상, '공법상 당사자소송의 본질과 유형에 관한 일고찰', 사법논집, 제29집, 법원행정처, 1998. 12.

오에스더 · 하명호, '의무이행소송의 도입과 그 방향', 안암법학 제38호, 안암법학회, 2012. 5.

유광해, '개별행정법상 이의신청제도의 현황 검토', 법조 통권 제689권, 법조협회, 2014. 2.

이광윤, '행정소송법 개정안에 대한 검토', 행정소송법 개정자료집 Ⅱ, 법원행정처, 2007.

이동식, '세금을 과다 납부한 납세자의 구제방법', 경북대 법학논고 제17집, 경북대학교 법학연구소, 2001.

이상덕, '민간투자사업에서 법인세율 인하효과를 반영하는 방법에 관한 분쟁에서 법원의 역할', 대법원 판례해설 제12호, 법원도서관, 2019.

______, '항고소송에서 분쟁의 1회적 해결 요청과 상소의 이익', 사법 제51호, 사법발전재단, 2020.

______, '거부처분의 처분성 인정요건으로서의 신청권이론에 대한 비판적 고찰', 사법 제55호, 사법발전재단, 2021. 3.

이상학, '행정기본법 제정안의 평가와 주요쟁점 검토', 공법학연구 제21권 제4호, 한국비교공법학회, 2020.

이승훈, '공법상 당사자소송 중 확인소송에 관한 연구', 고려대학교 박사학위논문, 2020.

이전오, '과오납조세에 대한 구제방법', 법과 행복의 추구: 청암 정경식박사 화갑기념논문집, 박영사, 1997.

이홍훈, '행정소송과 민사소송', 한국공법이론의 새로운 전개, 삼지원, 2005.

전원철, '취소소송에 있어서 판결의 기판력', 저스티스 제118호, 한국법학원, 2010. 8.

전학선, '공법상 권한분쟁에 대한 통합적 관할의 필요성', 유럽헌법연구 제19호, 유럽헌법학회, 2015.

정하중, '지방자치단체 기관상호간의 분쟁에 대한 행정소송', 안암법학 제7호, 안암법학회, 1998. 8.

______, '이유제시하자의 치유와 처분사유의 추가 · 변경-독일법과 비교연구-', 인권과 정의 제364호, 대한변호사협회, 2006. 12.

정해남, '당초의 과세처분과 경정처분의 법률관계', 재판자료 제60집, 법원도서관, 1993.

천병태, '공권개념의 재검토(하)', 고시연구 제14권 제10호 고시연구사, 1987. 9.

최형기, '과오납금환급청구소송의 성격 — 실질적 당사자소송과 쟁점소송의 구별 —', 재판자료 제60집: 조세사건에 관한 제문제(상), 법원도서관, 1993.

하명호, '공법상 당사자소송과 민사소송의 구별과 소송상 취급', 인권과 정의 제

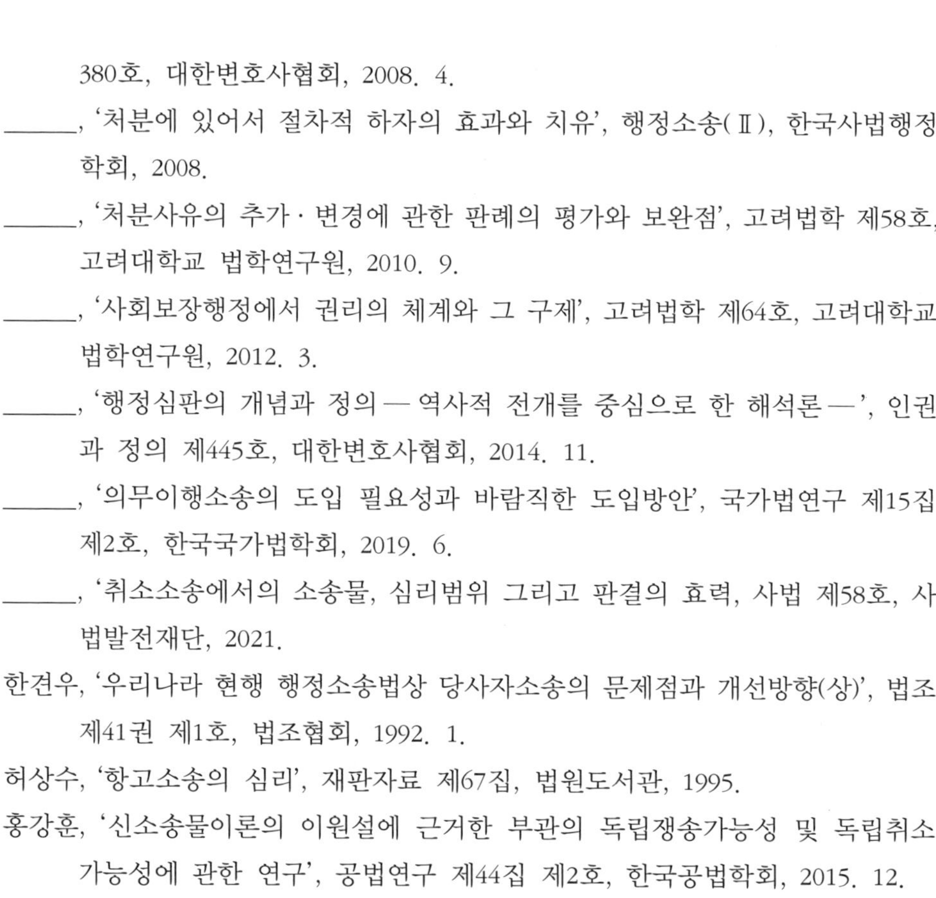

380호, 대한변호사협회, 2008. 4.

______, ‘처분에 있어서 절차적 하자의 효과와 치유’, 행정소송(Ⅱ), 한국사법행정학회, 2008.

______, ‘처분사유의 추가 · 변경에 관한 판례의 평가와 보완점’, 고려법학 제58호, 고려대학교 법학연구원, 2010. 9.

______, ‘사회보장행정에서 권리의 체계와 그 구제’, 고려법학 제64호, 고려대학교 법학연구원, 2012. 3.

______, ‘행정심판의 개념과 정의 — 역사적 전개를 중심으로 한 해석론 —’, 인권과 정의 제445호, 대한변호사협회, 2014. 11.

______, ‘의무이행소송의 도입 필요성과 바람직한 도입방안’, 국가법연구 제15집 제2호, 한국국가법학회, 2019. 6.

______, ‘취소소송에서의 소송물, 심리범위 그리고 판결의 효력, 사법 제58호, 사법발전재단, 2021.

한견우, ‘우리나라 현행 행정소송법상 당사자소송의 문제점과 개선방향(상)’, 법조 제41권 제1호, 법조협회, 1992. 1.

허상수, ‘항고소송의 심리’, 재판자료 제67집, 법원도서관, 1995.

홍강훈, ‘신소송물이론의 이원설에 근거한 부관의 독립쟁송가능성 및 독립취소가능성에 관한 연구’, 공법연구 제44집 제2호, 한국공법학회, 2015. 12.

홍준형, ‘행정절차와 행정소송의 연계와 분리-처분이유 제시와 처분사유의 추가 · 변경-’, 공법연구 제44집 제2호, 한국공법학회, 2015. 12.

岡田正則, ‘日本における行政訴訟法制度の形成史と改革の課題’, 사법 제22호, 사법발전재단, 2012. 12.

僑本博之, ‘原告適格論と仕組み解釋’, 自治研究 第84卷 第6號, 第一法規, 2008. 6.

阿部泰隆, ‘續 · 行政主體間の法的分爭は法律上の爭訟にならないのか(上)’, 自治研究 第83卷 第2號, 第一法規, 2007. 2.

________, ‘民事訴訟と行政訴訟:大阪國際空港事件’, ジュリスト 別册 114号: 民事訴訟法判例百選Ⅰ, 有斐閣, 1992. 1.

Kolja Neumann, ‘Das subjektive Recht und seine prozessuale Geltendmachung in Deutschland und Europa’, 사법 제22호, 사법발전재단, 2012. 12.

판 례 색 인

| 대법원 |

| 헌법재판소 |

사 항 색 인

| ㅅ |

| ㅊ |

저자 약력

하 명 호(河明鎬)

고려대학교 법과대학 법학과 졸업
고려대학교 대학원 법학과 졸업(법학석사)
독일 Bonn대학 Visiting Scholar
제32회 사법시험 합격
사법연수원 수료(제22기)
육군 법무관
대전, 천안, 인천, 수원 지방법원 판사
헌법재판소 헌법연구관 · 헌법연구위원
대법원 재판연구관
고려대학교 법학전문대학원 교수(행정법)
일본 와세다대학 교환연구원
일본 나고야대학 외국인연구원
일본 류큐국립대학 객원연구원
사법시험 · 변호사시험 등 시험위원
중앙행정심판위원회 위원
헌법재판소 헌법연구위원

주요 저서

행정법, 박영사
사회보장행정법(공저), 박영사
행정법대의(번역), 고려대학교 출판문화원
한국과 일본에서 행정소송법제의 형성과 발전, 경인문화사
신체의 자유와 인신보호절차, 고려대학교 출판부
재판실무연구(4) 행정소송, 한국사법행정학회(공저)
'취소소송에서의 소송물과 심리범위 그리고 판결의 효력', 사법
'행정기본법의 제정과정과 주요내용', 법제연구
'처분기준의 설정 · 공표의무와 이를 위반한 처분의 효력', 행정판례연구
'의무이행소송의 도입 필요성과 바람직한 도입 방안', 국가법연구
'공법상 부당이득의 법리', 인권과 정의
'행정심판의 개념과 범위-역사적 전개를 중심으로 한 해석론-', 인권과 정의
'사회복지서비스법 총론 구성의 시론', 사회보장법학
'사회보장행정에서 권리의 체계와 그 구제', 고려법학
'처분사유의 추가 · 변경에 관한 판례의 평가와 보완점', 고려법학

'공법상 당사자소송과 민사소송의 구별과 소송상 취급', 인권과 정의
'韓國における憲法裁判所および行政法院の機能と役割', 早稲田大學 比較法學 등
논문 다수

제8판
행정쟁송법

초판발행 2013년 3월 5일
제8판발행 2026년 3월 5일

지은이 하명호
펴낸이 안종만 · 안상준

편 집 장유나
기획/마케팅 조성호
표지디자인 BEN STORY
제 작 고철민 · 김원표

펴낸곳 (주) 박영사
서울특별시 금천구 가산디지털2로 53, 210호(가산동, 한라시그마밸리)
등록 1959. 3. 11. 제300-1959-1호(倫)
전 화 02)733-6771
f a x 02)736-4818
e-mail pys@pybook.co.kr
homepage www.pybook.co.kr
ISBN 979-11-303-9932-4 93360

정 가 36,000원